学习者访问网站：www.pearsoned.co.uk/beechchadwick，可以查到《旅游业管理实务》和有价值的学习资料，其中包括一个链接旅游新闻、信息和更多资源的博客。

The Business of Tourism Management

NEW VISION 新视野旅游译丛

［英］约翰·毕奇　西蒙·查德威克　编著

罗明义　赖宇红　方利敏　等译

旅游业管理实务

云南大学出版社
YUNNAN UNIVERSITY PRESS

著作权合同登记号：图字：23-2006-011号

内容简介

《旅游业管理实务》是一部有关旅游业管理的最新力作。该书的作者大多是英国著名大学商学院的旅游学专家，不仅具有多年在商学院执教旅游管理的丰富经验，而且具有大量旅游业界的实践经验，因此本书许多章节紧扣现代旅游业发展的实际，从多种视角深入探讨了现代旅游发展中面临的重点问题，提出了许多独到见解和对策措施，具有强烈的针对性和现实性，对快速发展中的中国旅游业具有重要的参考价值。

本书既有理论框架上的逻辑连贯性，又突出了旅游业管理的基础理论和重点内容，具有科学性、指导性和实用性特点。尤其是本书精心选择了大量的实践案例，并针对案例和各章内容进行问题讨论，以加深读者对所学内容的理解和掌握，而丰富的图表和实例也减少了理论学习的枯燥性，平添了广泛的知识和众多的乐趣。该书既适合于本科生和研究生学习，也可供从事旅游业相关模型和项目教学的研究人员以及旅游业务经理作参考之用。

本书总目录

目录提要

目　　录

资源支持

访问 www. pearsoned. co. uk/beechchadwicky，寻找有价值的再现资源

学生用途

●一个链接旅游新闻、信息和更多资源的博克

教师用途

●完成和下载教师指南

●下载 PowerPoint 幻灯片用于 OHTs

需要更多信息请联系 Perason Education 在您当地的销售代理，或访问 www. pearsoned. co. uk/beechchadwick

One Key

One key 是你的需求方便、简易、成功

图示目录

表格目录

案例研究目录

作者简介

1. 海伦·阿特金森

海伦是布赖顿大学服务管理学院的财会管理骨干讲师。作为一名称职的会计管理人员，她也是英国住宿业会计协会（BAHA）会员，讲授会计学、财务管理和经营战略等课程。她目前的研究兴趣包括管理绩效、战略调控和实施。

2. 马克加纳·M. 奥古斯汀

马克加纳是赫尔大学商学院斯卡伯勒管理中心的一位资深讲师。其研究兴趣包括旅游业战略、质量管理和旅游政策。她还是国际旅游专家协会和旅游社会协会的成员，目前主要担任旅游分析：一份跨学科杂志的编审职务。

3. 伊恩·巴克斯特

伊恩是遗产未来网的副总裁，同时还是格拉斯哥喀里多尼安大学一名讲授遗产和旅游学的讲师，他的研究兴趣主要在于历史环境管理、公共政策发展。他也担任遗产遗址管理工作，是英国 ICOMOS 文化旅游委员会委员，具体工作涉及建立世界遗产形象对地区和社区的效应，他还是英国历史环境研究组的成员。

4. 约翰·毕奇（合作者）

约翰是考文垂商学院战略与管理系的主任。他设计并讲授旅游管理本科和一半的旅游硕士学位课程，出版物广泛涉及旅游各领域。目前出版的作品多数是关于果阿（Goa）作为运动旅游目的地的和谐使者形象，他也是欧洲亚特拉斯委员会委员。约翰与西蒙·查德威克合编的书还有《运动管理商务》，也由 Prentice 财经时报社出版。

5. 卡伦·比尔

卡伦是沃塞斯特（Worcester）大学的骨干讲师，主要在运动和训练科学学院从事开发和创新工作。她已学完法学研究生课程，参编的《法律执行》一书已出版，负责撰写了运动法章节《运动管理实务》，目前在运动法规委员会的国际协会工作。

6. 迪米特里奥斯·布哈里斯

迪米特里奥斯是萨里大学管理学院旅游市场营销学硕士课程的带头人和电子旅游商务研究带头人，还是巴黎 IMHI 学院（康奈尔大学的埃塞克分校）的接待业 MBA 课程的一名副教授。他在信息交流技术和旅游领域的研究非常活跃，担任萨里大学许多项目的主审员，他的另一身份是国际信息技术与旅游联合会副主席。所著书籍涉及电子旅游商务、旅游战略问题、旅游分销渠道和未来的旅游业。

7. 西蒙·查德威克（合作者）

西蒙在伦敦大学伯克贝克学院工作，担任运动管理和足球商务的项目主任，是《运动营销与赞助》国际期刊的编辑，也是市场营销研究院运动营销特殊兴趣小组的创始人和组长。西蒙在体育运动领域研究广泛，出版物涉及面广（包括运动旅游的服务质量）。与约翰·比奇合著书籍有《运动管理实务》和《运动营销》（均由财经时报社 Prentice Hall 出版）。

8. 比娜·科普

比娜是布里斯托尔商务学校资深讲师，所教科目为旅游市场营销和经营。她目前的研究兴趣包括商务旅行的购买行为和旅游服务分销。她是旅游公司（原英国旅行代理商）导游管理证书主考官，还是城市和导游全国顾问委员会委员（针对旅行、旅游和相关服务），曾到帕尔匹南大学和雷勒斯高等商务学院做过访问学者。

9. 卡洛斯·柯斯塔

卡洛斯是葡萄牙阿弗伊洛大学经济、管理和工业工程系副教授，也是旅游目的地开发和管理理科硕士课程的带头人，还是该校旅游学博士生导师。他的研究兴趣包括旅游规划与开发、旅游政策和旅游教育，并在多所国内和国际机构担任顾问。

10. 马塞拉·戴伊

马塞拉是考文垂大学旅游讲师和旅游管理专业的年级导师。她讲授的课程有发展中国家的旅游、运动旅游和国际旅游。此前，马塞拉曾在牙买加国家旅游局公关市场部工作过9年。她的主要研究兴趣是旅游目的地形象、旅游消费者行为、旅游与媒体的关系。

11. 彼德·D. 杜赫斯特

彼德是沃弗尔汉普敦大学运动、表演艺术和休闲系的副主任，讲授旅游管理文科硕士学位课程，也为旅游企业管理人员做培训。他的研究和顾问兴趣包括旅游景区的战略和经营管理。

12. 海伦·杜赫斯特

海伦是沃弗尔汉普敦大学运动、表演艺术和休闲系的资深讲师，是旅游管理文科硕士学位课程的带头人。其研究和顾问兴趣集中在小企业、公共政策、可持续旅游发展和培训。

13. 蒂姆·盖特

蒂姆是西英格兰大学的旅游地理学资深讲师，为本科生和研究生讲授旅游环境管理和可持续发展课程。他的研究兴趣包括变化中的沿海旅游空间模式及其原因，旅游研究的社科视角等。

14. 乔治·古多尔

乔治是考文垂商学院的资深讲师，讲授旅游学、交通规划和遗产。他的研究和顾问兴趣包括城和乡规划及其对教育的影响。他是一名持照规划师。

15. 克莱尔·赫文-唐

克莱尔是卡尔蒂夫威尔士大学服务、旅游和休闲管理学院的一位博士后研究员。她目前的研究兴趣是旅游业和酒店业的人力资源问题，曾为学习和教学支持网站的旅游接待、休闲、运动课题进行过许多教学法研究。目前她的研究项目包括探索商业、会议和节庆旅游的最佳操作模式，以及配合威尔士旅游业的经营需求搞好培训部门的工作。

16. 安德鲁·霍尔登

安德鲁是卢敦大学环境和旅游讲师。他曾在包括尼泊尔、印度尼西亚、俄国、土耳其和塞浦路斯的许多国家，参加开发和环境相关课题的研究和咨询工作，所著《环境和旅游》一书由 Routledge 出版社出版。

17. 克莱尔·汉弗莱斯

克莱尔是威斯敏斯特大学的资深旅游讲师，目前的研究兴趣包括旅游目的地开发和特种旅游市场，眼下正在从事于英国一家独立旅行代理商的管理工作。

18. 约翰·詹金斯

约翰是澳大利亚纽卡斯尔大学在职人员教育中心的休闲和旅游学副教授，也是《旅游业现实问题》的编审和《休闲研究年鉴》的主编。主要研究领域包括旅游政策和规划、户外娱乐管理和环境政策等。

19. 伊莱利·琼斯

伊莱利是卡尔蒂夫威尔士大学服务、旅游和休闲管理学院的教授和院长。她目前的研究兴趣包括威尔士和发展中国家的旅游发展，尤其关注中小型旅游企业的违规操作。作为项目经理，她全面负责欧盟对威尔士的人力资源发展基金项目，以及与许多发展中国家的高等教育机构的合作联系。

20. 大卫·利特尔约翰

大卫是格拉斯哥喀里多尼安大学商学院旅游接待系的主任。他在接待业和旅游管理方面发表作品已有 15 年，其作品广泛涉及旅游业的战略和经济问题，观点倾向于国际化和战略合作。由于苏格兰酒店和旅游业受动态政策的影响，因此他对政策研究也有兴趣。

21. 彼德·梅森

彼德是卢敦大学商学院旅游管理学教授，旅游休闲人力资源管理系主任，曾在新西兰普利茅斯大学和马赛大学工作过。他的研究兴趣包括旅游效应、规划和管理，目前担任高校旅游教学委员会推举的理事。

22. 约翰·奥尔德

约翰是考文垂商学院的骨干讲师，在该院讲授经济学和组织管理。他的研究和咨询兴趣包括运动与旅游组织机构、组织经济和小企业管理。

23. 林恩·帕金森

林恩属于自主经营的自由职业培训顾问和学术研究者，与商业客户和英国各地的商业学校共同工作。她曾做过旅行管理的一线工作，还在苏格兰做过旅游研究工作。她的学术研究兴趣集中在组织机构内部关系营销的执行方面。

24. 艾丽丝·佩帕

艾丽丝于 1992 年获得律师资格，1993 年至 2004 年她在威尔士大学的加蒂夫学院任资深讲师。同期她负责撰写、开发和讲授旅游、休闲和接待业法规课程，曾在国外大学和其他高校任过教，包括多年在赫尔辛基理工大学负责正规的短期培训课程。过去 10 年，她也担任过法律顾问，专门负责旅游业、休闲业和卫生与安全领域的法规研究。

25. 谢里夫·鲁比

谢里夫是格拉斯哥喀里多尼安大学喀里多尼安商学院的住宿业容量管理和房地产课程讲师，在其任职于北美、欧洲和中东期间，还担任过许多项目的顾问，并讲授过旅游房地产课程。为旅游和房地产刊物发表和审阅过许多文章，担任许多协会会员，包括英国接待业会计协会、欧洲城市土地研究员、国际管理发展协会等。他的研究主要集中于旅游房地产的估价、投资和融资。

26. 瑞山·桑度

瑞山是考文垂大学商学院的资深讲师，讲授旅游、运动和休闲。他是 ILAM 协会的会员，该协会隶属于英国中西部大区管理委员会和大区政府教育培训处管理。

27. 约翰·特莱布

约翰是英国萨里大学的旅游学教授，著有旅游战略、旅游经济学和旅游环境管理方面的著作，研究集中于旅游的可持续性、认识论和教育，现在担任高校旅游教育协会主席，为高等教育学术网站编辑接待业、休闲运动和旅游教育日志。

28. 迈克·威德

迈克在拉夫堡大学运动训练学院运动与休闲业政策研究所工作。他对运动与旅游的各种关系均感兴趣，尤其致力于研究积极运动旅游者的行为和动机，以及旅游者中的运动观众。与克里斯·布尔（Chris Bull，坎特伯雷基督教会大学）合著《运动旅游：参与者、政策和供应者》。

前 言

旅游业为那些素质符合要求的人，提供了巨大的就业选择机会。世界旅游理事会在其《新旅游蓝图》中（WTTC，2003 年)，把旅游业描述为“世界上最大的行业，承担着 2 亿个就业岗位，和 10% 以上的全球 GDP”，然而你获得一个顶尖工作的机会在哪里呢?

2003 年夏季，本书的一位编者参加了一个会议，讨论是否有可能实施一个对旅游业和商贸业职工进行培训的重要计划。出席会议的人员，是英国旅游业界的主要经营者和人力资源部门的资深成员，他们代表了旅游经营商、旅行代理商、航空公司和行业协会。午餐时，谈话转向了大学生招聘，英国一家大旅行公司负责毕业生招聘的业者评价说，比起招收具有旅游学位的毕业生，他更看好一名持有商务学位的毕业生。

追问之下，他说，对于毕业生的技能，他的期待在于市场、经济和人力资源管理方面，而非可持续旅游和社会学。他同意，一名旅游管理学位的本科毕业生应掌握商科毕业生的经营技能，再加上有关旅游和旅游业的知识，正是这次谈话启发了编写本书的初衷。

正如我们会在第 1 章中看到的，旅游项目和旅游教科书产生于典型的“基本原理”（见图 1.1)，《旅游业管理实务》坚实地植根于管理原理之中。两位合作编者都在商学院工作，都具有管理理论的硕士和博士头衔。挑选为本书作贡献的团队成员都是旅游学家，他们都有多年在商学院执教旅游业管理的经验，因此请他们为本书写作的章节，对旅游业管理的重要方面作了介绍，尤其适合于本科生和研究生学习。本书也可供从事旅游业相关模型和项目教学的员工，以及担当旅游业务经理的旅游业界所使用。

本书共 24 章，分属 3 篇：旅游业总论、旅游业管理功能的应用和旅游业管理重点，这个理论框架的阐述，充分反映了对上述目标结构的重视。第 1 篇，旅游业总论，阐述了旅游业管理如何把管理界和旅游界相结合。本篇显示了旅游业是如何作为商业发展起来的，旅游业的产业结构是如何形成的，以及在“国家”的大背景中，旅游业务是如何运行的。了解旅游业概况对于进入主题是很重要的，否则要进入更深的研究是不现实的。

学生一旦获得了对旅游业概况的认识，即可开始学习实务管理的基本理论，这是本书第 2 篇的研究主题。这一篇所含各章的标题，对于普通商务专业的学生来说不会陌生，不过每一章专门提供了旅游业务的参考内容，这样既集中关注了普通商务的功能，又采用了旅游经营业务的论述视角。

虽然我们总体上认可任何经营业务都要瞄准顾客，但很多行业已经感到难于将其“顾客”等同于一般意义上的“顾客”，如卫生、教育，甚至交通业，在这些行业中，“患者”、“学生”和“乘客”是比简单的“顾客”更为复杂的概念。在旅游业实务中，许多组织者感到很难将“顾客”的概念与“旅游者”相对接。结果，大量管理方面的问题必须被强调为旅游业务的独特问题，因此这些问题在本书第 3 篇的 13 个章节中逐一进行讨论，并以思考旅游业的未来视野作为结束。

本书的每一章都包括以下内容：

■ 学习目的简要说明
■ 每章概述
■ 概述中提及的专门内容
■ 案例研究，包括扩展案例
■ 结论
■ 阅读指导
■ 网站推荐
■ 关键词
■ 参考文献

本书在写作过程中，涉及的所有被推荐网站均工作正常。读者可能会碰到进不了网站的情况，如果此类情况的确发生，请联系出版商帮助您解决问题。

■资料支持

进一步学习的资料，包括已注释的相关网站链接，均能通过以下网站获得：

www. pearsoned. con. uk/beechchadwick

《旅游业管理实务》（BTOM Blog）是一个专门设计的，用于旅游业管理新经验和其他互联网资源支持本书的网站，它由 businessoftourismmanagement. blogspot. com 的编辑人员定期进行更新。

致 谢

编者很高兴地感谢各章作者的辛苦劳动和为本书的出版做出的努力，特别要向那些时限紧迫仍然完成著述的作者致以谢意。

同时还要感谢同意我们引用与其旅游业工作相关的案例资料的各类组织机构。

我们向《财经时报》Prentice Hall 人员的耐心表示敬意，经过多年努力让我们写出了《体育运动管理》之后，他们发现了两位合作者主动请愿编写这部姊妹篇，完全是因为出版社对那本书给予的支持。特别要感谢雅克林·西尼尔、尼古拉·契夫尔斯和本·格雷山，不仅由于他们给予了我们的一切帮助，更因为他们容忍了我们所预料得到的《旅游业管理实务》（BOTM）中存在的不足。

同时，两位编者也对苏·毕奇的优秀校对工作再次致以谢意。

对于娜塔莎·布拉墨尔为本书后较长的案例研究，所进行的筛选和编写工作要特别致谢，她还承担了案例 1. 2 和 1. 3 的编写。

约翰将其为本书所做的工作献给苏伊，因为她忍受了大量的不愉快，约翰已承诺回家以后要认真地粉刷房子。

西蒙把他为本书付出的辛劳献给巴巴拉和托马斯。

出版社致谢

谨向允许我们利用其版权资料进行再创作的下列作者和刊物表示深深的谢意：

Figure 1. 1 adapted from ‘Towards a framework for tourism education’, in *Annals of Tourism Research*, Elsevier (Jafari, J. and Ritchie, J. R. B. 1981); Figure in Case 5. 2 from Tourism Training Forum for Wales and Wales Tourist Board; Figure 5. 5 adapted from ‘A Theory of Human Motivation’, in *Psychological Review*, American Psychological Association (Maslow, A. 1943); Case study 6. 1 reproduced with permission of the Eden Project; Table 6. 1 from *Services Marketing*: *People*, *Technology*, *Strategy*, Pearson Education, Inc. (Lovelock, C. 2001); Figure 6. 2 from *Managing Services Marketing*, South-Western, a division of Thomson Learning (Bateson, J. and Hoffman, K. 1999); Figure 6. 3 from www. ianallan. com/travel/

index. htm, lan Allan Travel Ltd; Figure 6. 5 from *Principles of Services Marketing*, Open University Press/McGraw – Hill Publishing Company (Palmer, A. 2001); Tables in Cases 7. 1 and 7. 2 from Go *Ahead Group plc Annual Report* 2003, GoAhead Group plc; Tables in Case 7. 3 from *Ryanair Annual Report and Financial Accounts* 2003, Ryanair plc; Figure 7. 5 from *Managerial Accounting in the Hospitality Industry*, Nelson Thornes (Harris, P. and Hazzard, P. 1992); Figure 7. 6 from *Business Development; A Guide to Small Business Strategy*, Elsevier (Butler, D. 2001); Table 9. 1 from 'From theory to practice: using new science concepts to create learning organizations' in *The Learning Organization*, Emerald Group Publishing Ltd (Shelton, C. and Darling, J. 2003); Table 9. 2 from www. arrowhead. com/site/files/breaker/2004springbuad4556southwestairlines. doc, Arrowhead University (Breaker, M. 2004); Figures 9. 2 and 9. 3 from *Competitive Advantage: Creating and Sustaining Superior Performance*, Free Press, a division of Simon & Schuster Adult Publishing Group (Porter, M. E. 1985, 1998); Table 10. 1 from *Operations Management. An Active Learning Approach*, Blackwell Publishing Ltd (Bicheno, J. and Elliott, B. B. 1997); Figure 10. 1 from *Operations Management*, Palgrave Macmillan (Hill, T. 2005); Figure 10. 2 from *Operations Management*, Pearson Education Ltd (Slack, N., Chambers, S. and Johnston, R. 2004); Figure 10. 3 from 'Yield Management Practices' in *Yield Management*, Thomson Learning (EMEA) Ltd (Ingold, A., McMahon-Beattie, U. et al. 2000); Table 11. 4 from 'The role of computerised reservation systems in the hospitality industry', in *Tourism Management*, Elsevier (Go, E 1992); Table 13. 1 from *Sightseeing in the UK* 2000, English Tourism Council (ETC 2001); Figure 13. 1 from The nature and pur-pose of visitor attractions', in *Managing Visitor Attractions*, Elsevier (Leask, A. 2003); Table 14. 1 based on *Mega-Events and Modernity*, Thomson Publishing/Routledge/Taylor & Francis (Roche, M. 2000); Figure 14. 1 adapted from 'Integrating sport and tourism: a review of regional policies in England', in *Progress in Tourism and Hospitality Research*, John Wiley auld Sons Ltd (Weed, M. E. and Bull, C. J. 1997); Tables 18. 2, 19. 1 and 24. 2 Crown copyright material is reproduced with the permission of the Controller of HMSO and the Queen's Printer for Scotland; Table 18. 3 from *Quality Standard for Hotels, Classification Scheme Manual*, English Tourism Council (ETC 2004); Table 18. 5 from *Price Elasticity of Lodging Demand*, Pricewaterhouse Coopers (Hanson, B. 2000); Table 21. 1 from *Yearbook of Statistics* (1997 – 2001), World Tourism Organization (WTO 2003); Table 21. 2 from *Eurostat Year-*

books 2002 *and* 2003, Office for Official Publications of the European Communities (OPOCE 2002, 2003); Table 21. 3 from *Eurostat Yearbook* 2002, Office for Official Publications of the European Communities (OPOCE 2002); Tables 22. 1 and 22. 2 from *Tourism and Poverty Alleviation*, World Tourism Organization (WTO 2002); Figure 22. 1 from *Jamaica Observer*, Jamaica Observer Ltd (8. 8. 1996); Tables 24. 4 and 24. 5 from respectively www. greenglobe21. com/Benchmarking and *Green Globe* 21 *Essentials*, Green Globe Asia Pacific Pty Ltd (Green Globe 2004). Green Globe uses a series of Earthchcck indicators to benchmark aspects of performance. Earthcheck is a proprietary system of indicators used to measure environmental and social impacts; Table 24. 7 from *Tourism*, *Technology and Competitive Strategies*, CABI Publishing (Pooh, A. 1993).

Brilliant Weekends for an extract from their website www. brilliantweekends. co. uk (Case 6. 4); Multilingual Matters for an extract from 'The World Wide Fund for Nature Arctic Tourism Project' by Mason, Johnston and Twynham published in *The Journal of Sustainable Tourism* 8 (4) (Case 16. 2); Roger Bray for 'Agents suffer a squeeze from air-lines', *The Financial Times Limited*, 21 January 2004, © Roger Bray (Case 20. 7); Elsevier for an extract from 'The Great Barrier Reef' by Simmons and Harris in *Sustainable Tourism*: *An Australian Perspective* by Harris and Leiper (Case 22. 2); Tourism Intelligence International for an extract from 'Successful Tourism Destinations-Lessons from Leaders' by Boon; and Third World Network for extracts from *New Frontiers* available at www. twnsidc. org. sg/tour. htm (Case 22. 1).

感谢金融时报有限公司允许我们引用如下材料：

Case 20. 4 Inside track: Toeing the line versus do-it-yourself, © *Financial Times*, 28 May2002; Case A Iranians rue loss of lucrative foreign tourist business, © *Financial Times*, 11Septcmber 2004; Case B Germany's Tui reaches calmer waters, © *Financial Times*, 8September 2004; Case C Mountain kingdom brave Maoist rebel blockade, © *Financial Times*, 28 August 2004; Case D Raising the bar high in order to perform well, © *Financial Times*, 6 August 2004; Case E 'Smoking ban' could benefit economy by £ 2. 3bn, © *Financial Times*, 29 July 2004; Case F Dalmatia woos the 'in – crowd', © *Financial Times*, 13 July 2004; Case G Liechtenstein buys a new look, © *Financial Times*, 26 August 2004; Case H Priority is preserving unspoilt coast, © *Financial Times*, 11 July 2004; Case 1Away from theme park Havana, © *Financial Times*, 16 August 2003; Case J The non – par – tisan middleman, © *Financial Times*, 27 October 2004; Case K Leader on the route to-success, © *Financial Times*, I September 2004; Case L Vision of booming spiritual village, © *Financial Times*, 23 November 2004; Case M Image starts to wear a bit thin, from FTInvesting Spain Supplement, © *Financial Times*, 26 October 2004; Case N The holidaypackage undone, © *Financial Times*, 21 May 2003.

由于某些原因我们一直无法查到一些资料的版权所有者，如能提供信息，将不胜感激。

术语缩写

ABTA	英国旅行代理商协会
ADR	解决争端的替代方法
ATTO	独立旅行代理商协会
ASEAN	东南亚国家协会
CAA	英国民航总局
CBA	成本－利润分析
CEC	欧洲社区委员会
CRS	计算机预订系统
CIP	关键的次要因素
DDA	反对残障歧视条例
DETR	英国环境、交通和区域管理部
DfES	英国教育和技术部
ECPAT	结束儿童性交易亚洲旅游中心
ECTAA	欧洲旅行代理商和旅游经营商协会
EMS	环境管理系统
ETC	英国旅游理事会
EU	欧盟
GATS	服务贸易总协定
GDS	全球分销系统
GDP	国内生产总值
GNP	国民生产总值
HDI	人类发展指数
ICAO	国际民航组织
ICCROM	国际文化遗产保护与储备研究中心
ICOMOS	国际古建筑和遗址理事会
ICT	信息交流技术
IUCN	保护自然与自然资源国际联盟
IUOTO	国际公务旅行组织联盟

LDC	不发达国家
MMC	英国专利与合作者委员会
MNE	多国企业
OECD	经济合作与发展组织
OFT	公平贸易局
SMEs	中小型企业
TNC	跨国公司
TPC	旅游政策理事会
TSA	旅游卫星账户
UNDP	联合国计划开发署
UNESCO	联合国教科文组织
USP	独特买点
VAT	价值附加税
VFR	探亲访友旅游者
VSO	海外服务志愿者
WTTC	世界旅游理事会
WTO	世界旅游组织
WWF	世界自然基金会

注：1 WTO 也是联合国另一机构世贸组织的简称，容易混淆。

2 WWF 以前为野生动物基金会，其秘书处称为国际野生动物基金会。（2002 年与世界角力娱乐联合会有争端，该联合会曾使用 WWF 作为标识，后改为 WWE，即世界角力娱乐组织。）

有用网站

■学术协会网站：

ALTIS：www. altis. ac. uk
ATHE：www. athe. org. uk/
ATLAS：www. atlas – euro. org/
ISTTS：www. istte. org/index. html
Tourism Society：www. Tourimsociety. org/

■学术期刊网站

阿拉斯泰尔 · M. 莫里森旅游期刊名单：omni. cc. purdue. edu/ ~ alltson/journals1. htm

■政府机构网站

欧洲旅游网：http//eoropa. eu. int/comm. /enterprise/service/tourism/index – en. htm

OTTI：http：//eurpa. eu. int/comm/enterprise/service/tourism/indexen. htm
明星英国（旅游与研究数据资料）：www. staruk. org. uk/
旅游办公处世界网指南：www. towd. com/
世界旅游组织电子图书馆：miranda. wtoelirary. org
世界旅游组织：www. worldtourism. org/

■其他网站

约翰 · 毕奇的旅行与旅游管理信息门户：
www. stile. conventry. ac. uk/cbs/staff/beech/tourism/index. htm
瑞恩 · 沃克斯伯格的旅游研究链接：www. waksberg. com/
关注旅游网：www. tourismconcern. org. uk/resources/resource – books. html
链接这些网站和所有章节的具体网站可查询：www. pearson. co. uk/beech-chadwick

《旅游业管理实务》的博客（BTOM Blog），是用于旅游业管理新经验和其他互联网资源支持本书的网站，它由 businessoftourismmanagement. blogspot. com 的编辑人员定期进行更新。

第 1 篇

旅游业总论

- 本篇是有关全书的总论。作为全书的重点，本篇讨论了旅游业作为一个独具特色的行业，是如何在公共部门、私有部门或行业社团中逐渐发展起来的；概述了旅游业的主要结构及其所属的部门，以及旅游业必须纳入国家范围内管理的有关知识。
- 本篇的目的，旨在考察旅游业和旅游管理是如何以其独特方式而逐步形成的过程及原因，并在此基础上确立了本书其余部分的撰写框架。
- 本篇包括了旅游业演进过程，旅游产业结构及政府在旅游中的角色等内容。
- 本篇中有各种类型的案例研究，其中包括对典型的英国度假地斯卡伯勒（Scarborough）的研究，信息技术对旅游业的影响，以及意大利政府在旅游发展过程中所扮演的角色等。

第1章　旅游业演进概况

约翰·毕奇（John Beech，考文垂商学院）
西蒙·查德威克（Simon Chadwick，伦敦大学伯克贝克学院）

学习目的

学完本章后，读者应该能够：

- 概述旅游的发展，特别是大众旅游的发展；
- 从经济角度阐述旅游业的重要意义；
- 明确大众旅游发展所必备的关键因素；
- 确定旅游业和旅游管理的范围，以及主要旅游流的内容；
- 明确与旅游组织管理相关的主要行业因素；
- 掌握本书的主要结构和内容。

本章概述

本章对旅游管理实务进行了概述和介绍。首先明确今天大众旅游的历史进程，阐述了大众旅游是如何从早期富人消遣的旅游时代发展而来的。通过以英国大众旅游的发展过程作为典型案例，追溯旅游的发展进程，并了解20世纪主要的旅游流和重点旅游类型，讨论了在世界其他地方类似的发展情况。

接下来，主要概述了旅游业的形成，以及各种管理理论应用于旅游管理的研究。最后，根据上述管理理论的应用框架，建立起本书的总体结构和内容。

早期的旅行

早期人类过着游牧式的生活，按照定义他们的生活方式中就包括了旅行。通常他们的游牧活动是限制在一个确定的区域，在这个区域内他们通常能寻找到动物，而这些动物就构成了他们食物的主要部分。从现代意义上讲，这种游牧式的生活不能称为“旅游”。因为“旅游”的前提条件是以某种形式离家外出旅行，再返回家的整个过程，在社会还未建立在以“家”为基础的时候，是不可能存在“旅游”的。

虽然，早期的人类不是旅游者，但他们却表现出了极大的旅行倾向。他们的旅行可能包括了数千英里的行程。凯尔特人（the Celts）是一个居住在欧洲西北边境地区的种族，而他们则起源于中亚地区，并且曾居住于奥地利的霍尔斯塔德（Halstadt）地区，因此整个凯尔特种族的大规模旅行同样不能称之为旅游，因为他们并未返回原住地，尤其是这种旅行包括了居住地的重大变动，因此它的特征应为迁徙而不是旅游。

早期的人类并非仅仅徘徊在一个特别的地区游牧或为寻找新牧场而迁徙。塔斯马尼亚大学的特雷弗·索菲尔德（Trevor Sofield）教授在特立奈特（Trinet）旅游学术论坛上提出：

> 早在30 000年或更早以前，当各游牧族群为每年的各种节庆典礼活动而聚在一起时，澳大利亚土著居民便开始了“特别的年度庆典旅游”（Berndt和Berndt，1964）。

索菲尔德提出了这个论据，是为了使大家认清一个事实：旅游并不是一个伟大的欧洲发明。他指出，在约2 000年前的罗马帝国，在人们看见大规模有组织的旅行队伍穿越大部分欧洲，进入非洲东北部之前，中国皇帝就已派遣了使臣出访世界各地。他还指出：去圣地或圣坛朝觐的宗教旅行，并不是由罗马基督教发明的，实际上在基督诞生之前，印度次大陆、中国、尼泊尔、泰国、伊朗、越南和缅甸的宗教旅行已经是非常普遍的活动了。

一些基础概念

将宗教朝觐作为旅游概念，这乍看起来可能显得有些奇怪，对此我们有必要先查看旅游的两个定义。1937年，由国际联盟（League of Nations）所做的旅游定义是最早的官方定义之一，即：

人们在国外为期24小时以上的旅行。

在今天，是不可能接受这个定义的，因为它将各种形式的国内旅游都排除在外了，如旅游者游览国内的旅游目的地。这样的定义排除了人们从美国北部如芝加哥一样的城市到佛罗里达的巨大旅游客流。

最广为接受的现代旅游定义是由联合国负责发展和促进旅游的机构：世界旅游组织（WTO）给出的：

> 人们为了休闲、商务或者其他目的而离开他们通常的环境，前往

某些地方并做不超过连续一年的停留的活动。

根据这个定义，宗教朝觐明显符合旅游的各种条件。因为宗教朝觐包括了朝圣者或者说宗教旅游者的短暂空间位移，并且他或她又返回了原住地。将“朝圣者”视作“旅游者”，这还是令我们感觉奇怪，因为朝觐的目的不同于与旅游相关的旅行目的：出于休闲目的的度假、旅行等。实际上，WTO 的定义并未限制在那些提出参考的旅游目的范围内，因为，定义中包括了“或者其他目的”，这留给了我们一个非常广泛的定义。大多数学者都使用 WTO 的定义，因此旅游研究包括了一种比研究度假者和度假范围更大的主题研究。的确，除了某些值得重视的情况外，往往容易被外行视为旅游的必要组成部分的宗教旅游，反而常常被旅游学者所忽视。在地中海，当以追寻阳光（sun－seeking）为主要旅游目的的北欧旅游者出现时，洛伊斯·特纳和约翰·阿什（Lois Turner，John Ash，1975）写到了“快乐的边缘地”（the pleasure periphery）①。克里蓬多弗（Krippendorf，1987）和厄里（Urry，1990）利用亲身体验，对旅游者的研究做出了重要的贡献。他们是从人类学或社会学的角度进行的研究，从而引发了一个重要的问题：我们应该从哪个学科的角度来研究旅游?

作为一个在旅游研究中有着重要影响的人物，贾法·贾法利（Jafar Jafari，1981）提出了可以进行旅游研究的多个学术视角，详见图 1.1。

这些不同的学术视角造成了在大学的不同系或学院都在研究旅游，由此带来的后果是在市场上找到“旅游”课程的书籍是不容易的。大多数情况下，提供的书都是“旅游研究”、“旅游管理”和“旅游地理”方面的。因此，本书是从管理角度来撰写的，并且是为旅游研究中的旅游管理专业或旅游地理专业的学位课程而设计的核心教材。

有一个古老的玩笑：“旅游是好的，但其旅游者是坏的”，这提出了旅游的两个重点。旅游的本质是人们研究的一种实际过程，而旅游者则是参与该过程独立的行为者。但在现代社会中，他们的行为通常在一定程度上受制于旅游生产者所提供的旅游产品。旅游生产者所提供的核心产品，一般包括往返旅游目的地的交通、在旅游目的地的住宿，以及在目的地内游览景观的旅游活动。这些旅游产品的供给是旅游业的基本特征，也是本书所要探讨的主要内容。

① 早期研究欧洲和美国旅游者的作者们，往往瞧不起他们所研究的对象，如把他们称为金色的人群（The Golden Hordes；Turner，Ash，1975），令人讨厌的旅游者（The Offensive Tourist；Pritchett，1964）。

图 1.1　贾法·贾法利的“旅游时钟”

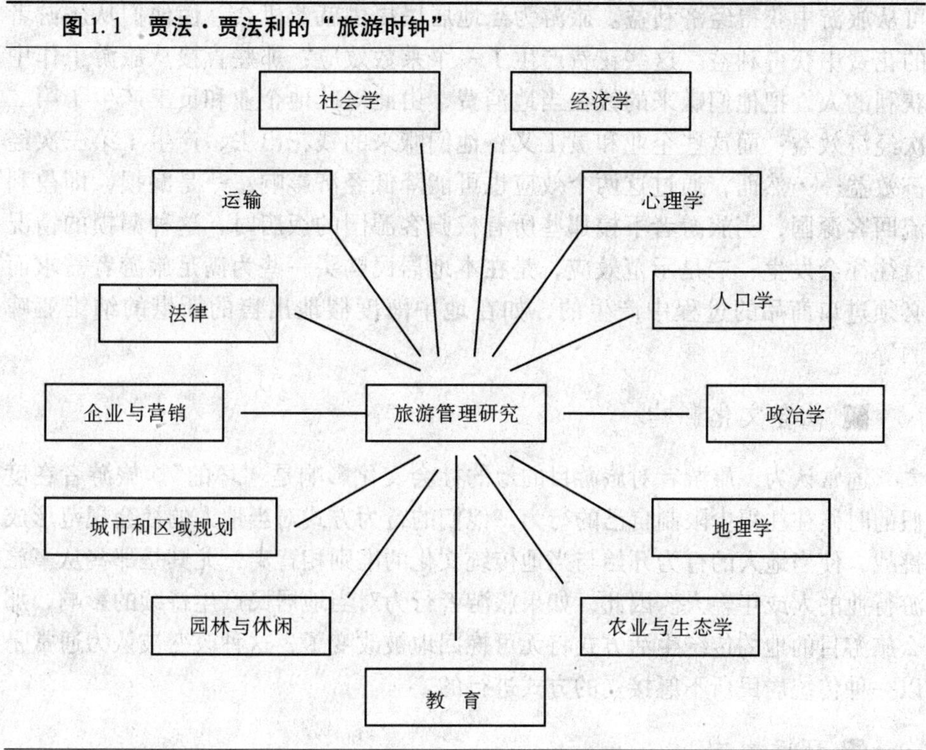

资料来源：摘自贾法理和里奇的“旅游教育的趋势”（Jafari and Ritchie，1981：13－34），《旅游研究年刊》第 8 卷第 1 期重印（Reprinted from Annals of Tourism Research，vol. 8，no. 1，Copyright 1981，with permission from Elsevier）

怎样理解旅游是“好的”，而旅游者是“坏的”，最重要的是要区别旅游者和旅游产品的生产者，包括旅游中的利益相关者。在这个背景下，“好的”和“坏的”指的是旅游和旅游者对旅游目的地所造成的影响，对此已有人研究过主要有以下三个方面的影响：

- ■ 经济影响；
- ■ 社会文化影响；
- ■ 环境影响。

根据前人的研究成果，这三个方面的影响总体上可以从以下方面来概括。

■ 经济影响

人们认为旅游的经济影响是“好的”，即积极的。换言之，旅游目的地可从旅游中获得经济利益。旅游为当地居民提供就业机会，使他们从旅游者的花费中获得利益。这些花费产生了一个乘数效应：那些直接从旅游工作中获利的人，把他们赚来的钱在当地消费，由此对其他企业和员工产生了第二次经济效益；而这些企业和员工又将他们赚来的钱花出去，产生了第三次经济效益……然而，通过这两个效应也可能降低经济影响：一是漏损，即盈利流回客源国，当旅游者下榻那些所有权归客源国的饭店时，这种漏损的情况就往往会发生；二是示范效应，是在本地居民购买一些为满足旅游者需求而必须进口商品的过程中产生的，如在地中海度假地出售的斯堪的纳维亚啤酒等。

■ 社会文化影响

通常认为，旅游者对旅游目的地的社会文化影响是“坏的”。旅游者在度假的时候往往很少限制自己的行为，他们的行为方式对当地人的社会规范形成挑战，使当地人的行为开始与当地传统文化的准则相背离，尤其是那些从事旅游行业的人或年轻人。因此，如果旅游者行为对当地居民产生持续的影响，那么旅游目的地的传统生活方式将无可挽回地被改变了，这种改变被认为通常是以一种传统居民所不愿接受的方式进行的。

■ 环境影响

旅游者对旅游目的地的环境影响通常也是“坏的”。大量旅游者的不断地涌入，通过直接影响生态环境、不合理地使用土地和水资源，造成对建筑环境的过重负担，尤其是对历史和文化建筑的影响，都会导致自然环境的退化。

只有了解了上述三个影响时，我们才能看出在某个旅游目的地的旅游过程是否是可持续的。回到贾法利关于如何从不同视角进行旅游研究的论述，不会使我们感到意外的是，经济学家们倾向于集中研究旅游经济的可持续性，而社会学家、人类学家和地理学家倾向于更多地关注旅游者对社会文化和环境的影响。尽管本书侧重于旅游业的管理范围，但本书并非只关注积极的经济影响而不顾社会文化和环境的代价。现在，我们转过来探讨旅游业的形成，有人可能认为旅游业是第一行业。

早期的旅游业

以现代观点来看，在中世纪旅游业作为世界最早行业的出现有两条线索。

历史上，第一条线索出现在欧洲，是与一种文化和教育现象相联系的“大旅行”（Grand Tour），其旅游动机是学习而不是为了寻求愉悦，这不同于我们通常所认为的旅游动机。富裕人家将孩子送去游览欧洲主要的文化中心，以此来扩充对他们的教育并学习文化，如巴黎、维也纳和佛罗伦萨等。通常他们会雇佣一个向导来陪同学生旅行，这个向导扮演着监护人、私人教师以及导游的角色。在最后一个角色中，我们可以看出，旅游今天依然能为大量的人们提供就业。然而，“大旅行者”是来自中世纪时候的少数精英，他们经常进行的这种“大旅行”往往都会持续三年或四年，而今天，旅游的这种形式已彻底消失了。

然而，第二条线索则表现出了一些现代旅游的特征，通过这些特征可以看到它和今天可确定的旅游形式是相同的。随着富有的中产阶级的发展壮大，他们有闲暇时间和可自由支配的钱用于旅游。在许多欧洲国家，温泉疗养地作为“旅游目的地”出现了，游客来此都会花上两三周的时间进行水疗。毫无疑问，一些人是为了各种各样的疾病而来寻求治疗的，但更多的人来这些温泉不仅是为了一般的预防治疗，还为寻求一种生活方式和状态，这些生活方式和状态在一些更为成功的温泉疗养地开始出现了。在比利时、德国、奥地利和瑞士的温泉（“Spa”这个词来源于比利时的 Spa 镇），可以很容易地看出旅游的形式。尽管可能难以想象，但在英国有些地方也成了康体度假地，如坦布里奇威尔斯（Tunbridge Wells）、雷明顿温泉（Leamington Spa）和德罗伊特维奇（Droitwich）。在那些地方，往往雇佣一个节目主持人来安排社会活动，这样会给他们每个人带来竞争压力。目前，英国大多数的内地温泉疗养地都主要源自一种试图发展遗产旅游的形式，最好的例子是一个名叫巴斯（Bath）的温泉，随着 15 世纪早期罗马人的撤退，沉寂多年的温泉又重新出现了。

由于陆地矿泉疗养地的旅游逐渐衰落，一种新的“温泉疗养地”的旅游形式开始出现了，即海岸度假旅游，这再次强调了游览温泉疗养地的康体功能。同时，海上游泳等形式的休闲活动更增加了旅游目的地的吸引力，而对这类游客来说，主要还是出于社会和休闲方面的动机。

现在，随着传统海滨度假地的发展，我们可以清楚地看到当代大众旅游的产生。当内陆温泉疗养地迎合了富有的中产阶级旅游者时，大量工人阶层的旅游者才第一次去海滨度假地。

案例 1.1　斯卡伯勒：一个转型的案例

斯卡伯勒（Scarborough）在英国的温泉疗养地中是独一无二的，不仅因为很早以前它就是天然的矿泉疗养地而闻名，而且还在于它成功地转型为海水疗养地：它拥有的天然泉水和海水使其独具特色，因此它在大多数传统的温泉疗养地衰落的时候生存了下来。

格兰维尔（Granville）于 1841 年首次出版了《英国的温泉疗养地》一书，将斯卡伯勒誉为“英国海水浴场皇后”，同时提到了海水浴场的设施，并且详细描述了两个在 17 世纪就开发的有药物功效的温泉水。为那些希望使用温泉水的游客所提供的设施，逐渐与内陆主要的温泉疗养地同步发展，如巴斯（Bath）和坦布里奇（Tunbridge），为各种社会活动提供的会议室、药用水供应室和剧院，都是由当地的节目主持人管理。然而，到 19 世纪初，海水浴场和海水使用已超过了温泉浴场，同时游泳器具已遍布了整个海滩。

直到 1845 年，来自约克（York）的一条铁路分线延伸到了斯卡伯勒，该地才作为旅游目的地得到了很好的发展，而且现在已成为一个主要的铁路枢纽，也是首个通火车的海滨度假地。这对斯卡伯勒的旅游发展规模产生了重大影响，使该地人口由 1851 年的大约 1 万人上升到 1891 年的 3 万多人。随着城镇的发展，斯卡伯勒发展了所有重要的设备和基础设施，使其在维多利亚和爱德华鼎盛时代成为最具特色的英国海滨度假地：

- 马车巴士和电车轨道系统；
- 悬崖缆车：4 条缆索系统，在斯卡伯勒经过了长时间的建设后，将小镇和下端的沙滩连接了起来；
- “大型酒店”：许多仍然在经营，如大酒店（the Grand）、皇家酒店（the Royal）和皇冠酒店（the Crown），尽管现在它们的营销策略更多地倾向于“恢复以往的辉煌”；
- 为那些想要居住在斯卡伯勒的人提供的大规模、优美的半圆形建筑；
- 供度假者沿着海岸线散步的海滨广场；
- 展览馆：第一个展览馆由伦敦水晶宫（London's Crytal Palace）的设计者，约瑟夫·帕克斯顿（Joseph Paxton）先生设计，但是于 1876 年毁于大火，取而代之的是现在的温泉疗养地展览馆；
- 码头：斯卡伯勒码头开放于 1869 年，于 1905 年毁于风暴之后再也没有重建；
- 塔：于 1897 年在黑池（Blackpool）之后开放，但是比黑池短暂得多，只存在了十年。

以及近期的：

- 微缩铁路；
- 主题公园：友爱地公园（Kinderland）；
- 大量的人造拱廊、餐馆、夜总会和纪念品商店；
- 剧院：史蒂芬·约瑟夫剧院和未来主义剧院（Futurist Theatre）。

案例 1.1 续

随着 20 世纪的发展，前来斯卡伯勒的游客规模逐步由大变小。很多年来，铁路一直是斯卡伯勒作为成功旅游目的地的重要因素，根据 Granville 的主题，服务于斯卡伯勒的铁路公司把它宣传为“北部的水世界皇后”。从伦敦出发的直达快车以“斯卡伯勒飞行者”的品牌向外推出。为迎合广大游客的需求，斯卡伯勒火车站自诩为全英国最长的火车站！

20 世纪 70 年代，地中海便宜的包价旅游的出现不可避免地导致了斯卡伯勒游客量的大幅下降。斯卡伯勒被迫进行再次定位并重新设计自己的产品，从而发现了正在增长的周末市场和会议旅游的发展：温泉疗养综合体（Spa Complex），需要有能容纳2 000人的会堂，因此斯卡伯勒进行了很好的转型定位。同时，斯卡伯勒也开始重视遗产旅游，甚至铁路部门对此也有所反应，增加了一列从约克发出的遗产蒸汽列车。

在 2002 年，斯卡伯勒获得了由英国旅游委员会颁发的改进最大的度假地金奖，也许这表明了之前它衰退得有多厉害，但也意味着它取得了多大的复兴。

资料来源：各种资料

诸如上述这种大众旅游的出现，必须满足四个条件：

充足的闲暇时间

这一条件的实现主要表现在两方面。随着工业城市的兴起以及农业劳动向工业劳动的转变，随着工厂停工和人们不用每周 7 天都从事耕作和养殖，使传统的星期天休息时间变成了真正的休息日，这意味着每周有一天可能用来休息或短途休闲旅行，即少于 24 小时的那种旅游。许多国家都有法令来保证人们的闲暇时间，英国 1871 年的法案规定了银行假日，在短短的 20 年内许多城镇都确定了正式的半天歇业的规定，并且在 1901 年的工厂法案中赋予了妇女和年轻人一年六天的假期。

足够的可用于假日花费的收入

主要产生于一种更广泛的社会和特定的经济背景，在维多利亚和爱德华时代后期，户外休闲活动发展起来，这导致了“假日野营地”的兴起，以适当的价格就可以在这种假日野营地开展活动，然而大多数这样的活动并不是出于商业目的。随着国家财富的增长开始体现在其公民的经济财富增长上，于是又会出现新的法令，如 1938 年英国的带薪休假法案。

便宜和便捷的交通方式

首先体现在短途旅行中，通过可利用的、便宜的轮船交通，如伦敦人能够从伦敦乘船到肯特郡北部的马格特（Margate）和莱姆门（Ramsgate）的新度假地进行旅行，由于这种方式较为便宜，因此从19世纪20年代这种旅行方式开始增长。另一个重要的发展是铁路的开通，英国开通的第一条“城市间”铁路线是1830年从利物浦到曼彻斯特的线路。在接下来的20年间，延续至今的铁路网络大部分都建成了。尽管托马斯·库克（Thomas Cook）被誉为是世界上第一次短途铁路旅游的组织者，但实际上铁路旅游是由当初的私有铁路公司自身发明的。托马斯·库克组织的首次短途铁路旅游的意义，在于他是第一个基于现有交通设施而设计了一个商业旅游产品的人。一个多世纪以来，铁路不仅为大多数旅游提供了基础的交通设施，而且也带动了度假地的增长，如伯恩茅斯（Bournemouth）和康沃尔郡的里维埃拉（Cornish Riviera）。

第二次世界大战后，国际旅游需求剧增，喷气式飞机这个航空交通工具的出现，特别是波音707的出现，使便宜且持续时间适度的空中旅行成为可能，如从北欧到地中海，从美国东北部工业中心到佛罗里达州。

生产和销售旅游产品的商业组织

尽管托马斯·库克及其儿子约翰·梅森·库克（John Mason Cook），是有导游的旅游的开拓者（我们认为他们是第一批旅游经营商），但他们并不是为大众旅游者服务的，而是服务于“大旅行”时代旅游者的后继者。在英国，摄政街理工学院（Regent Street Polytechnic）是旅游经营商和旅行代理商的开拓者，早在1889年就组织了海外旅游，并且理工学院旅游协会最终发展成为“‘Poly’ of Lunn Poly”，现在成为旅游业联合会国际有限股份公司（TUI）的一部分。

20世纪30年代，假日野营地提供集所有娱乐、餐饮和住宿为一体的全包业务，这成为英国大众旅游的主要特征，而发起这个活动的企业家则家喻户晓，如比利·巴特林（Billy Butlin）和弗雷德·庞廷（Fred Pontin）。

第二次世界大战后，全国性的大型旅游经营商和旅行代理商如雨后春笋般涌现。由比利时人杰勒德·布里茨（Gerard Blitz）创立的地中海俱乐部（Club Mediterranée）是欧洲最重要的旅游经营商。早在1950年，布里茨就在马略卡岛开办了他的第一个度假村。早期的度假村提供非常简单的住宿，给人以回归自然的感觉，而在吉尔伯特·特里哥洛（Gilbert Trigano）的管理下，公司已经成长为一个全球性经营商，拥有各种各样的旅游产品，包括滑雪度假、游船旅行等（Vichas，1994）。

案例1.2 那不勒斯海湾——一个改变游客的案例

位于西海岸著名的那不勒斯海湾，是大家公认的意大利最美的海岸线，并且它还是意大利一些最受欢迎的旅游目的地的发源地。索仁托（Sorrento）小镇坐落于这个海湾的南边，其迅速成为有名的旅游目的地，并像它附近的旅游目的地一样受到人们的欢迎。

最为著名的是那不勒斯城，它在数百年间一直为国内旅游者提供服务，国际旅游也正在取得成功并逐步增长，但目前由于犯罪和暴力，其盛名正逐步下降。这座城市本身和整个地区，都沉浸在历史、文化及令人震惊的建筑中，并且以其友善的人民、丰盛的菜肴及温和的气候而自豪，这些都使得这座城市成为受度假者欢迎的旅游目的地。

在那不勒斯海湾对着城市的右方，能仰望到世界上最著名的火山之一：维苏威火山（Mount Vesuvius），它也是欧洲大陆最活跃的火山。其最近的一次喷发是在1944年，但最有名的一次爆发则是在公元79年，当时火山喷出的熔岩和飞尘埋没并摧毁了附近的罗马城市庞培（Pompeii）。目前，位于那不勒斯和索仁托之间的庞培城，已基本上发掘出来并修复了，现已成为意大利最有名的历史名胜之一。

离开海湾，沿着美丽的阿马尔菲（Amalfi）海岸朝南前行，便是萨勒诺城（Salerno）和古希腊帕埃士顿（Paestum）遗址，这里数百年来一直强烈地吸引着许多探险旅游者。萨勒诺城一度是个不亚于那不勒斯的重要城市，其包括了一个现在还十分繁忙的港口和一个壮观的罗马教堂。作为希腊的前殖民地，帕埃士顿由许多壮丽并且保护较好的庙宇所组成，其历史可追溯到公元前的600年之前。

除了这些内陆的吸引物外，那不勒斯海湾同样拥有三个静谧的岩石岛屿：普洛西达岛（Procida）、伊西亚岛（Ischia）和卡普里岛（Capri），后者是许多富豪和名人经常光顾的世界著名度假胜地，这些岛屿都很值得一游，因为“随着航船穿过浅绿色的大海，去体验那种壮丽的美景，这本身就像在梦里”（Leech，Shales；2003）。在索伦丁（Sorrentine）半岛中，尽管卡普里岛是这些岛屿中商业较为发达的，然而却不是很有魅力的。快速增长的更多游客，可能会喜欢在较少人去的普洛西达岛上漫步及观赏那里的野生动物。

伫立在这些新老景点对比之间的是索仁托镇。索仁托将历史元素与现代旅游结合起来，像意大利的其他地方一样，在那不勒斯海湾拥有令人难忘的博物馆、戏院、歌剧院和教堂，尽管规模较小，但索仁托囊括了所有这些，使2500多年来它的时髦优雅一直吸引着游客（Leech，Shales；2003）。现在，这些引人注目的建筑已被现代化的舒适酒店和一流餐馆所包围，它们为人们创造出了一种完整的度假经历，同时也是一个出游周边其他地方的理想集散地。目前，旅游业是这一地区最重要的产业，当地人们很早以前就意识到了这种潜力，因此在索仁托建有充足的交通设施。岛屿、海湾以及海岸线以外，全都通过可靠的航空、公路、铁路和海上线路连接起来，从而使旅游者能够在区域内很容易地流动。

案例 1.2 续

这一连串的度假胜地位于公认的第一度假故乡所在地，并且它们一直以来是富人和名人的旅游目的地。在 19 世纪，作曲家费利克斯·孟德尔森（Felix Mendelssohn）和剧作家奥斯卡·怀尔德（Oscar Wilde）都曾在卡普里度假，恩里科·卡鲁索（Enrico Caruso）从他那出色的世界成就中退出后就待在了索仁托，诗人奥登（W. H. Auden）成为了伊西亚的居民，歌手格雷西·菲尔德（Gracie Fields），集剧作家、作曲家和演员为一身的诺维·考沃（Noel Coward）也是卡普里的常客。就在最近，汤姆·克鲁斯（Tom Cruise）、约翰·布什（John Belushi）和杜兰·杜兰（Duran Duran）都曾在卡普里度假，因此该地区仍是富人和知名人士的旅游目的地。卡普里有人口 12 000 人，目前有四家五星级酒店。然而，较为典型的是今天的游客大多数都是到陆地上的度假地进行短程旅游，如那不勒斯或索仁托。在旅游旺季，这个岛屿一天接待 10 000 名游客，这个数字远远超过了酒店的住宿接待量。

资料来源：各种资料

旅游业的演进过程

我们已经看到了一系列起起落落的旅游目的地：英国内陆的温泉疗养地以及它的后继者英国的海滨度假地，很明显现在都已处于严重的衰退状态。巴特勒（Butler，1980）所建立的旅游目的地演进周期模型（见图 1.2），已广泛地被作为一个营销模型来描述几乎所有旅游产品的生命周期过程。

图 1.2 巴特勒的演进周期模型

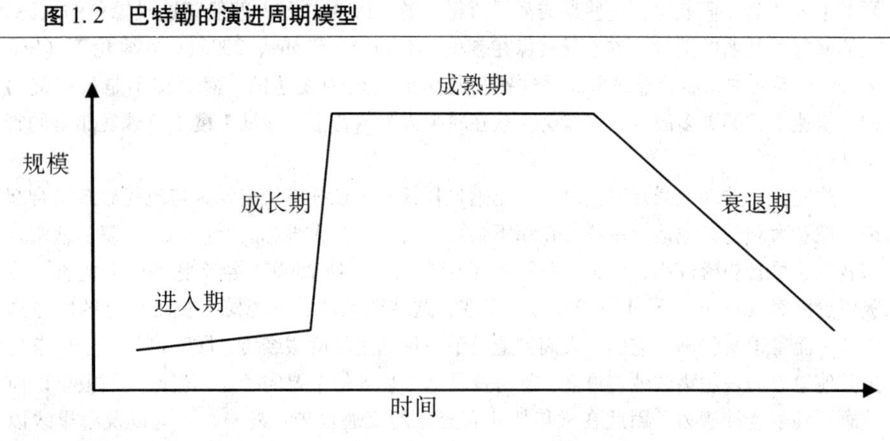

资料来源：根据巴特勒（Butler，1980）

其他的理论家，如瑟洛特（Thurot，1973）和普洛格（Plog，1974），也试图解释是什么驱动旅游产品生命周期的演进，他们的模型是动态的，强调了访问某特定旅游目的地的旅游者的变化特性，还特别强调了“连续”的概念。换言之，访问某特定旅游目的地的旅游者类型变化是模式化的，即随着一种类型的旅游者离开原来的旅游目的地向新的旅游目的地移动，另一种不同类型的旅游者紧接着进入前一种类型旅游者所离开的旅游目的地。他们的不同点在于这个变化过程的驱动力是什么，如表1.1所示。

表1.1　旅游目的地发展的演进理论

理论家	驱动力	度假地发掘者：	后继者：	旅游目的地对需求的反应
Thurot (1973)	阶层的连续性	富有阶层	中上阶层中产阶层大众旅游	改变宾馆的类型
Plog (1974)	旅游者的个性类型	探奇型旅游者（爱冒险的、外向、自信和独立的旅行者）	中庸型旅游者（部分探奇型、部分保守型，它们构成了旅游者的主体） 保守型旅游者（那些喜欢“在国外”就像在“家”一样的胆小旅游者）	改变吸引物的类型

资料来源：WTO（www. wto. org）的信息

旅游业演进理论有一个明显的优点：在许多案例中他们似乎起着很好的作用，如解释了托列莫利诺斯（Torremolions）的旅游业在过去的50年中是如何改变的（见BBC，1996）。但这类方法的不足之处也显露了出来：

■ 只有从旅游客源国的角度来看旅游目的地时，旅游业演进理论才有意义，如从来自英国或其他北欧国家的游客角度，看托列莫利诺斯或西班牙的科斯塔斯等旅游目的地时，理论研究才有意义。但是，他们真的能解释西班牙国内旅游的增长吗?

■ 这些理论的逻辑性扩展是：所有的旅游目的地，最终都将仅是充满中庸型的工作阶层的旅游者。

■ 最终那些富有的探奇型旅游者将去哪儿呢？他们将游遍那些可能发现的旅游目的地。

还需要认识到的是：任何特定的度假地并非限定为一个生命周期，他们能够自己复苏，并且吸引那些高级的探奇型旅游者的进一步造访。

案例 1.3 亚特兰大城——一个复苏的案例

亚特兰大城给人的第一印象可能是一个与穷人城市维加斯（Vegas）差不多的城市，目前，这个平庸的投机天堂隐藏着一个复杂而古老的历史。他现在的名气始于 20 世纪后半叶。然而，事实上，自 18 世纪早期，旅游就在亚特兰大城的历史中扮演着一定的角色。

埃伯森岛（Abscen）是亚特兰大城市的发源地，也是杰出的旅游先驱家族里兹（Leeds）的起源地。里兹家族使亚特兰大城的旅游生命周期不同于其他旅游目的地。埃伯森岛的第一个产业就是旅游，它始于杰里迈亚·里兹（Jeremiah Leeds）的第二个妻子开办的膳食小客栈。最初的想法就是将这个岛变成一个海滨度假地，但问题是区位比较偏僻并缺乏交通连接线。为了解决这个问题，1852 年坎登（Camden）至亚特兰大城的铁路诞生了，它使亚特兰大城步上了快速改变和发展之路。在之后的 30 年中，随着第一批乘火车而来的旅游者，亚特兰大城为它的潜在游客提供了可供选择的不同交通设施：一个繁忙的海港、一条与大陆相连的道路及一条补充的铁路线。

随着游客数量的快速增加，住宿需求也在增长。为了满足涌入的游客需求，大量的豪华酒店开张了，并为游客提供了娱乐场所。1870 年，亚特兰大城建成了它最有名的地标：海滨步行道。这是世界上第一个海滨步行道，它引发了一个潮流，成为世界海滨度假地的一个象征。这个 6 英里长的海滨步行道，今天仍旧是亚特兰大城旅游产业的核心区。

19 世纪晚期至 20 世纪早期，是亚特兰大城的一个重要时期。旅游产业、人口、旅游者人数都在不断增长。休闲和娱乐的多样性意味着亚特兰大城在很长一段时间内都能吸引人。但是，就像其他许多旅游目的地一样，它也受到了季节性的影响，在夏季热闹非凡，而在非旅游季节则苦苦挣扎。1921 年，随着第一届年度美国小姐盛典的召开，解决这个问题的一个方法出现了，因为这个盛典与海滨步行道一起，成了亚特兰大城的同义词，吸引了来自世界各地的游客。

但是这一切都变了，不久前其他许多旅游目的地从亚特兰大城早期的成功中借鉴了经验。因此，与那些新建的海滨度假地相比，这个曾经流行的海滨旅游胜地则显得有些过时了，加上二战后航空旅行的发展，亚特兰大城败给了其他更现代和更繁荣的国际竞争者。

至 1960 年，亚特兰大城无疑不再是“令人向往之地”。需要做些什么来重新恢复这个城市之前的荣耀，那便是博彩业。1976 年，随着建设俱乐部博彩报告的通过，亚特兰大城有了第二次发展的机会，突然间出现的大量的高级餐馆、知名饭店及豪华俱乐部，取代了娱乐性的拱廊、不合心意的纪念品商店以及破旧的膳食小客栈。这种改头换面为亚特兰大城创造了奇迹，同时提供了 45 000 多份工作，并成功地带来了不同类型的新游客，更重要的是恢复了这个城市作为一个可信赖的度假目的地的声誉。

案例 1.3　续

尽管信誉有所下降，但今天这个声誉还在。不幸的是亚特兰大城仍旧经历了与普通海滨度假地一样的问题，一个城市过分依赖于博彩文化会带来大量的社会问题。由于外来投资，尤其是由大量旅游者带来的大多数金钱，并没有给当地经济带来什么益处，它所吸引的大多数旅游者也是年龄较大的美国人。与拉斯维加斯一样，亚特兰大城在没有成功地将自己营销为家庭的旅游目的地之后，它正试图将目标设定为较年轻的游客。

资料来源：各种资料

问题讨论

1. 如果亚特兰大城再次陷入困境，它能再次重塑它的形象吗？或者需要第三次机会？

2. 改变英国关于俱乐部的法律意味着某些英国度假地，如黑池也会将自己重新定位为博彩的旅游目的地吗？

作为学术研究，旅游管理的初期发展阶段是很重要的。在这个重要阶段，另外有两位有影响力的学者需要介绍一下。米奥塞克（Miossec，1977）是一位法国学者，他指出旅游目的地的发展不仅受旅游者行为的影响，也会受到旅游目的地对旅游者行为反应的影响。因此，在旅游业演进过程中，设备和基础设施起着显著的作用。第二位是格雷（Gray，1970），他发明了用“追逐阳光的”（sunlust）的旅游来描述那些开始涌入地中海的来自北欧的夏日度假旅游者的动机。

旅游流

大规模的旅游者从英国、德国和斯堪的纳维亚流动到西班牙、意大利，随后到希腊和土耳其，这是最显著的旅游流之一。从北到南的流动在美国和加拿大也很盛行，来自诸如纽约和芝加哥的居民大量地向佛罗里达州的阳光目的地移动，而且最近也向加勒比海岛国和墨西哥移动。但应注意的是，从纽约或芝加哥向佛罗里达州的移动是国内旅游的一个例子，即在同一个国家内部的旅游流动。同样，欧洲主要的旅游流也是明显的，最近广泛引入欧元作为大多数欧洲国家的货币单位，意味着现在从德国、荷兰到西班牙或希腊的旅游已成为经济意义上的国内旅游，但是从英国或瑞典这些没有加入欧洲货币联盟的国家，到西班牙或希腊那些欧洲货币联盟成员国，则还是经济意义上的国际旅游。

为了正确地认识旅游流，有必要使用准确的数据来进行分析。最广泛使用的数据是世界旅游组织收集并公布的统计数据。然而，要使用所有的旅游数据是存在困难的，这将在最后一章讨论。大多数学术机构都将世界旅游组织的数据作为来源，下面段落中的数据也是直接摘自或来源于世界旅游组织的数据库。

弄清楚哪些国家是主要旅游客源国（如游客从哪里来），哪些国家是主要旅游接待国（如他们去哪里旅游），这是十分重要的。根据接待国际旅游者这一参数，可以衡量哪些国家是主要旅游目的地国家（见表 1.2）

表 1.2 世界前十位旅游目的地国家

	2002 年（百万人）	市场份额（%）	接待旅游者（每百人）
世界	**703**	**100**	**11**
1 法国	77.0	11.0	129
2 西班牙	51.7	7.4	129
3 美国	41.9	6.0	15
4 意大利	39.8	5.7	69
5 中国	38.8	5.2	3
6 英国	24.2	3.4	40
7 加拿大	20.1	2.9	63
8 墨西哥	19.7	2.8	19
9 奥地利	18.6	2.6	228
10 德国	18.0	2.6	22

资料来源：WTO（www. wto. org）的信息

因为我们是从行业角度来研究旅游的，因此可以考虑将旅游消费作为一个可选择的衡量参数。表 1.3 给出了旅游消费及旅游收入居于“前十位”的国家的有关数据。

表1.3 世界旅游高消费国和高收入国

旅游消费	国际旅游消费（10亿美元）	市场份额（%）	人均消费（美元）	旅游收入	国际旅游收入（10亿美元）	市场份额（%）	人均收入（美元）
世界	**474**	**100**	**76**	**世界**	**474**	**100**	**76**
1 美国	58.0	12.2	202	1 美国	66.5	14.0	231
2 德国	53.2	11.2	646	2 西班牙	33.6	7.1	837
3 英国	40.4	8.5	674	3 法国	32.3	6.8	539
4 日本	26.7	5.6	210	4 意大利	26.9	5.7	465
5 法国	19.5	4.1	325	5 中国	20.4	4.3	16
6 意大利	16.9	3.6	292	6 德国	19.2	4.0	233
7 中国	15.4	3.2	12	7 英国	17.6	3.7	294
8 爱尔兰	12.9	2.7	804	8 奥地利	11.2	2.4	1375
9 香港	12.4	2.6	1700	9 香港	10.1	2.1	1385
10 俄罗斯	12.0	2.5	83	10 希腊	9.7	2.1	915

资料来源：WTO（www.wto.org）的信息

问题讨论

3. 从表1.3中的哪组数据可以看出，旅游是一种促进财富从富裕国家向较贫穷国家重新分配的手段？

4. 为什么表1.2和表1.3中关于美国的数据会存在误差？

表1.2和1.3都没有涉及国家大小的问题，因此，在每个排名中美国都居高不下，这就不令人感到奇怪了（尽管存在一些其他方面的原因，正如问题4所暗示的）。为了解旅游业在一个特定国家的重要性，我们需要根据每个国家的人口规模来调整数据。表1.4给出了相对于国家总人口数量而排在世界前列的旅游目的地。

表 1.4　相对于人口的世界前十位旅游目的地

	接待国际旅游者（每百人）	接待国际旅游者人数（百万）	总人口数（千人，2002 年）
世界	**11**	**703**	**6 228 395**
1 安道尔	4953	3.4	68
2 澳门	1422	6.6	462
3 英属维尔京群岛	1338	0.3	21
4 阿卢巴岛	913	0.6	70
5 土耳其和该柯斯群岛	827	0.2	19
6 摩纳哥	822	0.3	32
7 开曼里岛	743	0.3	41
8 关岛	659	1.1	161
9 北马里亚纳群岛	603	0.5	77
10 巴哈马	525	N/A	295

资料来源：WTO（www.wto.org）的信息

这样就出现了一种差异极大的情况，你也许需要在地图册上努力搜寻这些国家，即受旅游影响最大和最依靠旅游的国家，往往是那些非常小的国家。我们首次看到发展中国家位列前 10 位中。假如从第 10 位继续往下排名，我们还会看到该名单主要以小型的岛国为主，尤其是位于加勒比海和太平洋地区的岛国，其中只有三个是较大的国家及地区，即奥地利（排名 21）、香港地区（排名 22）、阿拉伯联合酋长国（排名 23）。在排名前 25 位的旅游目的地中，塞浦路斯（排名 17）是北欧人仅有的阳光目的地。对于这些相对于总人口数的世界前列的旅游目的地国家，旅游业是一个重要的产业。例如，虽然与西班牙或瑞典相比，这些国家的旅游业绝对规模较小，但对国家经济来讲作用却非常大。进入这些国家的旅游流，可能比主要旅游目的地国家的旅游流更具多样性，且对于这些国家来讲已是很大的旅游流了。或许是因为这个原因，许多学术研究倾向于把研究焦点集中于小型发展中国家，而不是像西班牙这样的大众旅游目的地国家。

旅游业的管理功能

本书第1篇的其余章节将继续讨论旅游业概况。第2章分析了“旅游产业结构”及旅游产业的组织过程。第3章探讨了“国家在旅游业中的角色”。与其他常见的教材相比，作者不仅简单地阐述了一个特定的国家，还从更广泛、更深入的视角对旅游业进行了研究。

本书的第2篇是从第4章开始的，该部分主要研究旅游业中的管理功能，即关于“旅游业的组织行为”；研究组织内的个体行为和集体行为、他们如何沟通、如何激励他们、他们如何执行及他们对不同领导方式的反应。无论这些组织是属于政府部门、私有部门还是行业社团，研究组织行为对于理解它们如何发挥其功能都是很重要的。

与之紧密相关的领域是“旅游业人力资源管理”，即第5章的主题。第5章进一步研究了激励的概念，并解释了人力资源管理对于旅游业成功发展的战略而言，是如何的至关重要。

从本质上看，旅游业的产品不同于传统行业生产的产品：它不仅仅是一种服务型产品，而且对它的消费可能是在购买几个月之后，或是在距离购买地几千公里的地方。因此，旅游业产品的营销具有独特性。第6章“旅游业营销管理”概述了适用于旅游业领域的基本营销理论。旅游业营销更注重研究旅游者消费行为和关系的建立。

第7章介绍了一些重要概念，以便于理解旅游业中的“旅游业财务管理”问题。不论你是否在以利益驱动的私有部门工作，还是在行业社团工作，一个组织都必须至少收支平衡，因此这一章中将会提供你所需要的一些技术和知识。

第8章分析了“小型非营利性旅游组织管理”的特定问题。同样地，所有的旅游组织都不得不考虑它所处的产业环境，而听任政治、经济、社会及技术变化和发展的摆布。第9章阐述了“旅游业环境和战略分析”，是结合前面章节而综合研究旅游业的管理功能。

如果管理者希望他们的管理获得成功，那么第10章的“旅游业质量和产出管理”是他们必须熟悉的内容，今天的各行业已经能很快地应用新技术，因此第11章介绍了“旅游信息技术和管理信息系统”的内容。

本书的第3篇对第1、2篇的主题进行了深入的研究和探讨。本章前面已介绍过有关对旅游的三个主要影响，将在后面关键的三章中做深入的研究，即第15章的“旅游业的经济效应”、第16章“旅游业的社会影响管理”和第17

章“旅游业的环境影响管理”。在“旅游住宿业”（第18章）、“旅游经营商”（第19章）、“旅行代理商”（第20章）、“旅游运输业管理”（第21章）中，都进一步对第2章的内容（“旅游产业结构”）做了深入研究。第3章讨论的有关国家在旅游业中的角色问题，将在“旅游业与法律”（第12章）中从专业角度进行了深入探讨。第3篇的最后一个主题是从管理的视角，对旅游业的特殊性进行了述评，包括“旅游景区管理”（第13章）、“运动旅游管理”（第14章）、“发展中国家大众旅游的发展”（第22章）及“遗产和文化旅游管理”（第23章）。

最后，通过对“未来的旅游产业”（第24章）的展望作为本书的结束。

问题讨论

5　从行业或管理角度进行的旅游研究，与从地理或社会学角度进行的旅游研究，存在着什么不同?

结　论

研究旅游业的管理是具有挑战性的。如果你是带着旅游研究的背景来看本书的话，你将会很难接受管理是旅游业的核心这一观点，例如旅游社会学有助于解释影响旅游业发展的社会环境问题，但其本身很难解释旅游业的战略问题。

另一方面，如果你具备了一定的行业基础理论知识的话，你在开始阅读本书时将感到十分的轻松。需注意的是本书在强调旅游管理（一般管理知识运用于旅游组织）这一概念（第4章至第11章）的同时，也清楚地指出了旅游业的特殊性，即“产业诀窍”（Industry recipe）也是本书的核心内容（第12章至第23章）。

对旅游管理的广泛研究来自欧洲和北美，这些研究通常很少关注一般的旅游目的地，而更多的是对流行旅游目的地和各类大众旅游的研究，本书不但有助于你的旅游管理研究，而且你可以在实践中运用许多成功的管理技术，这对你从事旅游管理职业的个人发展也有帮助。因为在大型旅游公司，如大型旅游经营商和旅行代理商招聘人员时，更倾向于关注应聘者的管理技术而并非他们的旅游知识。

阅读指导

正如贾法·贾法理（Jafar Jafari）所建议的那样，可以从许多学术角度来进行旅游研究。如果从行业或管理角度来研究旅游业，则可以推荐本书作为参考，但还是强烈建议读者尝试从其他角度去探讨如何研究旅游业。彼德·伯恩斯（Peter Burns）和安德鲁·霍尔德（Andrew Holden）对从人类学角度开展旅游研究进行了很好的介绍（Burns，Holden，1995）；肖和威廉姆斯（Shaw，Williams，2004）从地理学角度进行了旅游研究；从社会学角度来理解旅游的最好方法，就是阅读如厄里（Urry，1990）、麦坎内尔（MacCannell，1999）的经典文章。

沃尔顿（Walton，2000）和英格利斯（Inglis，2000）都对英国海滨度假地的社会历史做过很好的研究，此外英格利斯的研究还包括了更广泛的主题。对斯卡伯勒在 19 世纪 20 ~ 30 年代是如何达到其顶点的，巴克（Barker，2002）提出了独到的见解。

网站推荐

对本书提供大力支持的两个网站：

■ The Companion Website：www. pearsoned. co. uk/beechchadwick，提供了额外的网络资源，点击链接到本书所提到的所有网站，可以直接链接到讲师资源（密码保护——讲师可以在网站内在线申请密码）。

■ The BOTM Blog：www. businessoftourismmanagement. blogspot. com，提供了定期更新的有关旅游管理和旅游业发展的新信息。

对于旅游管理学生所需要的广泛的资料，见约翰·比奇（John Beech）的旅游管理入门（Tourism Management Information Gateway）：www. stile. coventry. ac. uk/cbs/staff/beech/tourism/index. htm。

其他专为学生设计的大量旅游资料网站，包括 Altis（www. altis. ac. uk）和 HTSN（www. hlst. heacademy. ac. uk）。

世界旅游组织（WTO）定期发布的旅游数据（见 WTO 网站：www. world - tourism. org），你所在大学也许在 www. wtoelibrary. org 中订购了数据库，此外简短的摘要能从 www. world - tourism. org/facts/highlights/Highlights. pdf 下载。

要了解斯卡伯勒（Scarborough）目前的情况，请浏览斯卡伯勒委员会的游客网站——www. Scarborough. gov. uk/content/visitors/visitors - home. html；卡普里旅游局（The Capri Tourist Board）的网站是：www. capritourism. com/en/index. php；亚特兰大城的网站是：www. cityofatlanticcity. org/（见“游客信息”）。

关键词

探奇的；演进理论；生命周期；中庸的；保守的；追逐阳光的；旅游流。

参考文献

Barker, M. (2002). *The golden age of the Yorkshire Seaside*. Great Northern, Ilkley.

BBC (1996) *The Sun, the Sea and the Spanish*. BBC, London, broadcast on 21 January 1996.

Berndt, R. and Berndt, C. (1964) *The World of the First Australians*. Ure Smith, Sydney.

Burns, P. and Holden, A. (1995) *Tourism: A New Perspective*. Prentice Hall, Hemel Hempstead.

Butler, R. W. (1980) The Concept of a Tourist Area Cycle of Evolution: Implications for Management of Resources, *Canadian Geographer*, vol. 14, no. 1, 5-12.

Gray, H. P. (1970) *International Travel-International Trade*. Lexington Books, Lexington Heath MA.

Inglis, F. (2000) *The Delicious History of the Holiday*. Routledge, London.

Jafari, J. and Ritchie, J. R. B. (1981) Towards a framework for tourism education, *Annals of Tourism Research*, vol. 8, no. 1, 13-34.

Krippendorf, J. (1987) *The Holiday Makers*. Heinemann, Oxford.

Leech, M. and Shales, M. (2003) *Naples and Sorrento*. New Holland, London.

MacCannell, D. (1999) *The Tourist*. University of California, Berkeley.

Miossec, J. M. (1977) Un Modèle de l'Espace Touristique, *L'Espace*

Géographique, vol. 6, no. 1, 41- 48.

Plog, S. C. (1974) Why Destination Areas Rise and Fall in Popularity, *Cornel Hotel and Restaurant Quarterly*, vol. 14, no. 4, 55-58.

Pritchett, VS. (1964) *The Offensive Tourist.* Alfred Knopf, New York.

Shaw, S. and Williams, A. M. (2004) *Tourism and Tourism Spaces. Sage*, London.

Thurot, J. M. (1973) Le Tourisme tropical Balnéaire: lemodèle caraibe et ses extensions, PhD thesis, Aix-en-Provence.

Turner, L. and Ash, J. (1975) *The Golden Hordes.* Constable, London.

Urry, J. (1990) *The tourist Gaze.* Sage, London.

Vichas, R. P. (1994) Club Med Inc., in P. Wright, C. D. Pringle and M. J. Kroll (eds) *Strategic Management.* Allyn & Bacon, Boston MA, 575-588.

Walton, J. K. (2000) *The British Seaside: Holidays and resorts in the twentieth century.* Manchester University Press, Manchester.

第2章　旅游产业结构

大卫·利特尔约翰（David Littlejohn，格拉斯哥喀里多尼安大学）
伊恩·巴克斯特（Ian Baxter，格拉斯哥喀里多尼安大学）

学习目的

学完本章后，读者应该能够：

■理解和区分市场、产业和产业结构等术语，并能运用它们更好地认识旅游供给的趋势；

■理解整个旅游供给的复杂性和旅游业的主要构成；

■思考大众旅游的角色和旅游供应商的角色演化；

■思考在现代旅游业中配套组织的角色；

■通过应用垂直横向合并概念，从供给的观点来看待当前旅游结构。

本章概述

人们常说旅游业是世界上最大的产业之一。当然，在发达的和发展中的经济社会中，都能发现旅游业的不同形式。一些评论员，例如在伊丁顿和雷德曼（Eadington，Redman，1991）的报道中，并未将它仅视为单一的产业，而是一个以服务活动为基础并扩展到很多一般产业的产业集群。本章的目的，旨在分析旅游业的特征、结构和发展。大家已经接受了旅游的变化性，即变化存在于为旅游者提供服务的不同组织和不同地区的各类旅游活动中。在这里所进行的一般分析，是为了使读者理解旅游业的功能、结构和发展。分析的目的并不是提供一份有关旅游业的个别要素、组织或问题的详细调查，上述这些内容将在以后各章中论及。本章的重点是供给方面的因素，为了加深对旅游业内容的全面理解，也有选择性地论及其他因素，特别是旅游需求因素。

对基本概念的理解为未来的旅游管理人员，在环境变化时提供判断旅游组织功能和业绩的依据。本章所用方法反映了旅游活动的广度，简而言之，旅游包括人们离家所进行的短暂旅行，正如第 1 章所提到的，对这种广度的研究包括了很多方法，这点已不再并不令人惊讶。大部分产业导向的旅游研究都倚重经济学，并将一般经济学概念应用到特定的旅游情景中，本章继承了经济学导向的方法，并吸收了这一领域研究和评价的成果。支撑本章的主要方法，在很大程度上借用了谢勒（Scherer，1980）的产业经济学方法，然而对于读者来说，并不一定需要以前研究过经济学。本章并没有将关于旅游的一堆统计数字压给读者，反而是通过案例研究来鼓励读者对旅游业发展中的许多关键问题进行研究。欧洲的案例研究主要说明旅游供给的趋势，另外还应用其他分析方法来考察旅游目的地的产业结构。

本章探讨了旅游供求状况，这些状况与旅游业的组织特征与运作方式有关。为了获得有影响的基本观点，有时候不得不简化一些情况。作者也承认，正如经济合作与发展组织（OECD）所做出的论述一样："相对而言，对旅游业很难以用一些有效的方法进行衡量与分析。在许多国家，它是一个既没有传统产品的功能，又没有一般结构或组织的'产业'……（与）许多传统经济部门不同……"（经济合作与发展组织，2002）。因此，本章希望能够引起大家对旅游业的复杂性和多样性的重视。

导言：旅游产业分析的基础

对一个产业的全面分析包括三个主要的要素，前两个要素与在市场中相互作用的主要群体有直接关系：一方面，是哪些群体产生需求；另一方面，是哪些群体提供产品和服务以满足这种需求。因此，重要的是理解：

■消费者行为：关注购买者，通常是家庭和个人，决定消费（或不消费）旅游产品和服务时的行为，他们购买什么，他们购买多少以及他们在购买时的价格。

■ 供应商行为：供应商是（否）提供产品或服务所采取的方法，如将什么东西投入市场，投入的数量及价格。

还有第三个要素，通常认为它是一个单独的行为者：政府。政府决定消费者与供给者相互作用的背景环境，并通过立法特许或控制环境条件。政府可能对特殊产品或服务设置关税标准，以对市场产生即时的直接影响；同样，政府也可以给那些受到优待的产业（如以产生就业来衡量）或企业（如中小型企业）提供经济激励和支持；政府还可做出能影响到经济的决定，如关于征税标准和最低工资率等。虽然，中央或地区政府的直接干预是通过其不同的组织部门来强化，但也可以通过不同的安排来补充部门的不足。

要将产业经济学概念应用于特定情景，就要求将固定要素作为术语来使用，特别是在广泛使用它们而又容易受不同意思影响的时候。因此，常常出现拙劣地定义并交换使用“市场”和“产业”术语的情况，于是术语在这里具有了其特殊的含义。

“市场”体现了消费者需求和组织供给的均衡机制，因此市场包括了消费者行为和供给者行为。对任何产品或服务而言，理解市场就是要认识供求之间的相互作用及对它们的影响变化。从一般意义上理解市场，如对英国或瑞典的假日包价市场的理解，通常应考察多方面的内容，如消费者偏好、包价产品价格、供应商数量、投入成本的状况及其对最终售价的影响，以及其他度假类型的可用性等。

现代经济中有许多市场，包括私人和公共运输市场、住房市场、教育市场和金融服务市场（有影响的，如投入旅游企业的资本数量），在每个市场中供求的相互作用形式都将是变化的。供应在先前介绍术语“消费者行为”和“供应商行为”的时候被提到过，例如，假设产品（或产品部件）的价格改变，消费者行为将如何变化？消费者将购买比以前较少的这种产品，还是将准备支付上涨的价格？

假设所说的产品是飞机燃油，并且这种产品成本增加导致所有假日包价的价格上升，那么存在以下情况：（1）所有假日包价的需求将减少；（2）消费者将准备支付额外的费用；（3）他们将从费用较高的假日包价转向费用较低的假日包价？

还有一个重要因素，就是应考虑的旅游业的空间维度。通常，任何对旅游业的基本理解都表现在对旅行消费需求的理解，因为购买和使用旅游产品及服务的消费是要离开家才能进行的。利珀（Leiper，1979）提出了三个不同的“地理”或空间组成，这一具有里程碑意义的成果有效地解释了需求与消费之间的区别：（1）正产生的旅游或旅行者的客源地区；（2）在旅游目的地内的旅游；（3）通过的路径：“区域”或两个地区之间的旅行供给和运输设备。然而，就个人的旅行而言，所有的这三点都天然地紧密连接在一起，那些“区域”中的每一个地区都拥有不同的供求特征。如休假地黑池（Blackpool）和贝尼多姆（Benidorm），或巴黎等城市，它们全都是迎合旅游者的，而不是按照消费者和供应商的行为来占有不同市场。

“产业”是一个直接与供应商有关的术语。如贝格（Begg）等人，将产业定义为“制作相同产品的所有公司的集群”（Begg，Fischer，Dornbush；1987：40）。这暗示了产业间具有严格边界的供应者有着高度的相似性。最后，有必要理解术语“产业结构”或“产业组织”，其与个人和公司的所有权、组织和管理方式有关。在本章中，术语涵盖了商业和非商业经营领域，产业的空间维度可能涉及到许多组织、功能和国家边界，如果将有严格界限划分的产业和组织之间的任何方法，不加区别地广泛用在对旅游业的分析上，那是非常危险的。

将上述所有这些要素放在一起，经济合作与发展组织（OECD）有关分析旅游业难点的结论，突出表现在：由于旅游业包括了许多工作在不同产业，且横跨不同地区和国家的不同供应商，因此，按照市场、产业和产业结构的定义是很难对旅游业进行分析的。正如上面所说，过去常用来理顺这些源自经济学问题特性的主要方法，与利珀（Leiper，1979）提出的一样，尽管更多的是全局的方法，但也只能在适当的地方使用。

旅游产业分析的应用

为了能充分理解旅游业的特性，应用了两种不同方法进行分析，他们都是旅游产业分析的基本方法。第一种方法，是强调对旅游者特性和旅游消费要素的分析；第二种方法，是通过将供应商划分为不同类型来探讨旅游业的特性，最后介绍了两种分析方法的结合。

■ 从需求角度理解旅游业

世界旅游组织（WTO）将旅游定义为：人们为休闲、商务和其他并非为了从访问地获取报酬的目的，而离开他们通常的环境前往某些地方旅行，且不超过一年的短暂停留的活动（世界旅游组织，2004），这种方法集中探讨了旅游的消费性特征。从长期意义上看，这种方法较容易理解旅游的概念，并相对追溯和区分旅游和旅行的定义。因此，旅游是排除了个人通常的日常活动，或在人们居住地内部环境所进行的旅行。换句话说，旅游中所说的旅行，就是在非日常环境中的一种非常规性行为。

然而，大家也可能注意到在各国和国际上所提供的旅游统计数字，在一日游游客（如巡航客轮仅停留不到24小时）和那些停留一晚或更长时间的游客之间有所区分的。因此，世界旅游组织推荐使用以下的游客分类方法来了解各旅游客源市场的特性：

- 访问的目的；
- 旅行的持续时间（白天和夜晚）；
- 旅行的起始地和目的地；

■ 居住区域和目的地区域；
■ 使用的主要交通方式；
■ 使用的主要住宿类型。

如图2.1所示，将旅游需求相对划分成多种技术性的因素，并按照旅游消费的技术性因素将旅游进行不同的分类。这种方式与更多抽象因素方面的分析，如对游客动机分析相比，重点突出了对旅游消费特征的分析。因此，根据对图2.1的有关各类旅游消费的理解，就提供了关于旅游消费简要而清晰的印象。如果在这些范围内收集可靠的统计数字，就能建立起来一个反映旅游整体情况的图形（如对一个地区）。如果把相同旅游消费特征的长期统计数字添加到上述“静止的”图形中，就可以显示出旅游发展的趋势及显著的变化情况。尽管这种分析可提供对旅游行为更深层次的理解，但过多地分析旅游消费特征的技术性因素，会削弱许多决定旅游行为的基础要素的重要性，如对假日出游的渴望，优先考虑度假消费的偏好，以及旅游目的地声誉变化的分析。当然，在表2.1中世界旅游组织强调发展了的观点，其方法着眼于旅游消费构成的广泛数量。

图2.1 旅游市场需求结构

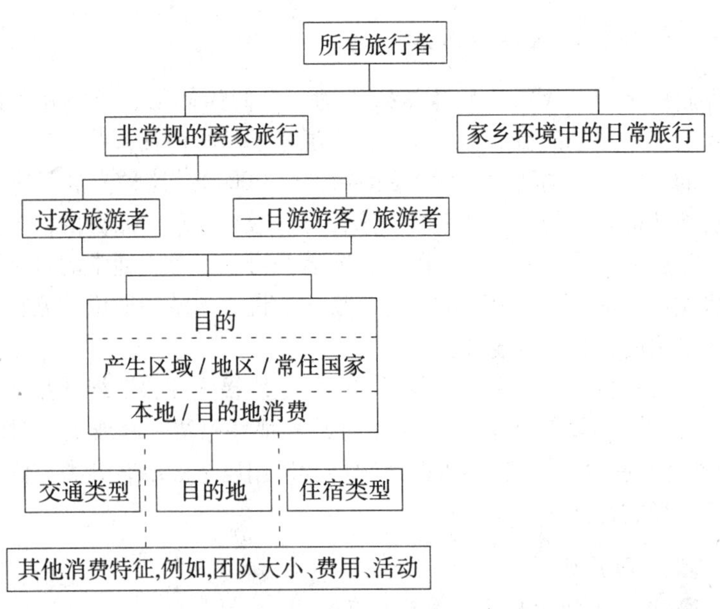

理解无法触摸的旅游购买特性，有助于区分旅游购买与其他许多物品的日常所购买。对假日旅游产品的购买或商务旅行的决定，都包含了一个对无法预测事物的承诺，即消费者正在购买一种无法触摸的服务。从这种意义上来说，旅游购买常常包括了许多新事物的元素（如访问一个新的地方），事实上这也是旅游购买的主要魅力之一，例如，当一个家庭计划假日去南非进行长途旅游时，其可能从未去过世界的任何地区或之前也未进行过长途旅游，于是无法触摸的旅游购买因素，不仅包括了对参观事物的预订，还包括了旅游安全和保险，就需要通过选择声誉好的经营商或通过别人的推荐，来增强旅游购买的信心。同样，商务游客可以选择他知道能提供专业标准服务的品牌饭店，散客可以利用旅行指南、各类信息系统、游客信息中心及口头推荐等，来正确处理无法触摸的旅游购买特性。此外，过去的旅行经验也是重要的，因为当人们变成有经验的游客的时候，他们就会对自己的判断充满信心。

许多旅游购买的花费也是相对较大的，占人们每年收入中相当大的比例。例如，在2004年，大约4天至两周的欧洲度假游的总价格就达到了2 000英镑以上，这与价格12 000英镑的中型家庭汽车、2 000英镑的等离子电视或400英镑的洗碗机形成鲜明的对照，虽然相对于一辆汽车而言，度假的价格可能看起来比较低，并与新的等离子电视完全相同，但耐用消费品一般能持续使用好几年，而一个家庭则可能会每年都出去度假。通常，一次短期度假比前例中的花费要少得多，尽管如此，许多度假仍然可能会显得比前面提到的度假花费要昂贵，表2.1显示了消费者行为的短期变化如何影响旅游消费的情况。例如，如果一个正常休假的家庭正在节省开支，他们可以不必缩短度假的时间，只要选择一年中价格较低的时期旅行，并使用较便宜的住宿设施即可。

因此，对经济发达社会的许多富裕的消费者来说，他们常常围绕着什么类型、时间和消费多少做出度假旅游的决定。商务旅游较容易受短期变化的影响，尽管商务旅游目的地大部分取决于商业活动和信息交流的影响，但它也可能受其他因素的影响而有所变化，如旅行的缩短或延长，以及旅行次数的变动等。对商务会议和其他会议而言，甚至旅游目的地也是不断变化的。

表 2.1　一些不同过夜游旅行选择的例子

因素	花费较多的影响	花费较少的影响
每年离家出游的次数	更多	更少
逗留的时间长度	增加了过夜数	减少了过夜数
逗留的时间	选择一年中花费昂贵或高峰的时期	选择价格较便宜的时期（如非高峰时期）
目的地	访问花费昂贵的旅游目的地国家或地区，以及那些汇率可能高于本国的旅游目的地	访问价格较便宜的旅游目的地（可能是那些汇率低于本国的旅游目的地）
旅行方式	选择昂贵的交通方式，或乘坐舒适的运输工具类型	使用较便宜的旅行方式，/或乘坐舒适度较低的交通方式
住宿类型	选择方便预订的、较贵的住宿类型	选择不好预订或较便宜的住宿类型（如自供伙食，而不是带餐饮服务的住宿）
在旅游目的地的附带活动和花费	进行更多活动和更多的花费	进行较少活动并使花费经济
预订方法	使用全面服务和个性化的预订方法	使用电子或因特网方法

总的讲，对家庭和经营人员而言，旅游消费可能受许多因素的影响而变化，因此旅游选择是非常广泛的。尽管旅游消费通常包含了对新事物的追求，但旅游购买的无法触摸性还是强调了在旅游消费过程中，如何保证旅游购买信心的重要性，这也往往表现出一种自相矛盾的情况，下面对旅游消费的分析，就是从更广泛的包括影响和制约消费者行为的经济环境，以及有关的人口、社会和心理因素的分析。

■从供给角度理解旅游业

第二种方法是从分析旅游供给为基础，强调了旅游产业结构多方面的内容。首先，从功能角度分析旅游产业结构；其次，运用旅游收入方法对供应商进行分类。

霍洛韦（Holloway，1998）是从功能角度全面分析旅游业的众多作者之一。考虑到不同旅游供给的特点，他将旅游企业分为直接供应商（那些与旅游者决定或消费旅游服务而直接相关的生产者）和间接供应商（如一个企业向度假市场的组织所提供的供给，通常归为旅游配套服务）。

■ 生产商。一般分为运输承运商、住宿提供商和人造吸引物的供应商。另外，霍洛韦在生产商分类中，还从全面与中间角度，提出了旅游经营商、中间商及旅行代理商的分类。

■ 配套服务。私营部门（如交通、导游）和公共部门（如国家、地区或地方旅游目的地促销的主体、公共教育与培训机构、港口与服务、签证和护照办理处）两者都是。

在下面这个图中，生产商主要是指那些与旅游者有直接关系的组织，他们涵盖了许多特殊的功能，这些功能包括在旅游目的地提供服务（如住宿，餐馆）；空中、海洋及陆地客运服务；以及那些主要从事零售和中介作用的组织，它们有时将整个旅游中的各要素组合成标准并容易购买的包价旅游产品。第二类配套服务，为旅游者提供了直接或间接的服务，如机场为旅客提供了直接和间接的服务。通常，直接服务是以安全、停车场、提供餐饮及其他零售服务的形式出现的，间接服务是利用机场（如飞机服务和重新添加燃油）为航空公司和旅游经营商提供的服务。

不同的旅游供给的方法，可以用来查看旅游对特殊供应商的经济影响，与关注旅游消费功能不同，这种方法集中关注旅游对行业的影响。欧盟曾用这种方法调查旅游就业情况（欧洲委员会，1998）。图2.2根据来自旅游的收入情况，将这些旅游组织分成了三个组，而图2.3则显示了组织分类后的全部列表情况。

图2.2 按旅游影响度对企业经营的分类

3类组织：	2类组织：	核心旅游服务组织：
如汽车机械、私人培训组织和银行	如铁路、医疗服务、批发和零售企业	如，旅行社、饭店、运输、主题公园纪念品、会议中心、旅游文献出版商
◄		►
营业销售额 25%	50%	75% 营业销售额达到100%
最小百分比 −	对企业经营的旅游影响度	+

资料来源：来自欧洲委员会（1998）的分析

第一类包括了那些旅游收入占50%～100%的组织，把它们统归为“核心旅游服务”组织。除此以外的所有其他组织归为补充和辅助服务组织，再把这些组织分为旅游收入占25% ~50%的组织和旅游收入贡献少于25%的组织。

由于这种方法没有完全考虑到涉及旅游的公共服务主体，因此这种方法并未充分体现出公共部门的作用。当然我们也可以假设，总是可能确认旅游收入对一个企业的贡献，然而事实并非如此，这可以通过两个相对明确的案例来说明。例如，英国一个地方的城市俱乐部，几乎所有住在它附近的人们都可能光顾过它，但就旅游的影响而言，它并不是一个重要的旅游吸引物。而另一方面，由于许多旅游者来到拉斯维加斯以后都会去参加博彩，因此无论是就功能（娱乐）还是就影响（经济）而言，这里的俱乐部都是重要的旅游吸引物。因此，就不可能明确地将所有“相似的”的经营组织划归到同一类型中。

旅游功能和收入影响方法，反映了旅游组织的广泛多样性。通过对旅游产品、服务和经营的考察，表明旅游组织是不同的（或不同种类的），而不是相同的（或同种类的），这十分有助于理解旅游市场结构或旅游组织构成。有关“产业”术语的许多经济学定义，认为“产业”是由相似的公司或组织所组成的，因此这些定义通常是不完全适合旅游的。在理解旅游供应的时候，是必须考虑它的功能方面（一个组织做什么）和影响因素（一个组织对旅游的依赖有多少）的。

图2.3　对企业经营的旅游经济影响

在第一类中，集中了旅游收入中大部分（50% ~100%）的那些旅游组织。这些被称为“核心旅游服务”，列举如下：

旅行社，旅游经营商，饭店与其他住所，餐馆与其他饮食服务，运输公司，新进代理商，健康和spa企业，游客信息中心，休闲业、主题冒险公园、运动设施企业、旅客行业协会、纪念品业，旅行装备提供商，集会/奖励/会议等事件业，机场，旅行保险业，工匠业（如手工艺品艺人/艺术品生产者），文化与娱乐企业，全球分销预订系统企业，旅游文献及地图出版商和销售商，交易所。

所有被分为补充和辅助服务的其他组织包括：

第二类是那些旅游收入占25% ~50%的旅游组织，其具体包括：

火车站，体育用品业，电子娱乐业，照相业，运输制造商，医生与其他医疗服务供应商，新闻记者、作家、艺术家、乐队组织，批发及零售企业，演员与自我雇用（税收、法律及商业顾问）组织，广告代理机构，造纸业，印刷业，规划代理机构，信息/通信技术企业，园林维护/种植企业。

最后，还有一些因为旅游而获利，但这部分是旅游收入低于旅游总收入25%的组织，其包括：

图2.3　续

港口公司，医药与美容业，汽车机械业，大学、技术高中与私立培训学校，建筑师或开发商，电气工程与音乐业，银行，建筑业。

资料来源：欧洲委员会，1998

特伦布里（Tremblay，1998）指出，最重要的是理解旅游供应商之间关系的特性。通过将一个表示供应商之间关系的程序化的观点，与其在复杂的旅游实践中的应用相对比，就可以理解旅游供应商之间关系的特性。首先，图2.4说明了供应链的传统观点。

图2.4　生产和分销链的传统观点

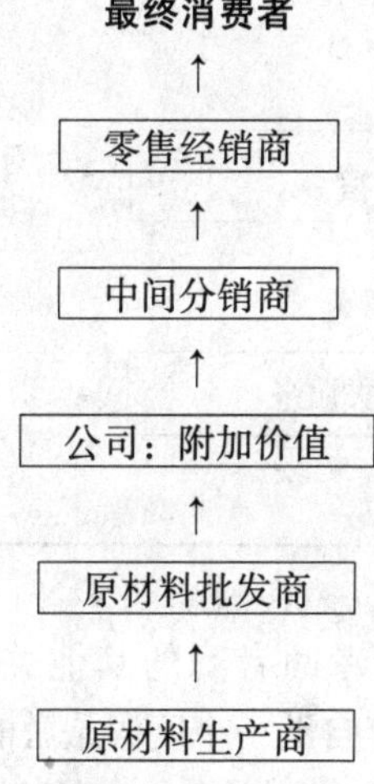

供应链的起点是原材料生产商，供应链的末端是最终消费者或顾客。这个模型清楚地显示了从原材料到最终可销售的消费品的转变阶段。在这些不同的阶段，实现了不同的功能。虽然区分了这些阶段，当然，由一个组织来实现这些所有的功能也是可能的。因此，不管在供应链上是有一个还是多个组织，跟原材料向最终消费者转移的过程一样，总有一个活动的标准顺序。

但是，旅游供应商的关系可能就有所不同（如图2.5所示），以高尔夫度假包价旅游的供应为例，这里没有如图2.4那样清晰的从生产商到最终消费者的流程，相反它显示了在供应商和消费者之间可能存在各种各样的路径。用实线表示的供应商之间的关系与图 2. 3 相似，这里是许多供应“原材料”（高尔夫运动设施和服务，运输和住宿）的供应商，一个经营商把这些打包在一起，通过零售商分销这些度假旅游产品，在这个案例中旅行社就是这个经营商。

图 2. 5 旅游中的供应关系——构建高尔夫度假游的选择方式

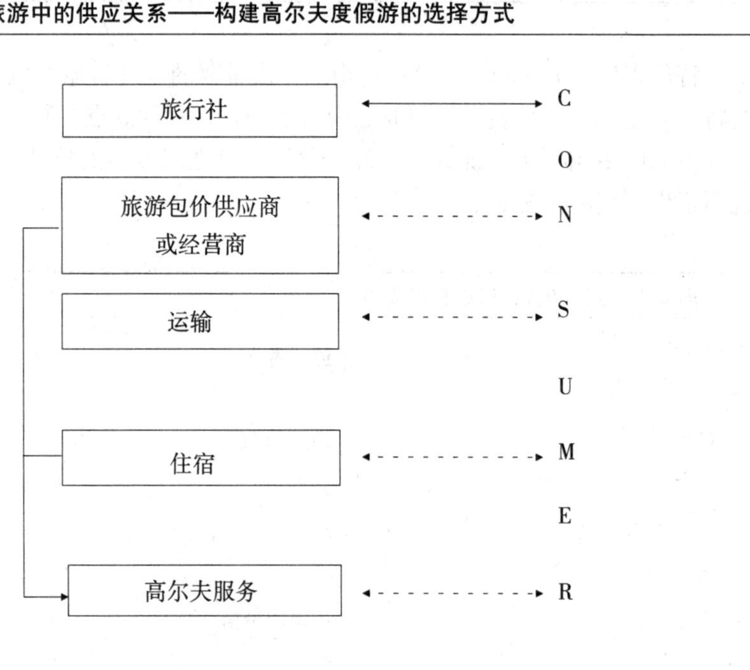

虚线表示了供应商和消费者两者间的其他关系。一条虚线显示了消费者（在这个例子中的度假者）决定自助一个度假旅游的情况，在这里是联系每个主要生产商（如饭店、铁路和高尔夫设施），并直接做出安排，以及定做他自己的包价旅游。这样就将批发（经营商）和零售（旅行社）的功能排除开了。当一些行业，如运输经营商或住宿供应商，可能主动地提供他们组合的包价产品，并将其直接提供给消费者的时候，供应商之间的多种关系就会变得非常复杂。此外，当一个新的、专业的运动度假旅游经营商在国际高尔夫市场上销售饭店产品的时候，实际上饭店可能同时也在经营高尔夫包价产品，并在全国范围内推广这些产品，因为饭店也会提供产品以迎合那些单独预订住宿和高尔夫设施的旅游者。于是，在图 2. 4 中清楚表示的机构或功能的界线，往往在旅游业中就并不是很清晰的，因此旅游组织和各行业部门之间的关系，在一般情况下通常被认为是模糊的，而图 2. 5 就是试图揭示在旅游业组织网络中存在着潜在的多重关系。在一定程度上，这个方法允许使用吉尔伯特（Gilbert，1990）和劳斯（Laws，1991）提出的一个形式明确且简化的供应方的旅游系统应用方法。

案例 2.1　信息、电子中间商和旅游产业中信息通信技术的使用

以信息与通信技术（ICT）使用形式变化和传播为先导的信息革命，引起了旅游业结构和供应商功能的变化。下面的信息将帮助你分析旅游业中这些变化是如何影响消费者的选择。

自 20 世纪 70 年代以来，很多 ICT 变化都与组织功能的管理问题及捆绑在一起的各种服务（如航空旅行，汽车租用和饭店预订）有关，如飞行计划、预订与旅馆入住，旅行社与旅游经营商之间的交流，这个过程就如加利莱奥和阿姆蒂尤斯（Galileo，Amadeus，见第 11 章）关于全球分销系统（GDSs）的建立和成长。系统的发展要求改进生产管理政策，以改变饭店房间或航空机位的价格，如与市场特征保持一致。将这些变化放在一起能有助于确保效率，从现在起的更低价格，并要求更好地调整来满足单个顾客的需求。

旅游已将 ICT 用于旅游目的地服务的营销和信息传播，在这种传播过程中使用了术语“信息中间商”。通常，它看起来像提供信息资源并分享其他资源的网站，如网络链接到那些确实出售旅游产品的组织，如精英旅游网站（www. smarttraveler. com）、雅虎旅游网站（www. yahoo. co. uk）。有些公司的网站除了为用户提供有价值的信息外，还具有其他更多的角色，如英国空港管理局网站（www. baa. co. uk）。

自从 20 世纪 90 年代早期以来，在服务中就能发现信息中间商和信息系统的聚合点，如顾客预订系统（CRSs）或全球分销系统（GDSs），这就是我们熟知的“电子中间商”，它结合了电子商务和旅行社传统中间人的角色。电子中间商很少推广旅游产品或设计好的包价旅游产品，而是更多的关注如何使顾客从网站上预订到更多的旅游服务。网站提供商可能没有旅游的经验，但是却能集中超过旅游“生产商”的 ICT 知识。戴尔（Dale，2003：110）将电子中间商定义为是“不受地理界线限制，通过一个网络的虚拟渠道来为相关利益者提供服务的组织”。典型的电子中间商是最后时刻网站（www. lastminute. com），expedia. com（www. expedia. com）和电子书店网站（www. ebookers. com）。现在，电子中间商的服务发展，已经超过某些专门旅游组织的服务，包括易游网站（www. easyjet. com）和里昂航空网站（www. ryanair. com）等。

当谈到关于电子中间商的战略角色时，戴尔（Dale，2003）提出在网络中，有五种主要的伙伴关系的网络：

● 信道的伙伴关系，是通过网站或交互式电视服务，而直接与中心预订系统或全球分销系统相连的网络。

● 合作的伙伴关系，是多个公司尽管是竞争对手，但为提供联合的网络服务而共同工作。

● 通信的伙伴关系，是把信息中间商的服务与电子中间商的电子商务服务连接在一起。

案例2.1 续

● 互补的伙伴关系，是包括特殊服务提供商与电子中间商（常常被指为“优先选取的提供商”）之间发展的交叉销售关系。

● 相反的伙伴关系，是发生在电子中间商开始分销与自己不相关的另一个电子中间商的产品（如航空公司网站同时提供银行业务）。

问题讨论

1. 对正在考虑离家旅行的消费者，电子中间商和信息中间商能提供给哪些好处？它们的缺点是什么？
2. 为什么电子中间商和信息中间商具有长期存在的必要性？
3. 在未来的五年中，电子中间商将如何影响旅游产业结构？

■关于旅游供求复杂性的结论

这部分强调了对旅游供求评价的不同特性。旅游业是一个消费导向的行业，其大量丰富的活动和花费受到许多不同因素的影响。对旅游需求的回顾，肯定了旅游消费方式也像旅游活动一样具有多样性。当简要地概述旅游动机时，重点阐述了与全部消费决定和消费者偏好有关的观点。

在对供应导向的考察中，说明了以供应商为重点的简单产业结构模式，在这种产业结构模式中供应链的不同阶段提供了不同的功能。然而，当通过依靠旅游收入来区分经营类别的时候，就必然把旅游组织和功能的数量扩大到一个多得难以分析的“产业”，而在这些众多组织经营和生产功能之间，往往表现出更多细微的相互影响。

因此，旅游活动的性质是非常复杂的，其复杂性起源于那些形成市场的基本因素，以及对它们之间如何相互联系的认识。这些基本因素包括：主要和附加的度假水平，（变化中的）旅游目的地声誉，对可选用的不同旅游方式偏好的影响。此外，复杂性也源自供给的不同特性，即源自旅游功能的多样性、组织选择自身功能的多样性和组织对旅游的经济依赖度，这种理解有助于构建下面的定义：

旅游市场是一个为满足各种各样非常规旅游需求的复杂系统，在这个系统中，有大量以盈利为目的和非商业性的旅游客源地和目的地的组织，他们对旅游需求类型和地区间旅游活动存在不同的经济依赖度的。

为了有助于分析，把表现出相似特性的组织划分为不同部门，如饭店、航空、游船等部门。应当承认，这个定义在很大程度上忽略了政府可能直接或间接对旅游所产生的直接影响。

大众旅游市场的发展

这部分探讨了现代大量和复杂的旅游市场发展问题。首先，不是所有国家都已达到大众旅游的水平，相对而言，即使是大旅行市场的出现也是发生在近代历史上的。在很长一段时间里，旅行都局限于在小部分人中进行，只有从 20 世纪中期开始，大众旅游才有了在富裕经济社会逐渐形成的条件。现代旅游发展的最初模式，主要源自西欧经济社会的发展变化，其发展过程历经了自封建社会、农业社会的发展，到工业化和城市化发展，再到服务型经济的一系列变化。

在封建社会里，为了娱乐或经商的目的，离开附近地区外出旅行是受到严格限制的。旅行主要限制在那些富有或有旅行动机的贵族精英和商人中，以及那些因为社会地位或者工作原因可能外出旅行的人们，如那些有合法职业的人员、教堂里的神职人员、艺术表演人员，以及上述精英之外的，明显的宗教朝觐人员（现在的术语就是宗教旅游）。总的来说，那些处于生存的经济社会因素和一部分社会文化因素都阻止了大众旅游的发展，甚至到工业化开始的时候，旅游也没有立刻盛行开来。因旅游而迅速出现的娱乐目的地，也主要是预留给社会和经济的精英们，因而旅游实际上是慢慢扩大发展的。对于大部分处于贫困工作条件的人，收入仅够满足基本的生存需要，外出旅游需要承受大量时间消耗和昂贵花费，因此对他们来说是很困难的事情，于是当地社区往往成为了当地人的市场。只有当城市化发展起来，随着城镇扩张刺激了交通设施的投资，大众支付得起的旅游才有产生的可能性。在 19 世纪后期，随着收入的增加和工作状况的改善，旅游才逐渐由小部分精英的旅行发展成了大众旅游。正如在第 1 章中讨论的，在西欧社会中第一批大众目的地，是那些拥有极大区域市场的海边休假地［如针对英格兰西北部地区的黑池（Blackpool）］。只有随着社会和经济状况的逐步改善，才可能出现廉价旅游，以及可供选择的国际旅游目的国及更多各种类型的旅游目的地。

所有社会，即使是西方，并非都经历了早期相似的供求变化模式，如美国的旅游发展就不同。这里，有一个旅游要素是深深地源自社会的，如 18 世纪和 19 世纪美国的旅游就已扩展到了太平洋，随着农业向商业和工业的过渡发展超过了欧洲后，突然出现了饭店以接待大量临时“住客”的状况。此外，北美人在他们所进行的休闲和旅行的数量和类型上，都体现了他们不同的态度和生活方式。由于社会逐渐变得富裕，因此对于产生大众旅游需求的某些基本因素就变得重要了：

■ 提高了富裕水平，允许个别家庭或消费者拥有充足的“可自由支配收入”来将其旅游消费作为他们休闲花费的一部分。可自由支配的或可用的收入，是指一旦所有正常的支出，如上税、住房及其他衣服、教育、饮食等“基本需求”支付完后，所留下的那部分收入，在近期可能会通过消费者信用来补充这部分收入。

■ 增加了便宜的、可靠的、安全的、可用的并可选择的运输方式（包括私人和公共运输系统），增加的可选择的运输方式极大地有助于改变旅游的空间范围，当然地实现了许多区域系统间的、远距离的、国际间的旅游。

■ 娱乐的社会接受性与闲暇时间令人们追求满足个人兴趣，并将最小的度假时间写入法律。例如，在英国通过了带薪休假法案（the Holidays with Pay Act，1938）。正如先前所说，休闲和旅游的态度混合了多种因素，如在历史上，精英和封建社会的人们可能不会很好地区分工作与娱乐，但是他们可能会全盘考虑他们的生活方式；而在现代世界，总体上看扎根于不同文化的社会有不同的工作道德规范，如实现工业化的亚洲国家的年休假时间通常要比欧洲国家短。

■ 随着为建立业务、经营业务而产生的培训及更多的日常交流或协调的旅行，促进了商务旅行、跨国公司和国际公司的成长。

这肯定还没有详尽地列出所有因素，但却提供了促进国内和国际旅游成长的多种因素的大致背景。然而，甚至在富裕社会中也不是所有人都去旅行。例如，虽然在20世纪90年代通常有80%的瑞典人定期休假，但到今天为止，英国假日出游率仍然固定在60%左右（Jansen-Verbeke，1995）。经过50多年的发展，国际旅游发展给人留下了非常深刻的印象。从1950～2000年，全球接待国际旅游者从2 500万增长到7亿（世界旅游组织，2001），增加了28倍，这是一个由经济成长和旅游客源国家逐步发展为代表的时期，如建立在北美和欧洲地区等为主的旅游客源国已拓展到包括日本、东南亚及中国在内的地区。

普恩（Poon，1993）是专注休闲旅游市场的学者，其在分析在过去半个世纪的旅游变化认为，是标准化供应激发了大众旅游发展（大体上从20世纪50年代到20世纪80年代早期），如度假包价游，尤其是从选择国内旅游目的地到去国外更远的地方，这种变化是这段时期的典型代表。在经营商将其他包价游多样化的时候，例如滑雪假日游，往往是来自需求产生地区的旅游经营商发展了新的包价旅游，以满足人们追求阳光假期的需求。在 20 世纪 60 年代引入的航空运输提供了既能跨越更长距离，且又便宜的运输方式，特别是机身宽大且经济的喷气式飞机，使这段时期的旅游动机已从工作和日常的家乡社会环境里“逃脱出来”。旅游经营商销售便于购买的包价旅游产品，并通过旅游品牌的发展增强了对度假旅游产品销售的信心，因为旅游经营商利用了规模经济并采用了新的包价旅游方式，用低价将新的消费者吸引到了市场里来，而依靠他们大量售出的假日旅游并保持价格竞争优势，使旅游经营商在与其他旅游组织的交易中拥有了更大的讨价还价权力。有时旅游经营商也经营他们自己的航线和住宿企业，因为他们能够进入新的和正在成长的市场，因此他们可以通过将旅游供给的不同部分整合成为更为方便购买的包价旅游产品，并在他们的客源市场上大力推广，从而占有最大的市场份额。总之，经历的标准化意味着发展的标准化，因此这一时期许多地中海的休假地发展几乎都是相似的。

今后，随着更多消费者成为有经验的旅行者，以及其偏好变得更复杂，这种成长过程仍将得到重现，并使来自现实大众旅游市场的休闲需求变得更加多样。另一方面，在刚实现工业化的那些地区旅游市场，有可能较好地表现出了与西方旅游市场向大众旅游市场发展时相同的许多特征。对于商务旅游市场，成长的关键因素取决于公司的经济特性，以及为提升旅游企业作为会议目的地而成功进入区域旅游市场供给的程度，对此而言良好的运输和通信设施当然是先决条件。

以需求为导向的大众旅游发展的讨论到此结束，这个讨论描述了基于国内市场发展趋势的旅游需求的成长，并显示了旅游发展已允许更多的人旅行得更远。然而，最近，其他的一些社会（特别是在岛屿国家或发展中国家的偏远社区）已显示出了一种非常独特的旅游发展路径，这些社会的国外入境旅游和当地旅游需求水平高低有关。在这种旅游发展途径中，旅游目的地可能已注意到了当地经济活动水平低、当地人们拥有的主要迎合富裕入境游客的旅游业及其对当地人们的影响的共同存在的情况，这在当地人和那些“入境”的并（相对）富裕的游客之间提供了一个明显的对比。既然 20 世纪 60 年代到 70 年代的许多地中海国家都表现出了这种发展路径，较廉价的旅游则意味着现在较远距离的旅游目的地更倾向于这种发展类型。

旅游业经营组织分析

下面，将区分三类不同的供应商，它们是公共组织（政府和政府资助的组织）、商务经营企业和自发的旅游组织，如表 2. 2 所示：

表 2.2 旅游中主要利益相关者类型

利益相关者类型	直接经营商类型	其他经营类型
公共组织	中央政府：政府部门（如处理旅游业的部门，艺术与体育运动、经济发展、科学计划、旅行、护照和移民事务的部门） 地方政府：文化与娱乐设施及服务、科学计划	政府代理机构 国家旅游组织 遗产、体育运动、文化组织 转包合同 公共或公众合伙 私人或公众合伙 自发组织的使用
商业组织	公共有限公司、合伙与完全所有制企业（通常是私人所有）	特许经营 管理合同 私人或公众合伙 战略联盟 合资企业 共同体型
自发组织	慈善协会和国家与地方的信托基金，包括企业/专业的、体育运动、遗产及社区团体	

中央政府部门和政府有关资助组织可能直接或间接介入旅游，政府介入的根本理由往往是出于维护公共产品的目的，除非政府干预，否则就不会存在这些公共产品或服务，因为任何社会利益是通过提供公共产品或服务而获得的。政府行为在许多案例中都采取这样做的方法，对于政府资助的博物馆和体育运动设施，就有一个在公众产品或服务之间选择的直接关系，其他例子如在英国对英格兰和英国遗产艺术委员会机构给予大力支持等。但对于国家旅游组织或经济开发代理商来讲，与公共产品的直接联系就不会那么直接了，在这些案例中政府介入的根本理由主要是通过必要的调整，来保护和促进旅游业作为收入和就业的来源。

此外政府对地方的经营，往往是以一个城市或一个区域为基础的。作为政府的一个次要层次，这些经营行为是由国家所提供的政策和资金所决定的，体现为与有关公共代理机构一起通过公共或公众合伙经营的各种情况，如在一些发展项目和规划的地区，最好是在这些地方有一个保护机构。同样地，为了一个发展项目，私人或公众合伙中会有政府与私人企业联合的情况发生，如一个会议中心和饭店综合体的发展。政府及其公共代理机构也可能获得自发组织的帮助，如一个有专业技术的遗产组织，就可能吸引人来与之签订合同。在伦敦，由历史皇宫机构（www. hrp. org. uk）来保护遗留的皇宫（包括伦敦塔和汉普顿皇宫），并将其对游客开放，这是个很好的例子。

商业经营商或为盈利的经营商一般是由公众或私人所拥有的，如公共有限公司（public limited company，plc）是一个利用证券交易所发行股份的组织，如通过退休基金使所有权扩展到了组织和个人。私营企业往往通过一个完全所有或合伙的形式来运作，因此想要发展的私营企业可以将其状态改变成公共有限公司。

当许多商业组织对他们的经营保持完全、直接地控制时，通常有几个可以选择的直接控制形式，例如：

■ 特许经营：是以一笔开办费用和每年的特许费作为交换，将包括一个专利商标或许可证、一个经营“秘诀”、管理培训及系统支援的一个商业概念，以特许另一个经营者所使用的形式。

■ 管理合同：是主要资源（如建筑物）的所有者同意以一定费用做交换，让另一个企业在一个规定领域内进行经营的形式。

■ 战略联盟：是为追求一个共同的目标，两个和更多的组织分享资源的一种形式。如合资企业就是指参与者把资源都凑在一起并建立一个新的、共同拥有的企业项目。合伙是一种松散的形式，当在从事如共同购买和共同促销的活动时，各自的业务仍然保持独立。

在饭店业就有许多成功合伙的例子，一些当地建立的企业在需求淡季联合起来共同提高市场占有率，其他企业则利用国际品牌和营销的联合优势来提供全面的预订支持技术。同样地，由“星空联盟（Star Alliance）”和“寰宇（Oneworld）”制定的航空代码分享和销售协定，为他们的成员提供了更多的营销利益。

自发组织也可以介入旅游。包括了介入当地体育运动、历史和博物馆信托基金，以及全国范围内的组织，如英国的国家信托基金和为苏格兰设立的国家信托基金等。进一步讲，自发组织跨越了一个专业领域和众多休闲领域，帮助旅游目的地促销，并且为游客提供解说服务，还为体育运动与艺术节庆活动配备人员和管理资源。

结论：旅游产业结构的趋势

旅游产业在供求因素影响下改变了自身的结构，经济学家习惯通过以下方法来分析产业结构和组织变化间的关系或形式：

■ 横向发展或合并：在同一部门（生产过程的阶段）内的公司合并；

■ 垂直发展或合并：来自不同部门的公司，但在同一产业内合并；

■ 聚集发展或合并：来自不同产业的两个公司，在单一产权下合并。

普恩（Poon，1993）阐述了在具体过程中可能还存在第四种合并形式："多角化"。这种形式显示了在"不相关产业"（如金融业和旅游业）内的公司合并的情况，因为这些公司发现他们都在和旅游者打交道。

我们不能保证过去的产业模式在未来是否也会成功。从前独立的公司可以通过合并而获益，优势可能来源于成本的节约，如通过联合管理的功能，在与供应商交易时可获得更大的交易权。其他的好处也必然会影响旅游收入，如可通过奖励品牌忠诚和为顾客提供新的服务来影响销售，在垂直合并的案例中，对于其他依靠增大市场规模或控制供应商的竞争企业来说，可能会更多地依靠唯一的商品和服务供应商，从而会引发市场进入的障碍。

自从19世纪40年代，托马斯·库克（Thomas Cook）组织他所创新的火车旅行团开始，旅游市场结构在相当大的程度上已发生了改变。他创办了一个公司，将旅游的不同元素组合成一个可靠的包价游产品，并将它销售给正在增长中的中产阶级。在整个上世纪，饭店业经历了所有权的改变，19世纪还经历了铁路公司的介入，并基本上保持了一个部门各方面的独立经营，直到20世纪中期，又出现了大量航空公司投资到这个部门。然而长期以来，最特殊的特色是横向发展而不是垂直合并。一般说来，最大的饭店连锁是在北美，包括洲际饭店（虽然属于美国饭店品牌但为英国所有），雅高（法国）及马里奥特（美国）等。旅行、金融（如货币交易）及保险服务聚集在一个组织里通常可看做是多元化发展，多元化合并的例子，包括了案例2.2中提到的供分析的旅游业联合会国际有限股份公司（TUI）的旅游经营商。

案例2.2 普罗伊萨格合并与多样化

合并、收购及分拆构成了当代欧洲旅游业的一个关键特征。在垂直联合的旅游集团之间已经有了一个变化区域，较小的竞争者已经被收购并力图在欧洲范围内形成一个的重要集团。

一个特别有趣的案例是“TUI世界”。创造大公司的案例来自普罗伊萨格（Preussag），一家德国的钢铁制造公司。随着德国的重新统一，该公司认识到德国制造业所表现出的衰退信号，实践证明此后钢铁业承受了经济发展趋势的主要冲击力，于是在五年不到的时间里，普罗伊萨格将它自已转变成欧洲最大的旅游集团之一。

这个过程开始于1998年，普罗伊萨格收购了赫柏罗特（Hapag-Lloyd）和旅游业联合会国际有限股份公司（Touristik Union International GmbH，TUI）的多数股份，同时它还收购了First Reisebüro旅行零售连锁。为了发展国际旅游业务，普罗伊萨格又购买了托马斯·库克（Thomas Cook）与英国查尔森（Carlson UK）合并的英国旅游与金融服务集团的股份（大约在25%）。在2000年，欧洲委员会（EU Commission）批准了普罗伊萨格完全并购英国汤姆逊旅游集团（Thomson Travel Group，UK），条件是将其在托马斯·库克的所有股权削价销售。事实上，到了2001年3月上旬，C&N Touristic就已收购托马斯·库克。

在2002年底之前，普罗伊萨格又拥有了名列法国第一的旅游经营商Nouvelles Frontières的一部分股份，收购了意大利旅游经营商Alpitour的一些股份，并在其他旅游部门扩展了股份，包括一家航运与度假俱乐部公司和一家租用的航空公司。

问题讨论

4. 运用垂直、横向及多角化发展的概念，评价普罗伊萨格在1998~2002年期间的成长战略。可通过从其公司网站获取公司详细的经营情况，以更新信息。观察旅游部门和组织结构的所有变化，并讨论它们所暗示出的含义。

利益的驱使与企业间的竞争是形成旅游业最重要的力量，这个逻辑是必须经过下面内容的：

- 私营企业可能是一种生活型模式的企业，其所有者或经营者可以像经营商业性企业一样来经营非商业性企业。
- 一方面，这可能有助于旅游目的地拥有一批不以商业性经营为目的的企业群。
- 另一方面，这些企业由于不需要以市场为导向，因此有可能扼杀企业的创新和变化。

合作可以视为是竞争的替代，如为了发展昂贵的技术基础，大企业之间形成了联盟。共同体是另外一个例子，如公共机构和私人组织为旅游目的地而组成的营销工作组织。

由政府所形成的规范管理框架，可以决定市场结构的各个方面（如航空公司的所有权和着陆权），这些通常是基于全国范围内的，但也可以扩展到跨国范围，如在欧盟（European Union），航空竞争（虽然不含着陆权）的许多方面现在都是由欧洲委员会来处理。

在欧洲20世纪后期的大部分时期，旅游经营商一直很有权力，然而自从20世纪90年代中期后，由于低成本的航空承运商的进入，使他们的权力减弱了，现在这些承运商在决定旅游业进程中是非常有影响力的。进入21世纪，旅游产业面临着双重因素的影响，更有经验的旅行市场和在这广泛市场中的因特网或“电子旅游”、“电子中间商”，结合旅游供给过程中变化的经济情况，在寻找新的方法来将消费者转变为“被俘获”的旅游者的过程中，可能产生新的旅游需求。东方市场的旅游发展模式，在开始时可能与西方市场需求方面有一些相似，然而不同的文化背景和变化的技术作用，也将对东方旅游产业结构的发展产生非常大的影响，正如这些作用在全球范围内的影响一样。

案例2.3　苏格兰旅游产业结构

通过考查旅游供给的主要利益相关者：政府、公共部门机构、公司相关部门业务和服务、中小企业及其他服务供应商（不是核心旅游业务）的角色，可以探究一个国家的旅游产业结构。根据他们的活动可以将这些涉及面广的集团进一步细分，如住宿供应商、旅游景区供应商、旅游经营商等。下面以苏格兰为例说明这一情况。

访问苏格兰网站（www. visitscotland. com；www. scotexchange. net）提出每年旅游总值约50亿英镑并提供占总就业的9%的就业机会。

苏格兰旅游产业结构是一个拥有大量中小型企业的发达工业国家的典型特点，其中的中小型企业雇用一般少于50人，大部分雇用1~20人。

苏格兰政府对旅游事务负有责任，并有一个旅游、文化和体育运动部，他的工作是为国家提供旅游发展战略，通过制定旅游发展的国家政策构架（2002－2005年旅游行动构架，苏格兰行政，2002），发展与其他主要利益相关者的关系。与政府利益有着特殊联系的专业化组织都会支持公共部门，特别是访问苏格兰网站，国际性旅游组织等。通过促销活动、质量标准系统和有关的研究，访问苏格兰网站为政府政策和实用的产业调整提供了基础支持，并通过对国家的整体宣传、促进旅游产业营销和支持地区网络，形成了旅游产业的国家“形象”。

其他许多国家公共机构也有某些专门的法案，形成对旅游产业相关功能的补充。典型的是历史苏格兰（Historic Scotland），它保护像历史建筑和遗迹这类国家遗产，并且是国家最大的旅游景区经营商，它拥有Edinburgh Castle和Skara Brae等旅游景区，每年接待超过两百万的游客（www. historic－scotland. gov. uk）。

案例 2.3　续

企业部也提交了对旅游产业支持的战略方案，部长们要对旅游企业经营机构的发展负责（见 www. scottish – enterprise. com；www. hie. co. uk），为地区总体经济发展战略提供支持和发展的培训等。其他国家高级组织也有为共同的目的而设立的公共部门或私人部门的代理机构，在旅游与环境论坛中（www. greentourism. org. uk），考虑了与旅游有关的环境问题。私营旅游企业则通过一些的专业化会员组织为代表，如苏格兰旅游论坛（www. stforum. co. uk）或专业群体等（如英国住宿协会，英国旅行社协会），通过对旅游业有兴趣的自发组织和慈善基金组织来支持这些组织，包括苏格兰国家基金（www. nts. org. uk）、保护鸟类皇家学会（www. rspb. org. uk）和森林基金（www. woodlandtrust. org. uk）等。这些旅游组织存在的关键要素，是在于他们有自己代表性的群体，以满足和解决当地旅游问题、国家政策及经营发展的需要，如地方饭店协会和个体商会等（www. scottishchambers. 4. org. uk）。

对任何特定地理区域（如苏格兰）应注意的重点是，增强对广泛且易变的旅游产业结构的理解。因此，如上面所提到的苏格兰旅游产业的特点，是具有一些非常大的集团或是可以在微观层面上辨别的经营单元或供应商（饭店、旅游景区等）。

问题讨论

5. 利用苏格兰国家旅游业网站（www. scotexchange. net）来看苏格兰的旅游产业结构，并讨论旅游业中公共部门的角色和在公共与私人部门之间正在变化的关系。

问题探究

6. 旅游的需求观点对理解旅游产业结构在什么程度上是必要的？
7. 评价观点：对于全球旅游组织来讲，大众旅游不再是一个重要因素。
8. 评价下列不同类型旅游组织的功能和重要性：

■ 你选择的一个欧洲首都或任何其他城市旅游目的地；
■ 一个重要的体育运动事件，如世界锦标赛；
■ 一个地中海休假地。

9. 考虑到旅游市场的特性，在什么程度上你赞同合作与竞争是同等重要的这一观点？

阅读指导

麦克莱伦和史密斯（MacLellan, R. and Smith, R. 1998）出版的“苏格兰的旅游业”，伦敦汤姆逊学习出版社。

竞争委员会（Competition Commission ，1997）的“外国人包价度假游：关于英国旅游经营商和旅行社对外国人包价度假游供给的报告”，Cm 3813。伦敦竞争委员会。

网站推荐

下面很好的概述了这一章所包括的许多参考网站：

信息中间商

精英旅游者网：www. smarttraveler. com .

电子中间商

最后时刻网：www. lastminute. com .

expedia. com：www. expedia. com .

电子书店网：www. ebookers. com .

公司之间的中间商

易游网：www. easyjet. com .

里昂航空网：www. ryanair. com .

国家代理机构

访问苏格兰网（产业网站）：www. scotexchange. net .

访问英国网（产业网站）：www. tourismtrade. org. uk .

苏格兰企业网：www. scottish-enterprise. com .

历史苏格兰网：www. historic-scotland. gov. uk .

环境机构

旅游和环境论坛网：www. greentourism. org. uk .

私人部门

苏格兰旅游论坛网：www. stforum. co. uk .

关键词

可自由支配收入；电子中间商；产业结构；信息中间商；供

应商。

参考文献

Begg, D., Fischer, S. and Dornbush, R. (1987) *Economics*, 2nd edn. McGraw-Hill, Mardenhead.

Dale, C. (2003) The competitive networks of tourism e-mediaries: New strategies, new advantages, *Journal of Vacation Marketing*, Vol. 9, No. 2, 109-118.

Eadington, W. R. and Redman, M. (1991), Economics and Tourism, *Annals of Tourism Research*, Vol. 18, 41-56.

European Commission (1998) *High Level Group on Tourism and Employment, European Tourism-new partnerships for jobs.* European Commission, Brussels.

Gilbert, D. C. (1990) Conceptual issues in the meaning of tourism, in C. P. Cooper (ed.) *Progress in Tourism, Recreation and Hospitality Management, Volume* 2, Belhaven, London, 4-27.

Holloway, J. C. (1998) *The Business of Tourism.* Addison Wesley Longman, Harlow.

Jansen-Verbeke, M. (1995) A Regional analysis of tourist flows within Europe, *Tourism Management*, Vol. 16, No. 1, 73-82.

Laws, E. (1991) *Tourism Marketing.* Stanley Thornes, Cheltenham.

Leiper, N. (1979) The framework of Tourism, Towards a definition of Tourism, Tourist and the Tourist Industry, *Annals of Tourism Research*, October/December, 390- 407.

Organization for Economic Co-operation and Development (2002) *Household Tourism Travel: Trends, Environmental Impacts and Policy Responses.* Organization for Economic Co-operation and Development, Paris.

Poon, A. (1993) *Tourism, Technology and Competitive Strategies.* CAB International, Wallingford.

Scherer, F. M. (1980) *Industrial market structure and economic performance*, 2nd edn. Rand Mcnally, New York.

Tremblay, P. (1998) The Economic Organisation of Tourism, *Annals of Tourism Research*, Vol. 5, No. 4, 837-859.

World Tourism Organization (2001) *Trends in tourism markets.* World Tourism Organization, Madrid.

World Tourism Organization (2004) Tourism Satellite Accounts in Depth: Analysing Tourism as an Economic Activity. www. world-tourism. org/statistics/tsa_project/TSA_in_depth/index. htm (accessed 25 June 2004).

第 3 章　国家在旅游业中的角色

约翰·詹金斯（John Jenkins，澳大利亚新南威尔士州纽卡斯尔大学）

学习目的

学完本章后，读者应该能够：

- 明确国家的定义及其与旅游业的关系；
- 理解有关国家的不同理论及其与现代旅游政策的关系；
- 明确国家介入旅游业的不同形式；
- 阐述把旅游业融入更广泛的政治经济背景中的必要性；
- 阐述所选择国家的公共部门旅游组织发展状况；
- 评估现代各类国家旅游组织的地位。

本章概述

本章定义了国家的概念，简要阐述了不同的国家理论，解释了与旅游业相关的政府部门的重要性和角色；并列举了澳大利亚保护区管理、美国联邦旅游管理、性旅游与雏妓，以及 1990 年代中期意大利政府与旅游业等案例研究。

导　言

讨论国家的概念是理解现代资本主义社会中旅游的关键，尽管人们对国家的定义还没有达成共识，但都承认国家的内涵要比一般政府的概念广泛得多。几乎所有的人类活动都受到国家的影响，包括了形式多样、范围广泛的国家制度的影响，正如拉尔夫·米利本得（Ralph Miliband，1973：3）指出的："人类现在比从前更多地生活在国家的阴影中。无论是个人还是集体，他们要想达到的任何目的都主要取决于国家的法令与支持……人们可能对国家做什么不感兴趣，但不受国家的影响却是不可能的。"

什么是国家?

国家通常被定义为:

由许多合法的专制机构所构成的一个整体，一个有意识或无意识地制定政策的集体，它由不同政治力量与机构所组成并确定其政策方向与目标。国家制定的政策反映了人们价值观的变化，利益冲突后果以及资源的使用方式等。国家虽然是一种不容反抗的复杂结构，但其也是帮助人们理解政策的关键（Davis 等，1993：18~19）。

根据海伍德（Heywood，1997：85）对现代国家起源的分析，可将国家定义为：出现于15世纪至16世纪欧洲的一种中央集权统治制度，其成功地使所有组织与集团在精神上和物质上臣服于中央集权统治。海伍德还采用了一种有组织的方式来定义国家，并明确了国家的五个基本特点：

- 国家的权力凌驾于社会中所有协会及团体之上，并行使至高无上的、绝对的、不受限制的权力。
- 国家机构被认为是“公共”的，相对于社会中其他“私有”的机构。公共实体负责制定和执行集体的决定，而家庭、私营企业和工会等“私营”实体则是满足个人利益的。
- 国家是合法的权力实施者。国家的决定通常（尽管不一定）被认为是用来约束社会成员的，是符合公众利益的。国家代表的是社会长久的利益。
- 国家是统治的工具，国家的权力是靠法制来支撑的，国家必须有权力保证法律受到遵守，违法者必须受到惩罚。
- 国家是一个领土范畴，其范围在地理上受到限制。国家包括了所有生活在国界范围内的一切人员，不管是公民还是非公民。在国际舞台上，国家被认为是一个自治的整体（至少在理论上如此）。

不管你是否认同海伍德的上述理论，国家与政府本身都有很多责任，包括国防、教育、卫生、财产权的规定、环境保护与管理、税收的征收、基础设施与基本服务的提供，以及有关投资、法律与秩序的规定等。国家的主要机构包括：立法机关，政府部门与权力机关，司法机构，执法机关，各级政府企事业单位及社会群团组织，如工会及一系列的规则、规定、法律、标准、政策等（Davis 等，1993，参见 Hall 和 Jenkins，1995）。换言之，国家概念包括在一个开放和文明社会中相对长久的一套政治机构（Nordlinger，1981，参见 Hall 和

Jenkins，1995）。国家机构有时追求的目标会发生冲突，甚至很少能和谐一致（McFarlane，1968，参见 Davis 等，1993）；不同政府层次都有不同的旅游发展目标，“因为地方政府的目标可能与中央政府的目标发生冲突”（Williams and Shaw，1988：230），这一点在包括中央政府、州省级政府、区县级政府的联邦政治制度中非常明显。正如安德森（Anderson，1984：18）指出的：

……在联邦政治制度中权力分散在各级政府中，如果政策是中央政府制定的，那么对某些集团的影响力要大一些；如果政策是省州级政府制定的，则另外的集团也许会得更多的利益，……总之，制度的结构、安排以及制定程序会对公众政策产生重要的影响，因此在进行政策分析时决不能忽视。

在一个更宏观（或者进行决策和行动时）的层次上，有些人很容易和自由地在政府公共部门与私营企业之间流动，并具有同时服务于两者的功能。（例如：思考一下可能发生在政府公职人员身上的利益冲突，他们对人类社会和环境会有强烈的以生态为中心的观点，同时他们又是一个保护团体的成员。）我们不知道国家概念开始于何时又终结于何时，国家概念没有明确的界限，我们也没有关于国家的现成理论。

国家在旅游中的地位很重要，不理解国家的角色，我们就不能充分理解旅游的历史及现代的变迁（见案例3.1，其概括说明了政府干预如何随着时间变化而变化）。例如，对管理与使用保护区的制度安排、原则与实践的解释，是因为资源是许多国家发展旅游业的主要基础，因此我们有必要进一步完善包括国家在内的分析框架和模式，澳大利亚就是我们进行分析的为数不多的较好案例之一。

案例3.1　20世纪90年代中期意大利的政府与旅游业

意大利具有十分丰富的旅游产品，从基于以艺术、文化、音乐与宗教为特色的文化旅游产品，到海洋旅游、山地风光、温泉浴、自然景观、主题公园和特色节庆活动等（Bonini，1993：302，321）。据估计，50%以上的全球文化与历史遗产集中在意大利（UNESCO，参见 borg and Costa，1996：215）。这种“集中”给意大利政府、旅游业及其他相关利益集团（包括保护机构、考古学家与当地社区）出了一个难题：意大利的文化遗产在吸引国内和国际游客方面起到了重要作用，同时大量游客的进入使旅游资源的可持续性受到了威胁，特别是在游客管理政策与计划不充分的情况下（见 Bonini，1993；Glasson and Godfrey，1995）。

意大利的旅游资源在地理上也很集中。意大利北部包括了整个国家主要的目的地，在游客到达数（每床/每夜）方面反映了富裕的北部和贫穷的南部的经济差异。意大利的主要旅游目的地仍然是罗马、佛罗伦萨和威尼斯。在1990年代，这些具有悠久旅游历史的旅游城市在占有旅游市场份额方面也经历了下滑与停滞，因为其酒店设施陈旧，价格

案例 3.1 续

偏贵，餐馆价格也很离谱，交通不畅，很多文化类景点的开放时间不规律（只在早上或下午开放），星期天或公众假期也不开放或只有特殊要求时才开放（Bonini，1993：304）。除此之外，1970 年代中期，那不勒斯—卡不里—索伦多一带都是意大利最大的旅游目的地之一，当时，污染和道德败坏等社会问题导致游客人数下降。相反，集中在中部和北部的小规模的历史和文化目的地的客源却在稳步增长（能吸引很多眼光独到的游客）。然而，这个地区在 1997 年 9 ~ 10 月的地震中遭受了巨大损失。

意大利的旅游业历史悠久，有着重要的地位，但也经历了动荡不安的过程。在罗马帝国时代，官方政府机构向游客提供住宿，交通等信息的地图及旅游通行证。随着罗马帝国的衰落和“黑暗”时代的来临，旅游的主要活动局限在朝觐。从 17 世纪以后，意大利重新恢复了世界主要旅游目的地之一的地位，意大利半岛成为了“大旅游”的核心目的地。19 世纪，汤姆斯·库克开始经营旅行社业务，大批的英国游客对意大利的海滩旅游非常感兴趣。简而言之，从 1860 ~ 1960 年，旅游业是意大利最大的产业也是最有利可图的产业。

1912 年，博纳尔多·斯特林赫（Bonaldo Stringher）宣称旅游贡献了看不见的财产，保持了国民预算的平衡，对意大利的发展与繁荣作出了贡献（见 Bosworth，1997）。然而，旅游业处于社会经济发展的初始阶段，又遭受了第一次世界大战的破坏，因而有了一种发展国民旅游政策的紧迫性。由于意大利的旅游资源在两次世界大战中，有的被毁灭，有的被损坏（在第二次世界大战中 40% 的宾馆被毁灭，20% 的被破坏），使人们认识到战后旅游景点（如：战场遗址）的管理需要政府的干预和计划（Bosworth，1997）。之后，意大利国家旅游局（ENIT，首个国家旅游机构）于 1919 年成立，这是战后政府致力于发展合理的经济计划的结果（Bosworth，1997）。1922 年 10 月，法西斯集团执政后，使人们不可避免地感受到战争威胁和法西斯专政，尽管 1923 年法西斯集团开始担负起为旅游发展制定详细发展政策，以促进国际和国内旅游发展的任务，但 ENIT 仍只能在摸索中前进。随着 ENIT 的衰落，第二个意大利旅游机构（CIT）在 1927 年成立；之后是 1934 年在新闻与宣传部下面成立了旅游指导总局（DGT），次年又成立了省级旅游管理局（EPT）。这些机构和其他独立机构（如意大利皇家汽车俱乐部，RICA），在有关旅游管理的政策方面产生了很大的重叠。于是，就哪个旅游机构应该保存下来，如何根据国际和国内的状况来组建机构开展了激烈的争论（Bosworth，1997）。

尽管意大利在旅游业管理中存在许多问题，但到 1995 年意大利已成为继美国和加拿大之后的最受欢迎的旅游目的地。在 1951 年至 1965 年之间，意大利每年的旅游增长率都在 11.5%，旅游出口份额从一位数上升到 19.3%（Formica and Uysal，1996：326）。然而，在此之后的一段时间内，随着人口增长和人口统计的变化，技术创新（直升飞机的出现）和社会经济发展（工作时间的减少）加剧了国际旅游的竞争，旅游经营商开始大量投资地中海较便宜的沙滩（如希腊、西班牙、土耳其和南斯拉夫）。由于价格因数和长期持续的市场营销战略，使这些地区成为了意大利的主要竞争对手（Formica and

案例3.1　续

Uysal, 1996：326)。

长期以来，意大利政府旅游组织的执政效率低下，使其缺乏对旅游发展的战略远见和恰当的机制。于是，1993年意大利废除了旅游与艺术表演部，更名为直属总统部长委员会的旅游部，赋予其制定和执行国际旅游政策的权力，并把意大利作为一个旅游目的地来开发和促销（Formica and Uysal, 1996；Francescone, 1997）.

直到1990年代中期，大多数政府的活动都与为大型活动筹集资金有关，如1990年的世界杯足球赛和发现美国500周年等。与此同时，意大利国家旅游局（ENIT）的作为却不令人满意。如ENIT促销宣传意大利所使用的形象已经用了50多年，宣传促销的任务交给了20多个地区性的旅游及促销委员会，在执行这些任务的过程中，这些机构的表现时好时坏（Formica and Uysal, 1996：326～327)。在旅游规划和促销中，意大利国家旅游局（ENIT）最近有了重要的转变，与国外的旅游机构建立了联系，定期参加各种旅游交易会，开展一系列的以文化和环境为主题的跨地区的活动，地区旅游局的活动资金主要还是ENIT提供的。这些活动的开展表明了意大利各级旅游部门的协调与合作更有效了，反映了意大利国家旅游局更注意了旅游业辐射面宽，关联度大的特点(Francescone, 1997)。

值得一提的还有从1970年至1990年限制意大利吸引游客的负面因素。这些因素包括：意大利缺乏质量好的住宿与交通服务；自然灾害和污染；利古利亚海湾的石油泄漏；主要旅游地人满为患；小偷小摸时有发生；亚得里亚海的海藻问题从1980年就使大量的喜欢海滩的游客减少。结果意大利的国内游客及国外游客和一日游游客的增长都停滞不前，从1980年至1990年代初期还一度剧烈下滑（见bonini, 1993；Formica and Uysal, 1996；Francescone, 1997)。

1992年意大利经济衰退和持续的停滞不前使意大利的旅游服务业（宾馆价格）出现了通货膨胀，使上述提到的问题更加严重，威胁着意大利旅游业的竞争力。然而，1992年9月，里拉的贬值，前南斯拉夫、中东、埃及、土耳其和西班牙不稳定的政治局势对意大利的国际旅游产生了有利影响。这些因素使意大利半岛在1993年和1994年建立了自己作为主要目的地的地位，国际游客的人天数也急剧上升（Formica and Uysal, 1996；Francescone, 1997)。1995年意大利在世界十大旅游目的地中排名第四（接待2 920万旅游者，比1994年增长9.2%)；旅游收入排名世界第三，1994年至1995年的国际旅游收入增长率达13.1%。1994年，国际游客的来源主要是欧盟居民（大约50%，其中有一半是德国人)，美国第二（约10%)，其次是日本人（约5%)。1996年，大约有4.5%的意大利劳动力（106.3万人）直接或间接从事旅游业。当时，这些都预示着意大利旅游业的美好未来，尽管周期性的经济、政治、社会甚至气候的变化仍然会对其产生影响（Francescone, 1997：5)。

案例3.1　续

很明显，全球性及国内很多因素对意大利的旅游业产生了影响，也对作为旅游目的地的整个国家产生了影响。有趣的是正如上述所说的那样，意大利政府无法控制全球性的因素，而地方旅游业却为保持意大利国际旅游目的地的地位作出了贡献。1994 年至 2000 年的预测很乐观，表明每年的国际游客增长率达到 5.2%（Francescone，1997）。东欧及亚洲的游客增长将会弥补加勒比海、非洲及亚洲市场激烈的竞争。旅游吸引物中增长潜力最大的有可能是文化、健康、乡村及体育旅游（Francescone，1997：25）。

影响意大利旅游可持续发展的因素，不仅来自于日益增多的游客及基础设施和设备的老化，而且还来自于政府部门间协调的不力与不足。意大利的旅游有着悠久的历史，特别在旅游开发、市场促销方面，政府干预也有着很长的历史，在这样的背景下，这种状况就令人不可思议了。1990 年初，意大利旅游部门制定的政策、计划及公布的涉及旅游业诸多方面的信息被证明是正确的。1990 年代中后期，企业和政府面临的挑战主要有（1）遗产的保护及遗产地旅游者的管理。（2）政府部门和私人企业在旅游规划、开发及促销方面的协调。（3）游客的分布不均及旺季时游客太多给旅游资源造成的巨大压力。（4）提供适当设施的标准（详见 Formica and Uysal，1996；Francescone，1997）。

问题讨论

1. 本案例涉及 1990 年代中期旅游管理及相关问题。简要回顾意大利 1990 年代中期旅游管理的发展过程。
2. 意大利的旅游复兴实现了吗？
3. 政府在意大利的旅游发展中起到了怎样关键性的作用？

在澳大利亚，大部分保护区都由国家和地方政府管理，反映了澳大利亚宪法和联邦制下的土地管理职责。有大约 60 种类型保护区，其中陆地上的超过了 6 755 个，海洋类的超过了 192 个（澳大利亚环境，2002）。大多数保护区经历了不断增长的旅游需求的压力，使用保护区的压力也越来越大，保持环境质量与最大化提供游客的可进入性和满意度来促进经济发展的潜在冲突加剧了。（Pigram and Jenkins，1999；DISR，2001）。在保护区中，旅游与休闲的发展趋势是国家公园的可持续发展的主要威胁之一，这些国家公园是被诸如国家公园协会、澳大利亚保护基金及荒地社团（figgis，2000，参见 Jenins and Wearing，2003）等环境保护集团所认定的。当涉及到保护区的管理及旅游者对资源的使用时，国家就不再是一个有内聚力的整体。

保护机构反对在一些国家公园让游客使用旅游资源，却赞成在另外一些国家公园让游客使用旅游资源，特别是这些国家公园存在使用消耗性资源的情况

(如矿业及林业)。在后一种情况，环境保护集团可能会做出些让步，因为比起剧烈的消耗性行为，他们更支持旅游开发。除了用环境保护来定义国家公园，他们还找一些经济理论为依据，反对在几乎所有的国家公园搞某些旅游活动。相反的是一些休闲集团（如汽车俱乐部/协会、骑马协会)，却致力于提倡在一些环境保护者强烈反对的敏感地区，如海滩边的沙丘上搞休闲娱乐活动。事实上，我们对很多娱乐活动的环境影响知之甚少，所以，保护集团对保护区的管理所遵循的原则是谨慎的。在保护区的管理中，政治团体，议会议员和旅游业代表都有各自不同的利益。甚至在同一个集团内部，意见也不统一。在这些利益集团中，经常就保护区中或保护区附近地方，究竟允许哪一种旅游休闲活动，其开发的水平、时间、范围及旅游者使用的程度问题上存在着重大的分歧。

在澳大利亚，没有一条法律及法规规定旅游者可以使用某一种自然资源。相关的条款都分散在全国及6个州和2个领地的法律法规中。同一个州的不同的保护区所允许的旅游休闲活动也大相径庭，甚至保护区的单一法案也不仅仅由一个政府部门来完成。

实施共同管理体制的目的是让土著居民留在自己的土地上，对影响他们生活和土地的决定行使其政治及文化权利，这是澳大利亚国家公园管理的最新举措，这证明依然是一种西方文化模式（Craig，1993：137，Wearing and Huyskens，2001：182)，20多年前对此种情形所做的总结仍然真实：

澳大利亚户外娱乐资源及设施的管理的特点，是由许多互不相干的政府部门及权力机构共同管理，作为这个国家中政府的一项合法功能，户外娱乐很少被认可，却作为与更传统的政府活动如林业、环保、水供给和城镇规划相联系的次要功能来开发。这种方式不可避免地导致了一系列问题的产生，如协调问题，职责重叠及为社区或旅游者提供服务的效率等问题。

国家的角色对我们理解和研究旅游是不言而喻的。国家对政治的影响极为重要，“在管理一个国家，城镇，学校，教堂，企业，工会，俱乐部，政治团体，协会和其他很多组织中，公民总要涉及政治”（Dahl，1965：1)。政治是人类生存的一个不可避免的事实，每个人在某段时间都会以某种方式参与到某种政治制度中，因此国家的角色及其体制对下列研究是很重要的：

- 影响保护区内娱乐与旅游开发的政府决策与行动；
- 对少数公司及重要私人公司经济的管理，(如跨国公司的产生和发展)；
- 旅游业中交通等要素的市场化集中程度太高；
- 产业结构，价格机制和进入某个领域的障碍，如航空业；

■ 旅游企业/企业家与政府部门间的关系（如在旅游开发和市场促销中两者关系的发展），旅游政策制定中的权利分配；

■ 利益集团对政府决策的影响；

■ 旅游政策制定中的权力分配；

■ 旅游的政治经济问题；

■ 旅游组织及公共管理的历史（从全国到地方组织到利益集团）；

■ 世界范围内各个国家旅游政策的比较；

■ 组织行为与旅游政策的制定；

■ 旅游政策与土著居民的关系；

■ 政府间关系与旅游政策的制定（详情见《当代旅游事务》2001，4（2-4）“公共政策”中有关国家角色的论述）；

解释国家角色的理论很多，以下主要讨论其中一些理论。

国家理论简介

国家理论来自于几个理论观点，其中自由民主是我们分析国家角色的关键（Dunleavy and O’Leary 1987：4）。民主，简单地说就是人民治理的政府（如Heywood 1997：66）。各种类型的民主都有所论述，包括古典的、自由的、保护的和发展的民主，他们有些被赞同，有些被批评。自由民主认为，当选的政府应有期限，其特点是选举人的选择范围宽，政党可多可少（Heywood 1997：27-8，75）。然而，在大多数民主国家，有资格的选民投票率远远少于100%，有很大一部分选民决定不投票。在澳大利亚这样的国家，选民必须投票，这种情况极为少见。

对国家的讨论需要在一定的社会背景下进行。关于国家角色及职责的不同观点在社会中、政府系统中及一个国家的历史发展中都有重要的表述。探索国家在做出一项政治决定或采取行动时的角色的关键问题包括：

■ 为什么需要政府与国家的干预？

■ 政府与国家如何干预？

■ 是谁影响了公共政策，其影响程度如何？

■ 在进行决策和采取行动时，哪些政策和计划是必须采取的（机会成本是什么）？

■ 采取的行动和行为可能产生的影响是什么？

- 谁获利或谁是赢家？
- 谁输了？
- 什么利益（或许是商业利益）被顾及到了？
- 对社会所隐含的意义是什么？

所以就旅游业来说，涉及签证、环境评价、资源的分布及分配，如国家公园，地区性公园及城市公园、步行游路、机场及道路等交通基础设施建设的立法问题等，都是具有高度政治性的问题。考虑到各种项目和计划的关联性、各党派不同的政治主张和有限的资源，对某些政策、计划和项目，在资金和资源的分配上给予倾斜，以照顾到那些受影响的个人及机构。但是，总有赢家与输家，长期以来，民主社会的权力分配问题一直是人们争论的热点。

关于国家理论十分繁杂也各不相同，主要有多元主义（新多元主义）、精英主义、马克思主义（或新马克思主义）和韦伯主义（或新韦伯主义）。下面我们将阐述和比较这几种理论。

■多元主义理论

多元主义理论的起源，可以追溯到17世纪社会契约理论家如托马斯·霍比斯（Thomas hobbes）和约翰·洛克（John Locke）的著作中（Heywood，1997：87）。而在多元主义论者中，达尔（Dahl）和波尔斯比（Polsby）是主要代表，他们认为："在西方工业化社会中，权力是广泛分布在不同的群体当中的"（Ham and Hill，1984：27），国家或多或少是一个在不同社会利益集团中充当仲裁者的中间团体（Heywood，1997：98）。多元主义是以社会为中心，国家被看做是一个裁判，而政府则更受重视。在传统多元主义理论中，国家往往显得很抽象，而像法庭、政府机关和军队则被看成是独立的行为机构，而不是广泛意义上的国家机器的组成部分（Heywood，1997：86）。

在最近"改良的多元主义"或"新多元主义"的著作中，对国家的批判分析更多地被采用。人们承认政府与利益集团的关系常常受制度化约束，使某些核心利益集团可能被排除在政府议事过程及讨论外，这是一种对政治体系更现实和更适用的批判观点。例如，商业是一个强大的政治力量，特别是在现代资本主义社会中，其对政府做决策有着广泛和重大的影响。除此之外，另一个具有非常影响力的是国家精英，而具有讽刺意义的是这些国家精英包括了政府机关及其人员。因此，政府本身被看成是一个政治演员，同时是一个强大的利益集团。

自1970年代多元主义理论就受到了强烈的批评，多元论者的解释忽视了企业及公司精英对决策强大而持续的影响，对国家行为的看法较狭隘并有局限性，布雷恩·黑德（Brain Head，1983：27）分析了传统多元论者观点的缺陷：

除了承认利益集团和选举政治在决策过程中的重要性外，多元主义理论几乎没有什么值得引起重视的。对于政府在一个发达的资本主义社会中运行的系统和结构性的限制没有进行系统的分析；对于国家作为远离政府和经济集团的一套结构没有理论论述；对国家或经济关系的历史性变化没有理论阐述，对公共政策的国际背景也没有记载，……

尽管多元主义理论有很多不足，但其重视公共政策制定中利益集团的角色却是主要优点。这种重视引导着我们的注意力，让我们去重视政治组织的本质、利益集团的竞争及政党为某一项政策携手联合的方式。然而，多元主义理论对决策过程的观点通常解释不了政府与更宽泛意义上的国家是如何运作的。基于多元主义理论的不足，例如无法解释为发动政治运动而采取的某个特别的经济理论和主张（或思想体系），也不足以解释发展中国家跨国公司的权力，以及为什么性旅游在东南亚几个国家是经济上“受人尊重”的和“成功”的行业。

■精英主义理论

精英主义理论是基于权力（政治或经济的）集中在少数人手中这样一个前提。于是，公共政策反映了占统治地位的精英的价值与偏好（Anderson，1984：16），精英主义信奉和接受由精英或少数人统治的实际。人们认为，19世纪晚期的盖塔洛·莫斯卡（Gaetano Mosca，1857～1941），罗伯特·米克尔斯（Robert Michels，1876～1936）和维尔弗雷多·帕雷图（Vilfredo Pareto，1848～1923）发展了精英主义理论作为社会科学的中心思想（Green，2003：144），精英这个词也用在了马克思对阶级和经济权力的分析中，以及作为一种国家或政府和利益集团调解形式的各阶层合作主义的记述中，于是很难提出一个大家都一致同意的对精英的清晰定义。

权力的来源可以是一种也可以是多种，包括技术上的（科学家），财富上的（富裕的企业家），占有信息和知识的（与政府有良好关系的商人），在行政岗位上任职（执行总经理）的权力（Green，2003：144），托马斯·戴伊（Thomas Dye）和哈蒙·齐格勒（Harmon Zeigler）给精英主义理论做了如下总结（参见Anderson，1984：16～17）：

社会被分成有权力的少数与没有权力的多数，占统治地位的少数不代表被统治的多数。精英主要来自于社会经济的上层，精英对社会系统的基本价值观及维持这个系统有统一的看法，公共政策不代表大多数人的要求，反映的却是精英的价值观。精英影响大众而不是大众影响精英。

古典的精英主义论者致力于证明民主总是一个神话，而现代精英主义论者却倾向于强调政治制度是如何不能理想地实现民主的（Heywood 1997：76）。在发达国家及发展中国家，精英的地位总是与对资源的拥有和公共政策的制定与执行紧密相连。拥有精英地位的人，包括拥有权力的政府机构、军队和大型跨国公司的成员（见 Mill，1956；Ham and Hill，1984）。精英主义理论是对多元主义理论的重要补充（Ham and Hill，1984：32）。在现代，新马克思主义者对两者做了更进一步的比较，米利班得（Miliband）在他的"基于马克思主义思想的资本主义社会中国家角色"的一文中，试图表明强大的精英阶层只不过是一个统治阶级而已（Ham and Hill，1984）。

■马克思主义理论

19 世纪中叶，卡尔·马克思（Karl Marx）撰写了《共产党宣言》（和恩格斯，Friederich Engels）、《资本论》和其他著作。对马克思而言，历史是社会各阶级斗争的历史。马克思主义非常关心"谁得到了什么"。他提出的问题，是资本主义社会如何分配劳动和其他资源，消费如何调节社会中不同的关系并使其存在下去。"资本家和工人的关系是剥削关系，资本家付出的工资要最少，得到的利润要最大，资本主义社会中国家的作用只在于限制和调节资本主义不合理的剩余支出，来支持这个剥削制度并给他留点'面子'"（Veal，2003：3000）。

对马克思主义者而言，"资本主义国家的主要功能是支持资本的积累"（Ham and Hill，1984：33）。马克思主义者（如 Ralph Miliband and Poulantzas，很偶然的是，他们不同意某些假设）坚定地认为国家是"阶级统治的工具"（Ham and Hill，1984：32），是"帮助一个阶级压迫另一个阶级或化解冲突来维持现存阶级制度"（Heywood 1997：98），于是国家的行为被认为是代表资本主义的。马克思主义的世界观认为，阶级中的对立关系是所有社会中政治的中心……公共政策的一般原则都支持资本的利益（Bruuks，1993：41）。马克思主义的评注曾经应用到了提供休闲服务的理论上。它这样论述到："靠提供市场不能供给的休闲服务，如公园、体育设施、儿童娱乐设施和高质量的艺术产品及对自然和历史遗产的保护，国家给了资本主义一张文明的'面孔'。国家不仅给资本主义一张'人脸'，而且还提供基础设施，在此基础上，私营企业才能创建自己的事业，……"（Veal，2002：43）。不幸的是，在马克思主义对政治经济的论述中，对旅游的研究却忽视了国家这个复杂的问题。

■各阶层合作主义理论

像多元主义理论一样，各阶层合作主义理论认识到各种不同利益集团间的较量。然而有一个重要的区别是，“各阶层合作主义理论”看到了公共政策和计划是要通过利益集团来执行的，特别是各阶层的利益（政府与经营性企业的联合）在商业和国家中有着复杂和直接的联系。马可斯·韦伯（Max Weber）的理论认为，古希腊人熟悉的民主理念在现代不适用了，因为政治和政府都被政客及官僚所构成的有专业水平的精英们所统治，他认为现代社会是“政党机器的政治”，在其中普通百姓参与制定政策的程度受到严格的限制（Giddens，1982：91）。

了解各阶层的权力是如何行使和扩大的一个方法是研究商业与政府的关系（见 Richter，1998；Hall，1994：Jenkins，2001 a）。分析家们可能发现的事实是经济或各阶层的权力有很多方面：由相对很少的公司统治；某些行业的市场化高度集中；行规（如价格制定的安排）；连锁公司的董事会；最后是企业和政府关系的程度和性质（换句话说，是经济和政治权力间的关系）（Wheelwright，1974）。发达国家及发展中国家有关税收、补贴，以及度假胜地及其项目开发的政策制定过程一直受到人们的质疑（见 Richer 1989；Hall 及 Jenkins 1995；61 ~3；Doorne，1998；Jenkins 2001）。

目前，旅游研究极为关注国家的角色。很显然，在发达国家及发展中国家的旅游规划和政策制定中，国家都起着关键的作用并承担着很多职能（开发商、利益保护者、调节者和仲裁者、再分配者、协调者和组织者）（Davis 等，19993：26 ~7）。确实如此，也正如米诺格（Minogue）指出的那样，一项令人满意的公共政策必须能解释国家、政治、经济与社会间的内在关系（Minogue，n. d：5，参见 Ham，Hill，1984；17）。

旅游业与国家

10 多年前，斯蒂芬·布里顿（Stephen Britton，1991）指出，我们需要一种理论来清晰地表明和揭示：旅游业，是由一个特定的社会制度本身所固有的社会动力推动的、有资本主义特点的、有组织的活动，是具有资本主义生产、社会关系的产业。很多现代资本主义国家早就是一个干预者（澳大利亚、加拿大和英国），他们与很多企业一起共同促进国家的物质文明和社会经济发展（如道路、铁路、通信和电力）。例如在澳大利亚，国家干预特别是政府干预主要涉及私营企业拥有的资本、劳动与技术状况，以及控制恶劣环境所带来的诸多挑战（Wettenhall 1990）。澳大利亚的国民发展计划特别指出，国家应承担支持私营企业的责任，从而使资本主义得以发展。

在旅游业的其他政策的制定中，政府与更大范围内的国家干预，通常与某种形式的市场失效、市场不完善和社会需求有关联。哈拉（Hala）认为政治行为的真正含义，是政府为市场失灵提出了纠正的办法。例如，市场常常不能有效保护旅游业赖以生存的环境；要把私营企业的资源集中起来非常困难；旅游对社区的某些部分产生了负面影响。而且政府常常必须提供各种基础设施，如道路、机场、铁路、排污、水及能源供给等（Hall，Jenkins，1998）。

取消管制政策、实行私有化、废除税收政策及远离宏观经济调控等措施，是英国、新西兰和澳大利亚致力推动"小政府"的特征（Hall 及 Jenkins 1997），这种政治理念的变化对旅游政策的制定、规划和开发有着重要的意义。西方社会对"小政府"的呼唤，也使保守的国民政府和经济理性主义者要求在很多行业内（含旅游业）有更大的自治权。公共部门从事的旅游市场营销已由私营的旅游机构及旅游理事会来进行（Jeffries，1998；Hall，Jenkins，1997）。偶尔，政府也会撤销旅游部门和国有公司（见瑞士旅游局，1992），或减少和终止资金的拨付（见美国旅游局，1995），以不再对旅游业进行支持。然而，随着情况的变化，如国家和政府改变了角色或选举之后的政府变化，干预的程度和性质也将随之发生变化。

1996年的美国国民旅游法案，提及了撤销美国旅游局的原因，其中包括缺乏资源，没能发展国际旅游，进行旅游促销且付给纳税人的费用也要少得多，并提出了私营企业更能有效开展国际旅游（Jeffries 2001）。不过，该法案授权商务部继续通过旅游部门（当时的旅游事务处）执行几个重要职责，法案还规定了这一新机构的目的：

■ 寻求和扩大全球旅游市场中美国国际旅游的份额；

■ 与联邦政府、国家及地方机构一起共同制定和执行美国旅行及旅游政策；

■ 就执行国家旅游战略及其他影响旅游业发展的有关问题向总统和国会及国内旅游行业提出建议；

■ 到国外开展旅游宣传促销；

■ 建立旅游资料库收集和发布旅游市场信息；

■ 开展旅游市场研究以有效进行旅游市场营销；

■ 参加国际展览会和国际会议以宣传美国旅游。

（引自1998年1月的美国法典2141节：美国国家旅游组织；见Jeffries 2001：183～4）

美国国家旅游局（USTTA）的多种功能与资源转移到了美国商务部的国际贸易管理局，在其下面成立了旅游事务处。旅游事务处的使命，是培育一个通过旅游出口使旅行及旅游业产生就业机会的环境（Goeldner 等，2000：109）。旅游事务处有12名工作人员，由一名副部长领导，分成3个组：（1）秘书处；（2）旅游开发组；（3）旅游政策协调组，包括旅游政策理事会，其由九个联邦机构和美国国家旅游组织组成（Goeldner 等，2000）。“9·11”事件严重影响了美国国内及国际旅游，此后，为振兴旅游业，人们付出了持续而艰苦的努力。2001年11月29日，旅游政策理事会被赋予了新的职能，负责协调关系到旅游、休闲、国家（含联邦机构）遗产资源等与旅游业有关的国家政策与项目。旅游政策理事会还组织论坛，以确保美国政府机构共同努力增强消费者对旅游安全的信心，同时也兼顾到一般旅游者及商务旅游者的需要。由于“9·11”事件威胁到了旅游业的可持续发展，而市场本身又不能解决，于是美国政府对其干预者的角色作了重大调整。

20多年前，国际官方组织旅行联盟（IUOTO）提到旅游业中国家角色发挥的程度，应根据各个特定国家的政治经济体制，社会经济发展及旅游发展的程度而变化（IUOTO 1974：67）。到现在，情况仍然是这样。基于这个事实，国际官方组织旅行联盟（IUOTO，1974：71）建议旅游业是一个重要行业，为了在一个与国家的重要性相适宜的规模上来发展和促进旅游业，并为此目的动员一切能用的资源，有必要把国家手中的决策权集中起来，以便采取适当措施建立一个合适的框架，促使相关行业宣传和发展旅游，看来每个与旅游管理相关的法案都是支持国际官方组织旅行联盟提议的。然而，国际官方组织旅行联盟却不可能支持在几个国家所开展的性旅游的宣传促销。

性旅游营销：国家扮演什么角色？

案例 3.2　性旅游与国家

1998年，堪培拉旅游与节庆公司（CTEC，澳大利亚）总经理大卫·马歇尔（David Marshall）说，公司乐意为旅游促销中的性产业提供信息和帮助。

事实上，他们（性行业）自己也在组织针对俱乐部等的旅行，并且取得了成功。他们发现有一些到堪培拉的大巴旅游团，把性旅游增加到了他们自己的行程中，带领旅游团去妓院及性超市，以及发放性影碟等。我们已经发现（性旅游也已向我们证实）：只要堪培拉有活动，Fyshwick 的游客人数就会激增。我们引导人们来到游客中心讯问 Fyshwick 在什么地方，我们也很乐意告知他们。（“堪培拉旅游支持性行业中的性旅游活动”，堪培拉时报，1998年3月）

案例3.2 续

在同一篇文章中马歇尔的观点也得到了澳大利亚首都区（Australian Capital Territory, ACT）部长凯特·卡奈尔（Kate Karnell）的赞同，他说“政府承认堪培拉旅游中性所扮演的角色，它不会产生任何问题，是一个正当规范的上缴税收的行业，是堪培拉所有产业中不可否认的一个部分”，发言人说，这并不等于要积极发展这个行业来作为“感受堪培拉力量”的一部分活动。

很显然，在ACT里担任要职或具有权威的人中，是有人赞同性旅游的。在ACT中，卖淫和嫖娼是合法的，性交易被认为是一个规范的行业，从业人员至少18岁以上，纳税、通过体检、工作时认真仔细负责。然而，考虑到性行业通常的行为、名声及与犯罪活动的联系，也有人提出很好的理由继续对此行业的规范问题，以及吸毒、地下有组织犯罪、拐卖妇女儿童和性传播疾病等问题的关注，他们说，减少犯罪与规范性行业是一回事，而政府代表提倡性旅游是另一个性质不同的、需要仔细斟酌的事。

在澳大利亚首都区中，性旅游的分析可以在新马克思主义的理论框架中来探讨。这一理论框架强调社会各阶层的权利关系及经济权利和政治权利的关系。新马克思主义的观点认为，公共政策是在一个更大的范畴中来分析的，理解国家行为的关键是认识到资本主义享有某种结构性的特权与优势。这些优势来自于这样一个事实，在资本主义社会中，投资决定（生产什么及资源如何分配）很大程度上是企业做的（Atkinson and Chandler, 1983: 4）。马特苏伊（Matsui）非常精确地把东南亚的性旅游描述为跨国性的性行业，旅游业从性旅游中获得了既得的利润和利益。考虑到旅游发展与性交易的密切关系是旅游业的一个明显特点，代表政府的大卫·马歇尔的反映就不会使人吃惊了。这位澳大利亚ACT部长的发言人表示，ACT政府支持性旅游，但对其宣传的程度有所限制。因此作为ACT的一个“规范”行业，性旅游行业不会太多引起人们的争议，特别是有关公共政策与法规支持这个行业的“健康”发展。

世界旅游组织作为管理全球旅游事务的平台，其成员达到了140多个国家（包括澳大利亚），350多个公共及私营组织的附属成员，我们可以就此事而建议采用1999年全球旅游道德规范中的第二款：

人类任何一种形式的剥削，特别是性剥削或利用儿童来进行性剥削，是与旅游的根本宗旨相抵触的。目的地国家和客源国国家的法律与法规应毫不留情地对此予以严厉打击。

概念的问题也很多。我们如何定义儿童的问题也很复杂。在美国，1984年的儿童保护法案把任何不满18周岁的人定义为儿童，而在很多工业化国家（含美国），不满18岁的人已上大学、独自旅行、工作并纳税、远离家庭在

“性行业”中工作；18 岁以下的人有权利结婚，在对目的地（包括肯尼亚、赞比亚和加勒比地区）关于性旅游及国家角色的调查中，一个有趣的转变是女性性旅游者可能比男性性旅游者更多（见 Oppermann，1999）。澳大利亚和海外市场中，当有目的地对儿童进行商业剥削时，性旅游就变得丑陋多了，在澳大利亚政府的很多机构支持下，包括国家和地方政府一直非常积极地制定法规及规则，到国外旅游的澳大利亚人与儿童进行有关的如恋童癖、儿童色情活动是不受法律保护的，然而与儿童有关的性旅游活动已经存在了很长时间，只是在最近才成为学术界、媒体及政府关注的焦点。在 1994 年召开的儿童性教育的大会上，泰国总理川立派指出：

这种问题是最近一两年才出现的。虽然萌芽很早，但在过去并不是一个很严重的问题，世界也没有给予更多的关注，对此也没有相关组织来管理，政府的政策在文字上和口头上也没有相关表述，也没有把妓女从一个国家贩卖到另一个国家。然而，现在所有这些情况已经发生，成为泰国（像区域内其他国家一样）面对的重要问题。

“结束儿童性交易亚洲旅游中心（ECPAT）”组织于 1991 年成立，结束亚洲旅游中的儿童性交易是该组织的主要任务。短短几年，该组织的活动就延伸到了 30 多个国家和地区，但主要集中在斯里兰卡、菲律宾、台湾地区和泰国。

结　论

不同国家的角色各不相同，使不同国家和地方政府处理现代问题的能力也各不相同。国家似乎常常陷于各种冲突及竞争中，对各种社会问题的反应经常脱节和不连贯，这一切并非不正常，而实际上是很正常的。当我们讨论国家的行为时，我们所指的是某个特定国家机构或有限几个机构的行为。因此政策协调的问题产生于这样一个事实，不同的政策是由国家的不同部门操作的，也是由不同的部门负责的，因而常常会产生冲突。限制国家对社会经济的干预也是一个关键问题。阿瑟·刘易斯（W. Arthur Lewis）说到：“经济发展取决于人们做什么，而人们做什么则取决于人们信仰什么”（见 Wheelwright，1978：171）。虽然国家的角色问题常使人们产生负面的思想和观念，但国家还有着保护、提供、防御与支持人民与社会的更为广泛的角色与职责，因此最大的问题是在多大程度上来行使好这个角色。

问题探究

4. 简要阐述你所选择的国家对旅游规划和政策的制度安排。

5. 在国家公园等保护区内允许进行旅游开发吗？结合你对国家公园与保护区的价值观、利益观和你自己关于国家的观点，阐述你对上述问题的回答。

6. 在你们国家中，涉及旅游规划及政策制定的每一级政府的角色是什么？

7. 在国家各级政府间，什么因素或力量会影响旅游规划和政策制定的协调？

8. 批判性地学习和阅读这部分课程，说明你个人的价值观和利益观是如何影响你对旅游公共政策的看法？

9. 你认为社区和个人对旅游开发的态度和看法对你所在地区的旅游规划有多重要？

10. “权力作为理解如何决策的关键要素，以及为什么要从旅游政策中剔除这种确定的价值观，是很多旅游研究中所认识到的旅游政策权力过于集中的挑战，……”（Hall，Jenkings，1995：79），结合国家理论以及你对自己所在地区的旅游政策的看法，阐述上述论点。

阅读指导

为全面理解旅游政策、公共政策以及国家的角色，学生应查阅：理查德（Richter，1989）关于亚洲旅游的政策问题一书；霍尔、詹金斯（Hall，1994；Hall，Jenkins，1995）和埃里奥特（Elliott，1997）的著作，其详述了旅游政策制定及国家机构的角色；在《现代旅游事务》（2001，vol. 4：2－4）中，包括对旅游政策研究的最新论述和 13 个具有见地的案例，其中包括了法国在支持旅游大项目中所起的作用，利益集团的角色和牙买加的旅游政策。除此之外，学生应尽量查阅本章所提到的参考书，以便增强对本章提出问题的理解。由于本章篇目有限，不可能全面阐述国家角色的理论知识及其应用。

网站推荐

大多数国家都是世界旅游组织（World Tourism Organization，WTO）的成

员，其网站 www. world-tourism. org 有与本章内容相关的丰富材料。

旅游官方世界网站指南（The Tourism Offices Worldwide Directory, TOWD），是一个查询官方旅游信息资源的，包括政府旅游事务的搜索指南：www. towd. com/TOWD；

澳大利亚　澳大利亚旅游：www. atc. net. au/

欧　　洲　欧洲旅游议会：www. etc-corporate. org/

访问欧洲：www. visiteurope. com/

新 西 兰　新西兰旅游：www. newzealand. com/travel/

www. tourisminfo. govt. nz/

英　　国　文化、宣传、体育部：www. culture. gov. uk/tourism/default. htm

访问不列颠：www. visitbritain. com/

访问苏格兰：www. visitscotland. com/

威尔士旅游局：www. visitwales. com/

北爱尔兰旅游局：www. discovernorthernireland. com/

美　　国　美国商务部旅游业办事处：http：//tinet. ita. doc. gov/

注意：国家级、省级以及地方的官方网站内容相差巨大，有些基本上是宣传性的网站，而有些则提供政策说明及旅游信息等有用的资料。其他与旅游相关政策与规划信息的网站包括：

亚太旅游协会：www. pata. org/

联合国环境署：www. uneptie. org/pc/tourism/home. htm.

国际生态旅游协会：www. ecotourism. org/

关键词

机构；可支配收入；政治；公共政策；国家。

参考文献

Anderson, J. E.（1984）*Public Policy Making*, 3rd end. CBS College Publishing, New York.

Askew, M.（1997）The business of love: Writings on the socio-cultural dynamics of Thailand's sex industry, *Journal of Southeast Asian Studies*, 28：2.

Atkinson, M. M. and Chandler, M. A.（1983）Strategies for policy analysis, in M. M. Atkinson and M. A. Chandler（eds）*The Politics of Canadian Public Policy*.

University of Toronto Press, Toronto, 3-20.

Australian Territory Government (2004) *Prostitution Act* 1992, Republication No. 9, 27 May, http://www.legislation.act.gov.au/a/1992-64/20040527-13551/pdf/1992-64.pdf/.

Baker, D. (2002) Helping the tourism industry recover, *Export America* at www.export.gov/exportamerica/NewOpportunities/no_tourismrecov.pdf (accessed 18 July 2004).

Bonini, A. (1993) Tourism in Italy, in W. Pompl and P. Lavery (eds) *Tourism in Europe-Structures and Developments.* CAB International, Wallingford.

Bosworth, R. V. B. (1996) *Italy and the Wider World.* Routledge, London (see Chapter 8, Visiting Italy: Tourism and Leisure 1860-1960).

Bosworth, R. V. B. (1997) Tourist planning in fascist Italy and the limits of a totalitarian culture, *Contemporary European History* 6, 1, 1-25. (This work of Bosworth is a truly excellent piece of historical research.)

Britton, S. G. (1991) Tourism, capital and place: towards a critical geography of tourism, *Environment and Planning D: Society and Space*, 9 (4), 451-478.

Brooks, S. (1993) *Public Policy in Canada.* McClelland and Stewart, Toronto.

Current Issues in Tourism (2001) 4, 2-4.

Dahl, R. A. (1965) *Modern Political Analysis.* Prentice-Hall, Englewood Cliffs, NJ.

Davis, G., Wanna, J., Warhurst, J. and Weller, P. (1988) *Public Policy in Australia.* Allen and Unwin, North Sydney.

Davis, G., Wanna, J., Warhurst, J. and Weller, P. (1993) *Public Policy in Australia*, 2nd edn. Allen and Unwin, North Sydney.

Department of Industry, Science and Resources (2001) *Ecotourism: Facts Sheet*, March www.industry.gov.au/content/publications.cfm#results (accessed 31 January 2002).

Doorne, S. (1998) Power, Participation and Perception: An Insider's Perspective on the Politics of the Wellington Waterfront Redevelopment, *Current Issue in Tourism*, 1 (2), 129-166.

Dunleavy, P. and O'Leary, B. (1987) *Theories of the State.* Macmillan, London.

Dye, T. (1992) *Understanding Public Policy*, 7th edn. Prentice Hall, Englewood Cliffs, NJ.

Elliott, J. (1997) *Tourism Politics and Public Sector Management.* Routledge, London.

Environment Australia (2002) www. environment. gov. au/bg/protecte/intro. htm (accessed 30 March 2002).

Figgis, P. (2000) The double – edged sword: tourism and national parks, *Habitat Australia*, October, 28 (5), 24.

Formica, S. and Uysal, M. (1996) The revitalization of Italy as a tourist destination, *Tourism Management*17, 5, 323-331.

Francescone, P. M. (1997) Italy, in G. Todd (ed.) *International Tourism Reports*, *Travel and Tourism Intelligence*, 1, 5-25.

Giddens, A. (1982) *Sociology: A Bried But Critical Introduction.* Macmillan Press, London.

Glasson, J. and Godfrey, K. (1995) *Towards Visitor Impact Management.* Avebury, UK.

Gouldner, C., Brent Ritchie, J. R. and McIntosh, R. W. (2000) *Tourism: Principles, Practices, Philosopies.* John Wiley & Sons, New York.

Green, M. (2003) Elitism, in J. M. Jenkins and J. J. Pigram (eds) *Encyclopedia of Leisure and Outdoor Recreation.* Routledge, London, 143-144.

Hall, C. M. (1992) Sex tourism in South-East Asia, in D. Harrison (ed.) *Tourism and the Less Developed Countries.* Belhaven Press, London.

Hall, C. M. (1994) *Tourism and Politics: Policy, Power and Place.* Belhaven Press, London.

Hall, C. M. and Jenkins, J. M. (1995) *Tourism and Public Policy.* Routledge, London.

Hall, C. M. and Jenkins, J. M. (1997) Tourism planning and policy in Australia, in C. M. Hall, J. M. Jenkins, and G. W. Kearsley (eds) *Tourism Planning and Policy in Australia and New Zealand: Cases Issues and Practice.* McGraw-Hill, Sydney.

Hall, C. M. and Jenkins, J. M. (1998) The policy dimensions of rural tourism and recreation, in R. W. Butler, C. M. Hall and J. M. Jenkins (eds) *Tourism and Recreation in Rural Areas.* John Wiley & Sons, Chichester.

Hall, C. M. and Jenkins, J. M. (2004) Tourism and public policy, in A. A. Lew, C. M. Hall and A. M. Williams (eds) *A Companion to Tourism.* Blackwell,

Maldan M. A.

Ham, C. and Hill, M. (1984) *The Policy Process in the Modern Capitalist State*. Harvester Wheatsheaf, New York.

Head, B. and Bell, S. (1994) Understanding the modern state: explanatory approaches, in S. Bell and B. Head (eds) *State, economy and public policy in Australia*. Cambridge University Press, Cambridge, 25-74.

Head, B. W. (1983) State and economy: theories and problems, in B. W. Head (ed.) *State and economy in society in Australia*. Oxford University Press, Melbourne, 22-54.

Head, B. W. (1984) Recent theories of the state, *Politics*, 19 (2), 36-45.

Heywood, A. (1997) *Politics*. Palgrave, New York.

Hula, R. C. (1988) Using markets to implement public policy, in R. C. Hula (ed.) *Market-Based Public Policy*. St. Martin's Press, New York.

IOUTO (1974) The role of the state in tourism, *Annals of Tourism Research*, 1 (3), 66-72.

Jeffries, ? (1998) Details wanted.

Jeffries, D. (2001) *Governments and Tourism*. Butterworth-Heinemann, Oxford.

Jenkins, J. M. (2001a) Statutory Authorities in Whose Interests? The Case of Tourism New South Wales, the Bed Tax, and 'The Games', *Pacific Tourism Review*, 4 (4), 201-219.

Jenkins, J. M. (2001b) Editorial, *Current Issues in Tourism*, 4 (2-4), 69-77.

Jenkins, J. M. (2003) Pluralism, in J. M. Jenkins, and J. J. Pigram (eds) *Encyclopedia of Leisure and Outdoor Recreation*. Routledge, London, 376-377.

Jenkins, J. M. and Hall, C. M. (1997) Tourism policy and legislation in Australia, in C. M. Hall, J. M. Jenkins and G. Kearsley (eds) *Tourism Planning and Policy in Australia and New Zealand: Case, Issues and Practice*. *Irwin*, Sydney, 37-48.

McFarlance XX (1968) Details wanted.

McIntyre, N., Jenkins, J. M. and Booth, K. (2001) Recreational access in New Zealand, *Journal of Sustainable Tourism*, 9 (5), 434-450.

McMillen, J. (1991) The Politics of tourism in Queensland, in P. Carroll, K. Donohue, M. McGovern and J. McMillen (eds) *Tourism in Australia*. Harcourt

Brace Jovanovich, Sydney.

Miliband, R. (1973) *The State in Capitalist Society: The Analysis of the Western System Power.* Quarter Books, London.

Mills, C. W. (1956) *The Power Elite.* Oxford University Press, New York.

Nordlinger, E. (1981) *On the Autonomy of the Democratic State.* Harvard University Press, Cambridge, MA.

Opperman, M. (1998) (ed.) *Sex Tourism and Prostitution: Aspects of Leisure, Recreation, and Work.* Cognizant Communication Corporation, Cammeray, NSW.

Pigram, J. J. and Jenkins, J. M. (1999) *Outdoor Recreation Management.* Routledge, London.

Pitts, D. (1983) Opportunity Shift: Development and Application of Recreation Opportunity Spectrum Concepts in Park Management, unpublished PhD thesis, Griffith University, Nathan Campus, Queensland.

Richter, L. K. (1989) *The Politics of Tourism in Asia.* University of Hawaii Press, Honolulu.

Szadkowski, J. (1995) *Taking a Stand for Children.* Originally published in *The Washington Times*, 16 December 1995, www.vachss.com/av_articles/wash_times_95.html (accessed 19 July 2004). (Speech of Prime Minister Chuan Leekpai of Thailand, as reported in End child prostitution: report of an international consultation on child prostitution held in Bangkok, 13 and 14 June 1994. Published by ECPAT 1994.) United States Code, Section 2141a: United States National Tourism Organization as of 26 January 1998 at: www.washingtonwatchdog.org/documents/usc/ttl22/ch31A/sec2141a.html.

Van de Borg, J. and Costa, P. (1996) Cultural tourism in Italy, in G. Richards (ed.) *Cultural Tourism in Europe.* CABI, UK, 215-231.

Veal, A. J. (2002) *Leisure and Tourism Policy and Planning*, 2nd edn. CABI, Wallingford.

Veal, A. J. (2003) Marxism, in J. M. Jenkins and J. J. Pigram (eds) *Encyclopedia of Leisure and Outdoor Recreation.* Routledge, London, 300-301.

Ward, R. (1958) *The Australian Legend.* Oxford University Press, London.

Wearing, S. and Huyskens, M. (2001) Moving on from joint management regions in Australian national parks, *Current Issues in Tourism*, 2-4 (4), 182-209.

Wettenhall, R. (1990) Australia's daring experiment with public enterprise, in A. Kouzmin and N. Scott (eds) *Dynamics in Australian Public Management: Select-*

ed Essays. Macmillan, South Melbourne, 2-16.

Wheelwright, E. L. (1974) *Radical Political Economy: Collected Essays*. Australia and New Zealand Book Company, Sydney.

Wheelwright, E. L. (1978) *Capitalism, Socialism or Barbarism? The Australian Predicament: Essays in Contemporary Political Economy*. Australian & New Zealand Books, Brookvale, NSW.

Williams, A. M. and Shaw, G. (1988) Tourism policies in a changing economic environment, in A. M. Williams and G. Shaw (eds) *Tourism and Economic Development: Western European Experiences*. Belhaven Press, London, 230-239.

■ 第2篇

旅游业管理功能的应用

- ■ 本篇是从管理功能角度来对旅游业进行考查，特别是对旅游业很多部门所面临的角色、运营和挑战等问题进行考查。读者应该注意到尽管旅游业的某些部门可能并没有明确使用本章所使用的名称，但是旅游组织中都存在着这些部门所从事的活动。
- ■ 本篇的目的是帮助读者熟悉旅游管理各个业务职能部门的功能，确保他们认识到组织管理、人力资源管理、市场营销、财务管理、信息管理、质量管理和绩效管理的重要性。本部分还从更长远的角度思考旅游管理所面临的一系列战略性挑战。
- ■ 本篇还通过一些专门的章节来探讨组织行为、人力资源管理、市场营销、财务管理、小型、非盈利型旅游组织的管理、战略分析和环境分析、绩效和质量管理、信息技术和信息系统管理等。
- ■ 本篇包含的案例有 Cathay Pacific 公司、苏格兰足球博物馆、P&O 渡轮公司、Majorca 公司和芬兰旅游管理局等。

第4章　旅游业的组织行为

约翰·奥尔德（John Old，考文垂商学院）

学习目的

学完本章后，读者应该能够：

- 明确旅游组织的内部结构、职能和业务流程；
- 了解和区别不同的群体行为；
- 了解群体中的个人行为；
- 阐述对旅游组织文化分类的不同模式；
- 掌握不同旅游信息系统的特征。

本章概述

评价管理人员和管理工作的成功与否，不是按照通过个人能力能够实现什么业绩，而是根据他们是否有能力协调他人去做事。这就有必要了解组织结构是如何设立的，该组织体系是如何发生作用的；掌握在组织背景下，人们的群体行为模式，以及高效的领导能力和高效的沟通能力对管理过程有何价值。

组织过程和结构

旅游业的本质，是一种需要对很多单独活动进行协调合作的活动，包括旅行、住宿、餐饮、财务等等。在发达的经济社会里，我们想当然地认为：我们能够获得巨大的物资和服务并不是由于个人的天才或者个人做出了超凡的努力，而是很多不同的人们进行合作的结果。

然而，值得注意的是合作可以通过很多方式进行。举例来说，如对旅行社和旅游经营商做一比较。对度假旅游者来讲，他们无论从旅行社还是从旅游经营商那里购买“包价产品”，所获得的产品都是完全相同的；旅行社需要为客户“组织”度假活动，需要与各不相同的航空公司、酒店和汽车租赁公司等打交道，从而获得最终客户可使用的产品，在当今时代该产品还可以通过互联网获得，因为越来越多的人是通过在线购买产品的；旅游经营商则应为消费者组织提供一套完整的“包价产品”，其典型做法是从供应商处“大批量地购买”航班和酒店房间等，然后将这些东西组合成具有吸引力的、可供零售的“包价产品”。一些较大的旅游经营商可能走得更远，它们经营着自己的酒店，甚至有自己的航空公司，使越来越多的最终产品实际上是在“店内”由自己生产，而不是从外部的独立供应商处购买。

这实质上是一个对“制造或购买”所进行的选择，这种选择就像商业活动（所有的商业活动）本身的历史一样亘古久远。自从人类有了交易行为，就不得不做出选择：什么东西需要自己制作，什么东西需要从市场上去购买，用现代行话讲就是“外部采购”？这不是一个两者之间只能选其一的问题，而是一个与程度有关的问题。无论一个商业组织多么想自给自足，都不可能有任何一个商业组织生产出其所需的全部物品。举个例子，为了不想依靠时断时续的电力供给从而决定自己发电，此时你仍然需购入石油。于是可通过很多方法来实施经营组织过程：

- 通过市场进行交易——购买和出售；
- 通过在组织内部进行仔细规划、协调和控制。

还可通过一些其他的方法来实现人类活动的组织化，例如通过法律、传统、文化和自我组织等方法。在下文我们还会谈到这些方法，现在让我们来关注“市场方法”和“组织方法”之间的区别。通过市场交易和通过组织内部来进行活动组织存在着巨大差异，这两种方法都是人们的行为方式和做出行为决策的理由。

先看一个简单的例子：一个旅游景点（如一个主题公园）就卫生保洁工作有两种选择：通过合同租用（外部采购：通过市场来协调）和在自己的员工中设有专职的保洁员。您有可能需要停止阅读先来思考一下这个问题，考虑一下这两种方法之间有何不同，尤其是主题公园的经理将用何种方法来管理保洁工作。

如果采用外部合同的方法，情况马上就变得清晰起来，所需要做的工作就是一个“服务层面的协议”，详细制定出需要清洁的项目、需要达到的程度和清洁频率等。如果产生分歧的话，就需要制定出正式的或者非正式的争端解决程序。如果这样做还不奏效的话，任何一方可诉诸法律，或者相互终止交易，主题公园方雇佣新的承包人，而原承包人移师新的客户。在整个过程中，主题公园的管理方发现他们只是与承包人进行谈判工作，而不是指挥他们应该做什么工作。

而如果主题公园雇佣了自己的保洁员，那情况就与此完全相反，管理者的职责也就随之完全不同。很少有雇佣合同对其雇员所订内容与服务协议一样详尽、一样精确；对雇主的责任亦是如此，就其性质而言，雇佣合同被有意规定得模糊不清。从一个极端来看，雇员并不能随心所欲地去做他们自己喜欢做的事情；而从另一个极端来看，雇佣关系不是一种（多数国家的法律也不允许）自愿的奴隶关系，即雇员不会不加区分地去做雇主所要求的任何事情。很多雇员都发现随着时间推移他们的工作性质发生了变化，但他们的雇佣合同并未随之发生正式的改变，同时他们还得接受这样的现实：即他们的管理人员有权随时地指挥他们做这做那，也就是说停止手头的工作而去做另外的工作，而此时他们无权进行谈判。

此外，通过与雇员进行比较，让我们来思考一下承包人的“动机”问题。我们经常想当然地认为“你的付出就是你的所得”。如果我们进行购物的话，我们一般都会接受这样的事实：如果我们要获得更好的质量或者更多的数量，我们就得为此多花钱。同理，如果我们为人们所承担的工作支付报酬的话，那么要获得最佳绩效的办法就是支付更多的金钱，如支付奖金。可获得更多金钱的预期是影响人们行为的最好方法。

这一结论同样适用于与承包人所进行的交易。当事人双方仔细协商协议内容，工作的难度和艰苦性越高，所达成的合同价金也就越高。然后，双方就所需要承担的工作和所需要支付的报酬以无歧义的术语订立合同条款。但是我们已经通过上文明白与雇员订立合同时，他们所能够订立的“模糊的”合同是很难做到这一点的。让我们再来考察一下，如果管理人员通过简单地提供更多的金钱以便“激励”雇员更好的工作表现时，情况又会怎样。

如果有人只是简略地告诉一个员工说：“如果做得更好的话就给你加钱”，他就有理由提出这样的问题（如果不是对经理提问的话，那就是自问）：“什么叫‘做得更好’?”。如果该员工不知道“做得更好”的准确含义的话，那他就很难“做得更好”。如果他确实知道其含义并想得到这笔钱的话，那他就会专心致志于他认为可能会引起他人注意的地方进行改进，于是也就获得了奖励，事情也就结束了。管理人员可能会发现：对好的工作表现发放奖金这种很简单的最初的想法，可能在以后开始扭曲人们的工作态度，使他们最后不得不加大监管力度来对其进行矫正。

同时，由谁来判断工作是否“做得更好”？对于承包人和服务协议而言，这个问题应当很清楚；而对于雇员来讲，似乎只有由管理人员来进行判断了，但管理人员是可以信赖的吗？再者，假设我是承包人，从事一项按工作成果获得报酬的工作，由于出现了我个人不可控的因素而致使工作没有完成，除非合同中订有相关的支付报酬的条款，否则我就不可能指望雇主为此支付报酬。大多数雇员的处境正是这样，他们所能够做的事情就是不断更加努力地工作，但他们无法保证就一定会获得好的成绩。如果他们担心他们最终无法完成工作，如由于组织中有人让他们失望，此时奖金是无法激励他们的。

所有这一切都表明雇员是否努力工作还受其他因素的影响，而不是单纯的奖金数量问题。第 5 章人力资源管理部分将对这一具体问题进行深入讨论，而此处所谈的重点是，由于人们身处组织之中，人们在组织中的表现就会受到各种因素影响，导致其表现也各不相同。因此管理人员需要了解组织的一些关键特征，组织是如何发挥其作用的，以及组织是如何对其内部的人员产生影响的。

什么是组织？

我们已知道可以通过多种方法将人类的活动组织起来，建立正式组织只是其中的一种方法。那么组织的特征又是什么呢？按什么标准对其进行区分？请参看表 4.1 并阅读下文。

■人　员

尽管显而易见，但管理人员仍需牢记：组织是由人构成的。人们过多地将关注点放在对制度和结构等问题的研究上，反而忽略了组织是由人构成的这一简单的事实。管理人员实现其目的的唯一方法就是通过他人的劳动，进一步来讲，人员就是组织的“成员”，不管他们的身份是经理、工人、股东还是其他人员。尽管人们是出于共同的目的才结成组织，但是一个组织决非仅仅是人员的聚合。人们游览主题公园、入住度假酒店、乘坐同一架包机航班等，他们的目的也是相同的，但他们不是主题公园、酒店和航空公司的“成员”。因此，具有组织的“成员”资格，意味着在某种程度上一个人的行为至少要受到该组织的制度约束。

表 4.1　组织的特征	
人　员	谁是组织的“成员”?
规　则	任务、责任和角色 沟通方式 管理机构的结构模式
目　的	什么是组织的正式的或者说公开的目的? 是否有非正式的或者不公开的目的? 成员在多大程度上认可这一目的?
延续性	组织运行的期限有多长? 是否打算永久运行下去?

■规　则

我们所说的“规则”，是指在一个组织中对人们的相互交往起支配作用的组织建构、制度和程序等，是有关由谁、在什么时候、用什么方法去做什么事情的规定。有时候“规则”是以正式的形式制定的，例如工作职务说明和“直线等级制”；有时候它们也会以非正式的方式存在。但无论以哪种方式存在，“规则”对下列事项（以及其他问题）都起着决定作用：

■ 每一个成员所承担的任务、责任和角色。在任何有组织的人类活动中，最富有效率和生产率的关键就是专业化，而不是让人们为了各自的目的而随意所为。有时候这种专业化是为了对“市场的力量”做出反应，有时候是习惯和传统使然。在组织中它是通过为其成员做出规划来实现的，通常的方法是通过制定正式的“工作职务说明”。

■ 人们的沟通方式。例如进行口头沟通还是书面沟通，以及是否允许人们之间进行沟通，或者只能通过“特定的渠道”进行沟通，这又与下一点密切相关。

■ 管理机构的结构模式。简单说，就是由谁来向谁下达指令，谁是谁的上级或者下级。这又与沟通渠道有关，我们将其称之为“直线等级制”。在有些“直线等级制”非常高的组织中，管理层级非常多，信息从上到下的传递要经过很多的层级，反之亦然；而在有些“扁平等级制”的组织中，一个经理对很多下属负责（即“控制的幅度”很大），管理层级也较少。在一个“扁平等级制”的组织中，人们之间进行交流时更典型的是采用横向沟通的方式，管理人员的授权也更多，因为对多数人的工作进行监督比监督少数人的工作难度更大。

组织的“边界”就是成员和非成员之间的界限。此处所定义的成员，就是认可组织“规则”的人员，就是在组织“规则”的架构下进行工作的人们。成员受“规则”的约束，而非成员不受“规则”的约束。对于管理人员来讲，对其进行区分具有非常重要的现实意义，他们应该牢记“规则”对非组织成员不具有约束力。上文我们已经讨论过，当管理人员与承包人而不是雇员打交道时，他们只能就他们的要求与承包人进行协商谈判，而不是指挥他们去做事。同样，消费者也不受组织“规则”的约束，他们觉得付费之后就可以心安理得地消费。下列是一些最容易与消费者形成对抗且最终失去客户的做法：如坚持要求消费者遵守组织的“规则”，互相推诿让消费者去找别的部门，或者让消费者做一些违背他们利益但对组织内部工作有利的其他事情等。

接受组织的“规则”是对组织成员的行为产生影响的最为明显的方法，也是解释他们能够做事的唯一理由，就是因为他们是组织的成员。例如，作为负责任的成年人，如果不是多数的话也有很多人在自己的私生活中不愿意由别人来吩咐他们应当去做什么事情，但是在组织中我们将其看成理所当然的事情。那么我们为什么要接受这一点并且按其行事呢？从某种程度来说，理由之一是我们认可组织的目的，或者我们至少愿意配合组织的目的。

■目　的

组织之所以存在是为了实现某种目的，所有组织规则和结构之所以存在就是为了实现一定的目的，管理人员的职责就是确保所有成员为实现组织目的努力作出贡献。成员不一定认同组织的目的，但必须做好与其“相安无事地进行合作”的准备，如可能的理由是薪水不错，或者通过组织可实现他们自己的目标。一个旅游公司所设定的目的可能是为了公司的发展，或者是在旅游业中成为主要的国际供应商，或者只是为了赚取利润。它的有些雇员不一定认可这一高尚目的，但又愿意在公司里就职，其原因可能是出于所提供的报酬，或这个工作有旅行的机会。管理人员应牢记：你们只有通过他人的工作才能实现公司的目的，所以你们要确保组织成员实现他们的个人目标。如果雇员们的个人目标无法通过成为组织成员而实现的话，他们就会离开该组织，如前所述，没有人员的组织是没有意义的。

所以，在组织中人们的行为还受到他们对组织目的认可程度的影响，或者说他们至少愿意进行配合去实现组织的目的，也愿意在个人目标和组织目的的选择问题上做出让步。

■延续性

多数组织（当然是经营组织）之所以存在，并不是为了完成一个可在一定时间范围内就能够实现的目的，它们的目的是为了使组织能够长久地延续。就以赚取利润这种单纯明显的公司目的举例，通常其目的也是在未来无限久远的时间里能够持续赚取利润，只有很少一些组织的设立是为了从事和完成某个特定的投机活动，之后就马上解散。组织的延续性问题也对组织成员的行为产生影响，因为他们的预期是在未来相当长的时间里，也许永远将与这个组织联系在一起，所以相应的对自己目前的行为做出调整。（举一个粗浅的例子，较之在一个公司里的未来相当长时间里获得一个永久的职位，如果一个雇员只是获得了一个短期的工作合同，那么他对待工作的态度、对待同事的态度、对待管理人员的态度、对待管理机构的态度，以及对待组织本身的态度就极有可能也不相同。）

官僚体系

本章，甚至本书无法详细讨论一个正式组织可采用的各种各样的方式，但是对组织成员的行为产生主要影响的是该组织所具有的官僚性程度。从其普通含义来看，“官僚体系”这个术语经常带有贬义，因为其言外之意是指人们工作拖沓低效，总是受其“规则约束”而致使组织的客户和组织的目标受挫。然而就组织环境和组织中人们的行为而言，官僚体系仅指一种特定的工作方式，这种工作方式可能有利于工作效率，但也有可能影响工作效率。有可能这么说并没有什么不妥：所有的组织或多或少都存在着官僚特性，也许我们无法想象存在着一个不使用一些被称之为“官僚性质”的工作方法的组织。

对官僚机构进行思考的最简单的方法就是将其想象成一台“机器”，这也是经常被人们所使用的比喻。机器是被精心地设计来实现某一特定的目的的，机器的每一个部件都经过精心设计，与其他部件完全吻合（在组织环境中这是其关键之所在），如果一个部件出了问题，那么它就会被替换掉。可是我们如何将其运用于对组织的设计呢？

■ 工作和职责都被界定得非常明确。在官僚体系中所有的人不仅有一个工作头衔，而且还有一个清楚明确地列明了期望他们做什么的工作说明。这样就可使组织从劳动分工和利用专业技能中最大限度地获得好处，个人也就专心致志于他们自己的工作，将自己的本职工作做好。

■ 管理组织的结构模式也被明确界定。简单来说，经过明确界定的管理层级之间的关系，清楚地指明了谁是谁的上级或者下级，现在我们经常将其称之为“直线等级制”。这些管理层级通常用“等级体系”来表示，从最高管理层、中层管理层到科员层和工人等，经常用类似于图 4.1 的正式组织结构图或“器官标示图”来描述。在此类组织中，信息交流活动一般是通过垂直的信息传递来进行的，指令也是在上下级之间下达，而不是通过在同级的人们之间进行横向传递。信息交流的方式也是很正式的，即通过书面的方式进行，并且对信息交流的内容和人员保存记录。

■ 非人格化。如果你再次查看图 4.1 的话，你就会注意到方框中所使用的是工作职别而不是姓名。官僚体系是基于非人格化的工作方法，其含义是人们之间的关系被认为是相互间具有工作职能上的联系，而不是人们之间的从属关系，这一点又由组织所使用的，并用于工作实施的固定程序而得到进一步的强化。

官僚体系的这些特征是组织化效率的主要源泉。例如：

■ 能够提高工作效率，特别是决策效率，因为人人都非常清楚希望他们做什么，况且还有一系列规则、惯例和程序等，如果它们不能被适用于所碰到的所有问题的话，至少也包括了大多数问题。

■ 因为有非常清晰的岗位职责说明和明确的直线等级制（即如果有疑问时可诉求的人），于是在人们在各自的工作职责界限内，做自己力所能及的事情时就感到非常自信和富有主动性。如果将官僚体系想象成一个组织中的老板只会不断地向“下级”发号施令，那是错误的。现在让我们再次以机器来做一比较。如果一台机器被设计得非常好的话，就无需操作员（在组织中就是高级管理人员）不时地去进行干预。官僚体系有助于真正意义上的授权，因为每个人的工作任务明晰、具有履行工作职责的能力且经过相关的培训，所以当他们去执行任务时值得信赖，无需不断地去进行监督，反而在一个非官僚体系的组织中，就有可能需要不断地去进行干预。在一个官僚体系中进行工作反而可能意味着它具有积极的动机效果，因为人们在从事工作时获得信任感，也没有人来不断地对你指手画脚、发号施令。对于管理高层而言也有好处，他们感到经过他们对组织的设计使得他们能够对组织实施日常管理，可以将更多的时间花到其他事项上去，而无需分心于处理那些时不时就会出现的恼人的烦琐小事和决策。

图4.1　官僚体系

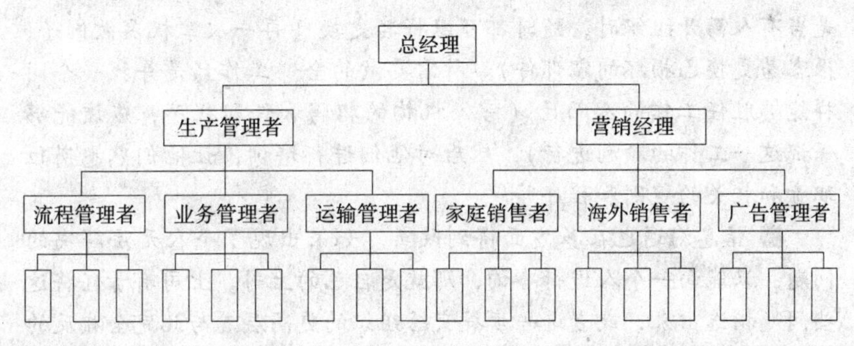

■ 尤其重要的是要保证在任何时候和情况下都要毫无例外地达到最低标准。有人可能经常会说这种要求有碍于个人进行超常发挥，但这种超常的发挥在大多数情况下是不需要的。驾驶飞机是一项技术含量很高的工作，但是一个组织（即比喻中的乘客）所需要的，不是以可能在“例外的一天”会带来灾难性后果为代价，换取驾机者在99%的时间里的超常发挥，而是要求日复一日地以同样的能力水平去履行职责。

■ 官僚体系的非人格化有利于软化人际关系。组织机构的正常运行无需其工作人员之间的相互喜欢或者具有融洽的关系，只要每个人认真履行自己分内的工作，官僚“机器”就能够发挥其作用。在上下级关系中，上级的“权威”并非来自他们个人的品德而是因为他们肩负着更大的责任，所以服从他们的指挥是一种“逻辑的必然”，其下属并不会觉得这样去做的话是出于个人的要求。下属X之所以会遵从经理Y的指令，并非因为后者是一个更好的或者更重要的人物，而是因为只有这样去做才有可能保证业务的正常运转。如果将他们的职位颠倒过来，那么Y也会很容易地按照X的要求去做。进而言之，人们之所以尽职尽责，并非是由于有人告诉他们该做什么，而是因为组织的“规则和程序”要求。在组织中，其“规则”

代表着最高程度的非人格化权威，也是人们最容易对其俯首称臣的权威①。

■ 制定严密的职务说明和非人格化的工作方法的另一个优点，是当有人离开组织时，随时都可以将其更换（再一次拿机器做例子，很容易更换已损坏的零部件）。所需要做的全部工作只是寻找一个同样能够胜任工作的人而已（官僚机构的招聘和任职程序，应该能够保证这一工作的顺利进行），然后对他们进行培训，让他们熟悉岗位职责和相关的规则和程序等。

■ 信息沟通也在多方面得到改善。如果出现了个人无法解决的问题，只能向一个人进行咨询，那就是自己的上司。上司有责任将这些问题挑选出来，或者进一步提交给组织的更高层。与此完全相反的另一种极端情况，就是缺乏一个明晰的直线等级制和职责，碰到这种情况时，他只有向公司中所有的人发电子邮件求助。这样的话，不仅所有的人都得忍受那些与自己毫不相干的信息，而且极有可能发送电子邮件的人要么收到很多建议（它们之间极大可能是相互矛盾的），要么就连一份邮件也没有，因为所有的人都可能认为其他人会去帮忙解决的。官僚体系是避免此类问题和准确界定职责的好方法。

从上文的论述中我们应当清楚地看到官僚体系的运作方法对组织具有很大的吸引力。确实，当人们说“我们需要组织起来”时，他们可能的意思是“我们需要更加像一个官僚体系”，至少从我们在此所界定的含义来看他们的意思就是如此。再者，官僚体系还会对客户以及其他与组织打交道的人们有好处，如果该体系运转正常的话，就可向他们提供顺畅高效（和廉价）的服务、公平地对待所有的人、确保他们所遇到的问题都能够得到迅速高效地处理。

然而，共同的经验告诉我们，官僚体系并非总是富有效率的。作为一个整体来看，这台“机器”并非总是按照其应有的方式进行运转，它还会对在该体系中从事工作的人们的行为带来令人遗憾的影响，事实上官僚体系中存在的大多数问题都可溯源到引起这些问题的行为上去。有些问题的原因是由于该体系违背了它本来的目的而引起的，例如，设计的极端不合理，所制定的工作说明模棱两可，以及所使用的工作程序落伍过时。这可通过对其重新思考和重新设计加以解决，但是带来更严重问题的原因，可能并非是由于官僚体系没有按

① 假设规则对组织中的所有成员具有拘束力，没有人凌驾于“法律之上”。如果有不准吸烟的政策、着装的要求、对因私使用电话和电脑有专门规定，那么就必须付诸实施，也要让人们看到其已被付诸实施，包括高级管理人员都要毫无例外地遵守。

照其应有的方式进行运转，更为常见的原因是由于它运转的过于良好。对于人们的行为和组织机构的运转而言，官僚体系的方法有其自己所希望达到的效果，但是如果将这些效果实施的过头了的话，就会带来破坏性的后果。例如：

■ 事先制定好工作职责鼓励人们专注于一个非常狭隘的业务领域，并且成为该领域的专家，其所产生问题是会影响人们看待问题的方法。例如，在酒店餐饮服务中，对顾客所提供服务不满意的问题，大厨、前台接待人员和会计等的看法就各不相同，他们都会想出一些互不相同的但又值得称道的解决办法。官僚体系看重的是做好你自己那份分工清楚的、范围狭小的工作，而不鼓励人们"跳出框框（即岗位职责)"来思考问题，按照定义，框框之外的问题属于他人的专业领域和职责范围。

■ 另一个相关的问题是该制度鼓励在官僚体系中工作的人们(并且他们也倾向于)，以他们所在部门是否成功的标准而不是整个组织的成功与否来看待"成功"。让我们再次考察它与机器的相似性：如果每一个零件运转良好的话，那么整台机器就能正常工作，而这一点不能适用于组织。例如，营销部门有可能为公司的其他部门带来过多的潜在客户，结果就会导致如度假酒店被超额预订，随之而来的客户不满意极有可能被认为是其他部门工作失败的恶果，而并非由于营销部门的过于乐观所致。

■ 正是因为人们只关注自己所在部门和单位的成功与否，而不是作为整体的组织的成功，所以他们只是为了自己的目的而非为了创造效益才奉行组织的规则和程序。于是，组织中的各个部门以程序化和低效率方式相互做出反应，将客户和供应商依照其"所分属的类别"看待，而不是将他们当成有个体需求的人来对待。

任何一个与官僚机构打过交道或者在其中工作过的人都深谙此道，明智的管理层也极少对此毫无察觉，那么为什么此类问题还一而再、再而三地发生呢？例如，为什么他们不多应用一些"常识"呢？

问题是在大多数情况下官僚体系的优缺点是不可分割的。确实，组织对其成员在行为上所提出的要求在大多数情况下都是保持一致的，只是人们看待问题的角度不同而已。例如，官僚机构鼓励人们只专注于自己的本职工作，做到精益求精，于是我们就不可能同时要求他们要拓展视野，并且还要去了解其他领域的专业知识。如果我们强调对规则的使用是为了提高决策效率和决策的可预测性，那么我们就得牺牲这样的目标：即针对每一次决策都去问决策者他们是否按照规则进行决策。如果一个规则做到了事无巨细的审慎，那么它也就不再是规则了。

更糟糕的是，官僚体系对其体制中存在的问题所做出的反应，往往是“使用更多的相同方法”。例如，产生问题的根源似乎是由于执行规则而引起的，那么该体系所做出的典型反应是起草新的、“改进过的”规则。假设起草专家们对各自的优缺点相互不予理睬，那么只有通过召开会议来寻求解决问题的办法，只有在会议上他们才能够“相互了解得更多一些”。如果问题是由于规则本身或者特定工作岗位说明不详而引起，很少有提出废弃规则或者工作说明的建议，因此解决问题的“办法”往往是对问题的进一步强化。

官僚体系的替代

很多组织都在寻求替换官僚体制的备选途径，如上文所述，至少在现代经营组织中完全摒弃官僚体系的运作方式是不可能的，但是也有很多的经营实践表明它们所使用的模式与官僚“准则”有显著的不同。然而在使用这些不同的模式时，组织的管理层应当明白他们摒弃了什么，并会对组织以及在组织中工作的人员带来什么影响。如果对此毫无所查，那么重新制定规则后，其不幸的后果极有可能是重蹈官僚体系的覆辙，重新捡起那些已经被“摒弃了”的东西，于是就意味着备选方案的效益丧失殆尽。有关的事例如下：

■ 官僚体系强调等级结构；而替换方案有可能强调网络结构。这就意味着信息不是按照事先决定的渠道在组织中上传下达（关键是命令的下达），而是鼓励和希望人们在组织中自我任意寻求可向其获得建议或者可传递信息的其他人员，而不管其所在部门和“职衔”。在最近几年，这种发展尤其重要，首先，公司逐渐意识到它们的关键竞争优势有可能是来自于雇员，特别是来自于他们的知识①，从而允许组织成员之间进行自由的信息交流，以有助于它们所拥有的知识发挥出最大的效果。其次，电子邮件和组织内部网络等电子通讯技术的发展，使自由信息交流更加具有可能性，其结果是很多用于“知识管理”的方法，不再

① 对此展开讨论显然超出本章的范围，但可提出的论据是随着对市场的开拓和越来越多地依赖外部资源，实际上制造业所售产品的所有要素已经或者可以被“商品化”，也就是说竞争对手也可到市场上购买得到这些要素。而组织成员所拥有的独特技能和知识，以及他们并没有意识到他们还拥有的“缄默的知识（tacit knowledge）”，这是竞争对手没法复制的唯一资产。

局限于列出“内部专家”的名单以及搜集组织成员的知识并将其编撰汇总（这是典型的“带有官僚体系特征”的方法），而是鼓励他们通过网络进行互动交流。

但是让我们再来回忆一下官僚等级体系所具有的功能和网络所不具有的功能。官僚等级体系尤其有助于明晰职责。在此体系下谁做了一些什么事情以及谁做的决策都一目了然，如果他们寻求过正式的书面咨询意见，那么他们是基于何种理由做出的反应同样一清二楚。而在网络体系结构下，行动和决策往往是通过不断的，且更有可能是非正式的互动过程来完成，在事后无法对这个过程中的责任进行分解，这样的话就助长了不负责任的行为。更进一步的问题是，只有当人们对网络化的工作方法感到舒适适应时，这种方法才会有效。从其定义中，可以看出网络体系结构不会考虑人们在组织中的正式地位，而是鼓励人们自由地与他人进行信息沟通，至于信息沟通对象是资深人士还是资历很浅的人员倒无所谓，这种方法有可能与组织文化相冲突。组织文化既禁止人们向其上司做出建议，也不允许向其下属寻求建议，在本章后部分我们再来讨论文化的影响。

■ 官僚体系是让人与工作相吻合；而替换方案是让工作与人相吻合。如前所述，典型的官僚体系中的每一个位置都不仅有职别，而且还有工作说明，对拥有此职的人员清楚地列出了其应该做的事情。此种职务的任命和提拔通常都取决于是否具有履行职务的技能和特质。（其代表就是现代招聘新人的程序，该程序一般包括起草“工作说明”和对应聘者“个人素质方面的要求”，换句话说，就是能够成功应聘的人员所应具备的性格特点已经被事先确定了。）而替换方案中所使用的方法是招聘那些具有令人感兴趣的性格或者能力的人员，然后再去寻找对他们加以有效使用的方法。

这种对内部可使用资源加以最大化利用的方法似乎是很有吸引力，正如上文所述，这就是竞争优势的最大源泉。再者，给人们提供为组织的成功作出贡献的机会，还具有很强的可增强“动机”的效果（参考第5章）。对官僚体系最大的批评是它对个人的限制过多，妨碍人们的创造性，让人们觉得自己只不过是“大机器上的一颗小齿轮”而已。甚至那些在工作岗位上和组织里最初得到最佳配置的人们也会觉得被牢牢地控制，以致对工作产生厌倦甚至敌对情绪。另一方面，类似于机器一样的组织具有潜在的破坏性，它会丧失很多效益，如一个人离职后，如果不能得到一个具有完全相同能力或至少应具有相似能力的人顺畅替换，那就会使组织运转的链条断裂。

■ 官僚体系依赖于书面的信息沟通方式，保留有正式的档案记录；而替换方案强调口头沟通方式和不拘礼节。这两种方式都互有优缺点，我们在下文对其进行单独讨论。

■ 官僚体系的关注点是个人；而替换方案有可能关注的是小组和团队。官僚体系是建立在个人义务和责任的基础上，这就是为什么了解个人对该环境下工作有何反应显得非常重要的原因。可是很多组织的工作都要通过团队的工作才能实现，这对人们的行为具有深远的影响。本章在后面的部分对此有深入的探讨，目前先举几个例子说明。“团队精神”对激发人们的动机有积极的效果，但同时它也带有负面影响，因为工作于团队之中时不会全力以赴，自信“搭便车”是安全的，或者逃避自己义务的行为不会被发觉。此时需要引起注意且更为重要的一点，是团队行为而并非个人力量的简单相加，它们有自己特有的心理和行为方式。

官僚体系的适宜与不适宜条件

如果要说在何种情况下，有更适宜或者更不适宜使用官僚体系的工作方法，那肯定是教条主义。因为适宜或者更不适宜使用官僚体系取决于很多因素，例如：

■ 工作类型；
■ 组织的规模；
■ 组织的环境。

官僚体系的方法和制度在下列条件下使用时效果最好：要开展的工作是可以预测的；工作是可以重复的；工作可按照固定的程序去做，如大众餐厅就可以用此方法组织管理，包价度假产品的预订工作也可照此进行。与此相反的是，一个高效的远程度假旅游团的导游，必须具有灵活性以适应不断变化的条件，才能对旅游者不断变化的需求做出及时反应。

研究表明，组织的规模越大，“官僚结构”与经营成功之间的关系就越密切；与此相反的是，如果公司规模越小，使用非官僚机构方法的成功率也就越高①。

组织的“环境”包括客户的类型、市场竞争、行业中所采用的技术以及组织运营于其中的法律与监管制度框架等。如果所有这些因素都是稳定的，或者可预料得到不会有较大的变化发生，那么就可以事先进行规划，对可能出现的问题和挑战做出预测，组织的运行完全可以演化成一种常规的程序。如果情况不是这样，那么就需要具有很大的灵活性，官僚体系方法的优势就几乎丧失殆尽，而其缺点也进一步凸现。

当然，所有这些因素都相互关联。如果一个行业所处环境和所要开展的工作具有很高的可预测性，并且其工作属于常规性工作的话，那么该行业就由大型的、带有官僚特色的组织所主导。与此相反的情况是，如果环境变化无常、难以预测，那么就希望人们采用灵活的方法开展工作。

对于组织制度和组织营运而言，显然没有单一的“正确”方法，官僚体系的方法和非官僚体系的方法都有各自的吸引力和缺点。很多组织都试图通过下列的手段来获取这两种方法的优点：

■ 使用不同方法和成立不同的部门。例如，在保洁和安全管理活动中，最重要的是要自始至终达到最低标准，所以对于此类工作而言，需要强调的是规则、常规程序和标准；而在其他活动中，尤其是对于要与客户直接接触的前台接待工作，以及需要对情况的变化做出迅速反应的工作而言，采用更加灵活的工作方法就非常重要。

■ 将一个大的组织分解为较小的单位，使每一个单位都有自己的工作方法。

■ 对组织中的不同业务部门实施不同程度的控制。彼特斯（Peters）和华特曼（Waterman）所著的《追求卓越》是一部20世纪80年代的畅销书，他们在书中指出“卓越”组织的特征之一，就是“同时具有松与紧的特质”，即它们对某些核心活动实施严格的控制，而对其他活动给予更大的自由度。问题是在此种环境下工作的个人会发现，有时候希望他们在工作中严格遵守既定程序，如财务事项的记录工作等；而在其他时候又希望他们在工作中发挥主动性。从心理学

① 有过在规模较大组织中工作经历的人们倾向于看重惯例、清晰的工作说明以及明晰的报告直线等级序列等的优势，所以他们总是认为不论在什么样规模的组织中官僚的方法就是行事的“不二法则”。相反，那些有过在小型组织中工作经历的人们所持观点与此完全不同。当然，这两种观点各有千秋，但是写教科书的人往往是前者。

的角度来看，这是难以做到的事情，因为他们会陷于一种两难选择之中，要么在根本不存在规则的情况下去寻找可用的规则，要么在有规则可用的情况下又对其弃之不顾。再次需要强调的是，在此种情况下起重要作用的可能就是组织的“文化”。

从“系统”角度看组织设计

在现实生活中我们会碰到很多不同类型的组织，其中有些组织的官僚特征明显一些，而有些组织的官僚特征又没有那么明显，然而它们又都非常的成功，但是这一事实并非意味着任何类型的组织在任何情况下都会是成功的，也绝非意味着组织的设计与组织的成功毫无关系。正如上文所述，适宜使用官僚结构还是非官僚结构的影响因素很多。问题是需要去判断在何种情况下何种因素的作用更大。在事情过了之后对使用何种方法会取得成功、使用何种方法会导致失败做出解释是非常有可能的，但是管理人员需要一些决策程序或者辅助程序，以方便他们事先对组织的设计做出合理的决策。

这就是“系统理论”的用武之地。系统论方法的作用之一，是你不可能通过只对其组成部分进行分析就可理解整个系统，你也不可能将那些单独看起来效率很高、效果很好的部件或者线条简单地堆积起来就可设计出一个可奏效的系统来；你需要去考查其中一个部分发生变化时在何种程度上会对其他部分产生影响。例如，汽车的设计就是这样，一辆汽车绝非是通过对汽车底盘、动力系统和车身分别进行设计，然后将它们焊接起来了事。

组织的设计也是如此。例如，你不可能将“直线报告等级制”、酬金制度和技术系统等相互割裂开来进行设计。（如设计一个只根据个人的工作表现情况就给付工资的薪酬制度；一个强调团队合作的组织结构；一个基于技术的生产流程：在该流程中个人或团队的努力工作对其产出在很大程度上不起作用，它只是在更大程度上受物理法则的支配；然后将它们强行捏合在一起，这种设计方法显然不可取。）

但是，持系统观点的管理人员需要具有在其系统中收集“反馈信息”的意识，正反馈总是会强化效果，而负反馈会抑制效果。你所设计的系统，应能够鼓励人们做出有助于实现组织目的的行为，阻止人们做出使组织偏移或者转移其目的的行为。正如我们在对规则的遵守一节中所述，规则的人格色彩越少，那么规则就越像一个富有逻辑性的产品，而并非管理人员一时兴起的得意之作，那么对其遵守的可能性也就越高。况且，规则并非总要表述出来，只要在对系统进行设计时所采用的方法，是为了能够使得某些行为模式显得更合理或者更容易即可。例如，为了避免用特定的方式命令人们去工作或者制定一些如何开展工作的制度，那么就应该设计出这样的系统，即如果采用其中的一种特定方法工作起来就非常容易，而采用其他的方法就变得非常困难，于是人们就会选用轻松的方法。正是因为命令、规则和组织的结构等与人们的直觉或者最容易的工作方法产生冲突，才使得对它们的贯彻实施遭到人们的抵制，使得它们不再奏效。

我们从制造业中对系统的设计上可清楚地看到这一情况：它们不是通过使用某种方法来命令人们去从事工作，而是通过对工具和工作场地的设计，使工作能够以最容易的方式来完成，否则的话就会变得更加困难或者不可能。办公室和工作场所的设计，也应做到使人们能够在其中以高效的、自然的方式进行移动，没有必要就使用那道门或那个楼梯的问题做出专门的说明，就如何出入的问题也无需先思考一番才能进行。一旦此类“控制”成为一种任意的行为，工作人员觉得他们采用其他方法进行工作的效果会更好时，不满情绪就会增加，工作质量就会下降。此时，管理层就应该考虑以下的一些问题：例如，允许工作人员在工作质量和工作设计方面拥有更大的控制权；或者至少应开放富有意义的、双向的沟通渠道（参考本章下文），以有助于工作人员理解为什么要求他们采用此种工作方法的理由。

■开放系统和客户

对系统思维的最有趣的拓展，是它还可延伸到将那些不属于组织正式成员（如客户）的人们纳入体系之中。组织不是“封闭的系统”，组织是能够与其所处的环境进行互动的“开放性系统”，受环境影响的同时还能够对环境产生影响。我们在上文中已经讨论过有关组织“规则”的一个问题，对于组织的规则，不只是官僚体系而是所有组织都倾向于将组织的规则强加到非成员（如客户）身上，或者至少期望他们服从这些规则。当然，客户们总是搞不明白为什么要他们遵守组织的规则，也对此行为感到愤怒，如要求他们与特定的部门或者官员联系，或要求他们排队等候等。

但是如果客户能够看到遵守这些“规则”会给他们自己带来好处（或者他们根本就没有发现规则的存在），那么抵制情绪就消失了，客户也就容易被纳入体制之中。例如，现代航空终点站的设计者们，越来越多地将其注意力转向用以对机场客流实施管理的布局图设计上来，如果经过机场的“流向”让顾客觉得合理（如他们无需走回头路），他们就会遵守这个规则，他们以及他们的行为于是就被纳入该体系中。

与此形成鲜明对照的是企业的电话服务中心。对于很多公司而言，电话服务中心是它们与潜在客户和现有客户进行联系的重要途径。英国的一份报告（Citizen Advice Bureau，2004）发现，有三分之一的客户对电话服务中心所提供的服务不满意。无论对任何行业而言，这个客户不满意的指标已经很高，达到了令人害怕的程度。企业为了提高竞争力而设置的这个电话服务中心的初衷是提供更好的服务，让客户通过电话查询获得“一站式服务”，令人遗憾的是很多组织已经对此似乎视而不见，只知道努力去降低潜在的成本，尤其是将其与诸如“选择菜单”等技术设施连接起来。城市信息咨询处（Citizen Advice Bureau）发现最常见的投诉有：与人交谈时的无能（与之相对的是与机器交谈），菜单上可供选择的数量不足，以及相伴而来的进行查询时所需时间的增加等。这就是一个关于公司企图将为提高自己内部“效率”而设计的体系强加于外部人员（客户）的例子，在此情况下其最好的结局是客户因被激怒而感到愤愤不平，其最坏的结果是客户去寻找他人进行交易。在竞争环境下对电话服务中心有所依赖的企业需要扪心自问：客户从电话服务中心所提供的服务中究竟能够得到什么？

现在让我们来与那些允许客户浏览的（设计精良的）网页进行比较，对它们所提供的选项进行比较然后做出选择。它们与电话服务中心的功能相同，都是用来为提高内部效率服务的，都将客户纳入系统之中并在一定程度上可对客户进行控制，但是客户显然喜欢网页，甚至陶醉于对其的浏览，因为他们看到网页不只对公司有利，而且对他们自己也带来了好处。

这个逻辑同样还能够使用于那些有必要对客户行为实施控制的其他领域。例如，一个主题公园发现有必要让顾客将车辆停放到远离景点的地方，那么就应该通过提供一个具有吸引力的换乘服务（如单轨或者带有主题性的穿梭运输服务），以便使这段乏味的旅程本身变成一次令人赏心悦目的经历。如果排队等候本身能够成为一次愉快的经历（如可看的东西很多或者有其他的娱乐项目），那么可在一定程度上减少甚至完全消除排队等候时的单调乏味。

工作小组和团队

截至目前，我们已讨论了对很多个体的活动需要进行协调合作时，组织以及组织中的人员是如何进行运转的。同时，我们已注意到很多组织现在所强调的是工作小组和团队，很重要的一点是要明白工作小组决不是个体的简单聚合，它们有自己的特点和“心理”。2004 年引起广泛注意的一篇关于“群体思维”的媒体报道就是一个很好的例证。在群体思维中，作为“个体”的人们本来对特定行为过程的正确性，以及信息的准确性等持有怀疑态度，但当他们聚合在一起通过相互间的不断肯定而最终消除疑虑，即如果其他人都认为是正确的，那么就一定是正确的，难道不是这样吗?

■工作小组和团队的特点

对工作小组进行考察时，应当将其看成是一个在一定程度上人们之间的行为受到相互影响的人员聚合，即他们具有相互依存性。这种相互依存性会导致很多后果，其中有些（被称为进程收益）有利于提高工作小组的效率，而其他的（被称为进程损耗）则具有损耗结果。例如，多数组织都希望通过工作小组的方式能够建立起“小组精神”或“团队精神”，使人们用此精神相互激励；但它也具有危险性，当有些人与他人一起工作时就会感觉受到压抑。

有些后果可能既是进程收益也是进程损耗。例如，那些已经在一起工作了一段时间的工作小组会形成一种“规范”，即期望小组成员应达到的行为标准。这些“规范”的威力比组织所制定的正式制度的作用还要大，它们有助于保持和提高绩效，即人们不愿让小组的其他成员感到失望；但它同样具有破坏性或者使小组失去方向，例如，如果小组所采用的工作方法与组织所要求的不一致，那么工作小组“规范”的力量非常强大，以致小组成员会依然坚守自己的工作方法而对组织的要求弃之不顾。

这就是为什么有些组织仍然看重个体而非工作小组的原因，如所使用的激励方案，往往是与个人工作表现挂钩的工资制度和绩效管理制度。同样，从组织的角度来看，工作小组“内聚力”过高的话也不一定会带来好处。“内聚力”所反映的是工作小组对其成员资格的价值判断，以及他们对工作小组“规范”的认可程度。工作小组成员的相似性（如年龄、文化和经历等）越高，其“内聚力”就越强。工作小组“内聚力”总是使其“规范”的力量变得不断强大，使其适用范围扩大，如果与组织的目标相一致时就有益于组织，反之则对组织有害。

“内聚力”还会使小组成员逐渐达成“一致性”，即使人们趋向于在行为上，甚至在思想上和信仰上进行调适，而逐渐与作为整体的工作小组保持一致。对于组织纪律而言，它是有益的；但有时候所需要的是有一点“越轨行为”，如与前文提到的“群体思维”进行对抗，需要有人敢于挑战工作小组所认可的观点。如果总是鼓励人们用同样的方式进行思考，那么就会很少有“创造性”了。

工作小组的依赖性存在着等级上的差异，它们又最终影响着小组“内聚力”和“规范”的发展。其中最简单的一种为“聚合依赖性”（Thompson，1967），即工作小组的每个成员依然可以单独从事其工作，但工作的最终结果取决于小组所有成员是否都能够做出令人满意的工作。酒店中的很多工作就具有这种性质，如保洁、前台接待、餐饮和洗衣等工作，所有这些工作在一定程度上都是单独进行的，但是客人的满意度却取决于他在酒店逗留期间的整体感受。要获得“聚合依赖性”的好处，需要让所有的人聚合起来采用小组方式进行工作，如果让他们在一起进行工作，就有可能会获得进程收益。举例来说，为了防止人们在工作上的懈怠，公开业务工作计划的方式有益于相互激励。如果没有其他特定目的的话，工作小组还能够有助于节省管理成本，因为人们可以相互监督，如果有人在工作中没有“尽力”的话，小组成员总是先于老板就已察觉。

工作小组所涉及的社会互动既有优点也有缺点。人们可能将时间浪费在闲谈上，可能还会产生低效的小组“规范”，还有很多原因结合起来导致有些组织刻意避免采用工作小组。但是另一方面，如果阻止这种互动活动的话也会带来一些问题，例如，人们在不知情的情况下重复着他人的工作，或者大家都在努力解决相似的问题等。将人们集合在一起进行工作不但可以克服或者避免此类问题，而且还可以消除被隔绝于社会的情绪，尤其那些需要雇员们单独工作或其雇员们在地理上分布各处的组织，都应明确让它们的雇员定期聚会的需要。使用现代办公设备的在家工作者也需要到办公室来聚会，如工作人员分布于世界各地的旅游企业，应该定期安排一些公司聚会。

采用“聚合依赖性”工作方式时，一个人的工作与他人的工作没有联系，但更多的情况是需要一个人先完成自己的工作，他人才能开始或者完成自己的工作。例如，包机旅游航班有效运行的条件是乘客先进行产品订购，再接着购买机票等，这种工作方式的术语为“顺序依赖性”。“顺序依赖性”会带来很多进程收益，如使人们获得专业化的能力；但其潜在的损失是整个系统的效用，只能由其“最薄弱的环节”来决定，一个人的怠慢或者低效将会影响到全局。

最高级别的依赖性是“交互依赖性”，即每一个人的工作都取决于他人的工作。当然，这正是团队工作的精髓，在团队工作中团队的成功取决于所有人的表现，特别是他们愿意对那些表现差强人意的组员提供支持和对其工作进行补漏。“交互依赖性”通过相互支持和互相勉励的方式，为获取进程收益提供了最大的可能性，但其进程损失的可能性也最高。最明显的损失来自于“群聚性懒散”，即人们会松懈懒散、相互依赖，甚至让他人来替自己补漏，如果团队精神不强的话，这样的结局也就顺理成章，毕竟成功取决于整个团队的努力。个人的懒散（根据定义）实际上是难以察觉的，如果小组的其他成员都能够尽力工作，那么个人还为什么要那么辛苦呢？如果其他成员都不努力工作，那为什么又单单要某一个人去努力呢？在这样的小组中极容易产生挫折感、不信任感和激励不足等。你可能会注意到这样的事实，随着潜在的以及可能发生的“群聚性懒散”的增加，对其发现的可能性就会降低，这又取决于小组的规模，想将规模很大的小组建成真正意义上的团队是值得怀疑的。

大量对高效工作小组和团队的研究都进一步强调了以下两个关键变量，这两个变量都会影响团队的绩效和成员的行为：

- 小组的发展阶段；
- 小组成员的角色。

塔克曼和詹森的著作（Tuckman，Jensen，1977）使得关于工作小组发展阶段的研究流行起来，他们指出工作小组在不同的发展阶段会有非常不同的表现和行为，任何工作小组的发展阶段都会经历形成阶段、规范和角色形成前的人际冲突阶段、有效运行阶段、（在某些情况下）完成任务后的超额服役阶段和“小组的终止阶段”，而且终止后其影响力还在，因为以前的小组成员会将小组的规范、信念和工作习惯带入将来的工作中去。[这个周期被描述为“形成阶段（forming）”、“动荡阶段（storming）”、“规范阶段（norming）”、“良性运行阶段（performing）”、“终止阶段（adjourning）”和“伤怀阶段（mourning）”] 关于工作小组发展的性质，其他的研究者持不同意见，例如，不同文化背景下的工作小组其行为就会不同，但是总的看法依然是工作小组及小组成员在各个阶段的行为极不相同。在一个刚成立的工作小组中，规范还没有来得及建立起来，因此在发展阶段工作小组在很大程度上仍受其成员和管理人员的影响；而对一个历时较久的工作小组而言，由于强大的规范早已形成，即使在工作小组中的原有成员（如果还有的话）所剩不多，但小组规范依然对成员的行为发生着影响作用。

对于在一个有效工作小组中应该配置的角色范围，目前并没有完全一致的看法（尽管在有些公司中非常流行的做法，是通过心理测量学的测试方法来找到一个最适合承担的个体角色），但很普遍的看法是一个有效的各种小组确实取决于人们在其所承担角色上的平衡，例如有些人需要擅长规划，有些人需要能够保证按期交工，有些人需要具备良好的人际交往技能，以便协助小组的社会交往活动，等等。其中与个人有关的一个问题是，如果他们参与了一个以上的工作小组活动的话，那么他们就要在每一个工作小组中扮演不同的角色。为了防止引起冲突，或者防止因相互冲突的要求而带来心理上的困惑，从而导致在两个小组中不能发挥任何作用，那么自然的反应就是在不同的小组中应该扮演相类似的角色。

■领 导

很多小组都需要有领导的角色，这是一个影响和指导小组成员活动的人物(并非所有的小组都需要一个领导，只有一些小组，如那些有技能的人和专注于小组工作的人组成的小组可能需要一个领导，但是所有的领导都需要一群追随者)。对领导能力的传统观点认为，领导是某种特定“类型”的，或具备一些特殊品格的人，如自信或者拥有智慧等，从而使得他们与众不同；而后来的研究表明有效的领导人，既需要高度关注又需要平衡处理两方面的工作，包括完成工作任务的组织活动和对小组成员的激励，然而如今人们过于倾向于去寻找能够胜任特定工作的合适人选。如果工作小组真正需要有效的领导的话，那么就应该考虑到不同类型的小组成员（追随者）或者不同的任务就需要不同类型的领导。(请回忆一下，在一个精心组织起来的官僚体系中，就根本无须管理人员或者“领导”的积极干预，它自己本身就能够对工作任务进行组织和鼓舞人们发挥工作的主动性。）例如，约翰·阿代尔（John Adair，1984）在其著作中，论述了随着影响工作小组成功的重要因素不同，领导的角色也就不同。领导角色的作用是对成员进行激励鼓舞还是对成员个体实施指导？是为了帮助小组作为一个整体来发挥作用还是对将要承担的工作进行组织和设计？

很多现代的领导理论都分析了何种类型的领导适合何种情况（追随者的类型、工作类型等）这一问题。典型的论点有：领导在什么情况下应当高度关注小组成员，或者高度关注工作，或者对两者都高度关注或者对这两者都不关注。现在让我们来分析以下四种情形：

小组 1　这是由一群年轻的、缺乏经验的雇员新成立的一个小组。他们对工作任务还不太熟悉，可能还缺乏做好工作的信心。(也许这是在旅游旺季通过短期合同的方式，招聘到旅游度假地进行工作的一群年轻人。)

小组 2　这是一个由经验丰富的、已得到高度激励的雇员所组成的一个小组，但是对所碰到的问题不熟悉。(也许这是一群经验丰富的长期合同工，因一个新的度假景点的开业而成立该小组。)

小组 3　也是一个由技术型和经验丰富的工作人员所组成的一个小组，他们对眼下的工作任务非常熟悉，且该任务是一些程式化的工作。(也许是游轮上的技术人员。)

小组 4　由一群技术娴熟的人员组成的小组，现在要从事的工作是一项新工程。他们也许对工程的熟悉程度远远超过管理人员，他们发现这项工作极富挑战性和吸引力，他们决心力争成功。

适合担任其中一组的领导并能够取得成功，并不意味着在其他小组中会表现得同样出色。在阅读下列的建议之前，很有必要先考虑一下你想要“领导”如上四种不同的小组中的哪一种工作小组。

小组1最符合“任务型”小组或“权威领导型”小组，即由领导个人来承担全部责任，对下属所要从事的工作进行明确的指导。虽然小组2也欢迎明确的指导，但它显然属于那种需要领导对工作中“人”的因素给予更多关注的小组，需要领导对其成员个体的需求以及小组的有效运行表现出兴趣和关注。这一点同样适用于小组3，但显然对工作方面的指导需求不多。小组4显然是不需要管理人员的“领导”，他们只关注领导是否有能力获得他们开展工作时所需的资源。

还有一些其他的“情形”，此时也需要特定类型的领导，例如：

■ 领导具有与下属的思想保持一致的能力（如具有奖励的能力，赢得下属尊重的能力等）；

■ 领导与追随者之间的关系如何（如果关系很差，就需要领导花点时间来改善他们之间的关系；如果关系很好，领导就会获得下属更多的信任）；

■ 进行决策时所需的时间，领导是否有向下属进行咨询的时间或决策必须立即执行？

■ 为了提高决策的质量，进行决策时是否有下属的参与？不管下属参与决策的理由是因为他们能够提出有用的建议，还是因为这样做能够保证决策被顺利执行。

一些关于领导能力的现代研究，区分出了有趣的两类不同的领导，即“务实型”领导和“改革型”领导。其观点是“务实型”领导总是能够与下属一起工作，能够体谅下属的需求、希望和能力等；因为他们的工作方法是对且努力对工作目标进行明晰化，通过对下属的指导、鼓励和奖励等方式向下属提供了他们之所需。与此相反，“改革型”领导努力在小组中建立个人威望，激励小组成员去努力实现以前不敢奢望的成就，为了小组的利益而超越个人的私利，与小组成员分享组织的远景蓝图。“改革型”领导努力建立起与下属的关系，特别是信任关系，然后通过以下的方式来对小组成员进行激励：由个人来承担风险、从事非同凡响的活动等。这两种领导风格并不相互排斥，研究表明通过务实的方法，“改革型”领导还能够把已实现的目标进一步放大。另外，还有一些情形非常适合“改革型”领导，例如帮助组织完成重大转型。但也不否认在其他情形下，此种领导风格并不能发挥其作用，甚至是危险的（如因为过于关注短期目标而牺牲了对远期“蓝图”的追求）。

“文化”是另外一个不但对领导的类型，而且对小组（更进一步来说是整个组织）成员的行为发生影响作用的关键变量，况且组织以及外延更广的环境和社会都运行于文化之中。

■文 化

我们很多人都熟悉这样的事实，即在不同的国家，人们即使在从事一些非常简单的事情时所采用的方式都是各不相同的，如人们相互打招呼的方式、吃饭的方式、对守时重要性的认识以及交换礼物的方式等。“文化”被经常定义为“人们在此地的行为方式”。当然，这是一种高度简略化的定义。文化之间最重要的差异，不是那些能够直接观察得到的明显的“行为方式”，而是隐藏在这些“行为方式”之后的思维过程，特别是潜意识中的思维过程。吉尔特·霍夫施泰德（Geert Hofstede）是研究国家间文化差异问题最为著名的研究者之一，至少在文化差异对组织行为的影响这一研究领域他是最为著名的学者，他在1991年出版的著作中将文化与计算机软件的相似性做了比较，认为文化就像一个可以将人群进行区分的集合性程序。

现在被广泛接受的一个观点，是组织和国家一样都表现出文化上的差异，这种差异对人们的行为方式产生着重大影响。也许还存在着“职业”文化，例如在不同的组织和国家，工程师、会计和医生的工作习惯和思维模式都大同小异。就其性质而言，旅游业的运营通常涉及到不同的国家，那么民族文化和组织文化两者都是对组织行为的形成产生重要影响的因素。

■民族文化

霍夫施泰德发现民族文化有五大相互依存的“因子”①：

“个人主义”。有些社会（如美国和英国）强调个人的成就和个人的责任，而其他的社会（如日本、哥伦比亚和巴基斯坦等）又强调集体奋斗。

“对不确定性的规避”。在某一特定的文化中，人们在多大程度上能够自在地接受风险，或者奇思异想和脱离常规的行为，包括不符合习俗的思想和行为？在这一维度上，霍夫施泰德认为瑞典和新加坡等国家的接受程度“低”，即处于这种民族文化下的人们，对于不确定性因素能够勉强容忍。希腊、墨西哥和日本等国家的接受程度“高”。

“权力距离”。所有的社会在权力和财富等方面都存在着不平等性。在这

① “相互依存”指从一定意义上来看它们之间没有直接的差异，所以至少在理论上对这些因子进行任何方式的组合都是可能的。

一问题上如果其文化处于“高端”的话，就意味着不但能够接受这种差异，而且还对这种差异表现出尊重。拥有权力的人们希望能够使用其权力，而其他的人则服从权力。他们高度看重社会地位、头衔和身份。在这一维度上，霍夫施泰德将法国、印度和香港列为“高端”国家，而澳大利亚、以色列和丹麦属于“低端”国家。

“男权文化”。霍夫施泰德发现在他的著作中所研究过的40多个国家里，男人比女人更容易达成一致的信念和价值观，比如认为自信是一种美德，工作表现和所取得的成就比生活质量更重要，男人在社会上应当一马当先而不是男女平分秋色。“男权文化”这一纬度是用来测量在特定的民族文化中，男女两性在多大程度上能够在此类观点上达成一致。简单来说，在这一维度上被评为“高端”的民族文化（如日本、爱尔兰和美国等）倾向于看重对物质财富的获取；被评为“低端”的国家（如瑞典和泰国等）更看重人际关系和“生活质量”。

“长期取向与短期取向”。典型的以长期取向为导向的文化，珍视长期的义务和责任，尊重传统。在这一问题上东亚文化的得分要远远高于欧洲和北美文化①。

霍夫施泰德的研究成果对我们的启示之一，是在一个国家运行良好的管理思想和技术不一定在另一个国家也起作用。强调个人主义的、与工作表现挂钩的工资制度方案，运用于那些在个人主义和男权文化的维度上评分较高的文化中，其成功的可能性大于在这方面评分较低的文化；让成员参与领导活动并邀请他们来提出自己的建议的“参与式”领导风格，如果使用于权力距离高的文化中其成功率就很低，因为在这种文化中人们尊重权威，人们希望由老板来承担决策的责任。如果一个文化对不确定性具有很强规避心里的话，那么官僚体系就有很大的吸引力，而在其他情形下就适合使用更加灵活的制度结构。

■组织文化

现在已有很多著名的组织文化理论。对于有关民族文化理论和模式的观点，许多组织文化理论的共同观点是：文化不仅仅是可以观察得到的东西，或者“人们在此地的行为方式”，如人们上班时是否需要穿职业套装，人们一般是否直呼其名等，都是组织成员间共同所拥有的一套思维模式。正如民族文化，这些习惯行为和思维模式不断地进行着自我强化，人们之所以以特定的方

---

① 英国读者可能很感兴趣的，是霍夫施泰德将英国评级为在个人主义和男权文化的维度上居高、在权力距离和长期取向的维度上居低、在对不确定性的规避维度上居中。

式行事是因为组织的成员认为那就是正确的做事方法，人们使用这种方法做的事情越多，就会有越来越多的人认为这就是正确的方法，此外也有一种不能适用于民族文化的强化方式。人们对于适合自己的组织具有选择能力，于是具有特定文化的组织对那些思维模式相同的人们就具有吸引力。

迈尔斯和斯诺（Miles，Snow，1978）论述了组织的目标、战略和体制中，都反映着潜在的公司或组织文化。他们区分了“维护者”、“投机者”和“分析者”文化之间的关系。

“维护者”文化发现变革具有威胁性，所以采取能够保证延续和安全的战略，力争维护现有产品和市场地位并使之完善。这种战略受到官僚体系和官僚方法的支持。

与之相反的是“投机者”文化，该文化寻求变革，伺机开拓新的市场和利用各种机遇，在其内部强调灵活性和分权。

“分析者”文化是折中主义，试图将新出现的机遇与现有的业务规模进行匹配，在其内部极有可能高度强调规划和复杂性一体化机制（如生产经理）的重要性，从而来实现对公司不同部门间的协调。

迈尔斯和斯诺提出的两个重要思想是：

■ 不存在“最好”的文化。不同的文化对于不同的产品和不同的市场战略而言，都能够发挥最好的作用。文化必须与战略相适应，反之亦然。

■ 文化总是在进行着自我强化。对特定战略的成功推行（得到与其相适应的文化的支持），总会导致对该战略的进一步采用，进而在将来被固化在其文化之中，由于战略的成功使得组织的体制和惯例（如招募什么类型的人员）得到进一步的确认。

查尔斯·汉迪（Charles Handy，1991）认为，典型的组织文化有下列几种类型，这种观点最早由哈里森（Harrison，1972）提出，只是前者将这种观点进一步地推广了。

“权力型文化”（如小企业）。此时，组织围绕控制着所有资源的一个人或者少数几个人运转，于是就几乎不重视正规的程序和工作说明。人们按照拥有权力的人的直接指令行事，如果这样一个权力人物缺席的话，下属就按照自己对权力人物喜好的判断来进行工作。工作界定不清，决策只能在仓促中制定。因为人们凭自己对“老板”喜好的了解能够判断出如何行事，所以速度不成为问题，正式的沟通和操作指南没有存在的必要。这种类型的文化存在于小企业（如小旅馆）和一些独裁性的政治组织之中。

"角色型文化"（如典型的官僚体系）。其所强调的主要是按照组织制定的程序，正确地做好自己的本职工作，其所看重的是理性、秩序和可预测性。这种文化与"官僚性质"的制度和程序极其吻合。

"任务型文化"（如新技术和项目团队）。强调对问题的解决，强调将人力资源和其他资源结合起来，以便应对一系列不可预测的新挑战。其并不希望工作人员只专注于自己的工作，而应将其技能运用到任何有助于解决组织问题的地方。这种文化常见于使用团队和项目小组的组织中，例如，它们一直强调新产品、新市场的开发和改善。

"人员型文化"（在此文化中个人有很大的自治权）。在前三种文化中，个人都受制于组织，但是在此种文化中，情形完全相反，组织的存在是为了对个人（典型的是为拥有高技能的个人）提供支持，整个医学作业和一些大学的部门就是这样的例子。

案例 4.1　派对游戏——有人是靠什么来谋生的?

询问他人以什么来谋生，假设他们在一家由查德威克（Chadwick）先生所经营的名为"The Beeches"的当地酒店工作，那么他们的回答是什么呢?

"我为查德威克先生工作" = 权力型文化

"我在'The Beeches'酒店工作" = 角色型文化

"我在餐饮部工作" = 任务型文化

"我是一名大厨，是……的好手" = 人员型文化

■沟　通

"为什么人们不按照我们的要求去做事呢?"这是管理人员对其雇员的一种普遍抱怨，其潜台词是他们故意不服从指挥，甚至是由于他们的愚蠢使然。要对此问题做出回答，其答案十有八九是"沟通失败"所致，但是这又意味着什么呢?

沟通的基本模式

沟通由三要素组成，即信息发送者、信息和信息接收者，其中的任何一个要素或者它们全部都可导致"沟通失败"。例如，我试图和人交谈，但是信息没有传递到对方，其原因可能是因为我说话的声音不够大或者不够清晰，或者是因为信息本身不够清楚，或者是因为对方就根本没有听我说话或者是对信息误解了。

在当今的组织中，它们有着以前无与伦比的众多沟通渠道，包括书面方式、口头方式、图像方式、文件方式和电子方式等。问题是现在随着“沟通媒介”在数量上的增多，沟通不但没有变得清晰起来，反倒比以前更加令人困惑不解。试举例说明，当以前所有的沟通只能以书面方式进行时，人们约定俗成地使用非常标准的方式来传递信息。虽然这种沟通方式的速度较慢，并带有官僚体系的色彩，但是其优点是信息被以无歧义的方式（标准文书）记录了下来，从而使信息发送者和接收者都能够明白信息的含义。就信息的内容和希望信息接收者应采取何种行动而言，声音沟通方式和匆忙之中编写的电子邮件增大了带来困惑的可能性。

例如，经理向其秘书发送一条简单的信息，即口头要求其“检查邮件”，这是希望信息接收者做什么事呢？看一下是否有新邮件到达？对是否有新邮件到达做出汇报？打开新邮件？如果是这样的话，是否希望秘书回信呢？如果是这样的话，该如何回信呢？

改善沟通的方法

我们还是拿上面的“检查邮件”来举例说明，对于这一“沟通事件”而言，改进的方法有以下很多方面：

■ 考虑信息的背景情况。这里所说的“背景”，是指信息接收者接收信息时的情境。有时候“背景”情况非常明确，所以接收者知道该做什么。例如在一个官僚性组织中，要求某一特定的个人（如餐饮部经理），在接到特定的信息（如为下一个月做出预订）后，就一定数量的食品采购问题下订单。此时无须考虑“背景”情况，因为当这些数字传递过来之后接收者就知道该做什么。但经常出现的情况是“背景”信息不够清楚，此时就需要通过明示所要承担的工作来对信息进行明晰化。拿“检查邮件”这个信息来说，它可以被扩展为：“请检查邮件，我在等待长途汽车公司的确认函，如果还没收到的话，请打电话给他们了解一下情况”。

■ 允许甚至鼓励双向沟通。不要总是忍不住地说“照吩咐的去做好了”！允许人们对信息进行查询和明晰化，有助于人们明白要求他们做什么，如有可能就会引出这个信息：刚刚收到长途汽车公司的确认函。

■ 考虑使用面对面的沟通方式。我们不仅通过我们所说，而且通过我们怎么说来进行沟通。如信息的传递性不仅可以通过我们的声调，而且可以通过我们的“身体语言”进行传递。

■ 通过小组会议的方式同时与多人进行沟通。例如，“如果要扎克（Zak）去检查邮件，查看长途汽车公司的确认函是否已经收到，那么也让阿什（Ash）知道这件事，阿什就会去酒店与他们确认他们的行程安排。”于是所有的人都会对“背景”信息更加清楚，此外，他们还可以共享他们的思考和所碰到的问题。

恰当的沟通类型

与其他方式相比，有些沟通方法和媒介可能更适合有些目的的沟通。不论是通过备忘录还是电子邮件，总之书面的沟通方式能够传递信息的细节，可以保证发送者和接收者都持有准确的副本（尽管可能还需要随后通过口头的方式进行查询，以便了解信息是否已经收到、是否明白以及是否已经被执行等）。相应的通过口头方式进行沟通时，可以准确使用技术术语，这并不是以使用“行话”为目的，而是因为沟通双方都能够准确地理解其含义（正如对飞机驾驶员进行空中交通管制时的指令）。如果双向沟通很重要的话，那么最好的方式就是小型的面对面会议，如果目的只是让所有的人以最快的方式获得信息的话，那么发出循环式的电子邮件和通知就足矣。

在组织的大背景下，还需要恰当的沟通模式和形式。例如，在官僚体系中工作的人们，总希望通过固定的渠道获得书面的沟通信息，他们对这种沟通方式也更加感到得心应手。如果管理人员习惯使用指挥式的领导方式，那么双向的沟通方式就不可能。较之角色型文化，开放性的双向沟通方式更适合在任务型文化中得到进一步的发展。

如何使组织结构、行为、文化和沟通形成合力

我们从上段论述中应当明白，组织结构、文化、领导方式和沟通方式等之间存在着相互依赖的关系，不应当将它们割裂开来对待。例如，官僚等级制组织与角色型文化、正式的书面沟通方式，以及办公室工作人员之间的一对一的沟通方式密不可分。与之形成对照的是，基于项目型的组织应该具有一个任务型的文化、看重小组和团队、表现出在很高程度上需要面对面的口头沟通方式。

在不同的情境下，这两种组合方式中的任何一种，以及其他的组合方式都有可能是恰当的。这里的要旨是因为管理“时尚”处于变动之中，管理人员应当意识到将组织行为中的这些不同侧面、不同的决定因素和后果进行恰当地匹配。例如，如果因为一个组织强调官僚体系、严格的工作说明和正式的书面

沟通方式，而断言该组织应该使用团队工作方法和解决问题式的工作方法，那么这样的断言毫无意义，也极有可能与提高生产力相悖。

案例 4.2　21 世纪的游轮管理

游轮业务已经发生了巨大变化，不再被看成只是非常富有的人用来度假的豪华享受。一方面有些游轮公司依然试图再次营造出昔日的奢华氛围，强调他们的富有、奢华和繁文缛节；但是市场在目标客户和新产品的投放两方面都已经发生了很大的变化。在 20 世纪 70 年代时，一艘典型的游轮可以载客 800 名，自重 20 000 吨，而如今自重超过 70 000 吨、载客超过 2 000 人的游轮已经相当普遍。再者，所投放的产品已经不同：曾经一时，游轮公司所提供的产品重点是停靠港口的异域风情，而如今更看重的是在游轮上的体验，现代的游轮公司完全可以被看成是一个漂流中的设备齐全的度假胜地。

例如，我们以如下这样的一艘游轮作为例子，该游轮仅重 40 000 吨，可为 1 500 多名乘客提供食宿服务，雇佣约有 500 名船员，他们分属不同的部门，由船长全面负责。

技术部：主要是指舰桥舱和引擎舱，负责轮船的安全航行和安全运营。工作人员都是具有相当丰富工作经验的海员，多数都曾有在民用航海业或者军事航海业部门中的从业经历。资深海员主要来自英国和北美，还有一些来自东欧。该部门负责处理一些属于游轮公司的专业技术性事务，如游轮游泳池的维修和清洗、游轮的安全保障措施，以及对它的全面检修，包括在每一个停泊港对游轮外表的维修，如对其外部油漆的补色等。

酒店部：正如其名字所示，该部门负责一些与陆地上的大型酒店类似的业务，包括客户关系、餐饮和酒吧以及客舱服务等。

娱乐部：除了参加在停靠港口的组织化的游览活动外，现在的乘客还希望在游轮上能够享受一系列的娱乐服务（表演和游戏等）。该部门由游轮主任负责，该主任如同他的大多数工作人员（乐手和舞蹈表演者等）一样，应该拥有娱乐行业方面的丰富经验。

医疗部：游轮上有自己的医疗中心，配备有合格的医生和护士。

商务部：该部门与游轮上的其他部门进行联系和协调，同时还与游轮公司的总部进行联系，其主要工作是财务方面的事项（如每周的运营成本和开支、预算等）。该部门的主管具有陆上商务和会计业务的从业经验。

全体船员 8 周（在夏季期间）轮班一次，在当班期间他们一周工作 7 天（或者至少在名义上能够在这 7 天随时进行工作），每日工作超过 12 小时。从春季至秋季，游轮在地中海进行运营，在其他时间游轮运营于加勒比海和南美的远海地区。

对游轮上的所有活动进行协调的组织结构是高度等级化的，所有的直线报告等级制都指向船长，船长对游轮上的所有活动全面负责。例如，为了方便进出港口而雇佣了当地的领航员，该领航员的身份只能是一名临时的高级雇员，享有对船长的建议权而非指挥权。游轮上的大量事务都可简约为操作规程，其表现方式为正规的操作流程、轮值表和执勤人员表等。又如，餐饮部和娱乐部都按照一个 14 天的工作计划（涵盖了一周航游和两周航游项目）来进行工作。对于操作规程的执行情况、紧急预案都实施例行的日

案例 4.2　续

常检查，每日和每周都要进行预算控制和预算调节方面的工作。离开港口后的航线一旦制定，就会形成正式的文件，只能由船长或者大副中的一人发布命令，而另外一人根据书面计划进行检查核对，同时由第三官员对他们二人进行监督。

游轮从 30 多个国家中聘用船员，其中的一些重要船员来自英国、北美、东欧和菲律宾等。至少根据船长的看法，在船员中几乎不存在明显的文化冲突，他将这一切都归因于全体船员已经在很大程度上适应了游轮产业的“文化”，特别是本游轮的文化，以及与此文化相吻合的纪律制度。他认为与文化冲突相关的较大问题存在于来自不同民族文化背景的乘客之中，如在南美海域的航游活动中，就排队等候和在夜间时可接受的噪音程度等问题上，南美客人与欧洲客人（以及北美客人）之间的态度就不相同，对这些问题如何处理而不引起任何一方客人的不满，这是全体船员所面临的一个较为棘手的问题。

希望全体船员（不论他们从事何种专业技术工作或者来自何种背景）接受轮船上的生活纪律是一回事，而期望度假旅客（其中有很多人对此环境并不熟悉）接受这些纪律又是另外一回事。

资料来源：个人访谈，Personal interviews

问题讨论

1. 你如何描述案例中游轮的组织结构？为什么在该情境下使用这种结构是恰当的？有没有因为使用这一结构而带来一些问题的情况？

2. 为什么来自不同文化背景的船员，比来自不同文化背景的乘客所带来的问题要少呢？你能否提供一些解决后一问题的办法？

结　论

如果能够对很多人的活动进行协调的话，人类的活动是极富生产力的。对这些活动进行协调或者“组织”的方法很多，如有市场的方法、法律的方法、客户的方法以及成立正式组织的方法等。就组织而言，为了能够让各种各样的人们为实现共同的目标而作出贡献，组织就需要专门制定规则、程序和沟通模式等。大多数正式的组织都具有官僚体系的特征，如制定基本的工作说明和直线报告等级制等。然而，官僚体系的长处（如将复杂的问题简约为一些常规程序等）同时也是其薄弱环节之所在，组织应根据其规模和业务性质等因素进行调整，采用一些有别于完全官僚体系模式的其他组织结构和体系。

现今很多组织都强调团队工作，但重要的是要认识到团队不是个体的简单聚合，在团队中人们的行为有可能受到团队的一些主要特点的影响，如团队的规模、内聚力、发展阶段以及成员间的相互依存度等。领导才能是工作小组的一个必要功能；不同的工作小组需要不同的领导方法。

不同的国家、职业和组织都有自己不同的文化，而文化绝非只是人们做事的模式而已，不同的文化还反映着不同的思维模式。

在组织中进行沟通可有多种方式，如口头和书面的沟通、一对一的沟通以及小组沟通等。对恰当的沟通方式的选择，受到一系列不同因素的制约，如信息的性质以及发送和接收信息的背景情况等。

不应该将制度结构、行为、领导风格、文化以及沟通等问题割裂开来看待，它们的作用既能够相互强化，也可以相互抵消，所以它们之间需要取得一致才行。

问题探究

3. 思考图 4.2 中有关预订游轮度假产品时，对于信息细节的要求。

■为什么需要提供所要求的信息?

■在一个从事包价度假产品业务的组织中，由谁来要求提供每一项信息?

■在该组织中哪些部门或者哪些活动必须进行紧密合作？而哪些又可以“正常（即相对独立地)”运营呢?

■对不同部门或者不同活动的组织与协调带来怎样的影响？它们之间如何进行沟通?

4. 假设在旅游业中有以下几组人群在从业：

■一家旅行社的当地分支机构的工作人员（主要为 20 多岁的年轻人)；

■在旅行社总部财务部任职的能够胜任工作的会计；

■一家度假酒店的保洁人员和餐饮部工作人员（大多数为临时工作人员)；

■位于多米尼加共和国的一家综合性度假酒店中的娱乐部工作人员。

在以上这些不同的工作小组中，你可能会碰到什么相同点和不同点？不同的工作小组是否需要不同的领导方法？为什么?

图 4.2　摘自 P&O 公司的游轮宣传手册

如何预订

订购游艇产品并非易事。

一旦您决定了旅行时所要使用的游轮公司，

就可以通过以下方式进行预订：

在线可以通过网站 www.pocruises.co.uk 进行订购

24 小时提供服务。

按照用户友好型步骤，轻轻松松在家完成预订。

电话预订可拨打 0845 3 555 333

星期一至星期五：8：30am ~ 6：00pm

星期六：8：30am ~ 5：00pm

以当地资费收费，电话有可能被录音用于培训工作。

店面服务可到旅行社

打电话到当地旅行社商洽度假事宜。

如果您已经做好了预订的准备，请准备好以下信息：

1. 游艇信息
2. 客舱信息
3. 旅客信息
4. 登船时的年龄
5. 地址
6. 航班和酒店信息
7. 就餐订座的要求
8. 保险信息
9. 特别要求
10. 行动不便
11. 庆典类包价产品
12. 蜜月旅行及周年纪念

所需信息的详情如下

请注意在进行预订和交付定金时，推定您已经阅读和接受了我们的预订条件（参阅 73 ~ 74 页）以及与您度假有关的其他信息。

1. 游艇信息

在预订时，将要求您提供游艇的名称、度假产品编号和在英国的出发日期。您可在旅行线路页的价格栏中找到度假产品编号和出发日期。

2. 客舱信息

我们需要知道在您旅行时所选择的客舱等级，以及您喜欢的客舱配置，比如需要配备有两张床还是双人床的客舱等。所有的游轮都提供这两类客舱。但是 Arcadia 号和 Oceana 号游轮上的一些客舱不能转换成双人床的客舱，有些套房和小套房不能转换成带两张床的客舱。请订购时查对清楚。

图 4.2 续

要了解更多的详细信息，请查阅客舱详解以及参阅第 48 ~ 59 页的甲板示意图。

3. 旅客信息

我们需要每一位旅客的姓名、称谓（先生、太太、小姐等）和性别等，这些信息必须要与护照保持一致。我们还需要每位乘客的出生日期。我们还需要知道同行的孩子（16 岁以下）的年龄。

4. 登船时的年龄

我们需要知道旅行团中每位旅客在登船航行时的年龄。

5. 地址

我们要求旅行团中的每位旅客提供个人的通信地址（包括邮政编码）以及至少一个人的联系电话。

6. 航班和酒店信息

关于飞机航行的问题，我们需要知道您愿意从英国的哪个机场乘飞机，如果您是从伦敦的 Gatwick 机场或者曼彻斯特机场乘飞机的话，您是否愿意在您所乘航班离开的前夜入住我们所提供的机场酒店，特惠价格为每个房间 99 英镑。机场特惠选择项目可在相关的旅行线路页码上找到，关于酒店信息可参阅第 64 页。如果您是通过乘坐我们的航班在进行旅行并希望再次选择我们的定期航班，请在预订时告知我们。定期航班信息在第 65 页。

7. 就餐订座的要求

请指明您所喜欢的就餐时段（第一就餐时段为 6：30pm，第二就餐时段为 8：30pm）以及是否对餐桌的大小方面有特别要求。请注意在所有的游轮上双人餐桌的数量有限，我们不能保证提供任何尺寸的餐桌。餐桌按照预订顺序进行分配。所有餐厅均为无烟区。

8. 保险信息

有关 P&O 公司游轮旅行保险（由 Fortis 保险公司安排）的详情请参阅第 71 页。如果您愿意购买 P&O 公司游轮旅行保险的话，请告知我们。

如果您不想购买此保险，请提供以下信息：您的保险供应商的名称和保单编号。我们还需要知道随同保单的向您提供紧急救援服务的公司的名称和进行紧急救援的电话号码。

9. 特别要求

如果您及随行人员有饮食方面或者医疗方面的要求，请在预订时告知我们。有关我们可提供的特别服务方面的信息，请参阅第 66 页。

10. 行动不便

请在预订时务必告知我们是否有不能够自主行动或者使用轮椅以及电动轮椅/踏板车（不论是暂时使用还是永久使用）的旅客。我们将会与您进行联系以便了解更多的信息。要了解详情，请参阅第 73 页。

图4.2　续

如果未能事先通知我们，可能导致被拒绝登船以及/或者导致您的保险无效。

11. 庆典类包价产品

如果您愿意订购我们的庆典类包价产品或者礼包的话，请告知我们。详情请参阅第69页。

12. 蜜月旅行及周年纪念

如果您正在进行蜜月旅行或者参加一项特殊的周年纪念旅行，请在预订时告知我们。有关赠送的礼包信息请参阅第69页。

定金

如果您对所提供的住宿服务和报价感到满意的话，您就会获得一个预订号码。然后每人交付10%的定金，如果购买保险的话再加上全额的保险金；如果是在出发前56天以内进行预订的话，交付全款。如果是与P&O游轮公司进行直接预订的话，定金只能通过信用卡或者借记卡交付。如果取消预订的话，定金恕不退还，但可以根据您的保险条款进行补偿。

请注意：18岁以下的旅客必须要有父母或者20岁以上的随行人员的陪同。

www.pocruises.co.uk

资料来源：P&O Cruises, Caribbean 2005/6, p.68

阅读指导

罗宾斯（Robbins，2003）的著作，是一部有关本章所有论题内容的可读性很强的概论性论著。马林斯（Mullins，2005）的著作，以及罗宾斯和库尔特（Robbins，Coulter，2005）的合著，进一步论述了有关的管理问题，对相关的研究进行了解说，还提供了丰富的例证。

想要深入了解关于组织问题的现代学说，可参阅Morgan（1997）的著作。这是一部具有极高的思想性和挑战性的论著，对于那些想要研究组织问题的读者而言，本书对组织的构成和组织的工作方式从不同的角度进行了极富启发性的论述。

想要对公司文化问题进行深入阅读的话，可参阅汉迪（Handy，1991）的著作，他在书中将四种公司文化分别比喻成希腊神话中的四位天神（现在已经是一个非常著名的比喻了），并且探讨了“敬拜”这四位天神对于组织的意义。

“Businessballs. com”这个网站上，有大量的关于商务研究的简洁而又强有力的定义、文章和经营活动的介绍，大多数都与本章的内容有关。网站“theworkingmanager. com”是一个较为普通的资料源，如果要进行深入阅读和研究的话，可连接到社会科学信息门户网站（Social Science Information Gateway），该网站提供论文、案例研究和管理学研究者的生平介绍等等。与本章内容相关的最值得阅读的是其有关“组织管理”的网页（www. sosig. ac. uk/roads/subject-listing/World-cat/orgman. html）和有关“组织行为”的网页（www. sosig. ac. uk/roads/subject-listing/World-cat/orgbehav. html）。

关于组织行为方面的专业研究性论著而言，专门就旅游部门研究的论著不多，卡蒙奇和凯利（Carmouche，Kelly，1995）的著作是最早对这一问题进行研究的论著，但其研究的重点是酒店业。最新的研究成果是拉什利和李罗斯（Lashley，Lee-Ross，2003）的合著，其内容是关于休闲产业中的组织行为。

网站推荐

Businessballs. com：www. businessballs. com/

Theworkingmanagercom：www. theworkingmanager. com/

Social Science Information Gateway：www. sosig. ac. uk

关键词

官僚体系；控制；文化；授权；小组规范；领导能力；组织。

参考文献

Adair，J.（1984）*The Skills of Leadership*. Gower，Aldershot.

Carmouche，R. and Kelly，N.（1995）*Behavioural Studies in Hospitality Management*. Chapman & Hall，London.

Citizens Advice Bureau（2004）*Hanging on the Telephone：CAB advice on the effectiveness of call centres*. Citizens Advice Bureau，London.

Handy，C.（1991）*Gods of Management*，3rd edn. Business Books，London.

Harrison，R.（1972）Understanding Your Organization's Character，*Harvard Business Review*，vol. 50，May/June，119-128.

Hofstede, G. (1991) *Culture and Organizations: Software of the Mind.* McGraw-Hill, London.

Lashley, C. and Lee-Ross, D. (2003) *Organization Behaviour for Leisure Services.* Butterworth-Heinemann, Oxford.

Miles, R. E. and Snow, C. C. (1978) *Organizational Strategy, Structure and Process.* McGraw-Hill, London.

Morgan, G. (1997) *Image of Organization*, 2nd edn. Sage, London.

Mullins, L. J. (2005) *Management and Organizational Behaviour.* 7th edn. FT Prentice Hall, Harlow.

Peters, T. J. and Waterman, R. H. (1982) *In Search of Excellence.* Harper and Row, London.

Robbins, S. (2003) *Organizational Behavior.* 10th edn. Prentice Hall, Upper Saddle River NJ.

Robbins, S. and Coulter, M. (2005) *Management.* 8th edn. Prentice Hall, Upper Saddle River NJ.

Thompson, J. D. (1967) *Organizations in Action.* McGraw-Hill, New York.

Tuckman, B. W. and Jensen, M. C. (1977) Stages of Small-Group Development Revisited, *Group and Organizational Studies*, Dec., 419-427.

第5章　旅游业人力资源管理

克莱尔·赫文-唐（Claire Haven-Tang，卡尔蒂夫威尔士大学服务、旅游和休闲管理学院）

伊莱利·琼斯（Eleri Jones，卡尔蒂夫威尔士大学服务、旅游和休闲管理学院）

学习目的

学完本章后，读者应该能够：

- 定义和解释旅游业人力资源管理问题；
- 阐述人力资源管理的基本功能；
- 分析不同情景下主要激励理论的运用；
- 评价人力资源管理对组织战略定位的重要性；
- 阐述和评价组织内人力资源管理过程的关键。

本章概述

本章从简介人力资源管理起源开始，阐述了员工对旅游业竞争优势的重要贡献，以及为什么人力资源对旅游业如此重要。伴随着包括招聘、解雇在内的主要人力资源（HR）功能的介绍，集中研究了激励理论和管理者如何激励员工。之后，研究如何把人力资源纳入组织的总体战略，以保证企业经营的成功，并以一个最佳招募、保持和激励员工的实践作为本章的结束。本章包括应用两现实的案例研究，说明了跨国旅游公司灵活招募员工的优势作用，以及小型旅游企业中人力资源管理的最佳实践。此外，本章还在一个虚拟的旅游企业内，就如何设立“人力资源经理”，使用工作描述、人员说明和广告等来说明组织内人力资源的功能，并通过使用案例材料和其他主题的问题讨论来使学习效果得到加强。

导 言

人力资源管理（HRM），就是在组织内管理人和人际关系，其目的是在保证员工获得物质和精神激励的同时，保证组织受益于员工的能力。在全球任何旅游目的地，旅游业包括不同大小的公有、私有和自愿组织，囊括旅游供给各要素（住宿、景点、餐饮、旅行社、交通）。无论旅游企业的大小或性质是什么，他们都依赖于其人力资源，即所雇佣的人的质量。为了在竞争日益激烈的市场中获得竞争优势，旅游企业或旅游目的地的成功都依赖于员工的贡献和认同。

追溯历史，英国的人事管理可联系到19世纪社会改良运动的成就。在人事管理作为一种专家管理活动（Hall，Torrington，1998）出现之前，高福利社会改革者发挥着对“工厂系统”的影响。虽然工业革命促进了城市化，并改变了乡村贫穷状况，但“工厂系统”暴露了其糟糕的工作条件和对员工的随意处理。因此，以人事管理的起源为分类基础，由仁慈的雇主发起，如卡德伯里（Cadburys）公司，在19世纪末提出了社会责任的概念，并指出“福利者”应分享“应得利益和不幸员工利益”（Hall，Torrington，1998：12）。当英国政府更多注重社会责任和福利状况时，“福利者”开始与其他社会功能相结合。一些争论认为（Torrington，1989；Boella，2000），当代人事管理继续保持了福利传统；而其他人则认为（Monk，1996），人事管理的动力是成本收益分析，目的是最大限度地减少旷工和劳动流失，并非对员工福利的真正关注。

由于逐渐强调有效员工关系和员工参与的重要性，以及他们对组织目标的承诺，更多地使用了“人力资源管理”来替代“人事管理”。“人力资源管理”源于美国，并常常与“人事管理”交替使用。布拉顿和戈尔德（Bratton，Gold，1999：9）认为，这不是简单的文字差别，而是被企业接受的一个新概念，以作为对日益竞争激烈的环境的战略反应，并把员工作为全球化市场中创造和保持竞争优势的一种手段。因此，“人事管理”与政策的制定和执行有关，而“人力资源管理”在使用人力资源，来达到组织目标、战略管理技术和保持成本优势方面，比“人事管理”有更集中的一体战略。人力资源管理原则上是商业取向，其中心是对人的管理，使企业获得更多价值，确保竞争优势，并着眼于长期前景。

为什么人力资源对旅游业很重要?

全球旅游从业人员估计有21 469.7万人，占世界总就业人数的8.1%（WTTC，2004）。员工是旅游业中最重要的资产，由于他们在客户关系中扮演着重要角色，因此是服务型公司成功的关键。鲍姆（Baum，1997）断言，对以服务质量为关键的旅游管理者来说，管理客户与员工关系是最困难和最重要的任务之一。旅游业提供了更高质量的个体就业机会，如升学、激励、发展与奖赏的国际就业机会等，但同时旅游业也需要大量的实务型人员。因此，低进入门槛和高流失率对旅游管理者提出了人力资源的挑战。

■人力资源对服务质量的意义

在旅游服务提供过程中，服务质量依赖于员工—顾客的互动。然而，这种互动存在难以控制的潜在问题。提供高质量服务的责任落到了一线员工头上（Schaffer，1984；Mattsson，1994）。因此，员工必须理解并致力于优质服务目标，拥有技巧、知识、态度、专业等必要的信息，能提供高质量服务以适应具体顾客的需要，因此建立合适的主客关系是提供优质服务的关键。伊文斯等人（Evans，2003）认为，在劳动密集型行业中，重要因素不仅包括个体的能力和知识，还包括他们学习和适应变化的能力。

■旅游就业的特征

尽管旅游业的发展创造了新的就业机会，但有的批评指出，旅游就业主要提供的是低报酬和低技能的自我贬低的工作（Choy，1995）。对旅游就业的消极观点集中于工作的体力需求、工作的恶劣条件、工作的无保障、低报酬、长时间工作、高劳动流失率和缺乏培训等，许多旅游专业学生都将由于旅游业的实务性和季节性而丧失就业机会。研究者关于低报酬的报告，试图围绕国家最低工资，探索和分析如何促进旅游就业的形象，使之成为一个值得选择的职业，但却无多大成效（Hayter，2001）。另外，存在着公平问题：由于旅游业中大量的女性员工，有研究发现（White，Jones，2002），女性因产假离开后再返回岗位很困难，使员工通常把企业的家庭友好政策看做是“装饰品”。情绪型劳动（参见Hochschild，1983；Chappel，2002）也是旅游就业的一个重要部分，在许多情况下，角色扮演要求有固定的情绪，情绪表达的方式通常被使用范本限定，如“祝您愉快”等。为了让客人感受到他们所喜欢的角色，通常在对旅游从业人员的客户关注培训中，对从业人员规定应满足客人所期待的感情，以把积极的感情传达给旅游者并提升旅游业的形象。

劳动力流失

在旅游业中，劳动力流失通常被认为是一个不可避免的和自然的过程。根据 2004 年 CIPD 所出版的调查结果，2003 年英国总的员工流失率是 16.1%，爱尔兰是 15.7%。尽管行业与行业之间的流失水平各不相同，最高的流失水平（超过 50%）见于私营企业，如零售业、旅馆业和餐馆业；最低的流失水平（在 10%之下）见于公共服务部门。迪尔（Deery，2002）报告了澳大利亚不同旅馆的流失率，从位于中心商业区旅馆的 20% 到偏僻度假型旅馆的 300%；而拉什利（Lashley，2000）发现，北英格兰注册的零售业流失率平均为 188%。一些研究认识到，劳动力流失是有益的，它能根据需求调控劳动生产率的大小，从而控制人力成本（Lashley，Chaplain，1999；Torrington et al.，2002）；另外，新进员工能带来新想法和经验，使组织更具活力和得到革新。总之，未认识到劳动力流失不良反应的那些人认为，人员流动性有利于员工技巧的获得。

然而，劳动力流失是旅游管理的一种成本，甚至还会导致严重的经营困难。高劳动力流失不仅会影响服务质量，它还造成员工的高替换、招聘、选择以及增加培训费用，间接减少了收益并影响着组织士气（Johnson，1981；Deery，Iverson，1996；Torrington et al.，2002）。劳动力流失是管理不善的症状，导致企业不良的形象和招聘的困难，已有研究显示（HtF，2001）高流失率影响对员工的发展和培训的投入。

许多雇主不愿意在招聘后投资进行培训，除非有立法要求，否则他们不可能补偿员工发展和培训这一优势。雇主面临着高劳动力流失和通常称为“低技能”或缺乏技能的工作，因此仅有较低技能的人员也能被招募。雇主通过调整产品以适应缺乏技能的员工，这样工作不再需要高技能的人员，成为明显的“技能陷阱”。长此以往，“低技能”必然降低对技能的要求，以及对其知识的鼓励，最终影响到旅游者的体验和旅游目的地的竞争力。

就业灵活性

旅游业面对顾客时提供的是劳动密集型服务，当需求相当稳定和可预测时，会发生员工需求高峰。这些高峰出现时，仅会通过任务或者数量的灵活性，使劳动力暂时增加（参见后面章节）。雇佣临时工是解决工作量波动的常见方法，通过预约储备员工（随意的、临时的或季节性的），以补充核心（全职）工人。然而，在保持有规律的临时就业和小时工的时候，季节性波动的预测是前提。在小型企业和家庭经营企业中，如小旅馆和家庭旅舍，对波动的反应是自我开发："有规律的需求波动将以自愿延长工作时间来解决"（Shaw和威廉，1994年：148）。Burns，西威尔士一家很好的BB旅舍的业主，报告说她每天上午5：30开始工作，直至客人就寝才结束工作（英国广播公司，2004）。

就业灵活性是一种积极属性的同时，可能也是有害的。虽然劳动力市场日益变得灵活，但要求灵活劳动力的职业不被认为是生存职业的选择，在英国旅游业和服务业的临时就业率相当高（保持了更糟糕的形象），高出其他欧盟国家（Keep和Mayhew，1999）。旅游业内随意和临时就业的高比例，使人们较少把旅游业看做一种长期职业选择，而是看做一种短期工作。继而，临时和随意雇员不愿意投资以取得业内相关资格。

资格和职业特征

旅游业推动就业低资格的一个因素，是雇主总是有招聘不具备资格的雇员的意愿，虽然这通常与劳动短缺问题有关，但是它可能阻碍具有较高资格的学生将旅游业作为一种职业选择。进入特定职业的选择过程传达着行业不同水平的形象和状态，而较高的状态和职业特性被称为职业较高的进入门槛。清楚的职业结构也很重要，旅游业一般被认为缺乏清晰的上升到主管和经理职位的途径。

鲍姆（Baum，1995）认为，其他欧洲国家的旅游就业比英国有更强烈的传统职业特征。职业特征概念与职业状态密切相关，但是可能结合个人特点，诸如职业期望、进程和态度等。例如，在瑞士，在特定的管理和技能领域，要求员工拥有一定的资格（Baum，1995）。而且，其他欧洲国家中旅游管理教育培训的传统说明了实际技巧培训的重要性，而英国旅游业中缺乏职业特性则导致从缺乏技巧向无技巧恶化的趋势。

旅游业较低的进入门槛导致旅游业中微型企业（少于十个雇员）占据了统治地位，一些既是业主也是经理的人，经济管理能力和人力资源管理技巧严重缺乏，从而影响着小型旅游企业的生存能力，影响他们为雄心勃勃的雇员提供具有吸引力的职业的能力。

虽然全球旅游业都面临着在关键性经营、技术和管理领域的技术缺乏，但具体内容在发达国家和发展中国家则各不相同。鲍姆（Baum，1997）认为，根据人口就业统计趋势，在发达国家，更好的教育和更低的行业形象和状态，致使年轻人较少进入旅游业；而在发展中国家，教育的、技术的、文化的和语言的障碍则提高了旅游就业的门槛，使得旅游就业不易进入。在发达国家，旅游业工作被认为是低技能的，而发展中国家却不这样认为，如古巴旅游就业有较高的需求，因为旅游从业者可获得更高报酬，尤其是获得美元而不是本地货币，导致从其他专业和学院毕业的人员部分进入到旅游业的“人才外流”情况（Pax Christi，2000 年）。

报酬

报酬与职业特征相关，报酬的水平通常依据特定技巧的市场需求。各产业的国际劳动力市场都较小，如旅游业员工需求通常是在市场所在地寻找廉价的、一般技巧的劳动力。旅游业很少用提高报酬来消除人们对其低酬劳和低技能的理解。国家规定最低工资标准来增加旅游就业，如英国 1999 年已提出报酬问题，然而大多数雇主的反应是减少对全职雇员的使用以增加对劳动力灵活使用，或者在现有员工中增加工作量以弥补增加的费用（Rowson，2000）。许多旅游企业都认识到保持好的绩效和寻求奖励方案，以增加就业稳定率的重要性（见案例 5.1）。

平衡和差异问题

一旦法规有利于旅游就业平衡的实现或增加差异时，主要问题可能是来自于对法规的不同理解，以及在个人工作中如何执行政策等。许多旅游组织是小型的，或因太小而要求保持平衡和差异的政策。在组织的人力资源管理实践中，通过对招募、选择员工到保持员工职业生涯的透明度，往往会对旅游就业平衡产生重要的影响。

■旅游业面临的人力资源挑战

有很多原因解释了为什么旅游业和旅游管理者面临着人力资源挑战，并且面对旅游产业未来扩展的威胁（见图 5.1）。就业趋势与消极的旅游形象相结合，导致了旅游业中年轻人进入数量逐渐减少，因此管理者必须寻求从非传统的劳动力来源和海外招募人才。传统人力资源的做法、工作条件、职业结构的狭隘促进了员工的高流失率和技能缺乏，最终影响到旅游者体验、产品质量和旅游目的地竞争力。因此，有效的人力资源管理功能将影响到上述所提出的问题，以及员工绩效最大化和管理目标的实现等。

图5.1　投入—过程—产出模型显示了在部分旅游从业人员少的发达国家，旅游人力资源所面临的挑战

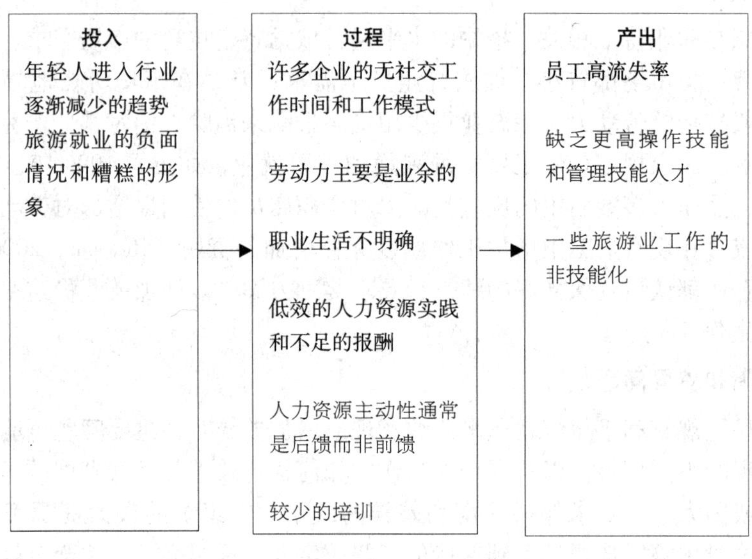

雇佣和解雇员工

无论旅游企业是大型联合体还是家庭经营的微型企业，它都需要招聘、培训、保持、激励和奖励员工，同时遵守就业的法律。尽管所有旅游组织不一定设一个专门的人力资源部，但都需要有效的人力资源管理功能，因此旅游管理者对所有人力资源问题的理解是其成功的关键。

■员工来源

人力资源战略通常是总体管理战略的一部分，既根据外部影响而制定灵活的计划，外部影响包括竞争、经济态势、政府政策、技术发展、社会就业趋势和技巧的缺乏等，所有这些因素都能影响到旅游业的组织和管理，托林顿等人（Torrington，2002）将其划分为三种就业的灵活性反应：

■ 数量的灵活性（使用不同的就业合同，暂时的、季节性的和随意的，根据需求来补充员工）；

■ 时间的灵活性（通过工作分配和临时雇用，以及改变员工以小时工作的模式等）；

■ 内容或任务的灵活性（使员工更广泛地介入任务）。

招募和选择

有效的员工招募和选择在组织职能中是基本的，而不恰当的选择和决策则有负面影响，往往会降低工作效率和绩效。招聘的目的旨在吸引具有资格的、适合的申请者，而选择则减少了申请者的数量，使工作能够选择到最适合的申请者。

内部招聘可能是更迅速和经济的，因为候选人更理解组织文化。因此，提供晋升机会就是一种积极的激励，并促进职业结构的合理化，但它也会使未晋升的员工灰心，并限制了“新鲜血液”的流入。尽管外部招聘是昂贵的和耗时的，但它拥有选择潜在申请者的广泛渠道：广告、职业中心、猎头部门或职业介绍所、教育机构和未经请求的申请者。虽然在线招聘具有广告效应的经济性，但其不加选择的性质和反应，通常容易吸引许多不合适的申请者，因此就需要进行有效的选择。

工作分析

工作分析，是通过工作描述和用人说明，尤其对工作设计是有价值的，其提供了职位确定和候选人应具备条件的信息。工作分析有很多方式，如直接访问法、工作操作者与主管的交谈、观察法或问题调查表等。随着人力资源所面对的旅游业挑战，设计较好的工作职位在吸引、保持和激励劳动力方面，在生产能力和提供合格产品和服务方面就显得日益重要。

工作描述

工作描述是对特定工作的职责和权利的完整说明，它是对工作评估、员工招聘、培训和绩效评价的基础，而不仅仅是指向以后的操作者，图 5.2 表示了一个虚构的工作描述的情况。

图 5.2　苔丝国际旅行社对人力资源经理的工作描述

苔丝国际旅行社

工作头衔：人力资源主管

所在部门：人力资源部

单位地址：东南威尔士的加地夫郊区

主管领导：总经理

所管部属：人力资源处和培训处

职位概况

作为高级管理团队（SMT）的成员之一，负责制定、执行和人力资源开发策略；保证坚持现行的就业法规和现实最好的实践政策；负责整个人力资源工作和培训，重点是保持本组织在市场所在地的竞争优势。

主要职责：

■ 总结现有的人力资源实践；

■ 制定并且传达与组织价值一致的，以绩效为导向的，以人为本的专门人力资源战略；

■ 提升和保持人力资源的政策和程序与欧盟、英国的就业立法一致，并能够较好的实施；

■ 确保促进组织就业政策和文化的发展；

■ 对人力资源进行管理和培训；

■ 制定和报告人力资源部门的预算，并参加预算战略讨论；

■ 保持和发展贸易合作关系；

■ 与高级管理团队合作，进行员工招聘、保持员工稳定，促进组织发展、雇员关系、奖励和与员工交流等；

■ 参与制定组织目标和战略指导，并通过合理的人力资源结构来提高组织效率；

■ 在高级管理团队内，促进有效的个体管理和团队工作技巧。

工作条件

在加地夫郊区有新办公室，距离城市区（M4）很近，并具有免费停车场。每年有25天带薪休假日以及法定假期。

用人说明

用人说明来源于工作分析、工作描述的数据汇集，是很有用的用人简表（如表所示）。用人说明规定了必要的和理想的教育水平、资格、技术或能力、性格、经验和知识要求，以及对这些因素如何衡量等（通过申请表、面试、表达、介绍信、测试来衡量）。这些因素将根据工作职位的变化而变化，如客户关系职位的标准，应包括很好的沟通能力和人际关系处理技巧，在表 5.1 中提供了一个虚拟的空缺职位的用人说明。

表 5.1　苔丝国际旅行社人力资源经理的用人说明

因　素	必要的资格	理想的资格
资格	具有大学或同等学力[1]； 通过职业机构和人力开发机构（CIPD）考试[1]。	具有管理专业研究生资格，如工商管理硕士，管理研究学位[1] 和 MCIPD 硕士[1]，心理评估资质证[1]。
经验	具有就业法律的知识[1,2]； 具有 6 年在服务领域的人力资源管理部门的经验[1,2]，人才投资和其他人员质量管理模式中的经验[1,2]； 具有 NVQ 和现代人才计划的知识[1,2]。	处理贸易合作的经验[1,2]； 对商业问题的广泛了解[1,2,3]； 指导和监督管理的经验[1,2]。
领导能力	具有带领改变和引入与组织战略目标一致的新的人力资源实践的能力[1,2,3]。	
交流	具备有效的包括口头和书面[1,2,3] 的沟通技巧； 具备询问和听的技巧[1,3]； 能够贯彻董事会决策的分析能力[2,3]。	具有一种欧洲语言知识[1]。
人际关系处理	具有与组织内各阶层人士打交道的能力[1,3,4]； 具有代表组织与外界沟通的能力[1,4]； 具有适应组织文化和变化的能力[1,2]。	
计划	具有在人力资源计划中，协助董事会坚持企业所需要的持续变化[2,4]； 具有决策和执行人力资源决定，持续影响企业绩效[1,2,3,4]的能力。	

表 5.1 续

因 素	必要的资格	理想的资格
技术	具有人力资源管理所需的计算机系统知识[1,2]，包括 Word、Excel、Powerpoint 等 IT 经验[1]。	具有了解 IT 的变化，适应企业未来需要[2,3]的能力。
特殊能力	自我激励[1,4] 热情[2,4] 灵活机智[1,2,4] 时间管理[1,4] 有效管理[1] 良好的健康报告[1,4]	

以上可通过下述证明材料获得：申请表格[1]；面试[2]；表达[3]；介绍信[4]

招聘广告

设计很好的广告可以经济有效地吸引适合的、具备资质的候选人，阻止不合适的候选人。理想的广告应该包括组织的细节、工作说明和用人要求等，如图 5.3 中对虚构的空缺职位的说明。

以下的因素决定了空缺职位做广告时所适合的出版物，包括工作角色、资历和薪金、劳动提供问题。人力资源经理为了给其空缺职位做广告，苔丝国际旅行社选择在国内报纸，旅游和人力资源专业期刊上做广告，而对公司中较低职位的广告渠道可以更本地化，使用不同的广告渠道来通知未来的雇员，如当地或区域内的报纸，以保持详细的记录并监控广告的有效性。

图 5.3 苔丝国际旅行社招聘人力资源经理的广告

苔丝国际旅行社招聘：

人力资源经理：

年薪：55 000～65 000 英镑加奖金 公司地址：威尔士东南部的加的夫郊区

苔丝国际旅行社是目前英国领先的旅行社之一。营业额超过 6 亿，有 1 200 多名员工。公司实行垂直一体化经营结构，内容包括大众和专项旅游经营，高速公路管理，因特网销售和外币兑换。公司拟招聘一名高级人力资源经理，这是一个动态并有活力的岗位，具有激励和发展员工的能力，使之与公司的战略目标一致。

图5.3 续

职责

■ 总结现有的人力资源实践

■ 制定并且传达人力资源战略，它是以绩效为导向的、以人为本的并与公司价值相一致的专业战略

■ 提供有效的人力资源服务，并促进组织战略和经营目的实现，提高公司绩效

■ 具有与高级管理团队合作，进行招聘、保持、组织发展、雇员关系、奖励、沟通等活动的能力

■ 在公平机会上行使人力资源政策，并能够根据最新就业法律而实施新的政策

用人

■ 研究生，至少有在服务型企业中6年的人力资源管理经验，取得CIPD资格

■ 具有就业法律的知识和可处理好员工关系的经验

■ 了解广泛的商业问题，具有决策和执行人力资源决定，并在组织绩效方面有可衡量的影响力的证明材料

■ 具有引导改变的能力，能够引入新的与公司战略目标一致的人力资源实践能力

■ 具备热情、自我激励、灵活机智、优秀的沟通和交际技巧，以及领导和激励团队的能力

索要申请表，请联系苔丝国际旅行社人力资源管理部：哈温汤（C. HavenTang），电话：029 123 456，电子邮箱：chaven - tang@ taithtravelinternational. co. wales

申请表

为确保候选人的选择，需要有一份更好的完整的申请表程序，它能按逻辑顺序收集候选人的信息。通常申请表应提供下列信息：

1. 申请工作的理由和邮政编码；

2. 个人资料（姓名、地址，电子邮件，电话号码，出生日期和地点、国籍）；

3. 教育、培训和资历证明；

4. 就业经历（上一雇主的名称、地址，就业时间，工作描述、离职原因）；

5. 个人的健康史；

6. 作为“支持陈述”的附加信息，包括有关个人工作情况、个人状况和以前经历等；

7. 证明人资料；

8. 候选人在“以上信息真实无误”下的签名（因为申请表作为

就业合同具有法律意义)；

9. 日期。

列表

能被申请表证实的个人资料中的必要资格（见表5.1）应该列成候选人申请表：一个矩阵形式的简短列表，因为系统的记录有利于选择并且除去偏见和主观性，而对不具备所有必要资格的个体不能纳入列表中。如果大量申请者符合必要资格时，可针对期望资格打分来减少申请者数量，以到一个适当的面试数量。面试是一个耗时的过程，面试人数量必须足够，并允许有因故不能"面试者"，使面试者在无压力情况下进行合理的选择。

面试

面试是需要评价个性特征，如自信心和沟通技巧时，所采取的一种常见的选择方法。面试是一个过程，包括才能、心理及表达测试等。面试需要组织足够的评委来评价候选人，典型的评委会名单包括被面试职位的一线经理、人力资源经理和其他同事，但应注意过多的评委将难以协调，并且有可能增加候选人的压力，同时面试前评委们还应就用人标准及相关问题达成一致意见。每一候选人的记录应该由各位评委对其表现进行完整填写并打分，以达成客观公正的决定。对落选的候选人申请表或有关他们表现的反馈记录是很重要的，都应妥善保存好这些记录。

介绍信

介绍信是检查证实候选人的重要凭证，事实上检查介绍信，仅是让证明人确认候选人的有关情况，以了解关于候选人的个人评价意见。如果介绍信中故意包含错误信息，则可能出现法律责任问题，因此在国际合同中检查介绍信的合法性是很重要的。

最终抉择

最终抉择是用选择标准评估每一候选人，以保证选择到适合该工作的最好人选。如果对方接受聘用，通常可口头表达，接着要有书面确认，包括对薪金，工作头衔和任何特殊条件、基本工作条件（时间、假期、分红等)，其他任何规定的确认，如"接受对介绍信/健康检查是否符合的检查"，以及下一阶段的考核等。

■雇员记录

申请表、工作介绍信和接受雇员的信件，是有关雇员的重要记录（Graham，Bennett，1998）。应按照法律规定而妥善保存，如数据保护和纳入机密保存等。对组织而言，最好的实践办法是制定有关信息文件的保管政策，并通过员工手册来加强管理和监控。

雇员关系

雇员关系是有关工作活动的规定，包括制定标准、促进共识和协调员工之间的冲突。现在，大多数雇主都认同，积极的雇员关系对提高组织的绩效是非常重要的。

就业合同

尽管国际上并不要求都签订就业合同，然而雇主最好还是提出一份书面说明，列出主要条款和就业条件，以避免产生合同性的误解或争论。一张书面说明的核心信息可以是“原则性说明”，也可列出附加文件，如企业规定和人力资源政策等。通常，合乎法律要求的就业合同应该包括：雇主和雇员的姓名；开始日期；就业的性质；结束日期（如果固定期间的话）；正常的工作地点和可能变动的工作地点；雇主的地址；协议的细节；薪酬，计算方法和支付间隔期；工作小时数和正常工作时间；假日权利和假日工资；疾病安排和患病补贴；退休金安排；工作时期；工作内容；惩罚和不满工作程序等。

沟通

组织应注重在与员工交流沟通过程中，来反映员工对角色的认同，并了解和达到组织的目标，识别员工对参与的期望。有效率的管理人员都应使用正式沟通和非正式沟通方法，来掌握员工的需要、动机和期望。如果组织缺乏有效的正式沟通网络，则有可能面临各种沟通的问题。

不满和惩罚程序

雇主最好有正式的不满和惩罚程序（见公正和调解顾问服务网站，ACAS）。雇主未能够迎合雇员期望，有可能导致雇员不满；而雇员未能够迎合雇主期望，则可能引起雇主的惩罚行为，这些都要通过人力资源管理部门进行调解。在英国，不合理的不满或者惩罚程序，都会被就业法庭立案，如不公平的解雇。

辞职和解雇

在合同将结束的日期，雇员或者雇主都可能正式通知终止就业合同。辞职，是雇员提出终止就业合同，同时他必须说明他辞职的原因（也许不合法），对雇主最好的做法是组织离职面谈，了解导致辞职的主要问题。解雇，是雇主提出终止就业合同，或不续签固定时间的合同，或由于雇主不合理的行为而导致雇员辞职（Torrington，2002 年；就业法律网站，参见后面的推荐网站）。

■雇员发展

培训有两种功能。首先，能更好地使用和造就员工，使他们更能干并拥有多种技能；其次，较有能力的雇员更可能赢得管理者的认同，增加工作的满意度和动机。当管理人员为员工制订培训计划时，应该考虑：把员工作为部门和组织整体的一员；岗位概况介绍；简要的任务说明；一个月的在职培训。除了有计划的培训日程外，还要对员工晋升或调动、劳动力短缺、新设备安装、新的方法、公司政策和发展计划等进行介绍。

现在，一些组织正向学习型组织发展（Reynolds，Sloman，2004），其要求改变组织文化，创造一种增强员工信心和技能的环境。技术的使用，如学习电子技术，既扩充了学习途径，又增加了灵活性。

评价

评价作为奖励的重要前提，主要在于评估员工在组织内的潜力。评价在综合性组织的沟通和绩效管理战略中是很重要的因素，管理人员通过向员工公布组织的目标，使其明确自身在组织发展中的角色；管理人员向员工反馈个体工作的绩效，并把工作绩效与员工奖励挂钩。尽管评价过程主要与发展需要和个人目标相关，但其也密切联系到对员工个体的奖赏和激励，因此为避免与评价相关的消极问题，组织应把奖励评价与绩效或潜力评价分开。典型的评价见图 5.4。

职业发展

一旦员工更明显地看重管理自己的职业时，组织就应注重员工的职业发展（Torrington，2002），并增强员工对组织的承诺和动机，这将反过来减少人员流失和改进组织的形象。内部晋升机会，往往创造了清晰明确的组织职业结构，并向现有的员工显示了组织对其发展的承诺。

图 5.4　抽样评价的样式

个人细节：

被访谈者姓名：
部门：
工作头衔：
时间长度：
访谈者姓名：
上次评价日期：
此次评价日期：

工作描述：

过去 12 个月的培训活动：
（怎样帮助你提高了绩效？）

自我评价：

过去 12 个月，你认为你表现最好的工作领域是什么？为什么？
你认为你可以表现更有效率的工作领域是什么？怎样做？
在达成你的关键目标过程中，你遇到困难了吗？如果是，请解释。
为了提高你的绩效，你对你自己、你的管理者和组织提出什么建议？
你还有任何目前没用到，但能有益于组织的经验、技能和爱好吗？

关键目标：	**培训和其他支持达到关键目标的要求：** 下 12 个月，你愿意接受什么培训？这将怎样帮助你达成你的目标并提高你的绩效？
被访谈者签名：	**访谈者签名：**

■雇员奖励

企业的报酬和奖励策略，应放到更广泛的组织哲学和战略中，以反映和完善组织结构。除了最低工资法外，报酬水平受到对组织的工作价值、人对组织的价值，以及工作或人在市场中的价值的影响，不论是经济的和非经济的奖励，都可使用于为组织增加了价值和提高竞争优势的员工。有效的报酬和奖励系统，应该旨在吸引并留住员工，鼓励其对组织的承诺和动机，符合员工期望和奖励工作努力、专长和更多的产出。

“新的报酬”（Lawler，1995）着重于达到组织目标的合作战略的整体报酬，以及对员工在工作绩效和合作价值上正确信息沟通的经济奖励；相反地，“老的报酬”来自于组织战略目标，着重于奖赏不同的企业层次和逐级提升的资历。

除经济奖赏之外，员工奖励策略还应该包括非经济的奖励或其他内在的因素，如成就、识别能力、责任、个人发展和自我实现（参见后面员工激励一段）等，这些全都是激励工具。

绩效工资

绩效工资与新的报酬有关，其采取灵活的方法在员工中公平分配奖励，在没有晋升奖励时也能吸引和保持员工稳定，并通过改进员工绩效来实现经营目标。但是，绩效工资也会影响合作，刺激员工狭隘地集中精力于具体的、与绩效工资相关的任务；同时，如果员工得不到自己相信应该得到的绩效工资时，将会出现情绪低落的状况。

退休金

为了向员工传达公司的退休金计划，退休金安排是人力资源专家需要重视的员工奖励中的复杂部分。退休金计划能显示组织是一个好的雇主，关心其员工的长期兴趣，还可以吸引和保持优质的员工。

福利

任何福利计划的细节都依赖于当地环境（见案例5.1），福利的核心内容通常包括：假日、生活保险、个人医疗保险、重大疾病保险或长期残疾保险、个人意外事故保险。附加福利包括：公司汽车规划，照顾孩子的保证，牙科保险，金融计划，慈善贡献，健康保证，家庭电话或者移动电话经费包干，法律花费保险，宠物保险，零售保证，旅行月票，住宿服务，停车设施，搬家开支，体育运动和设施，旅行保险，管家福利（如洗衣服务）等。一些组织把增加法定权力作为福利计划的一部分，如因做母亲、父亲或因病而离职等。

奖励包装

一些组织正向更综合的奖励包装努力，包括工资、灵活的福利、工作环境、职业和个人的发展等。奖励包装通过向员工，以促使工作和环境更好满足他们自己的需要，鼓励积极的员工承诺，并且对公司不会产生无结果的、控制不了的经营支出。虽然有些奖励比其他奖励更容易提供，但有些奖励更需要准确度量，因此在员工中保证平等是一种挑战。

案例 5.1　权利选择，卡瑟伊和平公司的灵活福利包装，吸引和保持员工

以香港为基地的卡瑟伊和平航空有限公司（Cathay Pacific Airways Ltd，CPAL）成立于1946年，有近14 000名员工和长期的优质服务承诺，被认为是世界上最好的航空公司。虽然CPAL是私人公司，但是它把自己定位为香港的基地航空公司，并与其他国家谈判航线。在香港，CPAL的多国员工包括船舱机组，座舱机组和地面人员。

像大多数好的雇主一样，CPAL认识到福利包装对其员工的重要性。然而，在20世纪90年代中期，一个关于CPAL的员工的调查显示，尽管他们的福利包装占有相当的比例，但员工认为福利是理所当然的，不完全理解或赞赏CPAL所提供的福利。

把福利计划作为水准点，与其他大中型多国公司比较，CPAL发现大多数公司有灵活的福利计划，以吸引并保持员工。灵活的福利计划，也被称之为福利的自助餐厅，是允许员工根据自身的要求改变报酬和福利包装的正式书面计划。灵活的福利计划允许员工从菜单中自主选择福利，而不是接受标准化的福利包装；灵活的福利计划采取公式化的方法，分解为资历、薪金、年龄和家庭大小等因子，把利益分配到员工个体。使用一个福利价目表，员工可选择福利，如果超出他们应得到的，可以为差价付费；灵活的福利计划代表了一种经济有效的方法，使资金不会被浪费到不需要的福利上。

1997年，CPAL推出了“权利选择”，是香港地区最早的灵活福利计划之一，对员工个体则需要做出更好的反应，并把福利与企业的战略相结合。权利选择的基本福利点与香港法定的福利相匹配，权利选择菜单包括每年离职的机会、保险选择（旅行，生活，事故，重大疾病和收入保护）、医疗选择（门诊，住院，预防保健和牙科）、退休计划。没有用完的福利可以现金形式取出，是较年轻的员工赞成的一种选择。

权利选择是复杂的，因特网起到重要的管理作用。用福利软件计算利益点，雇员可在线查询他们已经使用的与未用过的福利点，而联机招聘工作表则指导员工每年的福利选择。

教育员工是成功执行灵活福利计划的关键，如果员工不了解，即使是世界上最好的灵活福利计划也不能正常执行。因此，好的双向沟通能增加员工对福利的了解和赞赏。权利选择的沟通渠道包括：会议介绍基本情况；由受过良好培训的顾问管理的福利服务中心；当建立起员工信任感时，网站和打印材料就可以提高透明度和取得信任。

权利选择，除了经济有效之外，加上特许旅游福利，使CPAL成为具有吸引力的雇主。它改进了员工对福利的态度，更好地迎合了多样化劳动力的需要，鼓励员工在选择他们的福利和拥有他们的幸福健康的同时，扮演了一个十分活跃的角色。

感谢卡瑟伊和平航空有限公司的鲍勃·尼庇奈斯（Bob Nipperess，员工服务部经理）和托比·唐（Toby Tang，福利部经理），他们为了完成这一案例研究提供了极宝贵的协助。

鼓励员工：激励

管理人员的角色是创造一个良好的和支持的环境，使每个员工能充分发挥他们的潜能，为实现组织目标而作出贡献。任何管理人员，都必须了解那些能激励和不能激励员工的理论和方法，这比服务部门面对顾客的角色更重要，因此在对顾客提供满意服务过程中，员工是一个很重要的因素。有大量不同的激励理论，他们被分成两种主要观点：内容理论和过程理论。

■激励的理论内容

内容理论的重点是在工作中如何激励个体，包括马斯洛（Maslow）的需要层次论、阿尔德弗（Alderfer）的成长关系理论、麦戈雷格（McGregor）的X理论和Y理论、赫茨伯格（Herzberg）的双因素理论和麦克奈南（McClelland）的成就激励理论。

泰罗理论

泰罗（F. W Taylor，1911），美国工程师，认为员工基本上是懒惰的，不得不用报酬来激励，这观点后来被麦戈雷格描述为X理论。泰罗的研究重点是工厂工作，对生产率感兴趣，把对工作的研究转为科学，如通过使用秒表来控制任务时间。根据泰罗的管理理论，对待员工必须像机器一样，并且设计出最大生产率的报酬方式，如计件工作和按工作结果付酬劳，以及一些旅游企业有争论地采取的方式，如饭店特许经营等。

马斯洛需要层次论和阿尔德弗成长关系理论

马斯洛需要层次论（Maslow，1943）认为，人们在工作中可以被一些因素激励，它们可概括为不同层次的需要。生理需要（食物和庇护）是最底层的需要，其次是安全需要、友爱或社会需要、尊重需要，最顶层是自我实现或成长需要（见图5.5）。根据马斯洛的观点，低层次的需要必须在追求高层次需要前得到满足，很显然钱在帮助人们满足基本需要时很重要，但是一旦满足后就变得不太重要了。马斯洛的理论有重要的管理含义，但是对解决生理的需要；提供安全的工作环境和工作安全以满足安全需要；促进团队建立以满足社会需要；承认成就以提高尊重；提供挑战性的创新工作机会，以鼓励自我实现等方面，由于马斯洛理论没有科学证据来支持他所划分的严格层次，因而受到广泛的批判。

图5.5　马斯洛的需要层次论和阿尔德弗的成长关系理论

激励员工，管理人员必须：保证充足的工资、午餐时间和休息

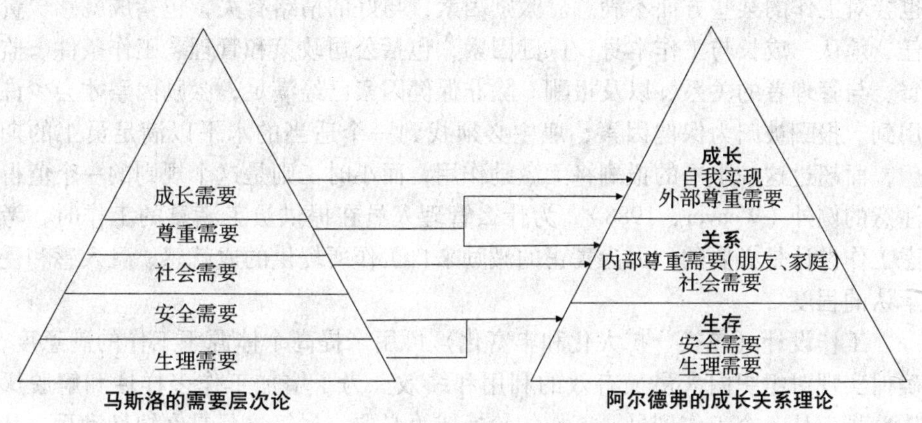

资料来源：引自马斯洛（1943）和阿尔德弗（1969）

阿尔德弗的成长关系理论（Alderfer，1969），与马斯洛的理论形成鲜明对比，得到了经验证据的支持。他把马斯洛的五个需求层次转变为生存、关系和成长三个层次（见图5.5），指出不同的人有不同的优先需求，生存与基本物质需求相关，关系指对人际关系的期望，成长是对个人发展的需求。成长关系理论介绍了挫折回归原则，即个体如果更高层次的需求遭遇挫折，就会退回来追求低层次的更容易满足的需求，例如，如果没有成长机会，员工将转而追求更多与同事的社会关系以满足关系需要，或追求更多的报酬。因此，管理的要诀是：员工需要同时满足多种需要，管理者必须采取措施以保证员工能满足遭受挫折的需要。

麦戈雷格的X理论和Y理论

马斯洛的理论在麦戈雷格的X理论和Y理论中反映：是管理者看待员工的观点不同，而不是员工的客观特点不同。如上所述，X理论假定员工是懒惰的，只能用报酬来激励；相比之下，Y理论假定员工是被自尊目的所激励，想要努力工作，寻求责任，如果工作令人满意则将效力于企业。麦戈雷格的管理理论是简单的，如果员工被视为负责任的和有价值的时，他们将对组织做出更多的贡献。

赫茨伯格的双因素理论

赫茨伯格（Herzberg, 1959）发现，导致满意的因素：激励因素，与造成不满意的因素：他称为“保健因素”是不同的，当员工对总的工作满意时，也会对工作的某些方面不满意。激励因素，与好的情绪有关，包括成就感、责任、承认、成长与工作本身；保健因素，包括公司政策和管理、工作条件、监督、与管理者的关系，以及报酬。除非保健因素已经满足，激励因素才会少许用到。报酬被归为保健因素，雇主必须找到一个适当的水平以满足员工的期望，而超过这一水平的报酬将无激励作用，而小时工则是这个规则的一个值得注意的例外（Weaver，1988）。为什么管理人员在提供员工满意的工作时，考虑工作设计是必要的，因为真正的激励来自工作所提供的成就感、融入感和受承认的程度。

工作设计（轮换、扩大化和丰富化）可用来提高个体源于工作的满意度，确保实现对组织内人员最有效的利用和绩效。为了增加工作多样性和解脱厌倦，员工从一个工作到另一工作的轮换成为必要，尽管这只是在短期满足，甚至可能需要获取新的并非一定是较高水平的技巧。工作轮换是培训的一种有用形式，帮助员工认识完整的产品或服务，如毕业生培训计划，餐厅人员到厨房工作，反之亦然。工作扩大化增加了任务的范围，结合一些同水平的操作，不仅改进了内在满意度，还提供更加多样性的经验。工作丰富化增加了工作的复杂性，通过把激励因素用于工作，允许员工对他们工作的计划、执行和控制有更多自主性，从而获得内在的满意。

麦克奈南的成就激励理论

麦克奈南（McClelland）强调成就激励在三种主要需求中的重要性：友谊（组织归属感）、权力和成就。他强调管理人员对最好员工的业绩和努力进行反馈的重要性，他认为对个体激励的关键是采用那些成功企业最基本的团队方法。

■激励的过程理论

过程理论，如期望理论和公平理论，重点研究激励是如何发生的，以及为什么某些行为会产生并持续到实现组织的目标。

期望理论

维克多·弗鲁姆（Victor Vroom，1964）提出的期望理论，认为激励是基于我们想要多少和我们认为能得到多少，激励加努力导致绩效和结果。结果被分为两种，第一种结果是绩效，第二种结果是积极回报、更高工资和晋升。弗鲁姆提出三个关键变量：价值（特定结果对个体的吸引力），功能（第一结果导致第二结果的程度)；期望（特定行为导致所期望结果的可能性)。

波特和劳勒（Porter，Lawler，1968）扩展了弗鲁姆的期望理论，提出奖赏必须和绩效匹配。外在奖赏包括满意、成就、责任和承认，内在奖赏包括薪金和工作条件。奖赏用员工付出的努力、获得绩效的水平来评价，如果奖赏是公正的，个体通常能够得到满足。

运用期望理论，管理人员必须了解个体员工想要的结果，达到组织目标所要求的绩效，确保需要的绩效水平是可达到的，结果和绩效能够与足够的奖赏相联系。

公平理论

亚当斯（Adams, 1979）提出的公平理论，其主要观点是员工会通过与他人比较，来认识对待他的公平程度。酬赏过低或酬赏过高，都会导致不公平和行为反应，如减少努力、旷工、辞职。因此，管理人员必须理解这一点：为了激发雇员，奖赏必须被认为是公正的。

强化理论

奖赏在产生需要行为和强化这种行为时是重要的。管理人员可用积极的强化手段，通过奖赏以加强特定的行为，通过惩罚以减少不希望的行为，通过忽略和负强化不适当行为以使该行为消失。

■在实践中激励

以上不同激励理论的介绍似乎可能令人沮丧，然而重要的是，管理人员应认识到没有任何理论能反映个体的复杂性或者综合性，因此对不同理论的认识是管理人员使用该工具的重要部分，管理人员采用“胡萝卜”，即公平对待人们，了解管理目的和理解个体激励，往往比“棍棒”有效得多，使员工做出最大贡献，使企业取得全面成功成为可能。

成功旅游企业的人力资源管理

消费者反应完全依赖于员工的绩效，因此员工对旅游企业的成功和竞争优势是必需的。下列是人力资源管理怎样为旅游企业成功作出贡献的基本假设：

■ 满意的和被激励的员工表现更好，并通过加强对顾客的服务质量来理解为组织增加价值。

■ 分享组织价值，以帮助发展和实现组织的目标。

■ 好的雇员关系，有利于促进组织的积极形象。

■ 采取有效的招聘和培训，以保证组织资源的有效利用。
■ 激励员工更适应变化的要求。

■绩效管理

有效率的管理人员通常都理解 4CS：赞同感、能力、一致性和本效比（Beer，1984 年），并且能把它们纳入组织战略中，以提高组织的竞争力。

■ **赞同感**（commitment）：了解组织目标，提高员工对组织的承诺，明白怎样贡献其成就。管理人员的关键角色，是把经营目标传达给员工，如果员工不理解组织试图取得什么就无法有效生产。

■ **能力**（competence）：为达到企业目标和企业竞争力，员工能力和管理能力同等重要，因此必须采取有效行动以改变员工的技能差距。

■ **一致性**（congruence）：管理人员和员工必须朝着同样的方向努力，并且在合作实现经营目标时达成同样的观点。好的沟通和交流将增进工作关系，识别达到目标的障碍，以及怎样克服障碍。

■ **本效比**（cost - effectiveness）：管理人员对有效使用人力资源，有效实现最大化的生产力，应采取积极行动和反应。例如，工作扩充将使有能力的员工不满意于现在的角色，发展多技能和更灵活的劳动力，以避免当竞争加剧时导致不必要的招聘费用。

绩效管理把员工发展与绩效评估相结合，与企业战略目标相结合，从而达到 4CS 的要求。有效率的管理和执行是绩效管理的完整部分，因为他们激励员工的持续进步和发展。通常，组织采取绩效管理模式时，要同时满足组织和员工的需要，因此考察人力资源战略的关键问题，是确定人力资源在取得竞争优势时的重要角色（Lynch，2000）。

■人力资源计划

人力资源计划，是用来预测未来需要的员工人数和种类，以及以当前劳动生产率是否适合需要，或是否需要重新招聘、培训、安排或开除员工。人力资源计划，通过把人力资源战略纳入组织的整体战略中，促进组织的发展成形，有效实现组织的目标。有效的人力资源计划，应该调查并分析内部和外部环境，通过分析和预测人力资源的不平衡或“员工差距”，通过有效的人力资源政策或程序，以及人员保持和发展战略，管理和安排好员工等。

■培训需要的分析

培训是经营成功的关键。培训和发展需要，可分为组织的、工作或职业的和个体的三个层次，是一个三角形的信息形式构架的需要分析。因此，为了保证培训的效能和效率，应该采取系统的方法（Graham，Bennett，1998）：

1. 根据综合任务的要求来分析和定义工作。
2. 为每项任务建立合理的绩效标准。
3. 在（2）中针对合理绩效标准，衡量每项任务中的员工绩效。
4. 如果在（3）中存在培训差距，则建立略低于（2）中的合理绩效标准的员工绩效。
5. 发展培训计划，以完成培训的需要。
6. 进行培训和更新员工培训记录。
7. 评估培训后的绩效，成功的培训应达到（2）中绩效标准规定的必需标准。
8. 比较培训费用与提高员工绩效后所增加的经济效益（成本—收益分析）。
9. 根据（7）和（8）进行必要的培训修改。

培训向员工显示了组织的承诺，使培训的好处通过加强了的激励和承诺，扩展到使具体任务绩效提高。在许多旅游业工作中，成功是与消费者对服务相互作用的质量体验有关，因此通常很难量化成本－收益分析，从而要求评估更切实并使任务量化更容易。

案例 5.2　成功的路标

在世界许多地区，许多少于 10 个员工的小型和微型旅游企业占据了优势。在发达国家，要成为一个小型旅游企业的所有者或经理很少有不利条件，这与“任何智力正常的人都能做”有关，导致许多旅游企业缺少管理技巧，特别是人力资源管理技巧，因而这些企业都表现不太好。缺乏人力资源管理技巧，使企业在招聘、激励、工作满意度方面的形象恶性循环，最终影响员工的稳定，导致高劳动流失率和影响培训投资。许多企业受害于“温暖身体综合症”，即他们宁愿选择低技能员工也不愿人手不足，导致产品的低技术性以适应市场上的劳动力技巧。较低的员工技能往往影响消费者的感受，降低了消费者对质量的看法，减低了企业的竞争力，限制收益和独立企业再投资的机会。许多旅游目的地，如威尔士和欧洲其他一些国家，由于小型和微型企业占优势，使质量影响到竞争力。通常，政策介入的程度，直接影响到旅游作为一种经济活动的重要性（Wanhill，

案例5.2　续

2004年：54）。通过人力资源发展，着重于旅游大型企业发展，这与公共机构负责旅游目的地的战略发展，追求大型旅游企业发展的活力有关。与旅游目的地发展有关的一个机构是威尔士旅游培训讨论会（TTFW），它已经制定了一系列支持企业的材料，包括《通过你的人员获得成功》，从而把人力资源计划与企业战略发展整合在一起。

你有经营目标吗？
你的员工知道并且共享了目标吗？

↓是

你有工作描述和所有人员的分目标吗？
你以这些目标来评价绩效吗？
培训和发展是你们企业完整的一部分吗？

↓是

你有招聘问题吗？
在你们企业公平机会合理吗？
招聘时你总能得到合适的人吗？

↓是

你有对所有新员工的职业计划吗？
你的就业合同和员工手册符合法律要求吗？

↓是

员工流失是你们企业的一个问题吗？
你从你的员工中得到最好的绩效了吗？

↓是

关于劳动就业的法律问题你充满自信吗？

↓是

恭喜！你是好的就业实践的范例！

资料来源：TTFW和WYB

《通过你的员工获得成功》一书，在就业问题上为旅游业雇主提供了全面的支持。这本工具书使用流程图检查方式，来使旅游业管理者查明他们的就业实践中低绩效的关键问题，如就业合同，归纳计划和评价形式等，从而显示了好的就业实践成功的例子，并提供了文件样板以适合企业的需要。这样，《通过你的员工获得成功》就显示了怎样在就业实践中达到透明度。

案例 5.2 续

1. 威尔士旅游培训论坛（TTFW）建立于 1998 年，为了协调关键的投资者，并通过发展教育和培训文化，提供一种较高价值的旅游产品，增强旅游者体验，以提高职业特性。

2.《通过你的员工获得成功》已经出版，并有 CD-ROM 格式，在 www. whodoiask. com 上能访问，这对主要的以英国为基地的支持机构，包括健康和安全管理，ACAS 和国内收入，都提供了热线。

感谢 TTFW 的黛安娜·詹姆斯（Diana James）和安娜·查普曼（Anna Chapman），感谢他们为了完成这一案例研究的极宝贵的协助。

结论：旅游业未来的人力资源挑战

旅游业和旅游目的地的成功依赖于员工的质量，旅游业真正的人力资源挑战是招募和保持对其工作具有正确的技巧、知识和态度的员工。有以下招募、保持和激发雇员的方法：

■ 积极瞄准工作地点非主流团体进行招聘（如再就业的妇女、少数民族、有特殊需要的人们和成熟的工人）；

■ 提供职业发展机会；

■ 保证合格的一线管理；

■ 考虑工作设计和工作角色，包括：工作扩大、工作丰富、工作轮换、工作满意和工作共享；

■ 提供比员工感觉到他们能从其他雇主那里得到的更好待遇；

■ 提供培训和发展机会，保证组织把培训作为投资而非成本；

■ 考虑到报酬的水平和在有规律的基础之上的非经济奖赏；

■ 管理好员工的期望；

■ 保证所有新员工完成一个好的参与计划；

■ 提出公平问题，如通过执行家庭友好的人力资源实践。

问题探究

一个位于英国以前的工业区并拥有大量餐饮经营的旅游景区，每年吸引大约500 000个旅游者。它传统地通过政府职业介绍所，从本地劳动力市场中的年轻人进行招募。该旅游景区目前在关键的操作领域经历着招聘的困难，高级管理团队正在考虑其他劳动力资源，尤其是成熟的当地员工和海外员工，以弥补空白，确保该旅游景区保持其竞争优势。

1. 使用支持论据，分析这一旅游景区招聘困难的可能原因，并且讨论人力资源管理将怎样提高服务质量，并且使该景区保持其竞争优势。

2. 阐述你将如何建议旅游景区的高级管理团队，适应招聘、选择和培训计划，以吸引和保持（a）成熟的本地员工（b）海外员工。

3. 设计三种灵活的福利包装，一个以海外员工为目标，一个以16～19岁之间的员工为目标，另一个为那些超过45岁的员工设计，并阐述每个包装为什么适合这些不同的员工。

阅读指导

人力资源管理问题可通过一系列渠道来探索，和学生、学者和实践者等有关的各种各样的人力资源问题的课题在《人员管理》：人事和发展特许机构（CIPD）的杂志中被讨论到，他们的网站上有更多信息来源（www. cipd. co. uk）。

人力资源管理具体的学院期刊包括《雇员关系》、《人群关系》、《人力资源管理期刊》、《人力资源管理》、《培训和发展》、《人力资源期刊》、《教育+培训》、《人事管理》、《服务和旅游业人力资源期刊》、《欧洲行业培训期刊》，它们在人力资源管理和人力资源发展各方面提供了丰富的信息来源。

人力资源问题也在主流旅游期刊中提出来，诸如《旅游研究年报》、《旅游研究期刊》、《旅行研究期刊》、《旅游经济》、《旅游业和饭店业研究》、《服务和旅游管理期刊》、《旅游管理》。

有一些大众的人力资源管理教科书，包括《人力资源管理的现代方法》（Beardwell，Holden），《人力资源管理》（Graham，Bennett），《人力资源管理》（Torrington，Hall，Taylor）和《当代人力资源管理》（Redman，Wilkinson）。

就业研究机构（www. employment-studies. co. uk）的研究，涵盖了就业政策和实践的各方面。就业研究方面的学院，为英国和国际企业承担了研究和咨询，并能提供更多有价值的信息。

网站推荐

酒店业网：有关国际酒店业的信息，并为旅游服务贸易高级管理人员提供现代旅游业新闻和有关人力资源和培训的研究主题：www. 4hoteliers. org. uk

仲裁和咨询顾问服务网：就业信息和帮助处理工作问题的实务：www. acas. org. uk

商务链接网：提供各种商务咨询，包括就业、销售、市场营销和财务管理：www. businesslink. gov. uk/bdotg/action/home

就业法律网：英国就业法律信息在线：www. emplaw. co. uk

欧洲就业瞭望台网：提供欧洲就业发展战略、就业政策和劳动力市场趋势的有关信息和研究成果：www. eu-employment-observatory. net

人力资源查询网：包括人力资源的话题，产业指南，财务和学术观点、工作立法信息等：

www. thehrportal. com

人力资源管理指南网：是与人力资源管理相关的所有领域的系列资源网站。英国网是：www. hrmguide. co. uk，并可直接连接澳大利亚人力资源管理网：www. hrmguide. net/australia；加拿大人力资源管理网：www. hrmguide. net/canada；美国人力资源管理网：www. hrmguide. com.

国际劳工组织网：重要的信息资源，包括假期培训、就业政策、劳工管理、劳工法律和产业联系、工作条件、管理发展、劳工统计、职业安全和健康：www. ilo. org.

工作世界网：补偿、福利和奖励专业协会：www. worldatwork. org

你的人事管理者网：目的是帮助小企业管理人员处理日常的人事管理问题：www. yourpeoplemanager. com/homepage. jsp

关键词

雇员关系；人力资源管理；劳动力市场；激励；招聘困难；人事管理；技能差距；技能短缺。

参考文献

Adams, J. S. (1979) Injustice in Social Exchange, in L. L. Berkowitz (ed.) *Advances in Experimental Social Psychology*, Volume 2. Academic Press, New York, 267-299.

Alderfer, C. P. (1969) An Empirical Test of a New Theory of Human Needs, *Organizational Behaviour and Human Performance*, 4: 142-175.

Baum, T. (1995) *Managing Human Resources in the European Tourism and Hospitality Industry: A Strategic Approach*. Chapman and Hall, London.

Baum, T. (1997) Managing People at the Periphery: Implications for the tourism and hospitality industry, in N. Hemmington (ed.) *Proceedings of 6th Annual CHME Hospitality Research Conference*, Oxford Brookes University, 86-97.

BBC (2004) *Pillow Talk* [online]. Available from: www.bbc.co.uk/wales/overnightsuccess/casestudies (accessed 2 September 2004).

Beer, M., Spector, B., Lawrence, P. R., Quinn Mills, D. and Walton, R. E. (1984) *Managing Human Assets. Free Press*, New York.

Boella, M. J. (2000) *Human Resource Management in the Hospitality Industry*, 7th edn. Stanley Thornes, Cheltenham.

Bratton, J. and Gold, J. (1999) *Human Resource Management: Theory and Practice*, 2nd edn. Macmillan, Basingstoke.

Chappel, S. (2002) Hospitality and Emotional Labour in an International Context, in N. D' Annunzio-Green, G. A. Maxwell and S. Watson (eds) *Human Resource Management: International Perspectives in Hospitality and Tourism*. Thomson, London, 225-240.

Choy, D. (1995) The quality of tourism employment, *Tourism Management*, 16 (2), 129-137.

CIPD (2004) Recruitment, retention and turnover 2004: a survey of the UK and Ireland, London, Chartered Institute of Personnel and Development.

Deery, M. A. (2002) Labour turnover in International Hospitality and Tourism, in N. D' Annunzio-Green, G. A. Maxwell and S. Watson (eds) *Human Resource Management: International Perspectives in Hospitality and Tourism*. Thomson, London, 51-63.

Deery, M. A. and Iverson, R. D. (1996) Enhancing productivity: intervention strategies for employee turnover, in N. Johns (ed.) *Productivity Management in Hospitality and Tourism.* Cassell, London, 68-95.

Evans, N., Campbell, D. and Stonehouse, G. (2003) *Strategic Management for Travel and Tourism.* Butterworth-Heinemann, Oxford.

Graham, H. T. and Bennett, R. (1998) *Human Resources Management*, 9th edn. Pitman, London.

Hall, L. and Torrington, D. (1998) *The Human Resource Function: the dynamics of change and development.* Pitman, London.

Hayter, R. (2001) The 'hospitality' branding: a question of impact on the industry's image, *The Hospitality Review*, 3 (1), 21-25.

Herzberg, F., Mausner, B. and Snyderman, B. B. (1959) *The Motivation to Work.* John Wiley and Sons, New York.

Hochschild, A. R. (1983) *The Managed Heart: commercialization of human feeling.* University of California Press, Berkeley.

HtF (2001) *Labour Market Review* 2001 *for the Hospitality Industry.* Hospitality Training Foundation, London.

Johnson, K. (1981) Towards an understanding of labour turnover, *Service Industries Review*, 1, 4-17.

Keep, E. and Mayhew, K. (1999) *The Leisure Sector. Skills Task Force Research Group: Paper* 6, Oxford and Warwick Universities: ESRC Centre on Skills, Knowledge and Organizational Performance.

Lashley, C. (2000) Up against the wall: the cost of staff turnover in licensed retailing, *The Hospitality Review*, 2 (1), 53-56.

Lashley, C. and Chaplain, A. (1999) Labour Turnover: hidden problem-hidden cost, *The Hospitality Review*, 1 (1), 49-54.

Lawler, E. (1995) The new pay: a strategic approach, *Compensation and Benefits Review*, July-August, 14-22.

Lynch, R. (2000) *Corporate Strategy*, 2nd edn. Financial Times Management, London.

Maslow, A. (1943) A theory of Human motivation, *Psychological Review*, 50, 370-396.

Mattsson, J. (1994) Improving service quality in person to person encounters: integrating findings from a multidisciplinary review, *Service Industries Journal*, 14 (1), 45- 61.

McGregor, D. (1960) *The Human Side of Enterprise.* McGraw-Hill, New York.

Monks, K. (1996) *Roles in Personnel Management from Welfarism to Moderism: Fast Track or Back Track?* [online]. Available from: www. dcu. ie/dcubs/research _papers/no17. htm (accessed 1 April 2004).

Pax Christi (2000) *The European Union and Cuba: Solidarity or Complicity?* Pax Christi Netherlands, Utrecht, The Netherlands.

Porter, L. W. and Lawler, E. E. (1968) *Managerial Attitudes and Performance.* Irwin, Homewood, IL.

Reynolds, J. and Sloman, M. (2004) In the driving seat, *People Management*, 10 (3), 40- 42.

Rowson, B. (2000) Much ado about nothing: the impact on small hotels of the national minimum wage, *The Hospitality Review*, 2 (1), 15-17.

Schaffer, J. (1984) Strategy, organization structure and success in the lodging industry, *International Journal of Hospitality Management*, 3 (4), 159-165.

Shaw, G. and Williams, A. (1994) *Critical Issues in Tourism: a geographical perspective.* Blackwell, Oxford.

Sisson, K. (1995) Human Resource Management and the Personnel Function, in: J. Storey (ed.) *Human Resource Management: A Critical Text.* Routledge, London, 87-109.

Taylor, F. W. (1911) *Principles of Scientific Management.* Norton and Co, New York.

Torrington, D. (1989) Human Resource Management and the Personnel Function, in: J. Storey (ed.) *New Perspectives on Human Resource Management.* Routledge, London, 56- 66.

Torrington, D. and Hall, L. (1998) *Human Resource Management*, 4th edn. Prentice Hall Europe, London.

Torrington, D., Hall, L. and Taylor, S. (2002) *Human Resource Management*, 5th edn. Financial Times Prentice Hall, Harlow.

Vroom, V. H. (1964) *Work and Motivation.* John Wiley and Sons, New York.

Wanhill, S. (2004) Government Assistance for Tourism SMEs: From Theory to Practice, in R. Thomas (ed.) *Small Firms in Tourism: International Perspectives.* Elsevier Ltd, Oxford, 53-70.

Weaver, T. (1988) Theory M: Motivating with Money, *Cornell Hotel and Restaurant Administration Quarterly*, 29 (3), 40- 46.

White, A. and Jones, E. (2002) *Gender Equality in the Tourism Workplace.* Tourism Training Forum for Wales, Cardiff.

WTTC (2004) *Travel and Tourism Forging Ahead: the* 2004 *Travel and Tourism Economic Research.* World Travel and Tourism Council, London.

第 6 章　旅游业的市场营销

比娜·科普（Beulah Cope，布里斯托尔商务学校）

学习目的

学完本章后，读者应该能够：

- 明确市场营销的挑战，主要基于所提供的服务而不是产品；
- 回顾战略可能面对的挑战，评估这些挑战对常规旅游经营的适宜性；
- 应用理论性和概念性的知识，理解具体旅游市场营销实践；
- 评估个体和团体旅游购买者的行为；
- 评估在旅游业中建立关系营销的价值，并回顾建立这种关系的方法；
- 应用旅游业中各种服务营销组合要素；
- 概述旅游组织市场营销规划的要素。

本章概述

本章探讨了市场营销领域内的一系列主要论点，并把它们和旅游业的不同组织联系起来。首先是对旅游业服务性质所形成的挑战的入手，探讨其无形性（包括易坏性和缺乏所有权）、不可分性和可变性的内涵。然后对每一种挑战的解决办法进行考察，根据服务营销的理论和旅游市场营销专家的建议，同时阐述了服务营销组合的要素，以及如何在单独和组合情况下用来应对那些挑战。特别关注旅游管理者在以下几方面的重要性：对购买者行为的理解，确定针对他们的产品和服务，以及使用最适当的促销方法，预测在提供服务的过程中可能出现的事故，在提供服务中结合有形展示，建立和管理相互之间的关系。本章总结了涉及市场营销规划过程的概要情况，并将它们贯穿于旅游业市场营销的全过程。

导　言

旅游业市场营销并不是一件容易的事！事实证明这是非常具有挑战性的，而且每当克服了一个挑战，总是要面临新的挑战、面对新的抉择。每一个旅游组织都会遇到自己的挑战，以国际航空公司为例，为了确保收益，它需要尽可能地卖出航班的座位，一旦飞机起飞它就失去了卖出座位的机会。如何才能把自己的航班与其他的航空公司区分开呢？如何做才能把信息传递给那些潜在的乘客，并动员他们乘坐自己的航班呢？谁是潜在的乘客，而且如何才能找出哪些对他们在选择航班时有用的信息呢？是机票的价格、舒适程度、方便转机、机场的位置，还是航班的时间？如果包含了以上几方面，哪一方面又是最重要的呢？是航空公司尽可能多的让利给旅行代理商，还是直接把票卖给乘客以确保它的价格？如何才能保证乘客喜欢自己的航班并再次选择乘坐，同时还介绍给其他的乘客？当其他的航空公司采取措施吸引乘客时，应该如何应对？如果发现对自己的航班或旅游目的地的负面宣传时，情况又会怎样呢？这些挑战似乎是无止境的，而且当它们实际存在时，通过理解和汲取市场营销理论就可以找到解决的办法；同样重要的是，在实施之前应该考虑一些新的、富有创新的思路，以便使一些错误可以被及时避免。

既然旅游业有许多区别于其他产业的特征，对于涉及旅游市场营销的管理人员而言，对总的旅游市场营销原则的理解是最基本的要求。较为特殊的是，快速增加服务营销文献深受旅游管理者的青睐，对旅游的奉献物倾向于既有单纯的服务，也有服务与产品的结合。尤为明显的是，成功的旅游市场营销涉及到采纳和汲取总的战略及服务营销的技术，来满足单个组织和经营的特殊需要。

关于市场营销的定义很多，而且对于其相关的价值一直都存在着争论，查特尔（Chartered）市场营销研究所（Blood，1976）这样概括了市场营销的定义是：

一种包括确定、参与和满足顾客有效和有益需求的管理过程。

尽管有些关于市场营销的论述，把重点放在由营销部门组织的引导“超前消费”的市场营销活动上，但是本章却采用了一种更广泛的观点，探讨旅游服务或产品的消费前、消费中和消费后的市场营销的作用。这一方法是基于一个假设，即市场营销不仅仅是营销部门的事，它应该渗透到整个组织和经营过程中，确保该业务有一个“市场定位”而不仅仅是有“产品定位”，而且所有的从业者都在市场营销中发挥一份作用（Narver，Slater，1990；Palmer，

2001)。

服务营销的方法

当我们在具体的旅游经营中应用市场营销理论时，管理者需要意识到他们的业务在货物运输统一体中的地位，他们的营销是纯粹的服务还是商品和服务的混合体？因此，他们的市场营销行为应该是相适应的。对于商品的营销，管理者在他们的“营销组合”中必须修正的关键因素是所谓的“四个P”，即：产品、价格、分销和促销。对于服务的营销，还要加上另外三个P，即：人、过程、有形展示。

既然商品是一种自然实体，一旦购买后就可以被移动、吃掉、喝掉或被使用，相比之下服务就没有物理形态，它只是一种体验。例如，在餐馆要了一个外卖服务，货物就是它要提供的食物，而服务则是购买该事物的经历，包括一些因素，如等候区的环境、员工对消费者的态度、菜单的清晰度、等候时间的长短以及与其他顾客的相互影响。在许多旅游经营中，服务成为主要的甚至全部的内容，因此，有亲和力的旅游管理者把越来越多的注意力放在服务市场营销的原则上。那些经常被服务营销理论家所使用的戏剧性比喻（图6.1），或多或少的适用于整个旅游业。在这一产业内，消费者是以他们的所见所闻和所经历的事情来判断整个组织的，而在“执行”前后和过程中所应该做的工作则往往被遗忘掉。

图6.1 戏剧性比喻

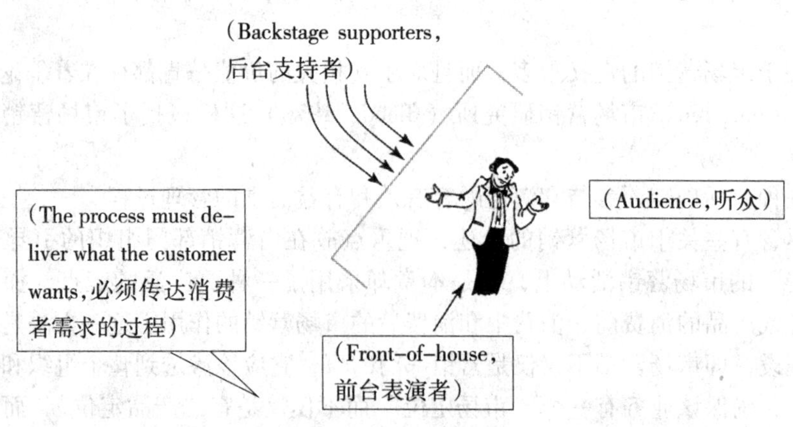

这三个区分服务与商品的特征，以及促使营销管理者把另外的三个P即“人、过程、有形展示”纳入他们的市场营销组合中的特征是：无形性（包含两个特征即易损性和缺乏所有权）、不可分性和可变性（有时叫做差异性）。

无形性

服务是无形的。与商品不同，它们在购买之前无法被检验，所以消费者在购买之前，就不能通过检验来确信这是他们想要的和正确的质量。购买商品则完全不是这样，以买鞋为例，消费者可以在很多种鞋类中挑选，他们可以选择买任何一双鞋，仔细地查看、抚摸，如果愿意还可以闻味、试穿、看看是否合脚，走走看是否舒服，假如有任何一点不喜欢，他们可以不断的挑选直到买到满意的为止，也只有他们最终决定购买了才会掏钱付账，然后把鞋带走。相比之下，如果一个人想购买一次服务，如度假旅游，他所能知道的只是哪一种度假形式，加上手册或者屏幕图像的介绍。消费者可能会对自己说：“是的，酒店从图片上看起来不错，海滩也很美，但它们总是这么漂亮吗？房间干净吗，服务水平如何？在高峰季节游泳池里会很拥挤吗？做出正确的决定很重要，因为这是我今年的主要假期，我迫切希望找到一个好地方，认识新的朋友，好好地放松自己。究竟如何才能选择到合适的度假形式呢？无论我选择哪一种，都要提前几周付账，而我要到了那里才知道到底好不好，但一切都已为时太晚了。”

以上情况，说明了旅游管理者在营销无形的东西时所面临的挑战。从消费者的观点来看，购买旅游服务包含有风险，因为他们必须为一个不可能预知的经历买单，在努力降低风险时，他们可能或多或少的采取以下的战略：

寻找有形线索

在上述情况下，他们会研究度假手册，比较不同的山庄、酒店、旅行线路和活动。因为他们获得的有形展示是有限的，而且还可能受更多因素的影响，而不仅仅是书面的文字和对酒店和风景的想象。手册封面和内页的照片显得特别重要，尤其是度假者有意识的根据他们的喜好来选择这些照片！甚至纸张的质量和色彩，都会影响到他们对度假公司的感知，以及对是否适合他们需求的判断。这些都说明了对于旅游管理者来说，确定他们的目标市场是多么的重要，让他们明确在手册里针对目标市场的有形吸引物是什么。只要快速浏览一下旅行代理商书架上的度假手册的前几页，就会对他们的业务内容和顾客群有清楚的了解。

寻找个人和第三方的建议

想要成为度假者的人，都急切的要做出正确的决定，他们会寻求那些有知识和经验丰富者的建议，尤其在购买服务时，个人的建议会变得特别重要。如果某人对于服务或服务提供者的判断得到尊重，那么涉及决定服务购买的风险将会降低。当然，敢于将自己喜欢某个度假地的想法告诉别人的人，一般是勇敢的甚至是鲁莽的人，尽管他们可以提供一些有益的经验。想要成为度假者的人，通常可能比他们的朋友和熟人的建议和指导看得更远，他们可能更喜欢第三方的建议，包括电视、杂志、报刊上的报道；他们甚至会问旅行代理商这样一个特别敏感的问题："如果你是我，会如何选择？"

因此，从旅游管理者的观点来看，这一点非常必要，那就是要确保任何关于他们业务的"口碑"，或者第三方的意见都是肯定的，而且消费者对于他们的经历很满意，使得他们会把公司介绍给他们的朋友和熟人。

把价格作为评价质量的基础

购买商品以及服务的人，对经常使用的质量评价标准提出了这样的假设，即质量是与价格有关的，而且产品或者所提供的服务越多，则需要支付的钱就越多。对于旅游管理者的挑战是，要把价格设定在消费者能看到物有所值的程度上。换句话说，就是符合他们的质量预期，以确保消费者的消费是与他们的支付等值的。

由于旅游的易损性和相关联的季节性，使制定价格的挑战进一步加剧了。旅游服务是易变的，它们不可能被储存和延期使用；同时它们通常又是有季节性的，因为他们提供的服务依赖季节：夏季是阳光目的地，冬季是运动休闲，或者因为他们的市场是有季节性的，或者是依赖学校的假期。从财务的观点看，旅游管理者在需求不均衡时，会把价格作为获取更多利润的机制，如全年的一揽子旅游价格是多样化的（或者是"弯曲的"），淡季时以低价刺激销售，而在旺季时则提高价格。这些变化的价格，可能对那些试图利用价格作为质量评价基础的消费者产生评估的混乱。再进一步而言，在许多旅游经营中呈现出来的产出管理（将在第10章探讨），尤其是在交通部门，是作为一种动态需求的管理回应，而且有可能在消费者中间产生不满，并引发讨论，到底同样的服务该分别付多少钱。

■旅游管理者应对无形性的挑战

旅游的无形性通常会在潜在的消费者中产生以下结果：

- 在购买过程中察觉到高风险；

■ 发觉很难区分竞争者的服务；

■ 寻求第三方的建议或依靠口头推荐；

■ 把价格作为质量的指标。

针对这些挑战，有几项对应措施，包括：

■ 创造安全的购买过程，集中在有形的、实物的展示上；

■ 创造一种对潜在消费者而言，具有吸引力和安全性的品牌形象；

■ 确保当前的消费者对他们的经历满意，从而使他们通过口传推荐给未来的消费者；

■ 建立和保持与当前消费者的联系，以便他们再次预订和树立口碑；

■ 获得第三方的支持，如旅游媒体和旅行代理商，他们会影响新的消费者的购买决策；

■ 找出和宣传那些在他们的服务中，可以同其他旅游竞争者区分开的竞争优势，至少到他们通过模仿“追赶”上来的时候。

作为以上措施的基础，服务组织需要对其潜在的客户进行持续的研究，确认服务本身的参数选择，服务可能表现的形式，以及他们可能提出建议的原因等。

■无形性的微妙之处

在消费者和服务商之间，无形性的影响是多种多样的。在前面提到的例子中，消费者对于购买度假产品的风险认知是很高的。然而，对于有些旅游购买来说，它们是无形的这一事实可能显得毫无意义。对于经验丰富的商务旅游者而言，他们把航班看做是从一地到另一地的交通工具，由于他们对有些特殊航线的业务都很有经验，在预定航班时可能不存在风险预知，在考虑购买决策时没必要征求第三方的意见。事实上，正因为旅游者对要做的事情满怀信心，对他们而言服务就变得或多或少是有形的。然而非常有趣的是，经验丰富的旅游者经常会给交通管理者提出很严重的挑战，如果他们为自己预定航班，那么总是买他们熟悉的服务，因为他们熟知其他竞争的航空公司甚至铁路的情况，别人可能会提供更好的服务，他们会找机会把这种情况告诉对方吗?

■脆弱性和缺乏所有权

脆弱性

前面提到的，是由于旅游服务的脆弱性所产生的有效性的挑战。如果一家酒店的50个房间一晚上只使用了20间，那么另外30个房间的潜在收入就永远的失去了。由于服务的不均衡需求，其所延伸出来的额外挑战，本身就形成了对经营质量和消费者经验的影响。

■ 超额需求，造成部分顾客离开，环境也可能变得拥挤和杂乱；

■ 需求超过最佳容量，即使无人离开，环境也可能变得拥挤和杂乱；

■ 需求和供给是平衡的，容量的最佳程度，即员工和设备都得到有效利用，无过度工作，顾客满意；

■ 生产能力过剩，资源过剩，顾客不满意。

很明显，为了收益性和服务质量目的，旅游管理者的目标就是创造最佳容量。在服务市场营销理论方面，已经探索了各种可能的战略来创造这种平衡，旅游管理者可以从中选择和应用最适合他们的业务的战略。这些战略从本质上涉及到调节供给以满足需求，或调节需求以满足供给两个方面。

调节供给以满足需求的方法

部分旅游业务在高峰期时能够提高他们的容量，平缓期时又会降低。例如，火车在上下班时间可能加挂车厢，度假产品经营者在繁忙期会雇佣更多的员工，餐馆在高峰期会摆放更多的桌子和椅子。因为这种调节预先设定了需求的高值和低值，整体的经营计划必须包括有效的预订系统、预先使用模式的分析、客观需求影响的预测。此外，劳动力方面的弹性是必要的，管理者应该有长期的核心员工，加上季节性、临时性的雇佣人员以及外围员工。

案例6.1　在伊甸园项目中的季节性战略

康沃尔的伊甸园项目已经成为“世界有名的旅游目的地，……被描述为世界第八大奇迹，……进入神奇的植物和民族世界的通道，有告诫人们要相互关注的警示物”（Http//www.edenproject.com/3567.htm）。作为旅游目的地，它比较与众不同，因为“价格”不是它应对易损性和季节性之挑战的主要机制。相反，它是通过调配对游客的供给来应对这些挑战的，具体讲就是很好地利用了不同季节带来的不同可能性。即使30英亩的“世界花园”不在其中，项目的大部分是包含在内的，所以游客人数不会因恶劣气候而减少。在本章提到的战略是最近应用在伊甸园项目里的，他们包括：

增加吸引物的功能

●可作为音乐会的地点，接待较高规格的乐队，其中最明显的是参加2005年八大现场音乐会，最擅长表演黑非洲音乐；

●开发了一个教育中心，可以举办展览、学术等活动；

案例 6.1　续

●在冬季还有一个大型的灯光照明溜冰场；

●部分设施可以提供给私人使用。

在高峰期增加容量

●在整个夏季延长营业时间，学校放假期间时间还更长；

●学校放假期间的活动，以 2005 年为例，以烤肉野餐会和雨林探险活动吸引游客。

适应服务范围

●对交通和顾客管理予以特别关注，伊甸园项目在 2004 年甚至把景点的通道减少到一个！

资料来源：Reproduced with of the Eden Project

在增加和减少能力以满足需求的同时，在旅游经营中还增加其能力的多功能性，以适应不同市场的需要。这方面最有名的例子是海岭岛的湖畔度假中心，他们全年都有补充市场；一群保龄球运动员呆了一周，在溜冰场的保龄球中心打球或观看英国最有名的球队的比赛。而到了周末，又根据不同的需要，把保龄球馆改成舞厅或者大会堂。同样，在开发这种多功能服务时，就需要有一个弹性的员工安排。在该案例中，部分员工需要有多方面的技能。

旅游管理者还需要考虑其他的适应性，以照顾业务繁忙期间大量顾客的需要。这涉及重新设计“服务范围”，增加顾客在服务过程中的作用，并把服务过程产业化。以上三种方法将在本章进一步阐述，因为他们不仅仅用来应对易损性的挑战，还可用来应对不可分性和可变性的挑战。

调节需求以满足供应的方法

通过操纵价格来平衡需求是旅游业中较普通的技巧。例如，当业务要求较强的时候，城市中心的有些酒店的房价在周内会调高，但在周末时随着业务量减少，房价又会降低。另外，当旅游服务是“追赶需求”时，促销努力就会增加。还是以城市中心酒店为例，不同的“周末”市场要有不同的目标和打包计划。通过具体机构来运作的旅游供应者，也可能在需求低谷期对他们的代理商采取激励措施，特别是在这样的时期可能存在能力过剩。这种激励措施的好处在于，可以向代理商提供第一手的服务知识，使他们在回到岗位时可以很权威的介绍这些知识。

缺乏所有权

当顾客购买了商品，他们可以带走或者消费掉；当他们购买了服务，却不能转手。无论是购买者还是消费者都不能声称“拥有”服务。服务业务的一个关键性质，是他们不能对所提供的服务拥有专利。他们总是很聪明地把一些新的、有吸引力的服务因素包括在所提供的服务里，但它带来的竞争优势，只能维持到别的竞争对手模仿这些思路并应用到自己的服务中，旅游业最能说明这一点。作为冬季运动的经营者，奈尔森（Neilson）在20世纪80年代首次引入了“雪量保证”的理念，即当发生雪量不足时，面临购买的“风险”而必须向客户补偿，因此奈尔森获得了竞争优势。到1990年，所有冬季运动的经营者都运用了这种办法，结果大家都失去了竞争优势。由西南航空倡导的低成本航线现在已经非常普遍，使得低成本航空公司之间的竞争也非常激烈。

对旅游管理者来说，缺乏所有权的现象既有优势也有缺点。从积极方面讲，因为没有有形产品可销售，旅游经营不必像销售商品业务一样面临分送和储存的问题。然而他们必须说服他们的潜在顾客，证明他们的服务是值得购买的。其中一个方法就是要寻找一个“独特卖点”，或者拥有与其他的竞争者不同的“独特卖点”。正因为缺乏所有权，使得“独特卖点”只是暂时的，它容易被模仿，再者，创新的成本总是比模仿高。

不可分性

商品通常是生产出来，然后被售出、消耗或者储存；而服务是先售出，然后被延伸和同时消耗掉。对比一下，一双鞋在工厂里制造，使用了特殊的设计，在出厂销售前要经过检验；而另一方面，顾客想去乘船游览，他就得在游览被“生产”之前就预订并付费，然后体验“生产”的全过程。就如同歌剧表演，无论排演过多少次，乘船游览都是现场对顾客生产。这意味着生产过程中出现的错误和问题就直接暴露在顾客面前，这些错误和问题则需要就地解决。还有，因为大多数的旅游服务涉及不止一位顾客，交互作用不仅仅是介于旅游供应者和顾客之间，其他顾客同样介入了服务过程，如在游船上，顾客一起就餐、在甲板上交流、上岸游览等，顾客同时与旅游供应者和其他的人交流。这种“现场”的情形也给游船公司带来了很大的挑战，使他们在每一次组织游览时都要尽量做到与服务手册上宣传的承诺相符。正如图6.2所示，巴特松和霍夫曼（Bateson，Hoffman，1999）的“服务产品系统”模式，把服务环境内的生产和消费归结在一起，使每位顾客体验到的是可见的环境、服务人员以及其他正好也在现场的人员组成的聚合体。

图6.2　服务产品系统

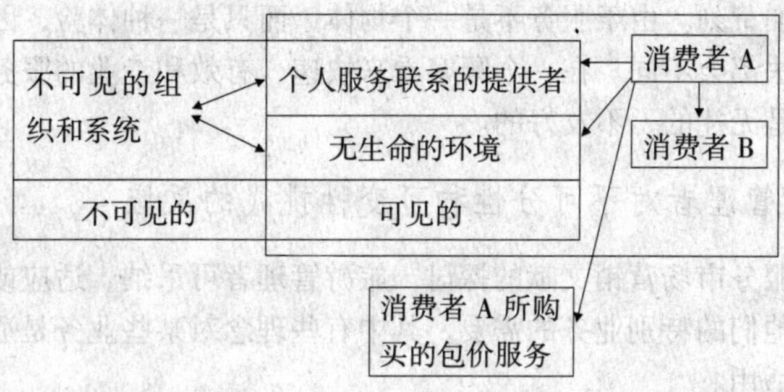

资料来源：Bateson and Hoffman，1999：14

服务生产和消费之间的不可分性，意味着每一个产品和所有服务行为都可能是不同的，它所体现的是最终的服务特征，即可变性。因为服务营销针对不可分性和可变性的解决方案是紧密联系的，因此在下一部分探讨可变性的暗示时，还将继续讨论这一问题。

可变性

正如服务系统模式（图6.2）所显示的，消费者对服务机构的感知将在很大程度上受到服务行为的影响。一次成功的服务，将使消费者对服务机构感觉满意并推荐给其他朋友；而不成功的服务则会疏远消费者，导致消费者不再选择这一机构，并把负面的影响口传给其他潜在的顾客。每一个满意的消费者都会把服务供应者推荐给两三个朋友或熟人，一个不满意的消费者则会把不满意传递给一打的人（Palmer，2001）。因此，组织好服务是对旅游管理者最大的挑战，要动员所有的员工勤奋工作，成为该组织的推销者，这一理念将确保每一次服务走向成功。每一次服务完全相同是不可能的，而且事实上在许多案例里这一点会是令人不快的。然而在有些服务经营中，管理者努力使服务变得一模一样，但是所有涉及服务的人，供应者、消费者等会在服务中不可避免的产生可变性。还有，在旅游业中还有其他引起变化的因素，这些因素是组织无法直接控制和影响的，如气候、机制缺陷、罢工等。

服务是可变的，其结果就是上面讨论到的两个特征：服务生产和消费的不可分性，意味着每一次“表演”都是现场的；而服务本身的脆弱性，则意味着服务在旺季和淡季都会发生，加上这两个特征，使服务的无形性性质和管理挑战变得更加苛刻。由于服务不是一个物体，而只是一种体验，因此所有消费者对它的看法都会不同。在一个顾客看来快速、有效和专业的服务，另一个顾客可能认为是无礼的、不友好的。

■旅游管理者对不可分性和可变性挑战的反应

通过对服务市场营销文献的探讨，旅游管理者可采纳、适应或拒绝以下方法，来满足他们的特别业务的需要，其中有些理念对某些业务是适用的，但有些则完全不适用。

具有相似意向的消费者目标

其他消费者在消费服务的同时，会从积极和消极方面互相影响到对服务的享受。事实上，对许多人而言，旅游体验必须是与别人交往和分享快乐。因此，旅游组织的重点就是要确保消费者之间的交流是积极的，同时尽量避免消极事情的发生。对于某些业务，有可能把容易相处的特定客户作为目标，或通过广告进行形象宣传，并在出版物上投放广告。然而，很多旅游组织的市场是大众化的，需要开发别的方式来加强顾客之间的协调性，如要避免由于人们拒绝履行职责，或做出了打扰别人的行为而带来的不愉快。

制定规则

对旅游管理者而言，这是一项不稳定的任务，当他在指令别人该怎样做时，至少会得罪一些消费者。在一般情况下，一位海滨度假胜地的女房东把房屋管理的规定贴在墙上；另一种情况则是，公司员工会善意的提醒它的顾客和当地人。作为旅游承办商的促销活动和销售短程旅游的方式，可在一揽子旅游活动开始时举办一个欢迎宴会，借此向客人展示行为规范。旅游服务活动的物理框架也通常用来制定规则和简化服务活动、主题公园的排队管理装置、通过指示牌来控制游客量和用头戴式耳机引导游客在展区流动。

确认服务活动中的危机事故点（CIPs）

在消费者和服务组织（有时会有多个机构）之间发生的事故，将导致消费者改换服务供应者（Bateson，Hoffman，1999）。危机事故点或者说“事实瞬间”产生的事件，通常包含在当消费者与服务机构接触当中。由比特纳、布穆斯和蒂特奥特（Bitner，Booms，Tetreault，1990）开发的危机事故处理方法，被用来确定、鉴别那些促使顾客改换服务供应商的瞬间，它们是由于顾客满意或不满意的经历而引起的。这种方法不仅可以鉴别那些已经发生的危机事故点，还可以用来预测那些在将来可能发生的危机事故点。服务过程可以分为单独的事件，即顾客可能满意也可能不满意的每一个点，此外也可以预测尚未计划的事件，其结果将影响顾客对所接受服务的感知程度。因此，一家酒店可以鉴别出顾客可能（或者相信他们自己）与酒店接触的每一个瞬间，于是管理者就可以谋划处理每一个危机事故点的方法。当然，危机事故点的鉴别是漫长和复杂的，例如，一位顾客与酒店的首次接触点可能是它的网站，可能是酒店门口的目录，也可能是推荐该酒店的旅行代理商人员。当这种方法被看做是直接鉴别这种与"普通"服务过程接触的瞬间时，它在预测例外事件和设计应对方案时就更具有挑战性。因此，需要保存好每一次事故的记录，以便将来有同样的事故发生时，可以有现成的参照策略。

制定蓝图

肖斯塔克（Shostack，1984）以简图的形式，介绍了服务组织是如何把服务过程分成单独阶段和有效处理危机事故，以指导每一个顾客、明示预订的标准和分配职责和资源。因此，必须找出服务过程中的不确定性，以便使员工知道在形势要求的情况下，如何应对和向谁咨询。服务人员将会得到书面的"计划"，或培训课程当中的角色实践，或者二者兼而有之。制定蓝图的较好的例子，是度假业务代理手册，要注意适时更新，介绍不同的危急事故点，作者曾试图预测到服务过程中的所有可能性，然后为公司做好相应的计划。多数的旅游经营商也会在总部设立备用的应急事故处理中心，专门为尚未计划到的情况做好准备，这就意味着必须采用统一的方法。在旅游业中已经计划了潜在的服务活动，这一点是令人惊奇的，如灾难处理预案已经制定好，一旦接到警报，一系列复杂的预案就会迅速启动。

把服务活动产业化

该战略通过以下所述的部分或全部方式，来减少服务活动中出现失误的可能性：

■ 简化服务类型使之更加方便。例如，有些旅行代理商可能会选择取消不好销售的，太复杂而可能导致错误的烦琐、缓慢的服务，从而选择集中在主要的服务内容上，以便开发快速、精确和有效的服务。

■ 使用流程图把服务活动标准化，使员工可以根据顾客的反应快速做出回应。电话销售人员会预先把相关提示放在电子显示屏幕上，其作用是引导顾客来购买。在培训中的角色模仿也被用来将预定的服务活动付诸实施。

■ 把过程系统化，或者用自动化的网络预定系统代替人力操作。

■ 把生产与消费分离，减少“现场”表演中的失误风险，这种方法经常被旅游管理者采用。服务要素是在服务消费之前就被生产的，如旅行代理商会保留他们的顾客“记录”，其中包括的信息有，如入住吸烟房或无烟房，护照有效期和签证情况，以及其他也许是最重要的事项，包括为旅游付费的公司所强加的限制性：乘坐的航班、机舱等级、酒店价格和租车的级别等。一旦旅游者或预订者与旅行代理商联系进行预订时，咨询者就可以通过计算机查阅，即省时同时也省去了建立详细的基础数据的麻烦。

案例 6.2　兰·阿兰旅行公司的游客登记

一旦使用了游客登记表，预定过程就会变得很简单。以图 6.3 为例，可以显示旅行咨询者和商务旅游预订者在是如何省时的，以及先前的人可能已经遇到的失误，旅游者的详细情况和他/她的旅游偏好等将一览无遗。

游客登记表

图 6.3　兰·阿兰旅行公司顾客登记表

全名：（如护照）______________　国籍：______________

______________________________　职务：______________

出生年月日：______________

公司：______________　护照号：______________

住址：______________　有效期：______________

______________________________　信用卡号：______________

______________________________　**个人**

邮编：______________　o 维萨卡 o 万事达卡 o 美捷卡 o 其他卡　有效期

住宅电话：______________　**公司**

手机：______________　o 维萨卡 o 万事达卡 o 美捷卡 o 其他卡　有效期

电子邮箱：______________　维萨卡持有人：______________

旅行预订人：______________　旅行保险要求？　o 是　o 否

收费项目：______________

航空飞行会员

公司：______________　卡号：______________

公司：______________　卡号：______________

公司：______________　卡号：______________

公司：______________　卡号：______________

图 6.3　续

机位要求

o 靠窗　o 过道　o 吸烟区　o 禁烟区

o 其他要求 ________

（注：机舱和急救座位只在登记时安排）

特餐要求

o 素食　o 低热量　o 无盐　o（犹太教）洁净

o 其他 ________

酒店/车租赁诚信旅行卡（持有）

公司：________　卡号：________

公司：________　卡号：________

公司：________　卡号：________

公司：________　卡号：________

签字：________　**日期：**________

资料来源：兰・阿兰旅行公司

在服务过程中增加消费者的作用

这种方法通常是高度依赖设备的质量和操作，以及明确的指令。它可以用来在提高操作的效益的同时，减少服务活动中出现失误的风险。这方面的例子包括自动售票机的使用，某些航班的自动登机口，游客信息要点，以及酒店客房里使用计算机操作的自动结账系统。

角色采纳

假定服务活动被看做是一种"表演"，任何旅游组织的雇员的外表和行为方式，都应该"符合"其消费者的期望值。对那些具有明确目标市场的旅游业务，还可以从中享受到优势，如 18 ~ 30 俱乐部的目标是年轻人，他们需要的是活泼、充满乐趣、高度社交的度假，俱乐部就可以选择、培训甚至打扮好自己的员工，以满足这些消费者的需要。公司在寻求更多的观众时需要十分慎重，如航空公司职员的制服就十分保守。有些旅游管理者在培训他们的员工时，对在一线从事经营业务的员工提出了角色采纳的概念，以加强他们下意识的评估消费者所扮演的角色，不论是成人、父母或者孩子，然后选择和采纳最恰当的一种来应对消费者。在这种方法中，要求一线员工有高度的责任感，而其他的方法中，当涉及到消费者时，要求员工照章办事即可。这方面的内容将在本章的后面部分再讨论。

大宗顾客管理

在无法避免大量顾客出现时，或者在他们确实希望一种全面的体验时，必须实施应对并使顾客满意的战略。拉夫洛克（Lovelock，2001 年）根据排队等待时间（见表 6.1）的 10 个原则，举例说明如何使用策略来减少排队等待的负面影响，包括重新设计服务范围，以适应大宗顾客量和方便他们的流动。他强调了顾客需要对排队时间的准确预测，强调了在排队方面如何让顾客分心，以减少排队的枯燥性，这些方面都已经有了进步，甚至可以为企业创造一个销售的机会。

表 6.1　等待时间的原则

1. 感觉非占用时间比占用时间长；
2. 感觉售前和售后服务过程的等待时间比销售过程的等待时间长；
3. 期望等待的时间太长；
4. 不确定的等待时间比所知道的等待时间长；
5. 不解释的等待时间比解释等待的时间长；
6. 不公平等待时间比公平等待时间长；
7. 大多数人等待给予更多价值的服务；
8. 感觉个人等待时间比团队等待时间长；
9. 感觉不舒服等待的时间比舒服等待时间长；
10. 不熟悉的人比熟悉的人等待时间长。

资料来源：Based on Lovelock，Christopher，Service Marketing：People，Technology，Strategy；2001

涉及第三方的质量管理

旅游公司通常都是相互依赖的，因此交流、培训和支持都必须是有效的。旅游组织之间的关系常常是共生的，如一位顾客对旅行代理商的感知，可能会受旅游经营商的执行情况或所预订的航空公司的影响；同样另外一位顾客对航空公司的感知，可能也会因为在旅行代理商预订时的经历而被歪曲。在这种复杂的情况下，组织所采用的方法就是去链接，正如主要的旅游经营商与他们的包租航班和旅行代理商的业务链接一样。总之，凡是不可能的地方，都会有公司之间的杰出表演，如航空公司会派出代表，帮助旅行代理商更新服务内容、价格和线路。

发现错误并及时解决

如果旅游组织的一线员工，遵循由帕默（Palmer，2001）确定的两个关键规则，就有可能把服务失误变成好事：

- 通过发现失误和其对顾客的影响，而对顾客表示关心；
- 确定可以满足顾客需要和解决问题的方法。

■影响旅游组织应对不可分性和可变性的因素

在旅游服务过程中，如何选择处理不可分性和可变性将依据多个要素，很大程度上是与经营的性质、顾客的期望值、雇用的员工和管理的方式联系在一起的。当有些组织可能采用使所有过程标准化的方法，培训它的职员严格照章办事时，其他组织则可能为每一个和所有顾客提供个性化的服务，图6.4所示的就是各种方法的简化形式。通过管理授权给员工，增加他们在服务过程中的权威性；他们能够控制员工，培训他们在每个危机事故点时以特别的方法做出反应；他们能够使部分或所有的服务过程自动化；他们还能把三种方法结合起来，授权给部分员工。获得授权的员工可能会更加的灵活，能提供高服务的质量（Kotler，Bowen，Makens，2003）。但服务实施将需要更多的时间，因为它是根据每一位客户来设计的，而在其他的一些旅游经营中，顾客需求的是快速、标准的服务。对员工授权可能会增加成本，因为高素质的员工往往要求更高的报酬。此外少数顾客将被询问，服务的可变性会增加，被授权的员工所犯的错误将会导致临界损失，当然也会提供学习机会！对旅游管理者而言，针对采用何种方法的选择要比其他服务更敏感。一方面，理论家普遍认为，那些反应迅速的、高素质的、积极的、已被授权的一线员工，会较好地根据客户和服务供应商的兴趣提供服务；另一方面，旅游经营的性质妨碍了这种理论的实际应用，许多旅游经营受到低利润、低报酬和季节波动的限制，于是每年都需要吸引、雇用和培训新的、临时的劳动力。

图6.4 管理的选择

理解购买者行为

商品和服务营销的重点是对购买者行为的理解，它支撑了一个组织的规划过程，表明了对服务营销组合各个环节的影响，即前面确定的产品、价格、分销、促销、过程、有形展示和消费人群。通过了解购买者行为和他们的决策过程，组织就可以开发出较容易理解，并有吸引力和价格适中的服务。

首先，需要了解顾客。在较大规模的情况下，可以把顾客相对“集中”在一定范围内，并作为目标人群或目标市场。这个分组可分为两个层次，简单的（表面的）和复杂的（心理的）。对简单的分类，主要依据人口数据来对顾客分类，如年龄、性别、职业、收入、住址等，这方面的信息很容易从人口普查统计、选民名册、邮政编码（英国倾向于从房屋所有权方面来获得家庭财产的信息）和经营中的市场调查概览获得。

很多公司在很大程度上依赖这种市场分类，主要使用社会人口数据。然而，仅仅使用这些简单的信息很难对旅游市场分类，因为：

- 分组内的个人品位可能不同；
- 分组内个体的早期经历会各不相同；
- 分组内各人参与旅游的动机不同；
- 根据情况的变化，有些个体会从一个分组流动到另一个分组。

复杂的（心理的）分组看起来更适合旅游业，其顾客分类是建立在个性、态度、观点和自主意识的基础上。这些复杂的信息可以从第一手资料获得，如问卷调查、锁定人群、顾客登记等；还有第二手资料，如经营中的市场调查概览和其他公司的邮件列表。其他组织的经验也可以作为分组的依据，如一家组织度假旅游的公司，在《周日葡萄酒俱乐部》杂志上刊登了法国度假之旅的广告，它确信可以吸引特定的顾客群。

在确定市场分组的同时，至关重要的是旅游供应商应明确购买者决策的过程。帕尔默（Palmer，2001：90～91）为市场商确定了五个建立和提供有用的辅助模式的关键问题：

- 谁来做出购买决策？
- 做出购买决策需要多长时间？
- 消费者在做出选择时的竞争性服务是什么？
- 决策者提供的服务要素中，哪些是相对重要的？
- 使用哪些信息源来对竞争服务进行评估？

部分旅游购买者决策将会比其他的决策复杂，而且在最终决策以前多半会要求许多不同的人介入。然而在有些决策中，一个人可能扮演不同的角色，包括购买者、使用者和决策者，对更复杂的购买而言，许多人介入购买过程的可能性就相对较高。如果我们以一次航班为例，它由一位为巴黎的雇主工作的行政经理负责，在对座位的销售预测时，它的决策单位要素将包括以下内容：

- **使用者**：即旅游者，他们首先考虑的是方便、舒适、可靠和没有压力的旅游安排，因为对大多数的商务旅游者来说，以工作为目的的旅行很快会变成一种负担。
- **购买者**：无论是谁作为购买者都有权利决定购买，可能是公司的会计、执行经理、常务董事，或者也许就是旅游者本人。
- **把关者**：是指有权限制各决策单位的选择权的人，而且正因为如此，他们对于供应商站稳立场是非常重要。因此，公司的旅游政策就扮演了把关者的角色，排除了旅游者选择航班和档次的可能。此外，预订航班的人，也可以通过指定专门的航班或机场，限制对决策单位的有利选择。
- **决策者**：对于航班预订，最后的决策取决于公司的购买者、使用者或通常的预订者。从对竞争航班的了解来看，所需要的就是知道谁有最终决定权来选择航班，由谁来做和影响他们的是什么。
- **影响者**：以上四组的购买选择，使用者、购买者、把关者和决策者，将受制于一系列的影响者，包括他们的个人经历、别人的建议和批评、媒体报道、航空公司的营销活动。

通过使用上面介绍的决策单位模式，可以理解任何旅游组织的使用者、购买者、把关者、决策者和影响者的需求、愿望和制约，市场开拓者试图预期客户的反应，确保他们提供的服务是适当的，他们选择的分配和促销方法是正确的。要认识到购买决策并不是简单的预先购买，而是对将来购买的决策，以及是否建议购买的决策，这些都将在消费过程之中和之后做出。

关系管理

与购买者行为紧密联系的是关系管理，在最简单的形式中，就是顾客忠诚感的创造和持续的卖方-买方关系，它可以作为克服服务营销挑战的方法。对旅游供应商有忠诚感的客户，无论什么原因，当他从那位旅游供应商购买的时候，都会有一种被减少的风险感，因此对专利权的无形性和缺乏能力就变成较小的问题。此外，忠诚感将帮助他们忽视一次性的错误，如果他们是旅游服务的一般使用者，他们也将会熟悉这一过程，并且比较容易地在服务过程中去应付，使服务的不可分性和易变性的潜在危险将被减少。最重要的是，忠诚的顾客可能会把他们的建议传递给朋友和熟人。理论家提供了开发和培育客户关系的更多理由（Christopger，Payne，Ballantine，1991），如用于保持客户的营销费用节约了，而不必然产生新的费用，通过重复购买和忠诚顾客的新购买来获得新的、额外的收入，通过与顾客保持经常性的联系，来洞察到顾客品位的变化，以及注意到这样的事实，即长期顾客比起新顾客来说较少在意价格。莱克赫尔德和萨瑟（Reichheld，Sasser，1990）提出，每增加5%的客户保持力，就可以提高25%～85%左右的利润。

许多旅游组织在改良后的信息系统的支持下，进行了关系开发和管理的实践，这方面的例子包括常旅客飞行计划和酒店链的忠诚方案。任何关系营销成功的关键，都必须是对恰当的市场细分的确认，通过市场细分供应商希望建立长期的关系。从成功的首次购买到重复购买，以及其后对特殊机构的承诺，使理想的关系得到促进。然而有些客户被回避了！举例来说，有些顾客天生就不忠诚，因此与他们建立关系的可能性就不大。在一揽子旅游组织者方面有一个案例，对他们而言，行业在不经意间“培训”了以价为核心的购买者。此外，有些顾客不是有利可图的，就像事后付款的商务旅游代理商，以及正在寻找明年的自由旅游的那些固执的度假旅游者。

在旅游组织寻求忠诚的时候，往往面临浪费资金的危险。航班忠诚计划可以说明组织在关系营销当中，其投资是如何超过其价值的。因此，许多航空公司都有常旅客飞行计划，他们不再给任何一个航班提供竞争优势，迫使每个航班都在自己的计划中增加激励机制，以努力重新获得竞争优势。

案例 6.3 P&O 渡轮公司常来旅客和国外房东计划

被 P&O 渡轮公司确认为市场组成之一的大不列颠人，可以作为合适的关系开发对象。他们在欧洲大陆购买住房，或作为度假之用或作为永久居住。那些购房作为休假之用的人将不可避免的被常规的生活拖累，他们时常携带家具、自己做的工具和材料、水壶、平底锅、床单等。他们也会在度假的时候使用家庭汽车，因此使得他们成为理想的租车服务目标市场。通过给这些在国外的房东打折和返点的优惠办法，每花费 4 英镑就返回给他们 1 英镑，作为充抵未来预订的部分费用，这一方法对顾客的吸引力是很大的。同样地，那些已经移居国外的人可能时常旅行回到英国，也会在他们国外的房子里接待他们的朋友和家庭（他们可能发现自己比想象中有更多的朋友，所有这些人忽然都喜欢来拜访他们在国外的家！），给自己旅行和他们的朋友带来好处的打折和返点优惠是相当诱人的。正如下面所显示的，P&O 渡轮公司的房东旅游者计划提供了很好的范例，这正如帕尔默（Palmer，2001）所描述的战略关系营销一样，在其中连接顾客和供应商之间的纽带是双方相互受益的。

参加《房东旅游者》，可节省 50%

《房东旅游者》计划，是 P&O 渡轮方案里专门为海外财产所有者设计的。如果你在国外拥有度假别墅或第二住房，你就知道往返旅行的花费是很昂贵的。这就是为什么我们向你介绍这个特别计划的原因。提出这个计划的目的，就是为了使你无论选择了我们的哪条线路，都会觉得最方便、最舒服和物有所值。为了方便你和你的客人造访你的别墅，《房东旅游者》在标准旅客和交通费用的基础上，给出了令人吃惊的折扣，而一年只需缴纳 35 英镑或 50 欧元的会费，你也可以收集任何房东旅游者预定的点数（你自己或你的客人的），来冲抵将来参加 P&O 渡轮公司的所有旅游线路的费用。所以你就可能很快收集到足够的点来获得一次免费旅游。

利益继续扩大

- 舒服的旅行，可以享受前往勒阿弗尔和瑟堡的航行中的套房舱及问候，或者前往瑟堡和卡昂的半价俱乐部快艇（俱乐部舱和休息椅除外，而且必须提前预订）。
- 提名一位免费的第二账户持有者。
- 在我们所有的游船上，当被请求支付账单的时候，只需出示你的卡片和船票，就可在订餐时获得 10% 的折扣（包括与食物一起购买的饮料）。
- 当你在船上时，只需出示卡片就可使用免费的换衣间（北海航线除外）。

资料来源：P&O 促销宣传单房东旅游者特许，2004 年 7 月；提供项目可变更

关系营销的概念远远超过对买方一卖方关系的培育。克里斯托夫等人

(Christopger, 1991) 提出了“六方市场”模式，包括顾客、供应商、雇员、国内部门、被提名者和受影响的市场。在上面讨论的决策单位模式中，可以清楚地知道购买决定能够取决于六方市场，获得他们支持的原因变得很清楚。然而在实践中，管理如此多的关系则变得很复杂。很明显，例如，如果一个供应商通过旅行代理商进行分配，那么它通过建立关系来答应销售它的服务就是合理的。供应商是通过高佣金、亲密旅行、培训会议等来促使旅行代理商的参与吗？如果是这样，那么这个项目就可能非常贵，而且竞争者就会对部分或者全部代理商采取激励措施，他们对首家公司的忠诚就会消失。然而，如果供应商对那些寻求关系的代理商有所选择，或许仅仅把他们当成最近最好的市场，就有可能对抗那些想从关系中分离和停止预订的代理机构。在最近几年当中，大型的代理机构链可以使某些旅游经营者能够与竞争者友好相处。

品　牌

正如关系营销一样，创造品牌也需要依赖有效的市场细分，当正式关系建立并获得有限的机会时，品牌就可以作为开拓市场的方法使用。当某品牌形象满足消费者的需要、价值和生活方式时，消费者就会选择该品牌。一旦对品牌产生了忠诚，购买无形东西的风险因素就会减少。

分　销

旅游服务的时效性，使销售决策对旅游组织的短期、中期和长期成功发展起到非常重要的作用。科技进步为旅游供应商提供了更多的销售选择，同时也在很多方面对旅游产业结构进行了调整，对此将在第 11 章进行讨论。

有些旅游组织直接销售旅游产品给公众，有些则进行间接销售，他们通过中间商如旅游办事处、旅行代理商、合作企业；还有其他许多组织同时使用直接和间接的销售方式，以下列举了许多旅游企业为何决定使用中间商的原因：

■ 使用中间商，可以节约供应商直接向消费者销售的费用，特别是可以避免支付销售人员和租用或购买场地的费用，这样可以使供应商的资金投资到其他重要的领域。

■ 中间商通常会提供售前和售后服务，从而以节约供应商的时间和费用。

■ 中间商将单个付款收集起来并统一支付给供应商，这样将再次节省费用。

■ 许多游客喜欢与当地的旅行代理商联系，这样可以保证游客得到供应商所提供的实在服务；同时，游客可以与中间商建立关系并认为其给予的建议行之有效。

■ 中间商通过用合理咨询的方式与供应商联系，确认供应商的系统及程序。

■ 最后，如果供应商没有选择与中间商合作，或者供应商所提供的服务与中间商类似，那么供应商的竞争对手将从喜欢通过中间商预定方式的买家手中得到预定。尤其是互联网的出现，作为促销旅游的手段，许多中间商利用其销售产品。如上所述，科技的发展将代替传统的销售方式，已经有越来越多的游客通过网络进行预定。

如果旅游组织决定选择与中间商合作，他们通常会与中间商建立“推”或“拉”的合作关系（或两者皆有）。所谓“推”，是指供应商积极主动地向中间商促销，鼓励其大力向游客推销产品。在旅游业中，“推”的例子有：从主要销售团队来了解中间商到提供培训；建立激励机制，如增加销售代理权（目标是管理人员）和个人奖励，包括从购物券到免费旅游（目标是销售人员），而组织中间商活动，既是销售奖励又作为培训机制；市场载体，如通过窗口陈列和销售资料的分发点，以及免费的笔和鼠标垫；最后，通过所有权联合、特别合作关系和专卖权等，与特定的代理处建立联系。所谓“拉”，是指供应商加大对游客促销的力度，以确保他们在旅游预定时找指定的中间商，而品牌，如前所述，在这方面就成为非常重要的手段和工具。

但是，也有些旅游供应商没有选择中间商进行销售，主要有以下原因：

■ 如果旅游产品或服务比较专业，公司宁愿直接销售给游客而不依赖专业技术有限的中间商。

■ 如果利润有限，中间商的代理费用可能超过供应商的负担能力。

■ 如果公司直接与游客联系，反馈系统会发挥更为有效的作用。

■ 如果组织与顾客直接接触，就能与他们建立起关系。（比如，旅行社常规上就不会向供应商提供与顾客联系的详细情况。）

■ 供应商不仅要向中间商支付代理费用，而且还需支付中间商的网络费用。

■ 中间商通常向供应商收取网络技术费。

然而，许多供应商既采取直接销售方式也通过中间商代其销售。需要平衡的是，中间商有时不如供应商直接销售给游客那样具备热情。最近对酒店销售团队的建议是："酒店应该让他们的胳膊一直围绕在代理人的身上，只有这样才能拥抱共同的顾客。"但是，酒店仍然乐意能直接与顾客建立联系，这样既可以节约代理费，还可以节省与代理商共同促销的费用。与此同时，现在很多企业还是坚持认为，旅行代理商安排的旅游计划是其工作人员对网络的大量浏览，从而避免了旅游政策中的一些不利因素。

对于同时利用直接和间接销售方式的供应商，针对顾客进行的销售势必削弱中间商的影响力，因此企业另一种选择是使用单独的名称直接销售产品，而网络技术的发展为企业直接销售提供了极好的机遇，现有的网络及其使用方法都得到了综合的发展。如今，许多旅行代理商使用全球分销系统（GDS），来取代传统的通过有限网站进行的直接预定。全球分销系统能有效的链接更多的航空公司，从而为旅行代理商提供了更多的有效方法，同样也为顾客带来了方便，即同一时间内比较不同航空公司的时间和价格，因此比分别到各航空公司网页查询更为有效（图 6.5 举例说明了这种过程）

许多主要航空公司已经认识到这一点，并已经将其网站同其他公司的网站链接，使消费者在使用网络时可以同时进行比较。图 6.6 使用联合互联网网站（Opodo）的例子就显示了这种情况。

图 6.5 旅游代理商使用 GDS 同时对供应商进行比较

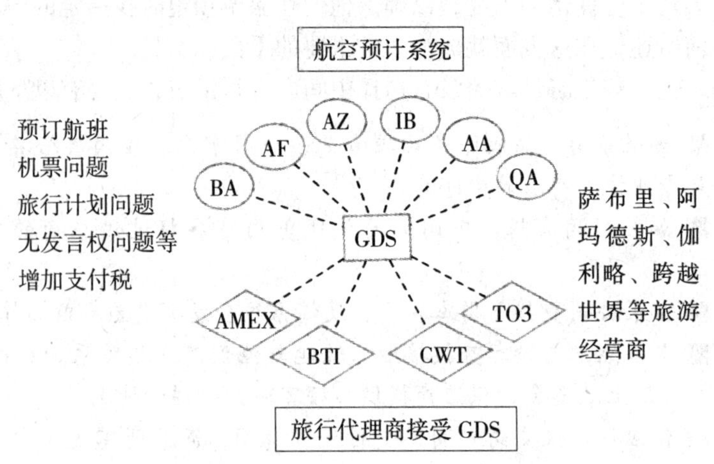

图 6.6　航空公司带头取消昂贵的 GDS、旅游代理商等中间商

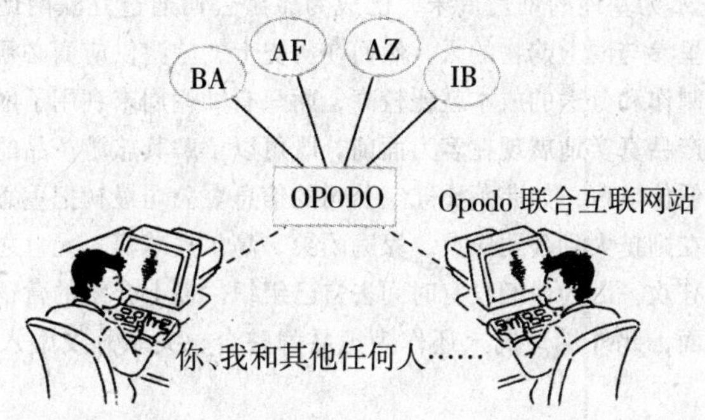

旅游销售的有形展示

中间商在旅游销售中的重要性，通常是与旅游购买过程中的有形展示密切相关的。例如，旅游经营商需要为潜在游客制作宣传小册子，并使他们能够容易获取；旅行代理商的位置设在城市的繁华街区，通常是较为理想的宣传地点。随着互联网作为销售工具的出现，引起激烈争论的是：是否还需要旅游宣传册，是否还需要在繁华街区设立那么多的旅行代理商。目前，似乎有着那么一种强烈的变化趋势，就是旅游供应商的目标市场，已准备并可能通过网络进行预定和购买。精彩的周末！（案例 6.4 阐明了目标市场使用网络预定的情况）现在已不需要旅游宣传册，主要是通过网络进行销售服务。

案例 6.4　灿烂周末！

灿烂周末！把艰苦的工作变成快乐时光！

你可能知道灿烂周末是英国领先的男性和女性周末活动的运作者，但是对所有人而言，我们也会专注于啤酒节、周末滑雪、纽约圣诞购物节和 2005 年元旦除夕之夜。

我们为许多企业、体育和社会团体提供短期休假和周末活动，通过灿烂周末，可以根据您的需要来安排活动，包括会议室、私人聚餐或按您的要求增加特殊的活动或娱乐，所有这一切都是我们为您特别安排的。

我们拥有 ATOL 执照和独一无二的周末休闲合作伙伴，弗莱比（Flybe）和捷运（EasyJet）航空公司，这意味着您可以买到最低折扣的机票，然后轻松的加入我们的行列！

案例6.4 续

以布里斯托尔为基地的灿烂周末，已成为旅游公司通过互联网促销的范例，它的目标客源是在家里参与网上购物的人。然而在历史上，旅游供应商必须通过小册子来促销他们自己，其制作和分送的成本就比较高，而只有灿烂周末利用了网络优势，以较低的成本把自己的产品真实地展现在客人面前，既可以了解其旅游产品的重要特征，又可以通过链接了解低价航班，如弗莱比航空公司的信息。公司最初把重心放在男性和女性周末活动上，现在则扩大到公司庆典、家庭团聚、高尔夫球赛、元旦之夜庆典，甚至是简单的朋友聚会狂欢，因为他们没有时间去自己组织。以上介绍的营销方式仅仅只是营销组合的一个方面，此外灿烂周末还作为把品牌整合、关系开发融入营销组合的典型例子。

资料来源：www. brilllantweekends. co. uk，2004 年 8 月 15 日

促　销

服务中非常关键的一点是服务的无形性，因此顾客购买该产品具有风险。虽然促销或交流是销售组合中一个重要因素，但如果其他因素，如价格、产品、销售、自然条件、方法或人不完善，则促销也会变得无效。促销包括把信息传播给现在、过去和将来潜在的顾客，然而接收的信息是有关服务和旅游组织的，因此两者都采取了有准备的促销活动和手段，包括广告、促销、个人销售、直接销售和公共关系等。促销同时也作为提供服务的副产品出现，前台工作人员和其他员工、服务环境和第三方都包括在促销过程中，另外信息也可以通过组织以外的媒体和口头交流进行传递。组织有准备的促销活动可以划分为几个步骤：

- 确认目标市场的划分，并明确谁是决策者，他们对什么感兴趣，以什么样的信息交流方式能给他们最深的印象。
- 确认信息内容，明确传递信息的目的，并树立服务和组织机构要传递的形象。所传递的信息应优于竞争对手，具有适应游客需求的特性，并包括游客满意度的信息调查，任何研究建议的卖点都应该有益于目标市场。
- 信息交流，发展组合促销，确保希望传递的信息能被接受者所了解，同时这也正是创造者想要传递的。通常在信息交流的过程中会有“冲突”，信息被传递者错误的诠释，或者被部分接受者误译。

组合促销可以通过包括报纸、杂志、刊物、户外广告、海报、电视、电影、商业电台、电视广播和因特网来做广告；个人促销，既可直接对顾客或通过中间商进行销售，又同时是组合促销和公共关系的一部分，个人促销的目的是为了通过公告、游说、教育和培训、组织特别活动或主办等方式来提高组织机构的公共形象。

市场营销策划

在市场营销策划发展方面，旅游管理者至少可以应用两个方面的理论：战略管理和市场营销。策划过程主要包括回答 5 个核心问题，最后一个问题总是把管理者又拉回到第一个问题，因此策划过程同时也是一个持续循环的过程(见图 6.7)。

图 6.7　市场营销策划过程

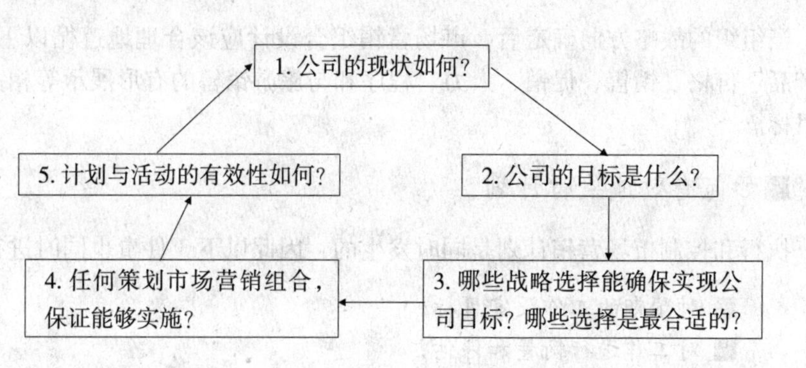

■企业目前的形势是什么?

最初的分析一般是分析企业运转的环境，重点是政治（包括法律）、经济、社会和科技的环境，如 PEST 分析（见第 9 章）。该分析结构让管理者能够回顾已经影响，或可能正在影响其经营的因素，如欧洲大陆的企业，需要在 2002 年 1 月前就计划考虑将其货币转换成欧元。在较小的范围里，被提议的法律条文的更改，既能给企业带来机遇，也可能是困难和挑战，尤其是管理者在其危险的情况下没有给予足够重视情况下。

完成全部的 PEST 分析后，通常开始采取第二步分析是 SWOT 分析，企业将从其内部方面来分析企业的优势和劣势，然后通过观察外部情况来评估机遇和威胁。

■企业希望得到什么？

许多企业，但不是全部，在策划阶段中都要表明他们的任务和目的，而且任务报告应陈述全部的工作目标，做到目的清晰，并确定优先权、可操作性和实效性。

■怎样的战略选择能有效地确保企业达到目的，并且哪一种战略是最适合的？

市场营销和战略管理理论同时为企业发展提供了选择范围，通过经营评估讨论选择适合的方式，包括寻求市场份额的增长，吸引新的市场，发展新的服务，对资金的流向和专业化进行识别，或者增加合并、买进和建立同盟等。

■如何设计和实施市场组合？

当组织的战略方向确定后，市场营销组合设计应该合理地遵循以下决定，如产品、价格、销售、促销、人力、程序和与旅游销售的有形展示等相关的企业目标。

■如何有效地执行计划？

执行和控制市场营销计划是同时发生的，因此以下3件事也同时进行的：

- 对预期的工作设定目标；
- 对工作进行衡量和评估；
- 对必要的地方采取正确的行动。

结　论

仅用一本书的个别篇章，对旅游市场营销进行大量细节阐述是不现实的，既不能对市场营销的规则，也不能对旅游规模进行全面的论述。然而，本章已对旅游作为服务的一部分进行了论证，并从大量的经验中获益；同时还可以学习到全面的服务市场营销的内容。旅游业充满了机遇与挑战，特别是当运用服务市场营销理论时更为有趣。科技的日新月异和互联网的出现，在创造出机遇的同时也对旅游全行业带来了威胁；成熟的游客不断增加，游客更加具有知识，并且其需求也从未有过地快速增长，但对购买中存在的风险意识仍然不强。因此，对服务市场营销方法而言，旅游管理者为了解决其面临的挑战，就必须采用的市场关系和服务质量管理（见第 10 章论述）。越来越多的服务市场营销理论学家，正在考虑把旅游业作为单独的学科，或许最重要的概念，从主要的研究来看，旅游企业不应该从其他商业功能中分离出来单独考虑市场，因为作为重要优先权已被买家给予了第三方。旅游活动必须以游客为中心，旅游供应商雇用的每个员工，不论是会计、人力资源和其他岗位职工，都是潜在的提供给游客优质或劣质的服务，因此如果你在旅游行业工作或任何服务行业，你应该再三考虑，你的员工是否回对游客或潜在的游客说："我无法提供任何服务给你，你需要联系某某部门。"

问题探究

1. 为低价航线设计一系列的危机事故点，并提出应采取何种措施以确保顾客的满意度。

2. 观察一个季节性的旅游景点，并总结出适合的机制以应对不同的游客人数。

3. 讨论一个旅游经营者是否应该或在什么程度上，需要加强其海外旅游代表的能力。

4. 应用决策单位模式，总结由谁负责对包括父母、爷爷、奶奶和学龄儿童家庭的一年一次的暑假进行决策。

5. 使用 PEST 和 SWOT 分析法，分析你所选定的一个旅游景区或旅游目的地。

阅读指导

帕尔默（Palmer，2001）提出了一种服务营销的综合分析方法，并经常使用旅游方面的例子。例如，在他的关于服务购买者行为的章节中，他运用了年度度假选择来说明他的决策单位模式，然后通过观察航线选择，分析顾客如何在服务竞争者中做出选择。洛夫拉克（Lovelock，2001）在管理不稳定的服务方面，有两章很有帮助的论述。

巴特森和霍夫曼（Bateson，Hoffman，1999）对如何加强对争论的控制进行了深入分析，他们也考虑了在服务营销中使用有形展示的方法，在本章中已作了简单论述。

科特勒、鲍恩和梅肯斯（Kotler，Bowen，Makens，2003）认为，关系管理直接与旅游和接待相关；霍洛韦（Holloway，2004）最终对市场营销策划过程做了细致论述，他用来自旅游业的例子对每一个步骤作了说明。

网站推荐

旅游市场营销期刊网：www. haworthpress. com/store/product. asp？ sku = J073

度假市场营销期刊网：

www. henrystewart. com/journals/hspindex. htm？ vm/index. html-mainframe.

接待业市场营销期刊网：

www. haworthpressinc. com/store/product. asp？ sku = J 150

关注旅游网：www. eyefortravel. com/index. asp

旅行研究期刊网：http：//jtr. sagepub. com

关键词

临界点；决策单位；全球分销系统；不可分性；无形性；中间商；易逝性；有形展示；季节性；服务活动；服务范围；可变形。

参考文献

Bateson, J. and Hoffman, K. (1999) *Managing Services Marketing*, 4th edn. Dryden Press, Fort Worth.

Bitner, M. J., Booms, B. M. and Tetreault, M. S. (1990) The Service Encounter: Diagnosing Favorable and Unfavorable Incidents, *Journal of Marketing* 54, January, 71-84.

Blood, P. (1976) *Chartered Institute of Marketing Annual Report.* Chartered Institute of Marketing.

Christopher, M., Payne, A. and Ballantyne, M. (1991) *Relationship Marketing.* Butterworth-Heinemann, London.

Holloway, J. C. (2004) *Marketing for Tourism*, 4th edn. Pearson, Harlow.

Kotler, P., Armstrong, G., Saunders, J. and Wong, V. (1999) *Principles of*

Marketing, *European* edn. Prentice-Hall, Harlow.

Kotler, P. , Bowen, J. and Makens, J. (2003) *Marketing for Hospitality and Tourism*, 3rd edn. Prentice Hall, New Jersey.

Lovelock, C. (2001) *Service Marketing*: *People*, *Technology*, *Strategy*, 4th edn. Prentice Hall, New Jersey.

Narver, J. C. and Slater, S. F. (1990) The Effect of a Market Orientation on Business Profitability, *Journal of Marketing*, October, 20-35.

Palmer, A. (2001) *Principles of Services Marketing*, 3rd edn. McGraw-Hill, London.

Reichheld, F. F. and Sasser, W. E. J. (1990) Zero Defections, *Harvard Business Review*, Vol. 68, Sept/Oct 1990, 105-111.

Shostack, G. L. (1984) Designing Services that Deliver, *Harvard Business Review*, January-February, 133-139.

第7章 旅游业财务管理

海伦·阿特金森（Helen Atkinson，布赖顿大学）

学习目的

学完本章后，读者应该能够：

- 理解旅游组织如何产生利润，并解释和说明主要财务报表；
- 解释基础的成本概念和分析成本结构；
- 进行盈亏平衡分析和辨认不同的定价方法；
- 使用各种比率来评估财务报表；
- 能准备和评价一个企业计划。

本章概述

本章介绍了与旅游管理相关的财务方面的重要内容。首先概述了旅游业的经营范围，包括旅行与运输、住宿与食品供应、饮料及娱乐，许多经营都存在相同的重大财政问题，这些问题与高固定成本、季节性需求及重点的收益管理都有关系。在当今经济环境的背景中，本章定义并解释了旅游组织所使用的主要财务报表，阐述了“损益表”（profit and loss account）和“资产负债表”（balance sheet），通过关键概念和术语来强化对它们的理解。考虑到不同旅游组织发生的主要成本，还解释了一些有关成本分析的概念和惯例，这些成本概念被用于“定价”（pricing）和“本量利分析”（cost volume profit analysis）——一种支持管理决策的技术。接着，本章分析了如何用比率来评估一个旅游组织的财务业绩，以及监测经营业绩的其他方法。最后，提供一个简单的研究案例，结合前面的主题阐述了组织计划的过程。

本章用许多数字的例子来说明关键点，用著名公司的案例来分析不同的财务状况，通过研究案例后的讨论题或其他问题，以及本章中建立的主题，都巩固了对重要内容的学习。本章从头至尾，都在引导那些想要理解旅游业财务管理的人进行深入的阅读。

旅游业简介

在全球许多发达和发展中国家，旅游业是经济活动中最重要的内容之一，其占了全球GDP的10.4%，产生了2 146.97万个工作岗位，并占全球总就业的8.1%（WTTC，2004）。旅游业的重要性还在提高，如在欧洲的国家克罗地亚，旅游业成为一个重要的经济增长点；在非洲的国家如肯尼亚，旅游是无形出口和外汇的一个非常重要的来源；英国是一个旅游净[①]出口国家，虽然有大量入境旅游者消费，但英国国民出境旅游的消费更多，从而导致了资金的净流出。（见关于旅游业经济影响的进一步讨论，Tribe，1999。）

■旅游业的类型

旅游服务的供应，如乘客运输、住宿与食品供应、饮料与游客吸引物，主要是通过经营组织提供。这些营利组织从跨国公司和公共有限公司，如突伊世界（World of TUI）和希尔顿国际公司（Hilton Corporation），到国内公司如英国的餐饮集团（The Restaurant Group，即以前的City Centre Restaurants）和西班牙的地中海阳光集团（Sol Meliá）的发展变化。然而，很大比例的游客服务都是由小型到中等规模的组织提供，一些只雇用3到5人的中小规模组织被认为是微型企业。本章将关注财务管理概念，所有规模营利组织都必须考虑的因素，其中对盈利动机的识别是很重要的，本章的例子都将会基于经营公司，这些经营公司在短、中或长期都是以营利为其基本动机的。

另外，在旅游业中也有一些非营利的组织，在英国最明显的可能是基于伦敦的博物馆和艺术走廊，如英国博物馆（British Museum）、维多利亚与亚伯特博物馆（Victoria and Albert Museum）、英国国家美术馆（National Gallery）及相对较新的泰特现代美术馆（Tate Modern），但是有许多历史建筑物、遗迹及教堂成为登记在册的慈善机构或非营利组织。其他重要的非营利组织是游客委员会，以及一些以促进旅游发展的政府资助的区域和国家组织，包括英国的访问苏格兰（Visit Scotland）和威尔士游客委员会（Welsh Tourist Board）、新西兰游客委员会（New Zealand Tourism Board）和加拿大旅游委员会（Canadian Tourism Commission），这些组织提供重要的调解和信息服务，并在大多数旅游

---

① “净”是用作“扣除后”意思的术语——在这个案例中，是指英国旅游者输出的数字（扣除前或“总”数）扣除英国旅游者输入后的数字。

目的地设有办事处，配备了相应的人员。尽管本章中的许多专业概念和结构也可应用于这些组织，就像大多数经营贸易公司通常都必须资金和现金一样，但由于这些组织的财务管理是专业的，因此它不包含在本章中。此外关于非营利组织的更集中的阅读，见本章最后的推荐阅读部分。

■旅游业的特征

旅游组织的一个关键特征，是成本基础和成本结构的性质。旅游业包括了如乘客运输服务的供应，航空公司和旅客列车经营商都具有高比例的固定成本，这意味着他们发生的大多数成本不会随乘客数量的变化而改变，因此运载一个乘客与运载两百个乘客的服务成本大体上是相同的。这同样适用于住宿部门和大量的游客景区，因为大多数成本与土地和建筑物等设施有关，顾客或游客数量只是适当地影响相关的运作成本（见本章后面关于固定成本和可变成本的定义和概念部分）。除了一个高固定成本结构外，许多旅游服务是“不可储存的”，这意味着它们是不能被储存或保存到以后使用，如果一个饭店房间当晚没有卖出去或一架飞机放空起飞，这些销售收入就永远失去了。对于这些组织来说，最优先考虑的事就是最大化的顾客量，以保证获得最大的收入总量来补偿固定成本。对于航空公司及饭店公司来说，“收入最大化”的概念是关键的，为了达到收入最大化，航空公司和饭店公司已形成了完善的系统。第10章将详细讨论效率管理，但为了本章的目标，掌握这些基本的经营实践也是重要的。

另一个关键的产业特征，是源于成本方面的规模的重要性，通常较大的组织往往比较小的组织更成功。规模经济的概念是重要的，它造成在产业内相当大的合并（Tribe，1999），如在第2章中能看到，组织通过垂直合并和横向合并，就造就了像突伊世界（World of TUI）一样的组织。像其他大公司一样，突伊世界是一个由垂直和横向联系的许多企业所组成的集群，通过提供服务的类型而联系起来的企业与他们服务的顾客是横向联合，通过业务中的供应链联系在一起的企业是垂直联合的。本章将通过使用公开的年度财务信息，来计算基本的财务比率，理解经营上的有效统计数字，以来考虑如何评估这些大型组织的业绩。

最后，应当注意的是，对于许多旅游组织来说，经营区与客源国是不同的，如突伊世界是一个在德国注册的公司，但它提供的旅游服务却遍布全球，这有可能使公司受到外汇风险的影响，因此大型跨国公司财务管理的一个主要作用就是外汇管理（关于财务管理的进一步阅读见 Brigham，2001）。另外，许多这样的公司将在国外取得的利润返回国内的母公司时，会由于东道国的原因而使利益减少，这些经济和政治问题将在第15章中谈到。

本章下面将关注的问题，为旅游业财务管理提供了基础：

- 企业是否已盈利；
- 企业的哪个部分产生了最大收入；
- 主要成本中哪些是固定的，哪些是可变的；
- 如果价格降低，利润将会发生什么变化；
- 与其他组织相比，企业的业绩如何。

在接下来的部分将会回答上述问题或更多的问题，并用表示在两个重要财务报表中的利润和财富观点作为开始。

理解财务报表

对已建立的大多数旅游组织，其营利目标的关键问题是“利润是什么?”。“利润”是用来决定一个组织究竟有多成功的主要财务度量。本章的这一部分将介绍利润，以及分析和总结一个公司盈亏的重要财务报表。重要的是要注意公司的会计报表是基于一个周期而生成的，如设定的时间范围通常是一年，叫做一个会计期间，它与财务报表是有密切联系的。

■损益表

损益表是两个最重要的会计报表之一，它提供了在一个会计周期内，一个公司具体产生了多少销售额，发生了哪些费用的具体情况。销售额被定义为在正常的经营活动中，为顾客提供商品或服务而获得的收入总数。销售额与收入、收益及成交量是同义的，在常见的使用中都能找到这些术语。然而，定义销售额的关键在于它们是日常活动的产物，对于一个餐馆，它们是食品和饮料供应的结果；对于一家航空公司而言，它们是销售机票的结果；对于一个旅游景区点，它们是一个主题公园入口处收费的结果。但是，从这些企业所有物或财产销售所取得的资金，将不会被认作是销售额，如卖一辆车、一架飞机或一台电脑。

另外，销售额不必是现金形式的所得，一个企业包括的收入即使没有收到现金，也应把它作为销售额。一旦提供服务或产品的交易是完全独立存在的，同时顾客很可能产生支付时，则非现金收入是能包括进去的。许多企业允许顾客特别是商务顾客，在一段时间（如30天）后再支付，这种情况是正常的，其意味着销售额与现金收入通常是不同的（关于收入识别和变现原则见Berry

和 Jarvis，1997）

在旅游业中，销售收入通过许多不同的途径生成，如旅行社从全包的假日、票价、保险和租车的销售佣金中形成自身的收入，住宿部门则将销售额拆分为不同的收入流，例如一个饭店的总销售额将由房间、食物与饮料、娱乐部门的收入所组成，案例 7.1 说明了引领潮流集团（Go Ahead Group）所具有的不同收入流。

一个公司为了产生销售额必将发生成本；为了计算一个组织正确的利润，并评估一个公司的业绩如何，辨别所有的费用并将其从销售额中扣除是必要的。下一部分将考察不同类型的费用，并解释它们是怎么发生的，以及哪些费用应当从利润中扣除。

案例 7.1　对引领潮流集团的收入分析

引领潮流集团（Go Ahead Group）提供了在公路和铁路两方面的乘客运输服务。根据 2003 年的年度报告，说明了从一个企业在一系列的经营活动中所产生销售额的具体方法。

年	2003	2002
	成交量（百万英镑）	
汽车	310.9	270.3
铁路	560.8	508.9
航空	211.7	150.0
总计	1 083.4	929.2

资料来源：Go Ahead Group PLC Annual Report 2003

问题讨论

1. 引领潮流集团有多少不同的收入流？
2. 就成交量而言，哪个是最重要的？

费用

必须扣除的费用，是指一个组织在产生销售额过程中使用资源的成本。这里的“资源”代表了在将服务分销给顾客的过程中，任何已“消耗”（consumed）或“使用”（used up）资源的价值。最明显的例子就是餐馆里的食物、公车的燃油和航空公司航班乘务员的薪水。但是，也有不明显的成本：旅行社的用电与航空公司的着陆费用；铁路运营商的维修成本和饭店洗衣成本。与管理和提升财务有关的公司也产生成本，例如贷款利息和签订大量租用协议的费用。表7.1中显示了旅游业典型的成本。

表7.1 旅游业务的典型成本

典型企业				
航空公司	大轿车经营商	饭店	餐馆	旅行社
典型费用				
广告	机场税	佣金	折旧	电
食物成本	燃料	保险		贷款利息
维修	租赁费	公路税收	电话	

这仅是一个指示表，重要的是理解对于特定交易来说，哪些费用是重要的，因为不同类型成本的重要性在不同的企业中是不同的，因此它的重要性或多或少取决于企业的经营背景。

为计算会计期间内的真正利润，所有与会计期间相关的成本都必须从收入中扣除。要重点注意的是，并非所有类型的支出都要从利润中扣除，只有那些已“使用”或“消耗掉”资源的项目所发生的成本才需要扣除。例如，长期投资或资本支出，就不应在任何单个会计期间内从利润中扣除，如购买大轿车或飞机、重新装修饭店或投资新的计算机系统，因为这些类型的支出与多年的交易（多个会计期间）有关，因此不应该从任何单个会计期间里扣除。后面，将会说明如何（通过折旧）从单个会计期间的收入中扣除这类长期成本中的一个小比例。为了配比（matching）收入和成本，这种方法是准确计算利润的基础，它由自然增长或配比概念所决定（Berry，Jarvis，1997：第4章）。

损益表的表示

假定在一个会计期间内，收入超过了所发生的费用时就产生了利润。通过辨别期间内的所有销售额，并扣除与销售额或会计期间相关的所有费用，就可以计算出一个企业的利润。当所有费用都已从销售额中扣除时，剩下来的就是利润。损益表提供了关于收入和费用的详细报告，表7.2就是一个简单的例子，它包括了主要列的项目和一个两列的结构。在对右边项目进行计算之前，可以对相似项进行合并及小计，并采用括号的传统方式来表示将被扣除的项目。

表 7.2　一份简单的损益表

某饭店公司 2005 年 12 底的损益表		
	千元英镑	千元英镑
销售额		806
减去销售成本		(262)
毛利		544
减去费用		
工资和薪水	197	
实用成本包括汽油和电	50	
广告和市场营销	90	
管理、保险和佣金	33	
折旧	24	
总开支		(394)
净利润（收入）在利息和税前		150
利息		(12)
净利润在利息后税前		138
税		(36)
净利润税后		102
股息		(43)
留存的净利润		£ 59

表 7.2 的例子分析了必须扣除的一些不同类型的费用，它也显示了折旧①和税金的扣除，这将在下面的部分讨论，以及最后利润发生了什么变化。公布的财务报告不会提供这种关于费用的详细情况，这主要是用于内部以帮助管理控制企业。

折旧与其他扣除项

折旧是在损益表中需要考虑的，对固定资产的使用或价值减少的费用。正如上面所提到的，在大量固定资产上的费用，并没有从支出产生的会计期间内

① 见下一部分对折旧的一个解释。

的利润中扣除，但是资产却是在该期间内被“使用”了。重要的是保证“使用”或“消耗掉”的资源与相关的收入都是在同一期间内产生，以避免了在大量的“资本支出”发生的时候，利润年复一年地发生很大变化。折旧（在一些上下文中，也被称为分期偿还）是在每个会计期间，收取产生收入的固定资产的部分成本的技巧。（探索更详细的关于折旧和年度费用的不同计算方法，见 Berry，Jarvis，1997：第8章）。

当扣除所有费用并知道了利润的数字时，就可能计算出必须支付给政府的税金。公司税，在英国是大家所熟知的，是由企业根据他们所获得利润来支付，然而，随着各种与复杂规定相联系的补贴和调整，公司税计算也是非常复杂的，因此对于本章的目的而言，需要充分注意的是在扣除其他费用（如贷款利息）之后，而在支付给股东或所有者的股息之前，税金必须被扣除。（折旧是个特殊的情况，在计算税金前必须把折旧加回去，要了解更详细的税金和财务报告，见 Brigham，2001）。在离开税金问题之前，值得指出的是增值税是一个完全不同的因素，对于大多数的大公司来说，这没有包括在收入（销售额）数字或费用中，只是在本章定价的上下文考虑了增值税（关于增值税的进一步讨论，见 Owen，2000：第10章）。

最后，股息是从税后的净利润中扣除。股息代表了对股东的奖励，因为股东冒险将他们的钱投资到公司来，因此应把税后的一部分利润作为股息付给股东（所有者），剩余的利润留存在公司以帮助公司发展。这个留存的利润数对公司来说是重要的，它被用来投资于今后的成长和发展。虽然这个利润与现金不同，但了解它还是非常重要的。留存在公司的利润（在表7.2中，这个数字就是59 000英镑）与各种资产有着紧密联系，包括现金债务人，甚至形成新的固定资产。

概括：

■ 销售额：来自日常活动的收入，不一定都是现金。

■ 会计期间：通常是一年，编制财务报告的期间。

■ 收入支出：在产生收入的过程中，消耗或使用资源的成本，通常称为费用。

■ 利润：收入超过费用的量；如果在一个给定的会计期间内，费用超过收入的话，组织就会产生亏损。

■ 资本支出：长期资本的成本，如计算机设备、车辆及经营场所。重要的是这些东西买来使用超过几年，而且没有再次出售。

■ 留存利润：在会计期间最后，并做了所有扣除和付款后，留在企业的利润。

案例7.2是摘自引领潮流集团公司的财务报告，其显示了在这个大型公共有限公司中产生了多少利润。

案例7.2　引领潮流集团公司损益表

年	2003	2002
经营利润（百万英镑）		
汽车	43.9	33.3
铁路	25.0	17.5
航空服务	1.0	3.4
总计	69.9	54.2
（数字排除慈善和例外项目）		

资料来源：Go Ahead Group PLC Annual Report 2003

问题讨论

3. 每个经营领域占获得利润的多少比例？

■资产负债表

本章中所阐述的第二个关键财务报表是资产负债表（balance sheet）。资产负债表产生于一个会计期间的末期，它反映了企业在一年中的交易情况，更重要的是对企业的一个“现实写照”，表现了在“一个特定时期”企业所具有的价值。

资产负债表，反映了企业所拥有的东西（它的资产）和企业欠的东西（它的负债），因此资产负债表提供了企业财富的总数或企业的净值（net worth）。如果企业每年都在盈利，财富就会不断增长；如果企业发生亏损，财富就会缩小。表7.3反映了典型的资产负债表格式，可同接下来的定义和解释联系起来考察。

表7.3 一份简单的资产负债表

某饭店公司2005年12底的损益表

	成本 千元英镑	累积折旧 千元英镑	净预计值 千元英镑
固定资产			
土地和建筑物	850	000	850
车辆和配备	350	250	100
固定物和装配	181	150	31
	1381	400	981
流动资产			
股票	65		
债务人	11		
银行现金	180	256	
减去流动负债			
债权人	112		
自然增长	18		
延期税	91	(221)	
净流动资产（运营资本）			35
减去流动负债总资产			1016
长期债务			(364)
动用资本/总净资产			£ 652
资金来源			
股份资本			200
留存利润			452
所有者权益			£ 652

资产

资产是一个企业拥有或能为了企业利益而使用的那些东西。资产的本质是它能提供未来的利益，如一个餐馆的食物存货可通过烹饪、出售而产生收入，一辆大轿车能用来运输顾客以产生收入。这些资产可使用不同的时间长度，并以各式各样的方式使用，但是它们对企业来说都是有用的。对企业来说，雇员是有用的，这点是可以论证的。但肯定的是，在服务部门他们不能当做资产负债表里的资产，因为简单地说，企业并没有拥有他们，就本身而言他们只被当做是企业的投入（见前面的费用部分）。

根据资产能使用的时间长度，可对资产进行分类。固定资产，是指在企业中使用很长时间的那些资产，如土地、建筑物、车辆、飞机、大轿车、计算机、桌椅等，所有这些资产的使用都将超过一年，并为企业提供很多个会计期间的未来利益或效用。流动资产，是那些寿命短，并将会很快用完的资产，典型的例子是餐馆的食物存货和游客礼品零售店的存货商品，流动资产通常会在一年内被用完或消耗掉。现金被当做一种流动资产，因为你会把它（并希望把它重新充满）用来支付一个会计期间内的费用。此外，在业务进程中还会出现其他的流动资产，包括债务人（就是为他们已消费的商品和服务开了发票，但还没有付款的那些顾客）。在大多数旅游企业中很少出现债务人，因为顾客都是立即付款（如餐馆或汽车服务）或预付（如旅行社和旅游经营商），他们更多地出现在有经营交易的公司里（如饭店的会议经营）。

负债

负债被定义为“支付或提供在企业之外的价值的责任”，例如银行贷款和债权人（就是企业欠付款的那些供应者），对这些公司今后将不得不付钱出来给银行或债权人，在前一个例子中是对借款的偿还，在后一个例子中是对采购商品的付款。与资产分类方式一样，负债按照时间可分为短期负债或长期负债。银行贷款和债权人是流动负债的例子，这些负债都将会在一年内被付清；而在信贷租约下的银行贷款、抵押、信贷协议及承诺则是中长期负债的例子，经过一段较长时间后，仍然必须偿还这些负债。

负债不仅包括付款，只要一个公司承诺提供一个服务时，负债就可能出现。例如，在旅游经营企业中，顾客支付定金，从接收定金的时间开始，公司就有责任提供服务给顾客（如全包度假服务），或退还定金（根据合同的具体内容）。在大约 8 周的度假时间里，顾客通常会支付他们度假价格的全部余额，这就意味着这些负债可能是有实际价值的。资产负债表中所列出的这些定金和预付款，通常是一种被称为递延收益的流动负债。

流动负债构成了企业运营资本的一部分。运营资本包括经营资产和负债，这些负债是每天经营所需要的，如现金、银行贷款、股票及交易债权人等。通过从流动资产中扣除流动负债，就可计算出运营资本，并将它作为净流动资产（即流动负债超过流动资产负债时的余额）在资产负债表中表示出来。一些企业的流动负债比资产多是正常的，如旅游经营商（如前面所示）和超市（它们有各种现金买卖和大量信用款），在一般情况下其他公司也有净流动资产，如饭店企业。

除了通过经营和投资出现的这些流动负债和长期负债之外，公司也会产生对公司所有者的负债。那些所有者提供称为股本（对于公司）的原始金钱（或资本），以及其他所有者的投资，以启动公司的经营活动，这个负债的时间是相当长的，实际上它被认为是永久的，因为它将与企业共存。除了投入企业的原始资本外，留存在企业的利润也是属于所有者或股东的。这就是为什么资产负债表中，要在“资金来源”项下反映投入的原始资本和留存利润，这些全部都称为股东或所有者权益。以这种方式表示资产负债表，是为了能使人们明白什么资产和负债正用于企业，怎样为这些资产和负债提供资金。一些资产负债表，还设计包括了用所有者权益将经营方面与财政方面分开来的长期负债，从而使每个安排都是“正确的”。

概括：

■ 资产：提供将来利益或效用，并能用来产生收入的某种事物的价值，通常它是被拥有的，因此简单地讲，就是“我们所拥有的东西”。

■ 负债：今后付款或提供服务的一种责任，简单地讲，就是“我们所欠的东西”。

■ 运营资本：对于每天的经营所需要的经营资产和负债，如现金、银行存款、股票和交易债权人，称为净流动资产或负债。

■ 净值或总净资产：所有经营资产和负债的净值，表示了投入企业经营的资金总数，是通过从固定资产和流动资产中扣除流动负债和长期负债来计算的。

■ 所有者权益：是原始投资和任何留存利润所表示的企业所有者利益的总值。

总的来说，资产负债表提供了企业在某一时刻的资产和负债具体情况，因为在会计期间的最后，损益表只反映整个会计期间产生了什么收入和费用，而在最后编制的资产负债表时，还反映了自会计期间初期，就有一部分收入和费用已经发生的情况。这两个报表是法定（如法律要求的特定格式）财务报表的重要构成，除了这两个报表之外，公司必须每年制作其他报表和公开某些财务情况，如现金流量报表、收益与损失报表（对于更详细的财务报表要求，见 Horngren，Sundem；2002 或 Alexander，Nobes；2001）。

本章的目的是充分理解损益表和资产负债表，这些将在本章后面再进行分析和应用。在看下面的成本概念之前，读者可用点时间回顾这部分而获益。

案例 7.3 介绍了瑞安航空公司（Ryanair）2003 年 3 月结束的决算表，这个案例研究的目的是反映一个来自现实旅游组织所公布的财务状况的案例，并通过问题讨论来帮助读者熟悉财务报表的设计和有关术语。

案例 7.3　瑞安航空公司

瑞安航空公司 2002 年 3 月 31 日与 2003 年 3 月 31 日结束的合并损益账

	2003 欧元 000s	2002 欧元 000s
经营收入		
计划内收入	731 951	550 991
相关收入	110 557	73 059
总经营收入	**842 508**	**624 050**
经营成本		
人工成本	(93 073)	(78 240)
折旧和分期偿还	(76 865)	(59 010)
燃料和油	(128 842)	(103 918)
维护、材料和维修	(29 709)	(26 373)
营销和分销成本	(14 623)	(12 356)
飞机租费	–	(4 021)
路线费用	(68 406)	(46 701)
机场和着陆费用	(107 994)	(84 897)
其他费用	(59 522)	(45 601)
总经营费用	**(579 034)**	**(461 117)**
经营利润	**263 474**	**162 933**
其他收入/（费用）	1 076	9 441
税前普通活动利润	**264 550**	**172 374**
普通活动利润税	(25 152)	(21 999)
财政年利润	**239 398**	**150 375**
年初损益账	439 230	288 855
年终损益账	**678 628**	**439 230**

资料来源：摘录自 Ryanair Annual Report and Financial Accounts 2003：30

案例 7.3　续

瑞安航空公司 2002 年 3 月 31 日与 2003 年 3 月 31 日的资产负债表

	2003 欧元 000s	2002 欧元 000s
固定资产		
有形资产	**1 352 361**	**951 806**
流动资产		
现金和流动资源	1 060 218	899 275
应收账款	14 970	10 331
其他成本	16 370	11 035
存货	22 788	17 125
总流动资产	**1 114 346**	**937 766**
总资产	**2 466 707**	**1 889 572**
流动负债		
应付账款	61 604	46 779
应计费用和其他负债	251 328	217 108
到期的长期流动负债	63 291	38 800
短期借款	1 316	5 505
总流动负债	**377 539**	**308 192**
其他负债		
负债和费用的供应	67 833	49 317
一年后到期的应付账款	5 673	18 086
长期负债	773 934	511 703
总的其他负债	**847 440**	**579 106**
股东资金——权益		
已催缴股本	9 588	9 587
股金溢价账户	553 512	553 457
损益账	678 628	439 230
总的股东资金——权益	**1 241 728**	**1 002 274**
总负债和股东资金	**2 466 707**	**1 889 572**

资料来源：摘录自 Ryanair Annual Report and Financial Accounts 2003：29

问题讨论

4. 为瑞安航空公司2002年与2003年各列举三个最重要的成本项。
5. 瑞安航空公司有多少不同的收入来源？
6. 在2002年与2003年之间，有形资产值增加到了什么程度，这告诉了你关于公司的什么信息？
7. 2003年的运营资本值是多少？
8. 瑞安航空公司2003年获得多少利润，你是怎样从资产负债表中计算出来的？
9. 将瑞安航空公司的资产负债表与表7.3的设计相比，你注意到了什么区别？你能为瑞安航空公司计算出总资产减去流动负债和其他负债的值吗？

成本概念的理解与应用

分析损益表中的费用有助于管理决策，而理解这些成本则是重要的技巧，它使管理人员能更有效地计划和控制旅游组织的效率。这部分将考察不同的成本分类方法，并介绍了成本分析的一些概念与应用。

■成本分类

为了不同的目的和产生不同种类的信息，人们提出了各种各样不同的成本分类和成本分析的方法。表7.4总结了成本分类的主要方法。

表7.4 成本分类

分类基础	成本类别	目 的
基本要素	原料	损益表准备
	劳动力	
	一般费用	
属性	直接与间接	预算和控制
		责任会计
		产品或服务定价
成本行为	固定成本与可变成本	本量利（CVP）分析
		弹性预算和方差分析
		经营杠杆分析
		决策和定价

成本的基本要素

首先，可以按类型将成本进行分类，如将总成本分为原料、劳动力和一般费用。这种方法来自成本分析的制造业背景，它提供了财务报告的主要类别。虽然它对形成财务报告比较方便，但是它只为管理决策提供了有限的鉴别力，因为它不能辨别这些成本是如何发生的，以及在不同的环境中这些成本将会怎样变化。然而，它对于为投资者和外部分析者所作的、较高水平的财务分析是有用的（见本章后面经营业绩评估部分）。

直接成本与间接成本

在成本分类中的第二种主要方法，是分为直接成本和间接成本。这种方法关注成本项目是否能归到（或联系到）单一产品或服务中，有时归到一个部门。直接成本，可能与一个产品或服务有联系或追溯到一个产品或服务，就一个特殊产品或服务而言，间接成本不能轻易或准确地隔离开来，它经常被称为是一般费用或间接费用。对于具体产品成本或为了成本控制和计算，这种分析成本的方法可能是有用的，如食物成本可追溯到一个特殊的菜单或一餐饭，因此应提高分析单个菜单的可能性。食物成本分析是菜单设计的一个重要部分，关于这个主题可进一步阅读科塔斯和杰雅沃迪纳（Kotas，Jayawardena，1994）的著作。直接成本，作为构成以成本为基础的定价方法的重要前提，是经常变化的，但不是必然变化的（见后面的可变成本定义）；而间接成本则必须在适当的基础上分摊到产品、服务或部门，并形成吸收成本（Berry，Jarvis，1997），然而在一个企业中间接成本的比例越大，这种分析就越没用处，因此在现实中，饭店企业、航空公司和旅游经营商都努力根据部门或产品线来辨别成本，然而分摊间接成本到每个部门或产品的方法往往是主观的，它忽略了从成本分析而得到的许多利益。通常，这种分析形式主要用于有重要的有形产品的企业，以及企业所经营商品或服务持续发展的情况。

固定成本与可变成本

一个更有用的成本分类方法是根据行为来分的，就活动或销售量而言，这种成本分析方法是取决于成本如何变化。所有成本都能根据它们的行为来分类，在销售额中成本每次都按一定比例而发生变化的就是可变成本，如果成本不随销售额变化而发生变化，那就是固定成本。例如，在一个餐馆里，每次进餐的时候，食物和饮料都会被消耗掉，食物和饮料就归为可变成本；另一方面，间接费用（像租金、保险和经常性的能源成本）不会随着顾客数量而发生改变，因此就被归到固定成本。很显然，固定成本取决于企业的性质和规模，如航空公司航班上的机乘人员的劳动成本（薪水）将是固定的，而不管航班的乘客数量多少，快餐服务的劳动成本（对于非管理人员）是可变的，因为雇用的工作人员，是在一个按小时付费合同的不固定的基础上，并且可能直接与需求数量（如预计的顾客数量）有关的变化模式上。因此，除了谈到的经营性质和规模外，成本的类别还取决于其他因素，如经营的灵活性、管理信息系统及雇用合同等。图 7.1 显示了随着活动不同水平的变化，固定成本和可变成本是如何变化的。

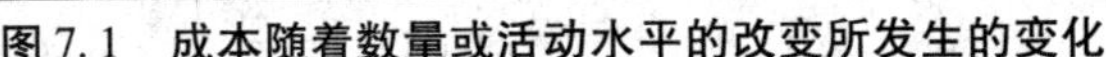
图 7.1　成本随着数量或活动水平的改变所发生的变化

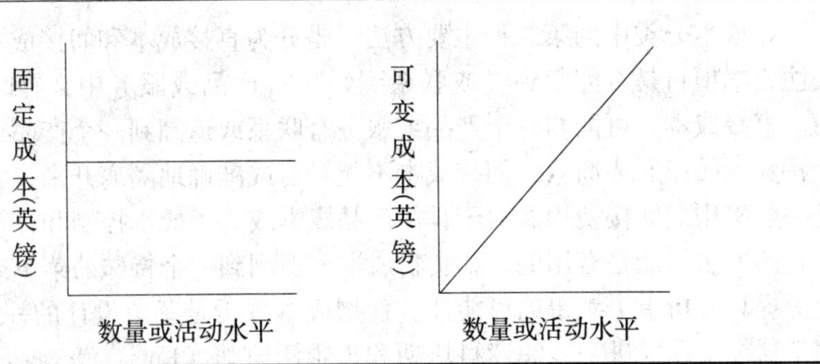

上图显示了固定成本和可变成本的简化成本函数。随着数量增加，总固定成本保持不变，显示为一条水平的成本线；总可变成本在线性函数下，表现为一条直的对角线（这里，增量是常数，因此线是直的），对角线是由单位可变成本（可变成本的一个单位）决定的；单位可变成本越大，图形的线就越陡。图 7.2 显示了两个可变成本函数：一条是高单位可变成本的企业所拥有的，一条是低单位可变成本的企业所拥有的。

图 7.2　高单位和低单位可变成本的成本函数

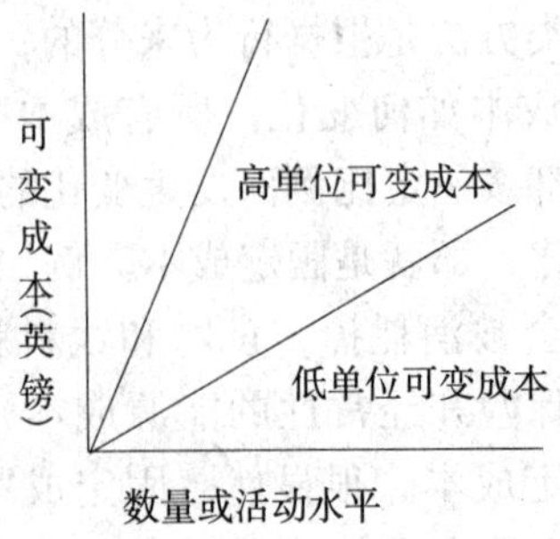

这些不同成本情况的影响将在这一部分的后面来讨论，关于成本函数的更深入讨论可参考贝里和贾维斯的著作（Berry，Jarvis，1997：第 15 章）。

成本分类的过程并非是十分科学的，有些成本兼有固定和可变因素，对这些成本就称为半可变成本或半固定成本，接下来的例子将分析了这些成本是如何上升的。劳动成本，既包括了不管顾客数量变化而雇用的支付薪水的工作人员，也包括了由于顾客数量的增加，在高峰期雇用来的按小时付费的工作人员。对于企业来说，当需求能够可靠地预测的时候，就能把按小时付费的工作人员当做可变的，因此劳动成本反映为一个半可变成本或阶梯函数。在图 7.3 中分析了这类成本函数的特性。

图 7.3　半可变成本函数

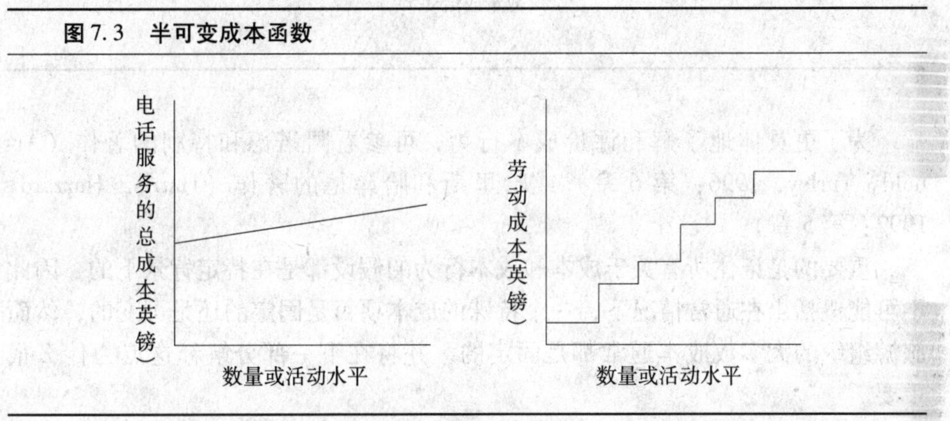

这种成本行为假设，通常是基于对前些年的成本和产业标准的分析，重要的是认识到这个分析是限于特殊的活动范围，通常被称作“相关范围”。在销售活动中，这是一个正常的变化，并且在销售中假设和成本行为的预测都是可靠的，如一家大轿车经营商每天能运输 120 至 180 个乘客往返服务于机场到市中心，然而为了使每天乘客的数量超过这个范围，将需要带来额外的一辆汽车参与服务，这将会改变成本假设和动态变化，在图 7.4 中采用不连续线说明了这一点。

图 7.4 不连续的成本函数

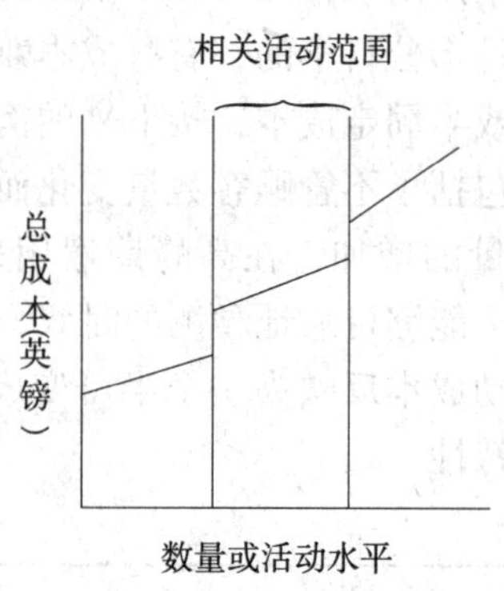

为了更具体地了解和评价成本行为，可参看阿诺德和特利的著作（Arnold，Turley，1996：第 6 章）或哈里斯和哈泽德的著作（Harris，Hazzard，1992：第 5 章）。

重要的是记住所有关于成本和成本行为的假设都是在特定背景下的，因此不可能概括出在通常情况下，一个特殊的成本项目是固定的还是可变的，然而旅游组织的大多数成本通常都是固定的，并将在下一部分解释这点为什么很重要。

■成本概念的应用：成本结构

成本结构，是由固定成本和可变成本的比例所决定，也是通常所说的经营杠杆。对有着相对高比例固定成本的企业，如萨伏依饭店集团（Savoy Hotel Group）、夸塔斯航空公司（Quantas Airlines），都是具有较高经营杠杆的企业；而对于有着相对高比例可变成本的企业，如麦当劳（McDonald）快餐店，则通常是具有较低经营杠杆的企业。

成本结构或经营杠杆，反映了经营风险的影响，即随着销售水平变化时，固定成本的比例越高，则利润就越容易变化，表 7.5 即反映了这种变化过程。在例中的两个公司，具有相同的销售水平和利润比率，但其中一个公司有着高固定成本（高经营杠杆），另一个有着低固定成本（低经营杠杆），尽管两个公司的销售额呈现相同比率的变化，但两个公司的利润却反映出完全不同的变化，揭示了在相同销售量波动下不同成本结构的影响。

表 7.5　在销售额增加时，成本结构和利润变化的实例

	LoFix 英镑	HiFix 英镑
销售额	50 000	50 000
可变成本	25 000	10 000
固定成本	15 000	30 000
利润	10 000	10 000
利润占销售额的百分比（%）	20%	20%
如果销售额以 15% 增加：		
销售额	57 500	57 500
可变成本	28 750	11 500
固定成本	15 000	30 000
利润	13 750	16 000
利润占销售额的百分比（%）	24%	28%

表 7.5 表示：假定销售额增加 15%，使 LoFix Company 的利润增加到 13 750英镑，增长了 37.5%；HiFix Company 的利润增加到 16 000 英镑。如果销售额增加 60%，很清楚地，在高固定成本公司里，增加的利润将是更高的。但是，如果出现的下降情况，即公司销售额减少，那么公司利润将会发生什么情况？表 7.6 显示了销售额减少带来的影响。

表 7.6 中，LoFix Company 利润减少了 2 500 英镑（下降 25%），然而 HiFix Company 利润则大幅度减少了 4 000 英镑（40%）。从这个实例中可以看出：固定成本比率越高，则利润就越容易变化。在衰退情况下（当销售额下降的时候），拥有高固定成本的企业将会比低固定成本企业更艰难，这意味着当存在需求增加和销售额上升的时候，高固定成本企业将会干得更好，因此潜在回报也就越高。通常，风险与回报是相关联的，正如在上例中，低固定成本企业一般都比高固定成本面临较低的风险，然而他们也没有相同的高回报潜力。

表 7.6 在销售额减少时，成本结构和利润变化的实例

	LoFix 英镑	HiFix 英镑
如果销售额以 10% 的比例减少：		
销售额	45 000	45 000
可变成本	22 500	9 000
固定成本	15 000	30 000
利润	7 500	6 000
利润占销售额的百分比	16.6%	13.3%

成本结构常常与特殊部门有着密切关系，如饭店比餐馆有较高的固定成本，航空公司的固定成本比率也要比旅行社高。同样，考察同一部门里的区别也是存在的，可比较豪华饭店和廉价饭店，低成本（“没有装饰”）航空公司和一条龙服务（“全套服务”）航空公司的区别，表 7.7 总结了旅游业范围内的成本利润的情况。

表 7.7 典型的成本利润情况

高杠杆企业的例子（如高固定成本与低可变成本）：	
航空公司	——高固定成本，每个航班的燃油和工作人员
	——低可变成本，每个乘客的餐费其他额外费用
豪华饭店	——高固定成本，归因于位置、空间和雇用层次
	——低可变成本，消耗品
休闲中心	——高固定成本，经营场所、设备及劳动成本
	——低可变成本，归因于非常少的消耗资源/成本
低杠杆企业的例子（如低固定成本对高可变成本）：	
餐馆	——较低的固定成本，如财产通常都是租用的
	——较高的可变成本，与价格有关的食物和饮料成本
零售经销商	——较低固定成本，如财产通常是租用的，弹性雇用
	——较高的可变成本，与价格有关的商品

■本量利分析

成本行为分析的第二个应用重点，是对经营活动进行本量利（CVP）分析（也称为盈亏平衡分析）。这种分析是以分离固定成本和可变成本的能力为基础的，它能使管理人员评估定价策略，并把握住经营中一笔生意、产品或服务的盈亏平衡点。

这部分将解释贡献毛益的关键概念，解释如何进行 CVP 分析，并因此展示如何通过应用 CVP 分析来支撑一系列管理决策。然而，重要的是首先辨认并理解单位成本和总成本之间的区别。

单位成本对总成本

单位成本，是指单个产品或服务事件的成本，如快餐店出售的每个牛肉饼价钱都相同，因此每单位（即每个牛肉饼）的可变成本也会保持相同。因此，随着销售量的增加，总可变成本将会增加，即更多的单位成本将使总可变成本相应增大。与此相对的是固定成本的情况：不管销售的数量是多少，总固定成本仍保持不变（在相关的范围内），因此如果你计算每单位的固定成本时，就会发现随着销售量的增加，每单位的固定成本将会逐渐减少。下面这个简单的实例将分析这种情况。

一个售卖小亭出售的冰淇淋

经营一个售卖小亭的固定成本，包括电费、保险费和劳动力费在内是每周 560 英镑，其期望售出的冰淇淋的数量是 600 支。因此，将固定成本分摊到 600 支冰淇淋上，就是每支冰淇淋 0.93 英镑（以 560 英镑除以 600）。这个简单的计算就能反映出，随着销售量的变化，每单位固定成本是如何变化的。表 7.8 显示了随着销售额的增加，每单位固定成本是怎样减少的。

表 7.8　随着销售额不同每单位固定成本的变化

冰淇淋的数量	每支冰淇淋的固定成本
200	£ 2.80
400	£ 1.40
600	£ 0.93
800	£ 0.70

重要的是，在考虑对一个产品或服务收取什么价格的费用时，要记住随着销售量的增加，每单位的固定成本将会逐渐减少，这就是CVP分析的本质。

盈亏平衡分析

本量利（CVP）分析，有时也称为盈亏平衡点分析，是一种简单的方法，它能使管理人员了解不同选择和决定的影响，如需要销售多少才能补偿成本，达到收支平衡？值得增加广告和提高价格吗？如果降低价格以增加销售量，会对利润产生什么影响？整个旅游业都应当考虑这些问题。接下来的这部分将涉及到对关键术语、概念和计算的介绍。

盈亏平衡点是一个企业“收支平衡”的那个点，在这个点上既不赚也不赔，换句话说，就是总成本等于总收入的那个点。这可以用上面提到的售卖小亭的例子来解释。

冰淇淋卖主

每周固定成本是560英镑，每支冰淇淋的可变成本是1.20英镑，如果冰淇淋出售的价格是2.60英镑，那需要卖多少冰淇淋才能补偿全部成本呢？为了回答这个问题，了解贡献毛益的概念是很重要的。

贡献毛益

在上面的例子中，每次售出一支冰淇淋，顾客支付2.60英镑，卖主产生1.20英镑的费用，因此，随着每支冰淇淋的销售，卖主就获得1.40英镑，这就是贡献毛益（contribution）。因为，对于每支冰淇淋的售出，贡献毛益的产生能帮助支付经营的固定成本。它好像是一个过渡性利润，但被称为贡献毛益，因为，最初它用于补偿固定成本；在售出足够数量的冰淇淋，并已能完全补偿所有的固定成本后，它就会产生利润。下面是一个简单的计算贡献毛益的公式：

$$C = SP - VC$$

这里，C表示每单位贡献毛益；SP市场出售价格；VC表示每单位可变成本。

如果每支冰淇淋售出就获得1.40英镑的贡献毛益，卖主将必须卖400支冰淇淋才能获得足够的贡献毛益来补偿固定成本，以达到盈亏平衡。这可以通过用总固定成本除以每支冰淇淋的贡献毛益来计算得出，如下：每周的总固定成本560英镑，除以每支冰淇淋的贡献毛益（单位）1.40英镑。

560.00英镑 ÷ 1.40英镑 = 400（支）必须售出的冰淇淋

计算公式是：

$$FC \div C = B/E$$

这里，FC 是总固定成本；C 表示每单位贡献毛益；B/E 表示盈亏平衡点的单位数。

管理人员知道企业的盈亏平衡点，不仅有助于评估利润的潜力，而且有助于评估经营风险。企业所面临的风险之一，是存在销售额可能降到企业不再盈利的情况。安全边际率，是衡量在盈亏平衡销售点和正常经营（或预算）销售水平之间的差距，以表明企业所面临的风险程度。通常，如果企业是在最大供应能力上经营，则企业已经非常接近盈亏平衡点了，于是在销售量或销售价格的微小变化就能使企业进入亏损状态。因此，对于评估和比较选择的不同的经营风险，安全边际率是一个有用的工具。关于 CVP 的进一步阅读，见阿诺德和特里的研究（Arnold，Turley，1996：第 8 章），对于 CVP 在饭店业的另一个应用方法，见哈里斯的研究（Harris，1999：第 5 章）。

CVP 公式：

成本、销量和利润之间的关系可用下述公式来表示：

$$P = SP - (VC + FC)$$

这里，P 表示利润；SP ＝ 每单位的销售价格；VC 表示每单位的可变成本；FC 表示总固定成本。（上面所用的所有公式都是来源于这个主要的 CVP 公式。）

应用简单的代数规则，这个公式能用来回答一系列的问题；它还能被用来熟练地回答如下问题：

- 需要销售多少才能补偿成本，达到盈亏平衡？
- 值得增加广告和提高价格吗？
- 如果降低价格以增加销售量，会对利润产生什么影响？

案例 7.4　提供了一个如何用 CVP 分析来回答这些问题的实例。

案例 7.4　某主题公园的成本

某公司正考虑对一个受欢迎的主题公园的经营特许权。他们提出了两个概念方案，这两个概念方案具有不同的项目和定价结构，对两个选择方案的预测成本和收入如下所示：

	方案一	方案二
投资成本	€220 000	€340 000
估计每月销售额（销售保障）	16 000	36 000

案例7.4 续

估计每份销售保障的平均花费	€4.40	€3.05
可变成本	30%	40%
每月固定成本	€27 000	€24 000

问题讨论

10. 计算每个选择方案的盈亏平衡点、安全边际及利润潜力。
11. 推荐哪种选择方案最好，并证明你的结论。

案例7.4表明，通过应用CVP原则是可能在企业中作出最佳选择的决策的，但是这种技术只适用于短期决策，此外在考虑短期决策的时候，也有许多其他技术和概念，在阿特利迩和麦克莱里的研究中（Atrill，McLaney，2003）就包含了这些具体内容。

对与成本概念及其应用相关的术语解释如下：

■ 可变成本：随销售量或产量增加成比例增加的成本。

■ 固定成本：当销售额增加或减少时，保持一段时间固定和不变的成本。

■ 贡献毛益：销售价格与可变成本之间的差额；它表示从一个单位销售所获得的收入，这部分收入能对固定成本和利润有所贡献。

■ 盈亏平衡点：总成本等于总收入的销售水平。

■ 安全边际率：当前或预期销售与盈亏平衡销售点的比率，提供了对经营风险的判断。

■ 相关范围：活动或销售量的正常变化，在这个正常变化中，假设成本行为都是可靠的。

■定　价

定价，是任何企业的管理人员都必须做的最重要的决策之一，因为它是影响企业收入方面的主要决定，正如在本章概述部分所解释的，定价对于旅游业达到最大收入来说是很重要的。因此定价是特别重要的，其重点关注收入最大化的结果，并导致绩效管理和收入管理形成紧密的系统，而在这个系统中，价格是最重要的因素。(关于收入管理更详细的了解，见Ingold，2000)；进一步考察利润的改善，见哈里斯的研究（Harris，1997：第7章）。特别是在旅游业中，由于定价可能会有深远的影响，因此宣传册上的价格，必须在实际预订和度假发生前18个月就制定，因此它也是重要的。定价也是一个复杂的事情，因为它结合了来自营销、会计和经济的概念。接下来的部分将首先介绍经济学的弹性概念，接着继续考察以成本为基础和以市场为基础的定价方法，最后这部分将以简要考察在全包旅游经营中的定价过程作为结束。

需求弹性

需求弹性（elasticity of demand）是一个经济学概念，这个概念把对一个产品或服务的需求变化与一系列因素联系起来，其中最重要的因素是价格，被称为需求价格弹性（price elasticity of demand），通常简称为需求弹性（elasticity of demand）。然而，关于弹性的其他因素、收入弹性（income elasticity）及交叉价格弹性（cross - price elasticity）的详细讨论可见特莱布的研究（Tribe，1999）。

需求价格弹性，描述了随着价格的变化引起需求变化的情况。需求是有“弹性”的（elastic），其反映了当价格变化时，相关需求的变化大小。单位弹性（unit elasticity），是在价格变化时导致相同需求变化的影响，如价格上涨10%，需求将下降10%。如果需求是缺乏弹性（inelastic）的，那么价格的上升将不会引起需求的下降。因此，假定需求对价格是有弹性的，那么当价格上升或下降的时候，这种影响就发生了，如果降低价格就会刺激需求增加，当然缺乏弹性的需求不会因为价格的下降而有所增加。

一般说来，奢侈商品都倾向是有价格弹性的，因为没有它们，人们也能对付日常生活；但是，必需商品如汽油和燃料，通常都是缺乏价格弹性的，因此对于销售额以相似百分比增长，只会对必需产品和服务的需求产生较小的影响。重要的是记住，在制定价格和考虑价格变化的时候，管理人员必须考虑到价格弹性或他们的定价策略，可能对增加收入和今后的利润有什么效果。对于更详细的关于弹性的讨论，见特莱布的研究（Tribe，1999），关于成本结构弹性和接待服务定价的更广泛的讨论，见卡伦的研究（Cullen，1997）。

■定价方法

有两种主要的定价方法：以成本为基础的定价和市场或竞争者导向的定价。虽然，许多教科书都介绍了一系列不同的方法，但是，实际上在这两种以外的广泛分类中，它们全部都失败了。

以成本为基础或成本加成定价方法

这是最简单和应用最广的内部导向的定价方法，它包括在生产产品或服务的成本基础上，再加上一个数额来得到销售价格，加上的数额通常称为加成

（make - up）。根据包括总成本的多少，加成的数额将会有所变化，用数学公式表示如下：

$$P = C + f\ (C)$$

这里 P = 价格，C = 成本，f = 要求加成的 %。

例如，如果 C = 3.40 英镑，要求加成是 30%，价格就会是 5.59 英镑，因为，P = 3.40 英镑 +（30% × 3.40 英镑）= 5.59 英镑。

哈里斯和哈泽德（Harris，Hazzard，1992）有效地解释了在成本加成定价方法中的主要变化，见图 7.5。

图 7.5　成本加成定价的主要变化

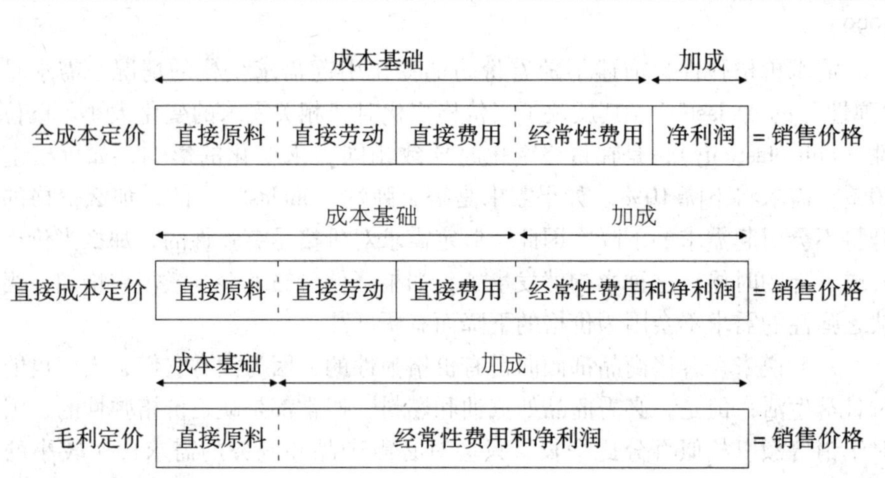

资料来源：Harris and Hazzard（1992）：167. Reproduced with the permission of Nelson Thornes Ltd from Managerial Accounting in the Hospitality Industry by Peter Harris and Peter Hazzard. ISBN 0 7487 1567 3, first published in 1972.

如图 7.5 所示，加成的大小取决于所包含的成本量。运用完全成本定价方法的时候，加成只需要补偿要求的净利润；然而，当运用边际或毛利定价时，就需要有足够大的加成来补偿经常性费用和净利润。采用哪种方法将取决于企业的成本结构和管理信息系统精确查出成本的质量。

全成本定价方法，试图考虑企业将会发生的全部成本。它要求将经常性费用分摊到具体的产品、服务或部门，由于在旅游业中存在准确识别、归类和分摊成本的困难，因此在旅游业中它很难有效地实施。

边际贡献定价通常也称为边际成本定价，尤其对拥有高固定成本且易分摊直接成本的企业来说，是一种非常有用的定价方法。价格是以边际成本（边际成本通常与可变成本同义，但关于它更详细的定义见 Cullen，1997）为基础的。在边际定价方法中，加成是大于对利润和成本的贡献补偿要求的，因此这种方法使管理人员拥有更多改变价格的决定权。当存在剧烈的价格竞争时，考虑这种方法也是有用的，因为它能识别出企业可能出售的最低价格。但是，由于这种方法也可能导致产生不足以补偿所有成本的收入，因此使用它时应当小心。在已经达到盈亏平衡点销售额后，考虑定价策略时，它是特别有用的。

另一个变化是盈亏平衡定价，即在生产量固定的情况下，盈亏平衡定价是很有用的，因为在预测一个固定的销售量时，公司会计算必须达到盈亏平衡时的价格，那么任何以市场为基础的估价都必须超过这个盈亏平衡点时的价格，才能以确保产生利润（看前面关于 CVP 的讨论）。

定价的常规方法已在饭店业内建立起来。一个饭店控制的平均客房率，应与投资饭店建筑物的每 1000 英镑有 1 英镑的比率相等（起初明确地称为 1 美元/1 000 美元）。这种方法目的在于考虑到资本投资（包括建筑物和陈设品的资本成本）和饭店的经营结构，但由于它缺乏科学基础，因此受到了批评，近年来基本上忽略了它的存在，然而在北美的一些新的研究中（O’Neill，2003）发现，这种方法在依托饭店等级的基础上是相当准确的。

利润导向或回报率定价，考虑到了企业总的利润要求，并且还特别分析了与投资资本有关的适量利润。这种方法被应用在哈巴德公式中（Hubbard Formula），一种长期建立起来的饭店客房定价方法。这种方法确认了资本投资和要求的回报，并设置了一个平均客房率来产生充足的收入，表 7.9 中的实例说明了这种方法的应用。

表 7.9　以哈巴德公式为例

客房部经营费用		
工资总额	565 000	
其他部门费用	125 000	690 000
未分配的成本		
公用事业	75 000	
管理	43 000	
市场营销	105 000	

表7.9 续

维修和维护	86 000	309 000
经营费用小计		999 000
资本回报		
动用资本	4 850 000	
要求税后10%的回报	10%	485 000
税		
以25%纳税	25%	161 667
固定费用		
利息和折旧		115 950
扣除任何来自其他部门的利润		
食物和饮料	65 800	
宴会和会议	22 000	
特许店	15 600	-103 400
从为了补偿成本和动用资本所要求回报的客房销售额中实现的总数		£ 1 658 217
计算建立平均每天客房率		
客房销售实现的数额（A）		£ 1 658 217
可用于销售的客房		150
每年可用的客房数量（×365）		54 750
平均预期入住率（65%）		65%
晚间入住客房数（B）		35 588
平均客房率（A÷B）		£ 46.60

这是一种更复杂的成本加成定价方法，虽然它承认了饭店经营的动态性，但是它仍然是内部导向的，并且同样存在所有以成本为基础的定价方法的不足。所有以成本为基础的定价方法都未考虑市场的动态性和市场竞争，例如，如果在马路对面的那家同等饭店已将价格定在了每晚每间35英镑，马路这边的这家饭店就不可能以每晚每间46英镑的价格销售出很多间客房。因此，尽管依然要注意以成本为基础的定价计算和建议，但是所有的定价技术都必须考虑供求问题和市场竞争。

以市场为基础的定价方法

以市场为基础的定价方法的焦点在外部，考虑的各种因素，包括供求问题、市场结构和动态性。例如，如果对一个产品或服务的需求超过了供给，那么价格可能上升。这种情况可能因为一件一次性的事件（在奥林匹克运动会之前，雅典的饭店住宿客房率就上升了）而发生，或者这种情况也可能定期发生（如在游船业中，随着旺季需求的增加，度假价格上升）。

市场营销的教科书介绍了一些定价方法，包括声望定价、招徕定价和心里定价方法（Bowie，Buttle，2004），所有这些方法都必须基于公司成本的基础上。随行就市定价是根据竞争情况，参照市场中竞争对手的价格水平来制定价格，这里面隐含了成本因素，并要求组织减少或降低成本，但这样可能会影响到服务标准和质量。公司必须注意以市场为基础的价格是否在全部成本价之下，特别是低于边际成本价格，如果是，则如此紧张且没有严格财务含义的定价就不能保持很长时间。

旅游组织为关注市场导向定价的复杂性和要求，以及了解成本的需要，经常采用下面的过程。表 7. 10 反映了一种在旅游经营公司里典型的定价方法。

表 7. 10　在全包旅游经营中的定价

第 1 步	识别全包旅游所要求的供应链要素，运输、住宿、游览
第 2 步	将成本划分为直接与间接成本、固定与可变成本
第 3 步	预测与这些成本有关的预期销售数量
第 4 步	计算基于一系列承载因素的价格
第 5 步	针对竞争者的基准价来定价
第 6 步	固定宣传册价格，并祈祷吧

旅游经营商定价是管理高风险决策的一个方面，这也是为什么要求做详细预测的原因。不确定性是一个关键因素，因此上面的第 4 步，即计算基于一系列承载因素的价格是非常重要的，如住宿和换乘交通工具预订合同的使用。此外，预先购买外汇和销售外汇的预订合同，也是旅游经营商财务管理的关键方面。案例 7. 5 显示了一个简单的数字案例。

在汇率的假定下快速地重新计算，这种计算应当在电子表格的基础上完成，以便于了解它们对价格的影响。最后，许多小的旅游经营商都将研究、计算、竞争者基准，以及把国家或产品经理极其重要的感觉结合起来运用。

案例 7.5　奥林匹克旅游有限公司的定价案例

奥林匹克旅游有限公司，正在开发体育运动迷的包价度假产品，与希腊的雅典奥运会有关，全包旅游设计包括了：

—返回雅典的航班

—从机场转乘交通工具

—饭店住宿十四天，带半食宿

—关键比赛的门票，包括开幕式

—在景点使用的门票券

基本的成本信息如下：

固定成本

●包机：三个返回航班、座位容纳量为 250 座、每个返回航班的花费为 24 000 英镑；

●客车：度假游客在机场和饭店之间的往返（加上从饭店到开幕式场地），每辆车往返一次花费 2 000 欧元，客车可容纳 52 名乘客。

可变成本

●入住大都市饭店：每人花费 1 680 欧元（与饭店的合同确定了旅游经营商只支付确实预订的客房数量）；

●开幕式和五场赛事门票（包括体育运动的最后夜晚和马拉松决赛）：总成本 1 250 欧元（直到开幕式前两周，套票都可以退）；

●门票券：每张 160 欧元。

问题讨论

12. 假定经营商要求加成 30%，并且期望负债因素为 80%，计算最后的旅游销售价格。你可以假设兑换率是 1.498 欧元兑换 1 英镑。

■总结关键的定价概念

与定价有关的下列概念和术语解释如下：

■ 需求价格弹性：当价格改变的时候，对预期销售量变化的度量。单位弹性将会显示随着价格的降低，销售量会同等增加。当价格下降或上升时，缺乏弹性的需求将不会变化。

■ 成本加成定价：将一定量的补偿利润加上成本，制定销售价格的定价方法，这是一种内部导向的定价方法。

■ 边际贡献定价：只关注可变成本或边际成本，以此来制定最低的可能销售价格的成本加成定价方法。

■ 市场导向定价：制定价格时，以竞争者价格作为基准的定价方法。

■ 承载因素：在一架飞机或包价度假游上获得的最高容量的百分比，在高固定成本的企业中，这是至关重要的。在住宿部门，它常常是基于客房的入住率为基础。

经营业绩的评估

到目前为止，本章已阐述了主要的财务报告，分析了成本并概述了定价方法。在继续讨论如何准备经营计划之前，将首先关注财务信息的评估。评估经营业绩有各种技术，但这些所有的技术都包括对至少两个因素的比较，因为没有比较是不可能对数据或经营做出判断的。表7.11中的案例说明了如何把财务信息和比率值结合起来分析。

表7.11　评估经营业绩

	A公司	B公司
销售额	£ 300 000	£ 1 125 000
哪个公司表现更好？		
B公司有更高的销售额，但那意味着所有的情况吗？		
利润	75 000	£ 112 500
现在哪个公司表现得更好？B公司仍然显示出更高的利润，但是它有更高的销售额，因此利润应当甚至是更高。通过计算销售利润率，就可对两个公司进行比较。		
利润率（利润额占销售额的百分比）	25%	10%
现在清楚的是A公司有更好的边际利润，从产生销售的每1英镑获得0.25英镑，比较B公司的每1英镑获得0.10英镑，因此A公司是更好的。		
但是，这并没有告诉我们，在每个企业中固定花费了多少，因此它仍然不是全部情况。		
投资资本	£ 500 000	£ 750 000

表 7.11 续

	A 公司	B 公司
这可看出，B 公司比 A 公司有更多固定用途资金或投资。如果获取的利润用投资资金的百分比表示，就可以又一次对两个公司进行比较。		
资本回报率	15%	15%
因此，当利润与投资的资金（或资本）联系起来的时候，两个公司表现得同样好。但是两个公司如何获得同样的总成果，还有非常不同的利润数字吗？这主要归因于他们的生产率；由于 B 公司的资产利用率高于 A 公司，因此当比较从投入的资产中所产生的销售额时，B 公司显然具有更高的产出的。		
资产利用（倍）	0.6	1.5
这显示出当 B 公司每 1 英镑产生了 1.50 英镑销售额，而 A 公司投入资产每 1 英镑只产生 0.60 英镑的销售额。		

表 7.11 显示了必须用各种比率来比较经营业绩，通过不同的方法来获得相似的总经营业绩情况。通过资本回报率来衡量总经营业绩；通过比较资本在利息和税前的利润率，这个比率更年概括了经营业绩；通过利息和税前利润[①]以及包括所有的经营资产的比率，这个比率排除了财务决定的影响而纯粹关注经营业绩。

■盈利能力与生产力

表 7.11 说明了总经营业绩是盈利能力及生产力两个关键方面的结果。表 7.12 显示了每个方面的主要比率及其评估的内容。

表 7.12 关键比率

主要比率		
总经营业绩	ROCE （PBIT ÷ 动用资本［CE］×100）	业绩的总体衡量；产生利润与动用资产联系起来获得的那部分利润。因为 PBIT 是在利息前的利润，因此，扣除了融资，并且在动用资本（CE）中扣除了长期负债。

① 也称为 EBITDA，即在支付和缴纳税收之前所得收入。

表7.12　续

次要比率		
盈利能力	净利润百分比（%） （PBIT÷销售额×100）	业绩的关键衡量；反映出所有的费用，因此总经营业绩，显示了什么资金留下来补偿财务费用和资金增长，用百分比表示。
	毛利百分比（%） （GP÷销售额×100）	反映了核心产品或服务的盈利能力，反映了定价政策和主要成本的基础成本控制，用百分比表示。
	销售费用百分比（%） （费用÷销售额×100）	能解释业绩的诊断比率；能被用来计算总费用或能将它们进行划分，例如劳动花费的百分比，经常性费用百分比。
生产力	资产利用 （销售额÷动用资产）	显示了从投入资产产生了多少销售额，表示了使用资产的强度。表示为时间利用，但是能被解释为每英镑资产所产生的销售额。
	固定资产产生的销售 流动资产产生的销售	通过资产的等级来分离生产力；通常只有当重新考虑变化趋势，来了解是否每级资产都被有效地管理的时候，才是有用的。

表7.12中的定义和解释，显示出了必须使用一些办法来说明建立经营业绩的清晰图像。应当注意的是，虽然有些通常用的比率，但是关于哪些比率应当被计算并没有绝对的规定和术语变化，唯一重要的事情的是记住你必须进行“相同”的比较。因此，比较同一期间内的费用和销售额，除了长期财务之外，可比较税前利润和总净资产；如果包括了长期财务，那么与财务相关的利息也应当包括在分析中，因此在做比较之前，利息（作为一个费用）应当从利润中扣除。也要注意，不是任何一年的数字都总是有代表性的，因此应当计算两至三年的比率，来清楚地了解变化趋势并提供可靠的业绩分析。案例7.6

摘自 Whitbread plc 的年度账目，并显示了公司经理如何向股东解释经营业绩。

案例7.6说明了一系列问题：首先，在一个经营部门里，两个公司可能表现得完全不同，因此分析的标准是很重要的；如果一起查看整个 Whitbread 饭店集团部门的成果，这两个公司相对不同的经营业绩可能已隐藏了起来。这也表现出作为一个相对的会计新手，是可能理解在年度报告中所提供的评论的。有趣的是也注意到了 Whitbread 随后宣布他们期望减少在饭店部门的资本投入量。

案例7.6　Whitbread 饭店部门经营业绩

Whitbread 年度报告和年度账包括了来自首席执行官的一个报告。在这里关键的是经营比率和统计数字；接下来的小案例包括了从账目中摘录的这些统计数字和与它们相关的评论。

马里奥特饭店	2003/4	费用
销售额	£ 391 百万	-0.30%
经营利润	£ 71.5 百万	-10%
资本回报率	6.20%	(0.3%)
小旅馆	2003/4	费用
销售额	£ 230 百万	12.00%
经营利润	£ 74.0 百万	11%
资本回报率	13.60%	1.00%

“对于英国最受欢迎的饭店品牌‘小旅馆’来说，这是另一个好年头：强大销售的一年，两位数利润增长的一年。由于伦敦地产受到了来自广大市场的压力，我们上半年入住率微微下降了，但是，在稳定的下半年之后，我们这年又实现了80.2%的入住率。

马里奥特饭店显示了在市场中保持强硬的另一个坚韧不拔的业绩表现，我们看到经营利润已有所下降，在资本回报率上也存在进一步的削弱，但是我们在每间客房的利润上已经表现得比我们同等集团的平均水平更好，入住率也慢慢前移到了71.5%。”

资料来源：摘录自 Whitbread PLC Annual Report and Accounts 2003/4（Whitbread，2004）

■流动资金

运营资本或流动资金，是另一个支持生产力研究的重要领域，但它也同时关注现金流。下面的比率关注运营资本的管理和流动资产与流动负债的平衡。对于保持经营中的现金流来说，这方面管理是至关重要的，特别是对于小企业来说，它可能是成功与失败的区别之处。在下面的表 7. 13 中总结了主要的运营资金比率。

表 7. 13 中所示的比率用在了大多数企业中，但是在有一点，在没有库存或正常营运活动导致负数的情况下，这些比率就没有什么用了。例如在零售业，流动比率经常都是负数，因为在零售业部门中，所有的销售都是现金交易，所有的购买都是赊账并且库存保持在最小状态，这就造成了比流动资产更多的流动负债。旅游经营商也体验到了净流动负债，这是由于旅游者为了度假提前支付定金的情况，其导致了一个叫做递延收益的负债（见前面的讨论），由于也不存在控股，因此流动资产通常少于流动负债。

表 7. 13　主要运营资本比率

流动比率	$\frac{\text{当前资产}}{\text{当前负债}}$	主要衡量流动性；表明公司立即还债的能力；反映了产业的一个侧面和管理运营资本的能力，用比率表示（x：1）。
存货周转	$\frac{\text{平均存货}}{\text{销售成本}} \times 365$	表明持有存货的平均时长，用天表示。
应收账期（DCP）	$\frac{\text{应收账}}{\text{信用销售}} \times 365$	给出了从客户处收集资金的平均时长，用天表示。
应付账期（CPP）	$\frac{\text{应付账}}{\text{信用采购}} \times 365$	给出了支付采购所需的平均时长，用天表示。
现金营运周期	存货周转 + DCP – CPP	衡量从第一次支付采购款给供应商，到收到客户现金的时长。

■财务结构

影响经营业绩的最后因素是财务结构，经营业绩与公司财务管理有关，它关注不同财务资源的平衡和补偿财务成本的能力，如补偿利息支付和股息。这里没有包括其他投资者比率，这方面内容在麦肯齐的研究（McKenzie，1998）中进行了详细讨论；维纳斯和贝赫勒（Vellas，Becherel，1995：第7 章）也讨论了财务业绩和财务的各个方面。表 7. 14 列出了这方面的三个关键比率。

表 7.14　关键财务比率

资本负债比率	$\frac{\text{债务}}{\text{股本和债务}}$	表示外借资金占总资金的比例；债务百分比越高，资本负债比率越高。这表明了一种财务风险，高资本负债比率意味着高风险。
利息补偿	$\frac{\text{PBIT}}{\text{利息}}$	表明公司补偿利息的支付能力，越高越好。
股息补偿	$\frac{\text{可归于股东的利润}}{\text{股息}}$	表示公司支付股息的能力；同上面一样，越高越好，因为可保留更多的可用资金，增长更快。

案例 7.7 说明了这个理论是怎样转变为实际应用的，这个实际案例摘录自餐饮集团，它显示了一个成功公司怎样才能拥有非常不同的债务与资产水平。

通用格式报表

评估财务信息的主要方法是利用比率分析，但是一些作者提倡使用通用格式报表，这牵涉到将主要的财务报表表示为一系列的比率。通过将百万英镑转化为简单百分比，这项技术降低了财务报表的复杂性。这在比较不同规模的公司时很有用，并且在关键比率计算出来之前，它可以提供第一轮的有用分析（Berry，Jarvis，1997：第 12 章；也可看 Harris，1992：第 4 章，它回顾了用通用格式报表来比较餐饮业损益情况的公司内部数据），总之，关键比率的计算是评估经营业绩最广泛接受的方法。

对于辨认常用的和专业的比率来说，回顾主要的通用比率是很有用的，这些内容将是下一部分的主题。

案例 7.7 餐饮的财务结构

	2003	2002	2001	2000	1999
净（债务）/资金（千元英镑）	（38 163）	（44 600）	（53 261）	（56 853）	（41 396）
资本负债比率（%）	76.1	95.8	132.2	86.6	51.1
在额外项目前的利息补偿（次）	8.6	6.1	4.9	5.2	8.8

餐饮集团通过借款进行资金扩张，导致了资本负债比率在2001年达到132%，现在已经开始在下降。从头至尾餐饮集团都是盈利和成功的，但是，显然投资者面对的风险水平是值得考虑的，风险水平在2001和2002年逐渐增高，这个案例提供了拥有公司年度报告中可用具体信息的另一个案例。

资料来源：The Restaurant Group（TRG）Annual Accounts extracts from five-year review（TRG，2003：41）

■基于行业的比率

除了上面讲的通用比率外，还有几个通常在大公司的年度账目中使用并提交的行业比率，这部分的最后一个表（表7.15）列出了用于住宿和航空公司两个重要旅游部门的主要衡量指标。

表 7.15 行业比率

住宿部门	入住率 %	生产力的关键衡量；说明生产能力的利用情况。所有酒店用来内部监控和外部标准化的关键指标。
	RevPar：每个可用房间的收入	通过总收入除以可用房间数，将定价和生产力结合在了一起。这个指标的关键驱动因素是入住率和平均客房率。
	效益	关注完成的总收入相对于潜在收入的百分比。它将入住率和平均客房率结合起来，表明在收入最大化这个关键方面的相对业绩。

表 7.15 续

航空公司部门	每个乘客每公里收入（RPK）	与饭店业每个可用房间的收入相似。说明从每个乘客每千米乘机飞行平均产生多少收入。用每公里表示。
	负载因素	售出的座位（或假期）数量与生产能力的总量的百分比，关键的生产力衡量，相当于饭店的入住率。
	每公里可用座位数（ASK）	飞机用座位数乘以飞行公里数的生产能力的衡量。

上面所包括的比率是基本、定量且有效的比率。公司也可通过“神秘客人（mystery guest）”程序、员工和顾客调查问卷来收集更多关于经营业绩的定性数据。随着效率衡量（PM）系统的开发，如平衡计分卡①，这种类型的定性信息更多地被用于内部以监控经营业绩，但在公共领域或年度报告中，这类数据并不是能经常找到的。

案例 7.8 显示了包含在 Lufthansa 年度报告的一些经营比率，这些比率包括了一系列经营统计数字和比率。

案例 7.8 行业统计数字——汉莎航空公司

以下数据取自汉莎航空公司 2002 至 2003 年会计期间的账目：

汉莎航空公司产量数据		2003	2002
吨/公里总可用	百万	23 237.30	22 755.60
吨/公里总收入	百万	16 226.50	16 080.80
总乘载因素	百分之	69.8	70.7
座位/公里可用	百万	124 026.60	119 876.90
乘客/公里收入	百万	90 708.20	88 570.00

① 平衡计分卡是由 Kaplan 和 Norton（1992）开发的一个多变量模型；也可以看 Adams（1997）关于这种 PM 框架的一个讨论。

案例 7.8 续

汉莎航空公司产量数据		2003	2002
载客负载因素	百分之	73.1	73.9
运输的乘客	百万	45.4	43.9

汉莎航空公司的业绩，表明了在 2003 年大多数的关键指标出现了衰退，这反映了艰难的贸易环境和航空业竞争的加剧，以下摘自董事长的报告反映了这个情况：

"2003 年是极具挑战性的一年。这一年包含了大量的艰难工作和艰苦努力。三重危机：伊拉克战争和恐怖袭击的潜在恐慌，SARS 流行及全球经济疲软，减少了需求，对价格施加了额外的压力，都重重地反映在了我们的结果上。"

这个例子也说明了在年度报告中已经包含了高层次的详尽报告，这样的报告通常会以 pdf 文件的格式在公司的网站上免费获得，为投资分析者和学生同样提供了一个有价值的信息来源。

资料来源：Lufthansa AG Annual Accounts for 2003（Lufthansa，2003：186）

■总结评估经营业绩的概念

与经营业绩评估有关的下列概念、比率及业绩的各方面都已经解释过了：

■ 盈利能力：关注核心边际利润和企业经营利润，以了解公司正从销售收入的什么地方和怎样产生利润。

■ 生产力：关注资产的利用和效率，以了解公司是怎样利用资产和债务来产生收入的。

■ 流动性：关注运营资本的管理和公司及时处理债务的能力。

■ 财务结构或资产负债比率：专注于怎样提供资金给公司的，以及公司怎样才能有效地处理财务欠款，这方面强调了风险和资产负债比。

对经营业绩及如何评估的理解，是准备一份经营计划的重要元素，接下来的部分将会说明在准备和汇报一份经营计划的时候，还应该包括哪些其他信息。

经营计划的准备和评估

经营计划的准备是启动经营活动的必要组成部分。经营计划包含关于经营的信息，经营概念，经营任务，经营的市场以及重要的企业财务。通常发展经营计划是为了有助于财务的提高，因此它们的目标者是投资者和出资人，因此在考虑文本语气和形式的时候，应该记住这点。一份典型的经营计划包括：

- 经营概念，经营计划、产品和服务的描述；
- 市场需求及其理由，客户的简要介绍与销售预测；
- 资源要求，人员与劳动力要求，资金投入与经营能力要求；
- 预测财务报表，包括现金预算，预算的损益表和资产负债表；
- 其他关键的问题，除了健康和安全要求之外，可能还包括合法的许可证要求，计划要求和许可证、版权，娱乐执照等。

准备一份经营计划，要求策划方仔细地查看公司的经营模式，比如公司的经营性质、成本结构、预测收入与费用。大多数欧洲银行为小企业提供了一揽子服务，而顾问和风险资本家也提供所要求内容的指导，因此在策划方已经完成了他们的研究后，他们可能不得不重写那份经营计划，以满足不同的投资者和出资人的需要。以下部分提供了在写一份经营计划中所包含阶段的简要概述。

开始时，确认经营概念是启动新的经营活动的最重要部分，很多经营计划来自策划者的爱好和兴趣，或者是人们具有在特定企业工作过的经历，然后决定建立自己的企业，有时新企业源自于裁员或改变生活质量的需要。不管是什么刺激了开办一个新企业，拥有行业或企业部门的深层次的知识是必要的，这对了解市场使其能找到一个独特的卖点是至关重要的。准备经营计划的必要的第一步，是有一个清晰并详尽的经营概念和想法，这能使产品或服务具有吸引力并有别于其他产品和服务，在此阶段显示出革新和创新是很有帮助的。

接下来，进行深入的市场调查研究是很重要的，找出主要的竞争者并考虑它们是直接的还是间接的竞争者（Bowie，Buttle，2004），谁是产品或服务的顾客？在其他企业争夺这些顾客的情况下，是否有足够的顾客数量来维持经营？对潜在客户的详细介绍是必需的，这包括他们的消费习惯和可自由支配的收入，如何将这些潜在顾客转变为销售收入？开始的几个月和第一年交易的销售收入的预期是多少？预测销售额，是外部视角（了解需求）满足内部视角（企业怎样满足那个需求）的过程，这里重要的是考虑产量和经营问题，这是提出经营前提、重要设备和其他资源要求的开始问题。

一旦有了一个关于经营性质和范围的清晰概念，就能准备资源计划了，这需要找到以下问题的答案：

- 如果可以的话，要求具有什么前提？
- 需要什么装备和固定设备？
- 企业需要汽车来送货或运输顾客吗？
- 要求配备什么水平的人员，是24小时服务吗？

还应当准备一份人力资源需求计划表，这个信息接着就能转化为一份财务计划或预测。

当准备财务预测时，关键是不要太过于乐观——采用谨慎或保守（Berry, Jarvis, 1997）的会计原则，但是要现实。除了为了所有采购的现实花费之外，对成本结构和成本行为的一个清晰了解也是重要的。一份经营计划应当包括预测的财务报表，其中含有现金预算、编制预算的损益表和资产负债表，图 7.6 清楚地显示了这些过程是怎样相互联系的。

图 7.6　编制一份财务计划

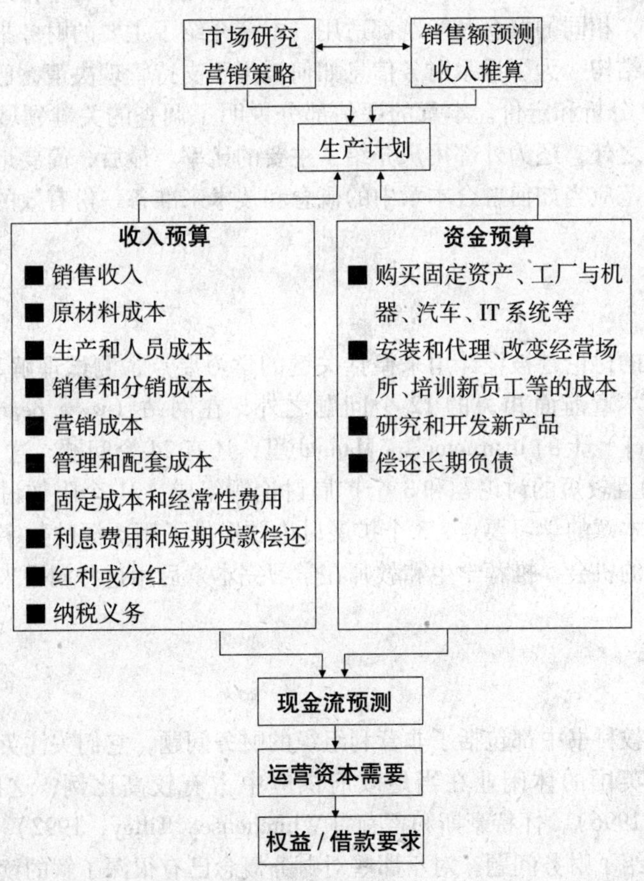

资料来源：Butler（2001：152）. Reprinted from Business Development：A Guide to Small Business Strategy, Bulter, D. , Copyright 2001, with permission from Elsevier.

最后，重要的是通过计划过程应了解到在企业开始营业前，任何合法的要求如执照、特许证、计划要求和许可，都可能要求出具。存在一系列影响企业如何经营的法律，包括了从雇用法律与权利到健康与安全的限制；在计划过程中，这些都应当包括进去，并且，应当准备一份清晰的生意开张的时间计划。(关于准备企业计划的更多细节，见 Butler，2001，或银行和贷款机构每年出的指南)

结　论

财务是管理旅游经营的一个重要方面，不管是一个小咖啡馆还是一家跨国旅游经营商，相同的概念和问题都适用。本章介绍了主要的财务报告，查看了成本和成本结构。为了显示财务信息如何被用于支持管理决策，已将成本行为应用于 CVP 分析和定价。本章的评估部分说明了调查的关键领域，除了关键的行业比率之外，还为外部用户介绍了主要的比率。最后，简要地介绍了经营计划，以示范应当如何融合本章中的概念和技术来准备一份有效的经营计划。

问题探究

本章中的讨论题被设计用来概括关键的学习要点，测试理解和/或巩固学习。除了在本章前面相关的 12 个问题之外，在网站（www. pearoned. co. uk/beechchadwick）上的 Instructor’s Manual 里，还有 24 个问题。这 24 个问题由 21 个附加的且较短的讨论题和 3 个扩展讨论题组成。21 个附加讨论题有助于巩固和应用本章的学习要点，3 个扩展讨论题提供了用更深的数字计算来应用概念和技术的机会，推荐学生和教师在学习完本章后用这些问题来辅助学习。

阅读指导

一系列教科书中都包括了非营利组织的财务问题，它们关注英国活跃的休闲业，因为英国的休闲业在当地政府供应中占有较高比例，这些如怀斯曼（Wiseman，1996）、怀特豪斯和蒂莉（Whitehouse，Tilley，1992）的书，都在引言中都介绍了财务问题。对于那些对财务概念已有很深了解的读者，恩斯特龙（Engstrom，1996）提供了一个对政府和非盈利组织的财务问题和概念讨论的深度报道。

为了查看更详细的财务管理方面的报道，读者应直接找阿特里尔的著作

(Atrill, 2000),这本书是为非会计人员设计的,虽然它并不是专门研究服务业的,但是它涵盖了本章没有的主题,例如,运营资本管理(这里强调了股票并不是特别有关系的,而债权人管理的细节与现金才是有关系的),还包括了资本投资评价和长期决策,还有资本的成本和财务来源,这些对于旅游管理者来说都是一些有用的主题。

本章并没有介绍包括现金预算生成在内的预算和预测。对于预算和预测主题的报道,一系列的书都是有用的:欧文(Owen, 2000)介绍了一个详细预算的生成及现金预算的生产,还有,与阿特里尔和麦克莱利(Atrill, McLaney, 2002)一样,阿特金森、贝里和杰文斯(Atkinson, Berry, Jarvis, 1995)都提供了许多处理过的详细案例。

网站推荐

大不列颠饭店统计协会网:www. baha-uk. org/,包括来自行业、事件和关于如何加入与如何实行专业发展的相关信息的新闻。

公司网站:例如雅高和突伊的网站:Accor www. accor. com/ ; World of TUI www. TUI. com/

贸易与产业部网站:www. dti. gov. uk,这个政府网站提供了获取关于好客、旅游及经济的许多有用的报告。

电子饭店网站:Ehotelier. com:www. ehotelier. com/,为全球饭店业进行新闻和信息服务。

欧洲商业信息和网络的网站:www. ebn. be/

财政时代网站:www. ft. com,提供了非常好的免费新闻报道、许多公司结果报道及为学生们提供的极低费用订阅报纸机会。

饭店和餐饮国际协会网站:www. hcima. org. uk/

关键提示网站:www. keynote. co. uk/ ,提供市场和部分报告,通常通过大学和学院的图书馆就可免费注册。

民特尔网站:www. mintel. com/ ,提供与关键提示网站相似的报告。

世界旅游组织网站:www. world-tourism. org .

在文中提到的账目是在线可用的:

■ Ryanair:www. ryanair. com/investor/investor. html? id = 1 .

■ The Restaurant Group:www. ccruk. com/html/investor. asp .

■ Whitbread:miranda. hemscott. com/

关键词

会计期间；资产；资本支出；成本加成定价；负债；边际贡献定价；市场导向定价；净值/总净资产；所有者权益；需求价格弹性；利润；留存利润；收入支出；销售额；运营资本。

参考文献

Adams, D. (1997) *Management Accounting for the Hospitality Industry: a Strategic Approach.* Cassell, London.

Alexander, D. and Nobes, C. (2001) *Financial accounting: an international introduction.* Financial Times Prentice Hall, Harlow.

Arnold, J. and Turley, S. (1996) *Accounting for Management Decisions*, 3rd edn. Prentice Hall, Harlow.

Atkinson, H., Berry, A. and Jarvis, R. (1995) *Business Accounting for Hospitality and Tourism*, reprinted 2001. Thomson Learning, London.

Atrill, P. (2000) *Financial Management for Non-specialists*, 2nd edn. Pearson Education, Harlow.

Atrill, P. and Mclaney, E. (2002) *Management Accounting for Non-specialists*, 3rd edn. Pearson Education, Harlow.

Atrill, P. and Mclaney, E. (2003) *Accounting and Finance for Non-Specialists*, 4th edn. Pearson Education, Harlow.

Berry, A. and Jarvis, R. (1997) *Accounting in a Business Context*, 3rd edn, (reprinted 2001) Thomson Learning, London.

Bowie, D. and Buttle, F. (2004) *Hospitality Marketing: An Introduction.* Elsevier Butterworth Heinnemann, Oxford.

Brigham, E. F. (2001) *Fundamentals of Financial Management*, 9th edn. Harcourt College Publishers, London.

Butler, D. (2001) *Business Development: A Guide to Small Business Strategy.* Butterworth Heinemann, Oxford.

Cullen (1997) *Economics for Hospitality Management.* International Thomson Business, London.

Engstrom, J. H. (1996) *Essentials of Accounting for Government and Not-for-*

Profit Organizations, 4th edn. Irwin, London.

GoAhead (2003) *Go Ahead Group Annual Review 28th June* 2003. Go Ahead Group PLC, Newcastle upon Tyne.

Harris, P. (1999) *Profit Planning*, 2nd edn. Butterworth Heinemann, Oxford.

Harris, P. J. and Hazzard, P. A. (1992) *Managerial Accounting in the Hospitality Industry*. Nelson Thornes, Cheltenham.

Horngren, C. T. and Sundem, G. L. (2002) *Introduction to Financial Accounting*, 8th edn. Prentice Hall, Upper Saddle River NJ.

Ingold, A., McMahon-Beattie, U. and Yeoman, I. (2000) *Yield Management*, 2nd edn. Continuum, London.

Kaplan, R. S. and Norton, D. P. (1992) The Balanced Scorecard-measures that drive performance, *Harvard Business Review*, Jan-Feb, v70, n1, 71-80.

Kotas, R. and Jayawardena, C. (1994) *Profitable Food and Beverage Management*. Hodder & Stoughton, London.

Lufthansa AG (2003) *Annual Report* 2003. Lufthansa, Frankfurt. Available from www. lufthansa-financials. de/servlet/PB/menu/1024430_12/index. html.

Mckenzie, W. (1998) *Financial Times Guide to Using and Interpreting Company Accounts*, 2nd edn. Pitman/Financial Times, London.

O' Neill, J. W. (2003) ADR Rule of Thumb: Validity and Suggestions for its Application, *Cornell Hotel and Restaurant Administration Quarterly*, Vol. 44, No. 3, 7-16.

Owen, G. (2000) *Accounting for Hospitality and Tourism and Leisure*, 3rd edn. Longman, Harlow.

Ryanair (2003) *Annual Report and Financial Statements* 2003. Ryanair, Dublin.

The Restaurant Group (TRG) (2003) Annual Accounts. Available from www. trgplc. com/html/frameset1. asp? w = 116.

Tribe, J. (1999) *The Economics of Leisure and Tourism*, 2nd edn. Butterworth Heinemann, Oxford.

Vellas, F. and Becherel, L. (1995) *International Tourism*. Macmillan Business, London.

Whitbread Annual Report and Accounts 2003/4 available from company website at http: //miranda. hemscott. com/servlet/HsPublic? context = ir. access. jsp&ir_

client_id = 43&ir_option = RNS_HEADLINES&transform = ir_home&nay = home&d = 1 .

Whitehouse, J. and Tilley, C. (1992) *Finance and Leisure.* Longman in association with Institute of Leisure and Amenity Management, Harlow.

Wiseman, E. , Edmonds, J. and Betteridge, D. (eds) (1996) *Finance in Leisure and Tourism.* Hodder & Stoughton, London.

WTTC (2004) *Tourism Satellite Accounting Report.* World Travel and Tourism Council, London. Available from www. wttc. org/2004tsa/frameset2a. htm .

第 8 章　小型非盈利旅游组织管理

林恩·帕金森（Lynn Parkinson，独立培训顾问）

学习目的

学完本章后，读者应该能够：

- 了解小型非盈利旅游组织的定义；
- 分析小型非盈利旅游组织管理面临的挑战；
- 明确小型旅游景区收入来源的范围；
- 进行目标旅游市场决策；
- 设计预算较低的市场促销方法；
- 掌握旅游活动和组织目标的协同管理。

本章概述

自旅游业发展的初期，小型非盈利组织在旅游供给方面就起着重要作用。从地理学的角度看，小型非盈利组织支配着旅游供给的诸多方面，包括旅游景区、食宿和交通等。

本章首先阐述了小型组织和非盈利组织的概念，列举了几个符合限定标准的旅游景区的案例，指出了经营此类旅游景区所面临的挑战。重点论述了管理方面的内容：管理小型旅游景区的多种收入来源，小型旅游景区的目标市场定位，并利用有限的预算资金来开辟多种旅游促销渠道。

小型非盈利旅游组织的典型特征，是指主要经营目的不是为了盈利，而是为了成功体验、社区教育或保护遗产及野生动植物，最重要的是为了满足游客的需求。因此，发展旅游是实现小型非盈利组织部分目标或全部目标的途径。

小型非盈利旅游组织与大多数以营利为目的的企业不同，其选址不一定都在能够吸引众多游客的地方，他们的地理位置大多数是由历史原因造成的，或者是为了实现某种特定的目的，这也增加了小型非盈利旅游组织所面临的挑战。传统的市场理论认为，这种选址缺乏目标市场的针对性，然而通过创新促销活动的实例表明，小型非盈利组织往往能让消费者满意或带给游客更好的体验。

本章所指的小型非盈利旅游组织，具有多样性、小规模的典型特征，全部研究案例也主要是旅游吸引物，包括博物馆、艺术馆、运动会、野生动植物研究和保护的有关机构等，这也显示了旅游多样化的一个侧面。与小型非盈利旅游组织的特征相一致，尽管小型非盈利旅游组织不是广为人知的，但他们往往是专家、同行和游客高度关注的对象。本章的案例研究，还阐述了小型非盈利旅游景区所面临的诸多挑战。

什么是小型非盈利旅游组织?

本章的研究对象是小型非盈利旅游组织，尤其是旅游景区。要更好地理解这个概念，必须把握三方面的基本内涵：非盈利组织、小型组织及旅游景区，以上三方面是影响管理优先顺序的主要因素。

■非盈利组织

非盈利组织在旅游业中的地位，是在长期发展中逐步确立的。18 世纪和 19 世纪，参与“大旅行（Grand Tour）”的游客经常参观教堂和僧院，而进入 21 世纪后非盈利组织在许多区域旅游发展中仍处于核心地位。组织的非盈利地位，是经现行国家法规正式确立的，即非盈利组织在注册时多为慈善机构或公益信托机构。英国的慈善机构，包含教育、宗教和社区组织，后来拓展为以健康、运动、休闲、文化、教育或以社会福利为目的经营组织。许多非盈利组织通常也是旅游吸引物，对游客具有较强的吸引力。非盈利组织的收益，一般不是回报给所有者、理事或者股东，而是具有非商业化的目的，这也是该组织存在的基础。例如，悉尼的达林赫斯特剧院（Darlinghurst Theatre）是一个非盈利组织，其目标是“为澳大利亚乃至全球，提供一个全新的、充满活力的专业化剧院……创造出一个戏剧化、多样化、有吸引力的项目”；在美国得克萨斯州，由得克萨斯共和国女儿（Daughters of the Republic of Texas，DRT）经营的阿拉莫遗址（Alamo），其目标是“将阿拉莫遗址作为阿拉莫防卫战的神圣的纪念物来保护”。

20 世纪末，为适应经济、社会和政治环境的变化，许多国家的非盈利组织变得更加引人注目（Salamon et al.，1999）。过去，由于非盈利组织经济规模小而被忽视，但随着它能为就业创造越来越多的机会，为社会创造越来越多的价值，使非盈利组织的重要性也日益显现。通常而言，非盈利组织大多致力于那些不被政府关注的事情，如泰国野生动物救助基金会（Thailand Wild Animal Rescue Foundation）训练野生动物在野外生存的能力，许多得了慢性病的人群可从慈善机构寻求帮助。现在，人们已不再期望政府去保护历史、文化艺术品或动植物资源，而是希望由非盈利组织来承担此类责任。

非盈利组织的工作人员大多数是志愿者，组织的经营管理由相当于商业组织中的主管角色的理事负责。正式注册的慈善机构必须严格按照有关规定运行，此类规定是为了保证由志愿者担任的理事不能在行使职责过程中直接或间接获取利益，包括金钱利益及其他利益。非盈利组织可以凭借其慈善身份，申请税收补助或寻求外部基金赞助，其工作人员也可以申请免税，如 TD 银行环境友好基金（TD Bank's Friends of the Environment Foundation）为加拿大非盈利组织提供环境保护项目的资金支持。

萨拉曼和安赫伊尔（Salamon，Anheier，1997）认为，非盈利组织在机构设置上应该与公共机构分开，从而实现自治和自我管理，并能自主地开展活动。

介于盈利组织和非盈利组织之间的是合作组织：

> ……它是人们通过共有的、民主决策的企业，是为实现共同的经济、社会、文化需要或目标而自愿联合成立的自治组织。
>
> 国际合作信息中心（2004）

合作组织可能是非盈利的，也可能是以盈利为目的的。如果是后者，利益通常是在合作成员之间分配，而不是与其他外部人员分享。

■小型组织

小型组织的概念注重的是组织的规模，诸如用雇员数量、收入及支出水平等标准来界定的，如英国的法律规定小型组织的雇员应少于 400 人（JCARR，2004），而其他的定义则指出小型组织的营业额应低于 200 万英镑。

小型组织与小型非盈利组织相比，主要区别在于他们的法律地位不同。此外，在界定小型组织时，还经常使用其他标准，如收入（营业额）、经营利润、所有权等。

雇员数量

通常，微型企业是指雇员少于 10 人的组织，小型企业是指雇员在 10 人～49 人之间的组织，中型企业是指雇员在 50 人～250 人之间的组织，后两者经常被称为中小型企业（SMEs）。创造就业的标准，通常用于衡量企业在申请基金或商业支持时的合法性。

营业额

银行通常根据营业额来划定小型企业，并提供金融服务。例如英国巴克那斯（Barclays）银行认为，小型企业是指年营业额少于50万英镑的组织。政府部门利用营业额或税收标准，来界定小型企业并认可其合法的地位，但不同地区的政府部门界定的标准也各不相同。

所有权

通常，人们还利用所有权来定义小型企业。有些定义指出，其他组织拥有小型企业的净资产不能超过25%（除非是另外一个小型企业），这说明小型企业不一定是完全独立的。当然，在不同的国家及一个国家内部的不同区域，界定的标准也不相同。

诸如此类的定义描述了组织的所有权特征，但小型组织（包括以盈利为主的组织和非盈利组织）与大型组织的区别，还在于他们所面临的挑战不同。

安格（Ang，1991）认为，与大型组织所有权与管理权分离相比，小型企业的所有权与管理权很少分离，通常是一两个人控制小型企业的发展方向和经营管理，也就是说，管理者与少数股东共同经营、管理小型企业（Ang，1992）。小型企业的雇员不一定是专业人士，但需要拥有综合技能。通常来讲，因为购买外部服务花费较高，小型企业大多是依靠内部员工来解决问题。大型组织和小型组织在管理员工、财务等资源方面也不一样。

所有者动机

此外，还可以通过分析所有者组建小型企业的动机来界定。很显然，所有者的动机要么是财务动机（如盈利），要么是社会动机或心理动机。

财政动机

企业家善于寻找商业机会。小型企业经常受规模限制、缺乏管理专家而效率低下，不可能有很高的盈利。小型企业的管理强调控制成本，这反过来也限制了增长，减少了后期回报；而小型组织的财务目标是寻求财务稳定性，而不是获取特定标准的盈利或投资回报。

社会和心理动机

小型企业是人们对当前的工作状态不满意，出于对独立的渴望，为了被社会公认的需要或拥有灵活的工作内容和方式而组建的。小型企业的组建和存在，通常都是基于价值方面的原因。

小型非盈利旅游组织与小型企业在定义上有许多共同点，如员工（或志愿者）较少，营业额有限等，但非盈利旅游组织的典型特征是其非盈利的动机。如本章案例所述，小型非盈利旅游组织还可能与公共的或私人的公司有联系，但它们通常是自治的机构。

在一些发达的旅游目的地，合作组织非常普遍。合作组织可能是完全参与旅游，如希腊农村妇女合作组织为游客提供住宿服务（希腊国家旅游局办公室，2004）；也可能是部分参与旅游，如葡萄酒合作组织，它们为游客提供葡萄酒品尝或直接的销售服务。

■旅游景区

本章论述的第三个重点是旅游景区。讨论这个内容，是因为旅游景区显示了组织的多样性，并能避免与本书中其他章节重复。

休闲景区、观光或旅游景区具有不同的解释和内涵。例如，从世界旅游组织（WTO）给旅游下的定义中可以看出，旅游景区吸引的只是过夜游客，而对于休闲景区，人们不能出于任何与工作有关的目的前去旅游。此类区别往往不切实际，也没有多大意义，尤其是对小型组织而言。

通常，从客源地（如居民和非居民）和旅游动机（如专业兴趣或休闲）来看，旅游景区吸引着不同的目标市场。不同旅游景区对游客的吸引力各不相同，有些景区只能吸引本地游客，而有些景区吸引力很强，能够鼓励外地游客前来旅游。

访问英国网（Visit Britain，2004）给旅游景区下的定义是：

> ……旅游景区是长期建立起来的游览目的地，其主要目的是为公众提供娱乐、受教育的场所，而不是商品零售点，也不是运动场、戏院或电影院。在每年特定的时间内，旅游景区必须向公众开放，能够吸引游客和当地居民，并且不需要提前预订。

许多国家的研究表明，购物是一项主要的旅游活动，但从上面的定义中可以看出，购物店、运动场、电影院和戏剧都不是旅游景区。众所周知，体育运动是引发旅游的一个原因，而国际性运动盛会，诸如奥运会、马拉松等，已经成为刺激旅游需求的重要因素，但对照旅游景区的定义，考虑到运动事件举办的主要目的及其临时性特征，运动设施一般不列入旅游景区的范畴。有趣的是，艺术画廊或博物馆的临时性展览吸引了越来越多的游客，艺术画廊或博物馆却被列入旅游景区的范围。以上论述也说明，旅游景区的概念不是源自游客的观点。

旅游景区有很多类型，根据旅游景区特征可以划分成：

- 娱乐景区，如主题公园、水上公园、休闲公园；蒸汽铁路、码头；其他娱乐场所（如蜡像博物馆）等；

■ 野生动植物景区，如动物园、野生动植物公园、水族馆等；

■ 文化景区，如具有历史意义的故居和纪念碑、大教堂和寺庙、博物馆和画廊、科学中心等；

■ 其他景区，如花园、国家公园、城市公园、游客中心、活动和展览等。

最后，按照收费或不收费，还可进一步划分为公共旅游景区、私人旅游景区或非盈利旅游景区，见表 8.1。

表 8.1　英国所划分的旅游景区类型

	付费旅游景区	免费旅游景区
公共的	英国温莎公爵城堡和其他皇家贵族的住所	伦敦英国博物馆
	英国史前巨石柱，英国其他的遗产资源	美国金门国家度假区
	肯尼亚阿伯达尔国家公园，肯尼亚野生动物服务站	英国伯明翰的宝石博物馆
	澳大利亚墨尔本的移民博物馆	德国柏林的德国国会大厦
私人的	伦敦、纽约、拉斯维加斯、阿姆斯特丹、	英国黑池快乐海滩
	香港的杜莎夫人蜡像馆	澳大利亚维多利亚月历公园
	澳大利亚贾库柏土著居民文化园，石冢	英国天主教堂，修道院
	洛杉矶、佛罗里达、东京、巴黎、香港迪斯尼公园	澳大利亚悉尼当代艺术博物馆
	新加坡晚上狩猎园，动物园和句龙鸟公园，	
	新加坡野生动物保护区	
非盈利的	国家信托	大教堂，清真寺及其他宗教活动场所
	澳大利亚国家信托	法国沃伊隆的荨麻酒地窖
	英国苏格兰新拉纳可世界遗产资源	美国圣安东里奥的阿拉莫遗址
	意大利罗马教博物馆	美国拉斯威加斯原子能实验博物馆
	新西兰奥运会博物馆	美国旧金山的缆车博物馆
	澳大利亚墨尔本板球场	

在旅游统计中，以上分类可以用于了解游客流及旅游倾向。大型组织（无论是公共的还是私人的），控制着游客统计资料和旅游景区的投资数据，而小型非盈利旅游景区的信息却不容易收集。官方统计数据中会详细记录住宿、餐饮等方面的数据，但通常没有小型旅游景区的资料。

■小型非盈利旅游景区

旅游景区的概念通常不适应于小型组织，因为小型组织的特点是：大多数员工为志愿者，收入依靠捐赠，这些都不符合旅游景区的限定标准。例如，哈罗门国际节（the Harrogate International Festival）是一项节庆活动，但它是临时性的，就不能算作旅游景区；苏格兰足球博物馆，因为容量有限需要提前预订，而且一旦在汉普登（Hampden）公园举办赛事时，博物馆就会关闭，也不应视为旅游景区；其他许多小型非盈利旅游景区，也仅是大型组织的辅助部分（也是非盈利的）。这些情况，使小型旅游景区面临着更为严峻的挑战。

小型非盈利旅游景区的价值在于，它们为当地社区及游客丰富了旅游景区的品种及内涵。对当地居民而言，小型非盈利旅游景区不仅创造了更多的就业机会、教育机会，增加了居民的收入，而且对保护当地文化、历史、野生动植物资源也有重要意义。对游客而言，小型非盈利旅游景区为游客提供了更能体现当地文化和生活的旅游产品，而且这种体验是从大的、商业化的国际旅游景区那里得不到的。

小型非盈利旅游景区能为社区带来直接的经济利益，创造更多的就业机会，建造更多的娱乐设施，并使居民更好地了解当地的遗产资源，提高居民对遗产保护重要性的认识。小型非盈利旅游景区的强大吸引力，是游客前来旅游的主要原因，如为迎合青铜器爱好者的需要，英国约克郡青铜博物馆就开发了许多地方性商业项目。研究表明，有 48% 的国际游客前往澳洲，希望体验土著居民的艺术和文化（ALII Council for Aboriginal Reconciliation，2004）。

从政府角度来看，小型非盈利组织提供的产品过于专业化，从商业角度来看它们也不会有很高的盈利，但它们能够持续开展活动、保护资源和环境，而且他们提供的产品是任何公共组织及大型企业所不能提供的。

案例 8.1　苏格兰足球博物馆

足球是世界上最受欢迎的体育运动。众所周知，苏格兰是足球比赛和国际足球运动的发源地。

苏格兰足球博物馆，是世界上第一个国家足球博物馆（当有比赛时博物馆将被关闭），它位于汉普登（Hampden）公园的苏格兰国家足球运动场，这是目前尚在使用的最古老的国际足球场。而汉普登公园是世界上最古老的足球业余爱好者俱乐部“皇后公园”的所在地。苏格兰足球博物馆是苏格兰足球的核心，具有丰富的遗产资源。

苏格兰足球博物馆，由苏格兰足球协会博物馆信托机构（SFAMT）所有并管理。SFAMT 是一个注册为慈善机构的有限公司，为展览和研究提供基金支持，并致力于提高博物馆的服务水平。虽然苏格兰足球博物馆的部分理事来自苏格兰足球协会，但博物馆是独立于协会之外的机构。苏格兰足球博物馆通过吸引公共基金用于成立之初的建设和运营支持，2003 年前来参观的游客超过 40 000 人。

在汉普登公园建成之前，在格拉斯哥交通博物馆临时开放了一个展览地点，许多当地居民都参与进来，并积极为足球博物馆送来了捐赠品，还为足球博物馆提供了“应该展览什么”的反馈意见。

足球博物馆陈列了足球比赛的历史纪念物，包括足球大事记，与足球有关的广告，媒体中的足球，足球比赛规则等。展览品中还有 1872 年在格拉斯哥举办第一届国际足球比赛时，世界上最古老的国际球帽、入场券、国家奖奖章、1873 年制造的苏格兰足球协会挑战杯。足球博物馆中陈列的很多物品，都是捐赠品或是由足球博物馆从足球俱乐部或私人手中租来的物品。苏格兰足球挑战杯的真品，只有在苏格兰杯决赛展览时才能见到（胜利者得到的只是复制品）。

足球博物馆为游客的汉普登之旅开辟了一个大型的露天运动场，使游客有机会通过更衣室、地道、台阶等，寻找足球运动员的足迹。游客还可以到皇家拳击队参观，体验登上领奖台的感觉。其他活动，如儿童活动等，也可以到博物馆预定场地进行。

问题讨论

1. 苏格兰足球博物馆取得慈善地位的非财务目标是什么？这些目标如何影响风险管理？

2. 如果一个商业组织试图建立一个足球博物馆，操作时应优先考虑哪些因素？苏格兰足球博物馆优先考虑的是什么？

3. 与商业化运作相比，苏格兰足球博物馆的优势有哪些？与商业化博物馆相比，苏格兰足球博物馆面临的劣势又是什么？

小型非盈利旅游景区的管理

安赫伊尔（Anheier，2000）认为：

> ……因为不能很好地认识非盈利组织，对其功能理解也经常使用错误的假设条件，因此我们对非盈利组织的职能及其管理往往会产生误解。

区分小型组织与大型组织，非盈利组织与盈利组织的目的，就是为了更好地理解非盈利旅游景区管理所面临的挑战。

安赫伊尔善于用学术的眼光发现问题，此类批判可能也会在小型组织的文献资料中见到。旅游涉及许多因素，旅游活动的开展使小型非盈利旅游景区面临着更多挑战。因此，本章以小型非盈利旅游景区的文献资料及当前的管理实践为基础，阐述了在一个竞争的环境中进行小型非盈利旅游景区管理所面临的诸多挑战。

从历史发展看，非盈利组织更多地关注社会目标，因此非盈利组织管理就从公共管理中分离出来。然而，越来越多的非盈利组织开始寻求商业化的管理模式，在某种程度上是因为他们与商业组织之间存在着直接或间接的竞争。

回顾英国的旅游市场，可以看出旅游景区面临的竞争模式。英国的旅游景区市场竞争非常激烈，有来自现有的或新的旅游景区的竞争，还有来自诸如购物、看电影等其他休闲活动的竞争。当观光景区非常普遍以后，观光旅游并没有因为其他休闲目的而占有更多的市场份额，相反却是由于竞争限制了观光旅游的增长，传统的旅游景区仍主宰着整个旅游市场。

因此，要想在市场竞争中获得成功是非常困难的。一些高档次的发展项目，如谢菲尔德流行音乐国家中心（2000 年关闭）和千禧圆屋项目就证明，要想抓住潜在的游客市场是多么的不容易。从总体上看，小型组织具有很高的关闭概率（研究报告指出约 1/3 的小型组织在三年内关闭），研究还表明，许多私人景区也陆续关闭（Mintel，2002）。

小型非盈利组织更多地关注内部管理，然而激烈的市场竞争不仅要求它们对理事及其非盈利的地位负责，还要求它们明白外部的市场状况，包括市场需求及竞争者供给。

公共景区（如英国的世界遗产）、私人所有的景区（如梅林和杜莎夫人蜡像馆）和非盈利景区（如英国的国民信托组织）支配着旅游市场的绝大部分。私人所有的景区占旅游市场的 56%，公共所有和管理的景区只占市场的 16%。最成功的景区要算博物馆、艺术画廊、休闲公园和主题公园，它们共占旅游市场份额的1/3。传统的旅游景区吸引着成千上万的游客，只有少数新的旅游景区的游客量较多（Mintel，2002）。因为大型旅游景区具有较强的吸引力及较高的知名度，因此小型景区，无论是公共的还是私人所有的，必须与大型旅游景区竞争。小型景区与大型组织在管理方面的最大区别，就在于其规模较小，且是非盈利的地位。

英国的统计数据显示，旅游景区接待的游客量很不均衡。约9%的旅游景区每年接待游客量超过200 000人（占整个旅游市场的64%），约72%的旅游景区接待游客量不到50 000人（占整个旅游市场的11%）。据估计，57%的旅游景区吸引着不到6%的游客，而7%的旅游景区则吸引着58%的游客（Mintel，2002）。以上数据表明小型组织的生存面临着巨大压力。

在与大型组织竞争的过程中，小型组织面临着巨大困难。小型组织缺乏规模优势，在购买外部产品和服务时往往要用较高的价格，得到供应商的支持也较小，而大型组织却容易得到优惠的购买价格和条件。大型组织经常是高规格的，相比小型组织而言，它们在公关活动中被媒体报道的机会更多，引起公众关注和刺激需求的机会也更多。而且，小型组织在管理上缺乏专家团体，没有太多的时间关注管理问题，并缺乏大型组织所拥有的完善的管理体系。

在推出新产品之前，小型非盈利组织与商业组织相比处于劣势。商业组织首先会评价旅游景区的市场潜力，然后推出新产品，对没有足够收益回报的项目，对即使专业化但市场潜力很小的景区，对消费者难以知晓或到达的景区，对利润空间很小的景区，都会坚决予以否决。而小型组织的情况截然不同，因此小型组织要想克服此类挑战而得以生存，就需要寻找其他的收入渠道。

小型非盈利组织在竞争中也有优势，其特征之一是关注游客的喜好。小型组织在迎合消费者需求方面行动更迅速，有更多创新的想法。小型组织不对外部投资者负责，只对组织的理事负责。为了达到组织目标和迎合游客需求，决策者往往反应迅速且不受约束，他们经常与潜在消费者保持密切接触，会邀请他们共同设计服务项目。

小型非盈利组织更注重以人为本，工作人员具有“家庭”组织文化和集体荣誉感。这也促进了小型组织与游客之间的交互作用，使服务更富有个性化，从而吸引更多游客。当然有的时候也有例外，例如，当一位游客到本章所提到的某旅游目的地旅游时，游客在旅游区的咖啡馆问服务员是否值得去某个展览地点看一看，服务员回答说她只出入咖啡馆，不知道其他地方是否值得去看；而当游客提到他在此旅行感到非常愉快时，服务员的回答却是：“我只想结束工作后赶快回家！”

一些商业文学作品强调网络作为商业支持和发展手段的重要性。网络不仅能够拓展小型非盈利旅游组织“家庭文化”的内涵，而且能够在同类小型组织之间实现资源共享，提高知名度。更重要的是，网络能够帮助小型组织提高效率（通过联合促销）或赢得更高效力（互通最优发展途径）。有趣的是，这与市场关系理论的观点是完全一致的。

收入来源管理

任何组织都需要资金，以维持日常运转，开发新产品。商业组织可以从银行或投资者手中取得开发新产品的资金，利用销售收入维持其日常活动。

但对于非盈利旅游组织而言，因为其非盈利的法定地位，使它们很难从外部投资者或金融组织那里获得资金，因此开辟更多的收入来源就显得尤为重要。

对某些旅游景区来说，门票是重要的收入来源，但并不是所有的景区都向游客收取门票费。作为一种经营风险尝试，黑池快乐海滩免收门票费，这毫无怀疑地有助于它成为英国重要的旅游目的地，此外一些教堂和公共艺术画廊也不收门票费。在英国，如果艺术画廊向游客收取门票费，就会降低消费需求，为可进入性设置了障碍，也就违背了非盈利组织的初衷，而取消门票费后游客量就会大大增加。教堂和其他宗教组织是信徒们的朝拜之地，因此在向游客收取门票费时就面临着类似的挑战。关于门票费的争论在其他国家也有发生，如澳大利亚悉尼行动艺术博物馆为了吸引更多游客，维护其赞助者电信供应商的利益，就明确的取消了门票费。

旅游景区的收入更多地来源于每人次的消费，而不仅仅是门票收入。旅游景区可以通过附加的旅游消费来提高收入，如提供纪念品、餐饮、停车、导游或其他相关（可收费的）服务项目。虽然这些服务项目可以提高收入，但反过来看，此类设施的维护也非常昂贵，如纪念品的储存会积压资金，就算在不忙的情况下也需要额外的工作人员，因而诸如此类的服务项目通常不是小型组织的核心目标。有些组织为了获得固定的收入而不增加运行费用，会把商店或餐厅等租给外人来经营，商店和餐厅可以借助旅游景区而获得稳定的消费群体。

国家组织或当地组织能够为旅游景区带来增加创收的各种活动信息，并从国际市场或商业市场带来新的理念。许多旅游景区对外出租设施，以用于举办婚礼、晚会、集会、召开会议或其他活动，不同的旅游景区适于举办活动的类型也不同。例如新西兰罗伯特拜恩斯遗产公园比爱尔兰法米尼博物馆更适于举办婚礼。同样，焰火晚会更适宜于在主题公园举办，而不是在野生动物园或野生植物园举办。

小型非盈利组织需要持续的收入来维持其稳定性，并消除许多旅游目的地所固有的季节性影响。非盈利组织为实现这一目标，会通过推出月票、年票等方式，使游客从偶尔光顾到经常前来。非盈利组织的另一个重要目标是，使一次性捐助者愿意定期赞助或成为组织的“合作伙伴”。

非盈利组织的“合作伙伴”，通常是定期向组织提供赞助的，而作为回报，赞助者可以做免费广告、获得免费票证、参与节庆活动、成为会员等。小型非盈利组织在寻找赞助者时，目光主要集中在私人，当然目前越来越多的非盈利组织开始与公司合作。对赞助者而言，另外一个好处就是可以获得“赞助者”提名以提高声誉，许多政府都向那些为非盈利组织提供定期捐助的赞助者给予税收上的优惠。非盈利组织还寻求遗产捐赠，政府机构也会为非盈利组织提供财政方面的支持。

非盈利组织取得长期赞助合约的另外一个渠道是私人赞助商。私人赞助商通常会与非盈利组织的某些方面相联系，如博物馆里的某个文物、某件展览品或野生动物园里的某只动物等。按照市场规则，非盈利组织获得赞助的渠道与服务市场的规则有关，即服务越好、越有个性化，则赞助者的满意程度也会随之增加。

正如我们前面提到的现代艺术博物馆一样，商业组织和个人会成为旅游景区的主要开发者。开发者的名誉有时会成为非盈利组织的无形资产，如百事可乐为黑池快乐海滩的过山车项目提供资助。通常，小型旅游景区的游客量较少，赞助者的声誉对其游客量影响也不大，除非是旅游景区，游客和开发组织之间存在着直接联系。

政府和公共机构对旅游业的支持，通常是根据旅游收入和创造就业的情况而定。旅游景区可以向相关机构申请审批旅游项目或财政支持。

有权对旅游项目进行审批或财政支持的机构有：

■ 一些国际组织或跨国组织，如美国和欧盟的一些组织；

■ 国家政府部门；

■ 区域或当地政府部门，其本身可能受本国和国际组织的支持；

■ 来自公共或私人部门的奖励机构，如国家博彩机构或专门机构。

但是，小型非盈利旅游景区不能持续从以上机构中获得帮助。因为以上机构中，只有极少数的支持是针对非盈利组织的，更多的支持是投向“公共受益”的群体，如济贫院等，而不是支持旅游组织。

总而言之，小型非盈利组织的管理能力，使它们缺乏申请此类资金支持的意识和技能。事实上，小型非盈利组织在申请资金时需要花费大量的时间，反而延缓了组织的发展。为了准备申请，许多工作人员要从原来的工作中脱离出来，但又没有任何成功的希望，因此可以说，向政府申请尤其是要协调几个机构的申请，简直就是在浪费时间。不过，专业的中介机构和当地政府官员，可以在此类申请中起到帮助作用。

案例8.2 哈罗门国际节

哈罗门国际节（Harrogate International Festival），是由一个注册为慈善机构的有限公司发起的，为展示多种艺术形式的节庆活动，每年举办一次，每次持续两个星期。活动期间工作人员很少，全职人员不到8个，其他全是兼职人员，活动广泛吸收志愿者参加。

节庆内容非常丰富，包括管弦乐、古典音乐、爵士音乐、舞蹈和喜剧等。2003年又增加了犯罪作品节（Crime Writing Festival），四天有关谋杀和悬念作品的节庆活动，吸引着世界顶级的犯罪作品作家。在节庆活动中，音乐活动主要吸引的是本地市场，只有约30%的游客来自约克郡区域之外的地区，而犯罪作品节期间约80%的游客来自外地，爵士音乐和世界音乐事件也开始吸引越来越多的国际游客。

门票是活动收入的主要来源，另外还有其他收入渠道，包括：

●私人朋友：根据赞助经费不同，赞助者得到的回报也不同，包括预定的优先权，赠阅活动的时事通讯等。

●赞助者：为活动提供稳定资金捐助的赞助者，可以得到额外的回报，如可以参加理事们主办的赞助者晚宴。

●合作伙伴：可以获得免费票证、活动节目单，还可以到贵宾休息区休息或可以做折扣广告。

●主办者：主办者支持活动的方式很多，主办者可以组织活动，如KPMG主办了管弦乐活动；Mercedes - Benz主办了爵士音乐活动；也可以提供活动地点，如马杰斯蒂卡饭店和老斯旺饭店；还可以为活动提供物品支持，如提供GNER rail和哈罗门矿泉水。

节庆活动还可以从公共基金和信托机构寻求资金支持，尤其是哈罗门城市委员会及英国艺术委员会都为活动提供相当大的支持，一些小型慈善信托机构也根据活动内容给予不同程度的支持。为了更好地实现活动目标，争取更多资金，组织者还特地安排了星期天音乐会。

问题讨论

4. 哈罗门国际节的收入来源有哪些？

5. 对仅有几个工作人员的哈罗门国际节，如何利用现有资源开辟创收渠道？

6. 如果要你负责从合作赞助者那里为小型非盈利组织争取更多资金，你的目标将是哪些公司，为什么？

目标市场决策

通常，同一旅游景区可以吸引不同年龄、性别、职业和国籍的游客，游客的旅游动机也不尽相同。科特勒（Kotler，1999）认为，到博物馆参观的游客通常出于以下动机：

- 娱乐；
- 社交；
- 审美；
- 学习的体验；
- 参加节庆活动；
- 身心愉悦的体验。

以上总结可能并不全面，但说明了游客出游的多样化需求，而游客的多样化需求同时又要求旅游景区提供不同的产品及销售组合，才能使游客满意。

传统的市场理论大多关注细分市场管理、目标市场定位及目标市场决策，因此在这些简单的任务问题上，小型非盈利旅游景区显然面临着挑战。

- 细分市场。细分旅游景区市场的机会是有限的，因为其经常会受到景区地理位置或专业特征的制约。当大多数游客去迪斯尼等主题公园旅游事，小型旅游景区的市场吸引力就显得很有限。地理位置上偏远的旅游景区，可能只会考虑哪些游客前来旅游，而不去详细研究理想的潜在市场在哪里。而且，很多游客很难从市场促销中获得小型旅游景区的详细信息，因此也就失去了教科书上所讲的有效的细分市场。
- 目标市场。目标市场的确定，通常受资源、组织目标、理事私人观点等组织因素的约束，在不同因素影响下，小型旅游景区的理想目标市场也不一样。例如，学生旅游团可能为旅游景区带来稳定的客源，但学生跟随家长前来旅游的机会就会减少，同时学生旅游团还会影响到其他散客的满意度。
- 市场定位。在有限的预算资金内，有效定位多种市场是很困难的。对于大型组织来说，要想成为“最著名的旅游景区”都是很困难的事情，那么对于小型组织就更不可能了。问题还在于，即使对当地市场和地理偏远市场同时增加促销预算，要有效地进行细分市场的定位仍然是难于做到的。

了解游客需要什么，对于成功者来说是至关重要。由于游客需求各不相同，为了使游客满意，管理者就必须清楚主要客源市场的旅游需求，并通过提供改善后的营销组合来迎合该客源市场的旅游需求。

小型组织在研究市场时，往往是分析整个市场而不是研究细分市场。分析市场时，要以游客调查为基础，通常人口统计机构的人员会参与游客调查，以确保从酒店或景区得到的信息尽量准确，而这些信息反过来又可以指导未来的市场促销活动。

选择细分市场是一个动态决策过程，必须考虑各方面的平衡，如游客需求和景区容量的平衡。当游客量很少，低于景区容量时，可以鼓励低消费游客或群体前来旅游。这种方式还可以应用于那些在旅游目的地市场排序中，排位较后但经济效益较好的细分市场管理。在细分市场决策时，了解不同细分市场的消费需求和潜在回报是至关重要的。

满足不同细分市场的消费需求，对于游客满意度来说非常重要。游客满意度高，就可以带来回头客。对学校客源市场的研究案例，有助于我们更好地理解细分市场如何引导旅游景区的供给。旅游景区必须为教师和学生提供必要的设施（安全和保险设施）、旅游景区简介等。旅游景区不仅要满足学生的需要，以鼓励学生勤动手、勤学习；而且要满足教师的需要，以提高教师前来旅游的兴趣，从而提高旅游景区的经济收入。

旅游景区常常开发一些双向活动，以通过学生的参与性，来提高学生旅游的价值。大型组织通常雇用教育专家来开展此类活动，而小型组织可以借助教师或志愿者的帮助。

旅游市场的竞争异常激烈，对旅游景区而言，尽可能地满足每个细分市场的需要是非常重要的，但从长远看“一种产品满足所有游客需求”的观念根本行不通。需要重申的是，小型组织往往缺乏专家指导，尽管可以从非竞争组织那里了解到关于“游客最佳体验”的资源和信息，来访游客也可以提供市场总体状况的基础资料，但小型旅游景区还是有必要针对游客的旅游感受、建议和评论为基础，进行全面的市场分析和研究。

游客的意见，能够有助于管理者理解游客期望与实际感受之间的差距，以及造成这种差距的原因。服务质量的很多范例，把产生差距的原因归结于对游客需求的误解，如不合适的服务设计，不能按照游客期望方式提供服务，不能在提供服务前就服务问题很好与游客交流等。找出游客不满意的原因，能够帮助旅游景区在服务设计、服务传递、与游客交流等方面进行改进，以更好地满足游客的需要。

案例 8.3　利兹的撒克里博物馆

有多少人想参观一个医疗博物馆？有多少人对医疗历史、医疗器械发展史或疾病发生史感兴趣？据统计，2002 年超过 50 000 人。1902 年，撒克里（Thackray）的爷爷查尔斯·撒克里（Charles Thackray），在利兹（Leeds）创建了一个医疗公司，于是撒克里在此基础上建立了医疗博物馆。医疗博物馆位于欧洲最大的教育医院斯蒂·詹姆斯（St James）医院附近，其所展示的内容，介绍了过去 150 年中公共健康和公共医疗的改善如何改变着人们的生活，某些专题内容还通过动态展示使其看起来非常"真实"。

撒克里博物馆的设施有：一个容纳 120 人的大型会议和社团娱乐中心，一个大宴会厅，许多小会议室，并这些设施都可以对外出租。

撒克里博物馆，是最早为迎合教师的专业教学需要而设置的展览博物馆之一。教师们可以到博物馆参观，为课堂教学提供资料，他们通常也很积极地参与到博物馆展览开发，以及如何为学校教育提供资料的工作中。

撒克里博物馆为教师提供免费考察，以便检验博物馆举办的不同展览能否满足教师教学的需要。有些展览是非常恐怖的，如有个展览详细展示了在没有麻醉剂之前，为一个年轻女孩做截肢手术的过程。学生参观需要提前预订，因为博物馆需要为每 10 名学生配备 1 名工作人员，有老师带领的学生参观就不需要预定了。在学生参观前，博物馆要为学生准备教室、休息午餐、学校需要的风险评估资料，并做好参观安排等。博物馆的工作人员还为教师提供与展览内容有关的培训，因为教育市场是撒克里博物馆最重要的客源市场，博物馆非常注重与教师加强协作，发挥教师在博物馆未来发展计划中的专家顾问作用。

自开业以来，撒克里博物馆荣获了许多奖项，包括博物馆年终奖，年度欧洲博物馆提名奖及桑迪克纳（Sandicra）教育优秀奖。

问题讨论

7. 撒克里博物馆从哪些方面进行有效的目标市场定位？
8. 撒克里博物馆通过哪些渠道了解游客的多样化需求？
9. 撒克里博物馆采取什么措施来减少游客期望与实际感知之间的差距？
10. 根据撒克里博物馆的展览主题，博物馆有可能向哪些市场出租会议室？

低预算促销方法的策划

本章多次指出，小型非盈利旅游景区的预算资金有限，过多的促销花费会减少组织其他方面的预算。但是，引起市场关注对于吸引更多游客及产生后期回报来说又是至关重要的。

促销是对旅游景区，以及其现在及潜在的客源市场进行研究，选择合理的营销组合重要方法。传统市场销售方式，主要包括广告、销售推广、个人推销及公众销售。随着发展，除传统市场销售方式外，越来越多的人开始关注各种促销活动，如展览会、商品交易会、直接销售活动等，同时网站、Email、宣传标语、旅游景区提名等网上促销形式也开始受到关注。可选择的促销方法很多，但对小型非盈利旅游景区而言，如何用最少的资金去赢得目标市场的关注，以引起他们的兴趣是小型组织面临的一大挑战。

许多旅游景区在促销时，大多数运用有限的传统销售方式。研究表明，在当地做广告是招揽游客的有效方式，但由于费用昂贵只能是偶尔使用；个人推销对于寻找合作伙伴及拉赞助是非常重要的，但管理起来难度较大；公众销售是有效的低花费促销手段，如发放宣传册能够为游客提供详细的资料，但必须有效管理才能产生影响。旅游目的地或大的旅游景区经常利用交易会直接进行旅游交易，如柏林国际旅游展（国际旅游交易会）或英国世界旅游交易会等，但这种方式往往会超过小型组织的经费预算。即使小型组织利用展览渠道来开拓市场，但由于展览需要专业管理，对小型组织来说也是不现实的。

为了在促销方面得到专业指导，获得更好的投资回报，小型旅游景区还与其他组织合作，包括联合促销，如共同推出旅游线路，向游客推出更多的旅游景区和产品等。早期的案例，如圣安东里奥的宗教之旅，19 世纪 70 年代苏格兰的特克斯和帕拉弗颖的遗产旅游线；近期的案例，如以色列特拉维夫市的橘色之旅和美国波士顿的自由之旅已经非常流行。很明显，以上线路的推出是为了迎合特定组织和群体的需要，如英国布拉德福市根据亚洲人的喜好，推出了系列项目并获得成功。布拉德福市有稳定的亚洲居民，当地权威部门推出的各种项目不仅使旅游景区受益，还带动了当地食品业、纺织业的发展。

以上例子表明，旅游线路有多种类型，如自行车旅游线、美食旅游线、啤酒旅游线、威士忌旅游线、宗教旅游线、历史旅游线、文学旅游线等。组合产品可以为消费者带来更多好处（设置标示牌、获得更多信息和享受折扣等），同时能够提高产品的整体质量和吸引力，避免由于景区间竞争而引起的混乱，因此组合产品质量往往高于那些处于无序竞争中的单个产品的质量。例如，布拉德福市推出的亚洲人喜爱之旅，获得了在英国国家电视台播放的机会，从而使城镇、景区、餐馆和商店都持续受益。

小型组织可以同官方旅游组织联合举办活动。小型组织已经认识到，它们需要联合其他组织以提高竞争力，与其他组织联合不仅可以开展高规格的活动，进行更为清晰的市场定位和更有效地竞争，而且能够为游客带来更多的价值。

网络是小型组织促销的重要手段。网络为旅游目的地、市场公会、私人企业创造更多的参与及自我宣传的机会。例如，许多国家都有博物馆月，通常在5月份举办，英国的博物馆月有1 000多个博物馆参加，并组织活动和展览，以及电视广告和高规格的公共活动都可以提供相关支持。博物馆月活动引起了更多非传统消费者的关注，同时鼓励了更多的回头客前来参观，类似的活动项目还能提高旅游的参与性。

目标市场不同，促销方法的适宜性也不同。对于外地游客来讲，当他们比较空闲而想找点事情做的时候，他们会从旅游景区的介绍或从旅游信息中心、宾馆的小折页中得到信息，并引起他们的关注，从而成为旅游者。对于本地居民来讲，直接促销，如旅游景区推荐（像介绍朋友一样）是有效的宣传方式，能够使居民获得在旅游目的地举办各类活动的信息。利用当地媒体进行宣传也是开拓市场的有效渠道，因为媒体可以通过展览介绍，有奖竞赛（如赠送旅游景区门票）等活动，来扩大媒体的覆盖范围，从而引起当地居民的关注和兴趣。

对游客出游的动机，我们已经讨论了很多，但在小型旅游景区的促销问题上，我们还必须弄清楚人们为什么不来旅游，主要障碍有自然因素，比如说气候。游客量通常有季节变化，但新的旅游产品（通常是协作的）会克服天气障碍，例如芬兰针对圣诞节的冰雪假期，在寒冷的冬季推出了系列活动，从而在旅游淡季吸引了大量游客；芬兰旅游部与当地其他组织，联合开发了新的健康旅游产品，以消除季节性影响。通常，由于缺乏有竞争力的活动项目，在旅游淡季开展活动比较容易引起关注并被媒体报道。

案例 8.4　高原野生动物园

在凯尔古姆（Cairngorm）国家公园内的高原野生动物园成立于1972年，位于苏格兰高原地带中心位置的自然保护区，其主要目的是教育人们保护苏格兰的野生动物。

凯尔古姆的游客来自世界各地，其中由亲戚朋友介绍前来旅游的海外游客很多；而超过一半的游客是回头客，网络是他们获得目的地信息的重要渠道。游客的旅行动机还受旅行指南、电影、电视节目介绍的影响，报纸上的文章和促销也起到一定作用，但广告对游客的旅游决策影响很小。由旅行社组织的游客很少，只有少数游客是从旅行社那里获得信息而前来旅游的。

案例 8.4　续

凯尔古姆是徒步旅游的理想目的地，游客可以尽情地欣赏野生动物和美景。冬季，这里是苏格兰滑雪场的中心地带。公园全年开放，只有约 10% 的游客，即约 6 500 人会在 1 ~3 月的滑雪高峰期前往苏格兰旅游。

野生动物园的促销花费非常有限，但宣传小折页则在整个苏格兰分发。苏格兰野生动物信托组织的野生动物周活动，主题自然与野生动物有关，信托组织的成员可以免费进入野生动物园。当地有关部门还会成立专门机构进行促销，尤其是在天气变化的时候，事实上许多游客都是在滑雪期结束后来旅游的。

在凯尔古姆野生动物园，经常可以见到野生动物，如红鹿、高原牛，还有欧洲盘羊、雷鸟、野马和野牛等。几大类片区将不同动物的栖息地区分开来，如森林、沼泽地、林地等。最具吸引力的要算狼的活动领地，国际动物园建设专家把它看做是世界上顶级的狼的领地展示区。在开辟这一区域前，专家们曾到韩国动物园等遥远的地方开展调研。有关这一区域的介绍曾出现在 Zoolex 网站上，Zoolex 网站是一个当设计者、管理者和监护者在新建一个动物园之前，都会把相关资料放上去的网站。

在参观动物园时，人们希望参与的程度因人而异。游客可以志愿者的身份参与，特别喜欢野生动物的游客还可以付钱去当一回“动物看守员”。虽然花费很高，但与其他动物饲养员一起工作可以获得照顾动物，与动物真实接触的体验。

凯尔古姆野生动物园还是电影和电视节目的拍摄地，从安全的角度出发，商业摄影者及专业摄影爱好者通常在饲养员的陪同下前往拍摄，而饲养员可以通过这种方式获得服务费。

问题讨论

11. 根据文中信息，针对不同的目标市场，高原野生动物园采取怎样的促销方法更有效?

12. 高原野生动物园应提前制订什么样的促销计划?

13. 通过阅读第 9 章和第 10 章，对非盈利组织、小型组织、小型非盈利组织而言，适应的主要理论和假设分别是什么?

结　论

无论是宾馆饭店等商业组织，还是慈善信托等非盈利组织，小型组织提供的产品都是旅游目的地最有特色的东西。

通常而言，小型非盈利旅游组织成立的初衷是没有商业目的的，如保护遗产或资源，教育公众或使公众获得更多信息，而不是为了迎合游客的需要。旅游组织如旅游景区的成功之处，还在于他们有更多的追求目标。

由于缺乏专业技能，缺乏刺激市场需求的资源，与大的非盈利组织或大的商业组织相比，小型非盈利旅游景区在旅游市场竞争中处于劣势。

对于小型非盈利旅游组织而言，做好收入来源管理对于他们的生存至关重要。小型组织需要稳定的收入来维持日常运行，越来越多的小型组织不仅征收门票费，还通过零售、餐饮、出版物等渠道获得收入。从历史上看，许多小型组织的生存是依靠公共组织或慈善机构，尤其是在开发新的收入来源及机构设置等方面。小型组织获得收入的新渠道变得越来越重要，如发展会员计划，通过合作或个人赞助等方式取得收入，旅游景区还可以通过主办活动来增加创收。主办活动的方式，有独立举办活动及与其他组织联合举办活动，当然因为地理位置或关注的目标市场不同等原因，这个创收渠道并不是适应于所有的旅游景区。对小型组织而言，良好的现金流是维护组织稳定性的重要措施。

做好组织收入管理，首先要理解不同细分市场的需求。目标市场定位准确，有助于锁定不同类型的消费者和供给者，也有助于管理好游客流。对于小型旅游景区来讲并不是游客越多越好，游客过多就会破坏旅游体验，即游客不满意的主要原因，就是目的地游客过多而经常需要排长队等候。管理好不同的细分市场，就能规避问题并最大限度地提高收入。因此，深入了解不同的细分市场，有助于旅游目的地进行有针对性的讲解和介绍，从而使游客获得更有价值的旅游体验。

促销活动的效力在于合理调配旅游收入与促销花费。有目标的、可测量的促销形式，指引着促销活动的开展，许多小型组织利用非常直接的促销方式，如直接邮寄资料，与其他组织或公益组织合作，如联合进行主题促销、目标市场定位等，这样不仅可以分担支出，还可以对混乱的市场产生积极影响。

以上观点是显而易见的，但由于小型组织受资源（人力和财力）限制，管理起来非常困难。与市场关系理论的观点一致，组织需要优先处理好与消费者的关系，与影响市场的各个因素的关系（包括媒体），与相关组织的关系，与员工及志愿者的关系，需要有效利用网络，与其他组织积极开展合作等。从历史上看，许多小型组织凭直觉遵循以上规则，但在未来的发展中，小型组织必须对以上方式进行更好的管理。

有关旅游景区的近期研究指出，成熟的旅游市场增长缓慢，因为旅游景区与其他休闲活动之间的竞争日趋激烈。大的国际组织与小型非盈利旅游景区在技能、资源方面的差距毫无疑问地越拉越大，小型非盈利旅游景区所面临的挑战也越来越严峻。

阅读指导

推荐书目有：

Rose, A. and Lawton, A. (1999) Public Services Management. Pearson Education, Harlow.

Beaver, G. (2002) Small Business, Entrepreneurship and Business Development. Pearson Education, Harlow.

Sttely, R. (2001) The Definitive Business Plan. Pearson Education, Harlow.

专门介绍小型非盈利旅游景区的文章很少，但许多文章都会涉及这一主题，偶尔还可以见到相关文章在以下旅游期刊或杂志上发表，如：《旅游研究年刊》、《旅游与住宿业研究》、《旅游营销研究月刊》、《旅行研究月刊》、《度假营销月刊》、《现代国际住宿业管理期刊》、《旅游业概览》、《旅游管理与休闲管理》等。

小型非盈利旅游景区涉及面很广，因此其他专业出版物中的文章，也可以帮助我们更好地理解小型非盈利旅游景区面临的挑战、发展现状及实践。主要专业出版物有：

■ 小型组织管理类：《企业家：理论与实践》、《企业家与区域发展》、《企业家发展月刊》、《国际企业家与创新月刊》、《风险经营月刊》《小企业管理月刊》等。

■ 非盈利组织管理类：《基金增长管理》、《国际非盈利组织营销月刊》、《非盈利组织和公众组织营销月刊》等。

■ 旅游景区类：《旅游景区经营》、《景区管理》、《活动管理》、《国际遗产研究月刊》、《博物馆月刊》等。

同时，我们还可以从以下机构中获得相关研究资料。一是国家或国际旅游机构，如世界旅游组织（WTO）；二是商业研究机构，如明特尔研究所（Mintel）和全球市场信息数据库（GMID），明特尔研究所会出版一些与旅游相关的读物，而从 GMID 可以查到各个国家关于旅游景区的详细报告。通常，学校图书馆或商业图书馆中都会有以上资料。

网站推荐

推荐网站可以分为三部分：有关小型非盈利旅游组织管理的综合性学术网

站；与本章研究案例有关的网站；文中提到的旅游组织的网站。

综合性学术网站：

慈善组织网：www. charity-commission. org. uk.

国际联合经营中心网：www. wisc. edu/icic.

休闲旅游网：www. Leisuretourism. com ，是一个需要在线付费才能进入的网站，网站提供大量有关休闲、娱乐、体育、医疗、旅游及文化等方面信息。当然，网站上也有一些免费内容。

世界旅游景区导游网：www. worldtouristattractions. travel-guides. com，是一个详细介绍全球各大旅游景区（点）的网站。

与本章研究案例有关的网站：

哈罗门国际节网：www. harrogate-festival. org. uk .

高原野生动物园网：www. highlandwildlifepark. org .

苏格兰足球博物馆网：www. thackraymuseum. org .

撒克里博物馆网：www. thackraymuseum. org .

文中提及的旅游组织的网站：

Alama：http：www. thealamo. org .

British Museum：www. thebritishmuseum. ac. uk .

Cable Car Museum：www. cablecarmuseum. org .

Chartreuse Cellars：www. chartreuse. fr .

Darlinghurst Theatre：www. darlinghursttheatre. com .

English Heritage：www. english-heritage. org. uk .

The Finnish Tourist Board：www. mek. fi .

Freedom Trail：www. nps. gov/bost/freedom_trail. htm .

Golden Gate National Recreation area：www. nps. gov/goga .

The Greek National Tourist Organization（Women ’ s Rural Cooperatives）：www. greektourism. com/travel_guide/rural/cooperatives. stm .

International Tourismus-borse ［International tourism Exchange］：www. itb-berlin. de .

Irish Famine Museum：www. strokestownpark. ie/museum. html .

Melbourne Cricket Ground：www. mcg. org. au .

New Lanark World Heritage Site：www. birmingham. gov. uk .

Olympic Museum：www. mcg. org. au .

Reichstag，Berlin：www. reichstay. de .

Rovert Burns National Heritage Park：www. burnsheritagepark. com .

San Antonio Missions Recreational Area：www. nps. gov/saan .

Singapore Zoo：www. zoo. com. sg .

TD Friends of the Environment Campaign：www. td. com/fef/index. jsp .

Tjakupai Aboriginal Culture Park：www. tjapukai. com. au .

Wild Animal Rescue Foundation of Thailand：www. warthai. org .

Vatican Museum：www. christusrex. org/www1/vaticano/0-musei. html .

Windsor Castle：www. royal. gov. uk/output/page557. asp .

World Travel Market：www. worldtravelmart. co. uk .

关键词

细分市场；非盈利组织；市场关系；收入管理；小型组织；旅游景区。

参考文献

AL Ⅱ Council for Aboriginal Reconciliation（2004）Valuing cultures-the features of the indigenous arts and crafts industry, accessed at www. austlii. edu. au/au/special/rsjproject/rsjlibrary/car/kip3/11. html.

Ang, J. （1991）Small Business Uniqueness and the Theory of Financial Management, *The Journal of Small Business Finance*, 1（1）, 1-13.

Ang, J. （1992）On the Theory of Finance for Privately Held Firms, *The Journal of small Business Finance*, 1（3）, 185 – 203.

Anheier, H. K. （2000）Managing non-profit orgnizations：towards a new approach, Civil Society Working Paper 1.

Greek National Tourist Organisation（2004）Women's cooperatives, accessed at www. greektourism. com/rravel_guide/rural/cooperatives. stm .

Joint Committee on Agency Rule Review（JCARR）（2004）accessed at www. jcarr. state. oh. us/man_affect. cfm .

Kotler, N. and Kotler, K. （1999）*Museum Strategy and Marketing*. Jossey Bass, San Francisco.

Mintel（2002）Visitor Attractons-UK, Mintel International Group, accessed at www. mintel. co. uk .

Perrow, C. （1986）*Complex Organizations：A Critical Essay*, 3rd edn. Random House, New York.

Salamon, L. M. and Anheier, H. k. (eds) (1997) *Defining the Non-profit Sector: A Cross-National Analysis*. Manchester University Press, Manchester.

Salamon, L. M., Anheier, H. k., List, R., Toepler, S., Sakolowski, S. W. and Associates (1999) *Global Civil Society: Dimensions of the Non-profit Sector*. Johns Hopkins University, Institute for Policy Studies, Baltimore, Maryland.

VisitBritaim (2004) *Visitor Attraction Trends England* 2003, VisitBritain, 20 September.

第 9 章　旅游业环境与战略分析

瑞山·桑度（Resham Sandhu，考文垂大学商学院）

学习目的

学完本章后，读者应当能够：

- 评价旅游的全球性特征以及国内旅游的意义；
- 理解旅游企业运营的市场结构；
- 解释旅游业中保护消费者利益问题的意义；
- 进行 PESTEL 和 SWOT 分析并加以应用。

本章概述

本章的目的，是通过对旅游业的环境审视与环境分析的介绍，为旅游组织提供动态综合的环境分析与战略发展方法，促进人们对战略制定过程的理解，并明确战略思考对于旅游战略管理者的重要性，强调了对复杂而不可预知的环境进行分析的必要性。

导　言

本章通过运用案例研究，讨论了旅游业作为全球性产业的重要性，分析了为什么战略对于旅游业未来成功具有十分重要的原因。接着，介绍了有关对旅游业环境的分析过程（如 PESTEL 分析、波特的“五力”分析和价值链分析、SWOT 分析）和战略发展方法（如 TOWS 方法），并进一步运用大量的案例来支持上述理论。

旅游业的规模和地位

人们不应过高估计旅游业对全球经济和国家经济的重要性。世界旅游组织（WTO，2001）在其报告《2020年旅游业展望》中预测，2020年国际游客将达到15.6亿人，其中，11.8亿人是区域内旅游者，3.77亿人是远距离旅游者。因此，总体上他们认为旅游业是一个拥有最快增长率的产业，过去的“9·11”（2001年9月11日）事件、阿富汗和伊拉克战争、中东及世界其他地区的不稳定，并不会使预测中的增长速度明显地减慢。接着，世界旅游组织（2003）发表了报告《2003年旅游要闻》，在报告中写到：

> 尽管2002是不容易的一年，国际旅游的发展形势却相当地好。根据世界旅游组织从众多主要目的地国家收集的资料，在2001年国际旅游者人数降低0.5%后，2002年的国际旅游者人数却增长了2.7%，并首次超过了7亿人，与先前创纪录的2000年相比增加了近1 600多万人。

通过比较可以看出，1990年全球国际旅游者仅是4.56亿人，在过去12年间国际旅游者人数明显增长了54%；到2002年的国际旅游收入也达到4 740亿美元。然而，正如世界旅游组织所承认的，由于受重大事件，如战争、自然灾害、经济不稳定、经济危机的影响，旅游业也表现出易于下滑的特征。1991年的海湾战争、土耳其地震；2001年英国的口蹄疫，以及2003的“非典型肺炎（SARS）”，都曾经引起了国际旅游者人数的减少。而旅游业恢复的时间长短也不一样，主要取决于事件本身和帮助恢复的应对措施（战略）。

那么，预测中快速扩展的旅游流是由什么因素推动的呢？昂德希尔（Underhill，2004）在新闻周刊（Newsweek）中是这样解释的：

> 旅游曾经是有钱人的特权，然而与从前相比，它正在变得大众化。在亚洲新兴中产阶级的引领下，欣欣向荣的旅游业可以帮助旅游者重新深刻理解他们所处的世界。假设你是个中国人，你所在国家的经济高速发展，意味着挣钱更容易；政策更宽松，意味着可以去申请护照，以寻找曾经一度被禁止的、激动人心的旅游经历。但是，到哪里去度过一生仅有的一次假期，去找一个可以大把花钱的机会呢？那就是前往另一个半球，在那里你将不会感到孤独。

以北美和西欧人为主的世界旅游业，正在接纳大量的中国游客，因为中国有13亿人口，在出境旅游方面潜力巨大。但旅游流是双向的，因此前往中国和远东的游客也有了很大的增长："专家预测全球旅游的新纪元正在来临，北京将发挥重要作用，将像巴塞罗那一样成为旅游者必到的目的地"（Underhill，2004）。

印度是另一个人口超过10亿的国家，目前也正实施对外开放政策。中国和印度两者加在一起，可以构成人口达25亿的旅游大市场。

■中国旅游业的经验比较

虽然中国发展现代旅游的经验是积极的，但事情也并非完全如此。18世纪和19世纪早期，欧洲的商务旅游者为了茶叶和其他商品而访问中国。在交易中，他们通过贿赂腐败的中国官员，开始倾销鸦片和海洛因，到19世纪30年代末期，这种非法的"毒品旅游"对中国人造成了严重的后果。1842年，英国和法国在强大的、装备先进的枪支大炮的海军军事力量支持下，要求中国接受更多数量的海洛因，在中国人拒绝后，强大的欧洲海军力量迅速地摧毁了中国的防御设施（Hooker，1996），标志着近代中国经济的衰落和殖民化，从那以后这种状况一直持续了100多年才结束。

然而，今天的中国和印度正在创造年增长率为10%的经济奇迹，因此他们的发展速度将超越西方国家。这一状况正如世界旅游组织和其他组织所预见的那样，其将有力地推动中国、印度以及其他被称为"老虎"的经济国家扩大出入境旅游。

但是，重要的是这些国家和组织都不能够忽视环境的变化，否则他们（中国、印度等）就会被再次超越，甚至面临经济衰退的危险，"9·11"事件后美国旅游业的历程就是一个很好的例子。

来自美国旅行协会（2004）的数据，表明了旅游业这个世界最大经济体的重要性。2002年，美国旅游业接待了4 190万国际游客和11.27亿国内游客，从国际国内游客消费而获得的收入是5 455亿美元（含国际交通费用），这些旅游收入又为美国人创造了近720万个工作岗位和近1 570亿美元的雇佣收入。在2002年美国的城市劳动力人口中，大概每18人就有1人直接就业于旅游业的岗位。然而，美国旅游业受"9·11"事件前经济增长缓慢的影响，尤其是受2001年"9·11"事件和入侵阿富汗、伊拉克的战争影响，使美国的国际游客人数从2001年的4 490万降到了2002年的4 190万，2003年再下降到4 040万。相比之下，国内旅游人数却从2001年的11.23亿人持续上升到2003年的11.4亿人。总之，到美国旅游已经受到恐惧因素的干扰。

旅游环境的改变是影响人们出游倾向的重要因素，不过已不是一个新的现象，政治经济不稳定、气候变化、自然灾害等都已成为阻碍人们出游的原因。威尔逊认为（Wilson，2004）：

> 根据世界旅游理事会（WTTC）建立的最新旅游卫星账户，全球旅游市场今年预期可以实现营业额22 950亿美元，比2003年增长3.7%。该预测燃起了持续3年来被愁云迷雾所包围的旅游部门的希望。该预测认为，旅游业又回到了历史以来的每年增长4%的长期趋势轨道。但是，由于不可预知的外部事件的共同影响，如战争、恐怖主义和“非典型肺炎（SARS）”，使该增长趋势曾一度受到影响。

旅游组织和供应商并不是生存在真空当中，而是处于由其他经济实体和个体所构成的环境之内，环境反过来会影响他们的发展方向、组织、计划、经营，以及他们所提供的产品和服务。旅游业的环境并非是稳定的，相反作为对相关投入的回应，旅游组织的行为通常表现得混乱、复杂，这一切又会影响战略发展和制定过程。

本章将概述的是，由于旅游中不确定因素和变化是持续存在的，所以基于稳定的经营环境模式的发展战略是不可能成功的，只有代之以复杂和竞争的经营环境基础上的模式，才能产生更为有效的战略和方法。

成功的发展战略有两个关键：首先是战略思考的能力，其次是制定战略的模式、方法和技术。这些在本章都将进行详细的讨论。

旅游业的战略背景

战略一词起源于战争：源于制订作战计划以打败敌人的需要。克劳塞维兹（Clausewitz，1982）写到：“战争是政治延续的依赖方式，反过来，政治也是战争持续的依据”。1842年，中国人就发现他们无法不理会英国和法国的要求，而今天，无论是在更广泛的商业世界，还是在旅游部门或旅行社，都不可能派遣武装队伍去捣毁与之竞争的旅游企业，阻止潜在的度假者向他们预定假日行程，如果这样做就是犯罪。因此，需要寻找可替代的方法，以确保旅行社比竞争对手吸引更多的消费者，这就激发了人们想方设法赢得消费者的创造力。可见，对旅游战略的关注应集中于获取财富的途径，而不是盗取财富。

那要如何才能做到呢？简单地说，1929年华尔街危机之前，阿尔弗特（Alford，1924）的建议是：要不停地向顾客进行销售，通过扩大市场来赚取利润。在他的近2000页的管理著作中，阿尔弗特很少甚至没有论及经营环境的变化，以及环境变化是如何反作用于企业的。尽管经济学家和企业经营者都意识到，商业周期的波动导致了19世纪和20世纪初的经济下滑与衰退，然而当时大家普遍相信，市场会随着殖民扩张而继续扩大。1929年，华尔街金融危机和随后的经济崩溃，清楚地证明了他们的错误。于是，安索夫（Ansoff，

1984：10－15）从历史的角度分析了环境挑战，提出 20 世纪环境动荡的加剧，直接影响了管理系统和管理思想的变革。相比于阿尔弗特，今天的管理学教科书更强调应与顾客建立联系，并满足客户价值期望的必要性（Piercy，2002），强调企业面对许多市场已饱和情况下，所处的竞争环境是无所不在的。

企业存在于环境之中，与环境相互作用，并要应对来自环境的问题和挑战。这就要求人们思考经营环境，做出战略反应。案例 9. 1 说明了一家大型旅游公司是如何与其环境相互作用，并随时间变化而不断发生改变的。

案例 9. 1　托马斯 · 库克公司

旅游业已成为世界贸易和产业体系中一个最重要的分支。基于旅游业的乐观发展形势，托马斯 · 库克公司（Thomas Cook）给自己设定了一个野心勃勃的目标，要进一步提升该公司在世界大型旅游企业中的地位。

正如托马斯 · 库克公司的发展史所揭示的那样，托马斯 · 库克公司在服务游客的方法上已发生了实质的飞跃，它的战略方向调整、所有权的变迁、部门的改革等，都与潜在游客的社会文化预期的改变有着紧密的联系，它的成功很大程度上取决于公司进行战略革新的能力和意愿。

早期发展

托马斯 · 库克是一个坚定的浸礼教徒和戒酒者，1841 年他成功地组织了一次火车旅行，从莱斯特运送 500 人到拉夫伯勒参加一个浸礼教聚会。由于旅行非常成功，托马斯 · 库克认识到有机可乘，接着又组织了到英国其他城市的游览。1851 年安排了 16. 5 万多人出席大英博览会，是早期比较成功的一次。接下来他还组织了到欧洲大陆、埃及和美国的游览活动，由于这些旅游目的地对中产阶级来说具有可进入性条件，从而为中产阶级提供了“有益的经历”。其他配套的战略创新，还有旅馆凭单、旅游门市、信用凭证（后来的旅游支票）、海上巡游、旅行目录和 1921 年出现的第一张机票等。进入 20 世纪，托马斯 · 库克公司已成为国际旅游市场中的领导者。

1928 年，托马斯 · 库克家族把公司卖给了一位竞争者，瓦格斯—利齐（Wagons-Lits）。1948 年它被国有化，划归英国铁路公司，在此期间托马斯 · 库克公司一直继续着它的旅游业务。1972 年，它分别被米德兰银行、福特公司和汽车协会所购买而实现了私有化。米德兰银行把对他的收购，视为将金融活动扩展到旅行支票和相关金融产品的机会，并在 1990 年成为世界最大的外汇兑换交易商。1992 年，该公司又被德国的西德意志银行和德国 LTU 度假航空公司所接管。1994 年，公司通过接受巴克拉银行的旅行支票业务，向美国运通出售商务旅行服务，使托马斯 · 库克公司成为美国本土以外世界最大的旅行支票供应商，而西德意志银行则在 1995 成为唯一的赢家。

托马斯 · 库克公司是英国第一家通过互联网提供度假、旅行支票、外汇兑换、导游书籍和机票的休闲集团。为了扩大业务，公司一直在继续它的收购进程：

案例9.1 续

●1996年，收购了英国的短期旅游间断供应商“阳光世界（Sunworld）”和欧洲城市旅游专业商“休假者（Time Off）”；

●1998年，收购了包括“成功（Flying Colours）”航空公司在内的“成功休闲集团”；

●1998年，收购了“落日（Sunset）”和“18－30俱乐部”品牌（鉴于托马斯·库克是浸礼教徒和戒酒者，后者的收购引起了较大的震动）。

也是在1998年，托马斯·库克创立了“全球服务”部，在世界范围内向商务和休闲旅游者提供综合的一揽子服务。1999年，托马斯·库克形成了包含阳光世界、落日、成功、灵感（Inspirations）和喀里多尼亚航空公司（Caledonian Airways）的“伞状”品牌JMC（John Mason Cook），成为英国第三大的旅游与航空联合集团。

1999年，托马斯·库克的欧洲竞争者，即突伊（TUI）的所有者普洛伊萨格股份有限公司，购买了托马斯·库克24.9%的股份，并在2000年收购其竞争者汤姆森公司后又将其卖出。同年，欧洲联盟同意将托马斯·库克与卡尔森公司（卡尔森休闲集团旅游部的英国分部）进行合并。

2001年，托马斯·库克由德国C&N国际休闲联合集团接管，形成了以托马斯·库克股份有限名称进行交易，并基于自身传统的国际旅游公司，而C&N国际休闲联合集团又由德国汉莎航空股份公司（占50%）和卡尔施泰特万乐公司共同拥有。C&N国际休闲联合集团通过旅游价值链上的各个环节，如航空公司、酒店、旅游经营商、旅行代理商来开展业务，并向全球各个细分市场提供游客所需要的产品。该集团包含32家旅游经营商、3 600家旅游代理商，控制着76 000张床位、一个87架次的机队，雇佣的员工总数为28 000人。集团业务遍及德国、英国、爱尔兰、法国、比利时、卢森堡、荷兰、奥地利、匈牙利、波兰、斯洛伐克、斯洛文尼亚、埃及、印度和加拿大。

到2002年，现实表明JMC已不是一个成功的品牌。于是，该集团决定仍以托马斯·库克的名称进行交易，新品牌则考虑把它主要用于度假航空公司，当然，向通用品牌的过渡是不能以牺牲子公司的品牌为代价的。

随着“落日”取代最初的JMC再次成为廉价产品的品牌，JMC品牌还将继续在家庭和成年人市场中进行推广。而托马斯·库克品牌瞄准的则是那些自信的或经常性的旅游者。在英国，托马斯·库克公司业务范围内的其他品牌，还包括斯泰尔度假，18－30俱乐部，奈尔森和爱尔兰阳光世界等。

2001年9月11日后的托马斯·库克

如下列资料所显示，与其他旅游经营商一样，托马斯·库克的旅游业务在2001年9月11日以后也受到下滑的困扰。

案例9.1　续

指标	10/2002～11/2003	10/2001～11/2002
销售额（百万欧元）	7 241.5	8 058.6
运送旅客（千人）	12 484.6	13 334.1
人均消费（欧元）	580.0	604.4
平均旅行价格	523.0	539.0
平均旅行时间	9.7	10.7
总利润（欧元）	2 155.4	2 490.4
经营杠杆率（%）	163.1	121.7
员工人数（人）	25 978	27 906
旅行社（家）	625	759

托马斯·库克在2002～2003的年度报告中，分析了造成公司经营困难的因素：

●伊拉克战争和“非典型肺炎（SARS）”；

●北部地区气候炎热反常、中欧政府鼓励人们待在家中；

●德国学校假期的缩短。

托马斯·库克的合伙人，汉莎航空公司也在旅游经营中蒙受了损失，2003～2004的股票没有派息。汉莎航空公司的主席和首席执行官（CEO），沃尔夫岗·梅尔胡伯（Wolfgang Mayrhuber，2004）称托马斯·库克首先要做的是必须把损失减少到最小，构建具有竞争力的成本结构，再图赢利。

这导致了一些短期行为如削价和甩卖，但是把损失转移到更下一级的服务伙伴，如航空公司、旅馆的做法并不总是行得通。

托马斯·库克公司还得出结论，伊拉克战争将会产生长期的影响，要求通过“公司组织结构小型化”、关闭旅行社、从销售市场获得更多的收入、减少投资、削减德国航班来实现彻底的合理化状态。公司同时还在所有市场上突出托马斯·库克品牌，目的是想在中期恢复元气。

资料来源：托马斯·库克网站；托马斯·库克年度报告；www.travelmole.com

问题讨论

1. 在过去的165年中，托马斯·库克是否一直坚持着它首创的原则，即在旅游中提供“有益的经历”？

2. 讨论造成托马斯·库克所有权和战略变化的环境因素。

什么是战略，其为何是重要的？

约翰逊、斯科尔斯和惠廷顿（Johnson，Scholes，Whittington，2005：10）把战略定义为："企业长期的经营方向和范围，通过在动态的环境中配置资源来满足利益相关者的期望，从而使企业享有（竞争）优势。"与早期安索夫（Ansoff，1969：7）的观点相比，它是一整套的战略管理指导方针，要具体阐明公司产品的市场地位、成长和演进的方向、可以采用的竞争工具、进入新市场的方法、资源配置的态度、开发的动力，也要详细说明公司需要尽力避免的劣势。战略是公司的经营观，为公司所有的商业活动提供了统一的主题。

库尔特（Coulter，2002：7）把战略狭义地理解为："使企业的技术、资源与环境的机会、威胁相匹配的，指导决策和行动的一系列目标。"科特尼卡夫（Kotelnikov，2004）赞同安索夫的观点，也认为战略是一种引导公司走向特定的市场，并与市场上的其他公司进行竞争的途径，是"公司获取持续发展的竞争优势的规划"。

皮尔西（Piercy，2002：273）认为真正的战略是："把对顾客至关重要的事情做到最好；通过优先实现客户价值来保证利益相关者的价值；寻求更好的新方法以实现以上目标。"

相比较，斯泰西（Stacey，2003：319－20）应用系统原理，以一种特别方式把战略定义为是对"企业身份的识别"，即：

> ……企业要做什么？企业的服务对象是什么？……这种认识是如何形成的？战略作为企业的象征，在企业实践者的影响下不断地被塑造和被展示，……就像人类的未来是不停地形成的，……是在平平常常的每一天，是关系到当地环境和现代生活中的每一个体一样。

影响旅游业和世界经济的不可预期的力量，可以用印度洋苏门答腊海岸的强烈地震（里氏9.0级）和2004年12月26日随后发生的海啸加以说明。其影响至少涉及11个国家，包含旅游者在内的超过30万人的死亡，地方经济和基础设施被破坏，这些破坏要花费70亿美元和许多年才能恢复。由于存在继发性地震和海啸的可能性，计划中的重建工作仍然问题重重。

由于环境的复杂性往往表现为不可预测、不确定和自相矛盾，这就暗示着制定出来的长期战略是值得怀疑的，正如人们无法预知将来一样。战略制定是一个及时而有机的过程，涉及所有的参与者，包括活跃的旅行社，因此企业的未来是由企业创造的。在我们的探讨中，想要通过模仿别人而得到成功的想法是没有意义的，因为尚未展开的未来不是对过去的简单重复，以前的优秀模式既可以促进成功也可以导致失败。然而，无序性和不确定性，通常并不意味着旅游企业或旅游目的地注定要失败，舒尔曼（Schurmann，1995）认为有一个关键的科学原理：即一切有序中皆存在无序，无序中存在有序，在我们讨论如何投资时更是如此，包括对旅游项目的投资，这是改变以前被战争困扰的非洲的重要途径。因此，巴尔干半岛在走出 20 世纪 90 年代的冲突的混乱之后，在人们努力改善自身生活状况时，旅游为当地经济的恢复注入了动力。

2004 年 12 月 26 日，对印度洋海啸引发的大规模破坏也是以同样的方式开始重建的（Sukarsono，A. and Eaton，D.，2005），斯里兰卡总统钱德里卡·库马拉图尕（Chandrika Kumaratunga）宣称："在三个月，最多四个月内，我们一定可以进行旅游接待。"

关于这个主题的研究，埃德加和尼斯伯特（Edgar，Nisbet，1996）得出的结论是：接待业应该把更多的重点放在"接纳、引入、帮助具有革新性和创造力的组织上"。谢尔顿（Shelton，1999）则建议企业要能利用：

- ■ 扩张：如果没有什么是不能实现的，则力求实现那些表面看起来很难实现的目标；
- ■ 速度：通过快速发展而做得更好；
- ■ 无边界：在已确定的范围和框架之外，努力寻找更好的想法或办法。

通过把它们培育为差异化竞争的源泉，以应对环境的变化和不确定性。

上述这些关于无序性、不确定性和复杂性的讨论并不新鲜，德鲁克（Drucker，1985：50）早就提出了有关战略机会或战略创新的七个来源，它们对组织的重要性是依次降低的：

- ■ 不可预期：不能预见到的成功、失败或外部事件；
- ■ 不一致性：真实状况与假设状况或"应该"的状况之间的不一致性；
- ■ 过程的创新；
- ■ 任何人都无法捕捉的产业结构或市场结构的变化；
- ■ 人口统计因素；
- ■ 感觉、情绪、期望的改变；
- ■ 包括自然科学与非自然科学的新知识。

不可预期的最好例子是 2001 年的"9·11"事件，该事件为低成本航空公司，如里昂航空和捷运航空创造了机会。由于空中旅行人数的减少，管理费用巨大的航空公司，它们的生意面临持续受损的局面而无法长期经营，不得不向政府请求财政支持。相比之下，低成本的航空公司管理费较低，反而可以盈利。

案例 9.2　鼓励人们乘飞机旅行——由不协调所导致的变化

万斯·帕克德（Vance Packard，1960：60－1），详细阐述了美国航空公司是如何鼓励人们更多的乘飞机旅行的。他引用激励研究所所长欧内斯特·迪希特（Ernest Dichter）的一段话开始："当快乐与内疚发生冲突时，广告人员在销售产品时的一项重要任务，不是去给予人们道义上的安慰，而应该让人们毫无内疚的享乐，"（P.54）他接着解释："当喷气式飞机开始用于商业飞行时，人们对飞行充满怀疑。"

于是，帕克德说，航空公司请求迪希特博士帮助制定一种战略，以鼓励人们更多的乘坐飞机。

一直困扰着美国航空公司的现实问题，是许多乘客只有在不得已的情况下才选择乘坐飞机，因此航空公司雇佣了一家常规研究公司去调查，为什么那么多的人不愿意乘坐飞机。反馈回来的答案是，许多人不愿意乘坐飞机是因为他们害怕飞行安全问题。于是，航空公司花了大量的钱把飞机的安全性强调到最好，但根据迪希特博士的看法，这没有带来预期的航空交通的增长。接着，迪希特博士参加到调查中来，他深入研究了这个问题，甚至采取了一些项目测试，如假设潜在乘客将在一次坠机事件中遇难。他通过调查发现，在那种时刻人们脑子里想的根本不是死，而是家里人该如何面对这一消息。于是，迪希特博士得出的结论是：这些人其实不是怕死，而是感觉到一种死后的不安和内疚。丈夫想象妻子会说："这个该死的白痴，他本应该乘火车去的。"航空公司很重视这一分析结果，开始把活动更多的转向妻子，并游说妻子：如果乘飞机旅行，丈夫可以更快的回家、回到她身旁，并且通过家庭飞行计划把妻子也带上了天空。这样一来，迪希特博士解释，由于家人的赞成，男人们走出了困境。

与此同时，所有的航空公司开始着力为空中乘客营造一种"心理上的、平静的氛围"。航空公司也开始训练他们的空姐，当乘客看到飞机引擎上的火花而变得躁动不安时，如何更好地向乘客做出解释。航空公司的一位行政人员说，公司的空姐要询问每位乘客的名字并把他们记下来，主要原因是使空姐有与乘客说话的机会，以透过空姐平静的语气使乘客知道一切都很好。有几家航空公司还要求女乘务员对着录音机，练习如何以一种平静、柔和的方法进行交谈，并通过倾听回放的声音而进行校正。

某些航空公司还训练飞行员使他们说话的声音中流露出自信。一家航空公司称他们希望飞行员在通过扬声器谈话时，给人的感觉就像"他们也可以驾驶飞机"。另一家公司向飞行员灌输的思想是，要以"来自飞行舱的权威的声音"进行谈话。

资料来源：Packard，V.，1960：60－1

问题讨论

3. 对于乘客来说，航空公司是如何“给予人们道义上的安慰，让人们毫无内疚的享乐”?

4. 这些发展战略对于大规模的空中旅行有何作用?

案例 9. 3　欧洲对人口老龄化的应对战略

了解和预测度假旅游市场的说明计划

世界最大的旅游公司突伊（TUI）委托瑞士普洛格鲁斯（Prognos）研究机构制定了一幅欧洲旅游发展的前景和趋势蓝图，并编写了备选方案。因为公司想要积极主动、占有先机、把握未来的变化，不能只是对现有的变化做出反应。普洛格鲁斯的研究认为，引起了消费结构性的改变，是变化的旅游需求、高度差异化的产品供给和市场上新的进入者，而不是仅停留在消费者对标准化产品、近期预定趋势和低价飞行的需要。消费者并不愿意把自己束缚于一年开始中的那些休假日，在安排休闲时间方面，他们有更多的选择，也更加冲动和自由，因此人们可能更经常去度假，而不仅仅是短期的休假。

在欧洲，由于贫富差距还在继续扩大，消费者对价格的敏感性也是各种因素作用的结果，即消费者认为在市场上找到廉价产品，以及认同社会结构和价值变化是很“酷”的。在未来几年中，增长可能将主要发生在旅游产品供给的两端，即低价产品部分和豪华产品部分。到 2006 年，低成本的运输部门将会获得大量的市场份额，其年均增长率将达到 4% ~5% 的水平。

研究还表明，受互联网熟悉程度提高、信息和市场营销的驱动，到 2010 年对标准化产品（对标准的旅游要素进行灵活的、个性化的组合）的需求将会从 5% 增长到 40% 或 50%。市场变化的原因，主要同人们与互联网的关系日益密切有关，特别是新的低价旅游产品会从中受益。普洛格鲁斯估计，尽管今天在线预定的数字只占 10%，但是到 2007 年至少 25% 的度假旅游者都会有在线预定的经历。在斯堪的纳维亚国家，大概 60% 的家庭已经开通了互联网，并促进了在线旅游公司和低价运营商的迅速发展，那么，北欧是否为旅游业提供了一扇可以透视未来的窗户呢? 随着互联网旅游网站的安全性和实用性的提高，旅游者对在线产品的需求也会增加，突伊（TUI）收到的建议就是希望重视在互联网上的扩张。

光明的前景：欧洲人正在松开他们的钱袋

人口统计特征的改变，也使人们形成了新的度假旅游需求类型。换句话说，随着西方国家人口年龄的金字塔在向上移动（老龄化），旅游产品必须反映出这种变动趋势。海滩、阳光类度假产品的批量销售表现出慢于平均增长水平的倾向，或者说销售增长减慢；而成为“现金牛”的产品，将是属于与保健、康体、文化等相联系的度假产品，此外豪华旅游、海上巡游、漫步也可能成为主要的赢家。

案例 9.3　续

在未来，消磨假日将在目前的低水平上有所提升。2003 年，德国人在度假方面相当低调，在海外度假市场上总共只花费了 525 亿欧元，与 2002 年相比减少了 5%，但这一情况在接下来的几年中预计会有所改观。有关研究预测，度假消费将受德国人和英国人的推动，因为他们的度假消费位居世界前列，到 2010 年度假旅游消费支出将年均上升 4%，超过 720 亿欧元。

在俄罗斯、东欧和南欧国家，度假消费预计每年将增长 10% ~20%，可以促进未来这些国家经济的持续发展。

资料来源：来自 TUI Time，2004，《TUI 职员时报》

问题讨论

5. 人口老龄化向旅游经营商提出了什么挑战？
6. 致力于老年市场会给旅游经营商带来什么样的风险？

总而言之，企业如何开展经营和进行战略应对要受外部环境、企业资源、企业能力的制约，但是环境的不确定性和无序性并不意味着旅游目的地就无力采取行动。

制定战略有不同的方法，最一般的方法就是理性选择与决策。库尔特（Coulter，2002）认为，理性选择假定：人和组织都具有目的性，都要力求达到一种满意的状态或产出，而目标的确定又受消费者偏好和利益的引导。因此决策时，需要进行合理估算以衡量：

- 基于消费偏好和利益倾向的两个选择的有效性和价值；
- 每一选择的机会成本；
- 利润最大化的最佳途径。

就投入、生产过程和产出而言，制定战略可以形成一套概念体系。有两种不同的方法可以做到这一点：远景目标和解决问题。

第一种方法所追求的是：在未来获得理想的竞争地位或状态，即远景目标。由此衍生出了图 9.1 所示的“战略金字塔”方法。

图 9.1　战略金字塔

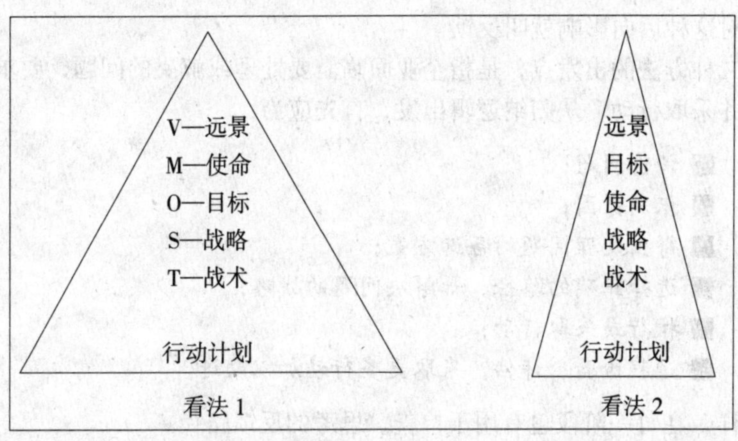

波斯（Porth，2003：4～5）认为，发展使命应当高于远景目标，因为它是对现状、现时的市场和顾客的反映；而远景目标却不同，它与企业未来的发展方向、愿望以及“我们想成为什么”有关。例如，托马斯·库克（Thomas Cook）过去主要是为走中间路线的家庭提供度假产品。后来，公司意识到了 18～30 岁这一代人的消费能力，从而调整了经营方向，并购买了年轻度假者所熟知的“18－30 酒吧”，该酒吧是以无节制的性和酒精来满足度假需求。

在其他时候，远景目标和使命这两个词是联合在一起的；托马斯·库克的年度报告（2003）中就明确提到他们的“远景目标和使命”。总之，制定战略过程中的某些方法都有共同的关键之处：

- 远景目标，即企业在什么位置，能成为什么，想成为什么；
- 对企业的能力、资源和竞争优势来源的评估；
- 对企业外部机会、威胁、竞争状况的评估；
- 制定战略备选方案并进行评价；
- 确定最后的战略选择；
- 制定战术；
- 决定实施时限；
- 进行资源配置并获得相应的支持；
- 战略执行；
- 监测、检验、评估；
- 根据经验再评价，必要时进行调整。

这一模式假定在每一阶段都存在反馈线路，允许在思考过程中发生某些改变。因此，战略实施后再评估可能涉及对组织远景目标、基础资源和能力的再检查，对这种后向影响就叫反馈。

第二种方法的出发点，是指企业面临需要处理或解决的问题，要求企业制定战略并采取行动。从归纳逻辑出发，首先应当：

- 评价问题；
- 识别原因；
- 得出处理问题的备选方案；
- 选择正确的路径，如解决问题的战略；
- 执行或采取行动；
- 过程检验、评估，采取更多行动加以改进。

同样，在每一阶段也有用于检查、思考的反馈路径。

无论从哪个出发点，两种方法都有助于企业的理性思考，使企业通过形成备选方案，选择最终方案，一步一步地实现利益最大化。它们都是战略选择模型中的范例，可以产生短期、中期、长期的行动计划；也是管理原理中的重要方法，都使用了共性很强的一系列方法和技术。

由谁来制定战略、执行战略，主要取决于不同的企业文化、传统和战略预期达到的水平，以及对企业产出有何重大影响。波斯（Porth，2003：183）引用普菲弗（Pfeffer，1992）的观点说："采取行动、贯彻想法和执行决策上的无能为力，在今天的组织中普遍地存在着，并且无论是在国有企业还是私有企业，这一现象都正在变得更糟糕。"在大西洋两岸，某些大公司，如安然（Enron）、世界通信公司（WorldCom）和帕玛拉（Parmalat）近来的危机和失败，很少与它们的行动力有关，更多的原因在于它们的保密状态，由高层管理人员制定的战略决策缺乏沟通的过程，普通员工对公司的管理和战略也不关注。该现象引发了诸如英国的史密斯（Smith，2003）和希格斯（Higgs，2003）、美国国会、意大利政府和欧盟的调查研究，并引起了更为严格的政策调整，如英国为公司治理制定的《新合并操守规则》（Financial Services Authority，2003）。他们也肯定了斯泰西（Stacey，2003）的观点，认为每一层面的管理人员和工人，其行为都会影响组织的复杂性和不确定性，进而影响到组织的效力。

战略思考的重要性

旅游从业人员面对不可预测、高度易变和剧烈竞争的市场带来的挑战时，既要合乎道德，也要有解决问题的能力。格雷伊兹（Graetz，2002）指出，创新能力、多个组织层面上的逆向战略思考能力，对于创造和保持竞争优势是非常关键的。利特克（Liedtka，1998）针对德鲁克（Drucker，1985）的观点，提出了能够进行战略思考的五个特质：

■ 具有历史观，能够认识组织不同部门之间是如何相互影响、冲突，并作用于不同的环境；

■ 意图明确，故意在现实资源和出现的机会之间造成一种不适应；

■ 能够持续不断地思考过去、现在、未来之间的联系；

■ 能够进行假设和假设检验，提出“如果什么?”“如果……将……?”的问题；

■ 聪明的机会主义能力，能够识别和利用新出现的机会。

因此，战略思考要求具备这样的能力，即能以灵活的、创造性的、直观的、革新的方式来看待经营环境，能对重要事件进行综合分析。

谢尔顿和达林（Shelton，Darling，2003），曾试图把所有的环境挑战，以及应对它们所需具备的技能和采取的行为都展现在表 9.1 里。

表 9.1　重要环境挑战与所需技能的联系

挑战	所需技能	定　义	行为表现
质量	观察	下意识地去观察的能力	专注
创新	思考	逆向思考的能力	创造
动机	感觉	感受生存的能力	充满活力
授权	了解	直觉能力	自信
社会责任	行动	采取负责任的行动的能力	有道德感
改变/混乱	信任	应对生活的能力	灵活
团队/差异化	展现	协作能力	富于同情心

资料来源：Shelton，Darling，2003. Republished with Permission，Emerald Group Pulishing Limited

战略规划的程序

战略规划过程，开始于相关人员的环境扫描与环境分析；接着才是制定和选择战略方案。什么是环境扫描与分析，它们是如何进行的？经过一个大致的回顾后，蒂尔等人（Teare et al.，1997：7）提出了环境扫描的主要功能：

■ 了解外部环境事件与外部环境的发展趋势；

■ 在两者之间建立联系；

■ 对两者进行分析；

■ 推断出用于决策和制定战略的主要结论。

每一企业都要面对三种类型的环境：内部环境、外部环境和产业环境，因此旅游组织与三种环境之间是相互作用的关系。理解环境作用的有效方法是PESTEL（政治—经济—社会—技术—环境—法律）分析模式，它一般被用来解释外部环境和产业环境的变化。同时，也能被很好地应用于组织的内部。这种方法看起来并不那么复杂，在用于企业内部研究时，必须：

■ 对所面临的问题是什么，应该怎么办的不同观点进行协调（政治）；

■ 具有偿还债务的收入（经济）；

■ 确保最好地使用自己的员工，考虑到人口统计特征的变化、文化和差异性因素（社会）；

■ 不断地审查它所采用的技术，确保资源的有效利用（技术）；

■ 以对自然环境影响最小的方式采取行动（环境）；

■ 以合乎道德的方式采取行动，考虑现行的法律和产业行为准则（法律）。

■使用 PESTEL 方法分析旅游企业外部环境

环境扫描的目的是要识别环境变化的动力，并按重要程度确定其优先权。

■ **政治：**是由政府或准自治政府机构决定，国家政策可以影响旅游增长的能力。20 世纪 50 年代的英国，旅游者能用于国外旅游的钱是受到限制的，后来限制取消了，旅游也发展了，但许多国家却还有类似的控制。在业内，很多国际、国内组织机构的存在激起了政府对旅游的兴趣，有一些还与国家间的组织有关，如欧盟（它通过条约、规章、方针和政策影响旅游业）和世界旅游组织，世界旅游组织是在联合国的支持下成立的。其他的一些机构也是旅游业的利益代言人，对政府有着持久的影响，如代表航空业的国际航空协会（IATA），代表旅游经营商的欧洲旅游经营商协会（ETOA）、英国旅行社协会（ABTA），以及代表地方当局倡导旅游的国际旅游专家协会和英国娱乐协会。

早在2004年，戴维斯（Davies，2004）就指出伦敦市长肯·里文斯顿（Ken Livingston）和首都警察局局长都做过的评述，伦敦及英国缺乏应对恐怖袭击的准备，这会影响旅游者的消费信心。结果，来自北美、意大利和斯堪的纳维亚国家的团队都被取消了。

■ **经济**：国家和地区的经济发展，决定着人们用于支付旅游收入的多少。20世纪80年代早期，英国的失业现象非常明显，旅游需求也随之减少。目前德国经济发展变慢同样制约了德国到国外旅行的人数，也使他们在第二个"家"的消费减少。同样，货币兑换率也可以促进或抑制人们的旅游，在本书写作期间（2004年夏天），美元较欧元疲软，刺激着欧洲人到佛罗里达等旅游目的地去旅行。相反，远东经济的增长则刺激了区域外旅游的增加，受益者是美国、英国和欧洲的其他旅游目的地。而就在5年以前，远东经济还处于下滑状态，导致的是外出旅游人数的减少。

■ **社会**：包括下列因素的变化，统计人口（组成一个国家的总人口），人口健康状况（健康、教育、挣钱的机会、自由时间或休闲时间的量）、知识和文化的发展状况、访问动机。案例9.3表明欧洲人口老年化是TUI愿意为老年人开发旅游资源的动因。同样，人们想要了解异域的好奇心和意愿也推动着文化旅游、远距离旅游的扩大，前者如远东或是印度，后者如南极洲、喜马拉雅山或热带雨林。以前，人们对自己所熟悉的事物的追求曾推动了大众旅游的发展，大众旅游提供了人们在家门口就能看到的东西，例如西班牙海岸，它已被人们拿来与英国的娱乐场所黑池（Bldckpool）或斯卡佰勒（Scarborough）相提并论（没有很大的差异性）。

■ **技术**：技术变革推动旅游发展。火车和飞机都使旅行发生了根本的变化，火车旅行的潜力曾为托马斯·库克提供了机会。最近，互联网通过在线预订又创造出新的机遇，突伊（TUI）预计其20%的预订量是来自互联网。然而，也有其他的革新被证明意义不大，例如商务客机的设计时速比音速低，就没有什么意义。2002年，波音公司废止了制造新的超音速飞机的计划，因为它的客人想要的不是更快而是更便宜飞机。公司于是研发了波音7E7，波音7E7的航程为8 000英里，燃油效率提高了15%～20%。这些都证明了奈斯彼特（Naisbitt，1994：138）的预测："下一个二十年飞机制造业将赢在其载客量，而不是速度"，该预测还基于这样的假设，即"飞机的运行动力以其速度的立方增加，……如果要有747的两倍快，你得需要8倍的动力……现在想想看是……亚音速的，还要有……非常大的运载量”。

■ **环境**：保护自然环境已经成为国际共识。旅游业因为化学污染、噪声污染、低水平城市化，而对持续的环境破坏负有责任。即使那些遥远的地区，如南极和喜马拉雅山，它们也在经受环境退化和人类活动丢弃废物影响。环境成为保护主义者和怀疑论者的战场，即便是生态旅游也会产生影响，地球之友（Friends of Earth）和绿色和平（Greenpeace）的参与者都意识到了旅游的消极影响。旅游经营商、旅游目的地、宾馆、航空公司被迫发出倡议保护环境，奈斯彼特（Naisbitt，1994：181）确信：“当涉及劳动力、交通、健康、安全方面的问题受到非议时，也许每个国家最关注的就是旅游对环境的影响。”波音7E7飞机的部分任务，就是要缓和环境方面的问题。

■ **法律**：英国旅游业，受到欧盟和英国政府颁布的法律，以及旅游产业组织制定的政策、规则的控制和管理，欧盟制定的度假方针可为度假旅游者提供保护。“9·11”事件后，美国机场安检不断加强影响了入境游客人数的增长，美国国务卿科林·鲍威尔（Colin Powell，2004）在国会司法委员大楼前证实了这一点，并解释了为什么要延期办理嵌有生理测量芯片的护照（护照嵌有电子芯片，上有数码照片，可以反映持照人的面貌和生理信息，目的是要通过面部识别来证实持照人的身份），到2006年11月还要花更多的时间，向免签证的国家介绍这一新技术。因此，访问美国的人数只会减少，既是因为签证被延迟，也是因为潜在的旅行者还没有获得新的护照。

费瑟（Feather，1990）用类似的层次分析法确定了导致环境变化的35种“G－力量”（全球性力量）。

总之，PESTEL分析方法可以用来识别潜在的威胁、机会和引起变化的关键性因素。如最近美元对英镑和欧元的换汇率接近2:1，这对欧洲旅游者而言，意味着在2005年初去访问美国是非常划算的，然而对于欧洲制造品却是一个很大的威胁，如卖给美国旅游公司的游船，与2001年相比它们要多花掉近2倍的钱。通常，像克莱德船舶公司（Clyde Marine）这种生产航运产品的公司，它在美国的生意就会受损。

问题讨论

---

7. 选择一个旅游公司或旅游目的地，对其外部环境进行PESTEL分析。

8. 识别所选择的旅游公司或旅游目的地的潜在威胁、机会和引起变化的关键性因素。

产业环境分析

■现有企业间的竞争

任何企业都可能面对直接或间接的竞争者。在旅游业，谁是直接的竞争者，取决于提供旅游活动的部门。在酒店业，有许多公司在提供经济、中档或高水平的服务，且只收取适当的费用。他们会在内部发生竞争。类似的情况如航空业，航空业内既有低成本或预算的公司，也有高成本的公司。2001 年 9 月 11 日以前，低成本和高成本公司基本上是为不同的顾客市场提供服务的。然而，2001 年 9 月 11 日以后，不断增加的成本和不断减少的旅行，给高成本公司增添了巨大的压力。公司的长线旅行，特别是横跨大西洋的旅行减少了很多。相比之下，低成本公司经营的是短途旅行，反而可以更好的生存和发展。于是，为了维持经营，高成本公司被迫同低成本公司进行削价竞争。从此，长途航班学会了降低往返时间，降低经营成本，变得越来越精明、越来越小气。同欧洲 50 家公司比较，低成本公司更有竞争力。此外，高成本经营商在面临“只提供基本服务”的飞行竞争时也存在威胁，就像英国航空公司所面临的威胁一样。

企业怎样才能确定谁是自己的竞争对手？一个办法通过是战略小组分析，如果存在采用相同战略和资源的企业，那么它们最有可能就是企业直接的竞争对手。

通过分析，汉莎航空、法国航空和英国航空等属于一个战略小组，而捷运航空、里昂航空和比米巴比航空（BmiBaby）则属于另一战略小组。用同样的方式分析，吸引享乐型单身年轻人的大型旅游目的地，如伊比扎的（Ibiza）的帕尔玛努瓦或纳戈鲁夫、法里拉凯和 圣安东里奥属于一个战略小组；而罗马、雅典、威尼斯、佛罗伦萨是另外的战略小组，它们有不同的资源，吸引具有文化目标的不同旅游者。

■新进入者的威胁

“9·11”以前，英国只有少量低成本的客运公司，大部分飞往度假旅游目的地。“9·11”以后，人们对里昂航空市场的评估超过了英国航空，使英国航空的市场价值急剧下降。然而，此后许多新的竞争者进入低成本客运领域，给先前的赛跑者里昂航空、捷运航空构成了较大的威胁。低成本市场的一次较大的分流正在发生。由于新进入者的威胁，里昂航空的股票价格开始走低。

波特（1985）认为进入壁垒和竞争对手的反应，影响着新的进入者进入市场的程度。进入壁垒又受下列具体因素的影响（Coulter，2002；Parker，2004）：

规模经济

规模经济，是指随着规模的扩大，而使企业资产增加，单位成本降低。新进入者参与竞争，价格要低于现有竞争者，才能生存和发展，这意味着新进入者其成本要更低，如果做不到则进入的可能性就小。吸引新的航空公司进入的一个原因，是英国的空中旅行预计将从当前的2 000万次增长到2030年的大约5 000万次（交通部，2003）。从世界范围来看，世界旅游组织预测航空旅行将会是同期的两倍。因此，单单比较一下现有客运公司的成本结构，就可以知道新进入者为什么要求分享航空旅行了。因为“9·11”事件和其后的阿富汗战争、伊拉克战争，这种长期的发展趋势可能会减缓并使所预测的人次降低，1991年海湾战争后，航空业就用了好几年才恢复元气。上述情况可能导致企业通过接管、兼并来巩固自身，就像已经发生的KLM公司和法国航空公司之间的合并，突伊（TUI）对汤姆森的接管，以及托马斯·库克与德国旅游经营商的合并。这些行为在旅游市场上，造成了遍及全球的大公司。

产品差异性

新进入者必须有独特的卖点才能吸引顾客。在旅游业，一种值得注意的倾向是旅游者容易被特别提供的东西所引诱，如折扣、附加利益和新奇的价值。旅游者是否更换目的地，是否选择同一目的地的不同产品，或者从高成本的航空公司跳到低成本的公司，取决于企业提供的是什么、价格如何、质量如何。同时，一些公司也在努力开发有特色的产品和品牌，如托马斯·库克（他们的18－30俱乐部）、萨加（Saga，为50多岁的人群提供度假产品和其他产品）和突伊（TUI）的生态旅游产品。

转换成本

对于旅游消费者来说，从一个产品提供者转向另一个提供者要产生一次性成本。在旅馆预定中，这个问题相对较小，因为虽然大多数旅行社门市彼此之间一般互不开放，但现在消费者可以通过因特网或电话轻而易举地进行预定（因此，在更换旅馆时也就不存在转换成本的问题）。消费者，特别是对鼓励追求便宜的文化消费者，习惯于货比三家，转换成本对他们而言只是一个相对较小的心理障碍。至于消费者选择到哪个国家去旅行，还要看这个国家提供的东西是否物有所值。

KPMG在2003年委托YouGov进行了一项研究，它是关于人们的度假偏好的研究。研究结论是："63%的游客认为，作为一个家庭度假目的地英国，并没有提供质价相符的产品"。此外，"欧元与英镑的汇率变动，欧洲大陆价格上涨，机场航班因为法国罢工不断被延误，导致度假旅游者日益减少"。

投资与工作能力

投资与工作能力，也可能是实质性的进入障碍。例如，通过在克罗地亚和加勒比海提供娱乐，埃比洛斯达公司（Iberostart）正在扩张。扩张需要大量的资本投入，增加经营成本，因此是一种长期行为，有赖于对克罗地亚等目的地政治、经济稳定性的评价，而公司的现有业务也需要追加新的投资以保持其竞争力。

某些投资回报，通常需要较长的时间周期和源源不断的旅游者。迪拜沙漠中的阿尔马哈旅游公司（Al Maha Resort），把对野生动物和自然栖息地的保护性管理与旅游接待组合在一起。公司于1999年开业，投资2 800万美金，经营5年后吸引了38 000名商务和高端旅游者。公司的经营目标是10年收回投资，每位游客一晚的费用是1 300美元（FT Business，2004）。另一目标是20年后现金流累计要达到5 750万美金（Wilson，2004）。2004年，它是世界遗产基金会指定的12个项目中的一个，目的是要肯定环境、社会、文化旅游中的优秀企业。当其他国家的航空公司与酒店正在遭受"9·11"事件、阿富汗战争、伊拉克战争和SARS带来的负面影响时，迪拜的商务旅行一直在增长，商贸会议和展览支撑着旅馆继续开张，使阿尔马哈旅游公司吸引的游客也持续增长。

分销渠道的可进入性

好的旅游产品如果没有分销渠道来保证，其销售也是不会成功的。企业要巩固在度假市场上的地位，就要有涉及酒店、航空公司和旅行社的实质性垂直一体化部门，要通过市场发展来扩大自己的分销渠道，就像托马斯·库克和突伊（TUI）公司一样，还要发展自己的营销网络。不过，远距离销售和因特网媒介，也为新进入者出售他们的服务提供了机会，特别是在有利可图的市场。

政府的政策和法规

政府立法可能会对新的进入者起障碍作用。某些政府，如印度就规定外国企业在印度国内投资必须要有地方合伙人。而1991年签订的马斯特里赫特条约，却可以使资本从欧盟内部的一个成员国自由地流向另一成员国，从而催生了新的进入者。在帕尔玛努瓦的马洛坎娱乐区，地方旅游组织正在游说市政府和地方政府禁止开发所有形式的娱乐活动，因为他们的成员组织会因此而损失生意。

■购买者讨价还价的能力

购买者惊人的讨价还价能力，同样会影响企业的利润。旅游经营商，如托马斯·库克和突伊（TUI）就能以最低的价格从酒店购入大量床位。酒店老板通常抱怨，如果他们不答应，旅游经营商就会威胁要把他们的顾客带走。以同样的手段，旅游经营商还能用很低的启动成本发现和开发新的旅游目的地，因此在与现有旅游目的地竞争时，现有旅游目的地只有被迫降价。于是，度假旅游者就可以在保证质量的基础上选择价格最低的产品，而且他们当然还会选择不同于往年的度假目的地。

■供应商讨价还价的能力

当供应商讨价还价的能力较强时，他们可以随意改变服务的价格和质量。在旅游业，供应商包括原材料、设备、金融和劳动力的提供者。库尔特（Coulter，2002：89－90）认为，供应商讨价还价的能力受以下条件影响：

- ■ 市场是否被几家供应商所统治；
- ■ 替代产品的可得性；
- ■ 旅游业是否无足轻重；
- ■ 供应商的产品及服务对旅游业的重要程度；
- ■ 供应商的产品的差别化情况，或者购买者是否存在转换成本。

旅游经营商已经越过了旅行社，通过电信和因特网直接向度假旅游者销售产品。里奇（Richer，2004）指出旅行社正在全力挑战经营商，他说全球旅行组织就是“这样几家旅行社组织之一，他们正在签订、组合、出售自己的产品，从价值链中获得了大量的超额利润”。

特拉夫莫勒（TravelMole，2003）也报道说，随着市场领导者卡姆特（Comtec）和达特勒克斯（Datalex）① 发明的捷运航空旅行技术的面世，航空市场的预定情况也得到了巩固。这是航空界第一个允许其代理商查找、预定各种机票票价的系统。

■替代产品

20 世纪 60 年代以前，英国人大多在本国的娱乐场所度假。但 20 世纪 50

---

① Comtec 是旅行零售业中领导代理商软件的提供者，发展最快的电子商务先锋之一。Datalex 为领导全球旅行业的供应商和分销商提供技术支持，使他们能够通过多种销售渠道，把更大范围的旅行分销资源聚集、组合在一起。

年代末期，喷气式飞机旅行的范围已经延伸到欧洲和更远的地方，导致了英国度假场所的衰落。不过，“9·11”事件后国际旅行下滑，英国度假目的地又迎来了潜在的销售机遇。

■其他利益相关者的能力

企业外部的利益相关者包括政府、工会、环境组织和其他非政府组织（NGOs），他们可以限制公司行为的自由度。在旅游业，非政府组织包括世界旅游组织、世界旅游理事会（WTTC），它们都是颇有影响力的角色。威尔肯林（Wilkening，2004）写到，世界旅游理事会2004年的一份预测提出：“全球旅游业将会增长3.7%，几乎达到了战争、恐怖主义和SARS前历史上每年4%的增长速度。”威尔森（Wilson，2004）进一步指出，为了帮助旅游业发挥潜力，世界旅游理事会设计了“新旅游业蓝图”，它为在国有和私有部门之间建立伙伴关系提供了战略框架。其目标是：

- 使政府把旅游业视为优先发展的部门；
- 在经济、人口、文化、环境之间取得平衡；
- 分享长期的发展与繁荣。

这些目标鼓励旅游业的可持续发展。

从地区层面来看，地方政府通过为旅游业发展创造条件，鼓励在国有部门和私有部门之间建立伙伴关系，也能为旅游业做出相应的贡献。

内部分析

尽管我们已经讨论了有关外部环境的框架性问题，还是有必要对企业内部环境进行分析，因为通过内部分析，我们可以找到企业的优势和劣势。德弗（Dvid，2003：121）认为，内部检查应当考虑产品、服务、营销、财务、会计、人力资源管理、管理信息系统，以及研究与规划的作用。由此识别企业的独特能力和优势，就是不能被竞争者轻易超过或模仿的东西，竞争优势可以建立在企业的独特能力上（David，2003：120）。这些因素和理论也可用于旅游目的地的评估，不过了解目的地的方法可能是多种多样的。年轻人看马加鲁尔（Magalulf）时，会把它当做俱乐部型的旅游目的地，有很好的酒吧或俱乐部，营业到天明；家庭旅游者则感觉它是这样一个地方，有很多在白天进行的活动及吸引物。有人会认为夏天醉醺醺的场面令人反感，而有人却把这看做他们的假期之所以存在的理由。因此，到底马加鲁尔的独特能力是什么？酒吧、俱乐部还是白天的乐趣，或者是作为一个旅游目的地，能吸引旅游者反复到来的魅力是什么？要回答这一点，我们不得不从这样的问题开始："马加鲁尔的旅游企业或目的地生产什么、卖什么？"答案如果是旅游业的无形特征，就难以对马加鲁尔的独特能力进行评价。

在马加鲁尔的卓别林酒吧（Chaplin's Bar），是什么拖住了下注的人，是饮料？夜晚开张？音乐和舞蹈？常客？气氛？还是包括这些内容的综合魅力，才使卓别林酒吧成为夜间的好去处。

尽管旅游产品具有无形性，区别它的独特能力或核心能力还是很重要的。适用的分析方法和模型有以下几种。

旅游生命周期（TLC）分析

旅游生命周期（Tourism Lifecycle Concept，TLC），是假定旅游企业或目的地也像人一样，必然要经历一个类似的成长过程（出生、童年、青年、成年、育儿、老年和死亡）。巴特勒（Butler，1980）提出，为了理解旅游目的地的演化过程，其旅游生命周期应该包括下述阶段：即发现、探索、参与、发展、巩固、停滞、衰退或复苏。

库伯（Cooper，1993：147）认为，旅游生命周期可以用来理解"旅游目的地的自然发展和市场演变过程"。旅游目的地要逐渐适应于消费者的需要，就像普洛格（Plog，1974）说的：多中心型的探险者是一个陌生地区最初的游客，然后是中间型游客（他们既追求新奇的东西，又喜欢像家一样的舒适），最后才是自我中心型的人群（大众旅游者）。

把生命周期阶段与游客类型结合起来可以得到这样的联系：

- 探索与参与阶段：多中心型游客；
- 发展与巩固阶段：中间型游客；
- 停滞与衰落阶段：自我中心型游客。

旅游生命周期分析法的支持者声称，该方法可用来确定最适合于旅游目的地生命周期阶段的发展战略。而库伯（Cooper，1993：156）得出的结论是：旅游生命周期是"一个出色的说明工具，……用来综合分析涉及到旅游区开发的各种互不相同的因素"，但作为一规范性的工具却不太合适。基本上，旅游生命周期只是对理解目的地当前的地位，以及它是如何达到这一地位有贡献作用，据此也可以进行优、劣势的判定与评估，并作为运用其他方法来制定战略过程中的一个部分。

案例 9.4　马杰卡旅游地

马杰卡（Majorca）是一个成熟的岛屿型旅游目的地的代表，其目前处于发展的停滞期，正面临来自新竞争者的威胁，如土耳其、加勒比海和远东。马杰卡的旅游市场是在 20 世纪 60、70 年代快速发展起来的，随之而来的是低劣的建筑物对美丽风光的取代。即使是这样，马杰卡还在继续为不同的旅游细分市场提供大量的旅游产品。位于加勒比海和远东的新旅游目的地都是常年开放的，而马杰卡在冬季却无法经营。为了抑制进一步的衰落，促使旅游业的复苏，把帕尔玛（Palma）建成购物旅游地，并推动基于可持续发展原则的旅游质量的提高，马杰卡的企业，如温特・卡尔维阿（Winter Calvia）饭店，已发出了新的倡议，目的是要让旅馆、酒吧、饭店在冬季的几个月仍然开门营业，为退休的老年游客提供饮食和服务。地方政府也颁布了控制新建旅馆数量的政策，以保护环境、限制酒吧和俱乐部的噪声，并反对酗酒，反对旅游者妨害法律与风俗习惯的行为。

资料来源：Author's personal experience

问题讨论

9. 基于可持续发展的质量改进，可以使到马杰卡的游客获得更好的旅游体验吗？
10. 这一战略能够应付低成本进入者带来的威胁吗？

创新价值评估

旅游企业或旅游目的地的业绩，主要取决于它们创新价值的能力，即运用各种“资源和外部环境……以创造效益，或者……平衡外部环境，……以尽可能保持收益”（Coulter，2002：38 ~9）。

资源必须以产生价值的方式进行组合或处理，这样才能作为有效的投入，生产出旅游产品和服务。因此，旅游公司和目的地如何创新价值、创造了多少价值，将取决于所投入的资源、资源加工过程和向最终的消费对象—旅游者的销售。波斯（Porth，2003：81）认为，价值链能帮助管理人员“发现和分析创新价值的活动”，并追求“在提供相同的利益时比竞争对手的价格低，或者能够提供独特的、差别化的利益，以获取高价补偿”的发展战略。因此，波特（Porter）的价值链模型如图 9.2 所示，可用来评价旅游业的价值创造过程，其中对旅游企业活动创新价值的评定是不容忽视的。皮尔斯（Piercy，2002：75 ~7）进一步谈到，基于以下三个假设的“创新价值”，“我们正走向战略驱动的价值时代”：

图 9.2 波特（Porter）的价值链

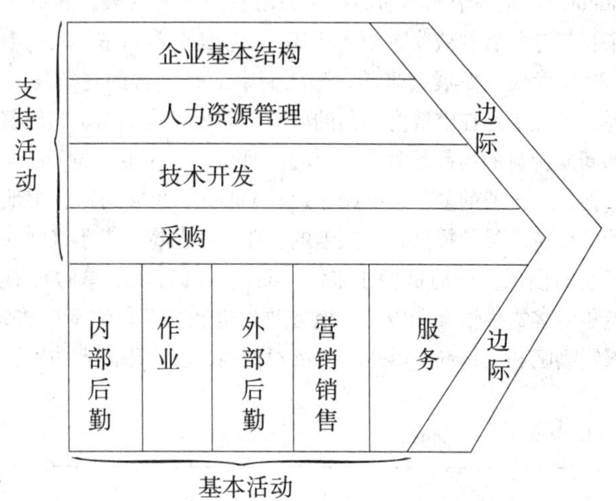

资料来源：Value Chain Analysis，Porter（1985），WWW. marketingteacher. com/lesson-value-chain. htm.

■ 出色运作：以富有竞争力的价格提供可靠的产品及服务，把困难和不便减少到最小，如航空公司用合理的价格把客户送往旅游目的地，且较少发生延误或没有延误；

■ 贴近客户：为有利可图的客户市场量身定做产品，如 18～30 俱乐部的度假产品就不包含针对家庭和老年人的娱乐活动；

■ 高端产品：提供竞争者难以追赶的前沿产品。

如图 9.3 所示，旅游者为了度假和获得必要的体验，往往不得不经历许多的供应阶段。在每一阶段，旅游者都可能遭遇到或好或坏的经历，都可能获得或失去所谓的价值。

图 9.3　游客驱动的供应链

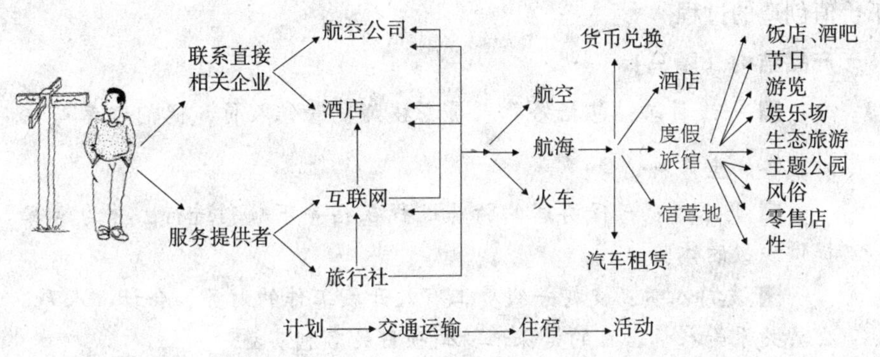

资料来源：www. duke. edu/web/soc142/team8/valuechain. html#valuechain

把价值链的思想应用于旅游业有多难？从消费角度来看，旅游活动发生在旅游目的地，因此它不能被带回家。旅游者对旅游产品的感受是个性的、主观的、独特的，还可以在市场上进行广泛的选择。旅游产品的“新增价值”多半被表述为旅游体验中愉悦的增加（Weiermair，2000）。此外，从旅游目的地还可以了解到更多的信息，在当地的旅行经历和当地的气候，以及当地人的态度/行为、氛围等。旅游产品的价值也会增加，但对这种增加的理解会因旅游者的个体差异和他们旅游期望的不同而发生改变。帕尔玛诺瓦、马洛卡的波特诺瓦阿巴图有大量的短期老年旅游者，由于当地夜间的噪声相对较大，因此管理者已宣布了一项政策：如果游客太吵的话，就要把他们请出酒店，这对于老年游客来说就是“新增价值”；但在年轻人看来，“新增价值”却是喧哗和沉醉的权利，这一点对一个愉快假期来说是很重要的。正如本例所示，对旅游产品“新增价值”的认识要达成一致是相当有问题的，因为它们取决于不同行为者的立足点。

在给旅游业绘制价值链时存在一个重要的问题，因为制造业的生产和消费通常发生在不同的地点，而旅游业的生产和消费却发生于相同的地点，即旅游目的地或娱乐场所。另外，值得怀疑的是旅游业是否是一个独立的、密切联系的产业？或者简单一点说，是否是一个覆盖各种产品及服务的产业？事实上，旅游产品和服务包括了旅游景区、住宿设施、酒吧/俱乐部、零售店、礼品、纪念品等，因此企图为旅游业找到共同的价值链也许会因上述问题而存在缺陷。更为合适的做法，应当是对旅游业单个构成部分作价值链分析，如航空公司、旅馆或旅游景区。

以骑马旅游产品为例，通过对产品结构和供应链的考察，下面的例子说明了价值创造的过程。

产品结构（骑马）

■ 一线员工：包括给养人员、技师、营销人员，他们都参与旅游服务的生产和销售；

■ 马术师：确保游客的骑马过程在指导下顺利进行，并为游客提供积极的体验；

■ 支持人员：支持一线员工有效开展工作的财务、会计、人事、公共关系等人员，目的是保证骑马项目的顺利实施。

上述人员们的全部活动，可以切实创造旅游者所需要的价值。

产品供应链（骑马）

■ 后向联系：购买土地、工具和燃料；

■ 运作：把投入转换为可体验及享受的骑马活动；

■ 售票与预定系统：在固定场所或通过电话和互联网；

■ 营销：吸引旅游者的促销、广告和定价政策；

■ 服务质量：满足客户/旅游者期望；

■ 客户关系：进行客户关系管理，鼓励重复购买和/或者向其他游客销售产品；

■ 支持性活动：确保活动顺利进行的研发、人力资源管理、财务、法律和质量管理，以及采用新发明等。

当最终消费者能够在安全和充满激励的环境中享受骑马时，价值就被创造出来。

潜能与竞争力评估

创新价值要求员工具有创造旅游者所渴望的体验的潜能。

库尔特（Coulter，2002）提出了一个框架性的方法，用来识别和评估企业的独特潜能，使企业的独特潜能有助于创造客户价值，不易被竞争对手模仿，还可以多次重复使用。该方法首先要识别现有产品和市场的竞争优势及不足，然后进行潜能判定并根据战略重要性对潜能加以分类，最后对关键性的潜能达成共识。那么，在上述案例中，当旅游者在愉快、安全的环境里，在友好和乐于助人的工作人员陪伴下，用最少的等候时间享受到独特的刺激时，游客就获得了价值。

SWOT 分析

SWOT 分析是以一种简明的形式，把旅游企业或旅游目的地在内部环境评估中产生的优势（Strengths）、劣势（Weaknesses），与外部评估中的威胁（Threats）、机会（Opportunities）、竞争状况组合在一起的分析方法。

SWOT 分析非常适用于旅游战略家对环境的进一步分析，基于战略家们各自的假设、偏见、经验和判断不同，通常会形成相似或不同的 SWOT 分析结果。正如西蒙（Simon，1960）指出的，人们处理信息的能力是有限和不同的，他们需要把企业的远大宏图与创造客户价值的行为协调起来的能力和胸怀。斯泰西（Stacey，2003）也认为，企业及其员工可以影响所在环境的复杂性和不确定性。

战略形成的 TOWS 矩阵

大卫（David，2003：200）提出，来自 SWOT 的信息可以转换成威胁—机会—劣势—优势矩阵（TOWS），通过对其进行匹配的过程，可形成四种主要的战略类型：

1. 优势——机会（SO）战略（发挥内部优势并把握外部机会）
2. 劣势——机会（WO）战略（借助外部机会并弥补内部劣势）
3. 优势——威胁（ST）战略（利用内部优势并减少外部威胁的冲击）
4. 劣势——威胁（WT）战略（弥补内部劣势并规避外部威胁）

表9.2 给出了美国著名航空公司，西南航空公司的 TOWS 矩阵实例。

表 9.2 西南航空公司的 TOWS 矩阵实例

	优势	劣势
	S1 赢得三角桂冠 S2 公司规模大 S3 良好的口碑 S4 资金雄厚 S5 深厚的企业文化 S6 经验丰富的、强有力的管理 S7 统一的新型 737 客机 S8 简易的人员互换 S9 忠诚/尽职的员工 S10 富有创新精神的营销 S11 第四大的国内航空公司 S12 网上点击率高 S13 30% 的在线预定 S14 市场成本最低的公司 S15 航班周转时间最快 S16 弹性较强的联合工作制 S17 显著的短期增长/导向 S18 2001 年唯一盈利的公司 S19 24 小时紧急医疗服务	W1 长途飞行很少 W2 没有国际航班 W3 2001 年营业/网络收入下降 W4 新机购买被延缓
机会	**S-O 战略**	**W-O 战略**
01 竞争对手减少了 20% 的生产能力	接管其他公司放弃的航线（01、04、S4、S6、S10、S14）	增加更多的海岸—海岸航班（03、W3）
02 可能获得联邦支持	利用联邦支持扩大当前业务（02、04、S10、S15、S17）	进入中西部市场（02、04、05、W1）
03 网上售票已被公众接受	增加更多的海岸—海岸航班（02、04、S3、S4、S10、S15、S17）	增加飞往墨西哥和加拿大的航班（02、04、06、W2）
04 乘客需要更低的票价、更密的班次	进入中西部市场（02、05、S3、S4、S10、S15、S17）	

表9.2 续

机会	S-O 战略	W-O 战略
05 只飞往58个城市为公司在美国本土的扩张预留了大量空间	增加飞往墨西哥和加拿大的航班（02、06、S3、S4、S6、S10、S15、S17）	
06 国际航线	增强当前市场的营销效果（04、S1、S3、S5、S10、S17）	
威胁	**S-T 战略**	**W-T 战略**
T1 航空业持续亏损	抑制油价上涨（T5、T3、S3）	联合其他网上旅行社（T8、W3）
T2 恐怖主义威胁使成本上升，人们害怕飞行	增加营销效果（T1、T2、T3、T6、T7、S1、S7、S10、S12、S17）	从其他公司租用飞机（T1、W4） 与其他航空公司合作（T1、T6、T7、W1、W2）
T3 经济下滑	放弃不盈利的航线（T1、T2、S16、S17）	增加货运业务（W3、T3）
T4 新的安全与票税制度	收购美国西部公司（T6、T7、S4、S11、S18）	
T5 不确定的燃油价格		
T6 新的点对点直飞竞争者增加	联合其他网上旅行社（T8、S13）	
T7 当前竞争对手——联合、达美、美国西部的威胁		
T8 航空在线预定系统竞争激烈		

资料来源：The Arrowhead University of Northeast Minnesota, USA（2004）

www. arrowheadu. com/site/files/breaker/2004springbuad4556southwestairlines. doc

结　论

旅游战略主要来源于主流的战略规划原理，而战略制定过程对旅游管理意义重大。2004 年 12 月的印度洋灾难和 2001 年 9 月的美国遭袭事件证明，旅游环境是非常复杂及活跃的，意外事件的发生对旅游者、旅游经营者和旅游业未来的投资都产生了巨大的冲击。2001 年“9·11”事件之后，美国联邦政府、州政府和地方政府，都积极向国内外市场推销旅游业，以促进和帮助旅游业的恢复。同样，世界旅游组织也努力使各国政府确信“海啸（2004 年 12 月）不会淹没全球旅游业”。有建议提出，制定长期旅游发展规划是可行的，因为灾难的破坏是有限的，而斯泰西（Stacey）等人则认为长期规划是有问题的，因为未来是不可知的。在 2004 年 12 月海啸发生前，远东旅游业的主要威胁是再度卷土重来的 SARS、禽流感和恐怖袭击，而现在可能是更多的地震，因为远东也是地震活动的高发区。

因此，即使是具备了早期预警系统，设计更合理的房屋和更加严格的规划控制，沿海地区旅游业的复兴也许还是问题重重，但它可能会对内陆旅游业提供更多的机会。促使人们评估当前形势，思考旅游业的未来发展方案，需要通过对环境分析来做出判断。反过来，这也要求人们培育逆向战略思考的能力，战略思考就是要采取更加广泛的战略视角，审视日复一日的经营事务。如果旅游业做不到这一点，就不能充分应对来自竞争对手的威胁，以及复杂和不可预测的环境压力的威胁。

阅读指导

关于公司战略的规范教科书，是由约翰逊、斯科尔斯和惠廷顿编写的（Johnson，Scholes，Whittington，2005），理查德·惠廷顿（Richard Whittington）在战略制定的环境研究方面做了新的补充。德鲁克（Drucker，1985）讨论了创新的来源和可应用于旅游业的企业家精神；皮尔西（Piercy，2002）讨论了同消费者建立关系的重要性，以及价值传递的必要性；韦弗和劳顿（Weaver，Lawton，2002）则对旅游业管理做了广泛性的介绍。

网站推荐

从贸易或商业角度了解旅游产业的发展趋势，可以访问以下网站：

莫尔旅行网站：http：/www. google. com/www. travelmole. com.

旅游周末网站：www. travelweekly. co. un/.

住宿业网站：www. hospitalitynet. org.

制定旅游业发展战略，可以访问以下网站：

世界旅游理事会网站：www. wttc. org/.

世界旅游组织网站：www. world-tourism. org/.

关键词

混沌原理；环境扫描；波特的五种力量；PESTEL 分析；战略金字塔；SWOT 分析；TOWS 矩阵。

参考文献

Alford, L. P. (1924) *Management's Handbook*, 5th edn. Machine Publishing Group, Ronald Press, New York.

Ansoff, I. (1969) (ed.) *Business Strategy*. Penguin, Harmondsworth.

Ansoff, I. (1984) *Implanting Strategic Management*. Prentice Hall, Harlow.

Arrowhead University Consortium (2001) 'TOWS Matrix for Southwest Airlines', The Arrowhead University Consortium of Northeast Minnesota, www. arrowheadu. com/site/files/breaker/2004springbuad4556southwestairlines. doc . Prentice Hall/FT.

Butler, R. W. (1980) The concept of a tourist area cycle of evolution, *Canadian Geographer*, vol. 24 5-12.

Clausewitz, K. von (1982) On War. Penguin, Harmondsworth.

Cooper, C. (1993) the Life Cycle Concept and Tourism, in P. Johnson and B. Thomas (1993) *Choice and demand in tourism*. Mansell Publishing, London.

Coulter, M. (2002) Strategic *Management in Action*. Prentice Hall, Harlow.

David, F. (2003) *Strategic Management*: *Concept and Case*. Prentice Hall, Harlow.

Davies, P. (2004) *UK inbound tourism prospects improve*. Available from www. travelmole. com/news_detail. php? news_id =100170 .

Department for Transport (2003) *The Future of Air Transports*, Annex A. Department for Transport, London.

Drucker, P. (1985) *Innovation and Entrepreneurship*. Harper & Row, New

Youk.

Edgar, D. and Nesbitt, L. (1996) A matter of chaos – some issues in hospitality businesses, *International Journal of Contemporary Hospitality Management*, 8 (2), 6 –9.

Feather, F. (1990) *G-Forces: The Thirty-Five Global Forces Restructuring our Future.* William Morrow & Co. , New York.

Financial Services Authority (2003) *Combined Code of Conduct for Corporate Governance.* Financial Service Authority, London.

FT Business (2004) *Destination Dubai.* Available from www. fdimagazine. com/news/fullstory. php/aid/293/Destination_Dubai. html .

Graetz, F. (2002) Strategic thinking versus strategic planning: towards understanding the complementarities, *Management Decision*, 40 (5), 456- 462.

Higgs, D. (2003) *Review of the role and effectiveness of non-executive directors.* Department of Trade and Industry/Stationary Office, London.

Hooker, R. (1996) Ching's China: the Opium Wars. Available from www. wsu. edu. 8080/ ~dee/CHING/OPIUM. HTM .

Johnson, G. , Scholes, K. and Whittington, R. (2005) *Exploring Corporate Strategy.* Prentice Hall, Harlow.

Kotelnikov, V. (2004) You Enterprise Strategy. Available from www. 1000 ventures. com/business_guede/mgmt_inex_stategy. html .

KPMG News (2003) Boost for UK tourism on the horizon but it must convince holidaymakers on value for money. Available from www. kpmg. co. uk/news/detail. cfm? pr = 1756 .

Liedtka, J. M. (1998) Linking strategic thinking with strategic planning, *Strategy &Leadership*, 26 (4), 30-35.

Mayrhuber, W. (2004) Lufthansa on course but still a long way to go. *Travel Daily News*, March 26.

Naisbitt, J. (1994) (*GLobal*) *Paradox.* Avon, New York.

Packard, V. (1960) *The Hidden Persuaders.* Penguin, Harmondsworth.

Parker, C. (2004) Strategy and environmental analysis in sport, in J. Beech and S. Chadwick *The Business of Sport Management.* Pearson, Harlow.

Pfeffer, J. (1992) *Managing with Power.* Harvard Business School Press, Boston, MA.

Piercy, N. (2002) *Market led strategic change.* Butterworth-Heinemann, Oxford.

Plog, S. C. (1974) Why Destination Areas Rise and Fall in Popularity, *Cornel Hotel and Restaurant Quarterly*, vol. 14, no. 4, 55-58.

Porter, M. E. (1985) *Competitive advantage: Creating and sustaining superior performance.* Free Press, New York.

Porth, S. (2003) *Strategic Management: A Cross-Functional Approach.* Prentice Hall, Harlow.

Powell, C. (2004) Passports and Visas with Embedded Biometrics and the October deadline, Prepared Testimony by the US Secretary of State, House Judiciary Committee, US Congress, 21 April.

Richer, G. (2004) Travel agents fighting back, *TravelMole*, 21 May.

Schurmann, F. (1995) *The World in Chaos: Chaos Theory Teaches That Things Come Together Even as They Fall Apart*, Pacific News Service. vailable from www. pacificnews. org/jinn/ stories/ columns/heresies/950627-chaos-theory. html .

Shelton, C. (1999) *Quantum Leaps: Skills for workplace recreation.* Butterworth-Heinemann, Boston MA.

Shelton, C. and Darling, J. (2003) From theory to practice: using new science concepts to create learning organizations, *The Learning Organization*, 10 (6), 353-360.

Simon, H. A. (1960) *The New Science of Management Decision.* Harper, New York.

Smith, R. (2003) *Audit committees: Combined Code Guidance.* Financial Reporting Council, London.

Stacey, R. (2003) *Strategic Management and Organizational Dynamics: the Challenge of Complexity.* Prentice Hall, Harlow.

Sukarsono, A. and Eaton, D. (2005) *Indonesia reassures aid workers after gunfire*, Reuters. Available from newsbox. msn. co. uk/article. aspx? as = article&f = uk _ olgbtopnews&t = 11881&id = 531794&d = 20050109&do = http: //newsbox. msn. co. uk&i = http: //newsbox. msn. co. uk/mediaexportlive&ks = 0&mc = 5&lc = en&ae = windows-1252 .

Teare, R., Canziani, B. F. and Brown, G. (1997) *Global Directions: New Strategies for Hospitality and Tourism.* Cassell, London.

Thomas Cook (2003) *Annual Report for* 2002-03. Available from www. thomascook. info/tck/de/en/car/0, 2773, 0-0-307571, 00. html .

Travel Industry Association of America (2004) *Economic Research* : *Economic Impact of Travel and Tourism*. Available from www. tia. org/Trave/EconImpact. asp .

TravelMole (2003) *Comtec Announces New Holiday And Flight Content On Easysell*, TraveMole. com, available from www. travelmole. com/news _ detail. php? news_id = 97557 .

TUI (2004) Scenario forecasting of trends in the holiday market, TUI Times, March.

Underhill, W. (2004) Tourism: The new golden age, *Newsweek*, 19 April, 46.

Weaver, D. and Lawton, L. (2002) *Tourism Management*. Wiley, Hoboken, NJ.

Weiermair, K. (2000) Tourist's Perceptions Towards and Satisfaction With Service Quality in the Cross-Cultural Service Encounter: Implications for Hospitality and Tourism Management, *Managing Service Quality*, 10 (6), 397.

Wilkening, D. (2004) Travel and tourism: "robust growth ahead", *Travel-Mole*, 1 March.

Wilson, J. (2004) *Global tourism set to grow* 3.7% *in* 2004, available from www. wttc. org/blueprint/EUreporter. pdf .

World Tourism Organization (2001) *Tourism*: 2020 *Vision*. WTO, Madrid.

World Tourism Organization (2003) *Tourism Highblights* 2003. WTO, Madrid.

World Tourism Organization (2005) *The tsunami will not sink world tourism*: *Seven reasons that the disaster of* 26 *December will have only a limited impact on world tourism*, available from www. world-tourism. org/newsroom/Releases/2005/january/sevenreasons. htm .

第 10 章　旅游业质量与产出管理

彼德·D. 杜赫斯特（Peter D. Dewhurst，沃弗尔汉普顿大学）
马克加纳·M. 奥古斯汀（Marcjanna M. Augustyn，赫尔大学）

学习目的

学完本章后，读者应该能够：

■ 定义并说明“经营管理”在旅游组织中的职能和特征；
■ 解释经营管理中的质量和质量管理的重要性；
■ 简述提高旅游组织质量的主要措施；
■ 理解生产能力管理，特别是产出管理的内容；
■ 阐述现代旅游组织中管理者经营绩效的相关主要问题。

本章概述

本章从旅游经营管理的角度讨论了质量与产出管理，并特别关注它们在保证顾客高满意度上的重要作用。本章首先解释了旅游组织中经营管理的相关背景，提出了经营管理的定义和分类。接着讨论了质量对经营管理人员的重要性，强调了建立旅游服务质量的需要，考察了供应商关系管理和 ISO 9001：2000 标准在其管理过程中的作用。然后将论述焦点放在了流程管理工具上，这些工具能够用来提高旅游组织中流程的质量，同时特别注意流程设计，流程改进和绩效衡量。在流程改进方面，本章重点介绍了伊斯卡瓦（Ishikawa）的七个基本工具和“服务质量和标杆管理的概念模型”。接着，解释了什么是生产能力管理，探讨了其对于那些为保证顾客满意度的经营管理人员的重要性，同时关注了产出管理，并提出它是产能管理的重要方面。最后，以阐述现代旅游组织中，管理者经营绩效的相关主要问题作为本章的结束。

经营管理

任何组织的经营职能，都是与为销售或投放目标市场而生产的商品或服务有关。生产过程通常被描述为包括了一系列输入到输出的系统运行过程（Krajewski，Ritzman，1999），就制造业而言这个过程很容易理解，因为原材料经过加工流程转变成一系列的成品。同样，这种转换过程也适合有关的服务领域，因为服务业中组织开发服务产品并提供给顾客消费的过程，使顾客既得到有形产品又得到了无形的经历（Johnston，Clarke，2001）。例如，在机场，这种转换过程包括了以下的活动：行李装运、飞机维修、空中交通管制、餐饮供应，这些都是最基本的，它使机场的人力、物力资源基础能为顾客提供选择目的地旅行的有形产品，同时还提供了各种各样不是有形的，但顾客关注的相关经历。

因此，旅游组织中的经营职能，主要与顾客包括有形和无形需求范围内的一切活动有关，这些活动符合被称为“6Ps”的经营组合（Bichemo，Elliott，1997）。6Ps 表示所有组织经营活动的共同特征，包括产品、流程、地点、计划、程序和人员。

在上述分类中有一个隐含的意思，那就是经营活动有一个时间的维度。确实，某些经营活动仅仅是偶尔发生，如那些与流程设计和产品开发相关的活动，而其他的一些活动则要求不断地发生，如质量保证监控程序（Certo，2000）。同时，6Ps 分类也揭示了存在于组织经营职能与营销管理、财务管理、人力资源管理等有关因素之间的内在相互关系，事实上，斯莱克（Slack et al，2004）已经开发了一个模型，用来说明服务业和制造业组织间的内在相互关系（见图 10.1）。

因此，可将经营管理定义为“一个组织为了生产产品和提供服务而与设计、计划和资源控制相关的职能”（Bennett et al.，1988）。在服务业中，经营管理需要正在进行设计、检查，以及为满足顾客需求，组织决定使用经营系统进行服务输出的活动（Wright，1999）。

因此，对于在旅游组织中工作的经营管理者[①]来说，首要的重点是确保一个有效并高效的经营系统，能将产品分销给对组织有需求的顾客并满足其需

① “经营管理者”，是指小组织中的某一个人，他为监管一个组织的所有经营活动负责；而在较大的组织中是指多个人，他们共同承担经营责任，可能包括现场经理，责任经理，甚至在某种程度上还有人力资源经理和市场营销经理。

求，对一个保持长期竞争成功的组织来说，达到这样一种平衡是至关重要的（Evans，Lindsay，2002；Kimes，2000）。的确，在当今的经营管理中，关注顾客需求的满足是最重要的，因为它将有助于确保获取较高的顾客满意度。为了达到高绩效水平，有必要确保一个有效和高效的经营系统。对旅游组织来说，保证高绩效是非常具有挑战性的，旅游组织的典型特征，是为了满足人们的经历需求而进行基本无法保存的产品的持续生产过程。纵观过去的 20 年，质量管理和产出管理已作为在有效和高效的旅游经营中，获得较高顾客满意度的机制，因此在本章以后部分将重点关注这两种管理过程。

图 10.1 在经营职能与其他核心及支撑职能之间内在功能的关系

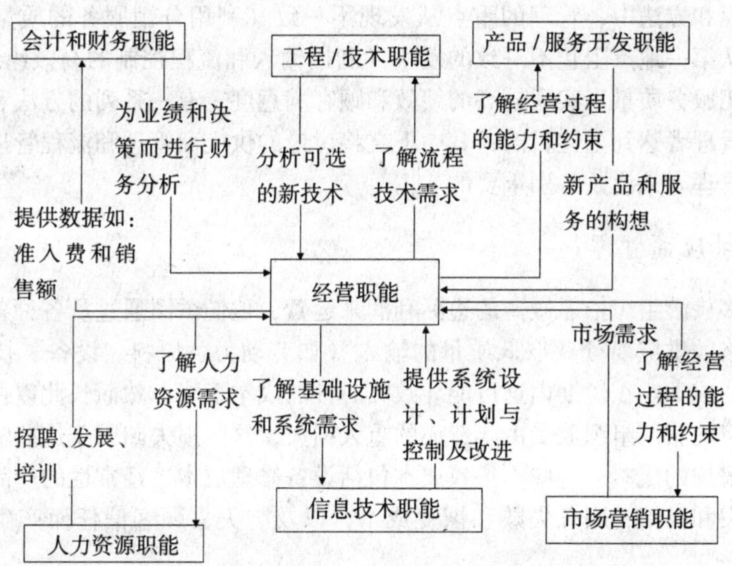

资料来源：Slack et al.（2004）

旅游业质量管理：经营管理的视角

从经营管理的视角来看，质量被认为是产品满足顾客需求的一套“内在”

特性的过程（ISO，2000a），在此情况下，产品被定义为“一个过程的结果”（如输出），它可能是服务、商品（硬件或者加工过的原料）、软件（如信息），或以上的综合（ISO，2000a：7）。旅游组织中的流程生产出产品，然后既有外部顾客又有内部顾客（如组织内的员工）使用这些产品。

因此，对于提供消费的高质量产品来说，满足外部顾客以及内部顾客的需求都是至关重要的，这说明服务质量源于组织中每个人识别内在或外在顾客，以及对于他们来说确保满足所有顾客需求的能力。正如奥克兰得（Oakland，2003）所强调的，在质量链中的任何部分未得到满足，都将在其他地方引起问题，并导致更多的失败，使顾客最终在服务期间经历劣质服务。

为了提高质量，经营管理强调：有必要在服务中的每个发展阶段建立质量管理。发展阶段，是从获取必要输入（例如原料、程序、信息、规格、技术、知识、培训、设备、方法）的时刻起，贯穿整个输入到输出转变的内部过程。在此过程和方法中，管理的重点从发现不一致（利用分销服务的质量评估），转移到从第一地点阻止不一致的发生（利用输入和流程控制的高效组织），最终促使用服务质量来实现较高的绩效和顾客满意度。有一系列的方法和工具能够帮助管理者达到上述目的，其中下文将讨论的供应商管理和流程管理，对旅游经营管理者来说是特别重要的。

■供应商管理

许多旅游组织依靠微薄的边际利润来运营，他们试图通过从各种各样提供最低价格的供应商处获取低质量的输入（如劳动力、原料、设备、技术）来降低运营成本。在短期内这可能导致临时性的成本下降，然而长此以往，这样的方式将使旅游组织蒙受由此造成的重大损失，这些损失归因于这些输入的不一致而增加的成本。这些不一致成本包括设备修理成本、经常性的产品重新设计、开发和推销，服务失败和恢复成本，以及与失去顾客信任而产生的相关成本。

为了避免这些成本，建立服务质量应以确保进入流程的输入具有稳定的高质量开始。然而，在从不同供应商处获取输入之前，要控制其质量并不是那么简单，尤其是在复杂的旅游业中，因此在有限的供应商中发展伙伴关系，应该是一个不错的实践。这种方法对那些经营旅游目的地的旅游组织特别有好处，如旅游景点、饭店和其他住宿单位、旅游信息中心和餐馆。的确，质量管理权威人士之一的爱德华·戴明（W. Edwards Deming），强调与少数分享共同利益的供应商建立长期关系，将会产生更高的可信度、忠诚度和更多的共同发展机会（Walton，1989）。有很多旅游组织和供应商之间建立牢固合伙关系的例子，如很多旅游景点经营餐饮服务或者礼品店，顾客感觉这些服务是旅游景点产品提供的组成部分，但实际上这些都是由独立的组织所经营的（如供应商）。

和供应商发展伙伴关系，也有助于改善由旅游经营者提供的复杂服务的质量。虽然旅游经营者不得不与遍布全球的大量供应商打交道的，而导致这项工作极其困难，但他们至少能尽量保证，根据供应商的一套清楚规定和所要求的一致性程度来挑选每个供应商。对旅游经营者来说，假定（a）每个供应商都需要遵守行业的专用标准和国家专用标准种类，（b）供应商组织内所采用的管理方法种类，这看起来可能是很难完成的任务，并将刺激或抑制一部分员工的积极性。旅游经营者可以减轻挑选能遵守其要求的供应商的方法，就是从那些已经取得了质量标准认证，如 ISO 9001：2000[①] 的供应商处获取输入（如包价度假的组成部分）。为什么旅游经营者和其他组织，能确定从供应商处采购的原料是高质量的，并保持稳定的品质，这是有很多理由的。

首先，经过 ISO 9001：2000 认证的组织，必须严格遵守 ISO 9001：2000 的要求，它表示组织已掌握了质量管理的方法。为了获取这样的认证，一个组织必须证明它已经建立了一个良好的质量管理体系，这个体系关注顾客并识别他们的需求（包括行业的和合法的需求），规定要提供足够的人力和物力资源并不断的发展，要求计划和恰当设计所有流程，要管理和供应商的关系，要求组织不断的衡量其绩效，并且分析和完善组织的经营（ISO，2000b）。因此，尽管 ISO 9001：2000 标准没有涉及特殊产品的质量属性，但是涉及了组织中的质量管理方法和需遵守 ISO 9001：2000 的要求，并应该输出符合质量的产品。

其次，独立的认证机构（如英国标准协会，British Standards Institute，BSI）负责评估组织质量管理体系对 ISO 9001：2000 要求的符合度，以符合度评估程序而著称的这个过程，构成了认证过程的第一步。对符合实现质量要求的组织，认证机构就颁发符合 ISO 9001：2000 标准的认证，还会进行定期的检查（ISO，1999），这样可以防止组织废弃他们的质量管理体系。

因此，组织能够相信那些取得适合管理质量的 ISO 9001：2000 认证的供应商，这样可以节约为了检查潜在供应商的可靠性所花费的时间和金钱。此外，ISO 9001：2000 标准的国际化特性，也使建立遍布全球的有效的供应商关系变得容易。作为一个标准，ISO 9001：2000 是公众对质量要求的重要参考，因为

---

① ISO 9001：2000　ISO 9000：2000 国际标准系列的一个重要组成部分。ISO 9000：2000 一直由国际标准化组织发展，它提供了一个在组织中发展质量管理体系的框架。应该注意到，ISO 9000：2000 是 ISO 9000 标准系列中的最新版本，ISO 9000 标准系列于 1987 年首次发布，接着在 1994 年修订。在本书写作时，标准的最新版本已经于 2000 年 12 月发布。

符合这个标准含有可辨认的信息，即有关管理供应商质量的方法。

尽管认证体系有很多优点，但在旅游业中，ISO 9001：2000 认证仍然不是很普遍，这是因为在旅游组织中缺乏标准意识，或者是因为缺乏对这个体系可能带给旅游组织潜在利益的重视（Augustyn，Pheby，2000；Augustyn，2000）。因此，对管理旅游供应商来说，当前使用这种工具的范围还是很狭窄的，而且这种情况还会持续下去，直到大量的旅游组织都发展起符合 ISO 9001 要求的体系。例如，那些已经发展了基于 ISO 9001 要求的质量管理体系，并且已经获得了 ISO 9001 认证的饭店和其他旅游相关组织的例子，就清楚的说明了这是一个值得的行为，这个行为将为组织带来一系列直接和间接利益，特别是在 ISO 9000 体系包括了公司行为所有方面的情况下，案例 10.1 促进进一步理解从这个过程中获得的利益。

案例 10.1　威士顿斯苹果汁公司与 ISO 9000

作为一个家族企业，英格兰赫里福郡（Herefordshire）的威士顿斯（Westons）苹果汁公司创建于 1880 年，是全世界最老的苹果汁生产商之一，它也一直承诺提供高质量的产品，这些使它能够占据竞争市场的制高点。然而，自从第二次世界大战以来，由于其他的酒精饮料，如贮藏啤酒，变得逐渐受大众欢迎，苹果汁就不那么受欢迎了。20 世纪 90 年代期间，在苹果汁产品上几次可付关税的提高，将苹果汁的消费置于更大的压力之下。

应对如此的市场变化，威士顿斯公司作出了建立在它强有力的质量承诺之上的市场定位。公司的质量文化培育需要一个成型的系统，以便获得（a）其他靠质量取胜的公司一直在享受的潜在利益，（b）市场认可的值得信任的供应商。因此，威士顿斯公司决定发展和实现符合 ISO 9000 标准系列的质量管理体系。尽管初期遭遇了一些来自员工的阻力，威士顿斯公司还是成功地将 ISO 9000 质量管理体系引进了他们的经营中，并于 1990 年获得了 ISO 9001 认证。这个方法的好处包括：在本土和国际上的销量都增加了，并且在员工中增加了授权意识。

为确保进一步发展，威士顿斯公司决定扩展其经营范围。建立在原有的基础上，公司开发了一个旅游景点产品，包括了一些旅游场所，纪念品商店及特许主题餐馆。然而，它们中的一部分经营起初并没有包括在组织的 ISO 9000 质量管理体系中，这导致游客经历了一些品质不一致的产品。当旅游场所和商店为顾客提供了非常满意的经历的时候，这些都反映在了公司顾客留言簿的顾客评语上。而由于餐馆的经营不包括在质量管理体系中，因此餐馆起初的服务质量水平相当低。的确，在餐馆第一年经营期间，高达 80% 的顾客对其经营至少有一个方面表示了不满，这些问题部分能归因于餐馆最初没有聘用专业的员工来经营，反而依靠轮换制度，包含了组织的其他部门员工。这就造

图10.1　续

成了如顾客等很长的时间才上菜，他们对整个经历变得不满和失望。并不令人吃惊的是，这家以质量为导向的公司很快就采取了措施来扭转这种局面。随着他们重视ISO 9000质量管理体系在组织经营的其他部分带来的利益，威士顿斯公司将餐馆活动包括在了一个修订后的质量管理体系中，这个体系完全符合ISO 9001：2000的要求。威士顿斯公司相信，如果这成功了，质量管理体系必须要一贯的、严格的应用于全部公司经营活动范围内，并且威士顿斯公司确保了顾客对整个经历都感到满意。实际上，较高的顾客满意度、忠诚度已经结合了高水平的经营绩效，这使威士顿斯公司能拓展他们与旅游相关的经营活动范围。一个苹果汁博物馆和爱德华迪安花园（Edwardian Gardens）最近已经开放，建有宽阔的停车场和野餐设施。这家公司正考虑进一步的扩展其与旅游相关的经营活动，同时计划在现场开放农村手工艺工作间。

进一步阅读：Augustyn（2000）；Augustyn and Pheby（2000）

■流程管理

建立提供给顾客消费的旅游服务质量，需要有效的流程管理，它涉及了设计、控制和关键业务流程的改进。流程管理关注为顾客创造价值。附加值方法既可以是明确的又可以是隐含的，明确的价值能够被衡量，并且能被清楚地定义；隐含的价值与感知到的表现和印象相关。在旅游组织中，创造价值和确保高水准表现的核心，是流程设计、流程改进和绩效衡量。

流程设计

流程设计包括所有需要提供产品来满足顾客需求的实践（Rao et al.，1996）。有一个能使流程设计变得容易的工具叫做流程流向图，它使组织了解在一个流程中做了什么，例如：这一流程的输入是什么？下一步是什么？它排除了不一致性，使员工认识到他们是被怎样安排进入流程的，他们的顾客和供应商是谁，同时这也改善了内部交流（Ho，1995）。

当必须严格设计所有流程时，仔细设计旅游服务是至关重要的，因为由此而造成的服务规范应当达到所有利益相关者的需求与组织经营能力之间的平衡。在本章后面的能力和效益管理中，将进一步探讨这些问题。某些工具有助于旅游组织进行服务流程设计，其包括了质量功能开发（quality function development，QFD）技术，也以“产品特性开发”或者“质量屋（house of quality）”著称（Rao et al.，1996）。这个工具允许服务设计者考虑所有能影响服务设计的因素，如顾客、技术、人、法定需求、组织能力，还要考虑竞争对手的产品特色。服务蓝图是用于服务设计中的另外一个工具，它要求服务设计者定义服务概念、考虑资源分配问题、协调服务功能、开发提升技术、设计服务冲突、监控和评估绩效，并将适当的反馈信息提供给产品经理（Williams，Buswell，2003）。

流程改进

流程改进是一个“致力于连续不断的监控流程及其结果，以及制订一些方法来提高以后的绩效”（James，1996：359）的先期管理任务。流程改进包括解决问题，如将实际正在发生的事物的状态改变为应该发生的事物的状态（Evans，Lindsay，2002）。因此，“我们能做得更好吗?”是关键的改进问题（Oakland，2003）。然而，没有对过程及其结果连续不断地监控就不能回答这个问题，能使组织识别和分析这个问题的一系列工具使得回答这个问题变得容易了。

虽然质量管理学者已为流程监控开发了更多复杂的工具（如统计流程控制），但伊斯卡瓦（Ishikawa）的七个基本工具和帕拉苏拉曼（Parasuraman et al.，1985）的“服务质量概念模型与流程标杆管理”技术一起组成了一套有用的诊断工具，旅游组织能够利用这套工具来识别质量改进的机会。

伊斯卡瓦的七个基本工具

伊斯卡瓦是质量管理的权威人士之一，他提出的七个基本工具，能使组织为了调整质量而找出和分析存在的问题和机会（Ho，1995），表10.1中总结了每个工具的主要特征。这些工具的属性使得它们适用于组织中的任何流程。使用这些工具，能够发现、分析和解决旅游组织当前面临的许多质量问题，也都能够根据由此得到的实际信息而做出决定。伊斯卡瓦的工具也促进了职能部门之间的合作，并且激励相关人员保证流程的质量，因为经过培训，任何员工都能利用这些工具来监控他们直接负责的流程状况，同时这些工具的简单性也允许经营管理者在日常工作中使用它们。

表 10.1　伊斯卡瓦的七个基本工具的主要特点

工具	目的	程序	利益
流程流向图	为了解在一个流程中做了什么（输入是什么、下一步是什么?）	用标准符号画出流程，并回答问题： ——流程正在做假设要做的事情吗? ——流程中的每一步都增加了价值吗? ——有一些重叠的活动吗? ——流程的什么地方可以改进? 怎么改进?	——排除了不一致 ——让员工知道他们是怎样被安排进流程的和他们的顾客和供应商是谁。 ——提高了内部交流。
控制图	为了在一个特别的流程中连续不断地控制变化量，如顾客每天投诉量的变化，顾客满意指数，人员周转，成本等。	为每一个控制行为制定衡量指标，包括上限控制（UCL）和下限控制（LCL），如对顾客每天的投诉，设定 UCL = 6；LCL = 0。 ——收集数据（例如使用检查单），在图上绘制点，并将它们连接起来。 ——计算出流程的平均数，然后画一条水平线。如果这些值在控制范围之外或如果有一个非随机的模式出现，那么就该检查这个流程，并加以改正。	——能够用来跟踪变化量，并在流程中查明变化的特别原因。 ——因为当质量问题发生时就能被找出来，因此能将产品的不一致性降低到最小。
检查表	为了预定的理由，找出某事发生的频率，如服务分销中的错误。	——选择观察的事件，并达成共识。 ——决定时间段。 ——设计简单表格。 ——因为特定的理由，观察事件发生的频率。 ——在表格中记录数据。	——揭示了特殊问题的最普遍原因。 ——能被直观解释的结果。 ——确保了事实的收集，而不是意见的收集。

表 10.1　续

工具	目的	程序	利益
直方图	为了在连续不断的基础上，发现收集数据的模式，例如：投诉量。	——在特定的时间内收集数据。 ——以图形的方式表示数据，用纵坐标表示数值，横坐标表示时间。	——直接表现出在一段时间上的某一值发生的频率。
帕累托分析	为了从大量琐碎的原因中找出最重要的原因。	——通过将检查表收集的数据按从大到小的频率在直方图中表示出来。 ——基于问题的特殊原因占所有原因的百分比，绘制一条累计频率曲线。	——清楚的显示了特殊问题的重要性。
因果分析	为了找出问题的可能原因。	——分析后，集思广益找出问题所有可能的原因，并在水平箭头后列出问题（后果）。 ——把主要原因归为相关的标题，然后在标有标题的指向箭头方键入主要原因。每个箭头还可以有其他的箭头作为次要原因键入。	——表示出了一条有因果关系的逻辑链。 ——找出问题最可能的原因。 ——在选择一个解决方案前，可以让问题得到充分的考虑。
散布图	为了允许建立两个因素之间的关系（如果有的话），如顾客满意和培训水平。	——收集关于因果的数据。 ——在横坐标上绘制原因数据。 ——在纵坐标上绘制结果数据。 ——绘制散布图。	——易于制作和解释。 ——显示是否有关系。 ——为进一步的原因分析提供了基础。

资料来源：作者的工作是基于 Ho（1995）；Kanji and Asher（1996）；Oakland（2003）；Evans and Lindsay（2002）

服务质量的概念模型

由帕拉苏拉曼（Parasuraman et al.，1985）开发的服务质量概念模型，是在服务组织中用来找出质量改进区域的主要工具之一。这个模型假定服务的顾客期望受四个因素影响：口头交流、顾客需求、他们以前的经历及外部交流，如服务提供商提供的信息。此外，这个模型还假设，因存在被称为内部顾客——供应商链的四个差距，往往造成在顾客期望和服务感知之间的差异。这四个差距包括：

1. 在顾客期望与管理顾客期望感知之间的差距，这可能是由于缺少市场调查，未充分地使用研究结果，管理者和顾客之间缺少互动，缺少向上的沟通渠道，或者可能是有太多的管理层等。

2. 管理顾客期望感知和服务质量规范之间的差距，这是由于标准化不够，无力达到规定的标准，缺乏对服务质量管理的承诺，或者缺乏目标设定等引起的。

3. 服务质量规范和服务分销之间的差距，这可能是由于角色的模糊和冲突，员工不能胜任工作，不能胜任技术工作，不适合的监控体系，以及缺乏有效的协同工作所引起的。

4. 服务分销和与顾客的外部沟通之间的差距，这可能是由于通过不充分的内部沟通（如广告与经营之间，销售人员与经营人员之间，管理和市场营销之间），或者过多的承诺倾向所引起的。

因此，该模型为在组织内从事经营研究提供了基本框架，用特定视角分析和识别出顾客期望与他们的服务感知之间差异的主要原因。

流程标杆管理

标杆管理，作为分析和识别需要改进区域的一个工具，是由齐诺克斯（Xerox）于1979年正式发展起来的。从那以后，标杆管理被广泛应用于许多制造业和服务业组织，但在旅游业中则是一个例外。在旅游业中，由于行业工作者们对标杆管理的认识有限，使标杆管理实践从来就未被充分利用。

普赖尔（Pryor，1998）将标杆管理定义为："将组织的绩效与同类中最好组织的绩效相比较的衡量过程"，其关键是确定有关同类最好组织是如何达到较高绩效水准的，运用标杆管理的结果就构成了设定质量改进目标的基础。通过标杆管理，组织能够发现自己的长处和弱点，学习如何将最好的实践包含进自己的经营中，因此这个工具使知识在组织间的转移变得容易了，一个组织为了内部的改变会将外部的想法当做平台来使用（Zairi，1996）。

文献和实践都承认标杆管理有三种主要类型：主要关注比较产品设计和成

本的竞争标杆管理，关注比较特殊流程的流程标杆管理，负责创造和执行一个新战略的战略标杆管理（Rao et al.，1996）。在旅游业中，虽然从经营管理的角度看，流程标杆管理才是关键，但旅游组织实行的大多数标杆管理都属于竞争标杆管理的范畴，同时它还特别关注产品的特性。

流程标杆管理实践的效力取决于不同的因素。第一，应当建立一个流程标杆管理项目组，其中包括具有标杆管理知识和使用这些工具相关的法律问题知识的人员，他们还要具有标杆管理流程的相关知识，并了解在该流程中的顾客需求。第二，项目组应适当关注标杆管理的主题，必须清楚地使用流程流向图技术来定义流程标杆管理的，还需要设定恰当的关键成功因素和绩效的标杆管理。第三，应该选择合适的标杆管理搭档，这些搭档不一定代表同一产业，只要它们的流程之一和流程标杆管理一样即可，并且只要它们比那些刚开始实施标杆管理的组织好就行。第四，一旦相关数据收集完成并且找到了绩效差距，标杆管理小组就应该形成一些改进建议，很多组织使用单独的小组来具体制定建议，这种做法应当避免使用，因为这种方法经常导致对标杆管理结果的错误理解（Rao et al.，1996；Zairi，1996）。

提升未来流程绩效的方法

一旦完成流程绩效的诊断并识别出质量改进的区域后，组织就需要确定较好解决任何识别出的弱点的改进类型，对旅游组织来说，有两种可能提高未来流程绩效的方法。

第一，如果流程仅需要较小的变化，那么能采用凯泽恩（Kaizen）方法来改进，这个方法关注不断的改进业务的所有区域来提升组织质量（Evans，Lindsay，2002），而不断的流程改进需要系统使用流程控制工具（如伊斯卡瓦的7个基本工具）。

第二，如果流程根本上就是有缺陷的，那么就需要对它们完全重新设计。业务流程重组是迈向改进的一个根本步骤，它需要对流程结构和与改进分销绩效相关的管理系统的根本改变。业务流程重组要求管理者用设计有效和高效的关注顾客的流程视角，来重新思考他们传统的经营方法，实践表明许多选用业务流程重组作为流程改进方法的组织，都已经在绩效和顾客满意度两方面取得了快速而显著的提高（Oakland，2003）。

很多旅游组织，特别是中小型企业仍然经营定期生产旅游者所需产品的传统流程，这些流程是没有弹性的，也就不可能得到最新开发的技术的支持。在此环境下，它将受到旅游供应商控制的外部环境的改变，并可能对旅游组织产生强烈的冲击，甚至危及到他们的持续生存。业务流程重组为这样的组织提供了创建弹性流程的机会，如果他们经营所处的外部环境改变了的话，这样的流程将使他们可以转换到其他的生产活动。

绩效衡量

自从20世纪90年代早期以来，由帕拉苏拉曼（Parasuraman et al.，1988）发展的服务质量标准的应用，一直在衡量旅游服务质量过程中处于主导地位。该服务质量标准通过对某些方面的服务质量来评估顾客满意度水平，并且一直在不同的旅游业中应用，包括旅游饭店（Knutson et al.，1991；Saleh和Ryan，1991；Akan，1995）和历史上著名的建筑物（Frochot，Hughes，2000）。

然而一直争论的是，还需要使用许多其他衡量标准，以达到对旅游组织的服务质量水平的更全面、更客观的评估（Augustyn，Seakhoa-King，2004）。例如，欧洲质量管理基金会推荐在评估质量水平时使用四组衡量标准（EFQM，2000），包括顾客结果，人员结果，社会结果和绩效衡量，前三组包含感知衡量和业绩指标，而第四组包含业绩结果和绩效指标。在顾客结果组中，感知衡量的范围包括顾客满意度、整体印象、产品的相关性、感知价值、忠诚度等，因此顾客满意度的衡量标准可能包含了服务质量标准，但对评估组织内达到的质量水平仅有部分作用。从经营管理的视角来说，非常现实的需要是，不仅要确保内在和外在顾客需求的一致性，而且还要确保经营过程绩效的有效和高效。

生产能力管理

假定组织存在经历重大且反复的需求波动的趋势，且这种需求是对一个只存在一小段时间的产品需求，那么对旅游组织来说，确保一个有效和高效的经营绩效的需要就特别具有挑战性。在航空业，已经证明了服务产品难以保存的基本特性，航班中没有售出的座位代表了永久失去的收入；在旅游业中，旅游管理者一直试图实施产能管理技术，这些技术试图确保组织在最佳的产能上运作的同时，以保持顾客的满意度。为了实现这种状况，优先考虑的是进行准确的需求预测衡量。

■需求预测技术

需求预测技术，在本质上既可以归为定性的又可以归为定量的。定性技术包括通过收集被选个体或个体组的背景信息，来分析、整理和比较他们的需求，具体包括主观可能性评价、执行的一致性和德尔菲技术以及顾客意向调查，这些技术通常是判断的基础，并常常用它们来选择出最好和最坏的方案。

定性方法主要用在以下情况中：历史数据不可靠或不充足，宏观环境正经历重大改变，预期发生重大干扰，或者要求进行长期预测（Frectling，1996）。定量技术涉及到数学分析表格，它既能归为趋势分析，又能归为因果分析（Frechtling，2001）。趋势分析方法，试图在已有需求数据中找出模型或趋势，再在这些模型或趋势的基础上进一步预测将来的需求水平。因果分析方法，如结构经济模型，是使用“如果什么”的提问来建立因果关系，以此来找出需求的重要决策。定量技术，特别是非经济系统模型，由于提供过分简单的分析而受到了批评，而其他一些包括结构经济模型在内的方法又极其复杂，它们需依靠大量的数据，因此使用它们的代价太大了。

■生产能力计划与管理

当管理人员已为他们的产品确立了合适的未来需求时，就需要为他们的设备确定生产能力的水平，接着寻求或者调整产品供应来满足需求水平，或者采取措施使需求和供应相符合。在旅游业中，大多数组织都有相对固定的顾客量水平，这些顾客量由各种各样的因素所决定，而这些因素包括设备规模、健康与安全要求。因此，旅游业生产能力管理主要关注通过许多市场营销的主动行为来操纵需求，这些在第6章中讨论过，然而最近几年出现了一种技术，它可以在更多的经营环境中影响需求，于是提出产出管理就比较合适了。

■产出管理

根据凯默斯（Kimes，2000）的观点，产出管理技术成功应用的理想环境，应是以下的环境之一：

- ■ 生产能力相对稳定，而需求是可变的；
- ■ 能够快速地划分市场；
- ■ 产品是难以保存的，并且应将它在消耗前售出；
- ■ 销售的边际成本低。

这些因素深刻的反映了20世纪80年代美国航空业的情况。航空公司经营商首先引入产出管理技术，以应对随着美国政府取消了对国内航空旅行业的管制规定而加剧的竞争状况，很快这些技术也被饭店业所采用。产出管理依赖于组织的能力，即指组织能否通过他们的顾客群范围来准确预测可能的需求水平，以及能否执行使预订收入和实际预订量都最大化的可变定价策略。因此，产出管理可以定义为“一种收入最大化技术，它的目的是通过预测可用分配物来增加净收益……以最佳的价格预订市场份额的能力”（Donaghy et al.，1997a）。

产出管理技术包括了“超量预订能力”，以应对“没出现”顾客的损失影响，在认真估计了同一时期内“没出现”顾客的数量后，通常就可以采用这种方法。任何错误计算都可能造成过多的需求，这会导致较高的顾客不满意度，并且极有可能产生不利的公众影响。差异定价机制是第二种可选方法；为了已识别出的目标市场，这些机制在特定的时期提供了不同的价格，并将其作为鼓励某些顾客群和阻止其他顾客群的手段，这样的例子包括利用免费的儿童客位来鼓励顾客提早预订。“差异产品组合”也可能提供给不同的顾客群，为他们提供不同标准的服务，它们中的部分作为一种机制来调整差异定价结构，或者它们可以在相同或不同时期提供多样化的包价服务，以此作为吸引不同目标群顾客的手段。

麦克马洪和多纳吉（McMahon-Beattie，Donaghy，2000）已提出了成功运用产出管理的十个阶段过程，虽然其主要用于饭店业，但对旅游业其他行业也具有一般适用性。这一过程分析了人的原动力，并强调通过对以上过程的目的和优点的有效培训来告知和教育员工，这对所有成功的产能管理系统来说都是基本的。接着是信息收集阶段，主要是分析需求水平和重点细分市场，同时这个阶段还应包括历史需求分析和未来需求水平预测，它们都利用了过去预订和查询的详细情况，包括取消预订、否认（不能接受的那些查询者），拒绝（那些选择不购买产品的查询者），没出现（那些未消费产品的顾客，如已预订了机票但没有上飞机，或者预订了饭店但没有入住），以及记录了以前的超量预订水平（Jauncey et al.，1995；McMahon-Beattie，Donaghy，2000）。对于每个存在的市场群来说，这些信息必须是可用的，应该不仅包括核心产品部分的数字，如航空公司的航班和饭店的房间，而且还包括各种派生需求的支出等（Jones，1999），如果没有这样的信息，管理人员就不能判断组织的不同市场群的真正价值。另外还需要考虑产品的生产量以及与每个顾客群相关的经常性花费，将顾客使用的持续时间、顾客到达次数以及可接受的价格范围，在特定时期记入确定的细分市场（Kimes，2000）。然后，把建立的最佳产能水平划分与经营战略联系起来考虑，保证产能水平与组织的战略目标也是一致的。紧接着，引入产出管理系统，它为已选市场群在指定时间提供了不同的价格制度，为了最优化的绩效，这个系统包括为了缩短在顾客与管理顾客之间而采取的一些措施，很多廉价的航班已经能够通过减少飞机在航班之间花费在地面的时间，来减少顾客所花费的时间；也可通过优化产品供应来实现，如去掉或减少机上饮食服务；还可以通过建立签到时间制度，加上对那些没有遵守时间的顾客执行已较好宣传了的严格处罚，来解决管理顾客到达的问题。尽管存在潜在的顾客不满，但是这些系统还是已经被广泛引入，特别是在航空业中，因为它最小化了与迟到和“没出现”有关的不确定性（Barlow，2004）。下一阶段是管理顾客的期望，以便使顾客不满意的可能性降到最低，当执行便于绩效评估的监控程序时，如果绩效评估与设定目标是相对立的，这可能会依次导致经营上的调整。

案例 10.2 度假饭店预订的最优化系统（HIRO）

度假饭店安装了最优化系统（HIRO），每家饭店都已实现了达到共同确保入住率和收入最大化的目标，并且这样一来，顾客、特许店以及内部员工都正在感受最高的顾客满意度。入住率和收入最大化的目标，就是以市场能够承受的最好价格尽可能多出租房间。产出管理最优化系统，用在拥有 500 000 多间房间的连锁系统中能增加大量的收入。

最优化系统和美国航空公司的服务标准化很相似，利用历史的和当前的预订行为来分析每家度假饭店的房间需求。产出管理最优化系统，包括季节性入住模式、本地事件、每周循环和当前制定困难价格的趋势（如在特别的饭店，应该在最低点预订房间）。这个系统预测饭店的完全入住率，并且过滤掉折扣需求的情况。最优化系统甚至利用“超量预订”来应对取消和“没出现”的情况。与服务业的任何产出管理系统一样，最优化系统帮助饭店管理者具备平衡的生产能力，以在实行房间全价收费基础上，仍然保持顾客的忠诚和满意度。

资料来源：Leibmnn（1995）

■产出管理执行系统

在 1997 年的一份对英国三星级和四星级酒店的调查中，15% 的回答者声称正在使用产出管理系统，但是却发现他们并没有收集运行这样一个系统所需的数据（Jones，1999），这表明缺乏对产出管理的行业理解，这就需要通过为管理和经营人员提供培训，而这种对概念和实践深刻理解的培训程序，有利于在组织层面上得到很好的处理（McMahon-Beattie，Donaghy，2000）。

产出管理系统的复杂性，促使很多组织采用基于电脑的技术（Jones，1999），这使得管理者可以快速获得大量信息，这些信息接着被用作管理每天的销售甚至是每小时的销售。引入这种基于电脑的产出管理系统往往导致整体管理团队的建立（Jones，1999），而团队在所有的 10 个阶段中扮演了中心角色，如图 10.3 所示。此外，对组织经营、战略业绩来说，产出管理系统的重要性意味着，整体管理团队被摆在了组织全部决策过程的中心位置。由多纳吉、麦克马洪和麦克多尔（Donagy，McMahon-Beattie，McDowell，1997b）所负责的研究，表明组织对团队重要性的认可，有可能冲击到已有的管理结构，甚至冲击到涉及这个团队的物理工作地点。在产出管理系统实现程序的初始阶段，员工方面的疏忽意味着其首先来自于中层管理者和经营人员的阻力，因为他们可能没有意识到结构变化的需要，也可能不满所有被看做复杂系统的、强人所难的东西。克服这个问题的策略，除了进行有效的培训计划外，还可能包括对销售人员的刺激方案以鼓励收入最大化（McMahon-Beattie，Donaghy，2000）。这些方案客观上要求引入有效的绩效监控系统，而这个系统可能是基于计算机的，同时还应用它来提醒战略和经营层面管理人员，对产出管理系统进行定期检查。通过这个方法，就应当或可能确保有效和高效的经营系统，以保持顾客的满意度。

结 论

对旅游组织的经营管理人员来说，首要的关键是分销产品给顾客，这能在满足顾客需求和对有效和高效的经营系统需要之间提供平衡，在有效和高效的旅游经营中，获取顾客的高满意度的核心是两个过程：质量管理和产出管理。从经营管理角度看质量管理，强调了需要通过有效和高效的供应商管理和流程管理程序，建立旅游服务质量，这也承认了对内部和外部顾客需求反应的重要性。这种需要对经常面临巨大需求变化的旅游组织是一种特别的挑战，因此，人们必须重视已有的生产能力管理技术，尤其产出管理的技术。

质量管理、生产能力管理以及产出管理系统和程序的成功，最根本的是对它们在战略和经营决策中的角色识别，这不仅需要高级管理人员的认可和支持，还需要全体员工的积极参与。因此，在发展成功的质量管理和产出管理计划中，员工培训和授权是至关重要的。

问题探究

1. 在质量管理过程中，旅游组织为什么应当用“预防”策略来替代“检测”策略？

2. 阅读案例 10.1 的“威士顿斯苹果汁公司与 ISO 9000”，还有为了案例研究推荐的两篇延伸阅读文章，说明采用 ISO 9000 质量管理将如何使公司受益？为什么说在这个系统中所包含的全部组织的活动是重要的？

3. 定义流程管理和它的主要构成。对旅游组织来说为什么流程管理是重要的？

4. 产出管理和达到顾客满意的目标可能有潜在的冲突吗？

阅读指导

斯莱克和约翰斯顿的著作（Slack Chambers，Johnston，2004）提出了一种对经营管理有价值的理解，而约翰斯顿和克拉克的研究（Johnston，Clark，2001）更明确地重视服务的经营管理。

伊文斯和林赛的著作（Evans，Lindsay，2002）概述了关于质量管理和相关系统的作用，而威廉姆斯和巴斯韦尔的著作（Williams，Buswell，2003），则从旅游视角提出了对质量管理非常好的深刻理解。此外，有助于提高对 ISO 9000 系列标准理解的有用资源包括网站：www. iso. ch，而讨论将标准应用于旅游组织的出版物包括奥古斯特和费比（Augustyn，Pheby，2000）及奥古斯特的研究（Augustyn，2002）。

伊文斯和林赛（Evans，Lindsay，2002），奥克兰（Oakland，2003）和拉奥等人（Rao et al. ，1996）的著作，能够更好的理解与流程管理相关的问题。关于质量管理的信息能够在 EFQM 的网站（www. efqm. org）上找到。

最后，英戈尔德、麦克马洪和约曼（Ingold，McMahon-Beattie，Yeoman，2000）的著作，提供了很好的从旅游视角对产出管理的检查，而约曼和麦克马洪（Yeoman，McMahon-Beattie，2004）的书中则包括了在旅游组织中，一些有趣的产出管理系统的案例研究。

网站推荐

EFQM：www. efqm. org/ .

ISO 9000：www. iso. ch .

Juran，J. M. *Quality Control in Service Industries*：

www. juran. com/research/articles/SP7316. html .

Juran，J. M *Quality Control of Service*：*The* 1974 *Japanese Symposium*：

www. juran. com/research/articles/SP7517. html .

Operations Management Center：www. mhhe. com/business/opsci/pom .

The Teachings of Dr. Deming：deming. org/deminghtml/techings. html .

关键词

标杆管理；基准；生产能力管理；顾客；经营管理；绩效衡量；流程；流程控制；流程设计；流程改进；流程管理；产品；质量；需求；产出管理。

参考文献

Akan, P (1995) Dimensions of service quality: a study of Istanbul, *Managing Service Quality*, 5 (6), 39- 43.

Augustyn, M. M. (2000) From decline to growth: innovative strategies for small cultural tourism enterprises – Westons Cider case study. *Tourism, Culture and Communication*, 2 (3), 153-64.

Augustyn, M. M. (2002) Can Local Tourism Destinations Benefit From Employing the ISO 9000: 2000 Quality Management system? In N. Andrews, S. Flanagan and J. Ruddy, (eds) *Tourism Destination Planning*, 330-345. Dublin Institute of Technology, Dublin.

Augutyn, M. M. and Pheby, J. D. (2000) ISO 9000 and performance of small tourism enterprises: a focus on Westons Cider company, *Managing Service Quality*, 10 (6), 374-388.

Augustyn, M. M. and Seakhoa-King, A. (2004) Is the SERVQUAL scale an adequare measure of quality in leisure, tourism and hospitality? *Advances in Hospitality and Leisure*, 1 (1) .

Barlow, G. (2004) easyJet: an airline that changed our flying habits? In I. Yeoman and U. McMahon-Beattie, (eds) *Revenue Management and Pricing: Case Studies and Applications*, 9-23. Thomson Learning, London.

Bennett, D., Lewis, C. and Oakley, M. (1998) *Operations Management*. Philip Allan, London.

Bicheno, J. and Eliott, B. B. (1997) *Operations Management. An Active Learning Approach*. Blackwell Learning, Oxford.

Certo, S. C. (2000) *Modern Management*, 8th edn. Prentice Hall, New Jersey.

Donaghy, K. and McMahon, U. (1995) Yield management-a marketing perspective. *International Journal of Vacation Marketing*, 2 (1), 55-62.

Donaghy, K., McMahon-Beattie, U. and McDowell, D. (1997a) Yield management practices, in I. Yeoman, and A. Ingold (eds) *Yield Management: Strategies for Service Industries*. Cassell, London.

Donaghy, K., McMahon-Beattie, U. and McDowell, D. (1997b) Implimenting yield management: lessons from the hotel sector, *International Journal of Contemporary Hospitality Management*, 9/2, 50-54.

EFQM (2000) *The EFQM Excellence Model*. www. efqm. org/ .

Evans, J. R. and Lindsay, W. M. (2002) *The Management and Control of Quality*, 5th edn. South-Western, Cincinnati, OH.

Fitzsimmons, J. A. and Fitzsimmons, M. J. (2001) *Service Management: Operations, Strategy and Information Technology*, 3rd edn. McGraw-Hill Higher Education, New York.

Frechtling, D. C. (1996) *Practical Tourism Forecasting*. Butterworth-Heinemann, Oxford. Frechtling, D. C. (2001) *Forecasting Tourism Demand: Methods and Strategies*. Butterworth-Heinemann, Oxford.

Frochot, I. And Hughes, H. (2000) HISTOQUAL: The development of a historic houses assessment scale, *Tourism Management*, 21, 157-167.

Hill, T. (2005) *Operation Management. Strategic Context and Managerial Analysis*. Macmillan Press, Basingstoke.

Ho, S. K. (1995) *TQM: An Integrated Approach. Implementing Total Quality Through Japanese 5-S and ISO* 9000. Kogan Page, London.

Ingold, A., McMahon-Beattie, U. and Yeoman, I. (2000) (eds) *Yield Management*, 2nd edn. Continuum, London.

ISO (1999) *Introduction*. www. iso. ch/infoe/intro. htm.

ISO (2000a) *Quality Management Systems-Fundamentals and Vocabulary*. ISO, Geneva.

ISO (2000b) *Quality Management Systems-Requirements*. ISO, Geneva.

James, P. (1996) *Total Quality Management: An Introductory Text*. Prentice Hall, Hemel Hempstead.

Janucey, S., Mitchell, I. and Slamet, P. (1995) The meaning and management of yield in hotels, *International Journal of Contemporary Hospitality Management*, 7 (4), 23-26.

Johnston, R. and Clark, G. (2001) *Service Operations Management*. Pearson

Education, Harlow.

Jones, P. (1999) Yield management in UK hotels: a systems analysis, *Journal of the Operational Research Society*, 50, 1111-1119.

Kanji, G. K. and Asher, M. (1996) 100 *Methods for Total Quality Management*. Sage Publications, London.

Kimes, S. (2000) A strategic Approach to Yield Management, in A. Ingold, U. McMahon-Beattie and I. Yeoman (eds) *Yield Management*, 2nd edn, 3-14. Continuum, London.

Knutson, B., Stevens, P., Wullaert, C. and Patton, M. (1991) LODGSERV: A service quality index for the lodging industry, *Hospitality Research Journal*, 14 (7): 277-284.

Krajewski, L. J. and Ritzman, L. P. (1999) *Operations Management Strategy and Analysis*, 5th edn. Addison-Wesley Longman, Reading, MA.

Leibmann, L. (1995) Holiday Inn Maximises Profitability with a Complex Network Infrastructure, *LAN Magazine*, *June*, vol. 10, no. 6 123, quoted in Fitzsimmons and Fitzsimmons (2001), 385.

McMahon-Beattie, U. and Donaghy, K. (2000) Yield Management Practices, in A. Ingold, U. McMahon-Beattie and I. Yeoman (eds) *Yield Management*, 2nd end, 233-255, Continuum, London.

Oakland, J. S. (2003) *Total Quality Management. Text with Cases*, 3rd edn. Butterworth-Heinemann, Oxford.

Parasuraman, P. A., Zeithaml, V. A. and Berry, L. L. (1985) A conceptual model of service quality and its implications for future research, *Journal of Marketing*, 49 (Fall), 41-50.

Parasuraman, A., Zeithaml, V. A. and Berry, L. L. (1988) SERVQUAL: a multiple item scale for measuring consumer perceptions of service quality, *Journal of Retailing*, 64 (1), 14- 40.

Pryor, L. S. (1998) Benchmarking: a self-improvement strategy, *Journal of Business Strategy*, Nov/Dec, 28-32.

Rao, A., Carr, L. P., Dambolena, I., Kopp, R. J., Martin, J., Rafii, F. and Schlesinger, P. F. (1996) *Total Quality Management: A Cross Functional Perspective*. John Wiley & Sons, New York.

Saleh, F. and Ryan C. (1991) Analyzing service quality in the hospitality industry using the SERVQUAL model, *The Services Industry Journal*, 11 (3),

324-343.

Slack, N., Chambers, S. and Johnston, R. (2004) *Operations Management*, 4th edn. Pearson Education Ltd, Harlow.

Walton, M. (1989) *The Deming Management Method.* Mercury Books, London.

Williams, C. and Buswell, J. (2003) *Service Quality in Leisure and Tourism.* CAB International, Wallingford.

Wright, J. N. (1999) *The Management of Service Operations.* Continuum, London.

Yeoman, I. And McMahon-Beattie, U. (2004) (eds) *Revenue Management and Pricing: Case Studies and Applications.* Thomson Learning, London.

Zairi, M. (1996) *Benchmarking for Best Practice. Continuous Learning Through Sustainable Innovation.* Butterworth-Heinemann, Oxford.

第 11 章　旅游信息技术与管理信息系统

迪米特里奥斯·布哈里斯（Dimitrios Buhalis，萨里大学）
卡洛斯·柯斯塔（Carlos Costa，阿弗伊洛大学）

学习目的

学完本章后，读者应该能够：

- 理解信息技术对旅游业的影响；
- 理解对旅游业至关重要的信息通讯技术；
- 考察信息通信技术的实际运用，分辨旅游业中可用的技术要素；
- 理解在旅游业中发生的技术重合这一问题；
- 分辨通信技术给旅游企业带来的重要的战略性决策以及发展方向；
- 考察旅游企业竞争力的源泉以及技术对旅游企业的影响。

本章概述

本章一开始就表明旅游业和信息技术（Information Communication Technologies，ICTs）之间具有共生性和动态性的互动作用。信息技术对旅游业管理来讲，在战略和战术方面都具有重要的作用。如果没有信息技术的话，旅游业就没有规模效应，也不可能达到目前的水平。本章说明了旅游业对信息技术的需求和要求，指出了信息技术所发挥的主要作用，明确了目前在旅游业中所使用的硬件、软件和网络系统，以及它们在一定程度上表现出明显的趋同趋势。同时，本章还考查了因特网及其对旅游业的贡献，强调了计算机预订系统（Computer Reservation Systems，CRSs）和全球分销系统（Global Distribution Systems，GDSs）已成为旅游分销和管理的支柱。最后，本章的结论是：信息技术对旅游业在全球市场上获得战略优势起着非常关键的作用。

电子旅游业：信息技术和旅游业的动态互动

信息技术使全球经济和旅游管理发生了革命性的变化。在20世纪80年代出现的功能强大的个人计算机系统给个人带来了可靠的、作用巨大的和可以购买得起的机器，它们提高了个人的效率。主机，即微型计算机，在公司内部运营的自动化方面和扩展其外部运营能力方面也提供了支持。工业的自动化生产带来了总产值的极大增长，还实现了能够做出更好的计划和质量控制，其结果是所制造的产品数量远远大于不断增长的需求。另外新的标准化和统一化的商品开发工作，也使商品能够在全球范围内进行交易。通过利用这些新出现的工具，从而使劳动生产率得到了极大的提高，工人们也逐渐转向从事更“轻松”但需要更多智力的劳动，而将那些艰苦的工作留给机器。在20世纪90年代，因特网得到了迅速发展，从而使计算机网络能够在全球范围内展开工作，并获得多媒体信息和知识资源。结果，在全球大多数社会里，人们的生活方式和工作方式发生了极大的改变。因为随着技术革命，组织的管理幅度也在发生着快速变化，为了开发新的潜力和提高竞争力，组织机构就不得不进行流程再造（Buhalis，2003）。

对旅游业和酒店业而言，信息技术（IT）虽然是一种外部环境因素，但是在近年来的技术开发中，对旅游业的创新提供了支持，当然，反之亦然。信息技术已经成为一种专横的合作伙伴，它在全球范围内给消费者和供应商之间不断地提供着更多的界面，所以旅游业与技术也就携起手来。旅游业毫无疑问地受到了因技术扩散而出现的新的商务环境的影响，普恩（Poon，1993）指出“旅游是一种信息密集型的活动，除了少数几个领域外，如信息的生成、信息收集、信息处理、信息应用和信息交流等，在日常运营中鲜有其他领域对信息技术的需求超过旅游业”，通信和信息传输工具对旅游市场营销而言，更是不可缺少的（Sheldon，1997）。

■旅游业对信息技术的需求

旅游业需要通过使用新出现的工具和全部流程的再造来提高竞争力。在对顾客的需求做出反应方面，旅游业实务需要更加灵活、高效和迅速，而信息技术革命给那些富有创新精神和充满活力的经营者，提供了一系列可资利用的工具和机制，从而增强了他们的竞争力。

除了那些传统的生产加工产业，长期以来旅游业被认为是一种劳动密集型产业。在过去十年中，信息技术的持续发展给整个旅游业带来了深刻的影响，不断创新的信息技术给旅游业提供了各种工具，从而给旅游供求带来革命性的变化，并常被旅游企业用来进行经营管理（O'Connor，1999；Inkpen，1998；Marcussen，1999a，1999b）。信息技术不仅指软件、硬件和网络，而且还包括使旅游信息得到加工，使旅游信息在组织内部和组织之间进行流动的信息系统、管理系统和远程交换系统。信息技术在旅游企业中的使用，使旅游、旅行、酒店接待和餐饮企业的全部流程和价值链实现了数字化管理。销售和营销部、财务会计部、人力资源管理部、采购部、研发部、生产部，以及对整个旅游业的发展承担战略管理和规划任务的管理部门，包括旅游、交通、休闲、酒店接待、主要运营商、中间商和公共部门机构等所有的业务功能，都深受不断出现的信息技术的影响。

从战术的层面来看，包括电子商务和使用信息技术，使旅游组织的效率和效能最大化。除了数据处理和自动化的要求外，技术革新可以通过使用信息技术来实现战略和战术管理，来实现组织的目的。信息技术可以使旅游组织在全球无处不在，通过高效和节省成本的方式与全世界的其他组织建立起伙伴关系；通过与消费者和合作伙伴之间的持续互动，来制定弹性的和具有竞争力的价格，并通过这种价格方式使企业收益最大化；通过即时的销售监控，可以使营销人员对产品和价格进行恰当的调整，为实现销售的最大化而决定是否需要启动促销活动等；信息技术还有助于降低经营成本和信息成本。再者，信息技术还为研发提供了独特的机遇，从而使企业可以向细分市场提供专门化产品，并通过差异化来获得竞争优势。

案例 11.1　菲德里奥开发的 OPERA 酒店财产管理系统

在酒店接待业务领域，菲德里奥（Fidelio）是国际领先的系统集成商，它改变了酒店业进行计算机管理和经营的方式。菲德里奥使旅游企业使用计算机对其经营管理成为可能，而不论它们是任何规模和形式的酒店及其连锁店，还是饭店、游轮、餐饮服务和会务服务企业。通过对个体需求的具体分析，以及对企业独特性的洞察，菲德里奥对主要的企业软件产品进行整合。菲德里奥开发的 OPERA 企业解决方案系统，是由一些模板组成的高度集成的软件产品包，对这些模板进行添加和扩展是非常容易的，从而使对其操作运用变得既高效又轻松，而不论操作者是小企业还是全球知名的品牌酒店连锁集团。OPERA 财产管理系统的大小，可以根据任何规模的酒店或者酒店连锁集团的要求进行设计；其办公支持系统也是一个功能强大的财务软件包，通过高度集成的、柔性的财务和电子商务解决方案，来加强酒店的管理能力；其预定系统可以使酒店进行高效的库存管理，因为它集成了 OPERA 财产管理系统和销售与餐饮系统，该系统在效仿传统计算机预定系统功能的基础上，还大胆地整合了 OPERA 企业解决方案中所使用的新技术，

案例 11.1　续

包括客户通过网络的接入系统和 Java 驱动的浏览系统，借助因特网的强大优势。

OPERA 预定系统容易调度控制，可从全球任何地方接入。OPERA 收入管理系统可基于地域角度的集中方式进行收益管理，可通过界面接入 OPERA 销售与餐饮系统，这样就可对集团中的特定成员的价值进行分析，实现收入最大化。客户信息系统，通过中央数据库从指定的酒店企业处对客人、旅行社、原始资料、集团和公司等方面的信息进行收集和管理。OPERA 软件的使用环境不受限制，可使用于只有一个接待处的小型单一酒店企业，也可使用于大型的功能齐全的酒店企业进行销售和营销管理、餐饮管理、收入管理、质量管理、办公支持管理和物料管理等。另外，OPERA 企业解决方案向酒店连锁企业集团提供如下产品：包括一个可用于客房集中管理以及其他营业区域销售管理的中央预定系统、一个企业信息系统、一个专门为酒店企业设计的客户关系管理软件包。OPERA 的软件对处于不断变动中的业务要求有很强的适应性，因为它将现有的、达到企业对计算机管理要求的技术发展、软件系统和组织结构的变化状况整合在一起。所有这些系统相互关联、相互连接，从而使酒店企业可以将该系统在其内部使用（内部网），在合作伙伴之间使用（外部网），还可用做通向世界的窗口（因特网）。

要了解更多的信息请登录 www. fidelio. com

问题讨论

1. 考查财产管理系统与收入管理之间的关系。
2. 为什么具有相互操作性的财产管理系统对电子商务是非常关键的？
3. 请说明财产管理系统是如何使用了区域网技术。

从战略的层面来说，电子旅游业务的应用使所有的业务流程发生了革命性的变化，不论是在整个价值链方面还是在旅游企业与它们的相关利益群体之间的战略关系方面（Buhalis，2003）。与其他产业的情况一样，信息技术已经深深地渗入旅游业之中，为旅游业的网络化作业、为旅游产品的增值，以及旅游企业以有利可图的方式与相关利益群体的互动提供了战略工具。同时，为了改善控制过程和决策过程、为了支持企业应对环境变化，以及追踪消费者行为模式的潮流变化方面做出快速反应，信息技术都能有效改进这些管理过程。信息技术在客户关系管理方面将起到越来越重要的作用，因为它们有助于企业与客户之间进行互动，对产品进行持续不断的调整，以满足或超出消费者的期望。对那些想要在未来立于不败之地的旅游企业而言，基于持续不断和全球层面上的客户关系管理是极端重要的。战略上的考虑不断促使旅游业务流程的再造，全方位地改变着操作流程和战略管理过程。所以，信息技术的革新在改变着传统的最佳经营策略，给旅游业务在区域方面、营销方面和操作方面的扩张提供了机遇。

案例 11.2　芬兰旅游局的信息系统

芬兰旅游局将信息技术当成其工作中不可分割的一部分，并开拓性地使用因特网来开发对芬兰旅游业管理的网络技术，以及进行跨产业部门管理和协调产业运行的工具。该系统包括以下三个主要部分：

● 市场信息系统（Market Information System，MIS）。芬兰旅游局的市场信息系统是一个数据管理系统和分销系统，该系统于 1992 年启动，1997 年更新，是芬兰旅游局的内部网络系统，该局设立于各个国家的办事处都安装了这个系统。芬兰旅游局的工作人员可用这个系统进行销售和营销活动的组织与管理，协调他们的营销活动和品牌创设活动，传送文件以及用于旅游局的全球行政管理，也允许其他的专业人员登录该系统。

● 研究、文献和信息服务系统（the Research，Library and Information Service，RELIS）。该系统在国内旅游研究和产品文献领域是一个支柱系统，这个系统把旅游业界与研究教育机构连接起来。

● 芬兰旅游产品和服务国家数据库（the national database of Finnish travel products and services，PROMIS）。该系统提供了一系列有关旅游产品的信息、旅游服务信息和联系人信息等方面的最新信息。该系统的外部合作伙伴负责数据的提供和更新，合作伙伴有区域旅游机构、城市旅游机构以及其他的专业旅游机构。大多数信息和图片资料都是免费的，可以用来制作旅游手册并用于促销活动。专业营销信息服务系统可提供芬兰全境的旅游数据。

在 2000 年夏季，经芬兰旅游局与旅游企业界的合作，共同开发了可接入芬兰旅游产品和服务国家数据库的因特网系统，使其对旅游业的服务得到了极大的改善。到 2000 年年底，参与芬兰旅游产品和服务国家数据库系统的合作伙伴的数量超过了 130 个，相应的从当年春季至秋季期间，进入芬兰旅游产品和服务国家数据库系统中的信息量以 40% 的速度递增，旅游产品的信息量超过了 5 000 个，并有 20 多家信息提供者加入了该系统，现在合作伙伴可以在线进行信息的增加和更新。因特网的服务功能也得到了扩展，该网站增加了 8 种新的语言服务，到 2000 年年底，该网站将芬兰作为一个旅游目的地以 13 种语言推出，提供定制的网页页面。芬兰旅游产品和服务国家数据库系统中的产品信息，被越来越多地用于旅游手册的制作，同时还可以通过互联网获取这些信息。另外还专门开发了圣诞节网页，以及为合作伙伴开发了有关 Savotta 旅游市场的外部网网页，专门为销售活动建立了一个网站，只要完成注册就可使用该网站。在该年度，他们对传统营销工具的结构和内容进行了认真的开发，开发工作的中心任务主要聚焦于电子营销工具（Web 和 Wap 技术）。芬兰旅游局的目标是让他们的所有信息都可通过互联网协议体系获得，对雇员来说，通过内部网络获得信息；对合作伙伴来说，通过外部网络获得信息；对一般公众来说，通过因特网获得信息。

资料来源：根据世界旅游组织（1999 和 2001）和芬兰旅游局（www. mek. fi）的材料编写

案例 11.2 续

问题讨论

4. 目的地管理机构的未来角色是什么？

5. 如果目的地管理机构要发挥其作用的话，通讯技术的重要性如何？

6. 目的地管理机构是否一定要开发自己的目的地管理系统？是否有了企业的门户网站就已足矣？

旅游业中可使用的信息技术

所有的信息技术都可被旅游业用来改善其经营和管理，提高整个系统的价值（Werthner and Klein，1999）。正如表 11.1 所示，这些可使用的信息技术包括对下列要素的组合使用：

- 硬件；
- 软件和计算机运用；
- 信息技术（含远程信息技术）和网络技术。

表 11.1 旅游业中可使用的信息技术

硬件	
计算机系统	主机，微型计算机和个人电脑 中央处理机 输入设备（键盘，鼠标，触摸屏） 硬盘、光盘和磁盘等存储设备 显示终端、打印机和视频输出等输出设备
移动设备	移动电话 个人数字助理 图形处理计算机
软件	
标准软件	Windows 和 UNIX 等操作软件，带有图形程序设计工具的编程语言，以及旅游业中使用的有通用商务功能的数据库

表 11.1　续

应用程序	支持人力资源管理和经营管理功能的商务应用程序，如财产管理系统和计算机预订系统等，这些应用程序还包括专家系统和人工智能
软件执行过程	设计和执行软件的过程和软件工程，如工作流程和计算机辅助工作等
系统体系结构和网络	通过因特网的传输控制或网络通信协定（TCP/IP），远程接入的全球分销系统，该系统支持局域网和因特网
媒体	能够全面处理文本、图形、声音和图像资料，能够支持多媒体开发工作
用户界面	从面向字符的界面向基于 Windows 的界面和图形用户界面过度，虚拟现实的应用程序，使用户置身于数字世界之中
通信与远程通信	
远程通信	电话 诸如民用电台波段（CB）通讯、寻呼机、携带型传呼器和文字显示式寻呼机等移动通讯设备
通信	电传 远程传真机 用户电视电报 视频电报 电子数据交换（EDI） 综合服务数字网（ISDN） 数字用户线（DSLs、IDSL 或者高速率数字用户线 HDSL）
计算机网络	
组织间网络和组织内部网	局部局域网络 广域网络 大都市局域网络
基于网际网路通讯协议的网络	因特网 企业内部互联网局域网

资料来源：基于沃瑟勒尔和克莱因（Werthner，Klein，1999）、贝克曼（Beekman，2001）和劳登（Laudon，2002）等人的著作

技术解决方案，通常是为了提高工作效率，降低从事活动及执行任务过程中所需成本和时间。基于表 11.1 中所提到的技术，正如表 11.2 所示，旅游业与酒店业中所使用的信息技术范围十分广泛，尽管这些系统都可独立使用，但是将它们整合在一起作为综合的信息管理系统使用的话，它们的运营效能就会得到最大化，从而有助于提高组织在战略上的竞争力。

表 11.2 旅游业中所使用的信息技术和应用程序

- 因特网/企业内部网/局域网
- 办公自动化、预订、会计、工资和采购管理等方面的应用程序
- 内部管理工具，如管理支持系统、决策支持系统和管理信息系统等
- 定制的用于内部管理的应用程序
- 数据库管理系统和知识管理系统
- 用于与合作伙伴进行定期交易的网络（电子数据交换 EDI 或局域网）
- 与因特网连接的网络系统和开放性式产品分销系统
- 计算机预订系统
- 全球分销系统（如 Galileo，SABRE，Amadeus 和 Worldspan 等系统）
- 酒店企业所使用的转换控制程序（如 THISCO 和 WIZCOM）
- 旅游目的地管理系统
- 基于因特网的旅行中间商管理系统（如 Expedia. com，Travelocity. com，Preview Travel，Priceline. com 等）
- 基于无线/移动/WAP 技术的预订系统
- 支持自动化（如视频电报）系统的传统配电技术
- 清晰度改进型电视（IDTV）
- 计算机终端和小型触摸屏

资料来源：布哈里斯（Buhalis，2003）与奥康纳（O’Connor，1999）等作者的著作

技术解决方案原来一直都是被单独使用的，只是到最近以来，经过一定程度的技术整合才有比较明显的发展。然而信息技术在旅游业中的使用已经非常普遍，因为不论是在旅游业日常经营还是战略管理方面，信息都是必不可少的。正如表 11.3 所示，技术对企业日常中心工作提供了支持，能够使一个组织与旅游业和酒店业中的其他企业、客户、合作伙伴以及供应商等进行通信与合作。

这些工作不仅是企业核心业务的一部分，而且显示出重要的战略意义，因为它们决定了组织的竞争力和增长力，显然，由于信息技术的革命使整个企业

机能被彻底地改变了。

表 11.3 由信息技术所支持的旅游与酒店业的核心功能

- 前台：预订服务、住宿登记服务、支付
- 后台：会计、工资、人力资源管理、营销
- 娱乐服务
- 与顾客以及合作伙伴的通讯
- 营销研究与产业情报活动
- 突发事件的应急与管理
- 通过收入管理进行弹性定价和动态定价
- 产品差异化和个性化
- 监控绩效指标和建立反馈机制
- 对业务过程和人事的控制

旅游销售的计算机预订系统和全球分销系统

近十年来，旅游业在供求方面的快速增长表明，该产业只有在使用强大的计算机系统的情况下才能得到有效管理。在通常情况下，信息技术是一个总括性术语，它包含了被应用的许多系统。下面将对信息技术的分类和不同类型进行考查。从本质上来说，信息技术指的是计算机系统，该系统协助旅游企业对它们的所有产品进行有益的处理和销售，它们通常使用主机和外延性网络来支持为数众多的远程终端。使用信息技术的组织，通常是航空公司、酒店和旅游经营商等旅游生产单位，它们通过计算机系统或视频电报系统，在全国或全球范围内进行信息技术的布局。信息技术的最大优点是可以对信息进行即时更新，能够提供特定的专门信息，以支持对众多旅游产品的预订、确认、购买等业务活动。然而，其明显的缺点是安装和使用费用昂贵、用户友好程度不足，以及对卖主更为有利。信息技术最早出现于 20 世纪 60 年代，其目的是向航空公司提供一种高效的可对其全部产品进行处理和管理的工具，航空公司是引进此类技术的开拓者，因为它们用电子数据库替代了人工预订系统。国际酒店连锁集团和旅游经营商也很快就意识到信息技术的潜力，紧随航空公司之后开发出了集中式信息系统和预订系统。一方面信息技术给旅游业提供了一种非常重要的战略工具，另一方面信息技术还能独当一面，成为一种自动化的、战略性

的业务单位，从而成为一种新型的独立旅游销售行业（Sheldon，1997）。

自从20世纪80年代以来，航空公司所使用的信息技术都得到了很大的拓展，这一举措对几乎所有的旅游业都产生了影响。航空公司的信息技术变成了全球分销系统，其中包括综合的、数量众多的服务和产品信息，从而为整个产业提供了一种全球分销系统。正如表11.4所示，对这种全球分销系统的需求来自于供求关系的需要，亦缘起于旅游业在近十年来的扩张。在因特网诞生以前的岁月里，计算机预订系统与全球分销系统是促使旅游业发生变化的重要因素，因为它们提供了一个综合性的旅游营销和销售系统，所以经常被人们称之为“旅游超级市场”（Go，1992）。

表11.4 旅游业与酒店业使用计算机预订系统和全球分销系统的激励因素

成本激励因素	市场激励因素
● 提高效率	● 满足复杂需求
● 降低销售成本	● 操作方面的灵活性
● 降低通讯成本	● 支持专业化和差异化
● 降低劳动成本	● 促成最后时刻的买卖
● 将浪费降低到最低程度	● 提供准确的信息
● 有助于进行弹性定价	● 支持对常客（乘飞机旅行的人/宾客）进行关系营销战略
	● 对需求波动做出快速反应
	● 提供多样化产品和综合产品
	● 收入管理
	● 公司情报管理
	● 营销研究
政府及法律激励因素	**竞争激励因素**
● 规避管制	● 管理公司的互联网
● 自由化	● 可增值的技能培养
● 政府的支持	● 灵活性
	● 知识习得
	● 战略性工具
	● 充当进入的障碍

资料来源：摘自戈（Go，1992），复印自《旅游管理》第13卷第1期的论文“计算机预订系统在酒店业中的作用”，作者戈·F，第22～26页。本引述得到Elsevier的版权许可

随着全球分销系统在用于促进和管理旅游企业和旅游目的地的全球急速扩张，全球分销系统已经成为旅游业的支柱，因为该系统可把大多数旅游供应商和中间商连接起来。一方面通过该系统可迅速建立起旅游预订系统；另一方面，该系统提供了一种支付手续费和处理法律文件的综合机制，因此全球分销系统的特征是旅游产品在国际市场上的“流通体系”。表 11.5 说明了全球分销系统对不同用户带来的好处。

表 11.5　全球分销系统给不同用户带来的好处

消费者	旅游供应商	旅游业中间商
● 及时、准确和透明的获取相关信息并可轻松地比较 ● 马上对预订进行确认 ● 快速访问预订文件 ● 提供景区和旅游设施方面的信息	● 库存商品控制 ● 需求预测和管理 ● 容（产）量管理 ● 库存销售 ● 业务拓展 ● 以花钱不多的方式与合作伙伴及分销商进行通讯 ● 促销工具 ● 弹性定价 ● 方便佣金支付 ● 容（产）量调整工具 ● 降低销售和通讯成本 ● 管理信息工具	● 支持快速、肯定的反应 ● 旅游产品的可获得性 ● 提供可靠、综合、充分、准确的信息比较 ● 降低通讯/预订成本 ● 方便佣金支付 ● 为顾客打印文件和信息

因特网与旅游业

因特网在 20 世纪 90 年代晚期的快速发展，使旅游业在整体上发生了革命性的变化。电子商务的急速增长和消费者对其的认可，意味着一个公司如果不使用这种新方式开展业务的话，这样的公司将会完全被冷落，因为如果消费者在因特网上不能查找到他们所钟爱的公司时，他们只好将目光投向其他的公司。公司通过采用企业内部互联网和电子商务战略，可得到很多关键性的利益，这些利益如下：公司增长、保护、差异化、对变化实施管理及培养信任感等。为了对所有的业务流程和实践实行再造，以实现利润的最大化，将在线工具和离线战略进行整合是非常关键的工作。业务部门、业务流程和业务实践的协同作用，可以使组织对其价值链实行再造，从而加强其竞争力。

随着在生产商与消费者之间进行互动的革命性方法启动以来，因特网在产品和服务销售方面的应用已很明显。在世界各地，信息、速度和互动已成为企业的核心产品之一，评判企业竞争力的标准，也相应地变成他们是否能够比原有竞争对手以及后来者做得更好，而因特网就可使企业不受地域限制地向客户端发送实时信息，这样就可以降低购买周期，改善产品和服务的上市时间。由于这些技术的发展是高度动态化的，因此战略规划师就需要不断地跟踪新环境下的发展趋势，从而评估如何从这些新出现的机遇中受益（Turban et al.，2002；Porter，2001）。

在旅游业中，因特网将消费者与企业界迅速地连接起来，从而使他们能够进行互动式通讯和交易。电子商业的遍地开花不仅使企业与消费者之间的交易（B2C），更重要的是使企业间的交易（B2B）实现电子化。它同时还促进了消费者之间（C2C）服务和消费者社区的发展，从而能够在线提供大量的旅游信息服务。因特网不仅使旅游业的触角得到了极大的延伸，而且还强化了在线交易和所有类型产品和服务市场的全球化。

企业与消费者之间的交易（B2C），不仅囊括了与消费者之间的商品和服务产品的交易与交付，而且还包括进行这些交易所需求的整个信息支持系统和机制。该范畴包括使消费者能够在线查询相关信息，在线进行旅游产品和服务的预订。很多旅游企业利用这一优势，撇开旅游中间商而直接与消费者进行交流，形成直接向消费者提供服务的综合机制，如西南航空、瑞安航空和捷运航空等低成本航空公司的出现，就是旅游企业中最为成功的例子。这种不提供非必要服务的，即低成本运输方式，出现于20世纪90年代，主要是为了满足低预算旅客、独立旅客和休闲旅客的需求，它们在飞机上提供的服务相当有限。此类航空公司一般在国内航线和短途国际航线上飞行，其中休闲旅客和商务旅客所占比例很高。它的航线设计是简单地从A点到B点，能够与顾客直接进行交流，减少了手续费，同时又能够保证消费者随时随地购买他们所需的产品，这些考虑在它们的经营模式中是非常关键的。正如案例11.3所示，截至2001年年底，捷运航空公司超过90%的座位都是通过互联网在线预订的。

案例 11.3　捷运航空公司的在线服务

英国的捷运（EasyJet）航空公司是互联网业务的开拓者之一，在可扩展业务的空间都进行了全方位的投资。斯特里奥斯·哈吉洛勒公司（Stelios Hajiloannou）被说服拿出 15 000 英镑前期资金投资于互联网业务，并对专用电话预订服务的业务量的增长情况进行监控。因为看到该预订业务呈现出快速增长的势头，他又被说服在电子业务领域进行投资，开发了网上交易业务。该航空公司于 1998 年 4 月在互联网上售出了第一张机票。1998 年，通过在《时代》报纸上的营销活动，在 24 小时之内捷运航空公司就通过互联网出售了 13 000 张机票，在该年度的大多数时间，它的电子预订业务都有 10% 的业务量。在 3 年半的时间内，它所出售的电子机票数量达到了 1.2 亿张，到 2001 年 9 月时，其 90% 的产品都是通过互联网进行销售的。该航空公司使用"钟情于互联网的航空公司"这一广告语来在线促销它的待售商品。在线预订快捷、容易和安全，并且该航空公司还向旅客的在线预订提供 5 英镑的折扣。

在线销售业务量的增长给人们留下深刻的印象，因为现在捷运航空公司通过在线的方式销售约 95% 的机票，确实是一个名副其实的"钟情于互联网的航空公司"。这一成就是通过以下的举措来实现的：

- 捷运航空公司是第一家低成本航空公司，它提供在线浏览和预订服务、转机服务以及在线列明了手续费收费项目；
- 在线预订的旅客其每一段航程可获得 5 英镑的折扣，他们可通过电子邮件索要预订确认函；
- 捷运航空公司所有的促销活动均只通过因特网进行；
- 最低票价只有通过在因特网上的预订才能获得。

要了解更多信息，请登录 http//www. easyjet. com/EN/About/Information/Inforpack_ internet. html

旅游业是一个复杂的产业，它是建立在众多价值体系不十分明确的单个组织基础之上的合作体。旅游业的销售渠道由数量众多的分销商构成，包括旅行社、旅游经营商和包价旅游代理商等，长期以来都是由这些机构将旅游产品打包，然后在国内市场进行销售（Buhalis and Laws，2001）。通常它们之间的联系是通过人工系统来进行，虽然这种联系方式还很盛行，但总是延缓了整个系统的效率，同时还缺乏灵活性。因此，通过因特网的企业间交易模式（B2B）的出现，使得众多的旅游企业重新审视它们的作业模式，从而去扩展它们的业务模式。B2B 交易模式包括生产商与中间商之间的交易，还包括生产商之间为了产品的最终生产而进行的交易。此时，在最终产品和服务提供给消费者之前，因特网就可被用来增加价值，对价值链上每一个阶段的工作提供支持。尽管 B2B 电子交易模式的利润空间较小，但是通过它可进行的交易量很大，同时对信息和支持机制的要求相对较低，这就使企业有利可图并导致企业钟情的原因所在。这种交易模式，实际上是互联网业务中增长最快的部分，同时还派生出大量的新的交易（Turban et al.，2002）。

案例 11.4 WorldRes. com——酒店预订网络

WorldRes. com 是专门为因特网而建立的酒店预订服务系统的替代方案，它通过使用最新的技术来提供低成本的服务。该预订系统建立在全球分销系统以及其他相关系统的技术之上，WorldRes. com 提供一个综合性的网页，网页上有照片和相关的详细信息，通过 WorldRes. com 自己的以及其国际合作伙伴的所有可用的网页和访问中心，来进行实时的预订以及对预订进行确认，从而有助于中小型旅游企业的形象塑造（包括提供实时预订服务）。只要有一台电脑和因特网接入设备，任何酒店，不论是只提供住宿和次日早餐服务的独立小旅馆（B&Bs，即 bed and breakfast），还是国际酒店连锁集团都可加入 WorldRes. com。WorldRes 借助于因特网技术，提供了一个高效的和低成本的膳宿服务营销和销售的途径。

WorldRes 不收取加盟费，但对通过 WorldRes 合作伙伴的网站所做的每一单预订业务收取 10% 的佣金/交易费，对通过酒店自己的网站所做的每一单预订业务收取 4% 的佣金。该系统现有 20 000 多家会员酒店，以及可用来进行预订服务的 2 000 多个销售伙伴的网站和访问中心。WorldRes 的会员资格是开放性的，所以已参加了其他在线营销和销售服务的酒店同样可加入这个系统。

作为主要的销售节点，WorldRes 也有自己的专为消费者建立的网站（PlacesToStay. com），同时还经营者一个全资的子公司（BedandBreakfast. com），这是一个有关 B&Bs 服务信息的一流公司。所以 WorldRes 向所有的酒店企业提供了一个具有成本效益的、进行因特网销售和营销战略的营销途径，换句话说，是对现有途径的补充。

对于销售伙伴而言，WorldRes 可向一系列独特的酒店企业提供内容丰富的宣传，另外还通过合作伙伴的网站和访问中心进行的客房预订服务带来一份利润丰厚的收入。WorldRes 是一个典型的利用因特网技术开展业务的 B2B 企业，在旅游系统中重新获得中间商的地位。

要了解更多信息，请登录 www. WorldRes. com

酒店企业亦从 B2B 电子交易模式中获得了巨大的收益，因为通过此模式，中间商可以对他们的库存进行清仓交易合作，并且全面提高了供给能力。诸如 Worldres. com，Active Hotels，Hotels. com，Octapustravel. com 和 Pegasus 等酒店企业集团和中间商们，都通过下列模式的开发而从中受益，一方面它们开发了逆向的 B2B 网络（针对酒店供应商），另一方面开发了正向的网络（针对诸如在线旅行社与门户网站等分销商），这样就延伸了它们接触消费者的触角，同时还能够在全球市场上对它们的供应商提供支持。

电子商务革命每时每刻都在聚集着能量，改变了通讯、合作和商业的本来面目。虽然电子商务取代了一些原先的离线交易模式，但更为重要的是，随着企业和消费者利用这种新的工具优势来购买他们原先不可能购买得到的产品和服务时，使整个交易量有了很大的提高。尽管因特网似乎更适合用于服务产品的交易，因为这种交易不涉及产品的运输问题，但是越来越明显的事实是没有那个企业不受其影响。只要生产商能够在国际市场上树立起自己的形象，与中间商相比就能够以更有利的条件提供产品，那么他们就可以节省下佣金和销售成本，从而对消费者产生很强的吸引力，做到向他们直接销售。从另一方面来看，传统的零售商和中间商（如托马斯·库克），以及一些用电子技术武装起来的后来者（比如 Expedia. com）也伺机反扑，以便增加他们的市场份额。他们通过对顾客的需求提供附加值，提供值得信赖的一站式服务，靠巨大的业务量从生产商处获得优价交易，以及通过利用从市场调研和促销活动中收集的信息等方式在电子商务市场上树立形象。只有当企业有了明确的、有价值的业务方案，通过使用各种可以利用的平台来对那些供过于求的、不难获得的服务产品提供附加值，企业才有可能在未来立于不败之地，才有可能获得进一步的发展。在使用因特网战略来扩大市场份额以及与客户进行有益的互动方面，Expedia. com，Marriot. com 和 EasyJet. com 等企业是一些成功的榜样。很明显，这些公司可以向消费者提供附加值，他们为自己开发了高效的网页，实现了“电子化所带来的成就（e-Fulfilment）”，并以一致的、不会给自己带来麻烦的方式从事他们决定要做的事情。

结论：运用信息技术来增强旅游业的战略优势

信息技术的出现对企业的竞争力有着直接的影响，因为信息技术决定了竞争优势的两个最基本的根源，即差异化和成本优势。一方面信息技术使旅游企业有能力根据顾客的需求提供差异化和专业化的产品，通过拓宽旅游产品的方式，允许消费者对满足他们个人需求的产品要素成分进行组合，信息技术提供了打开以单个个体为单位的细分市场的机遇，也就是说瞄准每一个个体消费者。这一切之所以有可能实现，是因为信息技术支持具有灵活性的、回应式的价值链增值服务，允许消费者通过无穷无尽的组合方式对产品进行重新打包。另一方面，信息技术在旅游业中已经成为成本管理的工具，就销售成本管理或促销成本管理而言，尤其如此。不论是以通过互联网网页进行直接交易的方式，还是以通过给电子中间商支付较低的销售费用，或者是以通过削减佣金和其他费用的方式，全球的经营组织都已大大削减了支付给中间商的佣金，降低了成本。再者，通过业务流程的再造和消除重复的业务，也可以就降低劳动成本，提高效率（Buhalis，1998）。

因为西方大多数富人是有钱而没时间，因此一种新的竞争资源正在出现。也许对旅游业更为重要的是信息技术支持了时间价值，能够带来与时间相关联的竞争优势，因为信息技术有助于企业在其内部以及与合作伙伴之间迅速地分享信息，从而使企业与消费者，以及与旅游供应商之间经常进行互动活动的能力和效率得到最大化。消费者可在办公室或家里，通过因特网（一天24小时、一年365天）与旅游企业进行互动活动、交易和交流，在瞬间就可得到确认和完成购物活动，意味着消费者自己的效率也同样地得到了最大化，意味着他们对企业基于时间方面的竞争优势的认可和赏识。消费者会越来越多地通过使用移动设备和交互式数字电视来进行互动活动，从而进一步拓展他们的能力。通过简单的设备和界面就可及时地在瞬间建立起连接，这一点对获得与时间相关的竞争优势来说非常关键（Puhretmair et al.，2001；Zipf and Malaka，2001）。

信息技术在可靠性方面的迅速发展，以及它在速度和性能方面的优势，再加上它的低成本优势，促使旅游企业采用并大量使用这种新型的组织工具。捷运航空、马里奥特酒店集团和蒂诺里安（Tyrolean）旅游局等一些具有创新型的组织，在其业内已通过运用先进的信息技术和在更高层次上推进对信息技术的使用，成功地强化了他们的竞争优势，扩大了他们的市场份额，提高了他们的地位。而那些在战略管理和经营管理方面还不能使用这些新型工具的旅游企业，将注定难逃落伍的结局并丧失它们的市场份额，从而对将来的发展形成制约影响。已经历的范式转换，清楚地表明只有那些充满活力的、具有创新能力的企业才能在未来占有一席之地。

阅读指导

建议进一步阅读下列书籍：

■ 布哈里斯（Buhalis，D.，2003）的《电子旅游业：旅游业战略管理的信息技术》［*eTourism：information technology for strategic tourism management*，Pearson（Financial Times/Prentice Hall），London.］，该书从战略的角度对电子旅游业作了全面论述。

■ 沃瑟勒尔和克莱因（Werthner，H. and Klein，S.，1999）的《信息技术和旅游业：一种挑战关系》（*Information Technology and Tourism——A chal-*

lenging relationship, Springer, New York.），从技术和管理技术的角度，对电子旅游业作了全面论述。

■ 谢尔登（Sheldon, P., 1997）的《旅游业的信息技术》（*Information Technology for Tourism*, CAB, Oxford.），对旅游业中所使用的技术系统做了述评。

■ 普恩（Poon, A. 1993）的《旅游业、技术和竞争战略》（*Tourism, technology and competitive strategies*, CAB International, Oxford.），就新型旅游业做了战略性思考和展望。

■奥康纳（O' Connor, P., 1999）的《旅游业和饭店业中的电子信息分销系统》（*Electronic Information Distribution in Tourism & Hospitality*, CAB, Oxford.），本书关注因特网技术在旅游业和饭店业的新发展趋势。

网站推荐

技术发展方面

西门子信息与通讯技术网：www. siemens. convergence-advantage. com

Nua 统计数据网：www. nua. com

旅游导游

孤独的行星网：www. lonelyplanet. com

环游导览网网：www. travel. roughguides. com

电子化旅行社

度假交易网：www. bargainholidays. com

电子书店网：ebookers. com

探险网：expedia. com

最后时刻网：Lastminute. com

价格在线网：Priceline. com

托马斯·库克网：www. thomascook. com

城市旅游网：www. travelocity. com

航空公司

林古航空网：www. aerlingus. ie

法国航空网：www. airfrance. fr

澳大利亚航空网：www. aua. co. at

大不列颠航空网：www. ba. com

英国中陆航空网：www. iflybritishmidland. com

捷运航空网：www. easyjet. com
卢浮萨纳航空网：www. lufthansa. com
联合航空网：www. ual. com
未开发大西洋航空网：www. fly. virgin-atlantic. com

铁路

Deutshche Bahn AG：www. bahn. de/index_e. html
欧洲铁路网：www. go. raileurope. com

汽车租赁

Avis：www. avis. com
Eurodollar：www. eurodollar. co. uk/

游轮

Cunard Line：www. cunardline. com
Seabourne Cruise Line：www. seaborne. com
Stena Line：www. stenaline. co. uk

电子旅游运营商

Airtours：www. airtours. co. uk
Bridge Travel Services：www. bridgetravel. co. uk
Cosmos：www. cosmos-holidays. co. uk
Cresta：www. crestaholidays. co. uk
Crystal Holidays：www. crystalholidays. co. uk
Kuoni：www. kuoni. co. uk

酒店

希尔顿公司网：www. hilton. com
假日集团国际网：www. holiday-inn. com/
Hyatt Hotels & Resorts：www. hyatt. com
Inter-Continental：www. interconti. com/
Last minute rooms：www. LastRoom. com
Thistle Hotels：www. thistlehotels. com

旅游目的地

英国：www. visitbritain. com/
荷兰：www. Holland. com
新西兰：www. purenz. com

国际组织

世界旅游组织：www. world-tourism. org/

世界旅游与旅行理事会：www. wttc. org

关键词

竞争战略；计算机预订系统；中间商；电子商业；信息系统；战略信息系统；虚拟组织。

参考文献

Beekman, G. (2001) *Computer Confluence: Exploring tomorrow's technology*, 4th edn. Prentice Hall, New Jersey.

Buhalis, D. (1998) Strategic Use of Information Technologies in the Tourism Industry, *Tourism Management*, 19 (5), 409- 421.

Buhalis, D. (2000) Tourism and Information technologies: Past, Present and Future, *Tourism Recreation Research*, 25 (1), 41-58.

Buhalis, D. (2003) *eTourism: information technology for strategic tourism management.* Pearson (Financial Time/Prentice Hall), London.

Buhalis, D. and Laws, E. (2001) *Tourism Distribution Channels.* Continuum, London.

Go, F. (1992) The role of computerized reservation systems in the hospitality industry, *Tourism Management*, 13 (1), 22-26.

Inkpen, G. (1998) *Information technology for travel and tourism*, 2nd edn. Addison Wesley Longman, London.

Laudon, K. and Laudon, J. (2002) *Management Information Systems: Managing the digital firm*, 7th edn. Prentice Hall, New Jersey.

Marcussen, C. (1999a) *Internet Distribution of European Travel and Tourism Services.* Research Centre of Bornholm, Denmark.

Marcussen, C. (1999b) The effects of Internet distribution of travel and tourism services on the marketing mix: No-frills, fair fares and fare wars in the air, *Information Technology & Tourism*, Vol. 2 (3/4), 197-212.

O' Connor, P. (1999) *Electronic Information Distribution in Tourism & Hospitality.* CABI, Oxford.

Poon, A. (1993) *Tourism, technology and competitive strategies.* CAB International, Oxford.

Porter, M. (2001) Strategy and the Internet, *Harvard Business Review*, March, Vol. 103D, 63-78.

Puhretmair, F., Lang, P., Tjoa, A. M. and Wagner, R. (2001) The XML-KL Approach: XML-based integration of tourism and GIS data for HTML and WAP clients, in P. Sheldon, K. Wober and D. Fesenmaier (eds) *Information and Communication Technologies in Tourism*, 73-82. Springer, Vienna.

Sheldon, P. (1997) *Information Technologies for Tourism*, CABI, Oxford.

Turban, E., Lee, J., King, D. and Chung, H. (2002) *Electronic Commerce: A Managerial Perspective.* Prentice Hall, New Jersey.

Werthner, H. and Klein, S. (1999) *Information Technology and Tourism: A challenging relationship.* Springer-Verlag, Wien.

WTO (1999) *Marketing Tourism Destinations Online.* World Tourism Organization, Madrid.

WTO (2001) *eBusiness for Tourism: Practical guidelines for destinations and businesses.* World Tourism Organization, Madrid.

Zipf, A. and Malaka, R. (2001) Developing location based services for tourism: the service providers' view, in P., Sheldon, K. Wober and D. Fesenmaier (eds) *Information and Communication Technologies in Tourism*, 83-92, Springer, Vienna.

■ 第3篇

旅游业管理重点

■ 本篇考察了旅游管理人员所面对的一些现实问题。读者通过本篇的学习，将获得更多的有关旅游业变化的知识，如技术的变化，法律法规的发展，以及一般管理实践的变化，包括读者所关注的旅游业的影响等。

■ 本篇的目的，第一，概述现代旅游业所面对的关键因素，特别是有关旅游业的法律、经济、社会和环境影响问题；第二，继续对有关度假包价产品的主要组成部分，包括住宿、运输、旅游景区、包价产品的组织和销售等旅游部门进行考察；第三，对旅游业中特定活动管理的考察，包括体育旅游、文化旅游和发展中国家的旅游开发等；第四，在对旅游业未来发展相关预测基础上，对旅游业未来发展和本书提出的许多应考虑因素的分析。

■ 本篇包括了旅游业和法律，旅游景区管理，体育旅游管理，旅游业的经济效应，旅游业社会影响的管理，旅游业环境影响的管理，旅游住宿业、旅游经营商、旅行社，旅游运输业、发展中国家的大众旅游开发，文化遗产旅游管理，以及旅游业的未来发展等内容。

■ 案例研究主要包括：越南旅游研究、希腊萨莫斯岛旅游、北极旅游、托马斯·库克旅行商和我的旅行等。

第12章　旅游业与法律

卡伦·比尔（Karen Bill，沃塞斯特大学）
艾丽丝·佩帕（Alice Pepper，威尔士大学加蒂夫学院）

学习目的

学完本章后，读者应该能够：

- 定义和区别不同类型的旅游业务，在什么情况下以及如何卷入法律诉讼之中；
- 通过大量的、典型的旅游案例来讨论合同的原则和侵权行为；
- 思考一旦旅游业务面临诉讼时，可使用的防御方法；
- 培养对案件结果进行预测的法律研究技巧；
- 讨论可减少卷入诉讼纠纷的法律管理战略，明确纠纷产生时可用的备选方案；
- 重点了解一旦旅游业务卷入复杂的诉讼时，寻求法律咨询意见和可获得法律援助的渠道。

本章概述

本章概述了有关旅游业的一系列法律管理问题，重点讨论了有关旅游业务和客户关系的法律问题，因为对旅游业产生影响的大量的法律案件都由这一关系引发。通过本章的学习，读者可对合同法和侵权法的基本原则，以及对它们的应用有基本的了解。同时，本章将这些原则与旅游案例结合起来，对解决争端的方法也进行了探讨。

本章所引用的法律，为本书写作时，在英格兰和威尔士使用的现行法律，然而也有大量的相关法律来自于欧盟的条款，如1990一揽子旅行条款。为了使读者能够对英格兰、威尔士和欧盟的法律制度，以及它们的司法机关的架构和作用有所了解，请读者参考阅读指南部分的材料。

本章中大量地使用了解决问题的有价值的方法，同时还提供了学习技巧、案例分析和思考题，以便提高读者对法律案件的解读和分析能力。

本章还包含了一个尼古拉斯·格雷厄姆和琼斯律师事务所的报告（Nicholson Graham & Jones，案例 12.4），该律师事务所是英国旅游和休闲产业中的著名律师事务所之一，该案例讨论了旅游法律咨询的机制以及如何对旅游业务提供支持。

最后，读者不应该将本章的内容当成确定的法律意见，否则本书的作者、编辑和出版者不会为此承担任何责任。

导　言

尽管对旅游进行定义相对来说比较简单，但是要说明旅游与法律之间的关系就没那么容易。朗福斯（Lonnfors，2001）指出："……谈到旅行和旅游法，总体来说人们缺乏对它的意识，这是法律职业的惯性使然。"也许考恩（Cowan）起诉特雷瑟（Tresor）的案例（1990：2 CLMR 613）① 就是它们之间关系的最佳写照。该案例试图对旅游者进行定义，即一个人是否为旅游者，取决于其在旅行行程中得到服务的总体方式，这在旅行开始之际就已经被决定了。

然而最近 30 年以来，对旅游业务的诉讼达到了一个前所未有的水平。媒体对报道假日灾难性事件特别感兴趣，如以"航空运输问题"，"地狱般的假日之旅"，以及像"旅游投诉飙升"（Macefield，2003）等为标题做轰动性的报道，再加上像以"在国外陷于困境：你的权利"（Grant，2004b）为题目的学术文章等，使得消费者的权利意识得到空前的高涨。另外，根据英国旅行代理商协会 2000 年的统计，每年约有 5% 的包价旅游度假者在一定程度上对他们的假日生活不满。所有这些因素，就导致了旅行社、酒店和航空公司等要承担更大的责任和义务。

旅游业，不论是在大众旅游市场中从事包价旅游经营的大企业，还是乡村小旅馆，对其产生影响的许多法律原则都是相同的。典型的法律问题，对以下不同类型的旅游经营都产生影响：

- 大的旅游经营商（大众旅游）；
- 小的旅游经营商（弥补市场空白的细分市场）；
- 旅行社；
- 酒店；
- 旅游景点（如野生公园或者主题公园）；

① 该部分解释了本章末有关如何参考法庭判例的问题。

■ 篷车野营场或野营地、乡村度假地和户外探险中心等各种业务。

尽管不同国家间的法律各不相同，但是大多数国家的法律原则和法律后果都是相似的。以下就是一些具有共性的法律问题的事例。

■ 合同违约，如服务瑕疵、延迟、未能提供相关的设施或服务；

■ 通过例外条款来减少责任；

■ 对假日活动说明方面的缺陷：活动手册不准确、旅行社带有误导性的说明；

■ 由各种原因引起的假日活动的中断，如航班延误、飓风、动乱以及工程建设等；

■ 发生在宾馆中的盗窃案件；

■ 因残疾或种族而引起的服务提供方面的歧视行为；

■ 由于旅行供应商的疏忽，或者如危险的海洋条件、悬崖和野生动物等自然灾害等造成的人身伤害；

■ 因食物中毒、游泳池水的污染和传染病等引起的疾病。

旅游业管理者为了减少法律风险，在制定规则时应该考虑的基本法律原则将在下文论述。

法律原则

■合同与合同违约

合同就是对合同主体具有约束力的合意（Abbott，Pendleburry，Wardman，2002）。就效力而言，尽管有些合同（如信贷合同和土地买卖合同）必须以书面方式订立才能生效，但是多数合同无须以书面方式订立。

在一般情况下，合同是否存在是比较清楚的，但是当合同双方对是否存在具有法律约束力的合约产生争议时，法庭就要调查是否存在已被对方接受的，清楚、明确和确定的要约。合同的条款应当清楚明了，合同双方对合同的重要条款应当达成合意，同时合同双方应当给予对方一定的价值，这就是合同的“等价性”，金钱、货物、服务及承诺在将来提供货物或服务等，都应该是等价的。

■不公平的合同条款

旅游业务，通常都是在标准条款和条件下运作的。这些内容通常都出现在旅游手册的封底，或被印刷在向消费者提供的材料中，在起草这类合同时应该特别小心，因为它涉及到许多法律问题。

特别应引起注意的是合同内容应当清楚明了，对合同双方应当公平，因为根据《1999 消费合同显失公平合同条款条例》的规定，如果消费合同中含有对双方权利义务有失公平的条款时，该条款不受法律保护。根据欧盟委员会对实施《包价旅行条款的报告》（1999），数据库中有 6 673 份有失公平的合同，其中 273 份与旅游业有关。

很多旅游企业通过在标准合同中订立例外条款（即排出条款）来试图减少，甚至排出它们的合同责任。根据《1977 有失公平合同条款法案》，这些例外条款要么是无效的，要么就要考查其合理性。只有当合同的条款是公平的，并且在订立合同时，合理地考虑到对双方产生影响的所有相关情况时，这样的合同条款才是合理的。

试图排出过失责任的条款受《1977 有失公平合同条款法案》第二部分的管辖。第二部分的内容为：

因个人的过失造成他人伤亡时，不得引用合同的条款或者事先的告示来排出或者减少自己的责任。

除非合同的条款是合理的，否则因个人的过失给他人造成损失或者损害时，个人不得减少或者排出自己的责任。

就企业的经营场所而言，假如一个宾馆在其店内贴有含有下列内容的告示：

“本酒店对宾客在店内任何方式引致的伤害不负责任”

这一告示自然是无效的，因为张贴含有这样内容的告示有可能触犯刑法，它有可能给消费者造成误导，使其误以为剥夺了他们的合法权利。

排除或者限制其他过失责任的条款只有在合理的情况下才有效。例如，根据《1956 酒店业法案》，酒店可在其前厅张贴含有下列内容的告示来减少自己的责任：酒店对客人财产的损失赔偿责任为每单件 50 英镑或每一客人最多 100 英镑。告示应以书面形式张贴于店内，否则经营者就要对过夜客人的财产负责。合同的条款也可以是默示的，因此法庭可以认定即使有些内容没有明示，这样的条款依然存在，如与过夜客人订立的合同就应该包括向其提供床铺服务，这就是默示条款。

■合同违约

合同违约是旅游业中最为常见的诉讼事由，如果合同一方不能恰当履约或者完全违约的话，就产生了合同违约。

合同的本质是赋予合同的双方权利与义务，在一个包价度假合同中如果发生以下情况就视为合同违约：

■ 当消费者到达度假地之后，发现他所预订的酒店客满而被安排到其他酒店入住；

■ 消费者度假结束之后，在规定的期限内未能结账付费。

一旦发生合同违约，守约方有权要求损害赔偿，如果合同严重违约的话，守约方有权拒绝履行合同。合同违约的救济措施包括撤销合同（经双方同意撤销合同）和变更合同（根据合同的约定就实际发生的违约事实实施补救）。

违约救济

如果合同已得到恰当地履行的话，合同损害赔偿的目的就是使合同守约方处于其合同中规定的权利地位。最普遍的合同救济方式就是损害赔偿。

如果合同双方就违约问题事先订有违约金的，按照协定的“违约赔偿金额”进行救济，如旅行商可以在其旅行手册中写明，如果发生度假延迟的话，愿意向消费者支付赔偿金。

法庭在判决“尚未确定赔偿额”的索赔时，其适用范围包括经济损失、财产损失、人身伤害、扣押他人财物、失信以及合同未被恰当地履行。

损害赔偿的范围仅包括可以合理预见的损失、损害和伤害，有时还可将其称为“事先测试”。如果满足以下条件，损失、损害和伤害就被认为是可以合理预见的（换句话说就是并非太遥远而不可预见）：

■ 因合同违约而自然引起；

■ 在缔约时合同双方都能够考虑到的可能后果。

下面是在哈德里（Hadley）起诉巴克森德尔（Baxendale）案例中所使用的判决规则（1854）：

原告的磨粉机机轴坏了，必须送到格林尼治的制造商那里去更换。被告同意（有偿）将机轴运到格林尼治，但交付时延误了，给磨坊的生产带来了数日的损失，原告因遭受损失而索赔300英镑。法庭认为被告没有责任，理由是合同双方在订立合同时并不能预见到该损失，原告并没有向被告说明延误交付会导致停产，被告也无法知道原告没有备用机轴。

■因扣押他人财物、失信以及合同未被恰当的履行而导致的损失

这是度假合同违约案件中经常碰到的索赔，因为此类合同的主要目的通常是为了享受快乐，所以法庭的观点认为，一旦合同未能被恰当地履行，给享受快乐带来的损失显然是可以预料得到的。

在度假合同失信方面判决实质损害赔偿的最早案例之一，是贾维斯（Jarvis）起诉斯旺旅游公司（Swan Tours）的案例（1973，1 ALL ER 71）：

贾维斯先生在1969年预订了一个冬季假日旅行，该旅行是去瑞士度假两周，由斯旺旅游有限公司安排。旅行手册上描述到：度假期间在酒店中，将为住宿客人举行招待会，酒店里有阿尔卑斯风格的酒吧，提供英语服务，以及提供一系列不同种类的滑雪道，此外还有很多的社交活动，包括一个欢迎宴会、瑞士烛光晚餐、热制干酪宴会和岳得尔山歌（一种流行于瑞士和奥地利山区民间的民歌）之夜。手册上还说届时将有一位当地代表参加。贾维斯先生对他的这次度假倍感失望，滑雪场离酒店很远，滑雪板并不是随时都能租到；接待方不会讲英语，并且到第二周时只剩下他一个客人，所以举行招待会已经成为不可能的事了；酒吧设在附楼里并且一周只开放一个晚上，岳得尔山歌之夜更是一个彻底失败的活动。因此，贾维斯先生诉求合同违约赔偿，结果被判赔偿63.45英镑，这也就是本次度假所需的全部费用，以及包括因失信引致的损害赔偿125英镑。

需要注意的是如果索赔者并没有因合同违约而遭受损失的话，法庭将只判决名义损害赔偿，那就是说如果度假者的快乐享受并没有因临时变更而引致损失的话，就不会得到实质性的损害赔偿。

■与包价旅行相关的条例

在实践中，大量的旅游业合同违约的案件，都是顾客诉旅游企业的合同违约。在这些案件中，合同的权利和救济是依据《1992包价旅行、包价度假和包价旅游条例》。包价旅行条例的法律渊源，是《1990欧盟包价旅行、包价度假和包价旅游条款》，该条款要求欧盟的每个成员国都要实施一系列严格的规则来管理包价旅行业。其结果是，任何一个顾客只要从欧盟成员国的旅游组织者（旅游经营商）或旅游供应商（旅行社）处购买了包价产品，都能够依据该条

款得到至少最低标准的法律保护。因此，在欧洲开展业务的旅游管理者都应该至少具备这些条例或者该条款的基本知识。

当然，首先很重要的是要了解该条例是如何定义包价产品的。"包价"意为：如果产品以包含了一切费用在内的价格出售，产品的服务期间超过了24小时或产品包含过夜膳宿服务，并且至少还应组合了以下要素中两个以上的一种事先安排：

■ 交通；

■ 膳宿；

■ 除交通和膳宿服务以外的其他游客服务，并且该服务在包价产品中占有相当的比重。

旅游组织方，是无法通过分解服务项目或单独列项的方式将该度假产品排除在包价产品之外，同时，量身订制的包价产品依然受这些条例的管辖。其后果是，即使该包价产品是根据顾客的要求专门量身订制的，旅游组织方依然对包价产品中的所有成分负有法律责任。

包价旅行条例的涵盖范围宽泛，下文讨论了其中一些最为相关的问题。条例第4款是一个核心条款，内容如下：

> 任何组织方或者零售商均不得向顾客提供与包价产品有关的描述性事项，或者对合同的实施带有误导性质的其他条件。

顾客因受旅行手册的误导有权视其为合同违约，有权诉求损害赔偿（条例第6款）。同时，如果在旅行手册或者其他广告材料中提供了带有误导性质的信息，就有可能被认为触犯了刑法（条例第5款和《1968业务表述法案》）。

在游客出发之后如果有相当比重的约定服务未能提供的话，条例第14款中就包含了一些如何处理此类问题的重要规则。如果有此类情况出现，旅游经营商就应该：

■ 在不向顾客额外收费的条件下做出合适的备用安排；

■ 对已变更的服务和约定的服务提供补偿。

如果无法达成恰当的备用安排，或者如果消费者可以合理地拒绝这些安排的话，那么组织方就必须将消费者运送回原来出发的地方，或经消费者同意的其他地方。运输方式必须要与原来约定的内容相符。

合同法的一个重要原则就是守约方有义务减轻损失，换句话说，原告方无权就本可以避免的损失索赔，如享受包价度假的旅游者在旅游经营商发生合同违约的情况时，就应该立即主张其权利，以便给旅游经营商一个修正错误的公平机会。如果合法权利受损的度假者，未能及时向旅游经营商提出其遭受的损失，法庭就不会判决损害赔偿。如果消费者想要通过条例第 14 条的条款来维护自己的权益的话，这一点就非常重要，因为在某些情况下旅游经营商不一定能够意识到问题的存在。

条例第 15 款的规定是，旅游经营商要对不适当的合同履行向消费者负责，不论这是由旅游经营商还是由参与服务的其他供应商而引起。例如，如果当一个度假者到达旅游地之后，发现他要入住的宾馆已满员，那么他就可以以合同违约来起诉旅游经营商，即使该过失可能是由宾馆方而引起。

受条例第 15 款保护而引起的权利请求的情形，还包括建筑物的问题、航班延误、无法获得广告中所宣传的服务以及安全和卫生方面达不到要求等。

从法律管理的角度来看，这就意味着旅游经营商就应该和那些有能力向包价产品提供部分服务的供应商签约，只有这样才能保证合同的稳妥性，履行这样的合同才是旅游经营商抵消诸如此类损失的唯一途径。

哈尔蓬（Halpern）起诉索马克旅游公司（Somak Travel Limited）的案件(1997)，清楚地说明了条例 14 条和条例 15 条的影响。

哈尔蓬小姐和她的朋友，每人花 730 英镑向索马克旅游公司预订了一个到果阿度假 10 天的包价服务。当她们抵达后，她们在酒店的前厅等待了 3 个小时，此后她们又被告知酒店已客满，而被安排到另一家二星级酒店入住。当她们对此安排表示反对之后，又被建议安排到一小时车程之外的一家五星级酒店入住。同时作为补偿，她们可享受一顿免费的晚餐、50 英镑现金补偿和免费的电话服务。但是她们还需再等 3 个小时才有车将她们送往酒店，她们到达之后才发现她们根本不可能获得 50 英镑或者免费晚餐。次日早晨，安排来接她们的人又晚到了一个半小时，在返回原入住的酒店时，她们在一个没有空调的客货两用车里又等待了大约一个小时，以等待接待人员和经理讨论晚餐的费用问题。到达原入住的酒店之后，她们又一次被告知没有房间了。最后，在余下的度假期间，酒店给她们安排了一个很小的黑房间入住，在此期间她们感觉到酒店的员工都在嘲笑她们。

法庭判决原告每人因服务缩水获得 250 英镑的赔偿，另外每人因所遭受的痛苦和对方合同失信而获得 1 000 英镑的补偿金。被告为此付出的包括权益在内的赔偿总额为 2 754 英镑。

明哈斯（Minhas）起诉帝国旅游公司（Imperial Travel Ltd）是一个最近的案例（2003，2 CL 263），该案例表明了在条例第 4 条和条例第 15 条下，代理商和度假公司之间的关系。

明哈斯因旅行代理商帝国旅游公司提供了带有误导性质的信息，以及所提供的膳宿服务达不到标准而将其告上了法庭。该信息来源于一家旅游运营商S，该信息之所以具有误导性，首先是因为该信息所宣传的适合三人入住的单元房太小，根本住不下这么多人；其次，明哈斯被告知该套房子有一个屋顶游泳池，事实上游泳池位于400码之外的地方，需使用一条繁忙的主干道才能到达；再次，抽水马桶也有问题。

帝国旅游公司抗辩，他们只是代理商，所以他们不应该对虚假信息负法律责任。但根据条例第5条来看，他们是“零售商”，所以应负法律责任，根据条例第15款来看，他们是合同的另一方当事人，根据该条例他们也应负法律责任。

被判决的损害赔偿金为743英镑：其中因更换住所赔偿418英镑，25英镑为旅行费和电话费支出，300英镑是给其所带来的不便和痛苦的补偿金。

■合同违约的辩护

根据条例第15款，旅游经营商对顾客的损失负法律责任的范围广泛，所以对管理人员而言，明了其合同责任的界限就很重要。条例第15款对限制此类责任做出了一定的规定，其规定为：如果发生以下情况时，旅游经营商不负法律责任：

■ 履行合同失败是由于顾客的原因所造成；

■ 履行合同失败可归责于与合同无关的第三方，此第三方与提供合同服务无关，且此种失败是无法预料和不可避免的；

■ 履行合同失败是由于组织方无法控制的不同寻常的、无法预料的事件所导致，此种情况的发生即使给予了必要的提示义务还是不可避免的；

■ 履行合同失败是由于发生了这样的事件，对于该事件的发生，即使服务的组织方和供应商给予完全的提示义务，也是不可预见和不可能预防的（通常被称为“不可抗力”）。

尽管这些条例的规定都很严格，但并不是说一旦在度假过程中发生任何差错，都应该毫不例外地由旅游运营商来负责。

案例 12.1 斯科特起诉莱伊伯恩旅游有限公司（2001）

斯科特·詹林斯（Scott Jennings）年仅15岁，参加了由学校委托给莱伊伯恩旅游有限公司组织的意大利音乐之旅。在1998年7月，他和同学们来到威尼斯，在圣马可广场的梵蒂冈大教堂里参加了唱诗弥撒。唱诗弥撒结束之后，该旅游团登上了开往萨比奥尼角（Punta Sabbioni，此地距旅游团的住地不远）的 Vaparetto 游轮，开始了回程旅行。当斯科特下船时，Vaparetto 游轮突然移动了，所以他的腿就因被夹在船与码头之间而挤碎。他认为他的受伤是由于 Vaparetto 游轮的船长和全体船员的过失造成，同时，在游轮上的旅游活动是包价度假活动的一个组成部分，根据包价旅行条例第15款的规定，这就意味着莱伊伯恩旅游有限公司也要为此负法律责任。

法官承认该度假活动受包价旅行条例的管辖，因为它涉及到对交通和食宿等要素组合的事先安排。然而法官的判决认为在 Vaparetto 游轮上的行程并不符合1992包价旅行条例中“事先安排”的含义，因为在该行程中的活动既未向莱伊伯恩旅游有限公司预订，也未向该公司付费。旅游团在 Vaparetto 游轮上的旅游活动，是由他们自己在当地购票后进行的，当学校与莱伊伯恩旅游有限公司签订该音乐之旅时，该段旅程并不包括在所签订的合同中。所以法官认为该案并不适用1992包价旅行条例，其结果是对莱伊伯恩旅游有限公司的请求赔偿权利完全无效。

问题讨论

1. 讨论条例第15款与该案的相关性。

尽管该特定的权利请求未能实现，但是该案表明条例第15款有可能导致旅游经营商对顾客的损失负法律责任，其责任范围不仅包括未能提供相关的设施和服务，而且还包括人身伤害，甚至死亡。这些权利请求是基于旅游经营商对顾客负有提示的义务，因为他们之间具有合同关系，一旦违反了该提示义务的话，就有可能导致过失责任。

每年有大量的案件都是基于条例第15款的规定，就范围广泛的权利损害提出请求，尽管这些权利损害（如延误）没有人身伤害那么严重。霍恩（Hone）起诉走向皇宫旅游公司（2001，EWCA Civ 947）和布鲁顿（Brunton）起诉柯斯莫塞尔上市公司（2003，4 CL 43. B.）两个最近的案例，就清楚地说明了这一点，前一案件明确了包价旅游发生问题时旅游经营商应负的法律责任。

■过失侵权

侵权是一种对民事的侵权行为，正如其他的民事法律规定，索赔人（过去常被称为原告）负有举证责任。索赔人必须从整体上能够证明被告负有法律责任。为了能够证明被告方负有过失责任，索赔人必须能够证明以下事项：

- 被告没有对索赔人尽到提示义务；

- 违犯了提示义务（或没有尽到足够的提示义务）；
- 因违犯提示义务造成了损失、人身伤害和损害；
- 有理由相信对该损失、人身伤害和损害是可以预见的。

■对过失责任的辩护

即使在索赔人（原告）证明了如上事项之后，被告极有可能提出有效的辩护。对过失责任最常见的辩护是这样一句话：volenti non fit injuria，其意为对同意者不会构成损害。

莫里斯（Morris）起诉默里（Murray）的案件（1990，3 All ER 801），就说明了对同意者的辩护。

两个朋友在饮了很多酒之后，不顾恶劣的天气状况决定驾驶被告的轻型航空器去飞行，结果飞机坠毁了。但是，法庭认为该旅客无权对飞机驾驶员请求过失责任赔偿，因为他知道飞机驾驶员已喝醉，即他确定无疑地同意去冒受伤甚至死亡的危险。

如果“对同意者不会构成损害”的辩护理由不成立时，索赔者就可以成功的以共同过失进行辩护。在这种情况下，法庭就会将事件的部分过错或者其所带来的后果归责于索赔人，从而可相应的减少索赔人的赔偿金。

林肯郡法庭受理的格里格斯（Griggs）起诉奥林匹克度假公司（Olympic Holidays，1996）一案，就说明了旅游经营商是如何因第三人的过错所导致的人身伤害而负法律责任的。

格里格斯夫妇于1993年10月到塞浦路斯去度假，由于他们所住房间的护栏垮塌，格里格斯先生从20英尺高的阳台上摔落到街上，使他摔断了一只胳膊和一条腿。他在塞浦路斯的医院里住了6天才飞回家，然后在家乡的医院里又住了6周，直到4个月后他才可以回去上班。他在诉讼中完全获胜，得到了24 109英镑的赔偿。

格里格斯夫人对所遭受的精神压力请求损害赔偿。当时她抓住了她丈夫的手，但是不得以又松了手，否则她自己也将受牵引而坠下。她跑下楼来到了街道上，看见她丈夫躺在那里，原以为她丈夫已经摔死了。在她丈夫住院期间，基本上都是由她一个人来应对，因此落下了恐高症和高度焦虑症。法庭判决给她14 925英镑的补偿金。

并非所有的类似案件都能获胜，其中很重要的一点就是要知道法庭将根据具体情况来着手处理每一具体案件。如果死亡或者人身损害是由于自然危险

（如海洋）而引起的，法庭将不会判决让旅游经营商来负法律责任。

在此情况下，旅游经营商要履行合理的提示义务，对已知的危险要向消费者发出警告。例如，现在大多数航空公司都向乘客发出血栓警告，建议他们做一些力所能及的活动来降低其风险。

案例 12.2　丽莎起诉阳光世界有限公司（现为 jmc 假日公司），2003 EWHC591（QB）

丽莎·琼斯（Liza Jones）和约翰·琼斯（John Jones）于 1998 年 8 月结婚，他们通过阳光世界有限公司（现为 jmc 假日公司）乘飞机到马尔代夫 Fun 岛去度过为期两周的蜜月。可悲的是琼斯先生溺水身亡，丽莎·琼斯为此进行索赔。

琼斯夫人声称当时他们在距离岸边大约 50 码的泻湖地带散步，突然她感到他们似乎踩空了，从一个陡峭的台阶上掉下，海床落下后他们被卷入一个很深的洞中。她自己挣扎了出来，但她丈夫未能出来。

jmc 假日公司对琼斯夫人所述的其丈夫的死因提出质疑，因为泻湖中的水很清澈、水面平静、水也不深，虽然泻湖中有三个深水区，但它们的海水颜色更蓝，从岸上就可以清楚地分辨出来，那里也有告示牌警告游客不要试图游泳到周边的岛屿上去。

琼斯夫人声称该天然泳池是一个危险物，jmc 假日公司应履行其提示的义务，告知他们泳池的危险性。她论辩到在泻湖里的活动是 jmc 假日公司所提供的包价服务中的一部分，从该公司旅游手册的照片上可知，泻湖是该假日产品的一个核心景点。旅游手册上写到“一个狭长的岛屿天堂，附近还有两个无人居住的岛屿（落潮时可以抵达）”。对琼斯夫人而言，这给她留下的印象是到泻湖中漫步是安全的，而按照她的看法这种做法是非常不安全的。

琼斯夫人的诉讼请求是基于条例第 4 款和条例第 15 款，前者的内容为：如果旅游经营商在其手册中提供了具有误导性质的信息的话，一旦合同违约就要承担法律责任。在琼斯先生死亡之前的 10 年时间中，有 75 000 名游客在 Fun 岛上逗留过，从来都没有接到过有关泻湖危险方面的报告。jmc 假日公司的专家在做了实地考察后认为，依据他本人的意见泻湖以及泻湖中的泳池是没有危险性的。

菲尔德法官认定了如下的事实：就这一具体案件而言，泻湖是度假地的一个有机组成部分，为包价度假产品的一个组成部分。但是，他认为 jmc 假日公司没有义务像评估建造物的安全性那样去评估泻湖的安全性。因此，他做出的结论是该死亡是一个悲剧事件，琼斯夫人的权力请求被驳回。

问题讨论

---

2. 评论该案例，讨论 jmc 假日公司就琼斯夫人的索赔请求所做的辩护，并根据该案例情况，就旅游经营商如何改善他们的预订条件和宣传手册等有关问题，提出可采取的措施和建议。

■培养法律研究技能，预测简单案件的结果

为了帮助学生就此类案例写作内容周密、结构良好的分析文章，向他们推荐下列方法。学生们在还没有解释相关的法律理论之前不要匆忙做出结论或者试图适用法律。

■ 对事件进行全面分析，准确地找出对双方产生影响的法律问题；

■（简洁、准确和清楚地）说明与问题相关的法律原则和法律规则；

■ 恰当地引用法律原则的渊源，最好是能够引用恰当的法律条文或者判例；

■ 通过法律适用来预测可能的结果；

■ 评价法律后果，讨论随之产生的管理问题，然后再下结论；

■ 牢记：问题、规则、适用和结论。

■有关歧视的法律

现代旅游业为广泛的社会各界人士提供服务，这就需要采取措施避免基于性别、婚姻状况、种族、肤色、民族出身、残障或者性取向等方面的任何形式的非法歧视。如果不谨慎管理，此种非法歧视就极有可能在工作场所或者提供服务时发生，因为你不能指望员工在缺乏恰当的指导和培训的情况下就能够“正确的做事”。

■残障歧视

目前残障问题是旅游业中的一个非常重要的话题，职业道德的要求，使业界中部分人士非常愿意尽可能地让广泛的社会各界人士都能够参与旅游体验，但是这样的理想状态在商业环境中是很难实现的，因为任何产业在激烈的市场竞争中赚取利润，都必然面临着严峻的压力。然而，残障游客在旅游市场中占有相当的比重，这就要求具有商业意识和法律意识的人士关注他们的需求。

《1995 残障歧视法案》（The Disability Discrimination Act，［DDA］1995）指出：

“规定在就业、提供商品、设施和服务、日常对待以及对经营场所的管理等方面不得歧视残障人士；规定在他们的就业方面提供方便……”

法案序言

该法案第一节中对残障的定义为：

“一种身体或者心智上的损伤，这种损伤对进行正常的日常活动的能力有着严重的和长期的影响。”

这种损伤必须（或者有可能）至少持续 12 个月的时间才可以被认定为残障，否则一个摔断了腿的健康人通常不是该法案所称的残障人，因为大多数肢体骨折在数周或者数月内就会痊愈。

很多有关残障的案件都败诉了，因为索赔人无法证明他们就是该法案所称的残障人。《1995 残障歧视法案》中的一些重要条款如下：

■ 在工作场所中（不论是作为求职者还是雇员）对残障人士的歧视是非法的；

■ 为了给残障雇员提供方便，雇主有义务做出合理的调整；

■ 授予就业仲裁部门对受害人进行补偿的权力；

■ 在提供商品、设施和服务的过程中歧视残障人士是非法的；

■ 为了使残障人士能够获得所提供的服务，服务供应商有义务做出合理的调整。

《1995 残障歧视法案》的第三部分于 2004 年 10 月开始实施，该部分特别就残障人如何更容易地获得所提供的设施和服务，要求服务供应商做出一系列的调整。

残障人权利委员会取代了原国家残障人理事会，于 2000 年开始工作，其职责是促进残障人士的权利。很多人认为这是一个正确的措施，因为与原来的理事会相比，该委员会有更大的权力，它的地位类似于机遇公平委员会和种族平等委员会。

■法律管理战略

一旦发生事故，旅游企业就需要对各种各样的利益相关者所提出的问题做出详细回答。要做到这一点，它们就必须正确地制定和执行有关员工和客户健康和安全的策略和操作规程，学校等类似机构亦是如此，因为多年来在这些机构中发生了多起关系到年轻人的悲剧事件。

案例 12.3　正在度假的史密斯家庭（虚构的故事）

史密斯一家，包括史密斯夫妇和他们的女儿艾米莉（Emily，7 岁）和苏珊（Susan，9 岁），通过伦敦的一家旅行社订购了到西班牙的为期两周的度假旅游。旅行社向他们提供了大量的来自于其他旅游经营商的宣传手册。因为史密斯夫人残疾需要坐轮椅，史密斯夫妇花费了很长的时间来考虑这些可供选择的不同的度假产品。最后他们根据“快乐旅游（Happitours）”的宣传手册，选定了一家四星级的酒店，因为这家酒店可向家庭旅游者提供良好的设施，其一楼的房间做过专门的调整，适合轮椅使用者入住。在订购时，他们特意交代旅行社去预订这种专用房间，旅行社还同意向航空公司说明史密斯一家的特殊需求。

根据资料，该酒店的环境幽雅，带有游泳池、茂密的花园和孩子假日俱乐部，每半小时有一趟往返于当地海滩的免费接送客人的微型车服务。

从很多方面来看，史密斯一家对这次度假感到非常失望。首先，他们到达酒店后被安排到四楼的房间入住，他们去房间很困难。酒店经理道歉说旅行社没有通知她史密斯夫人残疾这一情况。（旅行社于是出示了一封传真，表明在向酒店预订时曾要求提供专门房间）。酒店经理后来确实更改了对他们的入住安排，给他们安排了一套一楼的房间，但是对史密斯夫人而言，这套房间并不如那种专用房间使用起来方便。现在她对来自于丈夫和孩子的帮助需求更多，否则情况就不是这样，结果使得他们全家人都感到本次度假并不那么轻松。

更让他们失望的是在他们为期两周的度假中，该酒店的游泳池因维修关闭了 6 天。在此期间他们只好乘坐酒店的免费接客车去海滩游玩。尽管微型车没有为轮椅使用者的乘坐做过任何专门的调整，但该驾驶员乐于助人，因此他们还能应付，这一点确实在一定程度上补偿了他们对缺少游泳池服务的失望。

问题讨论

3. 根据以上材料，就史密斯一家可享受的权利向他们提出建议。

学校组织的旅行

保罗·埃利斯（Paul Ellis）是一名学校老师，于 2003 年 9 月 23 日被判过失杀人罪给人们敲响了警钟，那就是在组织学生进行旅游之前，合理的安全保障制度一定要落实到位。

该判决缘于在学校组织的一次到大湖区的旅游中，一名 10 岁的名为马克斯·帕尔默（Max Palmer）的学生死亡。法官对保罗·埃利斯的判决词中写道：在一场大雨之后，他允许马克斯跳入山中的池塘，这是“难以置信的愚勇和过失行为”。

在 2003 年底，教育与科学部出台名为“地方教育主管部门对教育旅游的监管标准”的指导性文件。该文件向地方教育主管部门推荐了一个问题清单，学校应该根据这个问题清单去征询合同方（比如旅游经营商）对安全管理的措施，然后根据其反馈查漏补缺。再者，老师应该从服务提供商那里得到风险已经经过评估的保证，从外部独立的评估检查机构处获得详情也是一种很好的做法。例如英国专门为 18 岁以下的青少年设计的户外休闲组织，应符合《1995 活动中心（青少年安全法案）》的要求。该法案的要旨在总体上来要求，向青年人“提供探险活动设施的经营者”应首先获得执照，因此在可能的情况下，老师应该查看他们营业执照的副本，这是很重要的。

《1974 工作中的健康和安全法案》规定：雇员 5 人以上的雇主必须要制定书面的健康和安全措施，以及书面的风险评估报告；即使雇员少于 5 人，制定书面的规章制度并定期检查也是很好的做法。好的规章制度应能够保障合理的最高程度的安全标准。尽管对海外度假组织来说，当他们向消费者提供服务和设施的过程中，配备安全管理制度并不是一个强制性的要求，但是制定这样的制度仍然是很好的做法，并且一旦遭遇重大过失责任的指控时它就成为很好的辩护理由。这就意味着在：

■ 在可能的情况下，确保旅游的组成要素符合当地国家和/或国际标准，并保存记录；

■ 在英国和海外旅游中，积极培育安全意识、进行持续评估和改进；

■ 确保向员工提供的培训，能够使他们有能力提出准确的建议并使他们能够履行职责；

■ 确保所有的管理人员和员工得到培训，在遇到紧急情况时能够迅速高效地做出反应；

■ 监控安全标准，就安全隐患向公司的管理层汇报以引起他们立即注意。

然而预防工作并非永远都能奏效，从其本质来看旅游业是一个诉讼风险高出平均水平的行业，所以旅游企业特别是旅游经营商就需要具有一些争端方面的基本知识和专业知识。

小企业的管理人员，需要有能力判断在什么情况下需要从外部获得法律帮助；大型旅游企业通常都在其内部设有法律事务部，但是即使这样，他们有时依然需要专业人士的帮助。

■争端解决

尽管在管理方面已经做出了最大努力，但是旅游企业无论规模大小都会时不时地卷入法律诉讼之中。《包价旅游条例》的要旨特点，决定了所有的旅游经营企业都会不断地面临小额索赔，其他类型的企业有可能碰到的麻烦相对要少一些，但是仍然需要制定处理争端的规则。

解决法律争端的方法很多，即无行动、谈判、调解、仲裁和诉讼等，这些方法都具有各自的优缺点，要根据每一争端的实际情况进行取舍。

无行动

这种方法在有些情况下是较好的选择。例如，如果债务人已破产或者无钱支付债务，就不值得去继续追债。无行动方法的优点是它不会带来任何麻烦。其显而易见的缺点，是索赔人没有为追债进行任何行动，因而通常也就会一无所获。

可能的被告在收到书面的正式索赔之前无需采取任何行动，然而一旦收到正式的投诉之后，旅游企业应该从即时起对投诉做出回应，因为如果被告对投诉完全置之不理以致启动了法律程序的话，就有可能导致法庭判决被告赔偿本可以避免的费用。

谈判

通常旅游经营商都制定有这样的政策，即为了保护企业商誉或为了避免大额的正当索赔，它们都愿意向对服务不满的度假者在当地或返回之后的适当时候给予适当的补偿，如果可通过谈判解决争端的话，双方都应当同意争端已被完全彻底地解决，以后不得再次追究。

谈判的主要优点，是它可以避免既耗时又费钱的法庭诉讼；缺点是索赔者的合法权利可能得不到完全补偿。同时，缺乏谈判技巧的话有可能导致事态恶化。

问题讨论

4. 思考谈判的优缺点，思考谈判者可用的各种谈判技巧。

调解（又被称为和解）

调解方法，是通过中立的第三方来解决争端。通常，调解人（即调和人）并没有解决争端的权力，对单纯的债务纠纷而言调解的方法也不适合，因为还需要给调解人付报酬，使调解变得相对昂贵，同时还不能保证争端最后得到解决。另外，如果确实欠债的话，那本来就没有什么好调解的。

像 ABTA 等众多的旅游企业，都建立有一套就顾客对其成员企业投诉的听证机制，根据这一机制他们决定如何通过调解的方式使争议双方和解。在此阶段，ABTA 将根据它们自己的行为准则而不是法律来处理投诉问题。

皇家特许仲裁机构与 ABTA 合作建立了一套可控制成本的调解方案，用来解决旅游业中存在的人身伤害和恶意行为等方面的争端。如果调解程序失败，消费者还可选择通过皇家特许仲裁机构进行仲裁，而无需采取法庭诉讼。

仲裁

仲裁与调解有很多的共同点，因为仲裁也是非正式的、需要当事双方的同意。然而仲裁员有与法官一样的解决争端的权力，仲裁员的裁决对当事双方有约束力。法庭一般不会干涉仲裁裁决的，除非有证据表明仲裁员在做出裁决时严重违法。

就旅游业而言，小额索赔通常都是通过使用像 ABTA 和独立旅游经营商协会（AITO）等提供的独立的仲裁服务来解决，这些仲裁方案适合解决简单明了的度假方面的索赔，因为其与职责行为有关，但不适用于解决人身伤害方面的索赔。

其他产业部门将仲裁看成诉讼的备用方案，例如，如果你对保险公司处理度假保险索赔的方式不满，你就可将此事提交给金融特派员。

对消费者而言，仲裁是一个很好的选择，因为与诉讼相比它具有迅速、廉价和不正式的特点，它的裁决明确肯定，并可被强制实施。仲裁的缺点，是因为缺乏听证环节，与诉讼相比其裁决可能有失公平。对消费者而言，仲裁的另一个潜在缺点是多数仲裁程序所要求的仲裁时效较短，通常为 9 个月。而法庭对合同违约索赔的诉讼时效为 6 年。

诉讼

新的民事诉讼程序规则于 1999 年 4 月起实施，该规则是所谓的“伍尔夫改革（Woolf Reforms）”的结果。制定该规则的目的，是为了杜绝民事审判制度中存在的一些问题，特别是案件延误和受理费方面的问题。法庭的态度，是要争议双方明白诉讼是备用方案失败或者备用方案不可行之后的最后救济途径。

人们害怕诉讼的原因之一，是诉讼成本昂贵。民事案件的一般规则是，败诉一方要承担全部诉讼费用，该费用包括法庭受理费、败诉方的法律费用和胜诉方的法律费用。但是对小额索赔的规则则有所不同。

■小额索赔

5 000 英镑以下的合同违约索赔，在郡一级法院通常被看成是“小额索赔”，此时的基本规则是当事方各自承担自己的费用。如果索赔方获胜，他就可以索回法庭受理费、最高 200 英镑的专家报告费、50 英镑出席法庭听证的误工费。因为在小额索赔案件中，法庭对律师费（通常为诉讼中最大的开支）不做判决，旅游企业就要么只能自己本身有必要的专业知识进行自我辩护，要么只好花钱请别人代劳。因为聘请律师辩护的费用极有可能超过所索赔的总额，所以大的旅游企业通常都在其内部培养专门人才，或在不能自行解决的情况下，通过使用邮寄仲裁方案的方式来避免进行耗费时间的小额索赔诉讼。

问题讨论

琼斯夫妇是一对老夫妻，对他们所入住的酒店中的噪音不满，他们来到前台对他们称之为深夜“游手好闲之徒的行为”进行投诉，并说他们要采取法律行为。

5. 讨论解决这一争端的办法，探讨以后避免此类问题的管理策略。

超过 5 000 英镑的索赔，属于启用“快速”程序或者“多轨”程序的案件，对于此类案件通常建议应使用职业法律咨询意见，当然也允许“起诉人”自己独自诉讼。超过 1 000 英镑的人身伤害索赔不属于小额索赔，因此也建议使用职业法律咨询意见和法律代表来代理。

索赔金额达到 100 000 英镑的索赔现在可通过“MCOL”程序进行，“MCOL”是“货币关联索赔（Money Claims On-line）”的缩略语。该程序适合在无法预期只有一位索赔对象时的债权追回。“MCOL”程序不适合用于复杂的索赔，因为该制度不允许索赔细目超过 1 080 个印刷符号。“MCOL”程序只适用于对英格兰和威尔士的被告人进行索赔，并且在一个案件中被告人不得超过两人。

诉讼的优点，是它将问题解决的彻底，并且结果公平确定，具有可执行性。其缺点是昂贵、费时、有压力，还有可能因宣传带来负面影响，败诉的风险也较大，使争端解决备用方案使用失败的一方有可能被法庭判付罚金。

如果诉讼不能通过以仲裁的方式解决，或者诉讼在郡法院被认为不属于小额索赔的案件的话，旅游企业就需要专业的法律服务和诉讼代表。大型旅游企业可能雇佣得起专业的法律人员来管理专门的法律事务，但是大多数小型旅游企业就需要寻求独立律师事务所的法律服务了。

案例 12.4　伦敦尼古拉斯·格雷厄姆和琼斯律师事务所

在旅游休闲产业界，尼古拉斯·格雷厄姆和琼斯（NGJ）律师事务所被认为是英国的顶级律师事务所之一。该事务所的旅游休闲部成立于 1991 年，其部主任辛西亚·巴伯（Cynthia Barbor）于 1993 年入伙。《游客凭证》（Travellers' Checks）自 1993 年发行至今，是一本提供非常有用的旅游休闲法律知识的出版物。该出版物可在该律师事务所的网站上看到，网址是 www. ngj. co. uk。

作为一家在旅游休闲市场领域中的顶级律师事务所，NGJ 为 100 多家旅游经营商做代理，在这个蒸蒸日上的产业中与众多的公司结盟。它们的客户有旅游度假产业界中的一些最知名的企业，包括一些顶级的旅游经营企业如库奥里旅游有限公司、托马斯·库克旅游有限公司、匹尔酒店集团、牙买加航空公司、度假汽车租赁公司、细分市场度假公司（专门的市场度假公司）中的阿伯克诺比和肯特公司、旅游业协会（如 ABTA 协会、旅客运输协会、旅游经营商协会等）。近年来，在承担一些高端的国际任务及代理约 600 件顾客索赔案件中，这个从事旅游休闲业务的律师团队已经走在业界的前列，他们还成功地代理了 ABTA 关于普通保险标准理事会起诉公平贸易办公室一案。

尼古拉斯·格雷厄姆和琼斯律师事务所为了满足顾客需求，还设有一站式服务，这些服务包括公司设立问题、向企业提供符合《特许航空旅行企业法》（CAA）规定的，关于销售包含航空服务的包价产品方面的法律问题（因为英国的旅游企业比其他国家受到更多的法律调控）、起草合同、劳动雇佣法等。

同时还提供有关企业经营方面的法律服务，如与供应商的合同纠纷问题，有关顾客和公共责任的承保人方面的法律问题，新增投资以及可供选择的投资市场（AIM）服务以及数据保护和网站等方面的法律问题等。尽管他们提供全方位的法律服务，但他们实际开展业务的范围主要涉及健康和安全问题、涉及“应履行的提示义务”方面的诉讼、有关降低风险、提高服务质量方面的风险评估制度及战略等。

注：本部分的内容是作者自己的观点，并不代表尼古拉斯·格雷厄姆和琼斯律师事务所的观点，亦不是法律咨询意见，仅用来说明提及的相关问题。

资料来源：作者对旅游休闲部主任辛西亚·巴伯的采访，用来说明旅游企业可从那里获得法律服务和法律管理战略。

问题讨论

6. 为了有助于旅游业中的管理人员，判断在特定的情况下是否需要寻求专业的法律服务，请开发一套可资参考的标准或流程图。

结　论

毫无疑问，在未来的旅游业中依然存在着很多的障碍，因为旅游业受经济萧条的影响、不断加剧的竞争和战争的威胁，这些因素都有可能给消费者带来扫兴、失望甚至中断旅游，进而产生法律责任问题。正如本章所示，法律管理条例制度在不断地增加，其中以《1992 包价旅行条例》和《1995 残障歧视法案》两部法律为典型，再加上对顾客权益保护的不断加强，这都要求旅游供应商承担越来越多的责任。

这就容易导致一种“否认条款”文化现象的盛行，为了降低或避免风险，有必要将内部“法律责任审计”（Miller, 2003）作为预防措施向企业推荐。本章特别考查了有关如何降低卷入诉讼案件的法律管理战略，说明了有关学校旅游、“应承担的提示义务”、风险评估和战略等有关健康和安全方面的程序。本章还审查了面对诉讼时可采用的不同机制。

尽管旅游记者们可能感到有关旅游业的法律已经非常健全，但是仍然不能有任何的骄傲自满，因为在有些方面显然还存在着法律空白。例如，格那姆（Gram，2004b）的报告指出，如果机票是直接从航空公司购买而不是以包价产品的一部分来购买时，有必要扩大对顾客的保护范围。以前的判例（如 Gerona 的判决）意味着企业在以后要承担更大的责任，这些判例在以后将会得到实际的应用，它们对处理航空事故具有启发意义（Rees，2004）。最后，就对旅游企业的影响而言不应该低估欧洲立法的作用，如《1999 蒙特利尔公约》在英国的实行。本章讨论了欧盟条款并认为对那些在欧洲从事旅游业务的管理人员来说，随时掌握新颁布的其他条款是非常重要的。

法律研究：判例的引用

在英格兰有效的法律以以下的方式设立：

- 欧盟法；
- 判例；
- 成文法；
- 政府条例和规章。

■判例汇编：判例法

判例汇编的种类繁多，判例也经常被编入不止一册的汇编之中。判例以其名字命名，比如贾维斯（Jarvis）起诉斯旺旅游公司案。以下是其中一些主要的判例汇编和其所使用的缩略语：

全英格兰法律判例汇编（All England Law Reports） (All ER)
上诉判例（Appeal Cases） (AC)
王座法庭（King's Bench Division） (KB)
Panastadia 国际季刊（Panastadia International Quarterly Report） (PIQR)
英国高等法院（Queen's Bench Division） (QB)
每周法律汇编（Weekly Law Reports） (WLR)
英格兰和威尔士高等法院（行政法院）(England and Wales High Court) (EWHC)
(Administrative Court)

■如何正确引用判例

判例是用诉讼双方的名称来引述的。另外，一个判例可能有数个版本，此时判例后面就有数字和字母编号用以表明该判例的出版地。判例含有 5 个组成部分：

1. 诉讼双方的名称（用斜体字表示）；
2. 日期——判例汇编的年份；
3. 判例汇编的卷宗编号；
4. 判例汇编的分类缩写①；
5. 判例所在的页码。

以下是对一个判例进行引用的例子：

1	2	3	4	5
Jarvis v. Swan Tours	(1973)	1	All ER	71

该判例可在《1973 年全英格兰法律判例汇编》的第 1 册第 71 页中找到。

阅读指导

为了帮助没有法律知识的学生，了解构成英国法律制度的主要法律机构、惯例和原则，埃里奥特和奎因（Elliot，Quinn，2004），斯莱帕和凯利（Slap-

① 法律汇编标题首字母缩略语可从出版社处获得，比如有：现行法律判例汇编（Current Law Case Citator），法律期刊索引（Legal Journals Index）

per, Kelly, 2004）的著作是很有用的。英国国会的网站（www. parliment. uk/index. cfm）对英国国会的历史和程序有简要的介绍，同时介绍了法律是如何制定的。关于欧盟的机构以及欧盟法律的制定程序，克莱格和迪伯尔卡（Craig, de Burca, 2002）的著作是一部非常全面和具有一定难度的书，书中包括文本评论、判例摘录和其他的学术文献，而道格拉斯·斯科特（Douglas Scott, 2002）的著作是一本更好的基础读物。当然还有为数众多的有关欧盟法律的官方或非官方的网站。欧罗巴（Europa）是欧盟的门户网站（europa. eu. int/），它提供了有关欧盟事务的最新消息和欧盟一体化的必要信息。

考夫曼和马克唐纳（Koffman, Macdonald, 2001）的著作是一部有关合同法的普通读本，另外阿博特、彭德利贝里和沃德曼（Abbott, Pendlebury, Wardman, 2002）等作者的著作对合同法和商法的一般问题做了全面的介绍。埃里奥特和奎因（Elliot, Quinn, 2005）的著作提供了这一法律领域中的最新进展，在方法上是以学生为导向的。要更多地了解有关合同缔约的问题可阅读亚当斯（Adams, 2004）的著作。《今日消费者保护法》（Consumer Law Today, 2002）上的一篇文章，就度假公司制定的不公平合同条款，以及对消费者更公平的交易问题做了评论。大卫·格兰特（David Grant, 2004 a）发表在《新颁法律期刊》（New Law Journal）上的题为"度假中的不公平条款"一文，讨论了有关公平交易办公室（OFT）对包价度假合同中存在的不公平合同条款如何进行指导的问题。

若要详细了解《1956 酒店经营者法案》的话，帕内特、贝尔纳（Pannett, Boella, 1999）等作者的著作是一部专门关于酒店接待中的法律问题的书。

对那些想要了解更多的有关包价旅游条例法律的读者，建议去进一步阅读唐斯和佩顿（Downes, Paton, 2003）的著作，该书对英国的有关旅行、旅游方面的法律做了详尽的分析。另外，该条例的完整文本以及对其的注解，还可登录网址 www. hmso. gov. uk 去查阅。另外一部可供阅读的书籍是格兰特和梅森（Grant, Mason, 1995）所著的《度假法》。

与包价旅游条例有关的判例不胜枚举，并且根据这些判例所写文章的数量还在不断地增长。例如，米德（Mead, 2002）著文讨论了协调欧盟立法对在国外度假者受到人身伤害的影响，马丁（Martin, 2002）的文章简要地讨论了度假索赔的法律责任，杰弗里·戈（Jeffrey Goh, 2002）研究了包价度假产品的组成成分。

有关过失问题方面的法律本身是一个庞大的研究领域，就此展开研究的优秀图书也很多。推荐深入阅读库克的作品（Cooke, 1997），而迪尔（Deal, 2003）发表在《新颁法律期刊》的名为"综述（All Inclusive）"的文章，对旅游经营商在有关安全评估方面的法律义务范围做了述评，同时还考查了琼斯诉阳光世界有限公司（*Jones v. Sunworld Ltd*）一案的法律意义。

有关残障歧视法律的信息和讨论，可登录残障人权利委员会的网站（www. drc-gb. org）查阅，而塔克达和卡德（Takeda，Card，2002）所著的，关于美国旅游企业向残障旅客提供服务的研究，则关注在向有行走困难的旅游者提供包价旅游产品时所遇到的问题，该研究亦可折射出英国在此问题上存在着类似情况。

有关 ADR 的信息，特别是有关调解的信息，可登录网站 www. arbitrators. org. uk.，这是皇家特许仲裁机构与 ABTA 合作而设立的关于调解制度的网站，其目的是有助于解决旅游业中存在的人身伤害和恶意问题所引起的争端。有关 ABTA 仲裁制度的详情，还可以登录网站 www. abta. com/benefits. html#arbitration，而詹森·芒罗（Jason Munro）的题为“仲裁程序述评：对未知的恐惧”一文，发表于《国际旅游法期刊》（International Travel Law Journal 9（4）2002）上。迈克尔森（Michaelson，2003）发表于《新颁法律期刊》上的题为“The A—Z of ADR”的系列文章，对 ADR 研究提供了指南。

可供在旅游休闲产业界从业的律师参阅的期刊，有《国际旅游法期刊》（诺森伯兰大学旅游法中心出版），《新颁法律期刊和旅客凭证》（尼古拉斯·格雷厄姆和琼斯律师事务所出版）。

网站推荐

有关酒店接待、休闲、体育和旅游的因特网资源指南：www. altis. ac. uk/index. html

独立旅游经营商协会：www. aito. co. uk

非洲旅行与旅游协会：www. atta. co. uk/

英国广播公司残障度假旅行者：www. bbc. co. uk/holiday/disabled_traveller/index. shtml

皇家特许仲裁机构：www. arbitrators. org. uk

残障人权利委员会：www. drc-gb. org

欧盟门户网站：europa. eu. int/，全文检索有关欧盟历史和现状的资料有关欧盟的关键资料还可登录 eurotext. ulst. ac. uk：8017/

金融特派员服务：www. financial-ombudsman. org. uk

Field Fisher Waterhouse 专家旅行网：www. ffwtravellaw. com/

旅游经营商联盟（FTO）：www. fto. co. uk

假日旅行监视：包价度假压力团体：www. holdaytravelwatch. com/htw/welcome. htm

旅行与旅游倡导者国际论坛（IFTTA）：dbs. tay. ac. uk/iftta/

包价旅行条例：www. hmso. gov. uk

诺森伯兰大学旅游法中心：tlc. northumbria. ac. uk/

国际律师协会：旅行、旅游和酒店法法律委员会：

www. ibanet. org/general/CommHome. asp? section = SBL&Committee = SBL - Y

英国国会：www. pariliament. uk/index. cfm

有关欧盟政策和条例的有用网站：www. bileta. ac. uk/01papers/lonnfors. html

世界旅游组织（旅游立法数据库 - LEXTOUR）：www. world-tourism. org/doc/E/lextour. htm

关键词

判例；阶层诉讼；合同；歧视；应承担的提示义务；例外条款；不可抗力；起诉；调解；过失责任；谈判；成文法；政府条例规章；侵权。

参考文献

Abbott, K., Pendlebury, N. and Wardman, K. (2002) *Business Law*, 7th edn. Continuum, London.

Adams, A. (2004) *Law for Business Students*. Pearson, Harlow.

Consumer Law Today (2002) Holiday Firms change unfair terms, vol. 25, part 12, December, 6.

Cooke, ? (1997) Details Wanted.

Cooke, J. (2003) *Law of Tort*, 6th edn. Pearson. Harlow.

Craig, P. and de Burca, G. (2002) *EU Law-Text and Materials*, 3rd edn. Oxford University Press, Oxford.

Deal, K. (2003) All Inclusive, *New Law Journal*, 6 June.

Douglas-Scott, ? (2002) Details Wanted.

Downes, J. and Paton, T. (2003) *Travel and Tourism Law in the UK*, 3rd edn. ELM Publications, Huntingdon.

Elliott, C. and Quinn, F. (2004) *English Legal System.* Pearson, Harlow.

Elliott, C. and Quinn, F. (2005) *Contract Law*, 5th edn. Pearson, Harlow.

Goh, J. (2002) *New Law Journal*, vol. 152, No. 7047, 13 September, 1338-1339.

Grant, D. (2004a) Unfair terms sent on vacation, *New Law Journal*, 2 April 2004, 486-487.

Grant, D. (2004b) Stranded Abroad: your rights, *New Law Journal*, 14 May 2004, 722-723.

Grant, D. and Mason, S. (1995) *Holiday Law.* Sweet & Maxwell, London.

Koffman, L. and Macdonald, E (2001) *The Law of Contract*, 4th edn. Tolley, Surrey.

Lonnfors, M. (2001) 16th BILETA Annual Conference, University of Edinburgh, Scotland, 9-10 April.

Macefield, S. (2003) Holiday claims set to soar. Travel companies braced for more lawsuits after £ 25 000 award. *Daily Telegraph*, 21 June, 5.

Martin, G. (2002) *Law Society Gazette*, 99 (20), 16 May, 35.

Mead, P. (2002) *Journal of Personal Injury Litigation*, 2, 119-123.

Michaelson, J. (2003) The A-Z of ADR-pt 1, *New Law Journal*, 24 January 2003.

Miller, J. (2003) Limiting Liability (Travel Law), *Travel Agent*, 10 February 2003, v311 i6, 21 (1).

Pannett, A., Boella, M. and Pannett, M. (1999) *Principles of Hospitality Law.* Cassell, London.

Rees, J. (2004) The Sky's the limit? *New Law Journal*, 16 January 2004, 62-63.

Slapper, G. and Kelly, D (2004) *The English Legal System*, 7th edn. Cavendish Publishing, London.

Takeda, K. and Card, J. (2002) U.S. Tour Operators and Travel Agencies: barriers encountered when providing package tours to people who have difficulty walking, *Journal of Travel & Tourism Marketing*, vol. 12, part 1, 47-61.

Westlaw UK (2004) various case citations, Sweet & Maxwell, London. http: west. thomson. com/store/product. asp? product%5Fid = Westlaw&catalog%5Fname = wgstore.

第13章 旅游景区管理

彼德·D. 杜赫斯特（Peter D. Dewhurst，沃弗尔汉普敦大学）
海伦·杜赫斯特（Helen Dewhurst，沃弗尔汉普敦大学）

学习目的

学完本章后，读者应该能够：

- 对旅游景区做出准确定义及分类；
- 分析并概述本行业范围内旅游景区管理人员所面临的问题；
- 阐述有效解决上述行业问题的战略性和战术性管理方法。

本章概述

本章首先简要地阐明了旅游景区的重要性，对旅游景区的定义和主要类型作了探讨。接着提出了旅游景区管理人员所面临的主要问题，并结合供求模式转变这一问题进行了重点讨论，然后针对以上问题，考察了旅游景区经营者所采用的不同战略管理方法和经营水平，其内容涉及产品开发及多样化，营销和促销，以及游客管理、人力资源管理和收入管理等诸多方面。

导　言

正如人们通常所说的，旅游景区是每个国家旅游业的重要组成部分，它们刺激旅游者前往目的地，并使旅游者需求得到满足①。事实上旅游景区已被认为是旅游业存在的根本前提（Boniface，Cooper，2001：30），因为对大多数旅游者而言，旅游目的地的景区是他们前往旅游的动因（Page et al 201：117）。

① Refer to Swarbrooke，J.（2002：9）for a brief discussion of the two separate terms.

换句话说，在给“旅游系统”下定义时，旅游景区被认为是其“第一动力”和核心元素。然而，尽管它的重要性受到普遍认同，但值得注意的是，旅游业内对旅游景区的研究仍显不足，对其了解也相对欠缺（Leask，Fyall，Garrod，2002；Swarbrooke，2002；Bernchendorff，Pearce，2003；Prideaux，2003），直到目前对于旅游景区的定义都尚未有一致的意见。

■旅游景区的定义

广义上，旅游景区也许可以被界定为任何吸引旅游者的地域性气候和自然风光，以及典型的文化模式，如当地居民的好客热情，特殊事件甚至零售商店（Inskeep，1991）。但是，如此广义的定义并不利于详细的比较分析，因而学者们（Middleton，1988）和行业组织（如苏格兰旅游局，1991）一直力图寻求更为精确的定义。在强调定义能被共同理解的原则指导下，英国国家旅游局提出了一个定义，并以之作为对旅游景区年度审查的基础，它认为旅游景区应该是：

> 一个永久性的旅游目的地，它的主要功能是面向公众为娱乐、个人兴趣及教育提供便利，并不是首先作为一个零售店、运动场地、剧场或者电影院而存在。它必须对公众开放而不必提前预订，或者只在一年的特定时间开放，而且还能吸引一日游游客或者旅游者以及当地居民。除此之外，旅游景区必须是一个独立的经营实体，有独立的经营管理，而且还必须直接从游客身上获取利润。
>
> ETC，2001：8

这个定义反映了世界旅游组织（WTO）和世界旅游理事会（WTTC）使用的专业术语（旅游景区）的内涵，而且由于它将关注的焦点缩小到有经营管理的场所，又适应了旅游产品丰富多样的特点，因而被众多评论人士所引用，但是这并不意味着它已经获得了世界认同。有人批评它显得局限、陈旧（Stevens，2000）；还有人对它与不同国家的国情的相关性表示怀疑。当前，在研究与开发一个更贴近时代，并放之四海而皆准的定义的呼声中，它仍然被多数业内人士所运用，与此同时，人们还在努力对“旅游景区”作通俗的解释。

■旅游景区的分类

类似的争议也存在于对旅游景区的分类中，不同的人拿出了千差万别的分类清单。其中运用最广的是英国国家旅游局使用的对旅游景区做年度评估的分类标准，如表 13.1 所示。但是，这个分类表也因其局限性和陈旧而受到批判，而且有人一直在试图创建一个更为贴近现实的分类标准。

表 13.1 旅游景区的粗略（基本）分类

天主教教堂和基督教教堂	其他历史遗产	野生动物景区及动物园
国家公园	休闲和主题公园	工业景区
农场	博物馆和美术馆	其他景区
园林	蒸汽铁路	
故居或城堡	游客中心地	

资料来源：ETC（2001）sightseeing in the UK2000

1996 年，杜赫斯特（Dewhurst）在对英国参观人次最多的一些景区作出调查之后，得出了一个包容性更强的分类，如表 13.2 所示。这一分类方法将旅游景区归为三大典型的主类，每一主类之下含有其他若干亚类。正如分类所显示的一样，旅游景区的多样性在物理（自然）特性、经营性质和规模、所有权、产品提供及市场定位方面得到了体现，加罗德和法亚尔（Garrod，Fyall，2004）的分类就是这样一个例子。他们选择旅游景区的自然属性作为分类标准并对其分类，即旅游景区是人造的还是自然的，而人造旅游景区又分为是专为旅游业服务，还是虽然为旅游业所利用，但主要用途为其他的。类似地，耶尔（Yale，1998）以旅游景区是收费的还是自由出入的为标准进行相关分类。在众说纷纭的分类中，利斯克（Leask，2003）提出了一个较有意义的分类观点，如图 13.1 所示。

表 13.2 旅游景区的细分

旅游景区主类	旅游景区亚类	旅游景区实例
历史文化类	宗教场所	修道院，天主教堂，其他类型教堂，重要宗教场所
	博物馆和美术馆	美术馆，露天博物馆，科技中心，传统博物馆
	历史遗址	城堡，文物建筑，纪念碑，宫殿
	非物质文化遗产地	非物质文化中心，遗产所在地

表 13.2　续

	复合型历史地	城堡，码头，故居，宫殿
自然环境类	动物类景观	狩猎园，野生动物园，传统动物园，珍稀动物园，农场，自然中心，水族馆
	公园和花园	植物园，户外活动场所，公共活动场所
	国家公园	国家公园，水库
娱乐休闲类	复合功能娱乐休闲地	休闲中心，洗浴中心，娱乐中心，水上乐园
	娱乐休闲胜地	游乐海滩，休闲公园
	主题公园	室内公园，室外公园，海滨胜地
	专卖店	古玩店，园艺中心，零售和休闲场所
	工业活动游览地	工作间（车间），手工作坊
其他		林园，堤坝，特色交通

资料来源：改编自 Dewhurst（1996）

对旅游景区的构成元素分类最著名的当推 Swarbrooke（2002），在对 Kolter（1994）提出的产品构成的三元划分的基础上发展而形成的分类法。一个旅游景区的核心产品被认为是任何对旅游者产生主要吸引的事物，而且通常是无形的。比如，主题公园带给人的兴奋感。有形产品则包括旅游消费者购买的以满足自身需要的事物，包括与景区核心产品联系的产品以及服务质量、形象展示、产品解释；附加产品则是指那些能够满足消费需求而服务于核心吸引力的各种有形及无形的事物，包括停车场、卫生间、餐饮设施及购物场所。

图 13.1　旅游景区的归属

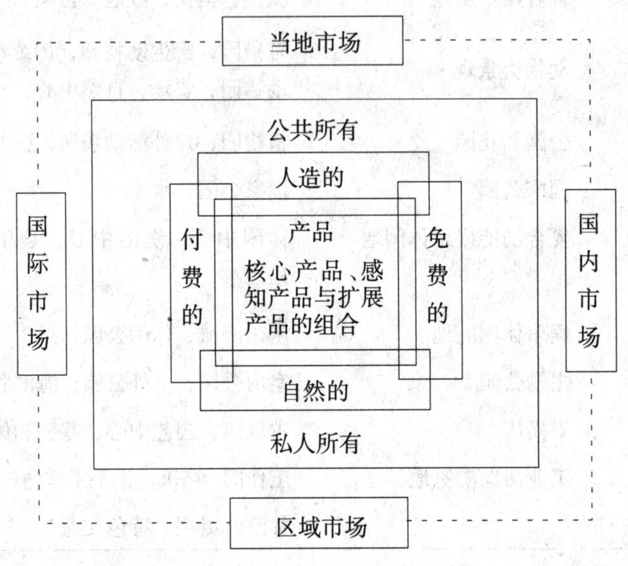

资料来源：Adapted from Leask（2003）

显然，旅游景区的规模、重要性及其多样化特点，使它成为既复杂又有趣的研究领域，同时也是较少取得一致性认识的领域。事实上，正是由于后一个因素，研究人员都不愿集中精力研究旅游景区这一课题，同时许多国家政府和行业管理部门没有关于旅游景区的可靠数据资料，这就意味着对于相对少量的信息资料往往具有强烈的依赖性。这些资料披露了许多旅游景区面临着各种挑战（Stevens，2000），可以说，如美、英、德（Market assessment international，2000）一些国家面临的挑战尤为巨大，它们有成熟的市场，同时也不乏著名旅游景区被迫关闭的例子。但是，那些国家的旅游景区仅仅是充当了面对一系列挑战的先锋，对于所有处于不同休闲供求水平上，同时正经历着市场成熟的国家的旅游景区经营人员而言，那些挑战的意义将会日益加大。上述挑战，包括快速的需求转型，剧烈的市场竞争，商业导向日益浓厚的市场，以及协调多方利益与管理优先权之间的关系，将是一下部分阐述的重点。

旅游景区面临的压力

从行业报告的分析中可以清楚地看出，由于所处的地理位置以及在行业中的地位的差别，世界上的旅游景区所面临的挑战，无论在程度上还是在性质上都各有不同。但是，证据表明：日趋成熟的市场带给它们的压力，对于许多旅游景区都是普遍的。下面将对旅游景区共同面临的压力进行论述。

■需求转型

许多评论人士都认为：人口结构的变化，消费预期的上升，以及休闲方式变化的共同作用，是那些在成熟市场中运行的旅游景区的需求减少和转变的关键因素。

1. 人口结构的变化

人口统计的变化会对旅游景区产生不同的影响。许多发达国家的人口老龄化（Mintel，2004a；office for National Statistics，2004），正在引发家庭导向的娱乐需求的增长（Market Assessment International，2000；Milman，2001）。另外，少数民族人口的增长，单亲家庭、离异家庭及单身成人数量上升，使得对休闲活动需求呈现出多元化发展趋势。这种需求模式的转变，必然给旅游景区经营者带来挑战，尤其是对那些历史悠久而资源有限，必须对产品内容、包装、促销实施变革的旅游景区更具挑战。

2. 消费预期的上升

对那些个人可支配收入比例即将上升的就业者来说，可利用的休闲时间正日益成为宝贵的东西。休闲产业的竞争也逐渐增强，各种因素，包括能带来更高水平的居家娱乐产品的新近科技进步，正在提升消费者的期望（Moragan，1998）。随着期望值的上升，公众对劣质商品和服务变得越来越挑剔，这又导致了更好鉴赏力和识别力的消费基础的形成，他们渐渐准备好用脚来投票了。研究表明：产品质量、可进入性及物有所值对于休闲消费者尤为重要。但是，这些先决条件本身就代表了对旅游景区经营者的巨大挑战，尤其是那些面临需求停滞或萎缩的景区。事实上，来自消费者市场调查及英国旅游景区的证据，都表明许多旅游景区经营者没有完全满足消费需求，主要限制因素就是旅游景区过于拥挤或收费偏高（Mintel，2002b）。然而，对于那些想要生存下来的旅游景区而言，满足消费者的预期才是它们的重要选择。

3. 变化的休闲方式

休闲时间作为一种宝贵财富，出现在许多发达国家公民正经历着日益增长的工作压力的时候，并不是一种偶然。周末和“开夜车”的日益盛行证明了这些压力的存在，与此同时，休闲供给的种类也日益增加，它刺激消费者参与短时的又恰好迎合他们休闲时间的休闲活动（Key Note，2001a）。这一发展变化，随着收入丰富的职业女性人数的增加而一直在加剧，这类人群导致了休闲需求淡旺季的相对交替变更（Mintel，2004a）和休闲供给的多样化，同时还要求旅游景区经营者重新包装更加传统的服务设施，来更好地适应他们的消费需求（ Key Note，2001b）。

早在1991年popcorn就报道过，人们把不断增加的休闲时间花在通常是以坐姿为主的居家活动上，这被米尔曼（Milman，2001）引为“作茧自缚”的佐证。这种现象的出现是由以下原因导致的：相对富裕的人不得不在工作上花更多时间（Key Note，2001a），公共场合的安全使个人忧患加剧，区域旅行和停车问题使旅行困难增加。除此之外，居家型休闲产品的质量上升和种类丰富也是一个原因。最近，家用电脑、娱乐设备、视听科技、休闲花园产品，甚至DIY产品的消费增长也说明了这一趋势（Key Note，2001a）。

不幸的是，这些趋势都增加了旅游景区面临的压力。很多旅游景区离目标市场都有一定距离，大多数都需要消费者花几个小时到一周的时间来体验这种户外休闲。而变革他们的经营模式，以适应更传统的家庭市场，以此作出对需求转型的反应，大多数旅游景区都觉得很困难。

■日益激烈的竞争

许多发达国家经历过个人可支配收入的增长，而这导致了休闲产品的消费上升，在很多情况下都超过了一些基础性消费，如教育、服装、鞋类的消费（office for National Statistics，2001）。英国的休闲产品消费占总消费的比率从1990年的24%上升到了2000年的27%（Key Note，2001a）。这种休闲消费的增长按理应该使旅游景区受益，的确有证据表明许多旅游景区在游客人次及消费两方面都经历了快速增长。

表13.3显示了1990年，2000年英国各类旅游景区的游客数量。它表明了在这10年间，许多大小旅游景区都经历了需求的快速增长。ETC的英国年刊《视野（Sightseeing）》在2000年对英国的一次调查，也证实英格兰和苏格兰的旅游消费年均增长率达到了2%，而威尔士为4%（ETC，2001）。但是，那些数据图表并不代表全球范围内一片繁荣，表13.3也列出了一些游客量下降的旅游景区，而英国游览景区的成人比率从1996年的26.2%降到了2000年

的 23.6%（Key Noet，2001c），而且如果扣除 3% 的年通胀率，英格兰和苏格兰景区 2000 年旅游消费的微弱增长，实际上代表的是旅游消费支出的下降。

表 13.3 英国部分景区年游客量

	1990	2000	百分率变化 1990 ~ 2000
Alton Towers	2 070 000	2 450 000	+18.36
Chester Zoo	904 000	1 118 000	+23.67
Flamingo Land，Yorkshire	1 138 000	1 301 000	+14.32
lmperial War Museum，London	413 701	575 651	+39.16
lronbridge Gorge Museum	330 376	230 743	-30.16
Kew Gardens，Greenwich	1 196 346	860 340	-28.09
Natural History Museum	1 534 298	1 577 044	+2.79
Severn Valley Railway，Bewdley	213 029	227 204	+6.65
Stonehenge，Amesbury	703 221	799 742	+13.73
Thorpe Park，Surrey	974 000	925 000	-5.03
Tintagel Castle，Cornwall	145 651	192 528	+32.18
Tower of London	2 298 193	2 303 167	+2.16

Source：Various，including English Tourist Board（1991）；English Tourism Council（2001）

正如表 13.3 的游客数据所提示的，旅游景区业绩的巨大差别与休闲经济体中的旅游景区部门有关，至少在一定程度上是来自旅游景区内外部的一系列竞争压力所导致的。

1. 日益扩大的旅游景区产业

休闲活动的重要性与日俱增，个人可支配收入逐渐增长，诱使众多组织和个人加入到旅游景区产业。在英国，政府对旅游景区数量的急速膨胀也有一份贡献（Mintel，2002a），尤其在截止到 2000 年千禧庆典的这段时期，它将国家福利彩票获得的直接收入投入到新的旅游景区发展规划中。据报道，英国多达 47% 的旅游景区是在 1980 年以后开业的，而 21% 的景区是在 1990 年之后发展起来的（Key Note，2001c）。明特尔（Mintel，2002b）提供的更多数据，也说明了旅游景区数量的急剧膨胀，他发现英国有 78 个新旅游景区是在 2000

年新开的。

旅游景区数量的增加是政府干预的结果，而不是完全由需求驱动导致的，从而使市场上休闲产品日益多样化，并导致吸引客源的竞争加剧。因此，由于旅游消费基础的萎缩，旅游景区经营者面临来自其他旅游景区的竞争压力，而国外旅游费用的降低又进一步恶化了这种局面。这就使得争夺客源的竞争扩展到了国际前沿，尤其是降低了国际旅游（出入境）壁垒的欧洲地区更是如此（Market Assessment International，2000）。所以，目前的处境就是供给扩张，需求停滞或是下降。在这种情形下，在英国国内必定有输家也有赢家，粗略估算，约60%的旅游景区的客源不足6%，而7%的经营最好的旅游景区却占有约60%的客源（Mintel，2002b）。

2. 不断扩张的休闲经济

在过去的20年中，休闲经济主要以四种方式扩张。首先，利用以因特网为代表的技术革新引进新的休闲活动；其次，传统的休闲方式以革新的面孔发展，要么重新开发多种休闲方式，要么改变公众对它的感知，突出的例子有交互式电视，网上博彩和电脑游戏，以及提供打包的混合休闲产品的复合休闲型公园（Mintel，2004b）；再次，趋势就是传统休闲经济增长带来的如高尔夫场地和休闲中心数量的增加（Key Note，2001b）；最后，政治家越来越认为需要减少宏观调控，从而导致对许多休闲活动，如博彩、酒吧以及国际航空旅游的管制取消，这又进一步刺激了包括短时国际旅游在内的休闲活动的增长。

鉴于休闲供给的多样化及快速增长，旅游景区的水平难以满足供给就不足为奇了。事实上，明特尔（Mintel，2002b）曾经报告过，尽管英国旅游景区的数量年年都在增长，但是其市场规模从1999年到2000年仅增加了2%（从总量上看），表明了旅游景区价值的实际下降。

■政府的法律法规

大多数旅游景区都存在需求的季节性波动，这意味着多数经营者必须具备招募临时工解决旺季需求的能力。这就要求旅游景区的经营者们密切关注劳动立法的变动（Key Note，2001c）。从1998年起，英国政府就出台了一系列劳动法律，它规范了工作周的长度，制定了最低工资标准和劳动环境要求，加强了单个及团体雇员的权益。2000年又出台了新的有关兼职的法案，新的行业规范标准以及劳动诉讼程序（Harris，2000），类似于过去的种族关系修正案。

大多数发达国家都经历过一场反歧视弱势群体的运动。到目前为止，已经通过法律来保障残疾人和正常人有进入服务设施的同等权利。在英国，SENDA和DDA法案要求服务提供者做出适当调整，以确保他们的产品更适合残障游客，要求旅游景区必须遵从这两个法案。这样的立法进程对于旅游景区而言是一个巨大的挑战，因为大多数旅游景区都是小型商业实体，仅有有限的资源，因而它们关注立法进程并确保迅速适应的能力也是有限的。

■不同利益群体的期望

很显然，对于所有旅游景区经营者而言，满足游客的期望是至关重要的。因为未被满足的游客会将糟糕的经历告知亲戚、朋友和邻居，这样他们就不会前往游览，而游客自己也不愿故地重游。消费者的满足本身依赖于旅游景区人员的服务质量，因此旅游景区经营者将雇员当做利益相关者对待，重视并满足他们的需要及要求是很重要的。遗憾的是，许多旅游景区经营者仍然古板地没有意识到这样的需求，还继续沿袭这样一种观念：唯一的就业机会是为低薪低能的员工准备的。在英国，政府和欧盟支持的引导性培训正开始解决这类员工的培训需要，但如果他们想有效地提高员工技能，这种引导必须为全行业接受，并使行业进一步职业化。

对于其他的利益相关群体，旅游景区经营者也必须与之协调并予以满足，如投资者、当地居民以及某些特殊利益群体。这些特殊利益群体，如与动物园和野生动物园有关的野生动物保护组织，与城堡和历史建筑有关的遗产保护组织，这些迥然不同的利益相关群体以及对不同观点的容忍限度，使旅游景区经营者很难得到他们的支持，至少是得到他们的认同进行经营和开发的任务变得充满挑战。而且，做不到这一点就可能导致负面舆论，冲突甚至经营失败。

也许，利益相关者产生的最大压力，存在于那些从促进经济发展或地区复苏的战略性投资项目中受益的旅游景区。英国的千禧委员会向 Salford Quays 的 Loury 美术馆贡献了 1 565 万英镑，此项举动是曼彻斯特以西区域复兴计划的一部分，因为该区域正遭受长期的工业下滑。在上述例子和其他例子中，如西班牙毕尔巴鄂的 Guggenheim 博物馆、新西兰威灵顿的国家博物馆、英国里兹的皇家护卫队博物馆，以及英国 Greenwich 的千禧屋顶，这些项目的发展带来了一种预期，即旅游景区和旅游目的地的游客数量将会增长的预期，正是预期导致了消费扩大，经济活跃以及就业机会增加。

伴随这一探索的压力是双重的。首先，在开发阶段存在这样一个危险：外在的强制性战略作为开发的理论基础，其优先权会取代合理的商业计划，而导致旅游景区的最终失败。其次，一旦旅游景区开始运营，外在的压力又会损害它的经营。伦敦千禧屋顶项目就是面临这种双重压力的例子，它是作为英国千禧庆典的重头戏而开发的，目的在于为伦敦东部的经济复苏提供动力。在第一年的经营中，它接待了650 万人次游客，使之成为国内游览人次最高的收费景区。尽管如此，它还是低于预定的1 200万游客的目标将近50%。随后议会调查的结论是：责任管理系统混乱，在初期的决策程序中，尽管有商人的参与而且还有政界人士的介入，但缺少经营规划这一重点。缺乏管理经验又进一步使项目的问题复杂化，因而有人宣称旅游景区提出了一个庸俗的、总体而言没有吸引力的、缺少凝聚力的产品，同时制定了一个不切实际的游客数量目标。调查组同时认为，该旅游景区的促销方式不当，错误地依赖于免费的媒体宣传（select committee on culture，Media and sport，2000）。包括吸引1 200万游客在内各种预期目标，很快就被媒体捕捉到，媒体对此进行了大量的负面报道，结果削减了千禧屋顶的管理团队为实现其经营目标而做出的努力。

案例13.1　地球中心

许多旅游景区失败的事例，是英国国内近期对新旅游景区开发进行大量投资的不良副产品。Lottery遗产基金资助的现已关闭的千禧工程项目包括：Sheffield的国家流行音乐中心，Cariff的视觉艺术中心，以及南约克郡Doncaster附近的地球中心（Warhill，2003）。地球中心是十四个“地标”工程之一，计划建成一个“生态友好”型发现中心兼国家公园，并融室内、户外展览空间、花园、湿地及一个教育和会议中心为一体。有人把它描述成南约克郡最重要的一个旅游景区（Rich prinary sctes，2004），计划为可持续性开发提供一个生动的实例，并让游客享受一天的游览，同时激发他们考虑一些环境问题的解决方案。中心本身就是一个恢复地表环境的例子，因为它就建在400英亩的煤矿矿址上，它的建筑原打算设计成低能耗可持续性设计的典范。

这个旅游景区是千禧工程在1999年开放的旅游景区之一，它的确取得了一定的成功。至2004年最终关闭，它成功地保持了约13万人次的年游客量，其会议中心和教育项目也渐受欢迎，它被当地媒体吹捧为是一个现代的、高质量的旅游景区，有助于实现Doncaster将其发展成一个旅游目的地的愿望，并为超过1 700万潜在游客定位了两小时的游览时间。况且，有号称适合许多西方游客胃口的环境友好型产品，它又如何会失败呢？

从根本上说，地球中心并没有吸引足够的游客。当初估计的超过50万的年游客量常常被业内分析人士认为过于乐观（Mathiason，1999，Wanhill，2003），而且许多有鉴赏力的游客发现一些重要特色都处于长久失修的状态，中心既乏味又缺少活力（Dollard，undated）。它还因为一些技术性和布局上的失误而受到批评，如将付费点安排在餐厅和商店后面，没有制定能和消费者直接有效交流的营销战略，因而，游客对可持续发展主题的认知是有限的（Tounsend，2004）。经过重大翻修并在2001年再次开业之后，它更加突出地集中于游客的娱乐方面，对游客数量增加怀有很高的期望，但却不切实际。

案例 13.1 续

也许可以这样认为，鉴于它的社会职能，对于地球中心不应该仅以商业标准来判断。一些人建议它不应该建成一个大众的旅游景区，而应开发成一个国家教育基地（Yorkshire Business Insider，2000）。英国 Lottery - grant 基金所面临的现实是：项目必须从它的商业部分获取相应的资金。地球中心项目有 5 000 万英镑的投入，撇开旅游的角度，该景区获取相应的资金收入以维持自身的发展，也是在信奉可持续发展的理念基础上，况且该景区从开始就一直为争取资金而努力。现在的事实是，地球中心不再运转，未来可能会成为一个商业场所，这将由政府决定。

这个案例为开发商和经营者提出了一些有趣而又重要的问题，仅仅是因为“地球中心”选址不当才没成为一个热点旅游景区吗？还是应该在这类项目开发试图改变旅游者习惯的时候，给以更多的公共支持，从而帮助恢复以前的工业区？它的倒闭仅仅是因为它的主题超前还是因为基本操作和营销失败导致的吗？从万赫尔（Wanhill，2003）那里可以得到部分答案。他提出在利用废弃土地开发这类项目的时候，只有在意识到景区复兴战略的高风险，以及新景区开发不是建立在对游客数量粗略估计的情况下，这样的旅游景区开发才是可行的。

■综　述

因此，旅游景区经营者正面临日益激烈的市场竞争，市场需求停滞不前，市场预期在上升的同时也面临转型的困境。在这样的背景下，即使一些好的旅游景区也被迫关闭就不足为奇了。最近被淘汰的旅游景区有：伦敦的 Tussauds 摇滚乐表演中心，谢菲尔德的流行音乐中心，桑德兰的国家格拉斯中心和唐克斯特附近的地球中心（见案例 13.1）。在这样一幅图景中，需求停滞，商业失败增多，雇员招募挽留困难，依赖救济和补助，独立开发产品财力不足都是“管理赤字”的表现。换句话说，像英国旅游协会这样的组织，至少部分地将许多旅游景区面临困难的原因归结为它们管理团队的缺陷，但是仍然有许多优秀的管理实例存在，这将是下一部分重点讨论的内容。

管理对策

以下部分将集中讨论旅游景区管理职能的六个重点方面，分别是产品投资计划、战略伙伴关系、促销活动、游客管理、收入管理和人力资源管理。在说明每一种职能时，都会给出实例来说明旅游景区管理人员如何利用有效的管理技术应对他们所面临的挑战。

■产品投资计划

静态市场的竞争加剧，意味着旅游景区投资项目往往是供给驱动而非需求驱动的，这类项目主要集中于产品开发和多样化的产品收购。

产品开发及多样化战略

产品开发被认为是促进市场需求的一个重要手段（Key Noate，2001c），并且许多旅游景区意识到有必要持续地致力于核心和辅助产品开发计划。巩固黑池（Blackpool）主题公园就是一个投资于两种产品的例子，它在2004年新建冠名为"Bling"的白色骑马道，并斥资500万英镑投资一个新的食品厂（Mintel，2004c）。而且，在日益强调向游客提供高质量的互动式旅游体验的同时，它还利用技术创新来改善核心产品的供给（Milman，2001）。

许多产品开发计划也被用于产品供给多样化开发，从而使之更好地适应现有市场同时受到新市场的青睐。这就使得原有的特色景区之间的界限正变得模糊，动物园引进主题公园的风格，而主题公园建立教育资源中心，就代表性地说明了这样一种趋势。事实上，由于旅游景区之间的传统特色已经淡化，因而对于过去提供教育性的或是娱乐导向产品的旅游景区，人们正日益以新的术语："娱乐性教育 edutainment"来描述它们的主导产品（Hannigan，1998，Van Aulst and Boogaarts，2002）。许多经营者通过引进新的消费服务以使产品多产化，如图萨尤兹（Tussauds）集团仿荷兰和德国的一些旅游景区，在阿尔顿塔区（Alton Towers）开发了一个主题酒店（Mintel，2002b）。

尽管目前成熟市场和行业的旅游景区，所面临需求方面的压力要求拓宽消费形式（ETC，2000），但是仍有证据表明产品开发和多样化计划并没有完全满足多样化市场需要（BBC News，2003）。因此，对于旅游景区经营者来说，仍然有机会和有必要开发他们的产品以吸引更多的顾客。

产品再定位及并购战略

2004年，Tussauds 集团的行为似乎是代表了与产品多样化背道而驰的趋势，它从定位于两个独立的、更加细分的市场观点出发，实施战略旨在使它们的切森顿（Chessington）冒险世界和托尔普（Thorpe）主题公园与众不同。重组以前，两个旅游景区的产品都是为了迎合家庭市场，重组以后的切森顿冒险世界景区和托尔普主题公园，主要是分别针对年轻家庭市场和青年人市场（Attractions managerment，2004a）。

许多旅游景区扩张，因在诸多方面受土地收购的高成本限制而完全无法施展，因而主题公园经营都由其他一些私营部门的旅游景区，通过频繁地购买其他旅游景区来进行扩张（Market Assessment Intenational，2000）。在勒格洛兰德（Legloland）收购温德瑟（Windsor）游猎公园的案例中，后者在 1996 年重新开业并提供全新的产品；时间更近一点的，还有法国的格尔文和盖伊（Gervin and Gie）旅游景区经营者收购英国大雅茅斯的新乐趣木山丘公园（New Pleasurewood Hills）的例子。

走向旅游景区接管及执行再定位战略的趋势很可能越来越重要，事实上北美的旅游景区管理人员已经预测：旅游景区经营者之间合并、联合以及收购活动将会愈演愈烈，直至出现地区寡头垄断（Milman，2001）。

■战略伙伴关系

许多旅游景区经营者并没有通过收购而合并，他们选择了与其他企业发展战略伙伴关系。这种联盟一般集中在营销和促销活动上，而有时也扩展到资源共享方面，而马德姆图萨尤兹景区（Madame Tussauds）发展与图萨尤兹、可口可乐、富士、迪斯尼、宇宙、哥伦比亚和联合糕点业（Attrctiona Management，2004c）的战略伙伴关系就是前一种联盟形式的宝贵例子。

在有些例子中，过去互相视为竞争对手的旅游景区之间也会建立战略营销联盟。在苏格兰进行的一项研究表明，不同旅游景区的管理人员乐于一起工作，还有运输商和餐饮供应商都愿意为开发联合品牌、主题产品及打包产品而合作（Fyall，leask and Garrod，2001）。事实上，许多乡村地区的旅游景区经营者们都认为，包含共同开展广告宣传、发行促销印刷品和开发网站在内的一些手段是立命之本。

城市中心展现了另一种形式的协作，即以一群历史文化景区为核心建立文化区域，这种发展方式已经成为一种广受欢迎的工具。因为它能提升地区的知名度，从而增加旅游景区以及毗邻的商店、酒店、餐馆的消费人数（Van Aalst and Boogaarts，2002）。同时，这种协作方式还可深化协作伙伴关系，这可以通过资源共享及管理手段交流来加以说明。

■促销活动

许多旅游景区已经利用因特网来开发吸引游客的复杂网站。一个值得注意的例子，就是纽约现代艺术博物馆提供博物馆的虚拟游览，以及在线订购和零售服务。其他手段，包括电脑预订系统开发和通过旅游经营商来开展景区促销，也被用来改善分销渠道从而促进市场渗透（Market Assessment International，2000）。像迪斯尼这样的旅游景区经营者，也已经开发了尖端数据库，它能使旨在吸引新游客的宣传活动定位更加有效，也能使通过引进顾客忠诚计划、鼓励回头客的活动效果变得更好。

■游客管理

旅游景区经营者在双重需要之间处于两难境地，一方面必须保护他们的旅游景区及展品，另一方面，更鼓励尽可能多的游客来参观。这个由双重需要导致的矛盾显然要求经营者在有效管理游客的同时，保证他们能享受一次满意的游览经历。不执行有效的游客管理手段，可能会导致旅游景区外的交通堵塞和景区内的过度拥挤，更严重的是，缺乏有效的游客管理将会影响旅游体验，从而使游客产生失望的感受，导致他们将不太愿意故地重游，反而会在他们的朋友、邻居、亲戚面前做负面评价，因而减少了他们选择游览该景区的可能性。

有效的游客管理方法包括需求和供给两方面，如果要使游客享受他们的游览经历，这些管理方法是必不可少的。需求管理手段如差别定价和扭转性营销，以控制和管理需求高峰和低谷，而产品解释和展示则用以引导游客而影响其行为。供给导向型游客管理技术用于控制容量水平，从而避免旅游景区的自然退化，同时增加游客的满意度。这些技术手段包括排队管理、景区强化手段及可能涉及现有景区扩张的提高容量的策略（Garrod，2003）。

巴黎迪斯尼的“快速通过（Fastpass）”技术，就是近来日渐风靡的排队管理的例子，它是在游客游览景区某一部分的同时预订其他部分的游览时间，这样就保证了他们能游览那些部分，因为他们已经为预订部分进行了虚拟排队。

■收入管理

随着停滞的甚至某些情况下萎缩的市场竞争加剧，即使在历史悠久的文化景区也存在对商业优先的日益重视（Van Aalst and Boogaarts，2002），这意味着对于旅游景区经营者而言，确保景区收入潜力最大化的压力与日俱增。要实现这个目标，可以通过引进收入管理手段，它提供了“一种市场定位、市场细分、服务配套的系统方法，使出售旅游服务和设施收入最大化”（Leask，Fyall and Garrod，2002）。可供管理人员选用的重要的收入管理方法包括：(a)根据游览时间实行差别定价；(b)根据游客类型实行差别定价；(c)根据游客数量实行差别定价；(d)根据游览所利用的资源数量进行差别定价（Leask，Fyall and Garrod，2002）。许多旅游景区也正在通过引进会议及专项活动项目，以开拓附加收入的渠道。同时，它们还尽力使来自于配套服务，如餐饮、零售店相关的二级消费项目的收入最大化（Leask，Fyall and Goulding，2000）。

■人力资源管理

在一个旅游景区日益增加和竞争加剧的成熟市场，要求旅游景区经营者在提供高效率的富有成效的服务的同时，必须确保游客的满意度，而这些要求只有通过对员工职业化管理才能得以满足。最佳的员工职业化管理，需要借助由人力资源计划、员工招募和筛选、适应性训练、培训和发展，以及行业监督所组成的，有效的人力资源战略开发和执行来实现（Taylor，2004）。

遗憾的是，尽管许多旅游景区已经努力制定适应的人力资源战略，但人力资源战略在旅游景区中还不是很普遍，事实上，有许多旅游景区经营者面临劳动力主要由兼职的、季节性的人员或志愿者所组成的问题，同时管理团队往往编制不足且可能缺乏重要的管理技能。这点在一次对管理能力应具备的要求的调查中表现得很突出；调查显示，苏格兰旅游景区的管理者们认为，战略技能和人事管理技能相对来说都不太重要（Watson，McCracken and Hughes，2004）。然而，正是需要旅游景区的管理者们越来越展现出这些技能，这样他们才能在旅游景区的创造性中担当先锋，从而应对市场的迅速演变和激烈竞争。英国 RAF 考斯福德（Cosford）博物馆（见案例13.2）就是有效利用本章后半部分讨论的诸多管理手段的一个很好的例子。

案例13.2　RAF 考斯福德博物馆

RAF 考斯福德（CosFord）博物馆开业于1979年，是西米德兰平原（Midlands）的唯一国家博物馆，也是英国最大的航空收藏馆之一，拥有70余件跨80年航空历史的航空器，它还包括一个会议及游客中心，多个艺术馆和美术展览馆。博物馆所在地的英国米德兰平原的什洛塞尔县（Shropshire），在致力于保护英国部分航空遗产的同时，通过互动展示和动感、活动项目给游客带来了欢乐，其中动感活动项目包括每年都成功举办的年度大型航空展览。经地区旅游局投票决定，2003年它成为一个旅游景区，年游客量超过20万人次。2004年，它又宣布了有史以来最大的开发项目，斥资1 300万英镑将该景区建成欧洲的一流景区和航空研究中心。

该旅游景区因旅游者可免费进入国家博物馆而获益，并且游客人数自2001年取消门票以来一直在大幅上涨。但是，旅游景区的收费仅仅是影响消费决策的一个元素，也只是众多影响这类景区最终成功的因素之一。消费者所期望的是旅游景区有必要进行持久的产品革新和开发，而这需要博物馆管理团队不断地努力获取资金来支持这项工作。从这方面说，对于当前可利用资金来源管理的认识，以及与外部景区展开竞争的专业知识的重要性是不能低估的。博物馆的管理层，同时意识到了坚持以质量管理和质量改善为核心的重要性。他们通过展示得到外部标准认可的成就来说明这一点，其中包括提供

案例 13.2 续

“特许标志”支持的公共事业部和国家旅游局评定的“质量保证景区”标志。参与这些标准评定，也给旅游景区提供了学习其他参照景区管理经验的机会，从而了解并赶超竞争对手。从更局部的层面来看，博物馆早已深谙以什洛塞尔星级景区集团发起人身份与其他景区展开协作的价值所在，这样就可以确保在潜在游客心中形成这样一种感知印象：即该景区是一个有机的地区景区组合的一部分，从而使博物馆从有价值的集体营销活动中受益。

像目前的许多旅游景区一样，博物馆积极定位于一系列细分市场，如它通过基于科学和历史的组织性教育项目为许多地方学校提供支持，为公司经营提供日益风靡的活动基础设施。博物馆的管理层相信：了解这些游客群体的感知并开展有效的市场定位是极为重要的，鉴于这样的考虑，博物馆将游览时间定为四个小时，并采取促销努力将这样的定位灌输到潜在游客心中，这样，和这个地区的其他旅游景区一起就能提供一整天的游览时间。

结　论

越来越多的旅游景区面临日渐增长的各种压力，许多小型旅游景区处在正常经营的边缘挣扎，人们对大范围的经营失败充满了忧虑。然而，尽管许多人认为这样的失败是不可避免的，但是我们仍需全力以赴地支持旅游经济中的景区部门，因为衰落的旅游景区部门将会阻碍人们进行过夜游和一日游，这又会损害世界上许多政府用以复苏并发展经济的一个重要工具。

帮助旅游景区的首要方法，必然要集中于解决所谓的“管理赤字”，为此，学者们有责任全面地致力于旅游景区方面的研究，研究怎样才能为旅游景区经营者带来直接的利益。也需要进一步开发示范方案和培训支持标准，从而为旅游景区经营者提供实现最佳经营的强大、实用的洞察力。这些洞察力应该详细地分析本章涵盖的管理领域，通过这样来说明单个旅游景区经营者应该怎样最大限度地利用机会，达到生存进而获得经营成功的目的。

问题探究

1. 说明旅游景区由哪些事物组成是否重要？
2. 旅游景区的经营者应该如何来定义成功？
3. 有利于旅游景区成功的因素有哪些？

阅读指导

约翰·斯沃布克（John Swarbooke，2002）为旅游景区和景区管理做了很好的概括，法雅尔·伽洛德和利斯克（Fyall Garrod，Leask，2003）在他们的著作中专门对旅游景区开发、管理和营销进行了细致的思考，安娜·利斯克和伊恩·约曼（Anna Leask，Ian Yeoman，1999）出版了一部与遗产类景区管理有关的权威教科书，而迈拉·沙克利（Myra Shackley）更关注对宗教圣地的管理。此外，在大量的旅游管理教科书中（McMahon - Beatti，Yeoman，2004；Cooper et al.，2005）的个别章节中，也对旅游景区管理中的特定问题提供了有益的见解。

许多期刊文章还对旅游景区管理提出了重要的看法。这些文章包括管理能力思考（Watson McCracken，Hughes，2004），收入管理（Leask，Fyall 和 Garrod，2002），人力资源管理（Graham 和 Lennon，2002），管理协作（Fyall，Leask 和 Garrod，2001）和未来前景（Stevens，2002；Milman，2001）。

最后，从包括明特尔和基·诺特（Mintel，key Note）在内的许多研究中，可以获得旅游景区的市场和行业信息资料。

网站推荐

博物馆经营杂志网：www. amusementbusiness. com
旅游景区指导协会网：www. alva. org. uk
旅游景区管理杂志网：www. attractions. co. uk
主题公园研究所网站：www. themeparkcity. com
国际博物馆和旅游景区协会网：www. iaapa. org

关键词

协作；多样化；成熟市场；个人可支配收入（PDI）；定位；利益相关者；旅游系统。

参考文献

Attraction Management（2004a）Tussauds repositions Chessington and Thorpe

Park. www. attractions. co. uk /newsdetail. cfm? codeID =7498, 7 April.

Attraction Management (2004b) Tussauds looks to strategic partners. www. attractions. co. uk/newsdetail. cfm? codeID =8691, 5 August.

Attraction Management (2004c) Hula Hoops team up with theme parks. www. attractions. co. uk/ newsdetail. cfm? codeID =7529, 13 April.

BBC News (2003) *Free museums pullin 'well off'* . news. bbc. co. uk/ 1/ hi/ entertainment/ arts/ 2812167. stm , 2 March.

Benckendorff, P. J. and Pearce, P. L. (2003) Australian tourist attractions: The links between organizational characteristics and planning, *Journal of Travel Research*, 42, 24-35.

Boniface, P. and Cooper, C. (2001) *Worldwide Destinations: The Geography of Travel and Tourism*, 3rd edn. Butterworth-Heinemann, Oxford.

Cooper, C., Fletcher, J., Fyall, A., Gilbert, D. and Wanhill, S. (2005) *Tourism: Principles and Practice*, 3rd edn. Pearson Education, Harlow.

Dewhurst, P. (1996) *England's most visited tourist attractions: an evaluation of success and taxonomic review.* Unpublished PhD, Manchester Metropolitan University, Manchester.

Dollard, R. (undated) *The Earth Centre: Green is fun!* www. bbc. co. uk/ southyorkshire/ culture/venues/a _ f/earth _ centre. shtml (accessed 18 November 2004).

Doncaster Today (2001) Town calls on tourism experts. www. doncastertoday. co. uk (accessed 24 October 2004) .

ETB (1991) *Sightseeing in the UK* 1990. English Tourist Board, London.

ETC (2000) *Action for Attractions.* English Tourism Council, London.

ETC (2001) *Sightseeing in the UK* 2000. English Tourism Council, London.

Fyall, A. (2003) Marketing visitor attractions: a collaborative approach, in A. Fyall, B. Garrod and A. Leask (eds) *Managing Visitor Attractions*, 236-252. Butterworth-Heinemann, Oxford.

Fyall, A., Garrod, B. and Leask, A. (eds) (2003) *Managing Visitor Attractions.* Butterworth-Heinemann, Oxford.

Fyall, A., Leask, A. and Garrod, B. (2001) Scottish visitor attractions: a collaborative future? *International Journal of Tourism Research*, 3, 211-228.

Garrod, B. (2003) Managing visitor impacts, in A. Fyall, B. Garrod and A. Leask (eds) *Managing Visitor Attractions*, 124-139. Butterworth – Heinemann, Oxford.

Graham, M. and Lennon, J. J. (2002) The dilemma of operating a strategic approach to human resource management in the Scottish visitor attraction sector, *International Journal of Contemporary Hospitality Management*, 14 (5), 213-220.

Gunn, C. (1988) *Vacationscape: Designing Tourist Regions*, 2nd edn. Van Nostrand Reinhold, New York.

Gunn, C. (1994) *Tourism Planning: Basic, Concepts, Cases*, 3rd edn. Taylor & Francis, New York.

Hannigan, J. (1998) *Fantasy City: Pleasure and Profit in the Postmodern Metropolis.* Routledge, London.

Harris, L. (2000) Employment regulation and owner-managers in small firms: Seeking support and guidance, *Journal of Small Business and Enterprise Development*, 7 (4), 352-262.

Inskeep, E. (1991) *Tourism Planning.* Van Nostrand Reinhold, New York.

Key Note (2001a) *UK Leisure and Recreation*: 2001 *Market Review.* Key Note, Hampton.

Key Note (2001b) *Trends in Leisure Activities*: 2001 *Market Assessment.* Key Note, Hampton.

Key Note (2001c) *Tourist Attractions*: 2001 *Market Report.* Key Note, Hampton.

Kotler, P. (1994) *Principles of Marketing*, 6th edn. Prentice Hall, Englewood Cliffs.

Leask, A. (2003) The nature and purpose of visitor attractions, in A. Fyall, B. Garrod and A. Leask (eds) *Managing Visitor Attractions*, 5-15. Butterworth-Heinemann, Oxford.

Leask, A. and Yeoman, I. (eds) (1999) *Heritage Visitor Attractions.* Cassell, London.

Leask, A., Fyall, A. and Garrod, B. (2002) Heritage visitor attractions: managing revenue in the new millennium, *International Journal of Heritage Studies*, 8 (3), 247-265.

Leask, A., Fyall, A. and Goulding, P. (2000) Revenue management in Scottish visitor attractions, in A. Ingold, U. McMahon-Beattie and I. Yeoman (eds) *Yield Management.* 2nd edn, 211-232. Continuum, London.

Leask, A., Garrod, B. and Fyall, A. (2004) Managing visitor attractionscomparisons of international management practice, in *State of the Art II Conference proceedings*. The Scottish Hotel School, University of Strathclyde, Glasgow.

Leiper, N. (1990) Tourist attraction systems, *Annals of Tourism Research*, 17, 367 -384.

Market Assessment International (2000) *European Tourist Attractions* 2000, July. Market Assessment International.

Mathiason, N. (1999) Cultural revolution's cul-de-sac. *The Observer*, 4. 31 October 1999.

McMahon-Beattie, U. and Yeoman, I. (eds) (2004) *Sport and Leisure Operations Management*. Thomson Learning, London.

Middleton, V. T. C. (1988) *Marketing in Travel and Tourism*. Heinemann, Oxford.

Milman, A. (2001) The future of the theme park and attraction industry: A management perspective, *Journal of Travel Research*, 40, 139-147.

Mintel (2002a) *Visitor Attractions-Pan-European Overview*, April. Mintel International Group Limited.

Mintel (2002b) *Visitor Attractions-UK*, March. Mintel International Group Limited.

Mintel (2004a) *Theme Parks-UK*, March. Mintel International Group Limited.

Mintel (2004b) *Multi-leisure Parks UK*, March. Mintel International Group Limited.

Morgan, M. (1998) Market trends in leisure, in J. Buswell (ed.) *ILAM Guide to Good Practice in Leisure Management*. ILAM/Pitman, London.

Office for National Statistics (2004) *Social Trends* 34. HMSO, London.

Page, S. J., Brunt, P., Busby, G. and Connell, J. (2001) *Tourism: A Modern Synthesis*. Thomson Learning, London.

Popcorn, F. (1991) *The Popcorn Report*. HarperCollins, New York.

Prideaux, B. (2003) Creating visitor attractions in peripheral areas, in A. Fyall, B. Garrod and A. Leask (eds) *Managing Visitor Attraction*, 58-72. Butterworth-Heinemann, Oxford.

Rich primary sITes (2004) *Earch Centre-Doncaster*.

www. richprimarysites. com/doncaster/earth_centre. htm (accessed 18 November 2004).

Robinett, J. (2003) Scouting the track: Economic outlook for tourism and attractions. Presentation to the Florida Attractions Operators Association, 29 May 2003.

Royal Botanic Gardens Kew (2002) *Annual Report and Accounts*. The Stationery Office, London.

Scottish Tourist Board (1991) *Visitor Attractions: A Development Guide*. Scottish Tourist Board, Edinburgh.

Select Committee on Culture, Media and Sport (2000) *Marking the Millennium in the United Kingdom*. Eighth Report. www. publications. parliament. uk/pa/cm199900/cmselect/cmcumeds/578/57802. htm , 1 August.

Shackley, M. (2001) *Managing Sacred Sites*. Continuum, London.

Stevens, T. (2000) The future of visitor attractions, *Travel and Tourism Analyst*, 1, 61 –85.

Swarbrooke, J. (2002) *The Development and Management of Visitor Attractions*, 2nd edn. Butterworth-Heinemann, Oxford.

Taylor, T. (2004) Managing human resources in sport and leisure, in U. McMahon-Beattie and I. Yeoman (eds) *Sport and Leisure Operations Management*, 58 –74. Thomson Learning, London.

Townsend, M. (2004) Flood sweat and tears. *The Observer Magazine*, 24-31. 7 November 2004.

van Aalst, I. and Boogaarts, I. (2002) From museum to mass entertainment, *European Urban and Regional Studies*, 9 (3), 195-209.

Wanhill, S. (2003) Economic aspects of developing theme parks, in A. Fyall, B. Garrod and A. Leask (eds) *Managing Visitor Attractions*, 39-57. Butterworth-Heinemann, Oxford.

Watson, S., McCracken, M. and Hughes, M. (2004) Scottish visitor attractions: managerial competence requirements, *Journal of European Industrial Training*, 28 (1), 39-66.

Wickens, E., Paraskevas, A., Hemmington, N. and Bowen, D. (2000) The Dome-The perception and the reality, *ETC Insights*, A137-A142. English Tourism Council, London.

Yale, P. (1998) *From Tourist Attractions to Heritage Tourism*, 2nd edn. Elm Publication, Huntingdon.

Yeoman, I. and McMahon-Beattie, U. (2004) (eds) *Revenue Management and Pricing*. Thomson Learning, London.

Yorkshire Business Insider (May) (2000) Lottery land. www. 2ubh. co. uk/features/lottery. html (accessed 18 November 2004).

第 14 章 运动旅游

迈克·威德（Mike Weed，拉夫堡大学）

学习目的

学完本章后，读者应该能够：

- 阐明体育运动和旅游在历史及现代背景下的交叉发展；
- 认识组成运动旅游活动的范围和迎合这些活动而发展的产品范围；
- 分析引发大规模旅游和供给问题的全球性体育赛事，以及与这些赛事相关的影响；
- 评估不同的运动旅游类型的影响；
- 概述那些为了运动旅游而可能发展的政策与策略的合作领域。

本章概述

本章回顾了运动旅游在工业时代的发展，关注了有助于形成它现代形式的那些因素。首先，本章讨论了源自活动、人和地点相互作用而产生的运动旅游的概念，接着提出了运动旅游供给的五个关键领域：具有体育内容的旅游、体育参与型旅游、体育赛事、运动培训、豪华型运动旅游。其次，评估了运动旅游的主要影响，特别强调了体育赛事和体育参与型旅游的影响。最后，研究了运动旅游的政策发展，并且，讨论了期待体育机构和旅游机构可能合作的领域。

导 言

尽管人们对运动旅游的兴趣，特别是学术界的兴趣，相对来说是最近才发展起来的，但运动旅游并不是近 20 年才突然出现在旅游市场上的。只是，运动旅游很多方面的类型却是近年才发展起来的。本章首先回顾了运动旅游的历史发展，以及那些对运动旅游发展产生影响的体育运动和旅游发展的历史情况，这些对理解运动旅游都是十分有益的。

威德和布尔（Weed，Bull，2004：3）提出，古代的奥林匹克运动会可追溯到了公元前776年，它是最早有文字记录的体育运动旅游的例子，同时指出在奥林匹亚举行的运动会是一百多年来的此类节日活动中最负盛名的。然而，现代运动旅游在工业时代才有了较快的发展，并且还可以从工业时代中发现现代运动旅游的前身。

工业时代带来了交通的发展，这对体育运动和旅游来说影响深远，特别是通过旅行促进了体育运动的发展。范普列（Vamplew，1988：11）描述了铁路系统如何“通过拓展观众来源的区域和使体育参赛者能够进行全国性比赛，革新了英国的体育运动”。继之而来的汽车科技发展也产生了类似的影响，而航空旅行的发展则使运动旅游的机会扩大到了全球范围。

运动旅游在19世纪的发展与现在一样，同样包括参与者和观众，前者包括那些出行比赛的人们和那些出行使用他们家乡没有的设施或资源的人们（Weed 和 Bull，2004：6）。在19世纪后半叶，诸如足球协会等组织建立，组织全国性的体育活动，引发了人们出行到全国进行比赛和观看体育活动，现在都将这些活动归为体育活动的范围。与旅行有关的资源的使用，像滑雪、远足和攀登等都是运动参与者不太可能在家乡开展的活动。阿尔卑斯山已成为重要的滑雪目的地，在19世纪80年代，已有“少数探险游客”曾到过这里（Withey，1997：217），在20世纪初它更是有了进一步的发展。

> 在20世纪20年代，随着在瑞士东边的达沃斯（Davos，约6 000个床位）和圣莫里茨（St. Moritz，6 000个床位），以及维拉尔（Villars，2 000个床位）及莱森（Leysin）（2 800个床位）这些主要的滑雪胜地中心的形成，瑞士的东西部出现了许多滑雪胜地，其中的一些地方还拥有自己的铁路连接线。
>
> Towner，1996：250

阿尔卑斯山也是重要的攀登场地，英国的阿尔卑斯山俱乐部和其他西欧国家类似的俱乐部一样支持将攀登作为一项体育运动。尽管没有必要为了如远足和骑自行车等几乎没有什么危险性的运动而进行出国旅行，但这仍需要人们拥有足够的资源去较远的乡村旅行以及支付住宿费用。与一般意义上的真正旅游一样，在这期间的大部分运动旅游及其方式保持了下来。

在整个20世纪，关键的变化就是通过工作周的缩短和应得假期的增加，使得人们的闲暇时间随之增多，并且人们也变得更加富裕，从而使观看和参加体育运动和旅行的人们都增多了。同时，引起了运动和旅行的“民主化”态度的转变，参与体育运动、休闲和旅行已不再是能否实现的事，而是是否期望的事了。厄里（Urry，2002：5）提出“现代生活很重要的一点就是，旅行和度假是必要的”。据估计，到 20 世纪 80 年代后期，旅行时间已占到了人们可自由支配时间的 40%（Weed 和 Bull，2004：12）。此外，虽然仍有些为了保持身材、健康、比赛和成就等传统动机而进行体育运动的人们，但现在也有许多参加体育运动的人仅仅是为了好玩和娱乐，或是为了保持体形和追求时尚。“生活方式的选择”促使体育运动和旅游以运动旅游的形式结合在一起，其中最流行的两个活动也许就属户外消遣和大型国际体育赛事了。前者是与有关健康、健身、形体、刺激以及某些程度上属于时尚的动机和价值联系在一起的，而后者却提供了一些体验和壮观的场面。

大型体育赛事的发展，显示了全球化和商业化对 20 世纪运动旅游发展的影响。霍恩、托利森和惠恩莱尔（Horne，Tomlinson，Whannel，1999：277）把国际体育运动描述成是“飞机、电视结合资本主义的产物”。事实上，特别是电视影响了体育运动旅游的发展。然而，这看起来似乎有点奇怪，因为电视可以使人们不出门便可以观看体育赛事，但威德和布尔（Weed，Bull，2004：13）指出：

……它最伟大的意义就是促使许多体育运动得以流行，强调了体育运动的益处，使许多观众可以看到壮观的场面，从而促进了体育运动的国际交流和国际比赛的扩展（Tomlinson，1996；Whannel，1985），这不仅促使许多运动员来参加此类赛事，而且还刺激了许多人来观看体育赛事。

他们也注意到由电视所报道的“如果没有夸大的话，高度关注的”大型体育赛事的激情和刺激，这已经刺激了许多人想要亲自去体验这种激情和壮观的场面。因此，体育赛事不仅不断地吸引着传统的体育迷，而且也吸引着那些寻求“壮观的旅游体验”的游客。也许，这些体育赛事是全球最公认的运动旅游类型。

运动旅游的概念

尽管许多人都尝试给运动旅游下定义，但还没人能够抓住运动旅游的全部本质。例如，斯坦迪文和德努普（Standeven，De Knop，1999）将运动旅游定义为：

不论是主动或被动，还是随意或因某种非商业或企业/商业因素以特定组织方式参与体育活动，并要求人们离开家和工作地外出旅行的所有形式。

在一定程度上，这种所有都包括的定义能尽可能广的将一系列活动包含在内。但本质上，它不过是仅仅明确了参与体育运动的游客活动，这对进一步理解运动旅游的概念并没有特别的帮助。事实上，这个术语回避了一些问题，即有关运动旅游是否是一项重要研究课题，或者是否它仅仅是个便于描述的术语，并没有什么解释价值（Weed 和 Bull，2004）。因此，与其试图提出一个有关运动旅游的专业技术定义，或许还不如寻求一种略微不同且需要的研究方法更有意义。

理解运动旅游很重要的一步，就是要尝试弄清楚那些是它特有的现象和因素，而不仅仅将它看做是体育运动和旅游的简单合并。威德和布尔（Weed，Bull，2004：37）认为，运动旅游现象是由体育活动和与之相关的经历所构成，因此，尽管体育活动是运动旅游的重要组成部分，但其他因素也与体育活动一道形成了运动旅游的独特性。当然旅行是这些因素之一，然而在许多情况下，旅行仅仅是“到达特殊地点所需的工具因素”。体育活动与地点的相互作用显然是很重要的，例如这可以通过一个比较看出：即骑车穿过一个大城市的污染区去工作和骑车穿过一个享誉世界的国家公园的美丽乡村是完全不同的。这还不能完全说明这个问题，因为对于许多参与者来说，闲暇经历的重要组成部分就是与他们一起参加活动的人。与此相关的这些人可能来自于你每天打交道、而不曾与你一起去旅行参加体育活动的人，也可能是你曾见过的或未曾见过的志趣相投的人，但他们都是为了参加体育活动而从不同地方到达了相同的目的地。将这些线索结合起来，威德和布尔（Weed，Bull，2004：37）提出了下面关于运动旅游现象的概念：

> 运动旅游，是由体育活动、人和地点之间的独特的相互作用而产生的一种社会、经济和文化现象。

然而，这个概念并没有比任何一个技术定义，更有助于理解运动旅游现象。无论如何，这还没有结束对运动旅游概念的讨论，因为在下文中还有一些关于术语应用的争论。

在本章中，术语“运动旅游”（sports tourism）用来描述上面所概括出的现象，但其他的研究者却认为应该用“体育旅游”（sport tourism）这一术语。威德（Weed，1999，2003）认为，除了“运动旅游”以外，还可以用更广泛的“运动旅游链”（the sport tourism link）的概念。术语“运动旅游链”是个广义概念，包含除了与体育运动相关的一些活动要素外，还包括体育运动和旅游领域之间密切联系的那些问题，如资源与资金、政策与计划以及信息与研究。在讨论政策发展和体育机构与旅游机构之间的合作方面，它是一个很有用的术语。术语“运动旅游”和“体育旅游”的运用存在争议，因为，它们是本领域学术讨论的基础。吉布森（Gibson，2002：115）和该领域的其他一些学者（如 Standeven，De Knop，1999；Delpy，1998）一致认为，应该使用“运动旅游”，因为“运动”包括更广泛的、与体育运动相关的社会机构，而“体育旅游”指的是前面定义过的一个活动的集合。因此，“运动旅游”涵盖了“对体育运动作为社会机构的更广泛的分析，而不是用对个别体育运动的微观视角”（Gibson，2002：115）。但如果由于这些原因就使用“运动旅游”，这意味着将要依靠作为社会机构的体育运动来定义和界定“运动旅游”的领域。既然上面给出的概念将运动旅游描述为一个起源于活动、人和地点之间相互作用的独特的研究领域，那么用一个依靠体育活动的社会机构来描述这一领域显然不太恰当。此外，在许多案例中可能误用了体育运动的概念，即可能在有些案例中并不存在体育活动和有损体育活动的多样化特性的情况。因为运动旅游的独特性之一，是所讨论的人和地点与活动之间的相互作用是在扩展的，而没有限制它们的多样性，同时还关注了这一术语所暗含的多种多样的不同活动，所以，术语“运动旅游”更受欢迎。

运动旅游的供给

作为率先在这一领域进行研究的工作者之一，格里提斯（Glyptis，1982）研究了五个欧洲国家的体育运动与旅游之间的联系，并且将其与英国作了一些比较。由此，她提出了五种“需求类型”：

- 具有体育运动机会的一般假日；
- 活动假日；
- 运动培训；
- 吸引大量观众的赛事；
- “高端市场”的体育假日。

虽然，这些类型是基于相关需求提出的，但是它们基本上等同于对一个体育运动假日的供应方进行的分类。威德和布尔（Weed，Bull，2004）修改了这些分类以反映当代运动旅游的特性，并且运用它们来研究运动旅游供给的范围。在修改这些分类时，威德和布尔（Weed，Bull，2004：123）注意到“活动假日”类型已经包含了户外冒险或乡村消遣，如攀岩、洞穴探险、远足或徒步旅行。因此，将这一类型重新命名为“体育参与型假日”，以此涵盖体育活动的全部范围，这也可能作为游客旅行的一个首要目的，而“吸引大量观众的赛事”类型则考虑到了运动旅游的被动方。不过，威德和布尔（weed, bull, 2004：37）还注意到其他类型，如具有体育运动机会的一般假日，同样也可能包含了被动的运动旅游。此外，有一种主动参与体育赛事的需求，特别是对大众参与性赛事，如大型城市马拉松比赛。因此，他们提出了这种类型可能称为“体育赛事”更贴切。最后一种类型，威德确定为“高端市场”的体育假日（Weed, 2001a），它并不是以提供运动机会的性质为特征，而是以提供住宿和使用设施的奢华为特点。为此，威德和布尔（Weed, Bull, 2004：37）提出用“奢华型体育假日”来表示这一类型，可能会更有用、更准确。除了修改个别类型外，最后要求修改的一点就是要包括每天的观光内容，这是现代大多数的旅游定义都会包括的内容。只要简单地在这些类型中的必要处用“旅游”替换掉“假日”，便完成了修改。因此，威德和布尔（Weed, Bull, 2004）提出了经过修改后的运动旅游类型：

- 具有体育内容的旅游；
- 体育参与型旅游；
- 运动培训；
- 体育赛事；
- 奢华型运动旅游。

■旅游中的运动项目

这是运动旅游类型中范围最广的一类，它包括的活动范围和供应商的范围都是最广的（Jachson, Weed, 2003）。将介入旅游的体育运动当做是偶发的活动，而不是旅行的重要目的，这是最简单、最没有组织的运动旅游。因此，供应商的类型可以很不相同，可以大到大型跨国经营商，如托马斯集团（Thomsons），小到认为不会将自己纳入旅游业的休闲中心。无论如何，这一类型的界定特征是，体育运动不是旅行的首要目的。依据这个界定特征，这种类型可能会与体育赛事及奢华型运动旅游有所重叠，有可能在这两个类型中，体育运动也不是旅行的首要目的。

虽然这种运动旅游类型，是依据体育运动而不是旅行的首要动机的事实来界定的，但是几乎不可能指出这个领域的供给特性。这是由于，这种潜在的偶发体育活动几乎是无处不在的。因此，许多供应商就不会将自己视为旅游业的组成部分，如市内的体育运动设施供应商或专业的体育运动团队。也许这些是“偶然的服务商”，它们与大型商业旅游经营商、连锁饭店、体育博物馆及目的地的小型体育运动供应商一起，组成了这类运动旅游的混合供给体系。

■体育参与型旅游

虽然前一类型在活动和供应商两方面的范围是最广的，但是体育参与型旅游类型（体育运动是旅行的首要目的）或许是最明显的运动旅游，即它主要指运动假日（见案例14.1）。与前一类型一样，它与其他运动旅游类型，尤其是和奢华型运动旅游也有一些重叠。解决和其他类型重叠的最好办法就是排除法，在这方面除了最基本的情况外，也将主动的参与体育赛事排除在此类型之外，因为主动参与体育赛事是指导或培训的延伸形式。因此，这一类型包括了剩下的多项运动和单项运动的体育参与型旅游，并且仅在少数例外情况下，这个部门的供应商倾向于来自商业部门。

在这一类型中，大部分的供给是来自商业公司，唯一的例外是由饭店企业和自行车旅行俱乐部所提供的“非赢利性”的住宿供给和支援。在此类商业供给中，只有为了迎合滑雪市场的跨国旅游经营商和多样化的体育运动供应商，如地中海俱乐部（Club Med)，才能称之为大型供应商。大部分的其他供给来自拥有单一场所的独立供应商，或是经常联合生产或预订指南或小册子的小型连锁企业。这些小型连锁企业在市场上投放自己的旅游指南或小册子，并帮助游客组织安排他们的旅行日程。

案例 14.1　Plas-Y-Brenin

像大多数提供单项或多项运动的户外冒险活动假期的场所一样，在北威尔士的Plas-Y-Brenin提供了一系列基于水和山的体育运动，还合并了一些基础的“宿舍”住处。它是威尔士的“国家山地中心”（National Mountain Centre)，由“山地培训信托机构”（Mountain Training Trust）经营，这是由英国登山理事会（British Mountaineering Council）和英国山地领导培训董事会（UK Mountain Leader Training Board）联合注册成立的慈善机构。

除了为比较有经验和高级运动游客提供服务外，还开设由专业指导员讲解的为期两天的初级课程，包括攀岩、登山、划爱斯基摩划子以及独木舟等，而且还包括了现场住宿，所有必需的设备和监督。那些专门为“尝试者”设计的课程是为了专门迎合那些家庭成员，而提供的进一步“中级”或“技术提高”的课程是用来激励那些游客再次提升技术而开设的。通过利用这个中心培训，来为今后与周边设施单位打交道奠定了基础，并且利用它所开设的课程和研讨会为俱乐部和协会提供服务。这个中心也提供个人发展和建立团队合作的活动。

案例 14.1 续

Plas-Y-Brenin 包括一系列的培训设施：一个室内划船池，一个滑雪训练斜面，室内培训设施和攀爬墙体以及租用设备。它还能提供餐饮和聚会，而且还有一个定点的餐馆和酒吧。它提供的全部体育运动范围是：攀岩、登山、山地徒步、登峰、滑雪、划爱斯基摩划子、划独木舟、远足和定向运动。它坐落于斯诺山的草原上，已经成为许多户外活动爱好者心中的“麦加”。

进一步的信息：www. pyb. co. uk

■运动培训

和前面两种运动旅游类型相比，运动培训的范围窄了许多。只要旅行的首要目的是接受体育运动指导或培训，这便构成了运动旅游。从游艇航行的一周指导课程，到在高海拔地区为一个国家运动队组织的一个精英训练营（Weed，2001a），这些都可能属于这种类型。这类供给可能来自商业和公共部门，只是公共部门常常是为运动精英们提供供给的。

威德和布尔（Weed，Bull，2004：130）认为，为初学者提供指导的供应商是“学习”供给，它们大部分都是小型的独立经营商，然而，课程常常有助于达到相应的能力水平，或者在参与和训练教育两方面都达到国家运动管理机构的标准而获得颁发的证书。许多提供高级指导和精英培训（同一场所通常会迎合两个市场）的商业部门的供应商，也常常是仅有单一场所的供应商(见案例 14.2)。在一些案例中，精英培训的设施可能会享受公共部门的补贴，而在这些例子中，像这样得到补贴的场所不可能发展成为高级指导的市场。

案例 14.2 欧洲业余运动培训市场

运动培训市场，虽然是一个可以识别的运动旅游市场，但对于大型旅游经营商来说，它所占的市场份额太小了，因而在经济上很难维持下去。因此，就主要由较小的、通常是家族所有的企业（虽然也还有一些较大的经营商）服务于这个市场，这些企业提供了 4 种产品类型：体育胜地、有组织的培训项目、有资助的运动旅游培训和体育运动的旅行社服务。

体育运动胜地为个人或团队出售带有体育设施的住宿。供应商的范围从兰萨罗特(Lanzarote）地区著名的拉圣塔俱乐部（Club La Santa）休假地到法国的小型“度假屋”(Gites)。拉圣塔俱乐部（www. clublasanta. com）从那些希望管理自己的培训的团体处获得预订，也偶尔有来自需要使用拉圣塔俱乐部的设施，来提供“有组织的培训项目”的

案例 14.2　续

其他公司的预订。拉加利盖蒂运动中心（La Garriguette）（www. rasteau. co. uk/training. htm）为自行车旅行者和参加三项全能比赛的运动员提供服务，也是法国比较好的度假屋之一。它是由 GB Triathlon Team 的前经理所拥有和经营的，这个团队还能提供关于培训的建议。

提供“有组织的培训项目”的公司，如活力人群公司（www. activepeople - uk. com）、休闲消遣集团（www. sportstoursinternational. co. uk）和罗宾布鲁体育公司（www. robinbrewsports. com），利用它们公司内部的专业知识和有合约关系的前运动员，对顾客进行一周的集中培训，休闲消遣集团是至今这些公司中最大的一个公司，它提供范围较广的产品，这些产品也会归于运动旅行社这一类别。

有资助的培训旅游提供住宿，当地知识和带向导陪同的选择性资助培训（通常是跑步或骑自行车）。这是没有组织的项目，且游客可以自己决定活动的类型。有许多提供此类旅行和骑车的中心（如，无终结骑乘中心：www. endlessstride. com），但是许多“有组织的培训项目”的供应商也提供这样的服务。

休闲消遣集团也和其他公司一样，如运动旅游俱乐部（www. sports - tours. co. uk）和英国顶级休闲公司（www. ukpremiereleisure. co. uk），扮演着运动旅行社的角色，为参加大型体育赛事的观众或运动员提供全部的旅行安排和运动休假地的预订服务。

资料来源：摘自 Belton（2003）

■体育赛事

体育赛事旅游，是指旅行的首要目的是参与体育赛事的旅游，其顾客要么是运动员，要么是观众。供给可能来自商业部门或公共部门，或是这两者的合伙，而且在一些情况下，还包含来自自愿的运动组织。体育赛事可以大到如奥林匹克运动会和世界杯足球赛（见案例 14.3）这样的大型赛事，也可能小到如一段有趣的五公里赛跑这样的地方赛事。总之，无论大小如何、重要与否，所有赛事都会吸引参与者和观众（Jackson 和 Weed，2003）。

在绝大多数情况下，将由公共部门、商业部门和自愿部门合伙来为体育赛事提供供给。主导部门可能会有不同，这取决于赛事，但是一般商业部门不可能成为主导部门，除非它获得了这个比赛的商标和授权（如世界棒球联赛，World Series Baseball）。前面提到的关于赛事的很多地方都强调了它们的影响。这些影响对于供应商来说很重要，因为在大部分情况下，是这些影响刺激或推动了供给的提供。

案例 14.3 国际性体育赛事

根据有关法律（1993：97），大型赛事这个术语在都市环境里描述为“具有重大的世界意义、令全球瞩目的，对主办城市的形象有重要影响的大型赛事”。它们“通常被认为是具有重要意义的旅游资源……直接吸引着参与者，并能提高这一区域的形象，还间接地促进游客总人数的增加”（Bramwell，1997：168）。罗克（Roche，2001）以目标客源或市场和介入的媒体为基础，区别了“大型”、“专业”和“标志性”赛事。

■奢华型运动旅游

与任何前面提到的种类不同，奢华型运动旅游不是根据前面提到的包括在旅行中的运动特性来定义的，而是根据设施的品质、使用的住宿设施及服务的奢华特性来定义的（Weed，2001a）。由于它简单地迎合了每种情况中市场的奢华需求，因此，它和其他所有类型都会有部分重叠。然而，吸引顾客的特性、提供旅游经历及供应商他们自己的目标和目的，这些都意味着奢华型运动旅游是一种有用并合理的类型。奢华型运动旅游市场的供给仅仅来自商业部门，如乡间高尔夫别墅饭店、较高端的滑雪旅游市场、运动会相关的接待企业等。

奢华型运动旅游的供给具有独特性，或者说至少具有对独特性的感知，设施的高标准和休假地的名气都能创造出这种感知。对独特性的需求，意味着供给倾向于独立的经营商，即如果供应商是组成供应链条的一部分的话，这将会降低对独特性的感知。此外，供给是完全商业化的，其中的潜在利益可能是非常大的（Lilley 和 De Franco，1999）。如此大的回报意味着，这个领域不需要或也不期望公共部门来进行投资或提供供给。

运动旅游的影响

当运动旅游的影响范围很广且很复杂的时候，这可能与体育赛事和体育参与型旅游有关。因此，接下来的讨论将集中在这两种运动旅游类型的影响和效果上，虽然，后面提到的那些影响也可能归因于其他类型，特别是具有体育内容的旅游。

毫无疑问，运动旅游供给造成了大范围的影响，其中经济影响可能是最明显的。大体上，运动旅游是一个动态的，并且正在扩大的旅游经济部门，根据定义可知这在经济上是很有吸引力的。与体育相关的设施和活动都能吸引来自外地的游客，这在当地能创造出购买住宿、食物、饮料、礼品、入场券，其他在设施使用上的花费、租金、交通费用等经济利益。运动及其赛事也可能产生赞助收入、对当地的投资、媒体宣传、有需求的旅游者以及二次乘数效应。

1996 年，杰克逊和里夫斯（Jackson，Reeves）声称：估计北欧国内度假中的 10% ~15% 是偏向运动型的，这种估计是合理的。不管怎样，作者呼吁在未来的旅游统计中给予这个信息空白点更明确、更一致的关注。柯林斯和杰克逊（Collins，Jackson，1999）“保守”估计，三年后英国运动旅游的总值将超过 250 000 万英镑。

■体育赛事的影响

经济影响的大部分研究更倾向于体育赛事领域，在大部分案例中，主要运动赛事（新设施和游客花费）明显的直接利益是通过进行活动的推广来补充的，举办此类活动的明显好处是引起了对当地旅游的公众关注和积极影响。

自 1984 年的洛杉矶运动会（实现盈余 21 500 万英镑）获得了商业成功以来，出现了许多承办奥林匹克运动会的竞争者。主办此类运动会能促进对普通基础设施的投资，这些设施可能将会使用很多年。1992 年的奥林匹克运动会带来的结果，是促使巴塞罗那建设了一条环形公路、一个新机场，为建奥林匹克村而新开发了一个被废弃的沿岸区域，422 000 游客在更大区域范围的相关花费以及其他活动的相关收入。奥林匹克运动会带来的世界范围的公众关注和基础设施投入，应该能使一个主办城市吸引更多对一般设施的投资、更多的活动事件和更多的游客，甚至就算申办奥林匹克失败，也可能会吸引一些对设备和基础设施的投资。曼彻斯特从申办奥林匹克活动中，得到了一个世界级的赛车场和几个当地基础设施项目。怀特森和马瑟托斯（Whitson，Macintosh，1996）描述了在国际商业、文化和旅游巡展中，为申办城市附上“世界级城市”这样一个身份的重要性。而且，通常证明公共投资的水平是与这些国际级标准保持一致的。不变的是主办方会存在一个成本，但肯定对范围更广的经济体来说，将会存在相当大的利益（见 Mules 和 Faulkner，1996）。

一个重要的考虑，就是包括那些区别于对体育赛事成本和利益评估的经济影响的因素。例如，许多此类赛事，特别是那些以重建为主要目的赛事，常常要求拆除一些至少是现存的供给或住宿设施，从而为建新的设备、基础设施或开发让路。最坏的是，这可能会导致整个社区陷入痛苦的崩溃状态，如 1978 年在埃德蒙顿举办的英联邦运动会（Chivers，1976）和 1988 年在卡尔加里举办的奥林匹克运动会（Reasons，1984），为了建造用于运动会的建筑物，而拆迁了一些工人阶层家庭的居所。与 1992 年巴塞罗那为奥林匹克运动会而开发了一个沿岸区域和北京为 2008 年奥运会所做的准备一样，都产生了拆迁当地社区的情况。虽然许多人会将此类重新开发看做一个积极的利益，它将改善城市的环境和形象，然而对于那些拆迁的社区，这种经历可能是十分痛苦的。许多情况下，尽管通常都是将这些社区重新安住在其他较好的地方，但这些社区仍然可能生活得较为贫困，因为此类拆迁通常是迁去远距离的陌生郊区，这样就会出现远离世代友好的邻居朋友的情况，从而会破坏拆迁居民日常的工作和社会关系网，在一些情况下还会破坏整个社区的关系网。

总的来说，与许多商业开发形式相比较，不论怎样，体育赛事旅游被认为是有着重要的积极影响。在很多国家，运动旅游在产生社区认同和自豪感，以及使那些正在衰退的都市区域经济和社会得到再次发展方面都扮演了重要的角色。在对南非种族隔离的直接影响后果中，纳尔逊·曼德拉（Nelson Mandela）谈到了，在南非遭受了国内动乱和国际隔离的那些年后，1995 年由南非成功主办的拉格比世界杯在“国家建筑业”中起到了积极的作用。

■体育参与型旅游的影响

特别是在乡间，体育参与型旅游近年来已产生了许多重要的影响。尽管乡村环境具有明显的敏感性，运动旅游发展会产生一些消极的影响（见 Standeven 和 De Knop，1999），但是对于世界大部分地区，运动旅游仍然保持了作为能对农村经济的许多方面有所贡献的“软”旅游的名声。例如，赖特（Wright，2000）阐述了攀登者和爬山者在农村地区如何为乡村社区作出贡献，特别突出了随之产生的经济活动有助于支持当地的服务业，如商店、邮局和旅馆。由于大多数攀登者赞同的“规范”和期望行为，都将消除那些被视为破坏山区或岩石表面的“弊端”行为，因此攀登是维持环境可持续发展的运动旅游的一个很好的例子。

然而在农村，体育参与型旅游已引发了越来越多对这部分的安全标准和环境影响的担心。在英国的威尔士旅游者委员会（Wales Tourist Board），专门建立了一个假日活动顾问委员会（Activity Holidays Advisory Committee）以补充英国假日活动协会（British Activity Holidays Association）的工作，这个委员会负责维护标准并执行业务法规。运动英格兰（Sport England）也关注到基于体育活动的假日旅游对乡村环境的影响，而大多数此类假日活动都出现在乡村。

发展乡村体育参与型旅游的经济利益是可论证的，肯定的是，更多的是积极的利益，特别是当许多区域的传统乡村经济贡献者逐渐减少的时候，乡村消遣，如远足、攀登、定向运动、慢跑和自行车，所有这些都在逐渐增加对乡村经济的贡献。在英国，特别是当国家自行车网（National Cycle Network）发展起来，并且乡村地区和当地的小企业投资到自行车旅游的时候，自行车旅游作为乡村经济发展策略中的关键要素正显露出来。杰克逊和莫佩斯（Jackson, Morpeth, 1999）注意到，国家自行车网，能在全英国每年产生 150 000 万英镑的旅游收入和创造出 3 000 多份工作机会。特别是在大家关注的乡间，"自行车环海岸线"（C2C Cycle Route）从海岸到海岸穿过英格兰的北部乡村，估计这条线路每年已经为它沿线的社区创造了 1 500 万英镑。

无论如何，应当提醒注意的是存在过于信赖休闲经济的情况，如凯思等人（Keith et al., 1996）提出，在美国犹他州的那些依靠旅游和休闲来保持经济活力的县份，往往比那些有着更广泛经济活动组合的县份每年有更多变动的就业机会。事实上，在关注旅游创造就业的文献中，对创造出的工作机会的兼职性、季节性和临时性已表现出了更多的关注（Shaw, Williams, 2002）。如此依靠休闲和旅游也可能导致对生态和环境关注的疏忽，例如，韦斯等人（Weiss et al., 1998）研究了奥地利和比利时的滑雪旅游者与滑雪胜地居民对滑雪旅游的反应，他们发现滑雪旅游者和当地人在财政上并不完全依靠旅游，而且比起当地对旅游的依赖来说，他们有着更高的生态意识。这显然是当地群体在产业中既得经济利益的结果，这也进一步强调了一个事实，这个事实就是最小化了这些群体对待一般环境问题的差异。他们还发现，根据处理这些与滑雪旅游相关的环境问题所介入的个人牺牲的程度的不同，关注度也会有所变化。

运动旅游链政策发展

关于运动旅游链政策发展的大量文献，研究了影响体育机构和旅游机构合作程度的有关问题（Weed, 2001b, 2003）。无论怎样，本章集中在分析那些可能大家更期望体育和旅游的政策制定者们能合作的领域。由威德和布尔（Weed, Bull, 1997）开发的"体育与旅游的政策领域模板"是处理这个问题的一个有用工具。为政策考虑，这个模板指出了六个大致的领域，它们是：

- 体育运动假日（出自 Glyptis, 1982）；
- 设施问题；
- 乡村环境与水问题；
- 资源和资金；
- 政策与计划；
- 信息与促销。

这些领域进一步细分为 21 个子群，每个都受到许多问题和考虑的影响，分析详见图 14. 1。

图 14.1　运动和旅游的政策领域

体育假日					设施问题			环境、乡村与水问题		
运动培训	活动假日	"高端"体育假日	有运动机会的一般假日	吸引观众的事件	旅游者设施的双重作用	饭店休闲设施	利用旅游支持当地设施	农场多样化	乡村通道与合并	小船坞开发
专业设施主要场所非高峰使用运动开发	妨碍行为非季节旅游水上运动自行车/步行运动开发社会目标	会议市场妨碍行为	水上运动休闲中心会议市场运动开发	经济贡献领域识别专业设施主要场所	不同价格非高峰期使用主要场所专业设施社会目标	非季节旅游会议市场非高峰期使用	主要场所专业设施不同价格休闲中心社会目标	妨碍行为欧盟资助	水上运动自行车/步行妨碍行为社会目标	会议市场非季节旅游主要场所专业设施水上运动妨碍行为领域识别休闲中心欧盟资助

资源与资金			政策与计划				信息与促销		
补充资金	争取资助的联合投标	经济与社会恢复	地区论坛	市场活动	解决冲突	实践准则	联合推广	信息发布渠道	研究与建议
主要场所专业设施经济贡献领域识别	主要场所专业设施经济贡献领域识别欧盟资助社会目标	会议市场非季节旅游主要场所经济贡献领域识别欧盟资助社会目标	领域识别社会目标	经济贡献游客信息中心休闲中心欧盟资助	水上运动妨碍体育行为	主要场所专业设施水上运动妨碍体育行为社会目标	主要场所专业设施水上运动自行车/步行妨碍行为领域识别欧盟资助社会目标	领域识别休闲中心游客信息中心	专业设施主要场所妨碍行为会议市场经济贡献欧盟资助

注：Weed 和 Bull（2004）在体育假日下使用的类别早于 Glyptis（1982）的更新版

资料来源：采用 Weed，M. E. 和 Bull，C. J.（1997）的 Integrating Sport and Tourism：A Review of Regional in England，Progress in Tourism and Hospitality Research，3（2），129-149.

这个模板旨在总结出那些假设对体育政策与旅游政策的发展负有责任的机构可以合作的领域，并且认为这些领域与先前讨论的活动、人和地点之间的相互作用有关。例如，在体育运动度假区，对主要赛事的一个关键考虑是赛后对主要场所和专业设施的使用问题。亚特兰大奥林匹克运动会（1996）和曼彻斯特英联邦运动会（2002）的案例中，为了亚特兰大勇士棒球队和曼彻斯特城市足球俱乐部以后各自的长期使用，运动会的露天体育场拥有适应改搭的临时看台设施。在这些案例中，由体育运动产生，并且与体育运动相关的场地体验，对棒球和足球两者的要求是不同的。由于观看不同类型的体育赛事中的不同群体的观众会期望得到一种不同的场地体验，因此，需要改搭这些露天体育场以确保它们今后的长期使用。谢菲尔德城（City of Sheffield）提供了一个来自设施问题领域的案例，在这个案例中，确保了为世界学生运动会（1991）建造的固定设施，同样适宜于吸引大量观众的体育赛事和一般休闲社区运动的日常使用。这里，为了不同的参与者或观看一系列不同的活动，对一个地方的要求是，它能灵活地创造出不同的场地体验。因此，Ponds Forge 游泳池是世界上最大的灵活的设施之一，它不仅一直适用于谢菲尔德城的当地居民，而且还作为城市应对体育赛事的部分设施。

参与旅游的多样化的农场（见环境、乡村与水问题领域）可能经常包括一个运动旅游的重要因素，布斯比和伦德尔（Busby，Rendle，2000）列举了骑马、钓鱼、射击和划船，这些只是这个产品中的一部分。在欧洲一些经济萧条地区，农场旅游变得特别重要，欧盟提供资金来发展这种休闲运动旅游产品（见 Davies，Gilbert，1992，在威尔士乡村中对这个部门的概述）。这里，不是大规模的环境变化改变了场地体验，而是新的人群和参与新的体育活动之间的相互作用改变了农场体验。

资源和资金是一个关键的领域，在这个领域中，体育和旅游的利益合作可能会比当前情况有更进一步的发展。然而，许多来自城市销售的文献中，美国的案例提到了相关资源的来源渠道，即用特色鲜明的运动活动来重建社区的项目。也有一些不太明显的案例，将运动旅游的资源作为乡村区域营销的一部分。例如，纽约州阿迪朗代克（Adirondack）的北方乡村地区，已发展了一个基于自行车旅游的地区营销计划，旨在支持乡村经济和当地旅游服务。在这些案例中，重点是通过包装和促销一些新的和现有的活动吸引新游客去一个地区，目的在于新游客和活动将会有助于那个地方的重新发展，进而改善运动旅游体验和当地居民的生活。与这些首创行动有关的是政策与计划，如实践准则的发展。在威尔士，活动旅游是一个重要的市场，威尔士游客委员会建立了一个假日活动顾问委员会作为英国假日活动协会的补充，并通过它与威尔士体育理事会的联系来发展和维持实践准则，以确保假日活动的安全。与信息和促销有关的是，岗恩（Gunn，1990）描述了南非的一个与研究和建议有关的合作首创行动。南非旅游机构（South African Tourism Agency）和休闲计划署（Recreational Planning Agency）在一个联合研究项目上合作，以找出与运动和休闲相关的设施与资源的旅游优势，最后的这两个案例强调了通过共同认可和研究首创行动来增强运动旅游体验的方式，这些研究是为了确保人们在最适当的地方、以最有效和最安全的方式、进行最适宜的活动。

当然，上面描述的合作并不一定说明存在运动旅游政策发展的可持续策略，事实上，尽管基于模板的研究（Weed 和 Bull，1997）揭示了在英格兰的政策机构中运动旅游活动的大量增长，但此类活动的发展与机构间的一些重要联系并不匹配。机构介入的大多数运动旅游活动都单方面得到了提升，其他部门的机构则没有介入。很少有真正的多方合作的运动旅游首创行动，并且最近更多的研究表明，这种情况不仅仅在英格兰，而是在全世界都将继续下去。

结　论

运动旅游的现代属性，使得不可能将其仅视为旅游市场的一部分，因为它是一个多方面的现象，包括许多各种各样的市场。在运动旅游中，明显的区别存在于：在那些观众与那些积极的参与者之间；在那些将运动作为旅行的基本目的的人们与那些对于他们来说，运动是一个附带的旅游活动的人们之间；在那些对于他们来说，运动旅游包含了竞争，与那些对于他们来说，介入运动只是消遣的人们之间；以及在对于他们来说，活动、人和地点的相互作用的重要方面有所不同的那些人们之间。当然，运动旅游者的许多其他方面也是有区别的，这有助于分析运动旅游体验的多维特性，供应商必须对这些特性做出回应。除了其他因素以外，对于学术而言，研究运动旅游的兴趣集中在影响、参与者、政策与供给，这些因素本章都已探讨过了。近年来，作为学术兴趣关注的一个现象和领域，运动旅游已经经历了相当大的发展，并且，已有现象表明它仍会继续发展壮大。

问题探究

1. 概述运动旅游的主要类型，提供每种类型的供给例子。
2. 描述运动旅游的影响，积极的和消极的，在城市和乡村的。
3. 用实例讨论哪些是期望体育和旅游的政策制定者可能合作的领域。

阅读指导

斯坦迪文和德努普（Standeven, De Knop, 1999）提供了对运动旅游的基础介绍，这个介绍涵盖了积极影响方面；而威德和布尔（Weed, Bull, 2004）的研究中则更进一步地探讨了这个领域及其理论基础。欣奇和海厄姆（Hinch, Higham, 2004）讨论了运动旅游的发展，而在赫德森（Hudson, 2003）主编的书中则涉及了一系列运动旅游中的市场问题。

网站推荐

鼓励读者访问文中提及的各种商业网站。

关键词

奢华型运动旅游；体育赛事旅游；体育参与型旅游；运动旅游；运动培训旅游；运动旅游链；具有体育内容的旅游。

参考文献

Belton, S.（2003）The Supply and Demand of the Sports Training Tourism Industry. Unpublished MSc Thesis. Loughborough University, Leicestershire.

Bramwell, B.（1997）User satisfaction and product development in urban tourism, *Tourism Management*, Vol. 19, No. 1, 35-47.

Busby, G. and Rendle, S.（2000）The Transition from Tourism on Farms to Farm Tourism, *Tourism Management*, 21（6）, 635-642.

Chivers, B.（1976）Friendly Games: Edmonton's Olympic Alternative, in J. Lorimer, and E. Ross,（eds）*The City Book: The Politics and Planning of Canada's Cities*. James Lorimer, Toronto.

Collins, M. F. and Jackson, G. A. M.（1999）The Economic Impact of Sport and Tourism, in J. Standeven, and P. De Knop, *Sport Tourism*. Human Kinetics, London.

Davies, E. T. and Gilbert, D. C.（1992）Planning and Marketing of Tourism: A Case Study of the Development of Farm Tourism in Wales, *Tourism Management*,

13 (1), 56- 63.

Delpy, L. (1998) An overview of sport tourism: Building towards a dimensional framework, *Journal of Vacation Marketing*, 4, 23-38.

Department of Culture, Media and Sport (2001) *Staging International Sporting Events*, Government Response to the Third Report from the Culture, Media and Sport Committee Session 2000-2001, presented to Parliament by the Secretary of Culture, Media and Sport by Command of Her Majesty, October 2001.

Gibson, H. J. (2002) Sport Tourism at a Crossroad? Considerations for the future, in S. Gammon, and J. Kurtzman, (eds) *Sport Tourism: Principles and Practice*. LSA, Eastbourne.

Glyptis, S. A. (1992) Sport and Tourism in Western Europe. British Travel Education Trust, London.

Gunn, C. A. (1990) The New Recreation-Tourism Alliance, *Journal of Park and Recreation Administration*, 8 (1), 1-8.

Hinch, T. D. and Higham, J. E. S. (2004) *Sport Tourism Development*. Channel View Publication, Clevedon.

Horne, J. , Tomlinson, A. and Whannel, G. (1999) *Understanding Sport: An Introduction to the Sociological and Culture Analysis of Sport*, E & FN Spon, London.

Hudson, S. (ed.) (2003) *Sport and Adventure Tourism*. Haworth Hospitality Press, New York.

Jackson, G. A. M. and Morpeth, N. (1999) Local Agenda 21 and community participation in tourism policy and planning: Future or fallacy, *Current Issues in Tourism*, 2 (1), 1-38.

Jackson, G. A. M. and Reeves, M. R. (1996) Conceptualising the Sport-Tourism Interrelationship: A Case Study Approach. Paper to the LSA/VVA Conference, Wageningen, September.

Jackson, G. A. M. and Weed, M. E. (2003) The Sport-Tourism Interrelationship, in B. Houlihan, (ed.) *Sport and Society*. Sage, London.

Keith, J. , Fawson, C. and Chang, T. (1996) Recreation as an Economic Development Strategy: Some Evidence from Utah, *Journal of Leisure Research*, 28 (2), 96-107.

Law, C. M. (1993) *Urban Tourism, Attracting Visitors to Large Cities*. Mansell, London.

Lilley, W. and DeFranco, L. J. (1999) The Economic Impact of the European Grands Prix. Paper presented to the *FIA European Union and Sport Workshop*, Brussels, Belgium, February.

Mules, T. (1998) Events tourism and economic development in Australia, in D. Tyler, Y. Guerrier, and M. Robertson, (eds) (1998) *Managing Tourism in Cities Policy, Process and Practice*. John Wiley & Sons, Chichester.

Mules, T. and Faulkner, B. (1996) An economic perspective on special events, *Tourism Economics*, 2 (2), 107-117.

Reasons, C. (1994) Real Estate: the Land Grab, in C. Reasons, (ed.) *Stampede and City: Power and Politics in the West*. Between the Lines, Toronto.

Robertson, M. and Guerrier, Y. (1998) Events as entrepreneurial displays: Seville, Barcelona and Madrid, in D. Tyler, Y. Guerrier, and M. Robertson, (eds) (1998) *Managing Tourism in Cities: Policy, Process and Practice*. John Wiley & Sons, Chichester.

Roche, M. (2001) Mega-Events, Olympic Games and the World Student Games 1991-Understanding the Impacts and Information Needs of major Sports Events, Paper Presented at the SPRIG Conference, UMIST Manchester, 1 May 2001.

Shaw, G. and Williams, A. (2002) *Critical Issues in Tourism: A Geographical Perspective*, 2nd, edn. Blackwell, Oxford.

Standeven, J. and De Knop, P. (1999) *Sport Tourism*. Human Kinetics, Champaign.

Tomlinson, A. (1996) Olympic Spectacles: Opening Ceremonies, and Some Paradoxes of Globalisation, *Media, Culture & Society*, 18, 583-602.

Towner, J. (1996) *An Historical Geography of Recreation and Tourism in the Western World* 1540-1940. Wiley, Chichester.

Urry, J. (2002) *The Tourist Gaze*, 2nd edn. Sage, London.

Vamplew, W. (1998) Sport and Industrialisation: An Economic Interpretation of the Changes in Popular Sport in Nineteenth-Century England, in J. A. Mangan, (ed.) *Pleasure, Profit and Proselytism: British Culture and Sport at Home and Abroad*, 1700-1914. Frank Cass, London.

Waitt, G. (1999) Playing games with Sydney: marketing Sydney for the 2000 Olympics, *Urban Studies*, 36, 1055-1077.

Waitt, G. (2003) Social impacts of the Sydney Olympics, *Annals of Tourism Research*, 30 (1), 194-215.

Weed, M. E. (1999) More Than Sports Tourism: An Introduction to the Sport-Tourism Link, in M. Scarrot, (ed.) Proceeding of the Sport and Recreation Information Group Seminar, *Exploring Sports Tourism*. SPRIG, Sheffield.

Weed, M. E. (2001a) Developing a Sports Tourism Product. Paper to the First International Conference of the Pan Hellenic Association of Sports Economists and Managers, *The Economic Impact of Sport*, February.

Weed, M. E. (2001b) Towards a Model of Cross – Sectoral Policy Development in Leisure: the Case of Sport and Tourism, *Leisure Studies*, 20 (2), 125-141.

Weed, M. E. (2003) Why the Two Won't Tango: Explaining the Lack of Integrated Policies for Sport and Tourism in the UK, *Journal of Sports Management*, 17 (3), 258-283.

Weed, M. E. and Bull, C. J. (1997) Integrating Sport and Tourism: A Review of Regional Policies in England, *Progress in Tourism and Hospitality Research*, 3 (2), 129-148.

Weed, M. E. and Bull, C. J. (2004) *Sports Tourism: Participants, Policy and Providers*. Elsevier, Oxford.

Weiler, B. and Hall, C. M. (eds) (1992) *Special Interest Tourism*. Bellhaven, London.

Weiss, O., Norden, G., Hilschers, P. and Vanreusel, B. (1998) Ski Tourism and Environmental Problems, *International Review for the Sociology of Sport*, 33 (4), 367-379.

Whannel, G. (1985) Television Spectacle and the Internationalisation of Sport, *Journal of Communication Enquiry*, 2, 54-74.

Whitson, D. and Macintosh, D. (1996) The Global Circus: International Sport, Tourism and the Marketing of Cities. *Journal of Sport and Social Issues*, 20 (3), 278-295.

Withey, L. (1997) *Grand Tours and Cook's Tours: A History of Leisure Travel*, 1750 to 1915. Aurum Press Ltd, London.

Wöber, K. (1997) International city tourism flows, in J. A. Mazanec, (ed.) *International City Tourism*, 39-53. Pinter, London.

Wright, B. (2000) An Arm and a Leg: How Climbers' and Mountaineers' Money can Benefit Rural Communities, *Climber*, November, 88-89.

第 15 章　旅游业的经济效应

约翰·特莱布（John Tribe，萨里大学）

学习目的

学完本章后，读者应该能够：

- 在广泛的发展条件下，理解旅游业的经济效应；
- 解释国家及私营机构在发展旅游基础设施和接待设施中的作用；
- 进行简单的成本效益分析；
- 阐述旅游业的主要经济效应；
- 解释旅游乘数效应；
- 简要说明漏损影响及如何将其降低。

本章概述

旅游业可以为国家的经济收入和繁荣做出重大贡献。其主要的经济影响包括：支出、收入、就业以及产生税收，赚取外汇收入等（Archer，1996；Wagner，1997；Mules 2001）。除此之外，旅游业还有一系列有利的或不利的外部影响（又叫间接影响）。在一些国家，旅游业对当地的经济影响特别大，如在百慕大和巴哈马群岛约占 50% 的经济活动与旅游业相关（Conlin and Baum，1995），类似的在外汇收入方面，20 世纪 90 年代中期旅游业促成了法国 110 万的国际收支平衡。

旅游项目在建设和运行阶段不仅可以增加直接收入和就业机会，同时也会对当地和全国的经济产生重大的影响（乘数效应），旅游业也日益成为发展中国家实现自身经济增长的首选工具之一。然而，由于旅游业与其他经济活动的界限十分模糊，使得人们难以准确估算旅游业对国家经济作出的贡献。举例来说，像交通、酒店、航空既可以各自成为单独行业，也可以成为旅游业的组成要素，这就促使人们开发了旅游卫星账户，以期对旅游业的经济贡献进行更为精确的核算（参看第24章）。

旅游业的发展往往需要在基础设施上进行大量的投资，而各个国家对旅游发展中的公共投资与私人投资所持的态度又各不相同。由于旅游业发展过程中产生的各种正面和负面影响的复杂性，在国家准备投资旅游项目时，成本效益分析方法（cost-benefit analysis，CBA）常常被用作决策的理论依据。

旅游业与经济发展

本节的目的是要考察旅游业如何才能对长期的经济增长起贡献作用，如何才能够重振经历了结构性变化的旅游区域经济。

■增长与发展

经济增长，是指一个国家的人均实际产量的增加，一般以一段时间内国民生产总值（GNP）的改变来衡量。提高经济投入的质量和数量，并且更合理有效的利用，都可以推动经济增长。众多的产业可以成为经济增长来源，旅游业也是其中之一。像许多其他行业一样，其前期投入主要有土地、人力、资本和技术。

对于旅游业来说，气候、景观、海岸和郊区都是重要的资源，属于投入中的“土地”一类。对这些资源进行开发，可以使各个国家利用自己的比较优势与其他潜在的旅游目的地进行竞争。例如，法国旅游业的成功在很大程度上取决于该国的自然资源，这些资源把游客吸引到该国的城市、山区、乡村和海滩。

在劳动力方面，劳动者的素质对提高生产力极为重要，而通过对从业人员进行教育和培训都可以提升劳动者的劳动素质。另一方面，某些旅游目的地可以利用其廉价而丰富的劳动力资源，提供在价格上极具竞争力的旅游产品。

资本包括对新的工厂和机器的投资，资本的合理安排，可以提高劳动生产率并使经济增长加速。发展旅游业，在基础设施上的投资和开发是极为重要的。基础设施包括机场、港口、公路和高速公路。贾米森（Jamieson，2001）给出了营造良好的旅游基础设施投资环境方面的几个重要措施：

- 鼓励旅游企业合作和一体化发展规划；
- 营造积极的投资环境；
- 建立旅游投资特区；
- 支持人力资源开发；

■ 为产品开发战略创造机会；

■ 采用新的方式提供高质量的基础设施的建设。

技术发展也导致了旅游业绩效的增长。这些技术包括不断改进航空旅行、降低成本、形成新领域，同时，电子信息工程的发展，也促进了信息的传递，扩展了销售渠道。案例 15.1 说明了越南旅游业对经济增长的贡献。

案例 15.1　越南的旅游和经济发展

1975 年美越战争结束后，越南经历了一段孤立于国际和中央控制的计划经济发展时期，使该国与苏联及其联盟国之间的贸易和旅游往来被限制。1986 年，越南的中央政府改变了政策，开始提倡自由经济，同时期国际间的正常邦交也恢复了，外国投资和所有权的禁止令也被撤销。

这些政策的改变，旅游业是主要的直接受益产业。越南有未污染的海岸线，神奇的自然风光，文化遗产等旅游业发展所需要的基本资源，再加上大量廉价劳力都是越南发展旅游业的有利条件，但作为直接战后国家，越南很难有资本来开发利用其旅游资源。

1986 年以后，随着大量的外国投资进入越南，情况开始转变。1988 年到 1995 年期间，大约有 20 亿美元被投资于 100 多个酒店项目。包括大都市饭店集团（法国）、凯悦饭店集团、马里奥特饭店集团（美国），欧姆尼饭店（香港）等多个国家和地区的酒店集团。自此，越南旅游业开始飞速发展。1991 年旅客人数达 30 万人次，到 1995 年已超过 130 万人次。1995 年，旅游收入估计超过 40 亿，给越南的国民生产总值（GNP）带来巨大贡献。到 2000 年，旅游业及相关产业带来直接就业 13 万份，旅游对 GNP 的贡献达到 5.8%。到 2002 年，该国有 1 940 间酒店，近 670 间家庭旅社、度假别墅等，11 个大型旅游区。入境旅客数量持续增加，2004 年第一季度，国际游客达到 743 478 人，比 2003 年增加 4.3%。

越南经济增长面对两个主要问题。第一是外债。世界银行已经把越南列为严重欠债的低收入国家，其外债超过了 260 亿美元。投资是经济发展的关键，但是国内资本的严重缺乏导致越南每年都将用国家收入的大部分用于偿还外债及其利息，这就直接阻碍了越南的经济发展。第二是来自于跨国企业。国内资本的匮乏，意味着大部分越南旅游投资来源于跨国公司。虽然旅游资本因此快速增长，但根据乘数效应，旅游收益最终都回到了国外的投资者那里，而并非留在了越南本国，导致越南实际经济收入的减少。这两者都限制了像越南这样的低收入国家从旅游业获取应得的全部利益。另外，越南基础设施（交通网络、机场、通讯）落后，发展能力也因缺乏可用于公共投资的国家基金而受到限制。

■经济复苏

作为国家经济增长战略的重要组成部分，旅游业也可以在复兴计划中发挥作用。经济复苏，是指一个国家或地区由于经济结构转型导致经济下滑而进行经济重建的过程。在英国，经济结构变化影响了乡村，农业收入下降，收入通常流到工业能力削减、地区经济衰退的地区，如谢菲尔德、利物浦、南威尔士、伯明翰、曼彻斯特等。在地区经济中，某一方面的衰退由另一方面的增长来进行补偿的过程不是自动实现的，正因为如此，许多区域沦落为经济萧条区或者被剥夺区。当地经济低迷的指标，包括失业率高，收入低于平均水平和日益恶化的经济衰退所形成的恶性循环。

经济复苏通常指在产业衰退留下的空白点注入新的经济活动中心，而旅游项目正好可以为此提供大众旅游活动。经济复苏一般有三个影响：第一，在新项目建设阶段为当地提供就业机会；第二，新项目建成投产后为当地创造就业机会；第三，旅游项目往往吸引外来消费者到当地消费（增加当地消费机会）。

史密斯（Smith，2003）探讨了文化产业在吸引游客，促进城市再生中的作用。她所引用的例子是英国的谢菲尔德联合王国，一个曾一度闻名于钢铁工业的地区，在 20 世纪 90 年代开展了文化产业战略，并建设了基于电视、流行音乐和电影的“文化产业区”，1991 年还举办了世界大学生比赛。在农村，已经成功实施的方案包括康沃尔的伊甸园项目和斯图·艾弗的体验画廊等。

公共部门与私营部分

交通是许多旅游活动必不可少的基础设施。交通基础设施（如公路、铁路和机场）的提供需要大量投资的支持，然而在投资上世界各国政府将明显采取不同的方法。以铁路为例，法国有着非常复杂的国家铁路系统，其核心是 TGV 高速列车（high - speed train）。为了革新 TGV 高速列车，就不得不花费大量投资来建设直轨铁路，而这些投资通常由政府承担。而在英国则完全是另外一回事，20 世纪 90 年代，英国铁路系统实行私有化，这源于在 90 年代以来的投资不足和在安全性与可靠性纪录上的欠佳。因此，不管是旅游业还是其他经济组成部分，经济增长政策的制定者往往分成由政府投资和完全依赖自由市场两部分进行决策。

政府干预主义者认为，政府应该在教育、培训、研究发展、项目投资和基础设施建设上发挥关键作用。其强有力的观点认为，如果缺少了政府投资会使得这些领域投资不足。例如，从某种程度说，个人因为可以预见到未来可以获得更高的回报而投资于教育，然而一个受过教育的劳动者却给国家带来更大的经济利益。从这个意义来说，这是一个公共利益和私人利益的最佳结合点，是国家对其进行资助以获得整体利益的理由。政府投资基础设施主要有两个理由：第一，由于规模和风险，使私营机构的投资趋向审慎。第二，这些投资大多涉及到"公共产品"，如一个当地的公路网很难收取使用费，也不能排除免费的使用者，这样的情况意味着该项目将无利可图从而难以吸引私人投资。那些支持公共部门投资的人毫无疑问地把英国铁路私有化的失败作为他们的论据。

与此相对的是，主张自由市场的人以低增长来指责政府的干预。他们声称，政府投资的项目挤走了资金，留给私营机构的是很少的空间和更高的利率。同样，声称需要公共投资基金的高税率抑制投资，而自由贸易和价格机制将促使资本和其他资源被吸引到经济高增长领域。自由竞争者通常提倡以"供给方面的"政策来促进私营机构的投资。供给方面的政策包括：

- 减少政府投资以实现对私营机构的资源释放；
- 减税以鼓励私人投资；
- 削弱贸易联盟力量（降低工会力量），鼓励灵活的劳动力市场；
- 减少福利金以鼓励个人企业；
- 鼓励风险投资、创业和私有化；
- 通过政策放宽以鼓励竞争；
- 简化政府审批程序。

公共部门投资的反对者指出，早期的政策失败象征如协和式超音速客机的开发，它体现了公共部门投资最糟糕的一面：花费了日益增加的纳税人的钱，却从来没有实现相应的商业销售。与此相反，里昂航空和捷运成为私营企业良性循环的成功范例。

成本效益分析

公共部门投资的成本效益分析可能比较复杂，公共部门的投资评估将要考虑包括更为广泛的公众利益以及可能由此产生的不良影响，而私营机构投资只考虑盈利需求评估的项目。"成本效益分析"是一种涉及到公众部门和私营机构的，确保投资项目的所有成本和效益得到确认和衡量的方法。作为一个社会可接受的项目或规划，其社会效益（包括外部的效益和私人效益）的总和必须超过社会成本（包括外部成本和私人成本）。这可以用下式来表示：

$$\sum Bs + \sum Bs > \sum Cs + \sum Cp$$

其中，$\sum$ = 总和，Bs = 社会效益，Bp = 私人效益，Cs = 社会成本，Cp = 私人成本。

表 15.1 说明了一个专门设计为吸引游客的城市中心方案，以及合理的私人和社会成本和效益的例子。私营机构项目计划的投资评估，主要计算项目的私人成本和效益，而一旦私人成本有可能超过效益，则不可能去投资该项目。但是，成本效益分析包含了更为广泛的成本和效益，如在项目建设期许多像噪声和交通拥堵等附加成本将被计入成本分析中。另一方面，由该项目可以达到的社会效益，可能包括由于改善交通安全而减少因交通事故引起的人员伤亡，由项目产生的整体环境的改善带来的更高的社会公共生活水平的提高，由新到来的旅游者对当地经济的影响和项目带来的当地就业机会的增加等。在此情况下，公共和私人利益的总和将超过总费用。因此，对于公共部门投资项目的评价便可能比较积极。案例 15.2 说明了在美国投资公共旅游信息中心的理由。

表 15.1　行人区改造方案的成本效益分析

成本	效益
私人成本	**私人收益**
● 项目的建设成本	● 咖啡厅的场地租金
—劳动力	
—物资	
—设计费	
社会/公共成本	**社会/公共效益**
● 更长的道路	● 创造新的工作机会
● 建设期间的种种不便	● 在该区产生更多的旅游消费
	● 交通事故减少
	● 更舒适

案例 15.2　接待中心的成本和利益

皮特戈夫和史密斯（Pitegoff，Smith，2003）就美国各州的旅游接待中心产品受欢迎程度进行了一个调查，这些旅游接待中心通常被视为是不能获利的，因此，在传统上各州政府被指定为其主管部门。但是他们发现，如果游客由于游客接待中心的指导而导致他们改变行程，这将会给当地的经济带来额外的贡献。所以当这些更为广泛的利益被统计的时候，那些简单地被认为是无利可图的项目也许在事实上可以为各州的经济产生利润。换句话说，如果能在一个更广的范围内讨论成本和利益，而不只是局限于某项操作的直接成本和利益，这些旅游接待中心的存在价值可以用以后的经济得失来讨论。

主要旅游经济效应

旅游业是"英国最大的产业之一（在英格兰为第五大产业）。在英国，旅游业价值在 2001 年就达到 740 亿英镑，约占英国 GDP 的 4.5%。旅游业还是提供就业机会最大的产业之一，容纳了近 210 万从业人员，约占英国劳动力的 7%。在所有创造出来的新职位中，旅游业大约占了 10%，表明这个发展中的产业对英国经济的重要性"（Culture，Media and Sport Committee of the House of Commons，2003）。案例 15.3 表明旅游业在收支、就业、税收、国际收支平衡方面的影响及其对外效应。

案例 15.3　西班牙的旅游和发展

旅游业在 1995 年到 2002 年间一直是西班牙经济增长的主要产业。在这期间，旅游业对 GDP 的贡献每年平均在 10% 左右，到 2000 ~ 2001 年间达到最高峰，其贡献值为 12%。单是 2002 年国际游客就给西班牙带来了超过 400 亿欧元的收入。同时，西班牙游客的境外消费达 110 亿欧元。两者的差异即西班牙旅游业的顺差达 290 亿欧元，占 GDP 的 4.3%。同样，由于旅游业更像一个劳动密集型的产业，它在解决西班牙的就业中扮演了一个重要角色，给西班牙带来了大量的就业机会。那些典型的旅游行业如酒店及住宿业、餐饮、交通、旅游中介等，提供了超过 150 万个就业岗位，几乎相当于该国总就业机会的 10%。

西班牙对旅游业的依赖也造成了两个主要问题。第一，其造成对英国、德国、法国等经济繁荣和发展的发达国家的依赖，如西班牙尤其依赖英国和德国旅游者的消费，在 2003 年，德国和英国在西班牙的旅游在消费几乎占了其当年旅游总消费的 50%。但是，两个国家在 1999 年到 2003 年之间的发展趋势并不一致，德国游客减少而英国游客逐年增加。20 世纪 80 年代初期到 90 年代早期，两个国家经济不景气曾导致西班牙旅游收入的下跌。第二，旅游业相关工作岗位多为低技术要求，并且多为季节性的。第三，在

案例 15.3 续

20 世纪 60 年代和 70 年代，旅游业的高速发展导致了环境退化，并且威胁到了某些早期风景名胜区的繁荣和发展。到 20 世纪 90 年代后期，西班牙的旅游业开始有了比较高的环境意识，并且成功地从先前的计划失误中抢救出如 Benidorm，Torremolinos 和 Magaluf 等项目。西班牙旅游业的主要收入产业包括：

- 住宿，2003 年预计收入 105.922 亿欧元，相较于 1999 年增长了 17.7%。
- 汽车出租，2003 年预计将达到 9.95 亿，比 2002 年增加 3.6%。
- 旅游景点，2003 年预计将达到 13.73 亿欧元，比 1999 年增加了 46.8%。

■支出与收入

由于旅游业不是一个传统意义上的产业，因此在国民经济账户核算中很难把旅游支出与其他支出剥离开来。传统产业通常根据一个产业提供的产品或服务（如餐馆和快餐厅）进行产业区分，然而要把一个产品或者一项服务划分为旅游产品或服务，在很大程度上还得取决于消费者（如餐馆或者快餐厅里的产品或服务，只有由旅游者消费时才能算得上是旅游产品或者旅游服务）。许多产业群都或多或少地直接向旅游者提供旅游产品或者旅游服务。不过，由于所有满足旅游生产和消费需求的产品，都计入到国民经济核算账户，所以旅游对经济的具体贡献并不是显而易见的。

由于上述原因，许多国家现在编制了旅游卫星账户（TSAs）。旅游卫星账户把产业分为旅游活动和非旅游活动，以便于使旅游对经济的直接贡献可以得到体现，并且可以与诸如制造业、农业和零售业等传统产业进行比较。旅游卫星账户通常会使用旅游调查问卷，以帮助评估旅游对经济活动全行业的价值。典型的旅游卫星账户在编制时，既要使用对旅游者进行调查而得到的游客支出数据，也要使用来自国家经济账户的产业数据。但是，应该指出的是，旅游卫星账户只是评估旅游业对经济的直接贡献而忽略了间接贡献（本章稍后的乘数效应将对此进行阐释）。根据旅游卫星账户，在 2000 年至 2001 年，旅游业占澳大利亚国内生产总值的 4.7%。

■就业

旅游的劳动力需求是一种派生需求，这就意味着劳动力的需求是为了适应产品或服务需求的结果，因此旅游部门的就业与旅游者对产品和服务的消费直接相关。然而，并非所有的旅游支出都会导致旅游目的地就业机会的增加，如有些支出将在海外提供服务从而创造了海外的就业机会。同样的道理，由于当地和海外旅游者的消费，旅游目的地也需要提供相应的旅游产品和服务。

劳动力需求同样取决于其相对于其他生产要素劳动力价格。例如，如果劳动力价格提高，在技术允许的情况下，生产者将试图使用较多的机器（资金）。在一般情况下，旅游从业人员占总就业人口的比例要高于旅游产业占生产总值的比例，这是因为一般说来，与其他形式的经济活动相比，旅游业更像劳动密集型的产业。

表 15.2 显示英国近期旅游业相关行业的就业趋势。从表里的数据可以看出，各个部门的就业都有所增加，而整个旅游业对国家总就业的贡献则达到了 210 万人（约占劳动力人口的 10%），从 1992～2002 年期间增长了近 27%。但是，在英国的某些地区，旅游业显得尤其重要，甚至是经济活动的主要来源，如根据剑桥经济咨询公司和南部旅游局的一项调查表明，1993 年怀特岛郡的旅游就业人数和旅游业的 GDP 分别占该郡的 20% 和 24%。

表 15.2 英国旅游相关产业就业情况（千人）

年	宾馆及其他旅游住宿	饭店、快餐等	酒吧、夜总会	旅行社、旅游经营商	图书馆、博物馆及其他文化活动
1992	311.0	303.0	414.2	69.2	74.8
1996	399.1	487.9	506.4	104.0	73.9
2000	406.2	555.2	576.1	131.4	88.9
2002	418.0	545.2	535.9	133.6	81.4

资料来源：国家统计局办公室：年度统计摘要

在澳大利亚，2000 年至 2001 年，大约有 551 000 人就业于旅游业，旅游业雇佣的人数在 1997～1998 和 2000～2001 年期间增长了 7.4%，在 2001 年旅游就业人口占总就业人口的 6%。零售业产生大部分旅游就业机会，而零售业、住宿、餐饮三个领域提供了超过半数的旅游就业机会。

表 15.3 展示的是 1980～2003 年期间英国服务业和制造业的就业总人数。它展示了许多后工业国家的共同面貌并提示了旅游业在经济发展中所扮演的角色。当服务业就业人数显著增长的时候，制造业的就业则呈现出长期下降趋势，这就是所谓的工业能力削减。造成这种状况的原因有三个：

■ 第一，制造业的技术进步使生产率得到提高，因此，劳动力的投入产出比例下降；

■ 第二，制造业与低劳动力成本国家（如中国、越南）的竞争加剧，从而导致现在进口许多制成品的局面；

■ 第三，随着收入的增加，服务支出的比例有了一个较大的提高（表明服务需求的高收入弹性）。

斯梅洛（Smeral，2003）探讨了一般旅游业的增长速度要高于整体经济发展的原因，他提出了两个原因，即需求结构的变化和旅游业与制造业生产力的差异。他还指出，需求因素解释了旅游收入弹性大于 1 的原因（即需求增加比例远远比收入增加比例快）。

表 15.3　英国产业部门雇佣员工情况（百万人）

	1980	1985	1990	1995	2000	2003
服务业	14.9	15.1	17.1	17.4	19.4	20.2
制造业	6.4	5.0	4.7	4.0	3.9	3.4

资料来源：国家统计局办公室：月报

■税收

娱乐、休闲和旅游活动是国家税收收入的重要来源。根据世界旅游理事会（World Travel & Tourism Council WTTC）的一份研究报告预测，1998 年，全球旅游直接、间接和个人税收贡献过 8 026 亿美元，到 2010 年，预计税收贡献将达到 17 653 亿美元，估计该产业的间接税收贡献将占全球税收的 10.6%。每 24 个经合组织（OECD）国家（多数为发达国家）在旅游方面的间接贡献将产生 9% 到 24% 的税收。以旅游税收为例，在加拿大安大略省，旅游税收占该省税收总额的 3.7%。旅游税收收入的增加大部分来自门票收入、销售及所得税，同时还有一些旅游业特有的税种：如航空旅行税、离境税，过夜税、环境税等。环保人士认为，航空旅行税的征收还不够，如在英国既没有机票增值税也没有燃油税。他们认为应利用税收来调节快速增长的空中旅行需求，并能显示出与此扩张相关的环境成本。

■收支平衡

收支平衡表记录的是货币流入和流出情况，它显示了一个国家与世界其他各国的金融交易情况。对于大多数国家来说，国际收支主要由三个部分组成：通用账户、资本账户和金融账户。这些账户的主要区别在于，通用账户计算商品和服务贸易的价值，而资本账户则测算资本的流动，如投资。此外，还有一个是净误差和遗漏项目，产生的原因是收集数据不准确，数字相加不精确。

表 15.4 说明了旅游对澳大利亚出口收入的重要贡献。例如，在 2000 年至 2001 年，在澳大利亚经济中的产品和服务，国际游客的消费价值达到 171 亿美元，相当于其商品和服务出口总额的 11.2%。虽然澳大利亚在 1997～1998 年期间旅游出口增长非常迅速，但其他商品和服务的出口增长同样迅速，因此，到 1998～1999 年期间旅游出口总比例略有下降。不过，表 15.4 的数据表明了澳大利亚旅游产品出口相对于其他“传统”产品的出口要好得多。例如，旅游产品的出口要高于煤、铁、钢材、有色金属等。正是如此，许多发达国家从无形产品和服务赚取的收入，就可以用来弥补有形账户的赤字。

表 15.4　澳大利亚旅游产品及服务的出口情况

	1997～1998	1998～1999	1999～2000	2000～2001
国际旅游消费支出（百万澳元）	12 792	13 446	14 611	17 100
总出口（百万澳元）	113 744	112 025	125 972	153 140
旅游占总出口的百分比（%）	11.2	12.0	11.6	11.2
国际旅游消费支出的增长率（%）	—	5.1	8.7	17.0
总出口增长率（%）	—	-1.5	12.4	21.6

资料来源：澳大利亚国民账户：2000－2001 旅游卫星账户

对于一些国家的国际收支来说，旅游收入是个净收入，如布莱泽维和杰鲁斯克（Blazevic，Jelusic，2002）所讨论的旅游对克罗地亚收支平衡的重要性。法国和西班牙自称拥有大量旅游盈余，而土耳其和中国旅游盈余也迅速崛起。相反，德国和日本则出现较大的旅游收支账户赤字，而英国的赤字则持续恶化。表 15.5 表明了国际旅游收支对美国国际收支平衡的积极贡献，但值得注意的是，国际旅游增长速度远比从旅游业得到的收入的增长速度要快得多。

表 15.5　美国旅行与旅游的国际贸易平衡，1992～2002

	1992	1994	1996	1998	2000	2002
收入/出口（百万美元）	71 360	75 414	90 231	91 423	103 087	8 359
支出/进口（百万美元）	49 155	56 844	63 877	76 454	88 979	78 013
净收入（百万美元）	22 205	18 570	26 344	14 969	14 108	5 580
增长率（%）	17%	-17%	16%	-38%	-1%	-20%

资料来源：旅游产业部：http//tinet. ita. doc. gov

■外部效应

到目前为止，本章已经考察了旅游业对一个国家国民经济的积极贡献。一般的，衡量产业效应的经济分析是就各种可测算的变量而言的，如就业、国际收支和国民生产总值。而本节的目的，是要让大家对环境经济学提出的问题引起注意。

环境经济学更广泛关注经济发展和增长过程中的各种效应，同时把人们的生活福利纳入分析账户中进行分析，而不仅仅只是估算有多少人在金融上变得更为富裕了。起初，人们的注意力转向所谓“污染产业”，如采矿、石油和制造业，然而旅游业也没有逃过环境经济学家的批评。在这里，诸如全球变暖、酸雨和资源枯竭成为经济增长和人类繁荣的威胁，而环境经济学家们很容易把批评和技术发展引用到旅游部门。

例如，当对某项目或者产业的成本和效益进行分析时，环境核算方法通常会寻求各种影响因素，这些因素包括对自然环境和人造环境的影响，以及原料和废弃物问题。在此，航空旅行成为了主要的争论，旅游账户超过60%的收入来自航空旅行，同时也成为重要的废气来源。随着收入的增加，长途旅行变得更受欢迎，为康乐及旅游的运输引起的空气污染已影响到了当地及全球的空气质量水平。在全球范围内，二氧化碳（CO_2）的排放量相当大，而地方污染如伦敦的希思罗机场，由于交通拥挤和航班起降，它的二氧化碳排放经常超过欧洲共同组织所允许的最高标准。这种污染包括可造成哮喘及其他健康问题的一氧化碳、二氧化碳、二氧化硫、柴油微粒等。

然而，当涉及到环境受污染，旅游部门也可以成为一个前期整体效益及费用不明确的例子（如生态保护）。另外，对环境造成不利影响的人，有时又反过来成为其他地方环境污染的受害者。

乘数效应

把前面某个部分的分析数据看做是旅游对国民收入的贡献，对某一时点上国民经济的贡献，这样的分析方法称为“静态分析”。然而，由于经济收入和支出的循环流动，同其他任何形式的支出一样，旅游支出也有“动态”效应和“乘数效应”（Archer，1982）。支出的最初影响是产生了收入，而影响还将继续，因为收入又产生了支出，如此等等。

■乘数价值的计算

例如，假设有一个需要投资 100 万英镑的新旅馆联合企业，公司将要雇用价值为 100 万英镑的产品要素，因此，国民收入也将增加 100 万英镑。但是，投资的影响并没有结束，从建设联合公司而得到报酬的建筑工人将要把钱花在商店、酒吧等地方，所以商店或者酒吧的所有者就会增加收入，而他们还将继续花费他们所得到的收入。换句话说，一个潜在的收入和支出循环将产生。投资支出将引发一个动态过程，而最后产生的总收入将要超过起初投入的 100 万英镑，这就是著名的“乘数效应”。

乘数效应的程度取决于一个经济活动的漏损水平。主要的漏损有储蓄、进口和税收。储蓄存款是家庭和企业保留的（即不用于投资和消费）的资金；进口支出则导致资金流向海外；而税收则以个人所得税、增值税和公司税的形式向政府缴纳资金，从而使资金流出收入循环圈。在 100 万英镑的投资中，上述任何情况的漏损，都会导致乘数效应的减少。

漏损的存在意味着钱从经济活动中流出，并因此减少了连锁反应。在投资 100 万英镑建设一个酒店联合企业的例子中，或许有 10 万英镑被工人当做储蓄，5 万英镑用于进口商品，10 万英镑花费在税收上（共计产生了约 25 万英镑或占收入 25% 的初始漏损）。在这个例子中，酒店投资对国民收入的初始效应为 100 万英镑，扣除在经济中漏损了的 25 万英镑，剩下 75 万英镑用于再循环。在下一轮循环中将为国民经济注入 75 万英镑，但同时还会产生 25% 的漏损。这个过程不断持续下去，每经过一次循环，注入的钱会减少。应该看到，乘数效应的规模将取决于初始投入额的数目和在经济活动中产生的漏损。

现在可以正式对凯恩斯乘数进行分析。乘数（K）表示在一个经济活动中，支出变化（ΔEXP）导致的国民收入变化（ΔY）

$$\Delta EXP \times k = \Delta Y$$

因此，如果在休闲联合企业上的投资增加100万英镑将带来的国民收入最终增加400万英镑，因此，此乘数的值将为4。下面还有一个乘数的计算公式：

$$k = 1/MPL$$

其中，MPL = 边际漏损倾向（漏出经济运行过程的额外收入的比重），则：

$$MPL = MPS + MPM + MPT$$

其中，MPS = 边际储蓄倾向（收入用于储蓄的比例），MPM = 边际进口倾向（收入用于进口的比例），MPT = 边际税收倾向（收入用于上缴利税的比例）。

在上述例子中，$MPS = 0.1Y$，$MPM = 0.05Y$，$MPT = 0.1Y$，Y = 收入。因此有：

$$k = 1/(0.1 + 0.05 + 0.1)$$

$$k = 1/0.25$$

$$k = 4$$

旅游支出效应方面已有大量的运用乘数技术（理论、方法）的研究，而乘数理论是一个为政府估算旅游业对经济活动的贡献的一个非常重要的理论。比较成熟的用于效应分析的主要乘数有：

- 产出乘数；
- 收入乘数；
- 就业乘数；
- 政府税收乘数。

以旅游收入乘数（TIM）为例，根据漏损，旅游乘数的值会有相应的变化，而研究经验则得出了一些不同的旅游收入乘数数据，包括加拿大（$TIM = 2.5$）、英国（$TIM = 1.8$）、冰岛（$TIM = 0.6$）和爱丁堡（$TIM = 0.4$）等国家或地区。

■减少漏损

乘数效应以更深入的作用，是分析了如何将旅游业的经济效应最大化以实现地区经济增长。可以说，减少旅游漏损努力就显得非常有必要。而减少旅游漏损，光靠政府控制存款和税收是不可行的，尽量减少进口才是当务之急。大量聘用本土劳力，采购本土产品都可以使旅游投资尽量保留在本地。

这也是跨国公司常常被指责，影响了旅游投资对他们所在国家经济的潜在利益的原因，尤其是知名国际酒店集团的新酒店建设、运行项目等。在这些酒店的建设阶段，建材、装饰以及高级建筑工都很可能来自海外，而投入经营后，通常聘用外国人做经理，同时酒店亦出售大量高档进口商品，如葡萄酒、烈酒、啤酒等，并且大多数与汽车出租公司、航空公司等其他大型跨国企业联手，这些都导致了旅游收益最终大量流向海外。最重要的一点，这些公司的盈利者多为海外持股人。

一项在苏格兰进行的调查显示，旅游项目的大小与当地收入和消费水平有关。这项调查表明，相对于采用集中采购的大型公司而言，小机构不需要权衡整个公司在各地分部的平均成本，更趋向于在当地采购并销售本土产品，反而更有利于推动本地经济发展。

结　论

在世界许多经济活动中，旅游是一项重要的和日益增长的活动。确实，世界旅游组织曾宣称旅游业将成为世界上最大的产业。它可以成为经济欠发达（发展中）国家经济发展的一个重要战略，同时也可以成为发达国家（成熟的经济体）复兴经济的主要工具。旅游业的发展方式可以从政府强有力的干预，到放任的自由市场等做法。旅游业对经济的正面影响，主要来自其对国民收入的贡献、提供就业机会、税收和外汇收入来源。利用乘数效应可以核算出旅游支出对一国经济的影响，乘数效应是由于旅游支出而对经济产生的一系列连锁反应。乘数的利益可以通过以下方式得到最大化，即减少旅游支出中的进口部分，以保证游客的花费留在当地并有益于当地经济。

国民经济核算并不总是倾向于估算旅游的全部效应，这是因为：第一，市场价格并不能反映“外部条件”的存在，这些可能包括旅游业正面效应（例如由于旅游复兴而提高劳动生产率）及负面影响，后者如最明显的噪音和由交通引起的空气污染。第二，国民经济账户通常只核算原先建立的工业分类体系下的经济活动，因此并不总是涵盖了旅游活动的全部范畴。因而，旅游卫星账户才被创立出来以反映全部的旅游经济影响。

当一个国家变得更加富裕时，旅游业对经济的影响可能会增加，原因有三个：

- 增加生活期望，越来越多富裕的人的增加会导致旅游需求的增加；
- 财富增加的好处，是可以产生更多的休闲时间，这在欧洲大陆尤其明显，其工作周已减少而假期增加；

■ 旅游需求有较高的收入弹性。这就意味着随着收入的提高，将会吸引越来越多的旅游消费者。

问题探究

1. 解释旅游对一个国家经济的主要效应。
2. 对于旅游业的投资，私营机构投资与政府干预的主要争论是什么？
3. 旅游业是如何体现乘数效应的，并如何在发展中国家（如越南）实现最大化效应？
4. 国民经济账户在核算旅游业全部效应上失败的原因是什么？

阅读指导

《经济复苏，休闲和旅游》（Tribe，2005）和《旅游经济》（Bull，1995）各自提供了一个旅游经济的广泛讨论。如果学生需要充分了解经济学相关理念的解释，应查阅其他经济学教材，如《经济的本质》（Sloman，2004）。《旅游统计汇编》（WTO，2002）提供了一系列国家的经济统计数据，世界旅游组织网站则提供了更广范围的，包含了经济数据的出版刊物。在主要学术期刊，旅游经济区专门发表这个领域的研究文章，具体讨论乘数的包括阿彻（Archer，1982）和弗莱克（Fletcher，1989）。

网站推荐

英国旅游统计网：www. staruk. org. uk/
旅游教育网：www. tourismeducation. org/
世界旅游组织网：www. world-tourism. org/

关键词

国际收支平衡；成本效益分析；经济增长；外部因素；国民生产总值（GNP）；基础设施；价值商品；国民（内）收入；旅游收入乘数。

参考文献

Archer, B. H. (1982) The value of multipliers and their policy implications, *Tourism Management*, December, 236-241.

Archer, B. (1996) Economic impact analysis, *Annals of Tourism Research*, 23 (3), 704-707.

Blazevic, B. and Jelusic, A. (2002) Croatian balance of payment and tourism, *Tourism and Hospitality Management*, (8) 1/2, 127-142.

Bull, A. (1995) *The Economics of Travel and Tourism*. Longman, Harlow.

Conlin, M. and Baum, T. (eds) (1995) *Island Tourism: Management Principles and Practice*. Wiley, London.

Fletcher, J. E. (1989), Input-output analysis and tourism impact studies, *Annals of Tourism Research*, 16, 514-529.

House of Commons Culture, Media and Sport Committee (2003) *The structure and Strategy for Tourism*, Fourth Report of the Session 2002-2003, The Stationery Office, London.

Jamieson, W. (2001) *Promotion of Investment in Tourism Infrastructure*. UN ESCAP, New York.

Mules, T. (2001) Globalization and the economic impacts of tourism, in B. Faulkner, G. Moscardo and E. Laws (eds) *Tourism in the twenty-first century: reflections on experience*. Continuum, London.

Pitegoff, B. and Smith, G. (2003) Measuring the return on investment of destination welcome centres: the case of Florida. *Tourism Economics*, 9 (3), 307-323.

Sloman, J. (2004) *Essentials of Economics*. FT Prentice Hall, Harlow.

Smeral, E. (2003) A structural view of tourism growth, *Tourism Economics*, 9 (1), 77-93.

Smith, M. K. (2003) *Issues in Cultural Tourism Studies*. Routledge, London.

Tribe, J. (2005) *The Economics of Recreation, Leisure and Tourism*. Butterworth Heinemann, Oxford.

Wagner, J. E. (1997) Estimating the economic impacts of tourism, *Annals of Tourism Research*, 24 (3): 592-608.

WTO (2002) *Compendium of Tourism Statistics*. World Tourism Organization, Madrid.

第16章 旅游业的社会文化效应管理

彼德·梅森（Peter Mason，卢敦大学商学院）

学习目的

学完本章后，读者应该能够：

- 认识旅游业的社会文化效应范围，了解这些效应的相互关系；
- 阐述旅游业社会文化效应的性质；
- 理解旅游业社会文化效应管理的相关理论；
- 定义旅游业社会文化效应管理的含义；
- 掌握有关旅游业社会文化效应管理的不同方法。

本章概述

本章探讨了有关旅游业的社会文化效应理论，讨论和评估旅游业的社会文化效应问题，以及克服其负面影响所作的努力。在管理旅游业社会文化效应方面，既要讨论旅游业需求方面的细节问题，也要讨论作为管理技巧在教育、解说和规范方面的使用。本文所介绍的实例和案例研究，包括了巴厘岛、希腊、苏格兰、英格兰和北极地区等。

导　言

由于本章所关注的是旅游业的社会文化效应管理，因此首先必须理解社会和文化两个概念的含义。社会学是研究社会问题，涉及群体及其相互作用、态度和行为的研究（Ritchie，Zins，1978）；文化是关于人们之间是如何相互作用的，即通过社会相互作用、社会关系和物质吸引而进行观察的。根据伯恩斯和霍尔登（Burns，Holden，1995）的观点，文化是由行为模式、知识和通过几代人而积累和传播的价值所组成；但也有人争论道：“文化是一个复杂的统一体，其包括知识、信仰、艺术、道德法律、习俗、任何其他作为社会成员所获得的能力和习惯”（Burns，Holden，1995：113）。

文化是旅游的主要组成部分，不仅是因为它影响着人们的习惯，体现了旅游活动中旅游者和当地居民彼此间的行为，而且是因为文化本身就是重要旅游的吸引物。关于旅游中有多少不同的文化吸引物，有学者将他们概括为以下几个方面（Ritchie，Zins，1978）：

- ■语言；
- ■手工艺；
- ■艺术和音乐；
- ■传统；
- ■美食烹饪；
- ■居民的不同工作方式；
- ■建筑；
- ■宗教；
- ■服装；
- ■休闲活动。

本章从讨论旅游业社会文化效应开始，之后再转到如何对旅游业社会文化效应的管理，以及其所涉及的主要人群等问题。在讨论社会文化效应前，了解产生这些效应的因素是很重要的，表 16.1 中列举了这些因素：

表 16.1　有关旅游业社会文化效应的主要因素

● 旅游者是谁？（他们来源于何地？是国内游客还是外国游客？他们来自于发展中国家还是发达国家？）

● 旅游者进行哪些活动？这些活动是被动的还是主动的？这些活动是资源耗费型的吗？与旅游地居民的相互作用是高水平还是低水平？

● 旅游的规模如何？有多少旅游者参与？

● 旅游发生在哪儿？是在农村或城镇吗？是在沿海地区或内陆地区吗？是在发达国家还是发展中国家？

● 现存的旅游基础设施如何（如道路、排水系统、电力供应情况）？

● 旅游业建立的时间有多长（这很可能影响基础设施）？

● 旅游的季节性（一年中的什么时间？雨季或旱季的重要性）？

资料来源：Mason，2003

在社会文化相关因素中的关键因素，是指参与旅游业的人群和旅游活动的性质，这里重点是指游客和目的地社区两者的性质。他们之间的相互作用，构成社会文化影响类型中的主要问题，当接待方和客源方的社会文化之间差异很大时，所产生的影响也可能相应最大。

旅游业的社会文化效应

旅游业对社会文化比较有益的效应，主要包括如下几方面：

- 创造就业机会；
- 促进贫困地区或非工业化地区的振兴；
- 促使地方艺术、手工艺和传统文化活动的复兴；
- 再现当地居民的社会文化生活面貌；
- 恢复当地的传统建筑；
- 促进对具有审美和文化价值的突出景观地区进行保护（Mason，1995）。

尤其在发展中国家，旅游业能激励更多社会的灵活性，使社会就业从传统农业转向服务业，从而带来更高工资和更好工作前景的变化。

不过，旅游业也会对旅游目的地社会和文化方面造成负面影响。旅游业会导致度假区的过分拥挤，这种过分拥挤给旅游者和当地居民带来了压力。旅游业就像一个主要的雇主，控制如经营农场的传统活动，在极端案例中有的地区会变得过分依赖旅游业。当地居民发现，很困难的是在与有不同价值观、享受休闲活动的旅游者共存中，他们仍然要做着自己的工作。由于旅游业有季节性，这种困难变得更为严重，在一年中的部分时间，当地居民不得不改变他们生活方式。因此，具有强烈宗教准则的国家，都不希望出现由于游客的到来而引起社会价值观的改变。

旅游业的社会文化效应，最主要的是‘示范’效应，这取决于旅游者与目的地之间显而易见的差别，在很多发展中国家中就出现了这种情况。有一种关于示范效应的争论，即居民通过观察旅游者就会导致居民行为的变化（Williams，1998）。在此情况下，当地居民将注意到旅游者的较高物质占有和追求，这有可能在鼓励居民适应更多行为模式方面产生积极的作用；但也常常发生具有消极性的现象，由于不能获得游客所展现的商品和所表现出的生活方式，而使当地居民变得不满（Burns，Holden，1995），特别是年轻人容易受这种示范效应的影响。此外，旅游业可能因当地年轻人和老年人之间的社会分工而受到责备，示范效应也可能鼓励更有能力的年轻人，为寻求示范生活方式而从农村移居到城镇，甚至出国等。

示范效应最有可能发生在当地居民和旅游者的相对表面和短时相处的接触中（Williams，1998），当这种接触更长和更深入时，被称为“文化适应”的另一过程就可能发生。正如威廉姆斯所说：

> 文化适应理论，阐述了当两种文化以任何时间长短发生接触过程中，将产生观点交流和产品的交换，通过时间在文化中产生多种水平的融合，于是他们就变得相似起来。

然而，当一种文化可能“强”于另一种文化时，这种过程就不可能是平衡的，这种示范影响过程经常出现在发达地区和发展中地区的关系中。美国是最具文化影响力的国家之一，通常美国文化以文化融合支配着发展中国家文化，这种特殊的文化适应被称为全球文化的“麦当劳化”和“可口可乐化”（McCannell，1995；Mason，1992），正是这个文化适应过程的负面作用之一，导致了全球文化多样性的锐减。

虽然文化适应在20世纪末成为重要的过程，许多旅游者对经历不同文化的愿望仍然是旅游的主要动力（Ryan，1997）。该动力是可以看见和经历的，直接在艺术、音乐、舞蹈和手工艺方面真正的文化和它的表现形式，这种愿望为传统工艺的复苏，也为许多地方的新兴活动开发作出了贡献，包括如巴厘岛（Mason，1995；Cukier，Wall，1994）。在巴厘岛，这种变化促进了旅游纪念品贸易的增长，从而对当地经济做出了积极的贡献。

然而，在文化效应的负面方面，旅游者希望经历真实文化的愿望，相应带来了游客经历真实性的问题。在一些发展中地区，如巴厘岛和所罗门群岛有道地的地方文化；而在许多发达地区，如加拿大、北极区的挪威和芬兰，文化被作为旅游产品和表演节目，经过包装后提供旅游者消费，这种商品化对游客经历的真实性提出了挑战。文化商品化导致的伪文化具有如下特征：他们更有计划，而不是自发的；他们被制作成表演节目以便旅游者订购，即使在最好的情况下，这种商品化的文化与原生态文化的真实元素之间仍然存在模糊的关系（Mason，1995；Williams，1998），正如威廉姆斯所说的，需要特别关注的是这些伪文化终于变为真实文化，并代替原生态文化或原生态文化的实践。例如：克恰特舞蹈（keechart）是传统宗教仪式的一部分，原来是在巴厘岛阿嘎亚（Agaua）印度文化中的特殊场合表演，现在被缩短并删除它的宗教内容，便于每天表演以迎合旅游者需求（Mason，1995）。旅游者观看这种不真实的伪文化会感到受骗了，显然这表明了：首先他们应该有知识去理解当地的传统文化，其次他们可能没有意识到他们正在观看一种伪文化节目。然而也有人争论道，这种表演实际上可以减轻当地社会的压力，甚至有助于从旅游者的“凝视”中，来重视保护所表演文化的真实基础（Urry，1990）。另一方面，比较危险的是当地表演者可能忘记了真实的文化含义，而仅仅是看做在舞台上为旅游者进行的表演。同样，传统商品当做旅游纪念品再复制和销售，也可能失去他们的真正意义和价值。

在19世纪60年代早期大众旅游开始之前，许多研究者和评论员，都把发达地区的旅游者和发展中地区居民间的关系视为潜在的和积极的（Tomljenovic，Faulkner，2000），他们认为旅游业扮演着积极的全球力量，从而促进了国际间的理解。大约25年以后，认识旅游业对全球潜力的观点多少有点改变，正如克里蓬多弗（Krippendorf，1987）所争论的，在不同的人中，已经远不是增进更多的容忍和尊重，远不是误解多于理解，更多的是发达地区旅游者和发展中地区居民的碰撞。导致该变化的主要原因，认为是大规模旅游业时代的来临，其意味着更多的旅游者和旅游目的地居民的接触。

上述的许多讨论，侧重于旅游者和旅游目的地居民之间的相互作用，更强调对居民的效应。可是旅游者与居民之间的接触，也无疑会对旅游者自身产生影响，有可能加重旅游者原有的观念和偏见，而不是拓宽他们的视野。有句格言：旅游经历意味着带来变化，越来越多的证据表明，旅游者自身经历的影响不仅能导致他们态度的变化，而且导致他们行为的变化。例如，南极大陆仍然相对保留着难以接近和昂贵旅费的旅游目的地形象，但是越来越多的游客在20世纪后10年访问过这块土地。对于到那儿旅游过的人来说，这是一生一次的旅游；而对于那些经常去的人来说，这是对自然和野生世界意义深远的兴趣。看来，他们从南极返回带来的不仅是增长知识，而且是保护这块独特荒野环境的强烈的意识（Mason，Legg，1999）。因此，可以下结论说，由于他们的旅游经历产生如此显著的影响，以致这些旅游者变成了宣传那块大陆的重要大使。

评估社会文化效应的重要问题，在于很难把它和其他影响区分开，并且是特别难以测量的，这在某种程度上也解释了：为什么在过去这些效应与经济效应相比意义更小。关于旅游的社会文化效应已有许多阐述，它们都是根据这样的研究形式，即要求在社会文化效应的实际影响发生后，评估他们自身的效应或其他效应。这种研究形式，与应用更多数量方法来评估和测量旅游业的经济效应相比，如增值率，更加趋向于有定性的和主观的评估。但对于有些评论员来说，这种定性方法比定量的方法更不容易接受，于是有人争论并指出这种方法缺乏科学性。然而在许多观点中，那些支持更多定性方法的人则认为，他们的技巧更灵活，能够达到更高的回复率，他们的数据更丰富和详细，因此更有意义（Tribe，2000）。

于是，提出了许多关于旅游业社会文化效应的理论。其中最著名的是多克斯（Doxey）的激怒指数（Irritation or Irridex）。多克斯（Doxey，1975）认为，当地居民或称为旅游目的地的主人会改变他们对旅游者的态度，在当地居民态度改变过程中通常有许多阶段。多克斯进一步指出，当旅游者第一次访问时，他们通常被异常兴奋地问候，甚至是许多次反复地问候；然而随着旅游者人数的增长，当地居民对旅游者的态度将转变，从冷漠、烦恼最后到明显的进攻。

有些研究成果，还探讨了旅游业社会文化效应理论观点的应用，盖茨（Getz，1978，1994）就试图把多克斯的理论应用于苏格兰高地范围的研究。这项研究很有意义，因为这正是盖茨所声明的长期跟踪研究，它实际上是在不同时间调查到 2 组截面数据。19 世纪 70 年代后期，他调查了斯贝伊山谷（Spey Valley），之后于 19 世纪 90 年代早期又调查了一次。对同一调查点的再访在旅游文献中不同寻常，因此调查结果尤为重要，盖茨 1978 年和 1992 年所做的调查样本大小和内容相当相似，但是每一次用了 130 户人家作为样本，并且都有不同的个体参与。调查的主要发现如下：

- 在两次调查中，居民都是积极支持旅游业的；
- 尽管对旅游业持肯定的观点，但到 1992 年对旅游业产生否定的人也多了起来，这和现实情况有关，因为旅游也并不像 19 世纪 70 年代所希望的那样成功；
- 那些直接参与旅游服务并依靠旅游业生活的人，对旅游业更多的是肯定；
- 对多克斯的观点具有一定的支持，经过反复几次后，当地居民变得更加否定旅游业，然而这种态度似乎与总的经济萧条更紧密联系。盖茨指出，如果经济好转（向上增长），当地居民的观点是促进旅游业的，同时当地居民特别关注的是，该地区除了旅游业外几乎没有其他可行的选择（方案），尽管旅游业效应的满意度低，仍感到这就是最好的选择，因此权衡的概念在这儿就尤为重要了；
- 当地居民的态度没有随着旅游业的增长、变化而有很大改变，因为旅游者的数量没有出现超过斯贝伊的容量限度。

因此，盖茨（Getz，1978，1994）的研究建议与多克斯（Doxey，1975）的理论阐述不同，当地居民的态度没有出现很大的反复改变。可是盖茨也注意到在这个阶段，对旅游持否定态度的人有所增加，但未达到多克斯所指的程度。实际上，盖茨发现当地居民对旅游的态度与经济波动是紧密相关的，不仅与国内和当地经济波动相关，而且还与当地对旅游业以外的其他选择范围小的意识密切相关。

问题讨论

1. 盖茨对斯贝伊山谷的研究发现，苏格兰旅游业与多克斯的理论一致，你认为原因是什么？

19 世纪 90 年代中期，针对希腊萨摩斯岛（Simaos）居民对旅游增长的态度进行了研究。这项研究的主要结果在案例 16.1 中讨论，因为这些研究结果是从当地居民的角度，为可感知旅游业的正面、负面社会文化效应提供了特别好的案例。

案例 16.1　希腊萨摩斯岛对旅游业的态度

此研究涉及岛上一个城镇（毕达哥拉斯）的旅游业对居民的影响，他们对旅游者和对旅游业的总体态度。在研究中，要求城里 20% 的人家做问卷调查，问卷中 71% 的问题涉及与旅游业相关的实务，因为有 59% 的家庭中至少有一个家庭成员涉及旅游业。多数被调查的家庭相对于希腊的平均工资收入是富裕的。研究的主要结果如下：

- 总体上，居民是赞成旅游业的（当地 80% 居民赞成发展旅游业）。
- 84% 的比例显示了，自旅游业发展以来城市形象得到了提升。
- 更多的居民赞成发展旅游业，并表明希望旅游者数量继续增长。
- 关于可感知社会文化效应的具体问题提了出来，因为人们看到旅游业对改善当地情况的前三个主要因素是：就业、个人收入和生活水平的提高。
- 作为旅游业的负面后果，可感知的恶劣社会文化效应，一般是滥用毒品、打架和吵架、故意破坏、性骚扰、卖淫和犯罪。
- 也许不足为怪的是，那些直接参与旅游业的人更多持肯定的观点，甚至那些没有参与旅游业的人也肯定旅游业对当地有积极的影响。但是，有关旅游业的其他影响总体看不感兴趣，他们也有更多的人是持中立和否定的观点。
- 年龄作为一个影响观点的重要因素也暴露出来，年轻人总的看更赞成旅游业，对日益增长的随意性行为，除了年轻人外，是被所有年龄段否定的因素。
- 在一个地方居住时间的长短也很重要，住得越久，对旅游的兴趣越少。
- 大家庭也趋向于更多对旅游业持肯定的观点，这也许是由于看到了有许多就业机会。
- 受过教育的居民更可能对旅游业持肯定的态度。

资料来源：Haralambopoulos, Pizam, 1996

案例 16.1　续

问题讨论

2. 从希腊萨摩斯岛的调查中获得答案，你认为主要原因是什么？这些发现与多克斯的理论有何关联？

希腊萨摩斯岛的案例研究，表明了旅游业社会文化效应的发展趋势是不平衡的，这种不平衡涉及不同的社会团体，有些人比其他人更易受影响。以萨摩斯岛为例，那些积极参与旅游业的人更可能支持旅游业发展。这个案例研究也表明，要把社会文化影响与其他影响分开是困难的，如萨摩斯岛的回答者提出，旅游业的主要社会文化效应在“生活水平和工作”标题下考虑。这些也应作为经济效应考虑，有些研究人员把他们归于经济效应讨论，而不是作为重要的社会文化效应考虑。在不同的主题下，分开旅游业效应的困难主要指效应管理，包括对社会文化效应的管理也是复杂的。

社会文化效应的管理

讨论社会文化效应的管理，通常要求考虑许多因素，这些因素用问题方式列出如下：

- 谁进行管理？
- 管理什么？
- 怎样管理？
- 在何处进行管理？
- 何时进行管理？

虽然这些因素是一一分别列出，但所有问题都是相连的并难以分开的，如“谁”和“怎样”、“什么时间”和“什么地点”就很难分开。可是与谁参与的问题是一个重要因素，因为“谁”的因素与决策相关，其决策将不可避免地影响“什么、怎样、什么地方”和“什么时候”，因此下面部分的重点就讨论“谁”的因素。

关于那些参与社会文化效应管理的人，需要考虑个人和组织的扮演者，包括政府机关，也包括旅游业的成员们。旅游业管理显然是与旅游者直接相连的，但也需要考虑旅游目的地和当地居民。总之，在旅游业社会文化效应的管理中，主要的扮演者如下：

■ 旅游者；
■ 旅游目的地居民；
■ 旅游产业；
■ 政府机构（当地的、地区的、全国的和国际的）。

此外，还有不太显而易见的扮演者，但却拥有非常重要的角色，就是媒体、志愿者和非政府组织（包括慈善机构和自治团体）（Swarbrooke，1999）。

旅游者显然是旅游业社会文化效应管理中的重要部分，然而不幸的是，他们经常被认为是旅游问题的主要原因。假如要他们归为同一类团体时，旅游者相对容易被列为所谓旅游罪恶的目标，尽管他们是局外人，但受到对旅游业后果持否定意见的局内人（当地居民）的责备，尤其是当旅游业的表现和旅游者行为与当地居民形成明显对比时，局内人就容易伸出对他们的责备之指。

但是应该注意到，与旅游业流行解释的不同，旅游者完全不是同一类团体。有一个重要的人口统计学变量：如有必要考虑“老年人”旅游与“18～30”岁人士的活动相比，就能够抓住要点。旅游市场媒体也反映了度假的不同类型，以男性和女性为目标的度假，以异性和同性游客为目标的度假，旅游者都有不同的要求。当然，旅游的有些形式是非常主动的，如体育旅游；而其他类型相对被动，如走马观花。有些活动是资源耗费型的，而且有明显的社会文化影响，而其他的收效甚微。某个旅游者可能根据季节变化来度假，如冬天滑雪，夏天在大山中步行；而另外一个旅游者可能出现在一个特定的旅游目的地，或是一周、一个月，甚至一生中以不同的面貌出现在若干不同的旅游目的地。

对旅游者造成的社会文化效应管理，通常涉及到两个主要方法。一个方法是关注旅游资源，即通常所说的供给方法；另一个方法是关注旅游者，或称为需求方法（Garrord，2003）。以下部分将主要考虑需求方法，即旅游者的管理。当处理社会文化效应时，这种方法被认为是一种合适的，具有潜在成功的方法。

关于管理旅游者的行为，已做出努力去规范或教育他们（Hall，McArthur，1996；Mason，2002，2003）。对旅游者在游览景点或旅游目的地的教育，通常是采取解说的形式。解说能可以通过不同方式，以包括书籍、地图和符号的不同形式传播，它不仅有书面语，而且还有口语。关于口语，导游在解说过程中起着重要的作用（Weiler，Ham，2001），因为通过导游直接进行解说，在解说中演示内在的教育过程，发挥了导游在社会文化效应管理中的作用。

现代导游通常具有五种角色：领导、教育者、公共关系代表、主人和沟通者，他们实际上是相互交织、相互促进的（Pond，1993：76）。导游作为教育者的角色，许多人都认为是最重要的（Holloway，1981；Pond，1993）。关于旅游中导游和旅游者的相互关系，体现在旅游者和旅游景点之间，即导游具有像缓冲器一样的重要作用（Ang，1990），因为导游被看做是为游客解说旅游景点的助手。

如果导游是旅游目的地的一员，很可能体现出面向社区的文化敏感性，使旅游者可能获得旅游目的地更好的解说，从而促进旅游业管理水平的提高（ETB，1991）；如果导游没有文化敏感性，其就不能准确地提供旅游目的地的解说（Christie，Spears，1998；Yu，2003）。赖得诺尔（Ridenour）很好地阐述了一个有文化敏感性，并且知识广博而有技巧的导游对旅游者的影响，她讲述了她的两个朋友游览美国切尼（Chelly）峡谷的故事。切尼峡谷曾经是许多纳瓦霍印第安人居住过的地方，其中一个朋友在没有导游的带领下步行旅游，返回时带来了一块陶瓷碎片，她的一个对当地美国传统文化有一定知识的同事，对此大为不满并责备了她，于是引起了这样的回应"我捡碎片错在哪里?"另一个朋友也提出问题："如果由于觉得有价值，有人从你家捡了一把属于你奶奶的银勺，你会很高兴吗?"以后几天中这个问题仍没解决。后来，两个朋友又由纳瓦霍的导游带领步行旅游，在步行旅游中，两个朋友学到了有关当地的美国精神信仰和价值，拿了碎片的那个人对这个新观点大为吃惊，以致她承认她所做过的事情是不对的，并询问是否可以将那个碎片归还原处。导游回答道："不用了，你将它留给我吧，在把它归还原地之前，我会把碎片清洗干净，你可以为碎片魂归故里祈祷吧"（Ridenour，1995：Xⅲ）。

现在，作为旅游业管理的一部分，解说实际上取得多大的成功还不够清楚。因为对其有效性，所做的研究数量有限。斯图尔特等人（Steward et al，1998）指出，现存的、几乎没有价值的研究中，有效性通常由旅游者能回忆多少真实信息所决定，然而这样的研究几乎没有提供任何观点，即人们怎样应用解说去帮助他们理解他们所游览的地方。欧拉姆斯（Orams，1994）赞同斯图尔德等人的观点，但争论道，几乎没有证据说明解说程序必将导致旅游者行为的变化。欧拉姆斯（Orams，1995）提倡"认知不一致性"的应用，"认知不一致性"理论由费斯廷格（Festinger，1995）提出，其核心概念是不一致性、一致性和无相关性，由于不一致性的存在令人在心理上难受，从而促使个人减少达到一致性的愿望。欧拉姆斯（Orams，1995）指出，认知的不一致性在解说中应用，将是人们抛弃平衡观念，并在大脑中留下问题的愿望，因此应用"休克策略"可能是使旅游者改变行为的办法。另外，欧拉姆斯（Orams，1994）还指出，对旅游者情感反应的引出，应作为涉及认知不一致性的战略，这可能是反对教育旅游者内在问题的途径。

正如本章前面较早所陈述的，旅游目的地对游客的主要吸引力，更经常的是社区的文化表现，既包括工艺、艺术品，也包括那些不太实质的因素，如音乐、舞蹈和宗教节目等。在有些案例中，能在实际上与特殊社区成员相遇，并和他们待在一起，是某种类型旅游者的主要动力。同时，接待社区并不是同类的，而往往是不同类的，因此假定有这样的接待社区是错误的，因为任何接待社区都是由长期土生土长的居民和最近国内、国际移民所组成的。另外，在性别和年龄上也明显有变化，接待社区有不同的人和团体，有不同的价值观、政治主张，以及对旅游业社会文化效应的不同态度。如果承认社区不是同类的，则不同利益团体的重要性和所赋予的利益需求就应得到认可。如果不同类社区的观点能够被接受的话，就可以带来旅游业计划和管理的实现，这是一个更加复杂甚至更必需的任务（Mason，Cheyne，2000）。按照社区不是同类的观点，斯沃布鲁克（Swarbrooke，1999：125）指出他们可以从以下方面进行划分：

- 土生土长的居民和移民；
- 涉及旅游业的人和不涉及旅游业的人；
- 财产拥有者和租用财产者；
- 雇主、雇员和自我雇佣者；
- 名流团体和其他居民；
- 拥有私人轿车的人和那些依赖公共交通的人；
- 富裕的居民和不太富裕的居民；
- 多数社区和少数社区。

前述的讨论，已包含了接待社区是旅游业的被动接受者，但实际中情况不完全是这样。有几个典型例子，尤其在发达国家和快速增长的发展中国家，旅游目的地的居民现在积极地参与旅游业的规定，并且参与它的规划和管理。但在19世纪90年代早期，支持这样的参与还是惊人的意见（Middleton，Hawkins，1998），当然这还不是近期的发展；早在19世纪80年代中期，墨菲（Murphy，1985）就争论道，当旅游业利用社区资源时，社区将在管理旅游业的社会文化效应过程中成为重要的扮演者。斯沃布鲁克（Swarbrooke，1999）指出，社会参与旅游规划和管理的合理性，通常包括以下的考虑：

- 它是民主过程的部分；
- 它为那些受旅游业直接影响的人提供发表意见的途径；
- 它利用当地的知识，来保证决策能较好地得到传达；
- 它能在旅游者和接待社区之间减少潜在的冲突。

参与旅游业管理最早的社区之一，是瑞士瓦莱斯地区的埃尔斯玛特（Mason，Mowforth，1995）。19 世纪 80 年代早期，该社区创建了埃尔斯玛特社会促进组织（The Pro Erschmatt Society），并开发了相应的准则或行为符号，为当地居民提供已知的旅游需求，指出潜在旅游者的开发观点。这些准则或符号涵盖了经济、环境，还有旅游业的社会文化方面，准则的设计成为管理旅游业的依据，并最终给当地社会带来最大的利益（Krippendorf，1987）。埃尔斯玛特社会准则在表 16.2 中列出：

表 16.2　埃尔斯玛特地区的行为准则

埃尔斯玛特社会支持健康的旅游，并适应当地居民的需求，满足以下的标准：

- 它必须总体上有利于当地居民，而不是个体。
- 通过推测（思考），它不能滥用环境，剥夺它的娱乐质量，但尊重自然风光和当地建筑。
- 它必须考虑未来下一代，它必须依据中长期的解决方法，而不是短期方法。
- 它应该允许社区的发展，不强加禁止性的基础建设。
- 它不应涉及飞涨的地价的推测，飞涨的地价会使当地地产太贵。
- 它不应引起我们国家主权的出让。
- 它不应是产生死亡的度假村庄，一年只有几周有人居住。
- 它必须遵循当地的自治决策权。
- 它必须创造有吸引力的工作，并考虑当地的商业和不浪费土地。

问题讨论

3. 关于旅游业的社会文化效应，如埃尔斯玛特社会准则可能有什么样的效果？

埃尔斯玛特社会促进组织，不仅对准则做出了强有力的陈述，还列出了雄心勃勃的行为准则，但由于其目标不现实而受到批评（Mason，Mowforth，1995）。然而，它的确显示了关注该地区旅游业本质的社区问题。因此，真正的社区参与管理社会文化效应必须考虑许多因素，包括：

- 在全国和当地政治系统的本质；
- 当地居民“政治无知”的程度；
- 旅游业特殊问题的本质；
- 社区旅游业问题的意识；
- 旅游业问题如何被社区居民发觉；其参与（或缺乏参与）解

决旅游业问题的历史；

■ 媒体的态度和行为。

墨菲（Murphy，1985）提出了有关社区参与的另一个重要尺度，对社区来说，团结反对旅游发展的人是相对容易的；而对把社区长远旅游远景概念化、取得共识并实现则是相当困难的（Middleton，Hawkins，1998：127）。詹金斯（Jenkins，1993）指出为什么这是一个困难的过程，他认为参与当地旅游规划有七个障碍，简述如下：

■ 公众通常在理解复杂性和技术规划问题方面有困难；

■ 公众不必理解规划过程如何运作或是怎样做出决定；

■ 在做出决定的过程中，有获得和保持所有观点的难题；

■ 如果不是大多数，同情是存在于公民中的；

■ 有关成员的时间花费和资金增加了；

■ 作为社区参与的结果，做出决定要很长时间；

■ 做出决定过程的总效率（特别在时间、资金和顺利运作）是受影响的。

与社会文化效应管理有关的政府机构也具有复杂性，这些机构以不同的规模存在，从全国到地区，再到当地。有些欧洲国家，如法国、西班牙，有全国性的旅游机构：旅游局。英国有旅游大臣，但职位相对次之，而它的全国公共旅游职能则在文化、新闻和体育部。在地区和当地层次上，在英国和其他发达国家，政府机构不必特别侧重旅游业，或是侧重具有旅游知识和经验的政府代表（Middleton，Hawkins，1998）。这些因素都将对政府能力产生意义深远的影响，在旅游目的地影响旅游业发展的进程中，政府部门参与旅游业管理的主要原因如下（Swarbrooke，1999：87）：

■ 政府部门被授权代表全体民众，而不只是利益群体；

■ 政府部门被认为是公正的，而没有特殊的给予或商业利益；

■ 政府部门能保持长期的旅游发展观点，而不像私立部门。

许多发达国家的政府部门出现与表面价值矛盾的角色，政府部门不仅试图调节旅游业，而且他们在旅游市场中起重要作用（Mason，Mowforth，1995；Seaton 和 Bennet，1996）。旅游市场通常与促进旅游发展相关联，如要么不控制它，要么就调控它。对调控市场的手段可举一些例子，这些例子是政府机构雇用的英国遗产组织和其他非政府组织，如英国国家托拉斯。这些组织共同负责英国的两个史前遗迹的市场和管理工作，一个是史前巨石阵（Stonehenge），这是英国参观最多的史前石头圆柱体遗址；另一个是在大约30公里以外的阿弗伯瑞（Avebury），也是一个类似的史前遗址，与史前巨石阵一样是世界遗产。在20世纪的后10年，史前巨石阵每年接待大约100万游客，而阿弗伯瑞每年仅接待大约20万游客。接待游客数量存在巨大差别的主要原因，是史前巨石阵对国内和国际游客具有强大的销售运作，然而阿弗伯瑞则有意不向国外游客销售，仅在英国有限的市场进行推广（Mason，2003）。

正如斯沃布卢克（Swarbrooke，1999）所指出的，在英国虽然政府具有调控市场的角色，但实际上没有具体的旅游立法，尤其在关于旅游业的社会文化效应方面，原因是政府认为旅游业也会像其他产业一样对有关社会文化效应的行为负责，于是政府机构和政府组织趋向依靠旅游业的自我调节（Mason，Mowforth，1996）。

公共机构也趋向依靠对旅游者的教育，以达到改善与潜在的、真正的相关行为的影响。这样的自愿努力经常针对旅游者或旅游部门，以便规范他们的行为准则。如前面讨论到的，通过在旅游点的解说，对旅游者教育时的通用方法。但是，越来越多的证据表明，自我规范的这些努力只取得了有限的成功，针对受到政府支持的立法和适合某些旅游部门的要求，可能需要引进外部的强制性（Mason，Mowforth，1996；Swarbrooke，1999），因为政府立法的目的是控制旅游行为，希望把社会文化影响减到最小，而这是可行的。

前述的讨论，已侧重于政府部门在调控旅游业方面起到的作用，然而政府应该是前瞻性的，在社会文化效应管理上应起到积极的作用。政府会拥有或至少管理某些主要的旅游景点，包括认为建造景点的文化遗产，如博物馆和历史建筑物，并采用规范的销售行为为私立经营者提供范式。

旅游业经常因对旅游目的地的破坏，不愿进行长期旅游发展规划而受到责备，（Mason，Mowforth，1995）。可是，旅游业的复杂性也让直接责备的原因变得困难，而且旅游业已经接受过很多的控告，至少有以下方面（Swarbrooke，1999：104-5）：

- 旅游目的地主要与短期利益有关，而不是长期的可持续发展；
- 对特别旅游目的地的相对无情，几乎不负责任；
- 开发环境资源和剥削当地居民，而不是保护；
- 对提高旅游者的可持续发展意识做得不够；
- 被大的跨国公司拥有和控制，他们对单独旅游目的地及其环境或社区几乎不关心。

管理旅游业营销的重要方法，是通过众所周知的市场营销组合

(Middleton 和 Hawkins，1998)。市场营销组合，简要地说有四个方面，即“4Ps”(见第6章)，他们是：产品、价格、促销和分销。米德尔顿和霍金斯(Middleton，Hawkins，1998) 在这个名单上增加了一个“P”，就是人。市场营销组合被旅游业应用于管理消费者，在此情况下是指参观者和旅游者。因此不可避免地，旅游业的市场营销组合方法将影响与旅游者相连的当地社区，该方法突出地以市场为导向，并且可能与政府管理旅游业效应产生争执或冲突。

为了避免或克服两个主要成员的冲突，旅游的合伙制（或合作制）就被提出来了，并且在最近得到实施。在旅游业提倡合作者或合伙人，是因为他们能带来可见的利益，这种方式能避免不同利益团体的冲突（Bramvell，Lane，2000)。另外，由于旅游业涉及一定范围的扮演者，他们具有不同的观点，因此合作者潜在的利益，将使旅游业的决策更加民主化，同时合作作用也对创造性解决旅游业问题提供了方法上的可能性。但是，合作制也存在许多问题，包括利益群体的不信任和误解，支持某一个利益群体的权利关系，都成为可见的和真实的障碍，有可能完全限制有些群体对合伙制的进入。同时，合作者也可能是花费大的、耗时的，且不是有些观点的代言人，甚至卷入不平衡的权利关系中。

案例 16.2　世界自然基金会的（WWF）北极旅游计划

该计划建立于1995年，目的是使北极旅游更加环保和友好，从而推动对保护计划的支持。其主要目标是：

- 承认并应用旅游的共同利益和保护，减少环境问题和使北极环境和当地居民的利益最大化；
- 发展北极旅游的原则，不仅要教育游客保护和采取适当的行为，而且寻求游客对旅游业和为世界自然基金目标努力的政治支持。

该计划的第一次会议，是于1996年1月在挪威的斯瓦尔巴群岛（Svalbard）的朗耶尔戴恩岛（Longyeardyen）召开，其目的在于起草北极旅游的基本原则。43个参会国家，大多数由世界自然基金邀请，几乎涵盖了北极地区国家，包括旅游经营者、保护组织成员、当地人民群体的代表、政府代表和科学家。

此次会议形成了一个谅解备忘录，涉及了尽可能减少旅游的负面效应、完善当地社区利益和促进自然保护方面。会议指出旅游经营者的合作和竞争都是他们的利益，备忘录建议为北极旅游制定原则和行为规则。会议指出当地居民有参与旅游业的需求，提出在当地社区和旅游经营者之间签订合同，还包括旅游经营者减少资源的利用、循环利用和尽量减少（环境）破坏的建议。

案例 16.2　续

此计划的下一次会议于 1996 年 9 月在英国剑桥召开。会上谅解备忘录转换成 10 条北极旅游的基本原则，旅游经营者和游客两者的行为草拟准则也产生了，并推荐给涉及旅游发展的社区。1997 年 3 月，第二次研讨会在挪威的斯瓦尔巴群岛（Svalbard）召开。许多参加过较早会议的代表参加了此次会议，他们来自 12 个不同国家，包括了所有北极地区，并代表了不同利益的社区。此次研讨会目的是完善和发展执行的过程、原则和行为准则。此次与会者决定创建一个临时筹划指导委员会指导该计划（的实施）。筹划指导委员会成员由与会者中选出，代表本土居民、旅游目的地的旅游经营者、国际经营者、当地旅游非政府组织、保护组织和研究机构。同时决定建立一些试验项目，评估原则计划的不同组成的利用率。试验计划的评估一年后进行，一个新的筹划指导委员会将选出，永久秘书处办公室将正式成立。

1997 年 12 月，WWF 发布了“北极旅游计划的 10 条原则”、“旅游经营者的行为准则”和“北极旅游行为准则”。这些文件首次公之于众，分发给旅游经营者、游客委员会、环境管理组织、政府官员，还包括公众的 5 000 份册子，其目的在于加深对这些原则和行为准则的理解。

1998 年 2 月，在冰岛召开了一个研讨会，筹划指导委员、有利益的旅游经营者、旅游研究人员参与了会议。会议目的是：

- 开发测量准则依据的方法；
- 发展未来贯彻执行的组织结构；
- 认可试验计划，评估原则、准则和贯彻执行的情况。

该计划应用谈判的过程和形成一致性意见，以期达到预定的目的。一个主要问题是缺乏连续性，因为不是所有早期会议的参与者都能参加后续的会议。尽管英语不是大多数与会者的第一语言，但是该计划的主要语言。虽然会议代表了很多人观点，但不是所有的声音都能听到，特别是其中有些更具影响力的观点。会议结构相对非正式，尽管有时会迷失方向，但给予了与会者大量的所有权。正是由于这种行为准则，以及引进了试验性计划应用准则和指南，虽然有些缺憾，但该计划的确达成了共识，并且取得了显著的成效。

资料来源：Mason，P.，Johnston，M.，Twynam，D.，2000

问题讨论

4. 研究案例，制作一个分为两部分的表格，一部分指出合作形式的优点，另一部分则列出其缺点。

5. 总而言之，你相信旅游合伙制能成功还是不会成功？提出你答案的理由。

案例 16.2 阐述了有关管理旅游效应的合作制或合伙制的一些问题，其中主要的问题是合作安排的性质问题。在WWF的研究中，很清楚的是并不是所有起作用的各方都能持之以恒，因此将这包含进去的问题或不包含的问题都是很有意义的。有一些利益共享者不能参加所有的会议，原因仅仅是缺乏旅行经费，由于技术原因，在会上难于交流沟通，还有一些可能是因为WWF的政治原因而无法参会。

虽然WWF的计划有总体目标，每次会议有合理、清晰的目的，但是会议安排相对松散，没有较好的制度化组织结构，如施加压力的任务（Hall，2000）。这似乎适合多数参会者，因为在某种程度上，他们得到授权讨论议程、产品所有权的过程。但是，该计划的安排有时也出现迷失方向和缺乏组织领导的问题，而且WWF计划似乎特别擅长于取得共识。因为计划安排性质的原因，这个过程采取了谈判取得一致意见的形式，虽然不是所有参会者同意每一件事，但他们对计划的责任超出了个人的关注，以便接受大多数人意见，保证整个过程向前推进。

WWF计划阐述了协作的主要问题，随着焦点在北极地区，将成为一个国际计划。参会者来自许多不同的国家，包括不同背景的，代表了不同的观点和利益共享者。一方面，这导致了潜在的沟通困难，虽然解决此问题涉及的是以英语作为主要语言；另一方面，贯彻执行阶段操作起来有困难。尽管到21世纪的早期，行为准则被创造出来了，有些试验计划也付诸实施，但仍然不清楚的是，WWF计划是否取得了可估量的成功，因为这些试验计划和其他倡议，仍需要保留完全等待评估。

有关WWF计划所陈述的问题并非是不寻常的，事实上正如布拉姆韦尔和莱恩（Bramwell，Lane，2000）所指出的，这些问题是大家所期望的。因此，当评估合作制作为旅游业管理方法的时候，他们更需要非常认真地考虑。

结　论

本章指出了旅游业的正面和负面的社会文化效应，阐述了许多有关假定的负面效应，包括示范效应、文化破坏、真实性问题，还有一些具体因素，如吸毒、卖淫、犯罪的增长，并注意到了负面效应的后果，尤其是旅游者和当地居民间存在重要的文化差异。

评估社会文化效应是不容易的，不仅趋向于获得回答者、当地居民的态度，而且依靠旅游者自身和旅游业中其他的扮演者。由于当地居民不是同一类的，不同的个体对社会文化效应会有不同的感知。有关社会文化效应的一些研究试图应用不同理论，如多克斯（Doexy）对具体范围的理论。经验主义的研究还指出，许多地方的当地居民愿意考虑与旅游的物物交换，即他们愿意接受一些负面的后果，但只要认为旅游能带来了一些利益，这就是旅游业成为选择的理由。

由于旅游业的效应不能完全适合各种社区类别，因此对他们的管理是复杂的。在管理社会文化效应方面，谁参与尤其重要，因为旅游者、旅游目的地社区、旅游业和政府部门都是主要的扮演者。教育是通过大量应用解说进行的，自动调节主要是以行为准则的形式，来作为管理社会文化效应的方法。然而不清楚的是，当很少的评估研究进行时，这些方法是否有效。

旅游业的合伙制（合作制）带来了不同的扮演者。关于社会文化效应的管理，合伙制是很重要的，因为他们有能力在经常发生有对抗意见的参会者中间，通过对话达成共识，彼此接受有关旅游业如何发展的建议。最后阐述和讨论了有关 WWF 的北极旅游计划，显示了一些合作制的优势，也指出了其模糊性质和障碍影响。

问题探究

6. 确定你所在地区旅游业社会文化效应的种类，他们的表现有何特征？在正面和负面效应标题下写出，然后再看一下你所准备的清单，并考虑如果有人要求执行这个任务时，应该把效应放在相同的标题下。

7. 考虑你的文化方面可能被包装或商品化，以满足旅游者的消费时，旅游者可能的反应是什么？你选择的文化被商品化，这个商品化的效应是什么？

8. 为什么旅游业的社会文化效应很难评估？

9. 在旅游业社会文化效应管理中，如何评估解说这一方法的有效性？

阅读指导

社会文化效应和管理这些效应有许多资料来源，如《旅游研究年报》(Annuals of Tourism Research)、《旅游管理》(Tourism Management)、《游客研究》(Tourist Studies)、《旅游业》(Tourism)、《文化与交流》(Culture and Coomunication)、《旅游和文化变迁》(Tourism and Cultural Change)、《旅游分析》(Tourism Analysis)，这些期刊应该特别有用。这些期刊也有文章，并有

关于研究方法应用于调查社会文化尺度的特殊问题。例如，在 1999 年 2 月的《旅游管理》中有一个特殊问题，标题是"研究方法与概念化"。

旅游业的社会文化效应在主流社会学、人类学期刊中有讨论，有时在地理期刊中也有讨论。

在英国，由于出现旅游业的负面社会文化效应，非政府组织"关注旅游"首次创立了。由于旅游业负面社会文化效应的出现是旅游发展的结果，因此"关注旅游"出版了一个季刊："焦点旅游"，其内容包括了有关旅游社会文化方面的主题文章，对发展中国家尤其具有参考价值。

网站推荐

读者可以查询阅读指导中所提到的期刊中，有关社会文化效应内容的网址：

旅游研究年报（Annuals of Tourism Research）：www. sciencedirect. com/science/journal/01607383

旅游分析（Tourism Analysis）：www. congnizantcommunication. com/filcabinet/Tourism_Analysis/ta. htm

旅游和文化变迁：mutilingual-matters. com/multi/journals/journals_ jtcc. asp

旅游管理：www. sicencedirect. com/science/journal/02615177

旅游、文化与交流：www. congnizantcommunication. com/filcabinet/Tourism_Culture/tcc. htm

旅游研究：tou. sagepub. com

"关注旅游"网站值得搜索 www. tourismconcern. orh. uk ，其中许多有用的资料来源能在此找到，点击"What we offer"，搜索菜单标题"Resources"。

关键词

文化；效应；解说；调节；社会。

参考文献

Ang, E.（1990）Upgrading the Professionalism of Tourist Guides, *Proceedings from the Travel Educators Forum*, 167-172, PATA Conference Singapore, 11-14 July, PATA, Singapore.

Bramwell, B. and Lane, B. (2000) Introduction, in B. Bramwell and B. Lane (eds) *Tourism Collaboration and Partnerships: Policy Practice and Sustainability*, 1-23. Channel View Publications, Clevedon.

Burns, P. and Holden, A. (1995) *Tourism: a New Perspective*. Prentice Hall, London.

Christie, M. and Spears, M. (1998) Training Tourist Guides: a comparative case study, in J. Klerk (ed.) *The Global Classroom: Conference Proceedings*, 20-23 August 1997, Drei Kant, Maastricht.

Cukier, J. and Wall, G. (1994) Tourism and Employment Perspectives from Bali, *Tourism Management*, 14 (3), 195-201.

Doxey, G. (1975) A Causation Theory of Resident Visitor Irritants, ill *The Sixth Annual Conference Proceedings of the Travel Research Association*, 195-198.

ETB (1991) *Tourism and the Environment: Maintaining the Balance*. English Tourism Board/Ministry of the Environment, London.

Festinger, L. (1957) *A Theory of Cognitive Dissonance*. Stanford University Press, Stanford, California.

Garrod, B. (2003) Managing Visitor Impacts, in A. Fyall, B. Garrod and A. Leask (eds) *Managing Visitor Attractions: New Directions*. Butterworth Heinemann, Oxford.

Getz, D. (1978) Tourism and population change: long-term impacts of tourism in the Badenoch and Strathspey District of the Scottish Highlands, *Scottish Geographical Magazine*, 102 (2), 113-126.

Getz, D. (1994) Residents' Attitudes to Tourism, *Tourism Management*, 15 (4), 247-258.

Hall, C. M. (2000) *Tourism Planning*. Prentice Hall, London.

Hall, C. M. and MacArthur, S. (1996) *Heritage Management in Australia atm New Zealand*. Oxford University Press, Melbourne.

Haralambopoulos, N. and Pizam, A. (1998) Perceived Impacts of Tourism: The Case of Samos, *Annals of Tourism Research*, 23, 503-526.

Holloway, C. (1991) *The Business of Tourism*. Pitman, London.

Jenkins, J. (1993) Tourism Policy in Rural New South Wales-policy and research, *Geojournal*, 29 (3), 281-290.

Krippendorf, J. (1987) *The Holiday Makers*. Heinemann, London.

MacCannell, D. (1995) *The Tourist Papers*. Routledge, London.

Mason, P. (1992) The Environmentally-Friendly Traveller, in M. Shales (ed.) *The Travellers Handbook*, 32-36. Wexas, London.

Mason, P. (1995) *Tourism: Environment and Development Perspectives.* World Wide Fund for Nature, Godalming, UK.

Mason, P. (2002) Why is the Visitor Always Guilty Until Proven Innocent? paper given at weekly seminar series organised by London Metropolitan University Centre for Leisure and Tourism, 6 April 2002.

Mason, P. (2003) *Tourism Impacts, Planning and Management.* Butterworth Heinemann, Oxford.

Mason, P. and Cheyne, J. (2000) Resident Attitudes to Tourism Development, *Annals of Tourism Research*, 27 (2), 391- 411.

Mason, P., Johnston, M. and Twynam, D. (2000) The World Wide Fund for Nature Arctic Tourism Project, *Journal of Sustainable Tourism*, 8 (4), 305-324.

Mason, P. and Legg, S. (1999) Antarctic Tourism: Activities, Impacts, Management Issues and a proposed Research Agenda, *Pacific Tourism Review*, 3 (1), 71-84.

Mason, P. and Mowforth, M. (1995) *Codes of Conduct in Tourism*, University of Plymouth, Research Paper No. 1, Department of Geographical Sciences.

Mason, P. and Mowforth, M. (1996) Codes of Conduct in Tourism, *Progress in Tourism and Hospitality Research*, 2 (2), 151-167.

Middleton, V. and Hawkins, R. (1998) *Sustainable Tourism: A Marketing Perspective.* Butterworth Heinemann, Oxford.

Murphy, P. (1985) *Tourism: a Community Approach.* Methuen, London.

Orams, M. (1994) Creating Effective Interpretation for Managing Interaction between Tourists and Wildlife, *The Australian Journal of Environmental Education*, 10, 21-34.

Orams, M. (1995) Using Interpretation to Manage Nature-based Tourism, *Journal of Sustainable Tourism*, (4) 2, 81-94.

Pond, K. L. (1993) *The Professional Guide.* Van Nostrand Reinhold, New York.

Ridenour, J. (1995) Foreword, in D. M. Knudson, T. Cable and L. Beck *Interpretation of Natural and Cultural Resources*, xiii-xiv. Venture Publishing, State College, Pennsylvania.

Ritchie, J. and Zins, M. (1978) Culture as a determinant of the attractiveness of a tourist region, *Annals of Tourism Research*, (5), 252-267.

Ryan, C. (1997) *The Tourist Experience*. Cassell, London.

Seaton, A. and Bennett, M. (1996) *Marketing Tourism Products*. International Thomson Business Press, London.

Stewart, E. J., Hayward, B. M., Devlin, P. J. and Kirby, V. G. (1998) The Place of Interpretation: a new approach to the evaluation of interpretation, *Tourism Management*, 19 (3), 257-266.

Swarbrooke, J. (1999) *Sustainable Tourism Management*. CABI Publishing, Wallingford.

Tilden, F. (1957) *Interpreting Our Heritage*. University of North Carolina Press, Chapel Hill, North Carolina.

Tomijenovic, R. and Faulkner, B. (2000) Tourism and World Peace: a conundrum for the twenty first century, in B. Faulkner, G. Moscardo and E. Laws (eds) *Tourism in the Twenty First Century*. Continuum, London.

Tribe, J. (2000) The Philosophic Practitioner, *Annals of Tourism Research*, 27 (3), 437-451.

Urry, J. (1990) *The Tourist Gaze*. Sage, London.

Valentine, P. (1992) Nature-based Tourism, in B. Weiler and C. M. Hall (eds) *Special Interest Tourism*, 105-128. Bellhaven, London.

Veal, A. J. (1994) *Leisure policy and planning*. Longman/ILAM, Harlow.

Weiler, B. and Ham, S. (2001) Tour Guides and Interpretation, in *The Encyclopedia of Ecotourism*, 549-563. CABI, Oxford.

Williams, S. (1998) *Tourism Geography*. Routledge, London.

Yu, X. (2003) *Conceptualising and Assessing intercultural Competence of Tour Guides*, unpublished PhD thesis, Monash University, Melbourne.

第17章　旅游业的环境效应管理

安德鲁·霍尔登（Andrew Holden，卢敦大学切尔滕斯学院）

学习目的

学完本章后，读者应该能够：

- 理解旅游业既给环境带来正面效应也带来负面影响；
- 认识旅游利益共享者的行为是如何影响环境的；
- 识别与旅游业相关的环境效应管理的技术范围；
- 掌握环境管理技术的选择方法。

本章概述

“环境”是一个普通的概念，包含了不同的文化、社会、政治和经济的背景，在本章中环境一词被用作具有深层含义的同义词。也许最常使用的环境含义是指自然，但是读者应记住，不论我们怎样利用自然，其都是伴随有政治、经济和社会的含义。

人类活动对自然的效应，具有生物多样性和个体福利的影响，同时他们也提高了人类活动中心的关注，即我们关注这些变化是怎样影响我们的生活质量。例如，臭氧层的消失，全球变暖和污染对人们健康和生活方式的影响，诸如日益增多的黑肿瘤、洪水和呼吸的抱怨。大多数人的关注已延伸到人类活动中心之外，包括非人类活动的动植物福利问题，如21世纪初期对动物实验和多样化消失的关注，反映了环境伦理观如何变为全球社会的显著特征（Holden，2003）。

旅游业对自然环境的影响，重要的是认识到这一切可能既有负面的也有正面的。虽然本章的重点是运用环境管理来缓解负面的环境效应，但也应该记住旅游业也是能够促进保护的，在本章后面将对此进行讨论。因此，当考察旅游业的环境效应时，也必须理解我们经常谈论的增长和累计效应，如走过珊瑚礁的某个旅游者可能踩死了暗礁上的生命有机体，但并未使总的珊瑚礁的破坏减少。当然，如果这样的行为成百倍、成千倍的增加，那么更大、更长久破坏的可能性就增加了。因此，如果旅游者、经营者、当地居民和政府为了旅游业发展，而以不恰当的方式利用自然资源越多，那么负面效应的可能性就越大。

旅游业的负面效应

虽然从本质上认为旅游业有负面效应似乎是奇怪的，但这样的效应在 19 世纪 60 年代就已被观察到了。米尔恩（Milne，1998）评论：在 19 世纪 60 年代早期，太平洋的塔希提岛（Tahiti）的旅游发展可能导致的生态不平衡已经受到人们的关注。在 19 世纪 60 年代，米山（Mishan，1967：141）写道：受日益增长的游客数量的影响，使曾经宁静、可爱的城镇，如安道尔（Andorra）和比尔瑞兹（Biarritz）被新酒店和机动车的轰鸣声和尘土闷得透不过气来；希腊的小岛变成了爱琴海中寥寥无几的海滨浴场；德尔斐（Delphi）被耀眼的新酒店包围着。在意大利，房地产商应对从罗马城四周平原看到的靠近罗马的摩天大楼的行为负责，同时每年游客的涌入改变了曾经一度闻名的旅游度假地纳波罗（Rapallo）、卡普里岛（Capri）、阿拉希（Alassio）和其他的 20 多个类似的景点，而成为像可尼群岛（Coney Islands）一样平庸的地方，而在第二次世界战争以前，这些地方同样是令人向往的。

在米珊的关注中，旅游的“视觉”效应是明显的。虽然旅游依赖于令人愉快的视觉环境质量，但对于“审美污染”的关注不可能像科学测量水质的变化一样，因此视觉感观是重要的，尽管其可能带有主观色彩，但依然是决定旅游业负面效应的重要方式。在世界许多海岸线上，类似酒店的建设、复制都没有反映当地的文化，随处可见的海边休假地，使人们对旅游环境效应提出了共同的批评。例如，布拉克（Burac，1996：71）对位于小安第列斯群岛（Antilles）的瓜德罗普岛（Guadeloupe）和马提尼克岛（Martinique）的旅游发展评论道：“最令人担忧的问题是，有关海岸都市化的无政府主义在这些岛上很普遍，而且因为建筑风格的多样化，传统克里奥人家庭的消失，以及公共广告以混乱的方式出现，使海滨建设已经没有审美的吸引力了”。除了海岸线的都市化外，山区旅游也带来不悦目的发展，除了酒店和楼房的建设外，滑雪缆车和滑雪道造成的“审美污染”也同样受到严厉的批评（Holden，2000）。

回到米山（Mishan，1967）的评述，他指出了施工的灰尘和“机动车轰鸣声”的污染，与审美并存的还有旅游产生的，包括空气、噪音污染在内的其他污染。因此，与游客运输有关的空气污染问题，引起了人们对旅游业是否能真正地实现环保和可持续发展提出了疑问。特别关注的是在 21 世纪后半期，乘飞机旅游的游客迅速增长，在本世纪仍将继续增长，每个旅客乘坐航空交通产生了比其他运输方式更多的污染，已占到了世界二氧化碳排放总量的3%，或相当于整个英国工业界二氧化碳的排放（Malone，1998）。除了引起全球变暖、航空运输排放的二氧化碳占全球排放的2% ~3%外，其减少了同温层的臭氧（Friends of the Earth，1997）。

空气污染还与旅游机场的发展有关，与机场有关的健康问题，包括由于飞机和汽车排放引起的呼吸问题，与噪音有关的紧张压力来源于空中交通。按照怀特莱格（Whitelegg，1999）的观点，飞行器在起飞和降落时产生了大量的氧化氮，这种污染对人体健康的潜在影响是令人震惊的，因此对芝加哥西南部由于有毒空气污染引起的10.5%癌症病例，飞行器引擎是负有责任的（Whitelegg，1999）。当氧化氮和碳氢化合物在低层时，就带来地区烟雾的问题，并在平静的夏天形成低臭氧，这对健康也是有害的。

有一种共同的错误概念，就是把旅游运输等同于航空公司，然而最常见的国内、国际旅游交通形式是汽车。例如，在欧洲最普通的夏季度期旅游形式是游客驾车从北欧，如德国、斯堪的纳维亚半岛和比利时、荷兰、卢森堡三国直下地中海海岸度假，如果国内游客也列入考虑中，则机动车的影响变得更为突出，因为绝大多数国内旅游都是由汽车来完成的。对于那些居住在交通中转地区的人们来说，旅游的影响主要与污染和安全相关，虽然在当地中转交通，但对社会和健康影响则是一个正在研究的领域，齐默尔曼（Zimmerman，1995：36）研究了欧洲阿尔卑斯山中转交通，指出在阿尔卑斯山地区，中转交通是最明显问题中的一个，在有些地区已经达到或超过了当地居民的忍耐程度。

在旅游目的地区域内，航空质量可能使额外的交通和建设恶化，正如米山（Mishan 1967）就灰尘问题发表的评论，布里古利奥（Briguglio，1996）说道，由于现存建筑的拆除和为旅游而新建的大楼，在马耳他的地中海群岛产生了大量的灰尘。

噪音污染是另一个方面，其涉及旅游带来的额外运输，按照米克泽瓦斯基（Mieczkowski，1995）的观点，大多数涉及旅游噪音的抱怨都来自于航空运输，噪音污染对那些居住在繁忙国际、国内机场附近的居民来说是突出的问题。同时，来自于旅游设施建设的噪音也对居民和游客构成了问题。布里古利奥（Brignlio，1996）观察到，在旅游目的地，酒店大楼和其他建设活动产生了集中的噪音，夜总会营业至清晨，因旅游活动而带来汽车交通的增长，所有这些都增加了噪音污染，在旅游目的地的居民和游客都经历过这一切。

最后，普遍的污染种类是水污染，典型的是在旅游目的地，未经处理的污水排入海洋。例如，世界上游客访问最多的旅游目的地：地中海海岸线上的

700 多个城镇中，仅有 30% 的城镇在将污水排入大海前进行过处理（Jenner，Smith，1992）。在加勒比海盆地，每年 100 万游客加入到 1.7 亿的当地居民中，仅有 10% 的污水在流入大海前进行过处理，最令人担忧的是与世界其他地区相比，这些数字实际上还不错了，其他固定的国际旅游目的地，如东亚、东非和南太平洋岛屿，毫无例外地既没有污水处理又没有处理工厂，与人口数量完全不适应（Jenner，Smith，1992）。人类污水造成的水污染问题不完全是由旅游引起的，但是它反映了基础设施对满足当地居民和游客需求的不适应。

此外，因饮用了粪便污染的水而引起疾病，也对人类健康造成了威胁，范围从普通胃痛到伤寒。人类的污水还引起水体的富营养，而海洋的污染反过来又影响旅游业，随后影响依赖于旅游业的经济繁荣。水体富营养可能导致旅游需求的下滑，正如 1989 年意大利罗马海岸的经历一样。根据比彻瑞（Becheri 1991）的观点，罗马沿岸游客预定数量与 1989 年相比已减少了 25%，原因是亚得里亚海的富营养和水面海藻的扩散，而污染源来自农业、城市和工业污水排入波河，随后流入亚得里亚海。类似的是，由于水污染引起了 1988 年西班牙萨鲁（Salou）爆发伤寒病，导致下一年游客预订量锐减了 70%（Kirkby，1996）。到 19 世纪 80 年代后期，许多西班牙海滩都被认为是肮脏的，仅有在束尔（Sol）海岸的三个海滩还是干净的，到 1989 年也挂上了“蓝旗”（Mieczkowski，1995）。到 19 世纪 80 年代后期，水质和海滩质量的下降严重地导致了西班牙旅游接待量的衰退。

除了未经处理的污水带来的污染外，水污染也可由广泛运用于高尔夫球场和酒店花园的化肥和除锈剂引起。含有化学成分的水从地面渗漏到地下，在地表下 5 ~ 50 米处，通过蓄水层最终流入河流、湖泊和大海（Mieczkowski，1995）。其他水污染是由于使用机动车休闲活动引起的，如动力划船，甚至被洗下来的游泳时涂抹的防晒油也导致了当地的污染。当然，尽管旅游业似乎是大多数地球上水污染的罪人，但更重要的是意识到它仅仅是一个影响因素，水污染的主要来源是来自于油的溢出、工业污水排入大海和农业中化学药品的使用。

自然资源的旅游使用者群体行为

旅游业负面效应的主要原因是面对环境的人类行为，旅游系统的整体部分包括：

- 游客；
- 当地居民；
- 政府；

■ 旅游产业

在决定旅游业对自然环境的效应的正面或负面程度时，这些群体的行为具有高度的影响力。例如，对游客而言，主要的自然吸引力是野生动物，但人类行为的某些方面反过来影响野生动物。在野生动物栖息地观察野生动物，对日益增长游客数量来说，变成了颇具吸引力的活动，这意味着人类涌入到曾经是野生动物保护的环境中。具有讽刺意义的是，游客通过近距离方式观察野生动物，增进他们对自然的感知愿望，却带来了对他们所想看的野生动物的自然行为的打扰。

按照洛依等人（Roe，1997）的观点，对野生动物产生的旅游效应程度，通常是与旅游活动的类型和旅游发展的水平相关。马辛和沃尔（Mathieso，Wall，1982）补充说道，旅游对某个特殊物种的伤害程度，会受到野生动物在人的出现时表现出适应能力的影响。例如，在肯尼亚和坦桑尼亚边界的瑟伦格蒂（Serengeti）公园进行着观看野生动物的旅游活动，其代表了该地区旅游发展的最高水平，当地经营者用微型汽车把游客带入公园内，动物们被 30 或 40 辆游客拍照的车包围着。由于动物的领土空间受到侵犯，噪音的增大增加了动物的压力，也扰乱了它们的繁殖和饮食模式。另据报道，当猎豹和狮子被超过六辆车包围时，它们就减少了追捕活动（Shackley，1996）。微型大巴的司机被从游客那儿收取的额外小费鼓动着，努力去靠近动物，忽视了限制他们车辆接近动物的法律。

有时，来自旅游对野生动物的威胁会更直接，特别是在环境教育水平低的社区，当地居民对环境缺乏较高的认识。例如，就背包旅游的经营者带领游客进入厄瓜多尔雨林这件事发表的评论，德拉姆（Drumm，1995：2）写道："仅有 20% 的当地导游完成了中等教育，除了西班牙语外，几乎没有人具有其他语言的能力。再加上受移民者心态和对抗自然环境的影响，其行为的负面效应相当严重。在整个旅游过程中，偶尔炸河捕鱼，为食物追捕野生动物和装出自信的样子是家常便饭的事。对野生动物的抓捕和交易，特别是猴子和金刚鹦鹉也是司空见惯的事。"

除了野生动物外，其他自然资源可能受到来自当地居民的行为威胁而被取代，如珊瑚受到当地居民的破坏，折断作为纪念品出售。正如在巴哈马群岛和格林纳达群岛，稀少的黑珊瑚被制作成耳环，出售给游客。当地经营者带游客乘船外出参观暗礁，有时在珊瑚礁上抛锚而引起当地化的破坏，同时游客以触礁和站立于珊瑚上破坏珊瑚。另外，在红海地区、加勒比海和肯尼亚海岸，有时贝壳被当地人收集起来向游客出售。总之，可能影响当地居民对周围环境的态度的主要因素，包括经济发展水平、政府法规的力度和私立的环境教育机构等。

旅游业的正面效应

虽然旅游业可能带来负面环境影响，但重要的是通过考虑其对应的平衡，把握旅游业的正面环境效应。旅游业的关键特征是它为自然提供了经济价值，实现了发展旅游与保护自然相结合，并提供了更多的利用自然的经济选择，如农业、伐木和采矿等，即使是过度发展和有负面效应的大规模旅游模式，通常也是依赖于大海、阳光和沙滩。因此可选性旅游类型，如自然旅游和生态旅游，更多强调满足游客体验的自然中心地位。

如果通过自然旅游的保护能明显带来经济利益，那么人们的保护意识就会得到加强；如果采取保护自然的旅游发展形势能促进政府的经济优先权，如增加外汇收入、实现收支平衡，政府就可能鼓励立法和划定保护的自然区域，如国家公园；当地社区由于经济需要或物质愿望，有可能较少强调以保护为手段，但其对自然的利用同样始于保护。旅游业如何利用自然的成功例子，体现在保护特定物种的案例 17.1 中。

案例 17.1　卢旺达的大猩猩

如何利用旅游业促进保护的范例，是卢旺达的国家火山公园，是拥有 300 多只山区大猩猩的家园，而世界上现存的大猩猩只有 650 只。偷猎导致了山区大猩猩数量的锐减，因为农业的侵占导致了它们栖息地的搬迁，以及出口大猩猩到中东以换取烟灰缸，这样的贸易是一个赚钱的好方法。游客对大猩猩的参观是由卢旺达国家旅游局控制，旅游业产生的部分税收归到保护机构：著名的“山区大猩猩保护计划”和“迪安·弗瑟伊大猩猩基金会”（Dian Fossey Gorilla Fund）。游客以小组（最多八人）由信息灵通的当地导游带领，前往茂密竹林的自然栖息地观看大猩猩，每年公园的参观量保持在 5 000 ~ 8 000名游客之间。该计划被证实在当地居民的经济利益上取得了成功，因此当地居民对保护环境也更有积极的兴趣，因为经济利益来自于接待游客，以及成为导游和公园管理员。

资料来源：Mieczkowski Z.，1995；Shackley M.，1996；Lanjouw A.，1999）

旅游业起到了对资源保护的重要催化剂作用，当然，认真的环境管理和保护需求是要优先考虑的，在旅游业兴旺、当地经济发展和资源保护之间存在着强有力的联系。正如米克泽瓦斯基（Mieczkowski，1995：114）所评论的：“如果没有保护完好的景点和人与自然和谐的健康而愉快的环境，旅游业的绝对存在是不可想象的”。不能保持高质量环境的旅游目的地，其后果在前面以

西班牙萨鲁和意大利罗马海岸为例已阐述过。旅游业的经济兴旺、环境和游客之间的关系见图 17.1。

图 17.1　游客、环境和经济的繁荣

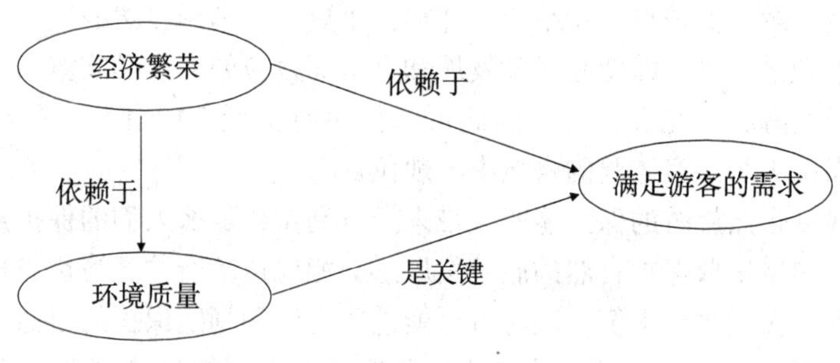

该图强调了高质量的环境，包括物质资源，是满足游客需求和建立旅游业长期繁荣的主要因素。因此，利益共享人的利益应建立在确保风景区有良好的质量，而达到该目标的主要因素就是进行认真的旅游资源环境管理。

旅游业的环境效应管理

高质量自然环境的建立是旅游业的基础，最主要的问题是如何保持。假定旅游业的负面效应是与自然资源的使用者数量相关，那么旅游环境管理中明显的起点，就是要控制使用者的数量，而做到这一点的技术方法是进行“承载力分析”。世界旅游组织（WTO，1992：23）对承载力下的定义是：“作为环境保护和可持续发展的基础，它指出了在没有对资源带来负面效应，在没有减少游客满意度，或是产生对该地区社会、经济和文化的反作用效应情况下，任何地点的最大使用量。尽管有时确定承载力限制数量是困难的，但它对旅游和娱乐规划是最基本的”。相似的是，马西森和沃尔（Mathieson，Wall，1982）也阐述道：“承载力是人们利用一个地点的最大量，并且对自然环境没有造成不可接受的改变，对游客体验的质量没有出现不可接受的下降。”

从这些定义中，很明显看出纯粹考虑自然的承载力概念有不同的因素。按照法雷尔（Farrell，1992）的观点，至少有四种不同的承载力；奥赖利（O’Reilly）也承认，经济、心理、环境和社会的承载力与旅游业有关。所有的承载力都具有进入“门槛”，超越了这些“门槛”水平，就会因考虑欠佳而导致质量下降。“经济承载力”与旅游业对经济的依赖程度相关；“心理承载力”反映在游客对旅游目的地满意的表达程度；“环境承载力”涉及旅游业对自然环境效应的程度和广度；“社会承载力”涉及当地社区对旅游业的反应。

这四个承载力并不是彼此孤立的，在保证不对其他承载力有不利影响情况下，某个承载力可能在一定时间范围内会超越基本的限制。例如，山区步行者的数量增加，有可能导致踩踏对野花破坏的升级，甚至威胁该地区的生态平衡，但同时游客满意度并没有出现下降，在此意义上承载力具有感性的成分（Mason，2003）。然而，如果步行者的数量继续增加，将对环境带来成比例的破坏，最终使环境破坏的程度超越基本水平，从而带来步行者体验野生环境的满意度下降。因此，何时发生破坏环境的概念就成为有争议的，就像怀特（Wight，1998：78）所说：“破坏这个词，指的是一种变化（客观变化）和一个有价值的判断，即其影响超过了某个标准，因此最好把他们二者分开。在人类影响方面，一定数量的步行者可能导致一定数量的土壤压实，这是一种环境变化；但是否产生破坏则取决于管理的对象、专家的判断和广泛的公众价值。”

在旅游规划领域，针对认可旅游目的地承载力，早期的努力专注于试图采用定量方法，确定该地区能接待的游客数量，而不引起“不可接受”的环境和社会变化。自 19 世纪 60 年代以来，虽然承载力的概念在娱乐研究领域得到推进和发展，也只是到了 19 世纪 60 年代晚期，才真正成为旅游研究者和规划者的兴趣所在。该观察的一个著名例外是，1966 年联合国为爱尔兰旅游委员会进行的一项研究，试图解释在爱尔兰的多尼戈尔（Donegal），不同旅游目的地的游客在不影响自然环境情况下的容忍度（Butler，1997）。然而，由于旅游业自身较高的复杂性，确定承载力的数量限制是极有问题的，至少是因为不同游客类型具有不同的行为，这就带来了为旅游目的地效应立法的困难。因此，以下的许多因素都可能影响任何特定旅游目的地的承载力：

- 风景区开发和变化的脆弱性；
- 旅游发展的现存水平；
- 游客的数量；
- 游客的行为；
- 游客和当地居民的环境教育水平；
- 环境管理的效率；
- 经济发展水平。

今天，有一个固定限制的观点，即旅游业发展不能超过游客基本数量的观点，已大大丧失了信誉（WTO，1992；Williams，Gill，1994）。科克西斯和帕佩里斯（Coccossis，Parpairis，1996：160）评论："然而，在我们对环境与发展之间相互关系的理解之前，人类行为已更加广泛，承载力的概念不能作为一个完整的工具来提供准确的度量，并运用于规划中和实际中，相反是作为一个不断的完善、发展和研究过程。"

由于对认可承载力数量的困难和确定承载力的限制，因此日益增强的研究重点，就放在指导监测系统认可潜在的问题。承载力技术的扩展被视为一种"可接受变化的限制"，也称为"可接受使用的限制"。按照麦科尔（McCool，1996：1）的观点："在美国，为了适应解释或执行国家公园和野生动物保护区的娱乐承载力的认可，可接受变化的限制规划系统得到了发展。"正如以上解释指出的，可接受变化的限制系统，像承载力一样在野生动物管理和娱乐规划中有其存在的原因，但在旅游规划背景下，比较近来的技术，其目前的应用也是非常有限的。承载力分析的主要缺陷，就像前面指出的，与旅游有关的许多问题不一定是数字作用，而是人的行为。可接受变化的限制系统的前提，是可接受该地区的环境条件的详述，并与社会、经济方面相结合，也和旅游发展的潜力相结合（Wight，1998），因此该系统依赖于识别所希望的社会、环境条件，而最终需要社区参与来决定所需要的条件。

可接受变化的限制系统的机制是采用一套指标，指标是一个地区环境条件的反映，包括评估标准和变化频率。典型的是，该指标的目的与自然资源的优点有关，与经济指标、当地居民和游客体验有关，因此该指标是自然和社会的混合体。例如，监测水污染的程度、空气和噪音的污染，计算旅游业中劳动力就业的百分比，记录与旅游有关的犯罪率和驾驶事故，评估游客的满意水平。这样的指标在旅游目的地内，预示了旅游业所具有的影响，以及其在居民生活质量上的影响。可接受变化的限制系统希望能够：通过对该指标应有规律地监测和评估，提供管理官方认可并在战略中调整任何问题，从而使所希望的环境和社会条件得到改善。重要的是，由于该指标的性质，计算不能完全科学，但是除专业人员外，还依赖于公民信息的输入。正如其名称所指出的，可接受变化的限制接受的变化是不可避免的，因此其只是提供监测变化的框架。

进一步的旅游规划和管理涉及"分区制"的使用，它是土地管理战略在不同空间范围的应用，如在一个保护区域内，或在一个地区甚至国家层面上。按照威廉姆斯的观点（Williams，1998：111）：

> 空间分区制是建立土地管理的战略，目的在于通过解释具有可持续或旅游能力的土地，而把旅游与环境结合。因此，土地分区制可用来排除核心保护地区的游客，并从环境上强调对有损坏性活动进入当地，如何为处理这些事件做好特定的准备；或是强调一般游客只能进

入限定数量的地方，在那儿他们的需求可能得到满足，而他们所产生的影响能够得到控制和管理。

分区制能提供适合的对现存资源的认可，并确定旅游活动在那儿发生或不能发生。对保护地区的运用分区制的具体参考，世界旅游组织（WTO，1992：26）曾提出："一个保护地区能分成严格的保护区（避难区，那儿的人可以排除在外）、荒原区（只允许游客步行）、旅游区（鼓励游客以不同的和谐方式旅游）和发展区（旅游设施集中区）。"

在平衡科学研究、保护、旅游和其他商业活动的需要中，如何有效运用分区制的例子是澳大利亚的海洋公园大堡礁，案例 17.2 对此有所介绍：

案例 17.2　澳大利亚海洋公园大堡礁的分区制

澳大利亚的大堡礁形成了世界最长的珊瑚礁，沿着昆士兰东北海岸延伸几乎达 2 000公里，暗礁是大约 350 种珊瑚、1 500 种鱼类和 6 种乌龟的家园。自 19 世纪 70 年代晚期，随着位于暗礁入口的凯恩斯汤斯维尔（Townsville）镇的国际机场的发展，意味着游客游览暗礁数量可持续的增长。但是，依靠暗礁的旅游活动和其他经济活动的增长压力越来越大，在不同的使用人群中，如渔夫、旅游经营者（用竹筏或其他船只带成百上千的游客到暗礁）和享乐主义者（如有水下呼吸器的潜水者）之间存在越来越多的潜在冲突。在旅游发展中，使用暗礁产生了不同类型的后果，包括：

- 来自于支撑点、系船设备、潜水通气管、潜水和人在上面行走的自然破坏；
- 大量对海洋动物的收集；
- 废弃物、杂物的乱扔和燃料的排放。

对这些问题的反应，是建立了大堡礁海洋公园管理局（GBRMPA），以协调该地区的旅游管理和发展。其作用之一是将公园分区，允许暗礁有多种用途，同时又保护其生态。他们将暗礁划分为四种不同的区：

- 保护区：禁止任何实际上的暗礁使用；
- 科学研究区：严格控制科学研究进行；
- 海洋国家公园区：允许科学、教育和娱乐活动；
- 普通用途区：允许一些商业性和娱乐性的垂钓。

在最后两个区域内允许商业旅游，分区过程也包括对特别管理区的指定，确保在该区内保护旅游和其他目的能够广泛使用暗礁。大堡礁海洋公园管理局的另一个角色，是对大堡礁的环境效应管理，所有被提名的旅游经营商，必须经过环境评估后才允许在暗礁上经营，对大规模发展或是被假定产生不可接受的环境效应的经营者，必须随时准备对环境影响进行陈述。

资料来源：Simmons and Haris，1995

迄今为止，作为承载能分析的重点方法，可接受变化的限制和分区制，都由政府通过规划方法来加强旅游管理，于是自19世纪90年代以来，已加强了对保护区周围环境的经营责任，被广泛应用的一种环境管理技术就是对旅游经营商进行“环境审计”。古多尔（Goodall 1994：656）谈到：

> 环境审计为商业实践提供了基础，并与基于持续监测影响和变化的控制循环过程的管理观点相一致，而且把知识的发展和反馈也纳入正式的决策过程。

鼓励旅游经营商参与环境审计的原因主要有三种：第一，由于环境立法的通过和反对旅游公司成为环境污染的惩罚性措施的实施，使公司可能寻求提高环境质量；第二，如果公司相信通过环境审计的运用能减少经营成本和提高利润，他们就可能寻求实施环境审计的行动方针；第三，有些企业可能真正有善心，愿意尽他们所能来合理地承担对自然、社会环境有利的措施，他们也希望吸引被绿色环保问题日益影响的消费者市场。

按照帕维恩等人（Parviainen，1995）的观点，环境审计将覆盖环境管理的各个方面，包括：

- 公司的环境和购买政策；
- 对员工的环境实践交流，对他们的环境培训水平的充分性；
- 商业对周围环境的影响包括空气、水、土壤、地下水、噪声、审美价值的特征；
- 能源的使用；
- 废弃物的管理和废水计划。

此外，他们也指出通过环境审计，可以形成更广泛的商业环境管理系统（EMS）的完整组成。

环境管理系统，能够使公司经营的环境质量战略目标与环境审计的实际相结合。环境管理系统的第一阶段，是公司必须清楚地陈述环境责任，如果不认真严肃地对待，将最终影响公司的经营。下一阶段是定出希望达到的主要目标，如酒店的目标可能是减少未经处理的污物排入大海的数量，公司应制定实施和运行环境审计的计划，并决定在一定时间内达到的实质目标，该计划的基本部分是对经营进行实时监测，以决定是否建立实现环境改善的目标，如果他们不是这样做，就必须对发展战略进行调整。发展环境管理系统是长期的责任，可能要花几年从政策到不断的反复宣传，并与不同阶段结合。由于特定组织机构的可供资源将影响到该计划的质量，因此环境管理系统对任何大小的经营商都不例外，但更重要的是它将需要时间的投入，以及来自组织机构雇员的责任心。

在环境管理系统内，环境审计变成了评估公司完成任务，以及环境政策变化和行动计划的工具。在旅游业中，环境管理系统的运用是有限的，它提供了既对环境有利又有心理前瞻的商业方法，因此运用环境管理系统的产业利益主要包括：

■ 降低对环境破坏的经济责任风险；
■ 促进顾客关系的改善；
■ 降低经营成本；
■ 使贷方、承保人和投资者的沟通得到改善；
■ 环境管理系统的本质属性，是改善环境资源的有效方法，而不是一成不变的要求和政府干预（Todd，Williams，1996）。

19 世纪 90 年代初期，主动考虑其经营的环境效应的旅游公司是德国的旅游集团，即国际旅游联盟（TUI）。环境审计的运用现在变成了他们企业经营的固定部分，正如案例 17.3 所述。

案例 17.3　国际旅游联盟（TUI）

根据销售额计算，德国国际旅游联盟（TUI）是欧洲最大的旅游经营商，每年销售几百万人次的度假旅游。国际旅游联盟（TUI）对环境的兴趣，代表了大众旅游的效应和符合德国市场需求的实效经营意识，因为德国市场的旅游目的地环境质量，对消费者的满意度和后续需求具有关键性的影响。因此，国际旅游联盟已经意识到，通过投资保护有助于保持将来的经济成功。1990 年，国际旅游联盟是第一个指定环境经理的旅游公司，并成为环境管理委员会的一员，现在它已建立了环境部门，专门处理环境事务。除了执行国际旅游联盟经营的环境审计外，该环境部门也与以下部门开展了咨询和保持联络：接待地国家的政府、对旅游和环境承担责任的国际国内公共组织、当地政府，以及包括酒店、民航、租车公司在内的商业伙伴，主要目的是使顾客意识到良好的环境。国际旅游联盟对政策影响的优势，是由于其规模对政治有巨大的影响。在旅游业中，国际旅游联盟的方法具有创新性，因为它在公司组织结构中，以基本的管理作用与环境保护相结合。

行为准则和环境教育

假如旅游效应与使用者的行为相关，那么行为准则和环境教育对旅游环境管理也是至关重要的。在最近的几年，政府部门、私立机构和非政府组织，都共同鼓励减轻旅游业的负面效应和提高环境质量的自愿行为准则。旅游行为准则的有效性与其他相对提高旅游环境相互作用的方法，被联合国环境规划署（UNEP，1995：3）描述为：

> 环境保护手段的广泛运用，将引导旅游业走上可持续发展的道路。当然，在私立机构运作时，建立最低的行为标准和过程，以及现在的规章，依然是解释立法框架的基础。尽管经济手段越来越被政府运用于环境问题，然而自愿的、心理前瞻的方法，则是确保长期环境责任和提高质量的最好方法。

行为准则的最初目标，是影响人们的态度和更正行为（Mowforth，Munt，1998）。旅游的行为准则的目标如下（UNEP，1995：8）：

■ 作为催化剂，为政府机构、工业界、社区利益、环境和文化非政府组织，以及其他旅游利益共有人之间的对话服务；

■ 在政府和产业界建立一种健全的环境管理政策的意识，鼓励他们改善环境质量，从而成为可持续的产业；

■ 增强国际、国内游客对他们所体验的自然和文化环境的合适行为的重要性意识；

■ 增强接待地居民对环境保护意识和主—客关系的敏感性；

■ 鼓励产业界、政府机构、接待社区和非政府组织之间的合作，以达到上述列举的目标。

这些目标将覆盖旅游利益共有人的范围，包括：

■ 私人部门；

■ 政府机构；

■ 当地社区；

■ 游客。

结果是，行为准则的发展者来自于广泛的组织，包括政府机构、国内旅游组织，旅游业、贸易协会和非政府组织，如“关注旅游”、“世界自然基金”等。按照古多尔和斯特布勒（Goodall，Stabler，1997）所说，与旅游业有关的行为准则的突出原则，主要包括：

■ 资源的可持续运用；

■ 环境影响的减少，如大气排放和污水处理；

■ 减少废弃物和过度消费，如提高再利用率，关注野生动植物和当地文化；

- ■ 采纳内部环境管理战略，如环境审计；
- ■ 利用当地供应商，支持和参与当地经济；
- ■ 追求负责任的市场营销。

此外，行为准则也可以由受到旅游影响的当地社区建立，以下的准则能为社区建立行为准则提供帮助（UNEP，1995）：

- ■ 在旅游发展中，对当地居民角色的咨询；
- ■ 当地文化和传统的保护咨询；
- ■ 对当地居民在保护和经济发展之间，如何保持平衡的重要性的教育；
- ■ 提供高质量的旅游产品和经验。

当地社区准则的范例，是由德国的非政府组织“洞察和理解的旅游”所开发的。该准则强调社区参与旅游发展的重要性，并且强调游客应该尊重当地文化的需要，强调旅游需求在实现地区经济平衡中的作用。

该准则的最后类型的目的，是专门针对游客的行为的，准则中形成的主要原则包括：

- ■ 尽可能多地了解你的旅游目的地；
- ■ 使用能对环境实践负责的供应商；
- ■ 尊重当地的文化和传统；
- ■ 帮助当地努力保护环境；
- ■ 购买当地产品和服务，支持当地经济；
- ■ 以有效的方式利用资源。

然而，改变游客行为的努力并不仅仅限制在书面准则内，在日益成熟的媒体技术和信息技术时代，运用视觉想象提高游客的环境意识水平是重要的。有这样一个范例，是由英国旅行社协会（ABTA）和两个英国的非政府组织，“海外服务局”和“关注旅游”独创的，其提出在不同的旅游利益共享人之间，如何展现合伙关系在环境上的受益；同时制作了飞行中使用的录像带，强调关注在冈比亚大众旅游与相关的社会、文化的问题。录像带旨在提高游客对冈比亚的自然、文化环境的意识水平，尤其重要的是开发冈比亚旅游的需求和愿望，并由英国主要的大众旅游经营商“首选”在飞往冈比亚的航班上播放录像带。其他关于泰国和肯尼亚的旅游和环境的普遍问题的录像，也被期望随之而创作出来。

虽然行为准则为旅游发展提供了重要方式，使所有旅游利益共享人意识到他们对环境的责任，但由此产生的批评也不少。按照莫菲斯和芒特（Mowforth，Munt，1998）的观点，随准则产生了许多问题，他们包括：

- 行为准则的监控；
- 真正关于游客行为的准则是善心，这是通常的市场策略；
- 行为准则间存在的可变性。

结　论

在本章中，有关环境管理技术的范围，是指对旅游系统复杂性的反映。作为一项活动，旅游是混合的、复杂的，它涉及不同的使用群体，空间上的可扩散，有时它的效应与其他原因区分是困难的。因此，心理前瞻和反作用技术的范围需要管理环境效应。这些方法包含土地使用规划，也包含经济、技术和心理方面。在有关尼泊尔的案例 17.4 中，请读者考虑应如何管理旅游业的环境效应。

案例 17.4　尼泊尔的安纳布尔纳保护区

覆盖尼泊尔中北部大约 7 000 平方公里的安纳布尔纳保护区（Annapurna Conservation Area，ACA），经常被作为社区发展成功的范例在旅游教学研究中引用。该保护区由一个叫做金·马哈德拉诚信保护自然组织（King Mahendra Trust for Nature Conservation）的非政府组织管理，并通过安纳布尔纳保护区计划而使其不同平常，因此它获得了不少的国际奖励，包括 1991 年英国航空的“明天旅游”奖、1992 年约翰·波尔·盖蒂（John Paul Getty）保护奖和 2000 年世界野生动物保护基金优秀奖。

它是安纳布尔纳的自然和文化特征多样化的结合，使其成为坐牛车旅游的最具吸引力的旅游目的地。其动植物包含 474 种鸟类、101 种哺乳动物和 1 226 种植物（ACA，2001），稀有动物包含雪豹、蓝绵羊和红熊猫（Bajracharya，1998）；著名的地貌特征，包含世界最深的河谷卡里汉达凯（Kali Ghandaki）和世界最高的两座大山，即安纳布尔纳山（Annapurna 1）和道拉吉里峰（Dhaualgiri）；文化多样性则包含 10 多种居住在安纳布尔纳保护区（ACA）的少数民族。

目前只有步行才能看到此边远地区的多样性和美丽，而以自然和文化为基础的旅游则大受欢迎，特别是西方国家的游客，从 1987 年的 37 000 名游客增长到 2000 年的大约 80 000 名游客。尽管近期存在着政治问题，但来访者的长期趋势仍然是上升的。

案例 17.4　续

坐牛车的旅游者倾向于在有组织的群体乘坐牛车旅游，或雇用导游、看门人以个人方式旅游。虽然要明确到该地区游客的数量是困难的，但巴吉纳恰亚（Bajracharya，1998）和安纳布尔纳保护区（ACA，1999）估计，来自于安纳布尔纳地区以外的大多数人都支持旅游。如果 2001 年来过安纳布尔纳的 78 000 名坐牛车的旅游者的数字准确的话，那么外面的人来访此地区的数字可能升至 156 000 名，而占其总量 60% 的旅游者大多数集中在 3 ~ 4 月、10 ~ 11 月四个月（Bajracharya，1998）。

安纳布尔纳地区的旅游扩大导致了森林的减少，引起了 1986 年对 ACA 的划定，以阻止过度的环境恶化（Parker，1997），特别是滥砍滥伐（Gurung，De Coursey，1994），有些评论者说，旅游及其相关活动都是滥砍滥伐的罪人。根据格努吉（Gurung，1992）的观点，1970 年以后，坐牛车旅游者的数量增长破坏了安纳布尔纳的生态平衡，典型的是森林被用作木料，建成旅馆接待坐牛车旅游者，为烹饪和热水淋浴提供燃料。然而，由于缺乏对生态承载底线的研究，结合与从其他原因分解旅游效应的困难，使旅游效应的程度难于科学地决定，因此对旅游成为高山滥砍滥伐的原因具有很大的争议性，索菲尔德（Sofield，2000）就明确指出上述论点过分夸大了。

在安纳布尔纳保护区，与坐牛车旅游相关的其他环境问题，还包含了乱扔垃圾的污染。如何处理成千上万的饮水塑料瓶是一个大问题，要么烧毁他们，要么填埋，要么运到 ACA 边界外的博克拉（Pokhara）处理，其他非降解的垃圾包括塑料、玻璃瓶、罐头、金属薄片和电池等。由于卫生间建得靠近小河，洗澡时使用的化学肥皂、在小河里清洗盘碟和衣物，都进一步带来了有关水源污染的问题。然而，像滥砍滥伐是有争议的问题一样，坐牛车旅游者因污染问题受到责备也是有争议的，由于当地居民的用户至上思想，服务人员的行为都支持坐牛车旅游，从而使乱扔垃圾污染持续增加。

问题讨论

1. 结合案例研究，为什么旅游环境管理是重要的？
2. 你接受环境负面效应是由旅游业引起的观点吗？
3. 对进入安纳布尔纳保护区坐牛车旅游者的控制有什么优点？如何才能实现？
4. 如何进行环境教育，才容易减少旅游业对自然资源的压力？你的回答应该包括所有的资源使用群体。
5. 已开发了哪些类型的政策，来帮助监测旅游业的可接受变化的限制？

阅读指导

推荐以下书籍：

《旅游业与环境：可持续发展的关系》，亨特和格林（Hunter C.，Green H.，1995）

《环境和旅游业》，安德鲁·霍尔登（Andrew Holden，2000）

《旅游业效应、规划和管理》，彼德·梅森（Peter Mason，2003）

《旅游和娱乐的环境问题》，米克泽瓦斯基（Mieczkowski Z.，1995）

网站推荐

联合国环境规划署主页：www. unep. org

联合国环境规划署旅游主页：www. unep. org/pc/tourism/home. htm

绿色全球21：www. greenglobe21. com

关键词

承载力分析；行为准则；保护；环境审计；效应；可接受变化的限制；污染；分区制。

参考文献

ACAP（1999）*The Annapurna* Ways. King Mahendra Trust for Nature Conservation, Kathmandu.

ACAP（2001）*Annapurna Conservation Area Project*: *Two Years Retrospective Report* 1998-2000. King Mahendra Trust for Nature Conservation, Kathmandu.

Bajracharya, S. B.（1998）Tourism Development and Management in the Annapurna Area, in P. East, K. Luger and K. Inmann,（eds）*Sustainability in Mountain Tourism*: *Perspectives for the Himalayan Countries*, 243-253. Book Faith India, Delhi.

Banskota, K. and Sharma, B.（1998）Understanding Sustainability in Mountain Tourism: Case Study of Nepal, in P. East, K. Luger and K. Inmann,（eds）*Sustainability in Mountain Tourism*: *Perspectives for the Himalayan Countries*, 111-

146. Book Faith India, Delhi.

Becheri, E. (1991) Rimini and Co-the erid of a legend?: Dealing with the algae effect, *Tourism Management*, 12 (3), 229-235.

Briguglio, L. and Briguglio, M. (1996) Sustainable Tourism in the Maltese Isles, in L., Briguglio, R. Butler, D. Harrison, and W. L. Filho, (eds) *Sustainable Tourism in Islands and Small States*, 161-179. Pinter, London.

Burac, M. (1996) Tourism and Environment in Guadeloupe and Martinique, in L. Briguglio, R. Butler, D. Harrison, and W. L. Filho, (eds) *Sustainable Tourism in Islands & Small States: Case Studies*, 63-74. Pinter, London.

Butler, R. (1997) The Concept of Carrying Capacity for Tourism Destinations: Dead or Merely Buried?, in C. Cooper, and S. Wanhill, (eds) *Tourism Development: Environmental and Community Issues*, 11-22. John Wiley, Chichester.

Coccossis, H. and Parpairis, A. (1996) Tourism and Carrying Capacity in Coastal Areas: Mykonos, Greece, in G. K. Priestley, J. A. Edwards, and H. Coccossis, (eds) *Sustainable Tourism: European Experiences*, 153-175. CAB International, Wallingford.

Drumm, A. (1995) *Converting from Nature Tourism to Ecotourism in the Ecuadorian Amazon*, paper given at the World Conference on Sustainable Tourism, Lanzarote, April.

Farrell, B. (1992) Tourism as an element in sustainable development: Hana, Maui, in V. L. Smith, and W. R. Eadington (eds) *Tourism Alternatives: Potentials and Problems in the Development of Tourism*, 115-132. University of Pennsylvania Press, Philadelphia.

Friends of the Earth (1997) *Atmosphere and Transport Campaign*, www. foe. co. uk.

Goodall, B. (1994) Environmental auditing: current best practice, in A. V. Seaton, C. L. Jenkins, R. C. Wood, P. U. C. Deike, M. M. Bennett, L. R. MacLellan, and R. Smith, (eds) *Tourism: The State of the Art*, 655-664. John Wiley and Sons, Chichester.

Goodall, B. and Stabler, M. J. (1997) Policy perspectives on sustainable tourism, in M. J. Stabler, (ed.) *Tourism and Sustainability: principles to practice*, 279-304. CAB International, Wallingford.

Gurung, C. P. (1992) Annapurna Conservation Area Project, Nepal, in S. Eber, (ed.) *Beyond the Green Horizon: Principles for Sustainable Tourism*, 37-

39. WWF, Godalming.

Gurung, C. P. and De Coursey, M. (1994) The Annapurna Conservation Area Project: a Pioneering Example of Sustainable Tourism, in E. Cater, and G. Lowman, (eds) *Ecotourism: A Sustainable Option*, 177-194. John Wiley and Sons, Chichester.

Holden, A. (2000) *Environment and Tourism.* Routledge, London.

Holden, A. (2003) In Need of New Environmental Ethics for Tourism?, *Annals of Tourism Research*, vol. 30, no. 1, 94-108.

Hunter, C. and Green, H. (1995) *Tourism and the Environment: A Sustainable Relationship?*, Issues in Tourism Series. Routledge, London.

Ives, J. D. and Messerli, B. (1989) *The Himalayan Dilemma: Reconciling Development and Conservation.* Routledge, London.

Jenner, P. and Smith, C. (1992) *The Tourism Industry and the Environment.* The Economist Intelligence Unit, London.

Kirkby, S. J. (1996) Recreation and the Quality of Spanish Coastal Waters, in M. Barke, J. Towner, and M. T. Newton, (eds) (1996) *Tourism in Spain: Critical Issues.* CAB International, Wallingford.

Lanjouw, A. (1999) *Mountain Gorilla Tourism in Central Africa.* Available from www. mtnforum. org/resources/library/mfb99a. htm.

MacLellan, L. R. , Dieke, P. U. C. and Thapa, B. M. (2000) Mountain Tourism and Public Policy in Nepal, in P. M. Godde, M. E Price, and EM. Zimmerman, (eds) *Tourism Development in Mountain Regions*, 173-197. CABI, Wallingford.

Malone, P. (1998) Pollution battle takes to the skies, 8 November, *The Observer*, London.

Mason, P. (2003) *Tourism Impacts, Planning and Management.* Butterworth – Heinemann, Oxford.

Mason, P. and Mowforth, M. (1996) Codes of Conduct in Tourism, *Progress in Tourism and Hospitality Research*, 2 (2), 151 – 168.

Mathieson, A. and Wall, G. (1982) *Tourism: economic, physical and social impacts.* Longman, Harlow.

McCool, S. E (1996) *Limits of acceptable change: A framework for managing national protected area: experiences from the United States*, paper presented at the Workshop in Impact Management in Marine Parks, Kuala Lumpur, Malaysia, August

13-14.

Mieczkowski, Z. (1995) *Environmental Issues of Tourism and Recreation.* University Press of America, Lanham.

Milne, S. (1988) Pacific Tourism: Environmental impacts and their management, Paper presented to the Pacific Environmental Conference, London, 3-5 October.

Mishan, E. J. (1967) *The Costs of Economic Growth.* Penguin, Harmonsworth.

Mowforth, M. and Munt, I. (1998) *Tourism and Sustainability.* Routledge, London.

O'Reilly, A. M. (1986) Tourism carrying capacity: concepts and issues, *Tourism Management*, 8 (2), 254-258.

Parker, S. (1997) Annapurna Conservation Area Project: In Pursuit of Sustainable Development?, in R. M. Auty, and K. Brown, (eds) *Approaches to Sustainable Development*, 144-168. Pinter, London.

Parviainen, J., Pöysti, E. and Kehitys, S. (1995) *Towards Sustainable Tourism in Finland.* Finnish Tourist Board, Helsinki.

Roe, D., Leader-Williams N. and Dalai-Clayton, B. (1997) *Take only photographs: Leave only footprints.* International Institute for Environment and Development, London.

Shackley, M. (1996) *Wildlife Tourism.* International Thomson Business Press, London.

Simmons, D. G. and Koirala, S. (2000) Tourism in Nepal, Bhutan and Tibet: Contrasts in the Facilitation, Constraining and Control of Tourism in the Himalayas, in C. M. Hall, and S. Page, (eds) *Tourism in South and Southeast Asia*, 256-267. Butterworth-Heinnemann, Oxford.

Simmons, M. and Harris, R. (1995) The Great Barrier Reef Marine Park, in R. Harris, and N. Leiper, (eds) *Sustainable Tourism: An Australian Perspective.* Butterworth-Heinemann, Oxford.

Sofield, T. H. B. (2000) Forest Tourism and Recreation in Nepal, in X. Font, and J. Tribe, (eds) *Forest Tourism and Recreation Studies in Environmental Management*, 225-247. CABI, Wallingford.

Todd, S. E. and Williams, P. W. (1996) Environmental Management System Framework for Ski Areas, *Journal of Sustainable Tourism*, 4 (3), 147-173.

United Nations Environment Programme (1995) *Environmental Codes of Conduct for Tourism: Technical Report*, *No.* 29. UNEP, Paris.

Whitelegg, J. (1999) *Air Transport and Global Warming*, www. gn. apc. org/sgr/kyoto/jw, html.

Wight, P. (1998) Tools for sustainability analysis in planning and managing tourism and recreation in a destination, in C. Hall, and A. Lew, (eds) *Sustainable Tourism: A Geographical Perspective*, 75-91. Addison Wesley Longman, Harlow.

Williams, P. W. and Gill, A. (1994) Tourism Carrying Capacity Management Issues, in W. Theobald, (ed.) *Global Tourism: The next decade*, 174-187. Butterworth-Heinemann, Oxford.

Williams, S. (1998) *Tourism Geography*. Routledge, London.

World Resources Institute (1994) *World Resources* 1994-95. Oxford University Press, Oxford.

World Tourism Organization (1992) *Tourism Carrying Capacity: Report on the Senior-Level Expert Group Meeting*, held in Paris, June 1990. World Tourism Organization, Madrid.

Zimmermann, F. M. (1995) The Alpine Region: Regional Restructuring Opportunities and Constraints in a Fragile Environment, in A. Montanari, and A. M. Williams, (eds) *European Tourism: Regions, Spaces and Restructuring*. John Wiley and Sons Ltd, Chichester.

第 18 章　旅游住宿业

谢里夫·鲁比（Sherif Roubi，格拉斯哥喀里多尼安大学）
大卫·利特尔约翰（David Litteljohn，格拉斯哥喀里多尼安大学）

学习目的

学完本章后，读者应该能够：

- 解释不同旅游住宿设施的概念；
- 定义旅游住宿设施的主要市场；
- 形成旅游住宿设施的动态市场意识和相关管理概念；
- 明确独立经营者和合作经营者的地位；
- 理解旅游住宿设施供给的新形式。

本章概述

本章介绍旅游业中住宿设施的性质和地位。旅游饭店经常被作为一个标准，与其他旅游住宿设施形式比较，这有时可能混淆，实际上“旅游饭店”一词已涵盖了旅游住宿供给的若干类型。

为了帮助读者理解旅游住宿设施的复杂性，本章解释了不同旅游住宿设施的类型，探索了影响旅游住宿设施经营的重要因素。

深入学习本章，读者还应该能掌握一些住宿业中的技术术语。由于旅游饭店在本章中的重要性，自然把重点集中于旅游饭店的讨论，然而，读者应该知道运用于分析旅游饭店的许多原则，也能运用于其他旅游住宿设施形式。案例研究集中反映了本章主题的特性：第一个案例（案例 18.1）解释了旅游饭店分级的性质，并提供了具体操作中的要求范例；第二个案例（案例 18.2）通过分析个体投资旅游住宿设施的发展，帮助我们了解旅游住宿设施供给的多样性。

导 言

旅游住宿设施在旅游业中扮演着中心角色，没有旅游住宿设施，旅游目的地将不存在。其重要性可以被下述经济事实所证明：在2003年英国的国内旅游花费中，用于旅游住宿的花费至少占到27%（英国旅游调查，2004）。另一方面，尽管旅游者很少因为旅游住宿设施而决定到某地旅游，但如果旅游住宿设施不具有他们要求的标准和类型，或者由于不是物有所值，就有可能造成很糟糕的影响，导致他们将不再去该地旅游。

旅游住宿供给

本章将介绍旅游住宿设施的不同类型，其中最常见的一种是旅游饭店。旅游饭店市场的大小可用事实说明：据估计，2002年全球旅游饭店有1 500万个房间（Slattery，2003）。

旅游住宿设施的供给性质可用若干种标准来判断，当然，与供给基本特性相关的重要因素将是本章主要讨论的内容，但是必须牢记住宿设施也有重要的社会标准，因为旅游饭店及其他住宿形式所提供的不仅是对客户的生理要求满足和身体舒适。“旅游饭店”一词起源并发展于法国，18世纪中晚期，当旅行在欧美发展起来时，旅游饭店也开始向这些区域传播。通常，“旅游饭店”有别于其他便宜的住宿形式和私人经营的旅馆，因此“旅游饭店”是一种文化现象。从“旅游饭店”概念开始建立的时候，其经营发展就根植于它所在的社会中，其服务供给也反映了更多的地方习俗，如选址适合于特定用户类型，通过提供餐饮和其他服务的结合来吸引特定的顾客。

目前，不论在欧洲、美国或其他西方社会，甚至在国际上都存在许多影响旅游饭店供给的因素。看待当代旅游饭店设施的重要观点，是承认旅游饭店的下列特性：建筑有特色，大量家具，固定装置和设备，广泛的艺术设计，广阔的公众空间和后台设施（Cahill，Mitroka，1992），这些无论从消费者的观点，还是从企业保持必要的高水准要求来看，都是十分奢侈的。旅游饭店的一般定义为：

> 提供短暂停留的服务功能，如接受预订、清洁房间和保证付款的企业。根据顾客期望，提供保证高度隐私的过夜服务，包括餐饮服务，涵盖从最基本的到先进的一系列设施和服务。旅游饭店被认为是经营机构，从客户（或者他们的代理）的手中获得经济收益，并受

相关的国家法律和财务规定所约束。

典型的顾客消费，是基于每日（或者每夜）的客房出租率。在正常情况下，旅游饭店经营都会产生利润，当然，任何旅游饭店都肯定不会期望产生损失。

其他常见的旅游住宿设施名称包括：

- 小饭店；
- 乡间老式旅店；
- 青年旅馆（许多是基于非营利性基础上的，或会员制的）；
- 家庭旅馆；
- 老年公寓；
- 寄宿住宅；
- 仅提供住宿和早餐的简易饭店；
- 客栈；
- 水疗饭店；
- 疗养院；
- 分离式公寓，自供伙食的，私人小屋；
- 假日野营地/村庄；
- 暂住的或者少量服务的寄宿以及分时度假酒店。

因此，旅游住宿设施供给，就是指有大量为核心功能服务的商业住宿设施可供选择。针对旅游住宿设施的不同，也存在着不同的管理结构和方法。如前所述，本章将重点研究旅游饭店供给以及包括更多住宿设施类型的特性，因此本节描述了旅游住宿设施的完整性和多样性。

旅游饭店和其他类型旅游住宿设施的容量和选址，在任何时候都是与客源市场的特性和需求趋势有关。例如，国内和国际旅游需求的程度，可能影响某一特定位置的旅游住宿供给性质，也会影响休闲旅游与商务旅游需求的比例。同样地，任何旅游地住宿设施的潜在需求和未来发展，都将反映当前的收益，反映投资者对社会、经济、旅游趋势变化是如何影响人们对旅游住宿设施需要变化的观点。

对旅游住宿设施进行精确评估不一定是清楚的过程，如英国就缺少全国性的把所有旅游住宿设施都纳入登记的统计。四个主要地区旅游组织中，每一个都有自己的统计，为简单化而将其综合于表 18.1 中。此外，加入这些统计是自愿的，经营者可以选择参与或不参与。因此，表格尽管在某些方面有用，但并不完整，未包括没有登记的企业，这种情况在许多国家中都是普遍的。

表 18.1 2002 年的英国住宿设施情况（主要是在国内旅游组织登记的企业）

企业类型	英格兰	北爱尔兰	苏格兰	威尔士
简单食宿和农舍	14.229	710	2.321	-
家庭客舍	7.016	147	948	717
饭店（包括城堡、汽车饭店、多栋联建住宅）	9.201	129	1.255	-
小客栈	2.635	-	145	-
青年饭店和团队宾馆	740	56	187	-

注：数字为“已登记”的饭店数，即那些同意遵守国家旅游者行为规范的饭店，包括那些曾经同意遵守，以及那些已为人们所熟知的饭店，青年和团队住宿设施包括大学宾馆在内。

不同的国家有不同的统计，因此上表简化了可供使用的数据。

资料来源：摘自英国旅游调查报告（2004）

要获得旅游住宿设施全面且可比较的总量数字，并在一个表格中反映出来是有困难的，即使只是在一个国家中，也反映出数据收集的困难。这些困难不仅反映出旅游住宿设施类型的范围广泛，也与大量小型旅游住宿设施的存在（他们可能仅仅提供几个房间），经营者进退容易有关（如有时仅仅在旺季营业）；同时，某些情况下经营者往往低调经营，以保持经营的较低状况而使收入不用上税。

旅游住宿需求

为了了解旅游饭店需求的性质，有必要调查一些因素。下列分析给出一些旅游住宿需求的普遍特征，能更好地理解和揭示关于某种特殊类型的旅游住宿需求（如会议型饭店），或某一特定地区类型的旅游住宿需求（如威尔士乡村地区）。首先，记住旅游饭店需求是一种派生需求很重要：（1）依赖于社会中的旅游需求；（2）由旅游与位置所决定。在经济发展中，人们出游的原因是多种多样的，使划分旅游住宿需求的类型也变得很困难。然而，对旅游住宿需求仍可用四个方面来考察：目的、地点、旅游方式和付款方式，这样就可理解为什么客户选择某种旅游住宿设施类型，以及如何经营这些旅游住宿设施。上述这些范畴是基于个体旅行者的观点，虽然它为满足市场特色的经营要求提供了基础，但仍然是不够全面的。

■目的

■ 休闲旅游：在个人的闲暇时间里，通过个人的经济能力进行旅游；

■ 商务旅行：作为其工作的组成部分，由其雇主或者其他形式的业主提供资金。

■地点

■ 国内：包括不跨越国界的所有旅行；

■ 国际：包括跨越国界的旅行。

■旅游方式

■ 散客：旅游者作为单个的个体旅行（如单独旅游或参加独立制订旅游计划的小团体）；

■ 团队：有一个或多个旅游专业人士（诸如旅行社人员和会议组织者），他们在很大程度上引导旅游活动安排和旅游体验的性质。

■付款方式

■ 客户自付：顾客为自己的住宿付费；

■ 第三方付款：除顾客之外的组织或其他人为其付费；

■ 付款作为长期顾客投资的一部分，尤其当购买者承诺在未来许多年的一段时期租用时。

值得注意的是：在旅游饭店停留的人（游客或顾客）有可能和旅游决策者不是同一人，在何处停留以及支付多少的决定，并非总是直接掌握在旅游者本人手中。休闲旅游者对旅游住宿设施的选择，很大程度上反映出他们对旅游目的地和旅游住宿设施的优先选择权。然而，如果他们购买旅游中间商的包价旅游，选择旅游住宿类型和价格水平的权力则将受到中间商的约束。同样地，商务旅游者需求将受所服务单位（提供旅游经费的公司）的限制，包括对旅游目的地的选择和可接受的价格方面。这种差异对旅游饭店业主和其他旅游住宿设施供应者来讲，在考虑进入市场时是非常重要的。

在许多情况下，甚至当旅游者本人是决策者时，很可能他们在选择旅游住宿设施之前要先选择旅游目的地，因此旅游住宿只是到旅游目的地的所有需求中的一种功能。尽管有的旅游住宿设施经营非常有限，如“标志型饭店”、“目的地饭店”及以下旅游住宿设施，如奖励俱乐部饭店、与著名文学或遗迹相联系的饭店，或者散客为了个人的原因而重返的住宿设施（如返回度蜜月的饭店），但这并不意味着旅游目的中没有把旅游住宿本身作为主要原因。旅游住宿设施供给的多样性，使得在所有不同类型旅游住宿设施市场上要获得可靠数据成为重要问题。理解旅游者需求可以极大地促进管理，因此以发展健全的旅游住宿设施和服务概念，并设计出有效的销售策略是很重要的。例如，沃思（Wirth，1996）的研究表明：一方面，商务旅游者无很强的季节性（即他们的旅游在一年中是平均分布的），在工作日住宿很少寻求双人间客房，对价格也不敏感，平均停留两晚，要求诸如调制解调器、传真等商务设施，并且趋向于重复入住，他们最典型的是通过旅行社、公司的旅行部和私人秘书来预订；另一方面，休闲旅游者显示很强的季节性，不关注工作日还是周末，通常为了寻求较便宜的房价而使用双人间，对价格敏感，过夜数在 3～6 夜之间，要求有餐厅和宽敞的大堂。

英国在旅游饭店接待方面已形成了成熟的市场，根据 1998～2002 年期间的《关键记录》（Key Note，2003）估计：商务旅游者（也称公司）大约占 65%，而休闲旅游者（也称消费者）占 35%，两者的市场比例在 63%∶37% 之间波动。在国内和国际旅游者之间这一估计都没有多大差异，同时该市场比例也适合于提供综合服务的旅游饭店。根据英国旅游机构所收集的数据，国内和国际客源市场对旅游住宿设施的选择确实存在差异，表 18.2 比较了英国居民和海外居民在英国旅游所使用的旅游住宿设施类型，其中使用旅游饭店的在英国居民中仅占 29%（尽管有 41% 的住宿花费）；相比之下，国际旅游者到英国使用旅游饭店的占到了 43%（总住宿花费为 46%）。

表 18.2　2003 年英国居民和海外旅游者使用旅游住宿设施的比重

旅游住宿设施类型	英国居民旅游所使用（%）	海外游客旅游所使用（%）
商业服务型住宿设施		
饭店/汽车饭店/家庭旅馆	29	45
简单食宿；农庄	7	5
招待所/大学/学校	1	4
无服务住宿设施		
租借房屋/农舍	6	3
野营地	3	1

表 18.2　续

旅游住宿设施类型	英国居民旅游所使用（%）	海外游客旅游所使用（%）
旅行房车	2	无
非商业性住宿设施		
亲朋好友家	42	无
混合型商业/非商业混合型		
第二个家/分时度假	2	2
其他	13	45

资料来源：英国旅游业调查（2004）。因为收集方法不同，上述分类可能不精确，数据仅用于提供比较分析

通过表 18.2 的比较可看出，英国居民在旅游中较少使用商业性住宿设施，有 42% 的人是在亲朋好友家住宿的。另一个有意义的数字是，对海外游客在亲友家住宿的，被纳入“其他”分类来解释。

这一简要分析，强调旅游饭店经营管理人员需要对市场有极好的理解，理解旅游业中其他组织的工作，旅游目的地市场中的每一组成部分和所提供的特定客户服务。这个旅游住宿设施选择的例子仅仅与英国有关，不应该被当做其他旅游目的地的代表，如度假地更多地依赖于休闲旅游市场。

最后，关于旅游住宿需求还必须强调的一点，是区分市场上的旅游目的与个人需求状况。在本章开始时即声明，不同旅游市场的主要差异在于旅游目的，因为某个旅游者可能在某一时刻，需要待在商务性饭店（她可能是商务旅游者）；而几个月后，当她和她家庭去度假时，可能由于旅游目的地、个人选择和经济等原因，而她决定住在一个自备膳食的法国式饭店中。

旅游住宿设施类型

在表 18.1 和表 18.2 中已经提供了旅游住宿设施的不同类型，如果需要更详细地解释这种差别时，那就需要从供给角度，通过对旅游住宿设施的更严格的定义，来分析其差异性和复杂性。这一部分就试图对不同旅游住宿设施类型进行分析，以更好理解他们对适应不同旅游需求所采取的不同方法。

旅游饭店作为市场分支的主要原因，是由于游客在选择商业住宿设施类型时所赋予它们的领导地位，但尽管如此，旅游饭店本身也是各不相同的。通常，区分旅游饭店的主要方式，主要在于是否允许其出售含酒精的饮料，这是与其他企业相比较的一种有用的方法，因为在许多国家这是合法并被许可的权利，也是一种和高可信度相关的象征，但这种差异还不足以表明旅游饭店的全部内容。

对于旅游住宿设施类型，还可通过其（a）提供服务的水平和（b）提供设施和服务的广度来进行区别。通常提供的服务越好，则市场等级或经营范围就越广，如一家具有高水平餐饮服务的旅游饭店，其餐馆应夜以继日地开放，在菜单上有众多菜式可以选择，并有受过高级训练的有能力的服务人员，在豪华饭店还应该有可供选择的餐饮服务类型（即不同的餐厅和独立的送餐服务）。

如下所示，旅游饭店有很多类型，但这些分类并不是很精确的。

■ 豪华型饭店：是以先进的设施提供高度个性化的服务，宽阔的足以满足住客私人需要的空间（如卧室和套房），以及公共区域（餐厅、酒吧）等。其设计是为了迎合个性化需求，包括装饰华丽、高档和开阔的空间环境等。这类饭店包括传统豪华饭店，如伦敦的萨伏伊（Savoy）饭店集团；具有现代装潢设计的饭店，如兰·施拉格（Lan Schrager）的摩根饭店集团（www. morganshotelgroup. com / home. html）。

■ 中等规模饭店：主要提供高标准的私人住宿和餐饮消费等公共设施，同时也为商务和休闲旅游者提供一系列服务和设施。其设计结合实用功能和个性元素，尽管没有豪华饭店宽敞，但也注意提供高标准的私人空间，以满足专业旅游者的需求。

■ 经济型饭店：这些饭店可能比中等规模饭店略低档，私人空间更小，公共区域投资水平更低，可能少到只有一块早餐空间和一个酒吧。主要提供简单形式的服务，有独立的卧室、公用卫生间和盥洗区域，但少有甚至没有餐饮设施。

■ 家庭旅馆和仅提供住宿和早餐的旅馆：通常由家庭经营，后者更多使用家庭房间，即把房间做一些扩展和提升，以满足游客住宿的要求。在服务方面，两者的客人都是高度自助的，旅游设施的投资水平很小，旅游服务的提供也有限。

更多的专业性饭店包括：

■ 度假饭店：通常主要瞄准休闲市场，但并非是必然的或专门的，其目标是休闲市场，着重于单一活动或一系列休闲设施和服务，因此温泉饭店可能主要提供水疗和相关理疗，而高尔夫饭店还提供培训课程和练习设施。许多度假饭店提供各式各样的运动和娱乐服务，这样，即使旅游者对当地社会和自然资源没有兴趣时，他们至少也可以呆在良好的旅游饭店环境中。

■ 会议饭店：是拥有会议设施的饭店。对它们，要求有较大的公共空间和会议室，有宽阔的餐饮空间和设施，以及顾客自助服务的加工区域等（如厨房）。

事实上，上述这些分类是既不完整也不全面的，如最后两个分类有时可能融合成一种，以确保它们拥有广阔的市场吸引力，并能保证高水平地利用。

其他经营方式更多地代表低水平服务，在许多情况下被冠以“无服务”或“自助服务”等名称。但在大多数实例中，这些名称是一种误称，因为它们也提供特定的顾客服务（如行李服务、安全保卫、房间清扫），以及提前预订和付费系统等。另一方面，低水平服务决不意味着它们的市场水平低，也不意味着设施投资更少。确实，要摆脱旅游饭店业的常规想法，在此分类下可供选择的是豪华饭店和独家经营饭店。下面提供了有关自助旅游住宿设施的主要类别。

■ 有限服务与短暂停留设施：包括睡眠和工作空间，以及一些烹饪设施，旨在满足在某地居留数夜的住宿。如果其位置在城市，也可以替代饭店。

■ 假日自助住宿设施：此类型多位于乡村、度假地，适应更长时间的居留。通常提供睡眠、自助餐饮和一些消遣设施。这一类型包括乡村别墅或分时度假财产（有时为正当遗产），以及更低预算的设施，如固定房车等。

■ 假日营房与假日中心、旅行车和宿营点：此类型包括出租住宿设施的站点，如旅游房车、旅游者自带住宿用具，它们涵盖一系列不同水平的服务，包括零售、娱乐和消遣服务。它们有很大的经营范围和比较先进的住宿中心，如英国的度假休闲地（www.havenholidays.com/），以及那些位于农村且设施有限的地中海俱乐部（www.clubmed.com）。

■ 大学自助住宿设施：是学习期间满足长时间停留者（即学生）的需要，其余时间可供短期居留的团队或散客入住。其特点是限制服务，如餐食通常只提供早餐，除非另有安排，如会议用餐。

■ 分时度假：是为购买住宿设施的经营和财产所有权提供机会的设施，其典型特征是为多个拥有所有权的个人，限制在一年中的某一特定时段（如几个星期）所使用。

以上对不同旅游住宿设施类型作了简要介绍。案例 18.1 提供了一种想法：在对市场营销模式进行更深入的学术研究基础上，怎样对旅游住宿设施进行正式分类的系统工作。

案例 18.1　英国旅游饭店的分类和分级

在英国，正式的旅游住宿设施等级系统源于汽车饭店组织，他们在 19 世纪早期就对其成员提出饭店和客栈的标准，当然，他们的分级标准反映了中上阶层的优越感和偏见。一个世纪以后，许多国内旅游组织针对私营部门的主动要求而提出各种分类和分级系统，包括最早的汽车饭店组织计划的延续，卡伦（Callan，1993，1995）划分出英国的 13 种主要分类计划。

分类系统，主要是列出旅游住宿设施类型（如饭店、房车）的代表；而旅游饭店分级系统，则是衡量顾客导向的物质特征和服务特征，是对旅游饭店综合质量的概括。通常，分级是每年由一个独立于所有者和经营者之外的机构来执行，旅游饭店要支付相应的调查和评审费用。分级的评估包括定量标准和定性标准，定量标准提供评估设施的客观方法，定性标准意味着是主观的措施，这与评估人员对饭店所提供设施的水平和质量的理解有关，即使设施不改变，判定也会一年不同一年（callan1993，1995）。

并非所有计划都是同样地操作，他们可能商定所需评判项目，然后使用不同的评判方法（如卧室的质量），因此理解每一计划的目标和方法是必要的。他们使用不同的符号来反映质量，在英国国内旅游者公告中，除北爱尔兰以外都使用王冠来表示（北爱尔兰使用字母系统），而其他也有使用亭子、太阳、钥匙或者数字代码的，不同系统是按照不同的方式来操作的。

英国旅游理事会（ETC）把“饭店质量标准”划分为“一星至五星”五个等级。一星级为基本等级，必须具备如下要求：

●至少 6 个房间；

●75% 的房间配备齐全的私人设施；

●客房内有客人可控制的暖气系统；

●有餐厅或者用餐区域；

●许可经营酒类。

二星级及以上等级增加了七个方面的内容，包括要求：

●清洁；

●服务：关心客人；

案例18.1 续

- ●客房：客人舒适感；
- ●有洗澡间，淋浴间，配套设施等；
- ●食物质量；
- ●公共区域质量；
- ●总体。

每一方面的要求包括定量标准和定性标准。表18.3说明了ETC对床的大小、质量和进入的要求。

表18.3 ETC饭店分类计划

一星 ★	最小床的尺寸如下（除了家庭房中清楚标明儿童床者） 单人床：190×90cm 双人床：190×137cm 所有床（包括备用床，如折叠床、沙发床等）都必须保持状况良好，有齐全的床基、弹簧、泡沫或同类物，舒适的床垫。 所有固定床有安全的床头板或同类物。 所有双人床能从两边进入。
二星 ★★	所有双人床能从两边轻易进入。
三星 ★★★	所有双人床能从两边宽松进入。
四星 ★★★★	选择较大尺寸的床，如大号双人床和特大号双人床，也可以通过使用折叠床或连接单人床获得。 上等材质的床，状况良好，高级床头板或同类物。
五星 ★★★★★	最小的单人床宽度超过3尺（90厘米）。 豪华材质的床与床头板。

资料来源：ETC（2004），饭店质量标准，分类计划手册，伦敦

正在下面所列的市场模式中，对旅游住宿设施的分析需要相应的市场导向分析方法。产品是设施和若干方面服务的结合，然而重点是“产品”而非服务元素。科特勒、鲍恩和梅肯斯（Kotler，Bowen and Makens ，2003）划分了

四种产品水平：核心产品、促进产品、支撑产品和附属产品。因此，旅游饭店的核心产品是临时居住服务，其主要业务表现为客房出租（如为暂时拥有和空间使用的付费）。许多旅游饭店提供的餐饮被认为是促进产品，是为了使顾客能使用饭店而必须提供的，尤其是度假饭店提供多种多样的餐食是必要的，在几乎没有其他餐厅选择的情况下，旅游者可以相对停留更长的假期，这一情况也适用于游轮。同样地，为了面向商务旅游者，希尔顿酒店为其提供了一套包括办公桌椅、工作照明、双频电话和电源接地保护的产品（Olsen, West and Tse, 1998），凯悦饭店提供了传真、大桌、欧式早餐、咖啡壶、熨衣板、抄写员、打印机和办公室等（Olsen, West and Tse, 1998）。另一方面，在廉价饭店里，对经济型旅游者的无服务概念，少量餐饮供应就成为支撑产品，通过提供补充服务以增加核心产品的价值，并且有可能成为一种竞争力。附属产品首先是无形的，如地址、氛围、优质服务和顾客体验等。

最后一点是，一所饭店必须具有区别于其他饭店的特色。在旅游住宿设施的第一层面，旅游名胜区可能管理着多种类型的旅游住宿设施；在旅游住宿设施的第二层面，对不同的市场有不同的目标，因此大型度假型饭店在一年的不同时期或者同一时期，可能同时为度假游客和会议游客服务。因此，需要记住的重要经营概念是，旅游住宿设施所销售（出租）的是一定水平上的空间，即为某一特定目的、特定设施和特定服务结构而专门设计的空间，下一段将详细描述这一管理上的变化。

旅游饭店经营和绩效

在所有不同的旅游住宿设施中，旅游饭店通常是最具经营和管理代表性的，这是因为旅游饭店通常包括三个核心服务的经营：住宿、餐饮和其他任何一种，如娱乐、博彩、体育运动和休闲等，每个项目都有不同的投资和经营成本状况。例如，住宿设施有较高的投资（固定成本）和较低的经营费用（变动成本），变动成本中还包括房间清扫、预订费用和少量付款等。另一方面，餐饮经营有较高的变动成本（食物和高工资费用），而经营游泳池在人员、安全和维护方面有较高的变动成本和高额投资。

对于旅游住宿设施，衡量其经营业绩有两个重要指标：一是房间使用程度（容量利用），另一个是销售价格（平均收入），在实践中这些指标有不同的计算方法。

任何商业经营都有利润要求，其价格变动必须保证销售收入足够抵偿所有变动成本（毛收益），以及固定成本（财产、资金成本、保险）、税收、股东分红等，因此价格变动必须长期维持在某个水平上，才能完成上述任务，也才能为企业投资增长和未来发展提供资金基础。然而，旅游饭店的成本特点（高固定成本和低变动成本），以及（a）满足每天的市场条件（b）面对一个房间每夜销售不出去就是永久损失的需求，许多管理者在实践中都有较高的判断力来短期内改变价格，这要求在管理中必须重视旅游市场不同的目的、原因、时机等。如果一家旅游饭店的目标首先是商务游客，他们在周末客房占用率较低时，往往会提供有折扣的包价游来吸引游客，这种潜力能提高客房出租率，否则房间将会闲置。

当经济收益超过所有变动成本时，就可用于补偿固定成本，因此边际收益分析将有益于经营者。此外，通过吸引更多居民到旅游饭店，使之产生对餐饮和酒吧的更多需求，也可以确保获得更多的利益。因此，管理人员认识到总体战略中价格政策的潜在利益是非常重要的，如果仅提供为固定成本作出贡献的低价，不应是对所有客户所保持的策略。当需求量下降，许多同一位置的旅游饭店进行价格竞争时，打折也成为重要的问题。如果旅游饭店之间的所有差别都表现为价格，则顾客将更愿意选择提供更多价值的旅游饭店，这样价格竞争就会陷入恶性循环，旅游饭店将失去足够的收益以保证其长期发展。

在评价旅游饭店经营是否成功时，客房出租率是衡量容量利用的主要指标（其他指标如床位利用率，不在此讨论）。通常，客房出租率是用百分比来表示，是在每日（或更精确地计算为每夜）、每周、每月和每年的基础上计算。例如，在某旅游饭店六月某一夜中，总数 100 个房间占用了 67 个，其客房出租率就是 67%，而六月的客房出租率就是每晚出租率的平均值。年平均客房出租率的计算如下：

$$\frac{\text{全年销售房间总数}}{\text{饭店房间数（100）} \times 365\text{ 夜}} \times 100$$

实际上，并不是全年每天都有 100 个房间可供出租，例如，一些房间会被重新装修，还有一些房间可能为了促销目的而出租给旅游记者，不论哪种情况这些房间都无法给大众利用。考虑到这些因素，准确计算客房出租率的方法是分母相应减少，这样，如果一年中有 25 个房间重新装修了 10 天，7 个旅游记者分别住了 2 夜，那么分母应该减去 264 夜（即 25 ×10 +7 ×2）。

通常，客房收入是用顾客已付费的客房出租率来衡量，但这种客房出租率在很多情况下很难接近旅游饭店网站或册子上引用的“标准”客房出租率。在实践中，许多旅游饭店都有一些不同的比率，如根据房间类型、含早餐和其他服务、每周或每年该房间使用的时间（以及已经接受预订）、买者的状态（如忠诚顾客或旅行社整批购买的折扣）、旅游中间商如航空公司或旅行社代表顾客预订时必要的合同折扣等，来计算不同的客房出租率。于是，许多企业就以它们的“平均房价”（ARR）作为实际平均房价的简单测算，因此旅游饭店报告其“客房收入（RevPAR）”（revenue per available rooms），就是指这一期间每个可使用房间的收益。

一般的，客房出租率越高，则客房销售价格越高，旅游饭店产生的收益就越多。然而，这些衡量仅仅与基本收入的一部分有关。事实上，当超过50%的旅游饭店收入来自住宿时，表明有近40%的旅游饭店收入来自餐饮，其余来自其他渠道如电话和租金（TRI Hospitality Consulting，2002 年）。有关旅游饭店绩效标准的信息，可通过登录网站 www. trihospitality. com 来了解，对国内旅游组织有关旅游饭店客房出租率的数据收集，可以参见：www. staruk. org. uk 网站。

上述讨论仅仅是对旅游饭店绩效衡量的简要介绍，其他重要的监测因素还有质量标准和员工劳动生产率等。然而要记住的是，在成功吸引顾客入住旅游饭店的主要因素中，人们更多关注的是价格和客房出租率。

住宿价格和需求弹性

在任何时候，供给和需求因素都影响着旅游饭店的数量和客房过夜消费数。通常这种关系可以用需求弹性，一个来自经济学的概念进行衡量。此处所讨论的需求价格弹性，反映了商品价格和对该商品需求数量之间的关系。因此，可以用饭店客房需求的数量（以客房出租率衡量）与平均房价相比较，还可研究其他弹性种类，如需求收入弹性可衡量不同收入状况下，一个地区人们的旅游次数。价格弹性概念，只用来衡量物质或服务需求的数量变化（此处指过一夜）与房价变化的关系，比较的结果用变化的百分比（%）表示。用方程表示如下：

$$\text{需求价格弹性} = -1 \times \frac{\text{某一时期（如月、年）需求数量变化的百分比（\%）}}{\text{价格变化的百分比（\%）}}$$

为了保证得数为正值，通常总是在等式右边乘以一个负号（-1），这仅仅是方便比较，而无实际的数学含义。不同类型需求价格弹性的变化关系见表 18.4。

表 18.4 需求价格弹性：需求数量与价格的变化关系

弹性的数值	描 述	术 语
=0	需求对价格变化无反应	完全无弹性
0-1	需求变化比价格变化程度小	缺乏弹性
=1	需求与价格相同变动的百分比	单位弹性
>1	需求变化比价格变化程度大	富于弹性
=∞	价格在该点时，买者选择购买任意有能力购买的数量，价格高出哪怕一点则选择完全不购买。	完全弹性或无穷弹性

需求价格弹性为管理者制定价格政策提供指导，因此当管理者制定短期价格时，了解价格和需求数量之间的关系很重要。例如，当市场需求价格富于弹性（或缺乏弹性）时，降价是有效（或无效）的，因为价格下降（上升）的百分比小，而客房出租率和收益增加（或减少）的百分比更大。在缺乏需求价格弹性的市场中，价格提高一定的百分比，客房出租率减少的百分比更小，因而可以获得更大收益；相反，降价政策则会导致企业的损失。表 18.5 显示了美国所做的一些工作（Hanson，2000），通过比较客房出租率和平均房价的变化关系，考察和计算了五种档次旅游饭店的需求价格弹性。

表 18.5 美国不同档次旅游饭店的价格弹性

饭店档次	需求价格弹性
豪华	+0.2
高档上层	+0.5
高档	+0.2
中档带餐饮	+0.9
中档无餐饮	+0.8
经济型	+0.3

资料来源：修改自 Hanson（2000），2005 年与 Hanson 交谈后更新；弹性系数包括 +/-，以符合本章要求

这一结果是清楚的，并且表面以这方式计算，旅游需求是缺乏价格弹性的。即旅游需求将对价格下降未做出反应，但客房出租率的增加也将比价格减少的比例小。表 18.5 显示了不同档次旅游饭店弹性的不同程度，中档饭店最接近单位弹性（即需求数量变化与价格变动百分比同样大）。这些结果意味着当旅游需求较弱时，如果考虑平均房价的下降，则旅游饭店管理者应当审慎，因为用收入增加的幅度来弥补降价幅度的任何期望都可能是不现实的。当然，这并不是说旅游饭店市场的不同需求会表现相同，如通常认为休闲旅游者比商务旅游者对价格更敏感。

从供给的观点看，房价受到自然、经济、当地资源特点的影响。布尔（Bull，1994）研究了新南威尔士、澳大利亚巴里那的汽车饭店价格，显示出房价的影响因素包括星级、饭店历史、有否餐厅、与城市中心的距离、公路、河边的景观等。美国的其他研究，也证实了价格和收益之间变化的关系（Carvell，Herrin，1990 年）。然而，如前所述，分析旅游饭店类型时，关注一些关键缺点同样是重要的。

关于价格弹性，由于不同的旅游饭店类型、档次通常满足不同的细分市场需求（如商务和休闲），因此每种需求的价格弹性都是不同的。同时，由于需求状况随时在改变，如一周或一年，因此管理人员应能针对不同的市场需求，在价格上有一个最佳的均衡点（在适当时期内面对不同市场）。

当价格水平有时被当做质量的指示时，这种关系常常受到同一供给物的需求强度和竞争水平所调节。从成本方面看，随着旅游饭店设施和服务的提高，也许会证明提价是有理由的，然而却没有考虑旅游饭店的需求是否充足，或者现有供给水平已不能够充分满足有能力市场，从而愿意支付提价的比率。

独立饭店和联号饭店

充分理解旅游饭店业的复杂性，有助于掌握不同旅游饭店类型的特点，下面将重点讨论独立饭店和联号饭店的特点和管理问题。

比较简单的饭店组织形式，是独立拥有和经营的小型旅游饭店，其所有者自行管理，仅有少量员工，其中一些甚至是家庭成员。另一方面，独立经营的旅游饭店也有可能是大型的，需要从非家庭成员以外输入充足的劳动力，它们是基于独立经营者所具有的资源基础，围绕旅游饭店所面临的机遇，重点在饭店选址、区域竞争和实现所有者的追求等。

顾名思义，联号饭店是指一些旅游饭店因某些因素而联合在一起，它曾被定义为：两家及以上旅游饭店根据需要，以所有权关系或合同关系而联合起来，并在同一个决策系统下进行统一经营，采用统一的策略，使其独立的和集体的功能价值得到提升，从而增强了旅游饭店的竞争优势（Peng，Litteljohn，1997 年）。因此，联号饭店是一个联合体，旅游饭店是否选择加入联号饭店，要根据其绩效是以独立经营最好，还是合作经营最好来决定。

目前，联号饭店在组织和管理方面所面临的挑战，往往比独立饭店更加明显。由于它们是联合体且又位置分散，意味着单个旅游饭店必须在不同的自然和竞争环境下经营，因此所在地的自然特性将对其形成不同的挑战，同时竞争环境还在行业结构、劳动力市场、不同需求模式等竞争方面表现出差别。综合这些因素，对联号饭店提出了与独立饭店截然不同的管理要求，例如，要保证几个旅游饭店实行统一的服务质量标准（如果这是一个真实的联号），则将面临在独立饭店中不存在的更多困难。

这些问题有助于思考，为什么联号饭店会成为饭店业中的一个主要特点。经济规模和应用的概念已在第 2 章的后半部分进行过深入讨论，具体对旅游饭店而言，经济规模可以概括出以下优势：

■ 经营优势：与供应商合作，在日常用品采购上获得批发折扣。资金的节约还在于餐饮采购的更低折扣，信用卡公司的更低回扣率，更有规律地培训员工并提升其水平的能力，组织内部更多样化的工作，以提高报酬和保持技术、管理人员的能力。

■ 资金成本和经济收益：由于企业规模和企业广泛的基础，具有获得大宗信贷资金的能力。

■ 市场优势：相互推荐的优势，建立合作的能力（如品牌形象），提供合作服务，如中央预订。大型组织还可和其他行业合作（如航空公司），开展联合促销及其他扩大效益的活动。

马里奥特（Marriott）是北美一家大型联号饭店集团，在全球许多地区拥有众多的旅游饭店。2003 年，其通过全球预订中心，销售近 800 万个房间夜；通过与航空、旅行社、互联网的合作，增加了 1 330 万个房间夜（Marriott. com and Travel Web）；对于其在北美洲的特许经营权饭店，该年平均销售了 47 000 个房间夜。马里奥特也向其客户发放会员卡，在全世界有 1 900 万个会员（Marriott Hotels and Resorts，2004）。

案例 18.2　居住者拥有的饭店

旅游住宿设施经营的特性逐渐变得复杂。商务旅游饭店的经营者、投资者和顾客之间有清楚的分界，通常但并非一定，经营权和所有权是统一的，顾客或使用者和经营权无联系，他们要为住宿付费。

然而，现在有一种逐渐增加的住宿经营形式，可看到不同的投资形式，或投资者与使用者之间有不同类型的关系。对此，通常有不同的称呼，大多数源于美国，统称为“分时度假饭店”或“共管饭店”。

斯蒂芬·拉斯莫尔（Stephen Rushmore）是 HVS 国际饭店的主席和创立人，其给出了饭店业主和他人共管饭店的三个范例：波士顿的里兹-卡尔顿饭店，基比斯凯恩的里兹-卡尔顿饭店和温哥华的威斯汀大饭店（Rushmore，2001）。

波士顿的里兹-卡尔顿饭店，其共管饭店设在饭店内部，他们提供个人为居住使用而购买。在这里，没有用户和所有者之间的区别，他们就是同一人，所有者实质上是住房购买者，他们倾向于因其艺术设计和服务（如自助餐饮，温泉和房务管理）而购买住房单元，而这些附加值是他们不可能从其他住宅财产中得到的。

在基比斯凯恩的里兹-卡尔顿，其共管饭店位于与饭店相邻的一座建筑物内。在这里，所有者、经营者更大程度地追求出租率（Lunt，Robins，2004）。所有者在每年 1～3 月份的高峰期（旺季）自己经营客房，为了利用饭店的设施和服务，所有者将客房与饭店融为一体。在其他时间，所有者将客房委托给从事共管饭店管理的饭店管理公司经营，他们出租客房给有潜力的客人，通常利润在管理者和所有者之间对半分成。这似乎有点像分时管理，分时度假开发商建立综合度假地或住宿地，并且将所有权分别以周或以点数制的形式出售，这种所有权可以在所有者或与所有者总部有关联的其他地方预订度假客房，购买者共同分享客房的住宿权，并在首次购买后支付年度使用费。

加拿大温哥华的威斯汀大饭店是一家常规饭店，但是被个体投资者所拥有。在这里，所有者和使用者不是同样的。个体投资者通过在经营饭店内购买单元房，从而拥有部分所有权以达到投资目的。各单元房被集中在一个租金计划中，利润在管理公司和单元持有人之间分享。

图 18.1 显示了根据居住者所拥有饭店的功能分类。其中，波士顿的里兹-卡尔顿饭店是住宅；温哥华的威斯汀大饭店是投资；中间是基比斯凯恩的里兹-卡尔顿饭店，在某些时候是服务于住宅目的，而其他时候则作为投资。

案例 18.2　续

图 18.1　居住者拥有的饭店按照功能分类

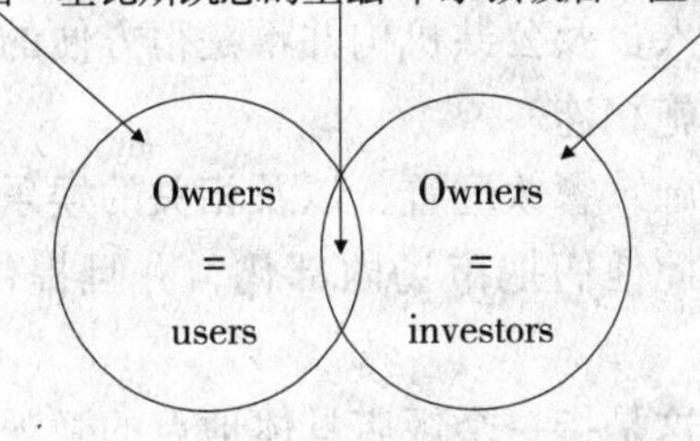

然而，斯蒂芬·拉斯莫尔建议，仅有温哥华的威斯汀大饭店可以被归类为“居住者拥有的饭店”。他建议用“饭店与首要住家结合”来定义波士顿的里兹-卡尔顿饭店，而基比斯凯恩的里兹-卡尔顿饭店，则用“饭店与第二住家结合”来表述。

旅游住宿设施的区位

旅游住宿设施扎根于所在地，必须在顾客需要的具体地点提供，而不像飞机能改变航线以适应顾客偏好的变化。接下来的部分将讨论旅游住宿设施或旅游饭店的区位，下列材料有利于这一传统观点：即任何旅游饭店发展都必须考虑其所在地的需求特性，另一方面也要遵循现代联号饭店的发展模式，选择某个适合其品牌要求的区位。区位运用于饭店经营主要表现为三种层次：（1）地区的性质；（2）本地市场的进入类型；（3）微观地点的特性。

地区的性质。这是涵盖经济和旅游活动中心（包括交通基础设施）的总类别，例如，地区可以标注首要、次要和第三。首要旅游目的地是国内和国际经济中枢，它们是主要的商业中心、休闲旅游中心，与较好的公共交通设施服务有关，在欧洲的例子包括伦敦和巴黎。次要旅游目的地，是那些拥有一定国内经济和社会基础设施，以及部分国际旅行服务的地点，他们通常在国内占有优势，英国的例子包括爱丁堡和曼彻斯特。第三地区是工业、商业、相关旅游业主要渠道的外围，其经济活动是分散的而不是集中的。

本地市场进入。其使旅游饭店的选址，必须与主要的交通或进入特性、当地旅游市场资源相关联。例如，直接影响交通的因素有：机场、公路和铁路的进入能力，因此城市中心饭店，通常对商务旅行者和政府官员提供容易进入的吸引力；市郊饭店虽然具有与城市中心饭店的类似优势，但他们对主要休闲旅游者和专业人士、商务人员及公共机构并不是很方便的，因为其缺少以进出为目的的、方便的交通设施相连。

度假饭店在住宿设施、餐饮配置，以及相关的娱乐、康体、会议设施等方面都是比较齐备的，因此他们把市场内部化，并且提供“包含所有在内”的地理区位。

微观地点的特性。这是指一个饭店具体地点的微观因素，如：

- 对于到达和离开饭店的顾客及饭店住客，他们能方便到达终点、车站、公路系统吗?
- 能走路到达吗?
- 通过公共交通的旅行是长还是短?
- 所提供的这些进入方式安全和经济吗（公路进入简单，并有定点停车点)?
- 噪音水平能承受吗?
- 环境安全吗?

在对这些选址标准管理上，如果旅游住宿设施中能够提供利益的话，必将给光顾者提供更高的价值，从而会有更多的收益。旅游住宿设施的区位，对财产价值的产生具有重要的意义，其意味着区位将对旅游饭店收益具有影响。例如，鲁比和小约翰（Roubi，Litteljohn，2004）发现，在英国，经济因素如国民收入和就业等，能为旅游饭店增加财产价值20%；而一旦容易进入城市中心、公路系统和机场时，其财产价值还能增加4%。

结　论

本章从介绍的角度，探索了旅游住宿市场的性质，并在派生需求和旅游目的地区位的基础上，阐述了旅游住宿设施类型和经营的多样性。随着出现在世界不同地区的旅游饭店全球化，位于某特定地域的旅游饭店也像建筑遗产一样，在每个旅游目的地的容量和类型都是不同的。然而，当旅游住宿设施这样的“硬件元素”具有地域特点的同时，对其管理并不具有地域的特性，因为管理的目的是努力确保其在最佳的使用中得到发展，并能移植到世界任何地方。因此，采纳有效的管理实践将有助于旅游住宿业的生存和繁荣发展，而不仅仅是金融机构所认为的，是投资机会中最有利可图的领域。

在本章介绍中，不应该忽视旅游住宿业的一些重要方面和特殊问题的处理。从未来发展的考虑，作者提醒读者应对以下内容给以高度重视，才能避免视野狭小和经营能力低下的问题。

经营方面：应像建设饭店的建筑设施（如增加休闲设施）一样，来使用劳动力和提高劳动生产率，提供具有差异性的旅游住宿设施，以保证总的“住宿设施包装”（即服务和设施）能提供顾客满意度和价值的需要。同时，使用中央预订系统以保证旅游住宿设施尽可能得到有效利用，确保旅游住宿设施的所有运行操作都是专业的，并在旅游目的地的环境许可范围内，符合可持续发展目标的。

所有权和经济因素：规模优势在面对挑战中变得比以前更重要了，按照传统所有权进行的行业分类已经不适应了，必须根据旅游业全球增长趋势的预测，按照经济增长需要来加强对地区旅游住宿设施类型进行考察。一旦把旅游住宿作为外资进入旅游业的一部分时，投资和旅游目的地之间的关系就变成一个突出的问题。

销售和客户方面：在一般水平上，其他旅游中介和旅游饭店经营者的权力正在发生变化，如旅行社、电子书店、经济航线、会议组织者等，都在改变和旅游饭店相关的权力。旅游饭店经营者使用这些组织和技术来增加自身利益变得十分重要，否则他们的经济将得不到健康发展。品牌，这个过去 20 年来行业发展的路径将在这方面有所帮助，但在西方市场，随着顾客是日益经验增多的旅游者，他们通过网络能掌握大量的信息，从而使 20 世纪晚期的饭店品牌战略已不能适应顾客生活方式和旅游的要求了。

问题探究

1. 比较在同一旅游目的地或区位内，一家豪华饭店（如五星）和一家品牌经济型饭店（如旅行客栈）的价格范围（工作日和周末），充分解释你能找到的区别（提示：你会发现完成这主题是困难的，可访问公司与区域旅游企业网站）。

2. 从国内和国际需求的侧面，讨论旅游住宿设施容量的重要性。2001 年旅游饭店和同类设施的情况见表 18.6。

表 18.6 2001 年旅游住宿统计

因　素	德　国	西班牙	英　国
企业数量（千个）	38.5	16.4	50.5
房间数总量（千间）	884.5	685.7	555.0
企业平均规模（房间数）	27.97	41.81	10.99
国内居民过夜总花费（千欧元）	164 197	85 261	134 420
国际游客过夜总花费（千欧元）	32 876	143 421	49 781

资料来源；欧共体（2003）的官方的出版物

3. 使用英国星级饭店网站（www. staruk. org. uk /）上的数据，调查住宿设施的出租率。

（提示：通过网站，查找“旅游状况”中的“旅游状况主题”，然后通过服务型住宿设施年鉴，打开最新的英国住宿率调查）。全年图表变化如下：

■ 伦敦和其他任何地区每月住宿率的差别；

■ 周末和工作日的住宿率差别。

讨论这些差别的原因和结果。

4. 考查分时度假购买中，假日住宿设施购买的投资方式和委托类型。面对旅游业把这些因素和更普遍的变化联系起来，你是否感觉到这些选择类型将在未来进一步增长？（提示：可通过网站，如 www. macdonald-resorts. com/ 或 www. rci. com/index，查找“分时度假”中的“假日所有权”和“度假所有权”等）。

阅读指导

以下是进一步阅读有关旅游饭店分类计划的资料：

卡伦（Callan, R. , 1993）的“英国旅游饭店质量分级的评估”，International Journal of Contemporary Hospitality Management, 5（5）, 10 – 18.

卡伦（Callan, R. , 1995）的“旅游饭店分类和分级计划、利用率和特征”，International Journal Hospitality Management（14）, 3/4.

以下是进一步阅读居住者拥有旅游住宿设施的资料：

伦特和罗宾斯（Lunt, M. , Robins, A. , 2004）的“舒适之家：增长中的共同有饭店”，ULI Magazine, August, page 19.

拉什莫尔（Rushmore, S. , 2004）的“全球化：旅游饭店投资战略”，Hotels Magazine, November, page 28.

网站推荐

关于英国的住宿设施数据，推荐英国星级饭店网站：www. staruk. org. uk.

关于英国的质量标准和奖励计划的信息，可从以下网站查询：www3. visitbritain. com/corporate/links/visitbritain/www_tourismtrade_org_uk. htm.

了解主要的国际和国内联号饭店网站，访问约翰·比奇（John Beech）的旅行和旅游信息网站：www. stile. coventry. ac. uk/cbs/staff/beech/tourism/index.

关键词

住宿容量；平均房间提供率；客房入住率；需求价格弹性。

参考文献

Bull, A. O.（1994）Pricing a motel's location, *International Journal of Contemporary Hospitality Management*, 6（6）, 10-15.

Cahill, M. and Mitroka, M. M.（1992）Estimating Hotel Replacement Cost, *The Appraisal Journal*, 60（3）, 380-393.

Callan, R.（1993）An appraisal of UK hotel quality grading schemes, *International Journal of Contemporary Hospitality Management*, 5（5）, 10-18.

Callan, R.（1995）Hotel classification and grading schemes, a paradigm of utilization and user characteristics, *International Journal Hospitality Management*,（14）, 3/4.

Carvell, S. A. and Herrin, W. E.（1990）Pricing in the hospitality industry: an implicit markets approach, *FIU Hospitality Review*, 8（2）, 27-37.

Hanson, B.（2000）*Price Elasticity of Lodging Demand.* UCLA Investment Conference, 20 January 2000.

Key Note（2002）*Hotels*（Emily Pattullo, ed.）, September, Key Note Publications, Hampton.

Kotler, P. , Bowen, J. and Makens, J.（2003）*Marketing for Hospitality and Tourism*, 274-276. Prentice Hall, New Jersey.

Lunt, M. and Robins, A. (2004) The Comforts of Home: Condominium-hotels are on the rise again, *ULI Magazine*, Vol. 19, August 2004.

Marriott Hotels and Resorts (2004) Marriott. com/corporateinfo/default/mi? WT_Ref = MIHome, accessed 19 November 2004.

Office for Official Publication of the European Communities (2003) Table 19. 8: Main indicators for hotels and similar establishments in European Communities. In *European Business*, *Part 5: Trade and Tourism*, Office for Official Publications of the European Communities, Luxemburg.

Olsen, M., West, J. and Tse, E. (1998) *Strategic Management in the Hospitality Industry*, 2nd edn. John Wiley & Sons, New York.

Peng, W. and Litteljohn, D. (1997) Managing complexity: strategic management of hotel chains, *Proceedings of Hospitality Business Development Conference.* EuroCHRIE and International Association of Hotel Management Schools, Sheffield.

Roubi, S. and Litteljohn, D. (2004) What makes hotel values in the UK? A hedonic valuation model, *International Journal of Contemporary Hospitality Management*, 16 (3), 175-181.

Rushmore, S. (2001) What Is A Condo-Hotel? Global update: hotel investment strategies, *Hotels Magazine*, November, 28.

Slattery, P. (2003) *Hotel Chain Growth and the Development Process*, *Otus and Co: Industry Writing*, www. standr. co. uk/ind_writings. html, accessed 14 November 2004.

TRI Hospitality Consulting (2002), *United Kingdom Hotel Industry* 2002. TRI Hospitality Consulting, London.

United Kingdom Tourism Survey (2004) *UK Tourism Facts* 2003, sourced from Star UK-statistics on tourism and research, www. staruk. org. uk//default/asp? ID = 708&parentid = 469, accessed December 2004.

Wirth, L. S. (1996) Market Segmentation and Analysis, in PKF Consulting (ed.) *Hotel Development*, 11-20. Urban Land Institute, Washington DC.

第 19 章　大众旅游经营 1：旅游经营商

蒂姆·盖特（Tim Gate，布里斯托尔西英格兰大学）

学习目的

学完本章后，读者应该能够：

- 解释旅游经营商在大众旅游经营中的中心作用；
- 明确不同包价旅游类型所包含或未包含的内容；
- 评估市场结构的重要性和小型专业经营商的产生；
- 概括说明旅游经营商的竞争力；
- 解释实施纵向一体化和横向一体化的需要；
- 明确旅游经营商所采取的各种消费者保护措施。

本章概述

本章的目标是使读者理解：旅游经营商在包价度假或包价旅游供应中所扮演的角色。为了强调上述学习目标，本章仅仅把重点放在英国的出境旅游经营商（虽然也对海外旅游经营商具有广泛兴趣），以及数量众多的大众旅游市场的经营，因此本章所提出的许多问题，也存在于不同类型的现代旅游经营中，如入境旅游和国内旅游，特别是在英国的主要客源国（如德国）尤其如此。

导言：旅游经营商的历史及重要性

根据 20 世纪末期国际游客增长指数（参照许多发达国家的出境游客数据），以及旅游目的地从游客活动所得到的经济、生态和社会效益，使我们很难太高评价旅游经营商的重要性。由于旅游经营商在旅游分销链中所占有的位置，使旅游经营商可通过批量购买而获得经济的航空机票、酒店客房等，然后以较低价格出售给消费者，从而消除了大众参与旅游的主要限制，有效地促进了国际旅游的大众化。旅游经营商投资大笔资金到电视上，还印制广告和更为重要的小册子，培育了大众对海外旅游的愿望。这些行动通过特定的整体形象，促销了旅游目的地（如保证提供阳光、棕榈海滨和高质量酒店），保证了旅游经营商在旅游的社会建设中起着重要作用。旅游目的地的整体形象受到大众市场的欢迎，也使我们再次确认了大众市场的期望值（Shaw，Williams，2002）。但是，这种让游客精挑细选的营销方式，使我们无法告知旅游者，当地人的生活方式可能由于游客的放肆和无知行为而受辱（如果小心地促销，当地人的生活方式可以构成由当地人自己做主的景点），因此引起了社会批评的可能性，也挫败了把旅游业利润延伸到地方经济建设的雄心大志。进一步说，那些较大的旅游经营商（如 TUI UK，My Travel 这样的多国合资公司），颇有争议地越来越不依赖于地位边缘化的旅游目的地，他们以客源高度丰富的国家为核心，形成自己就是旅游的“国家”，就是旅游的区域，于是在这些客源国，许多经营活动实际上受到了旅游经营商的操控，主要表现在以下方面。

■ 旅游经营商使用自己无可争议的议价实力，打压和他们做生意的中小旅游企业（主要是酒店和地接社），让其接受低价位，以作为保持竞争力的方法；

■ 随着汇率波动、石油危机、恐怖主义等导致不可控制的多样性需求，旅游经营商把业务相对集中于某些旅游地，并以绝对的高价提供给外界。

当然，这里的目的并不是进行批评（见 22 章），因此我们不应该忘记旅游经营商对“旅游价值链”所作出的贡献，正如旅游法律条文（1996：172）中所概括的：

■ 挑选度假元素并将其组合成一次付费产品；
■ 宣传和分销旅游产品；
■ 提供旅游目的地信息；
■ 保证旅游目的地在付费之后可进入；
■ 建立并监控旅游景区质量标准；
■ 组织人们的出游和娱乐；
■ 管理与供应商和分销商的关系。

我们所定义的旅游经营，起始于 1850 年托马斯·库克（Thomas Cook）的开拓努力，那正是蒸汽机应用、铁路扩张、跨海峡服务的时代。一百年之后，同样重要的交通方式的新发明，伴随着喷气式飞机的出现，由地平线假期及其创始人弗拉蒂米尔·莱茨（Vladimir Raitz）所引领的第二代旅游经营商产生了（弗拉蒂米尔·莱茨将与库克一起在案例19.1中介绍）。自1950年以来，以愉悦为目的的国际旅游需求，在那些设有相应旅行机构的国家急剧增长，明显的有英国和德国。在英国，虽然包价旅游近来有所下降，但在海外度假市场份额中还是占大多数（见表19.1）。

表19.1 英国出境度假状况：散客旅游和包价旅游

	1998	1999	2000	2001	2002	变化% 98～02
散客	14 869	15 946	16 630	18 039	19 264	+30
包价	17 437	19 077	20 055	20 631	20 638	+18
合计	32 306	35 023	36 685	36 670	39 902	+24
包价%	54.0	54.5	54.7	53.4	51.7	

资料来源：国家统计处，2003

案例19.1 人物介绍：托马斯·库克和弗拉蒂米尔·莱茨

1841年，托马斯·库克首次组织了一批游客，乘火车从雷彻斯特（Leicester）到拉夫堡（Loughborough）参加一个节欲会议（是一个警告喝酒有害的论坛）。据报道，这次旅行以每人1先令的价格吸引了570位顾客。约4年之后，一位印刷商为一次去利物浦的旅行制作了第一份旅游小册子，小册子的制作主要基于对那个城市的酒店和餐馆的介绍。受到这些早期成功的激励，托马斯·库克在1855年组织了第一批客人到巴黎参加展览会，从而把他的经营延伸到了欧洲（后来与旅行一起发售酒店债券）。截至1863年，他一直在全欧洲促销“招呼即停”的旅行度假（大量客人为中产阶级），到1868年他已宣称拥有顾客两百多万人。1872年，又组织了第一次环世界旅行。到1890年，在他把埃及加入到目的地业务中之后，开发出了一个系统，依靠这个系统，客户可以在签约酒店交换信用记录获得所提供的服务，成为了现代旅行支票的先驱。今天，他名下的持股公司已在德国注册，并拥有英国第三大的旅行社。

1950年5月，弗拉蒂米尔·莱茨在成立地平线假期旅行社后的8个月，安排了第一次航空包价游，这是一些学生和教师，到科西嘉岛的卡勒威进行两周的度假（价格分别为32英镑，10英镑，或免费）。随着第二次世界大战结束后逐渐开放带来的资本化，使航空民用普遍发展，人潮的涌动和利用商业电视做旅行广告的可能性在提高（1955年

案例 19.1　续

9 月商业电视开始转轨)，于是弗拉蒂米尔·莱茨立刻扩大其经营的旅游目的地，包括西班牙的帕尔玛（Palma de Mallorca)、意大利的撒丁岛（Sardinia）和卡斯塔布拉弗（the Costa Brava）等旅游目的地。由于没有直接竞争者，因此公司在整个 1950 年代和 1960 年代持续壮大，并在伦敦市中心有自己的代理旅行社销售点。然而，该公司的衰落似乎比崛起更为迅速，1974 年 2 月，在报道了公司实现利润六百万英镑（按现行价格计算）之后的第四年，公司因严重亏损而卖给了考特林公司（Court Line)，一方面是折价竞争不利于持续发展，另外也受到了 1973 ~ 1974 年石油危机的影响（阿以战争导致石油减产)。同年晚些时候，考特林公司也倒闭了，估计有四万顾客被扔在国外。于是，地平线假期只剩下了一开始就卖给了巴斯-布鲁威勒斯（Bass Breweries）位于伯明翰的子公司，1989 年，又卖给了汤姆森假期（Thomson，当时这家公司是英国第三大旅行经营商)，最后这个品牌于 1995 年终止。

资料来源：摘自法律（1996)，Bray 和 Raitz 的文章（2001）

从传统上看，在前面提到过的旅游分销链中，旅游经营商是与另一中间商或中介人，即零售旅行社（除了在繁华街区提供舒适处所，供客人对比和购买旅行经营商的产品这个明显作用之外，零售旅行社的各种功能还将在第 20 章讨论）共存的。也就是说，通过电话或互联网直接向旅游经营商预订的度假包价旅游的数字在提高，而且消费者甚至可以越过代理商和经营商两个中间商，从相应的总经销商那里购买交通和住宿（无论这种做法对错与否，但就海外度假而言，被认为是更贵和较难的选择)，而在旅游经营商拥有自己的代理旅行社的有些地方，情况就更为复杂了。在航空和酒店这样的产品组成部分之外，这些垂直组合的经营方式，有效地构成了整体性的供应链。从另一个值得商榷的相关角度看，即他们变成了新产品的有效生产者，而不是现有产品的批发商（Holloway，2002：700)，于是他们的中间商角色被进一步混淆。

表 19.2　按照上面的讨论，阐述了包价旅游的销售方式。

表 19.2　旅游分销链

在（旅游）分销链中的地位	分销渠道			
	无中间商的形式			
	“古典方式”	无零售商	无批发商	无中间商
生产商（总经销商）	⊛	⊛	⊛	⊛
批发商（旅行经营商）	⊛	⊛		
零售商（代理旅行社）	⊛		⊛	
消费者（旅游者）	⊛	⊛	⊛	⊛

资料来源：国家统计处（2003）

包价度假或包价旅游：定义、多样性和发展

包价度假，就其最基本的含义而言，可以理解为至少以下两个部分的组合：交通、住宿及其他旅游服务（如旅行保险、租车、和白日/夜晚出游）。这个组合产品，由旅游经营商作为单一产品以全包价格卖出，并提供一个离开购买者永久居住地至少 24 小时以上的旅程，这种产品典型地涉及国际包机航空旅行，它有别于定期航班旅行（行业中分别称为 ITC 和 TIX）到一个认可的短途旅游目的地（例如，距离出发机场 4 小时的飞行，且景区接送不成问题），并在同一酒店或单元房住宿 7 晚，10 晚或 14 晚，以快乐而不是以业务为目的。这就是说，大量的包价度假包含了其他交通方式（如汽车、火车和船），目的地离家远近（如国内游，长线游），短假和长假（如 1 ~3 晚到退休人员几个月的度假），各种各样提供服务的酒店和自助住宿设施（包括公寓，别墅，房车和游轮），环线旅游和直线旅游，还有其他不同动机的旅游（如学习游）。包价度假的最高形式是全包度假，其中吃的，喝的，活动，娱乐，甚至小费都是提前支付了，在私人化的景区住房中或者像檀香公司和超级俱乐部组织的那些加勒比旅游，在“飞地”现场消费等。在这种一条龙服务的另一端，我们看到了蓝天旅游公司（Skytours）和贾斯特公司（Just）组织的“无装饰”度假，后者不含接送，飞行餐和景区代理（开始质疑这还算不算是包价产品，如霍洛韦所困惑的那样，Holloway，2002）。甚至到远处自然区或文化保护区的陆路考察，如美洲中部的玛雅（Mayan）半岛，尽管感觉上像散客旅行，也当做散客旅行来促销，但还是算作一种包价产品（Sharpley，2002）。

1993年元月颁布的欧盟法案，取消了区别于合同要求的“旅行要做成包价产品”的法律条款之后，有些旅游经营商现在已变为只销售航班座位，已同“中介人”和“合营者”的做法相同了（Holloway，2002）。

各种各样的旅游经营商，大型的，多国合作的，小型的和关注散客的，都卷入了包价度假的销售业务中。从大范围看，他们在包价旅游的计划，营销和经营环节中遵循相似的活动程序，执行的时间跨度为两年半，含度假旺季在内。图表19.1解释了典型的包价度假产品发展周期，或一个虚拟的夏季阳光产品的旅行商工作日程，并有明确的活动/日期，以及由耶尔（Yale，1995），劳斯（Laws，1996），库柏（Cooper et al.，1998），霍洛韦（Holloway，2002），沙普利（Sharpley，2002）等提出的解决方案。下面以一个含七个阶段的过程来加以说明。

图19.1　虚拟的“夏日阳光”包价度假产品开发周期

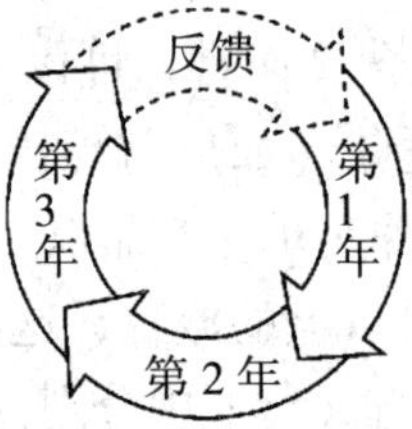

7. 旅游目的地管理（5～10月） 接送和接待旅游者顾客关怀和跟进投诉付款给供应商 **6. 行政管理（8～4月）** 建立预订系统接受和完成预订招聘和培训景区代表	反馈 第3年 第1年 第2年	**1. 经营目标/战略** 利润对市场份额等 **2. 市场研究（8～12月）** 市场趋势/增长（旅游流、竞争行动等）目的地选择，包括通达容易程度，现成旅游基础设施，有关政治/法律因素等
5. 财务计划（7～8月） 基于当前/预期的汇率变化、通胀、波动、油价等因素进行估价	**4. 销售与营销（4～10月）** 提供宣传册设计、制版、印刷的单位复制文字和图解制作、发布和分送宣传册启动广告宣传和促销	**3. 容量规划（2～5月）** 建立目标容量数据，包价产品具体化与总经销商谈判（航空公司、酒店、交通服务，旅行经营商）

1. 经营目标/战略。旅游经营商的经营目标和战略方向，影响到整个周期以后的决策，因此构成必要的初始工作而不仅仅是周期的一个阶段。当然，这种考虑是针对销售而言，但是，通常更多的是重点考虑利润（如靠降低成本，获取所售每个包价度假产品的边际效应）与市场份额（如靠增加容量和运行

产出管理系统来改变市场份额）。

2. 市场研究。对市场总规模和需求趋势的预测，有助于旅游经营商挑选一组潜在的旅游目的地，然后对每一个旅游目的地进行可行性研究，以确定通达容易程度，现有旅游基础设施，以及有关的政治、法律因素等。这一阶段所包含的研究结果，将揭示出市场营销战略的效果，以及在产品和/或市场开发机遇方面是否符合旅游经营商的目标。

3. 容量规划。就像旅游项目要具体化那样，目标容量的数字也要确定下来。然后，旅游经营商就床位、机位以及包价产品中的每一种服务，开始与相关总经销商进行谈判和签约。

4. 销售与营销。对宣传册的设计、生产、印制，应在产品周期第二年的早些时候提上日程。在夏季进行印刷之前，要撰写好解说文字，确定设计稿，而产品价格表则应在最后一分钟才添加上去，以防不可预见的经济风险（下一阶段中将看到）。宣传册于秋季发送（大公司将尽量在发送攻势中击败对手），并伴随着媒体广告和推销活动（如提早预订的折扣多）一齐发送。

5. 财务计划。通常，对与酒店和旅游目的地其他供应商签订的合同，应以旅游目的地国家的货币计算，而与航空公司的合同几乎都是以美元支付，而且航空公司通常还保留根据燃油成本调整价格的权利。货币波动和通货膨胀的压力，通常会在很大程度上影响包价度假产品的成本，因此在最后（夏季末）定价的时候一定要考虑，也就是说弹性价格策略经常是最后才使用（如折扣要求、收取附加费用），并且可以在宣传册出版发行之前，再与总经销商对合同进行商议后才采用。

6. 行政管理。预订系统要在分发或发送宣传册之前就建立起来。发送之后是夏季到冬季的第一批预订，考虑到旅游业的季节性特点，可以期望保持一批持永久合同的核心雇员，另外招募和培训一些临时人员负责预订，以及代表旅游经营商在旅游目的地的工作。

7. 旅游目的地管理。在最后阶段进行的许多活动，都是由旅游景区代表负责，包括了景点接送，提供建议、处理突发问题、提前准备游程等。为了保证整个活动的滚动进行，编写正确的宣传册资料和报告，度假结束后要及时向供应商付账，处理遗留的投诉，并将其结果和游客反馈表中收集的意见一起输入下一年的计划程序中。

经销商和消费者的利益

作为各类经销商（如航空公司，酒店，地接社等）和顾客之间的桥梁，旅游经营商协助需求与供给的匹配。对于绝大多数的经销商，既不能获得充分的市场资源，也没有超越所经营的旅游胜地的名气，因此旅游经营商是他们联系海外市场的唯一工具（尽管互联网在某种程度上改变了这一点）。进一步讲，由于团体购买的需要给经销商提供了有保障的入住率，使他们在很大程度上避免了易损问题（如床位、机位和旅行座位空置所造成的不可弥补的收入损失，尤其难以克服的是当需求处于低落情况时，位置放空也必须按固定成本付费，而又不可能临时终止或取消）。还有其他的好处，如有旅游目的地的度假代理人从中协调经销商和顾客之间的争端，不仅简化了预订程序，而且也解决了支付问题。

特别例外的情况是，当经销商属于或加盟某一个旅游经营商时，包价度假产品就可通过一系列次级合同来组合，这种合同主要决定着经销商的利益（而不是旅游经营商）。与住宿提供商的合同有两种典型形式：

■ 任务书，这种形式有利于旅游经营商。合同中规定床位要么售出，要么退回，对未售出的商品按约定期限退货（提供商可以同多个经营商签订协定，以降低非入住率的风险，因为这种协定可带来二次预订的可能性）。

■ 协议书或保证书，这是一种有利于经销商的安排，就是无论床位售出与否，他都收得到预订的款项（虽然与任务书的形式相比价格较低）。

机位的合同可根据固定航班 ITX 或包机 ITC 的服务来定。前者主要为专业旅游商预留，并根据所涉及的费用而定做成套的服务；后者能够以多种方式预订，即局部包机（基本上是一段机位）、全部包机（整架飞机）或时段包机（一架飞机的某个季节期间）。飞机也可以连机组人员或不连机组人员一起包租（分别称为湿包和干包）。旅游经营商在订机位合同的时候，通常会被一种“平衡条款”所击晕，因为这笔钱相当于整个包价度假价格的 45%（Holloway, 2002），如果未按飞机的容量售出则可能严重影响到收益。但是，由于机位与酒店床位相比较为缺乏，因此对一些热销线路有可能被大的旅游经营商垄断。

购买包价度假对顾客的好处，按夏普里（Sharpley，2002）的总结，主要包括：

■ 价格便宜：由于旅游经营商采取团购，因此价格较低；

■ 方便性：有第三方去处理需要一定专业知识的问题，往往比自己处理得更好（如产业联系、产品知识、语言技能等）；

■ 可靠性：在于旅游经营商对质量不等的产品，赋予了相同的质量元素（与他们的优质保障措施相关），另外还为旅游者提供了相对安全和可预见的环境；

■ 消费者保护：换言之，某些权利是个人用钱也买不到的（如对旅行商降低服务标准，或停止提供在宣传册中的内容，则可以向旅行商索取赔偿）。

市场结构和（反）竞争条件：旅游经营商分化为多数做“大众旅游产品”，少数做“特种旅游产品”

目前在英国，大约 1 400 多家旅游经营商拥有航空旅行组织的执照（ATOL）。该执照是英国民用航空管理局颁发，它允许除航空公司以外的所有旅游经营商，可以销售包机机票或通过包租机位服务来提供机票。尽管在过去几年中相对稳定地出现了很多公司，但是航空包价旅游仍由四家联合公司主宰：英国突伊（TUI UK，前身为汤姆森假期），我的旅行（MyTravel，原品牌是 Airtour），托马斯·库克（Thomas Cook，原来叫做 JMC Holiday），以及首选公司（First Choice）。2000 年，这四家公司一共运送了 2 750 万签证游客总数的 44%，如果考虑到同一公司总部下属的其他公司或品牌，那么这个数字会达到 55%（Papatheodorou，2003），在其他西欧国家也有如此高度集中的典型现象，特别是德国。

因此，沙俑利（Sharpley，2002：76）认为，英国旅游经营商结构具有以下变化特点：

■ 领头的旅游经营商占 10%，共拥有 70% 的航空旅游市场，其中包括了含机票费用的旅游；

■ 居中的是中等规模的旅游经营商，他们强有力地占有特种旅游服务市场领域……一年大约运送 10 万到 30 万名旅客……这一数字来源于大部分是所有权经营商……

■ 大量的是专业小型旅游经营商，运送了大约 10 万人次（通常情况少于 10 万），他们注重特殊的市场和旅游目的地。

需要注意的是，要反映 2000 年以后游客运输总数的增长，我们还会对以上所列估计数据进行修订。此外，各种代表对外旅游经营商利益的贸易协会，也就经营规模的问题提出了解答思路，即第一和第二等级的是英国旅行社协会（ABTA）的成员，其中有 20 多家组建了极具影响力的非正式的旅行社联盟

（FTO），第三等级更多的是自助旅游经营商协会（AITO）会员。

在图表19.2中，显示了市场中位居前十位的旅游经营商集团或公司，并列出了到2004年9月为止，所有持有航空旅行组织执照的各个公司，获准运载旅客在总人数上的分配情况。

图19.2　2004年9月止，航空旅行组织对十大旅游集团或公司的执照授权情况

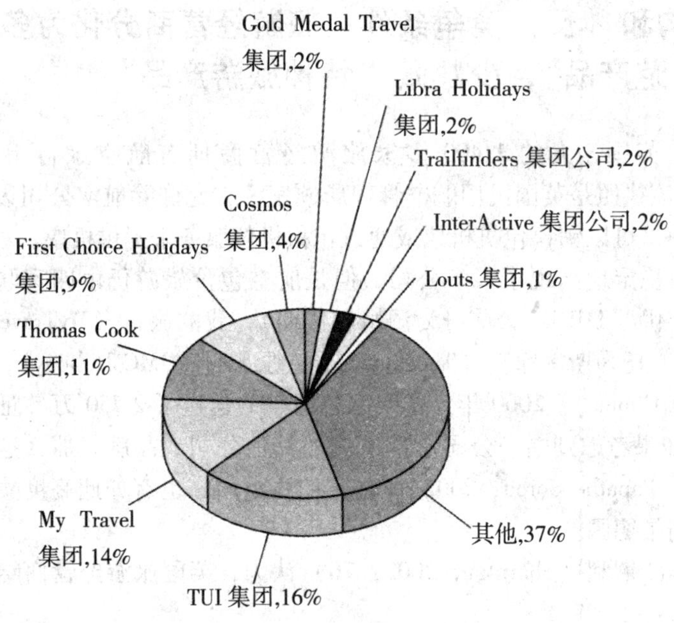

资料来源：ATOL（独立旅行经营商协会）2004

阿加沃（Agarwal et al，2000：244－5）提出旅游业的集中状况，本质上呈现以下主要形式：

■ 战略性联盟（在航空公司之间最常见）；

■ 兼并，收购和接管（特别在旅游经营商，旅行社和餐饮住宿部门）；

■ 特许协议（出现在从事接待服务的国际品牌开始扩张之后，如马里奥特）；

■ 市场合伙（一种典型手段，通过小型边缘化的零售商，可以利用统一的品牌同大部分经营商竞争)。

尽管这些集中状况中的第二种与公司整合关系最为紧密，我们仍可以扩充整合这个概念来涵盖以上四种形式。这四种形式各自体现规模经济带来的美好前景，以及（或许）能够控制经销商，或旅游经营商在提供产品、促销和分配产品时的手法。整合主要出现在两方面，即纵向一体化及横向一体化。第一种是指处于供应链不同位置上的公司兼并成为一家公司，或者通过签订合同协议而以一个单独的组织名义运作经营，而向前整合与向后整合又有明显的不同(如汤姆森旅游集团，分别在 1965 年和 1972 年收购了英国航空公司和鲁恩波里连锁旅行社)。第二种是指处于同一水平的公司（如两家批发商或零售商）合并成一家公司，这种情况在整个欧洲越来越多（就在最近，英国旅游市场的领头羊汤姆森度假，被德国首席旅游经营商突伊（TUI）收购，而突伊在 1998 年被德国钢铁/公共事业公司普罗伊萨格所接管)。这两种整合方式，使公司不仅可以在纵向上整合重要收入来源，加强其可靠性和质量，还可以在横向上通过扩张或多样化来增加其市场份额，使公司变得越来越强大。第三种整合叫做多角化整合，指提供互补性产品（非替代产品）的公司之间合并（如包价旅游和金融服务)，因为这会产生不同于规模经济效益的深度效益。整合是公司面对高度竞争市场环境的理性回应，由于大小经营者都在同一环境下经营，整合也成了造就这种环境的原因。市场环境的主要特征如下（Shaw，Williams，2000；引自 Evan，1999)：

- 因为有大量的供应商和客户带来了高额销售额；
- 产品成本低，总边际收益微薄，造成争夺市场份额时出现激烈的价格竞争；
- 遭遇经济低迷时期的同时，利润呈现不稳定；
- 产品的特性与对手提供的没有差距，往往会受到替代品的威胁；
- 供应商的能力方面，由于生产力有限，对供应商来说旅游业经营无足轻重；
- 旅游、食宿和其他服务的缩减，有可能存在高昂的固定成本；
- 因产品季节性变化、脆弱性而产生的风险。

对于那些在兼并，收购或接管谈判中处于上风的一方来说，整合具有以下优点：

- 能够威吓并阻止新对手进入大众市场（在历史上，这些新进入者受到低额成本费用的吸引，通过合同转包，毫不费力地进入市场成为厂商或零售商)；

■ 加强在经销商方面的购买力（特别在食宿方面，大量的小型独立经营商意味着供应情况空前激烈，旅游企业产权集中则意味着在寡头垄断的情况下分配市场需求）(Shaw，Williams，2002：132)；

■ 销售包价旅游产品时拥有更多发言权；

■ 考虑到可能快速进入多元化领域，打开新兴的特种旅游市场（如首选公司的一个旅游项目“行走美洲”）。

同样，戴尔（Dale，2000；见 Sharpley，2002）考虑把整合的优点，作为竞争战略运用在波特（Porter，1980）的“五力”模式中，就可对新进入者威胁、替代产品或服务威胁、供应商议价能力、客户议价能力，以及对手之间竞争情况这五种竞争力进行管理。

显然在这个战略中包含了所谓的“赢家和输家”，因此整合通常会呈现这样一个情况：“由于位于较大旅游经营之下的竞争者非常弱小，因此大型旅游经营商根本不会遇到有力的竞争对手”（Evans，1999 ：3），因此整合正好与小型旅游经营商和消费者的利益相抵触。横向联合使较小的旅游经营商面临生存的严重挑战（例如预约性旅游产品或可选择性旅游产品），随着大部分旅游经营商进入特种旅游市场，而这些旅游市场是那些独立经营者首先开拓出来的，使他们感到无力同主流市场进行价格竞争。因此，有人认为进行纵向一体化的旅游企业滥用了其主导地位，通过提供高额佣金和职员培训，利用自己旅行社的“上架策略”（是旅行社决定如何在展示台上放置供应商的宣传册的做法，如有的旅行社可能不展示某供应商的宣传册，或者大量展示某些旅游景点）隐秘地优先推广自己品牌的旅游产品（一种叫引导性销售的做法，根本不鼓励顾客选择）。应该补充的是，英国垄断与兼并委员会在1997年的一份报告中提到：没有证据显示纵向一体化会引起反竞争的做法，因此他们并没有强迫占有5% 或5% 以上市场份额的旅游经营商，必须在宣传册、零售商店中说明与其所有者的所属关系。

还有一点值得注意，整合后出现了一些明显的商业失败案例（如 1974 年柯特莱恩与其子公司 克拉克森度假的整合失败，1991 年英塔苏公司与其母公司 ILG 的整合失败），沙普利（Sharpley，2002 ：77）把这些失败归结于以下一个或多个因素：

■ 为了扩充资金而过度借款，导致成长过快；

■ 为了保证市场份额而降低价格，未能充分盈利；

■ 诸如油价上涨或者政治动荡等外部因素。

在前面的例子里，整合行为要么加剧了已经存在问题，导致上面提到的经营者倒闭，要么没能保证他们在市场萧条时不受到影响，这也导致了人们对收购整合的质疑。同样地，在笔者撰写本文时，我的旅行（MyTravel，参看案例19.2）正承担着巨大的资金压力，但是他们得到了及时的提醒，因此即使是最完备的公司整合也会遭遇风险。这就解释了：现在包括我的旅行公司在内的大型旅游经营商，为什么想要降低生产力，低价出售一部分资产（特别是海外不能盈利的公司）的做法。

案例 19.2　航空旅行和我的旅行公司

航空旅行公司（Airtours）位于英格兰西南部，始建于 1980 年，最初是蓬德尔旅行社（Pendle Travel）下属的一家经营公司。通过纵向一体化和横向联合（航空旅行公司在 1992 年和 1993 年，分别收购了皮克弗兹和哈吉罗宾逊两家旅游零售连锁公司，1998 年又在兼并这两家公司基础上，成立了兴盛地公司和直接度假公司），使航空旅行公司成为英国拥有第二大市场份额的旅游经营商（其地位在它经营的其他很多国家中反映出来）。到 1999 年，总公司资产包括了 1 600 多家旅游商店、40 多架飞机、26 家酒店、10 艘游轮，以及 2 个分时度假住房开发区，它的经营范围横跨 4 家公司：英国娱乐公司、斯堪的纳维亚娱乐公司、欧洲娱乐公司和北美娱乐公司。不仅形成了著名的航空旅行公司，打造出阿斯普洛（Aspro）、克尼斯塔（Cresta）两个名牌旅游产品和兴盛地公司（Going Places，拥有 728 家分店）；而且到 1999 年 9 月为止，其营业额高达 18.38 亿英镑。同年，航空旅行公司欲收购英国第四大旅游经营商首选公司（First Choice），但由于欧盟欧洲委员会对旅游业现有的高度集中状态有所忧虑，而阻止了它出价 8.5 亿英镑的“不怀好意”的收购。

公司在 2001/2002 年财务报告不甚理想，加之 2001 年“9·11”恐怖袭击后，整个旅游业都经历了困难时期，于是公司委托有关部门对经营进行研究，决定实施三大内容的改革：

1. 降低固定成本（减少在保证食宿上的承诺，削减工作岗位，停止使用制造噪音、浪费燃料的老式飞机）。

2. 提高资产利用（降低生产力，特别在旅游部分和亏本酒店方面）。

3. 重组英国的授权经营和分销行业（通过兼并兴盛地公司、我的旅行公司，航空旅游度假公司和其他六家英国公司，把公司合并成只有一个管理团体领导的组织）。

这些措施采取得太晚，以至没能在 2002 年/2003 年帮公司挽回 3.58 亿英镑的损失（损失后来由于“例外项目和与客户的友好关系”又增至 9.10 亿英镑）。在损失中有 3.25 亿英镑是在英国的经营中造成的，另外 3 610 万英镑是已经分离出去的德国经营商所造成的（一部分原因是在欧洲地区经济不景气），而来自合资企业的 730 万英镑薄利只能抵消这些损失的一小部分。随着非核心旅游企业销售的增长，这些规模企业不得不削减其一次

案例 19.2　续

性成本支出，尤其是伊拉克战争，南欧和英国的糟糕天气，加拿大发现非典型性肺炎（SARS）病例，2003 年夏天失误的定价策略，这些天灾人祸造成了大规模的损失。由于这些问题都具有"特殊"性，再加上公司采取的成本节约措施需要资金，计划好的资产处置正在进行（最近主要是处置公司游轮经营），以及在 2003 年 6 月通过了重新募集资金的提议，我的旅行公司（刚刚组建了低成本的运输公司 MyTravelLite）预计在 2005 年 9 月能够恢复盈利，尽管这种乐观的心态还没有得到贸易方面新闻舆论的认同。

资料来源：引自 Page et al.，2001 和 www.mytravelgroup.com

过去一些经营良好的旅游经营商也经历了兴盛和衰落，这些现象在霍洛韦（Hollway，2002：227 ~ 9）的英国旅游经营行业结构变化概要中有详细描述。其中突现了 20 世纪 90 年代一系列重要的并购，以及收购对手公司投标失败和公司倒闭的事件。大部分收购与"行业四巨头"有关，最后形成了表 19.3 中的所有关系（注：该表不包括海外公司，因此没有列出所有经营商）。

表 19.3　英国旅游经营商"四巨头"的所有经营链（2004 年）

	旅游经营商	零售经营商	游轮经营商	航空经营商
英国突伊（TUI UK）	奥地利旅行 波兰导游公司 特种度假集团：（美国假日、克里斯托尔、杰西旅行、杰特瑟弗、魔法旅游集团、汤姆森滑雪和雪橇、热带雨林地）	鲁恩波里 曼彻斯特飞翔 林克恩团队 旅行之家集团：（卡勒斯·皮嘉休斯、斯波尔德旅行社，家庭旅行社）	汤姆森游轮	英国航空 汤姆森航空
我的旅行（MyTravel）	航空旅游假日 阿斯普洛 桥之旅 克尼斯塔旅行 度假指导 埃斯卡帕德 玛洛斯旅游 帕努纳玛旅行 贸易狂风	兴盛地 度假线 环球旅行		我的旅行 航空之路 我的之旅

表 19.3　续

托马斯·库克（Thomas Cook）	18～30 俱乐部 文化旅游 JMC 奈尔森 度假模式 托马斯·库克度假 托马斯·库克签证	托马斯·库克零售		托马斯·库克航空
首选（First Choice）	双走体验 锡塔里亚 日月食之旅 独身之旅 旅游目的地 首选度假 哈耶斯和贾维斯 君主 阳光需求 阳光之星 乌里杰特	首选度假 大型超级市场 首选游船之旅	皇家加勒比游轮·（战略联盟）	首选航空

资料来源：公司网站

消费者保护：证照、合约与法规

包价旅游是性质完全不同的无形产品，换言之，在购买前没有任何旅游者可以进行实地测试，也没有任何消费者会在测试后才体验旅游活动。而且旅游包含了由国内旅行社在目的地提供的一系列服务，就很有可能达不到旅游行业的标准。因此，劳斯（Laws，1996）指出在典型的包假旅游中，从消费者购买产品到事后回想，会出现很多的“失误点”。很多时候（如转车、远足等），人们认为旅游经营商是所有问题的直接原因，而别的时候人们也许该责备其他人（如旅行社、机场或航空公司、酒店或地接旅行社）。但是，不论游客认为谁有责任，最近欧盟和英国在法律中规定，旅游经营商对包价旅游产品的质量可靠性负有全部责任，这在《欧洲委员会包价旅游指令》中也有明确规定。这个指令在 1993 年生效，要求旅游经营商对服务提出最低标准，就像他们在宣传册里所广告的那样，并且在没有达到标准时适当地纠正（甚至由于转包商行为导致与经营商相悖，经营商也要为此负责）。所以，旅游经营商在转包服务给委托人时比过去更加谨慎（过去有很多不正式的经营部门，特别在冈比亚这样的发展中国家，如果不能提供某种产品就直接写上“取消”）。在一定程度上，由于旅游经营商为避免受到起诉的威胁，自该指令实施以来包价旅游的成本也上涨了。

另一种保护消费者的方式其实与旅游经营商破产有关，起源于 1964 年菲斯塔旅游（Fiesta Tours）公司的倒闭，结果导致约 5 000 名游客滞留海外，除非游客自己主动出钱买票才能返回。英国旅行社协会考虑到偿还和遣返因公司倒闭而被困的游客，需要一定的资金，为此从会员会费中抽取 50% 成立了“公共基金”。之后，协会建立了经营者稳定机制，该机制在缺少政府立法的情况下规范行业的运营，因此协会的旅游经营商必须通过协会旅行社销售包价旅游产品，反之顾客如果没有从协会旅行社购买假期产品则自己要承担风险。这个规定一直使用到 1993 年《欧洲委员会包价旅游指令》的颁布，该指令要求所有“旅行组织”进行抵押。同时，英国民用航空管理局于 1972 年，制定了要求旅游经营商获得航空旅行组织执照 ATOL 的规定（在本章的前面讲过）。到今天为止，这仍然是在航空旅游方面保护消费者最重要的法律措施。为了获得航空旅行组织执照 ATOL，旅游经营商必须经过严格的财务审查，并许诺选择一家保险商作为保证人，保证人能够在公司倒闭时承担偿还或遣返旅客的成本，这些手续和费用可能占旅游经营商营业额的 25%。如果旅游经营商是 ABTO 或者 AITO 这一类公认协会的成员，那么费用是年营业额的 10%。当这些保护办法还不足时，民用航空管理局会动用航空旅游信托基金（虽然已几近用完），这是由政府担保在包价旅游销售上征收 2% 的费用。

因此，我们可以发现旅游经营商的经营重点已发生了转变，正如沙普利（Sharpley）指出的：“消费者自己已不用再担心旅游过程中的不可靠性了”，这要感谢越来越多的规章制度和保护消费者利益的活动。

结论：旅游经营商何去何从？

据说，旅游产品的消费者正在变得越来越成熟和富有经验，这就是“新型旅游者”这个概念所体现的含义（Poon，1993）。对于这些重新组合的愉悦追寻者，低价格本身已不再是最重要的问题，他们已经不太受制于传统的信息来源，如旅游目的地信息主要来自旅行社和宣传册，他们中越来越多的人喜欢进入因特网，数字电视和更多的按照事实介绍旅游目的地的纸质或电子版指南类书籍。很自然，这带来了关于未来旅游经营的问题，尤其是那些高度兼收并蓄的旅游经营商（迄今为止，他们以其价格和预订环境的舒适性为基础，战胜了繁华街区的零售旅行社）将碰到更大的问题。

取消中间环节威胁到了旅游分销链中，旅游经营商这个一度看来安全的位置，然而这对于旅游经营商也可能成为机遇，以建立多样化的供应渠道或拥有自己的直销附属机构。中肯地说，我们现在看到作为大众旅游市场的网上虚拟旅游经营商正在出现，其中有进入运送旅客数（图 19.2）前 10 强旅游经营商的互动（InterActive）集团公司（Expeddia. com，TV Travel Shop 等公司的业主）。从这方面看，消除中间商似乎带给旅游代理商的麻烦比旅游经营商更大（在许多情况下，他们的结果是一家人或一回事，这要归功于垂直一体化）。确实，直接向经销商购买旅游产品的方便，通过切掉不必要的中间人而降低预订错误的可能性，以及日益增长的关于旅行社不再是旅游度假所依赖的认识，都成为联手淘汰他们生存的理由。正如英国航空旅游公司 2001 年宣布，将关闭 120 家地方分店（Holloway，2002）所见证的那样，“弱肉强食”已经开始。这提醒我们，旅游经营商（一种处于全盛时期的瞬息万变的企业）的未来总体上也不确定，唯一确定的事是 2010 年之前还有更多的旅游经营商将会倒闭。

问题探究

1. 用实例说明“整合”在大众旅游市场经营环境中的含义，并建议供应商、消费者和小型竞争者应该如何应对。

2. 解释为数很多的大小旅游经营商倒闭的原因，站在经历困境的旅游企业角度，考虑可以采取什么措施来降低经营失败的风险。

3. 列出两种有关包价度假的消费者保护形式，并阐述整个行业和具体旅游经营活动中，在消费者保护措施方面必须具备什么特征。

4. 讨论旅游分销链中发生的“取消中间环节”情况，解释旅游经营商们认为它既是机会又是威胁的主要原因。

阅读指导

尽管数据缺少，劳斯（Laws，1996）还是提供了正确看待旅游经营商的主要原因，包括包价度假的演进、服务质量管理和代理分销等。更近的相关资料可参考旅游概论方面的书籍，如佩奇（Page et al.，2001）的著作，这些书籍都有专门阐述旅游经营商的内容（尤其是霍洛韦，Holloway，2002）。而要更多的了解旅游经营商的情况，可参考咨询顾问布雷和莱兹（Bray，Raitz，2001）的报告，那是一份以自传体撰写的，记录了近来有关滑雪浪潮全面而广博的描述。此外，像《旅游经济学》、《旅游地理》、《旅游管理》等学术期刊，也有大量围绕这一主题的理论和实践的研究文献。最后，如明特尔（Mintel）公司出版的报告，也对旅游经营商的分类和活动做了重点的分析。

网站推荐

英国旅行社协会：www. abtanet. com 提供会员指南和目的地/专题活动信息。

独立旅行经营商协会：www. aito. co. uk 包括专题假期搜索设施，负责任旅游专区，有关优质旅行社运动（CARTA）的信息，对街面旅行社链的销售工作争端做出反应。

航空旅行组织者颁证网站：www. atol. org. uk 提供顾客和旅行业的信息，如失败活动名单，消费者保护史和各类型契约，和每年两期的《ATOL 商务》（登载最新的公司收入和乘客数据）。

旅行经营商联合会：www. fto. co. uk 含非常有用的实情资料，所涉问题覆盖旅行经营日历，淡旺季情况，酒店合同，英国与欧洲其他国家价格差距原因分析，包价度假法规。

英国最大的四家旅行经营商的集体网站，可查到公司历史和加盟商信息：

首选：www. firstchoiceholidaysplc. com

我的旅行：www. mytravelgroup. com

托马斯·库克：www. thomascook. info

汤姆森：www. thomsontravelgroup. com

关键词

英国旅行社协会；独立旅游经营商协会；全包；航空旅行组织人执照；分销链；直销（无中间环节）；整合/一体化；中间商；包价度假；经销商；旅游经营商。

参考文献

Agarwal, S., Ball, R., Shaw, G. and Williams, A. M. (2000) The geography of tourism production: uneven disciplinary development?, *Tourism Geographies*, 2 (3), 241-263.

ATOL (2004) *ATOL business*, Issue 23 (January). CAA, London.

Bray, R. and Raitz, V. (2001) *Flight to the sun: the story of the holiday revolution*. Continuum, London.

Cooper, C., Fletcher, J., Gilbert, D. and Wanhill, S. (1998) *Tourism principles and practice*. Longman, Harlow.

Date, C. (2000) The UK tour-operating industry: a competitive analysis, *Journal of Vacation Marketing*, 6 (4), 357-367.

Evans, P. (1999) *Recent developments in trade and competition issues in the services sector: a review of practices in travel and tourism*. United Nations, New York.

Holloway, J. C. (2002) *The business of tourism*, 6th edn. Pearson Education, Harlow.

Laws, E. (1996) *Managing packaged tourism*. Thomson Learning, London.

Office for National Statistics (2003) *Travel trends* 2002. TSO, London.

Page, S. J., Brunt, P., Busby, G. and Connell, J. (2001) *Tourism: a modern synthesis*. Thomson Learning, London.

Papatheodorou, A. (2003) Corporate strategies of British tour operators in the Mediterranean region: an economic geography approach, *Tourism Geographies*, 5 (3), 280-304.

Poon, A. (1993) *Tourism, technology and competitive strategies*. CAB International, Oxford.

Porter, M. (1980) *Competitive Strategy*. Free Press, New York.

Sharpley, J. (2002) Tour operations, in R. Sharpley (ed.) *The Tourism Business: an introduction*. Business Education Publishers, Sunderland.

Shaw, G. and Williams, A. M. (2002) *Critical issues in tourism: a geographical perspective*, 2nd edn. Blackwell, Oxford.

Yale, P. (1995) *The business of tour operations*. Longman, Harlow.

第 20 章　大众旅游经营 2：旅行代理商

克莱尔·汉弗莱斯（Claire Humphreys，威斯敏斯特大学）

学习目的

学完本章后，读者应该能够：

- 阐述旅行代理商在供应链中的作用，并确认他们的优劣势；
- 评估他们对信息技术的使用；
- 解释顾客关怀的重要性及旅游设施的使用战略；
- 概述旅行代理商应对竞争环境变化的措施；
- 明确利益相关者的重要地位。

本章概述

本章目的是向读者介绍旅行代理商的业务。过去的十年，旅行代理商在竞争中已大大提高了水平。随着许多旅行代理商逐渐加盟那些提供航班、住宿和其他旅游要素的全球化旅游经营公司，旅行代理商业务的稳定性比前十年翻了一倍。

本章既探讨了旅行代理商的活动，又考察了目前旅行代理商经营大众旅游业务的环境。旅行业经营环境的动态发展，意味着旅行代理商所进行的活动，不论是传统的繁华街区的旅行代理商，还是在线的旅行代理商，都需要进一步丰富完善，才能保证旅行代理商的收入来源持续不断。

导　言

近年来，旅行代理商领域发生了重大变化，尤其是在世界上那些旅行业发展趋于成熟，并运用各种技术方式为顾客提供旅游产品的地区。

明特尔（Mintel，2002）把旅行代理商定义为：可以购买度假和其他旅游产品的最终客户，这样的客户包括繁华街区的零售商和现在许多通过网上经营业务的公司。欧盟委员会（CEC，1999）认为，作为零售商的旅行代理商，他们总体上体现了对旅游经营商的业务代理工作，并按照出售度假产品价格计算的佣金为报酬。旅行代理商也提供其他产品，如航班（不论是包机还是定期航班）、酒店或其他类型住宿预订、租车、保险和与旅行相关的其他服务。

作为零售商的旅行代理商，可以通过旅游批发商（或旅游经营商）或直接从经销商（如酒店和航空公司）获得代理旅游产品，从而实现旅游产品从经销商流向消费者，这条分销链（见图 20. 1）看起来类似于传统产业。

图 20. 1 旅游产品分销链

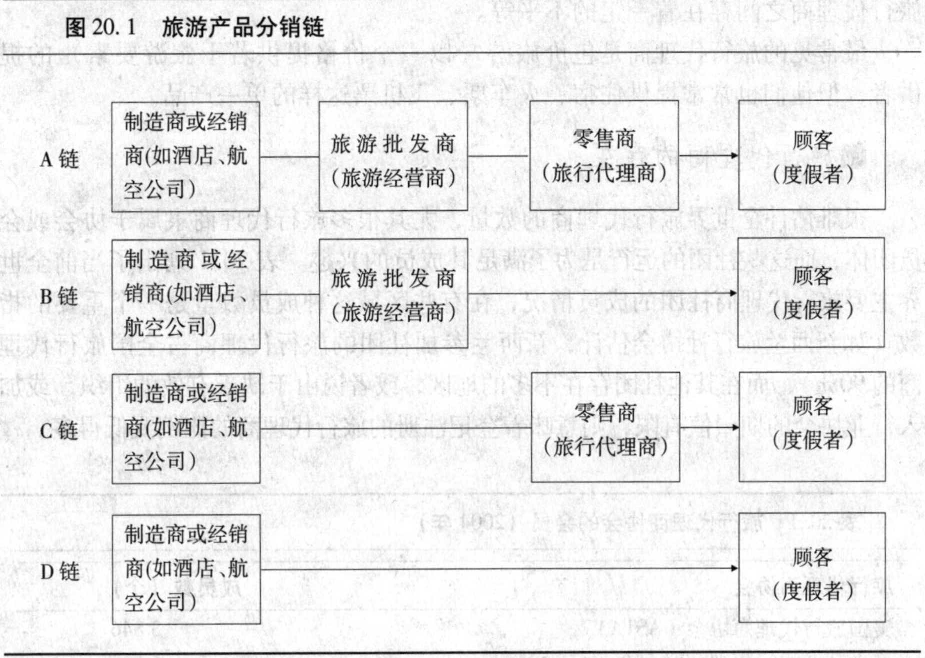

旅行代理商的地位

旅行代理商的主要地位，是从顾客利益出发寻求既合适又多样的旅游产品；同时，其作为旅游业的零售代理，既是连接旅游者或度假者与旅游经营商和经销商的纽带，又是把他们与旅游相关产品的提供者联系在一起的环节。旅行代理商与传统零售商的重要区别，首先在于旅行代理商通常不会在顾客提出要求之前就购买任何产品，或者是从来不持股任何企业，这是旅行代理商的好处，因为他们既没有资本套牢在持有股票过程中，也没有容易损失和过时的股票。

其次，由于旅行代理商并不打算销售以股票形式所持有的产品，因此对于别人主动送来的产品能够任意选购，于是其一般也没有义务过于偏向某些产品。

然而，这也意味着当某个特殊产品需求较高，或某些市场需求的产品数量较少时，旅行代理商只能在旅游经营商提供足够的购买机会时才能进行销售，于是旅行代理商也没有机会来调整受欢迎的旅游目的地的供应。从理论上讲，由于每家旅行代理商拿到稀有产品的机会是一样的，因此顾客不会只到某一家旅行代理商购买产品。不过，由于有的旅游经营商有自己的旅行代理商，因此他们对于独特的产品会提供详细资料给这些旅行代理商，这意味着某些情况下旅行代理商之间存在着一定的不平等。

最常见的旅行代理商是包价旅游（以一个价格提供若干旅游要素）的提供者，但他们也常常提供住宿、火车票、飞机票这样的单一产品。

■旅行代理商的存在

很难估计全世界旅行代理商的数量，尤其很多旅行代理商隶属于协会或会员团体，而这些社团的运行是为了满足其成员的兴趣。表 20.1 列出了当前全世界主要旅行代理商社团的成员情况，在有些区域这种成员数量是一个重要的指数（如新西兰旅行社协会估计，新西兰参加社团的旅行代理商占全国旅行代理商的 90%），而在其他社团存在不多的地区，或者说由于缺乏有效的组织，或加入行业协会的期望值有限，则意味着登记注册的旅行代理商的比例要低得多。

表 20.1　旅行代理商协会的会员（2004 年）

旅行代理商协会	成员数（个）
美国旅行代理商协会（ASTA）	3 846
澳大利亚旅行代理商联合会（AFTA）	2 300
奥地利旅行代理商协会（ORV）	2 300
英国旅行代理商协会（ABTA）	1 548
丹麦旅行代理商和旅游经营商协会（DRF）	100
德国旅行代理商和旅游经营商协会（DRV）	3 896
爱尔兰旅行代理商协会（ITAA）	352
日本旅行代理商协会（JATA）	6 312
新西兰旅行代理商协会（TAANZ）	520
瑞士旅行零售商协会	450

资料来源：作者的研究

一个国家如果从法律和财政上要求旅行代理商注册登记，这个国家对旅行代理商总数的预测可能更接近现实一些。例如，丹麦的旅行代理商要到旅游保证基金会登记，目前已有550个成员单位（尽管实际上包括了一些航空公司和旅游经营商，要求他们也必须登记）。丹麦旅行代理商和旅游经营商协会主席拉斯·泰凯尔（Lars Thykier）认为，在550个成员中有200个左右可以看做是旅行代理商。在澳大利亚，颁发执照是以国家对企业的方式进行，参加旅游补偿基金会（TCF）是一个强制性的颁证条件，澳大利亚旅行代理商联合会（AFTA）的莱恩·奥尼尔（Lynne O'Neill）指出：TCF已拥有大约4 600家持证的旅行代理商成员单位（其中约一半是AFTA成员）。马来西亚也实施了颁证制度，主要由旅游部负责，他们估计2004年第一季度有2 100家旅行代理商在营运，同样，2004年香港登记的旅行代理商有1 344家。

各国对旅行代理商的使用情况不同。杜马泽尔和汉弗莱斯（Dumazel，Humphreys，1999）指出：根据吉尔伯特（Gilbert，1990）的早期研究认为，当英国80%的旅游是通过旅行代理商购买的时候，荷兰、比利时、卢森堡的比例是25%，而法国只有7%的预订通过旅行代理商。虽然在这项研究之后市场发生了重大变化，但是为了满足市场的期望，认识到旅行代理商的国家差异仍然是很重要的。

由于旅游需求不断增长，因此旅行代理商常常力图扩张经营规模，其结果是现在许多旅行代理商在全国经营着多个分店或终端，有些甚至还有海外分店。这种多层次经营通常比单一的旅行代理商经营具有许多优势：

■ 他们能够通过巩固市场的活动，来广泛接触群众并从中获益；

■ 当顾客们意识到品牌的重要性时，就会对公司给予更大的信任和信心；

■ 公司可以通过谈判，来提高团队的销售佣金，以获得更大的财力；

■ 集中购买计算机这样的设备，有助于降低每个销售点的管理成本；

■ 对必要技术系统的开发费用，可以从全体销售点的分摊中产生，从而使集团公司找到更大的竞争优势。

许多经营多层次的旅行代理商，可以通过业主资格与旅游经营商联系，在欧洲有大量旅行代理商的品牌属于少数几个大型旅游企业所有，他们在分销链的各个层次上都有经营。

表 20.2　旅行代理商业主资格

母公司	分销网络
首选旅游公司	英国和爱尔兰：首选假期超市，首选旅行商店，海斯旅行
	加拿大：阳光假期，美梦假期，旅行选择
我的旅行公司	英国和爱尔兰：各地旅行，各地旅行电视，度假线，新式逃避网，我的旅行网，旅行世界
	欧洲：永远，11 门，环球速游客，活力海鸥，我的旅行，我的旅行网，我的旅行，赖斯温勒斯，萨嘎，滑雪地，特里弗塞尔，特佳尼波格，菲恩格
	北美：ABC 联合服务，外交之旅，DFW 之旅，便宜飞行假期，生活方式，奖励假期，我的旅行网，我的旅行零售，胜地逃亡，旅行 800
托马斯·库克	英国和爱尔兰：托马斯·库克，托马斯·库克电视
	欧洲：托马斯·库克，托马斯·库克，度假之地，阿尔发，耐克尔曼，阿瓜旅游，托马斯·库克（前哈瓦斯航行），布洛尔雷正
	加拿大：马琳旅行，托马斯·库克
突伊集团	英国和爱尔兰：鲁恩·波利，卡勒·毕加索，林肯团队，西波尔旅行
	欧洲：突伊，第一雷瑟布洛，突伊旅行中心，新边疆，哈帕·洛德雷瑟布洛电视，旅行商店，最后时刻网

资料来源：作者的研究

上述四家大公司主宰着整个欧洲的旅行代理商，我们可以看到：尽管有些公司与主要旅行代理商或航空公司、酒店的地区经销并没有关系，但却经营着多层次的旅行代理商业务。此外，我们还发现有些独立经营的旅行代理商，通常只有一个店面（或几个小分店），他们需要通过行业协会来实现多层次经营并获得预期的利益，如英国独立旅行代理商协会（NAITA）拥有 1 000 多家独立的休闲与商务旅行代理商成员，他们在协会品牌"冒险旅游中心"之下从事经营。因此，小型旅行代理商分店的存在和发展趋势，已导致有些国家的旅行代理商数量的下降（Mintel，2002）

谢利（Shelley，2004）指出，由于低价航空公司的成功，带动了散客旅游的兴起，使托马斯·库克公司和其德国对手突伊旅游公司，逐渐形成的"航空公司—旅游经营商—旅行代理商"经营一体化模式，近年来也面临着旅行代理商的冲击。更有甚者，随着城市旅行公司与奥图·弗瑞杰特旅游公司的合资，于 2004 年获得了在线的旅游频道网站；接下来它又收购了法国旅游经营商布米朗（Boomerang）航海公司，作为进一步向欧洲市场扩张的部分（Yee，2004）。美国在线旅行社 Expedia，通过合并法国的旅游经营公司 Egencia，从而把经营活动扩张到欧洲，并在比利时也有大量业务。这样，网络在线和繁华街区的旅行代理商创造了强有力的组织，这些组织正在开始主宰整个旅游业。

案例 20.1　冒险旅游中心

全国独立旅行代理商协会的会员（NAITA），创了统一的经营品牌"冒险旅游中心"。NAITA 会员单位在促销自己的同时也可以利用这个品牌，因为该协会为每个旅行代理商提供了以下利益：

●市场营销：使用带有 NAITA 商标的宣传册、铺面、销售点资料，顾客能识别店面，从而通过品牌识别获得高度信任。

●商业条件：通过集体购买力能促使供应商不断改善条件。

●产品系列：通过集体结盟，可以与更广泛的供应商洽谈条件。

●培训：可以通过特殊项目和协会组织的培训，促使员工学习旅游服务知识，促进员工培训和销售技巧得到发展。

●品牌广告和直邮活动：这是专门设计来提高顾客对冒险旅游中心商标的认识，该商标能使个体旅行代理商直接收益。

●商务经营折扣：这一项包括电话、电费、定契约和商业保险的折扣。

●网络亮相：通过 advantage4travel. com 网站，有助于引领顾客接触独立的旅行代理商。

资料来源：根据冒险旅游中心的促销资料选编

问题讨论

1. 在把业务与冒险旅游中心这样的行业协会连接之前，独立旅行代理商的业主有没有什么问题需要考虑？

■旅行代理商的活动

旅行代理商的活动和技术很广泛，最重要的是旅游产品的定位，应能够恰当地满足顾客的需求，这就要求具有广泛的旅游产品知识。霍洛韦（Holloway，1994）指出，尽管没有人能够理解所有旅游目的地的全部产品，但旅行代理商肯定要具备确定信息的能力和技术，以帮助识别他们自己为顾客寻找的旅游产品。此外，旅行代理商也承担一些任务，如在旅行假期到来之前的整个阶段（常常很长时间）售票、收费和管理预订工作。经常发生的情况是，在顾客购买了的旅游产品中，往往有些方面可能发生改变，如航班时间变更，于是旅行代理商要提供重要的售后服务来保证使顾客了解这些变化，并且处理由产品变更所引发的顾客问题。就像任何零售商一样，旅行代理商也许不得不与对所购产品不满意，并在旅游回来之后进行投诉的顾客打交道。因此，当旅行代理商的产品售出后，在很长时间内还必须对顾客负有责任。

很有趣的是，现在人们也希望旅行代理商努力增加项目，销售旅游的附加产品，如机场泊车、外汇兑换、机场酒店预订，租车等。也许顾客还没有考虑过，这些项目能够产生较高水平的销售量，并为旅行代理商带来大量佣金。这些服务项目的佣金，通常比包价度假的佣金高出许多，也许是销售额的20%~30%，从而为旅行代理商提供了重要的收入来源。

对那些希望使用旅行代理商服务的客人，大多数旅行代理商都将提供全方位的服务。但是，也有些旅行代理商只选择做专项产品、商务旅行代理或全球旅行的管理组织，如以查尔森·瓦格利（Charlson Wagonlit）为例，他们只为集体客户安排旅行事务。这类公司给客户提供一系列的好处，包括促使景点旅行接待商或代表来处理客户的问题，另外还提供附加服务，如办理签证、外币兑换、提供旅游目的地的旅游信息等。此外，这种旅行代理商还以团购奖金和折扣的方式，向集体客户提供一定的财务奖励。然而，正如戴维森和霍普（Davidson，Hope，2003）所言，商务旅行代理商可能要花时间来修改预订产品，以满足客户的旅游需求，甚至需要提供24小时服务来适应客户需要，还可能使旅游内容的安排更符合组织制定的政策，有时还需要把旅游文件直接送到旅游者手中或送到机场，需要提交旅游花费的正式报告，让集体客户对旅游费用进行监测和管理等。这些因素意味着：一方面商务旅行商预订的收入很高；另一方面，售后服务和所需提供的附加服务对旅行代理商的经营成本有很大影响。

案例 20.2　旅行代理商经理的活动

作为忙碌的旅行代理商的经理，我有一系列的任务要完成。我最重要的活动，可能是保证顾客及时地得到服务，而且所买到的产品要符合他们的要求。如果顾客拿着宣传册或脑子里已有具体的度假想法走进店里，我就要尽量为他们订到那个产品。如果他们所选的产品是我们公司没有的，我就要查看我们哪一家连锁店所属的经营商是否能提供相似的产品，对客人选定的旅游目的地的同一家酒店，我还要提供价格比较，当然如果客人选择原经营商的产品也是可以的。

我还听说，其他旅行代理商的经理通常需要写报告给区域经理，解释他们为什么不尽量把自己的产品"交叉销售"给顾客。

计算机系统在进行大多数销售时对我们是关键的。我们的员工主要销售我们经营商提供的包价产品，多数为宣传册里计划的假期，也包括单项住宿的包价假期，也有系统可以预订单项飞行旅行的。每当顾客想要某种不同平常的东西，我就得打电话给多家旅游经营商预订。以前，用电话检查预订是很普通的事，但现在绝大多数预订是使用电脑的搜索—预订程序完成的。

我也在店里放一些广告资料。公司要求所有的店面都要有相似的形象，所以主要的营销材料到处都一样，但每一天我们会找出一些适合当地市场的旅游材料来摆放（因为这不同于店对店生意），把这些材料放在橱窗里，以吸引顾客走进门来。我们也制作一些宣传册，保证拥有足够的热线产品资料提供给自己的顾客。我和我的员工现在能够找到网上在线的宣传册，如果由于某种原因我们没有宣传册给顾客，就可以找到在线的那个产品，把需要的页码复印给他们。

我有许多行政工作要完成。每天都要确保从顾客那里收来的款项要与总账平衡。这个总数由计算机算出，计算机记录下我们所有的预订项目，上传到总部（他们通常负责签票），然后我在日历上记下备忘的事情，提醒自己什么时候付尾款，什么时候机票到我手上，顾客可以来取。

我还得保证员工知识的更新。这通常意味着每周开一次员工会进行更新培训，内容可能涉及系统、产品和促销。新员工来进入店里之前要有一周的培训，学习系统和销售的技巧。一旦他们来到店里，就可把这些知识和技术用于实践。与团队其他人员在一起，如果他们有困难，就可以帮助他们。有时候新来的员工已通过资格考试，如全国职业资格，那么他就是学习过作为旅行经理人必备的技能了。

所有我的雇员都领正式工资，但他们还可以根据销售额领取佣金。当他们售出附加产品（如租车）时，就可以领取附加佣金。我们有一个计算机中心系统，这意味着如果顾客已决定不立刻预订，但几天之后又决定预订了，那么他的咨询记录可以恢复，于是最初为他做安排的那个咨询员（而不是办理预订的那个）就可以获得佣金；如果这位顾客到我们的另一个零售店预订，情况也是一样的。这就使顾客感到非常方便，因为他们不必回到同一个店，也不必在新的店里重新过一遍那些细节。

案例 20.2 续

我们得到的另一个好处是踩点旅游的机会。区域经理（他在本地区照看着 20 个店铺）保证这些出差由雇员们公平分享，即每年大概能够有一至二次免费旅游（可能是两三天的短线游，或一星期的长线游）。这些旅游由旅游经营商提供，因为旅游目的地一般是由旅游经营商决定的，他们可以选择他们认为旅行代理商需要了解更多信息的旅游目的地。

顾客关怀在我们的业务中是至关重要的。我试图保证顾客很快得到问候，店里如果太忙，我就先请顾客填一张表，告知他们的要求，之后再安排一位员工请他们回来商谈细节。在几处大点的店里，我们有电脑终端让顾客搜索他们自己想要的假期产品，然后把打印件拿到店里去预订。在那些地方，我们经常备有茶和咖啡设施，有一间大厅让顾客在等待咨询员时可以放松。为了让员工坚持使用顾客关怀的技巧，我们全体都受到神秘顾客的监测，他们可能亲自拜访店铺或打电话，只有事情过后我们才会发现他们原来就是神秘顾客。如果我们得分高，那么全体员工会得到一笔奖金。有些神秘顾客来自我们的组织，检查诸如店铺外观和处理咨询的方法之类的情况，也有一些神秘顾客是受聘于重要的旅行业杂志社。

我的另外一个重要任务是，接待那些旅游回来要投诉或有麻烦的顾客，我们能帮助他们给旅游经营商的投诉信得到处理，也帮助建议顾客在败诉的时候接受何种解决办法。多年来我注意到风俗习惯已经改变了，许多人对旅游产品和旅游目的地可谓知识渊博，通常他们来到店里时，已经有从网上查到要和我们成交的价格。但很有趣的是，许多人选择在我们这里预订是为了能得到顾客关怀，他们喜欢随意问一些旅游产品的问题，似乎还信得过我们的知识。我们现在集中很大注意力确保高质量的顾客关怀，因为当顾客决定购买独家产品时，这一点似乎是我们变成颇有吸引力的选择。

资料来源：首选旅行零售店经理访谈，2004

问题讨论

2. 要成为一个成功的旅游代理商，需要有些什么样的个人能力？
3. 掌握旅游代理商的经理，需要做些什么工作来激励员工？

■旅行代理商经营的优劣势

旅行代理商是旅游业的重要组成部分，它的存在为旅游产业以及接受服务的顾客都带来了很大的好处。然而，也有一些问题是必须要注意的（见表 20.3 和 20.4）。

表 20.3　旅行代理商在旅游业中的优劣势

优势	劣势
● 旅行代理商在顾客和旅游服务提供者之间架起了联系的纽带，使这些服务提供者则不需要单独与每一个顾客发生接触。 ● 旅行代理商能保证预定程序的顺利进行，遵守法律义务，并能在向顾客清楚地讲述其权利的同时，促使其履行他们做出的预订。 ● 旅行代理商能鼓励那些可能取消旅游的客户购买旅游产品，因为这些顾客的犹豫也许是因为考虑到费用和安全问题，而旅行代理商可以打消他们的疑虑。 ● 旅行代理商还能寻找到一些“额外旅游消费”的附加项目，以此来增加总销售额。	● 旅行代理商中的人员流动性大，因此对于旅游产品的知识面和为满足顾客需求所进行的员工培训水平，就引起了关注和重视。 ● 付给旅行代理商的佣金通常是总支出的重要组成部分，因此也减少了潜在的利润率。

表 20.4　旅行代理商对于顾客的优劣势

优势	劣势
● 在购买旅游产品时可以有较大的挑选余地，因为旅行代理商能给顾客建议多个能提供多种旅游目的地的服务商。 ● 对一些特别的交易和价格的产生，顾客也许没有意识到，但旅行代理商能做到。 ● 把预订的责任交到旅行代理商手中能让人放心。 ● 一个好的旅行代理商可以节约顾客的时间，使顾客不需要花时间寻找和预订旅游产品。	● 顾客可能无法在初始阶段得知所有的旅游产品，因为旅行代理商会尽量推销那些能给予更高佣金的旅游产品，或是由其母公司提供的旅游产品。 ● 旅行代理商也许不能预订到所有旅游产品（如在那些以直接销售给顾客为主的地区）。 ● 顾客不得不支付一定的服务费用。

■并非所有旅行代理商都是大众企业——小型旅行社的角色转变

在欧洲，尽管主要的旅游公司，如托马斯·库克公司和突伊公司统治了旅行代理商业；然而，独立旅行代理商总是能想方设法，如通过利用独立旅行社协会来维持生存，并以此增加在本行业中的权利。

独立旅行代理商的卖点是独立性，其能从众多的旅游经营商中做出选择，以提供给顾客独到的服务水平，致力于提供关于产品和顾客自身需要的更高层次的专业知识。这反过来也增加了它在机会市场的代理，使它在旅游业特殊领域独树一帜，而不是瞄准对于整体的控制。

有趣的是，小型的独立旅行代理商已开始从传统经营场所中搬迁出来，甚至搬回家里做生意。在美国几乎 10% 的美国旅行代理商协会的成员，都是在他们的住处开展业务的（Newman 2004）。

旅行代理商对信息技术的使用

随着电脑和信息技术的发展，也给旅行代理商的经营带来了重大变革。以前旅行代理商在查询旅游产品的供应情况时，都是通过打电话给旅游经营商，或是通过上级部门来询问宣传手册上的产品信息。个人电脑的购买能力以及专业旅游预订软件的开发，使得旅游经营商有机会创建专业的网络系统，它能及时向注册用户展现行情，这样就不需要打长途电话了。这一点鼓励了旅行代理商也投资这种系统，以提高他们对顾客答复的速度，也使他们可以搜索多个旅游经营商，从而找到更有竞争力的价格。现在的旅游经营商都在加大网络系统建设的投资，像数据检索（Viewdata）这样的系统，也正在被现代网络技术所代替。因此，网络系统可以在所提供的信息面和预订程序上带来更大的灵活性。

使用这些技术的花费，通常对于小旅行代理商来说是个问题，而大旅行代理商则不然。大量的购买机会、标准化的规定和程序，都意味着需要使用这样的技术。一些大型的旅行代理商发现，顾客是如此的喜欢网络系统，因此可以在店铺里放置一些附加终端机，以便顾客自己查询（尽管他们仍然需要通过与代理商交谈来确认预订）。这样，就把一些费时的过程从代理商那里转移到顾客手中，从而使应用这些额外终端机的旅行代理商的员工提高了工作效率。

对于旅游业已达成的共识，就是信息技术的使用已成为重要的成功因素（TTI，2001）。有效的利用信息技术所提供的是：

■ 将很好的开发和投资所使用的网络系统和信息技术，以保证他们能够继续发展和更新。

■ 所有的分销连锁店都使用信息技术，从而使信息技术在整个经营中广泛使用，以保证有效的信息共享和提高活动的效率。

■ 在经营实务中形成快速的一体化信息技术，以保证经营成本降到最低。

信息技术不仅仅用来订购旅游产品，其还有一个用途就是不断增加所提供的信息，如可以用光盘或者通过网址提供宣传材料，也可以把信息技术用于内勤系统中，支持行政管理和会计工作，同时使用数据库来增强客户管理和市场推广等。

■信息技术在预订中的应用

计算机技术在旅行代理商中的广泛运用，意味着寻找和预订旅游产品的过程发生了重大转变，其不仅仅是过程更快捷，而且代理商现在可以用更复杂的标准来定义旅游产品。当顾客从旅游手册中做出选择，并决定选择度假情况下，旅行代理商可以直接连线提供商的预定系统并做出预订。更常见的是，顾客只向旅行代理商提出大概的要求，也许只是前往旅游目的地或旅游的时间，在这种情况下，旅行代理商对旅游经营商的选择就有较大的余地，对于顾客所期望的旅游产品供给情况，将被反馈给顾客进行检验和选择。

一旦旅游产品被顾客所确定，旅行代理商会把顾客的具体资料输入预订系统。这样就会产生两个结果：一是形成初步的预订合同；二是顾客的具体资料和预订信息会进入客户管理系统和财务系统。客户管理系统，是用来做预订的细节管理，并储存客户资料和预订进展的备忘录的。这些备忘录能保证在最后付款时间到达以前，将付款催交信传达到客户手中，以保证旅行代理商从旅游经营商那里按时收到有关票据，并确保这些票据在顾客出发前送达顾客手中。对一些繁忙的旅行代理商，不可能只有一个工作人员在处理整个预订工作，所以客户管理系统能保证预订处的人员，将记录下的预订活动（由电脑完成）传给所有必须参与的人员，这一点也保证了在每一次预订中，各工作人员之间的有效沟通。

■信息技术在管理客户上的应用

计算机技术已渗透到旅行代理商的许多业务中，并为增进旅行代理商与顾客的关系而进行顾客信息的管理，这是多么重大的变化！用数据库来管理预订程序在上文已得到了认可，并且认识到为将来保留客户信息的需要也很重要。那些曾经与旅行代理商联系过的客户的信息，哪怕客户只是询价而并未作预订，对于旅行代理商都是很重要的，因为旅行代理商要努力发展的正是这些客户，可以使他们成为未来的顾客。在大多数情况下，大型的旅游综合机构在市场初期发展中，一般不会利用这些信息来做单个的销售，而是通过总部来进行安排。针对个人的销售，只会用数据库来鉴别已做了预订的顾客的身份，这些顾客之后会被询问是否需要额外的旅游服务（如机场的停车、外汇兑换等）。

为了满足顾客不断变化的需求，使用这种非面对面的交流方式是很重要的。现在许多旅行代理商都是通过电话和电子邮件来进行预订，实践表明（Beattie，2004）使用电子邮件预订比用电话节约30%的人力，当然该方法也有一些需要考虑的地方：

■ 顾客必须觉得使用该方法是最适合他们的，而不会感觉到与旅行代理商失去了重要的联系，因为旅行代理商能增加他们对所购买的旅游产品的确认度。

■ 旅行代理商必须有较强的能力，不论在电子技术还是员工的工作技能上，都要能以适时的方式处理顾客的询问，以保证提供有效的回答。

■ 当客户不在场时，如条款和条件等法律问题就变得难以传达。

许多国际航空公司现在正转向使用电子客票，顾客只得到一个编号而不是签发的机票，这意味着对于旅行代理商来说供票的要求就大大降低了，结果就是他们诸多的任务中就有一项被减去了。

案例 20.3　旅行代理商对顾客电子邮件问讯的答复

当上网变得越来越国际化时，对顾客或潜在顾客电子邮件的答复能力或许被商家考虑得太少了。对于商家和顾客来说，使用网络来预定旅行是有明显好处的，因为顾客可以通过网站来搜索大范围的信息资料，并在他们方便的时候用邮件向商家询问具体问题，而这些问题商家可以在方便的时候回答（当考虑到这些问题涉及环球旅行，又有时差发生的时候，这种方式就特别有用）。普恩（Poon，1993）指出，科技能把人们从行政事务中解放出来，匀出更多的时间直接进行顾客服务，充当顾客的旅游顾问而不仅仅是做预定的程序性工作。科技使旅行代理商有机会了解到顾客在线或离线的信息，并且很方便地向顾客提供有关信息。然而用此方式为顾客服务的能力，在很大程度上影响着与顾客的潜在关系。

互联网和电子邮件，有力地帮助组织发展与顾客的直接联系，但用专业和恰当的方式来完成这项工作的能力则是值得关心的问题。施特劳斯和希尔（Strauss，Hill，2001）指出，迅速而恰当地回答顾客的邮件能提高顾客的满意度。他们在新加坡调查研究了200

案例 20.3　续

家旅行代理商的答复水平，发现只有 28% 是直接回答了关于机票价格的询问。在 93% 的直接回答顾客的要求中，大约有不到一半在开始回答时，先是礼貌的介绍，然后感谢顾客前来咨询。可以肯定的是，超过四分之三的邮件在结尾都很有礼貌，回答人员的名字会被给出，这点对于增加顾客满意度是非常重要的。

这份研究还包括了关于电子邮件规定的改进，以及为确保与顾客加强关系而向旅行代理商进行培训的建议。然而它也认识到在保证顾客的问题得到有效答复时，因人而异的回答才是至关重要的。旅行代理事务中有一个模式是很有用的，它能保证在邮件中有开场问候语，还有旅行代理商的介绍。这份调查得出的结论是，一份理想的答复邮件应该迅速、礼貌，有个性、专业性、推广性（对旅行代理商来说）。它最终会带来顾客关系的提升，从而无论是短期还是长期来看都能增加业务量。

资料来源：改编自 Murphy and Tan，2003

问题讨论

4. 旅行代理商应当花费更多的努力和时间，用电子邮件答复那些要求高端旅游产品的询问信吗（如要求乘坐商务舱或豪华度假的）？当使用电子邮件作为交流媒介时，容易解决这些重点问题吗？

5. 讨论标准化应达到什么程度，才能保证企业信息和形象的一致性？

■在线旅行代理商、直销和其他在线提供者的竞争

瓦苏达芬和斯坦丁（Vasudavan，Standing，1999）认为，虚拟旅行代理商（在线经营者）已经有了快速增长。这些在线旅行代理商与繁华街区旅行代理商，都使用相同的计算机预订系统，并且使用一系列附加资料，如旅游目的地信息、城市地图、天气预报和外币汇率的内容翻了一倍。在正常情况下，这些在线旅行代理商 24 小时为顾客服务，从而使繁华街区旅行代理商面临着来自在线提供旅行产品和预订设施者的激烈竞争。在线公司的优势也许在于应用技术使顾客可以通过网络直接办理预订，由于较少需要面对顾客服务的员工所带来的直接开支的节省，意味着公司的管理总成本较低。福里斯特（Forrester）的研究估计，2002 年在线旅游预订超过 220 亿美元（不包括增长中的公司管理层旅游业务），这个数字到 2007 年有可能增长到 500 亿美元（Mintel，2003）。

网络销售能在形式上有很大变化（Buhalis，Licata，2002），首先有纯粹网络的提供者，如电子预订网站（www. ebookers. com）和城市旅游网站（www. travelocity. com），他们创造了一些系统供人们实时搜索使用，在斯彭世

界（Worldspan）、萨布尼（Sabre）、阿玛迪斯（Amadeus）和伽利略（Galileo）这些全球分销系统的驱动下，他们提供内容广泛的旅游产品供顾客立即确认预订，并通过信用卡和借记卡付款。其次，有些公司原来是传统的线下供应商（拥有许多砖混结构的店面），他们也决定创建在线网络设施来增加销售机会（如 www. thomascook. com）。这些大众旅行代理商经常开发网站，既为了与网上旅行代理商竞争，又为了鼓励已有的客户考虑使用在线预订方法。假设在线技术的开发与管理卓有成效，则能大量节省成本。

与这两种在线旅行代理商竞争的是互联网门户网站（如 www. yahoo. com）和媒体公司（如 www. telegraph. co. uk），他们在自己的网站上提供旅游信息和旅游产品，有搜索和预订设施并通过外部旅游经营商操纵（从 Telegraph 的情况看，他们是由一个称为在线旅游公司，OTC 公司操纵）。这些网站的设计，能够确保顾客看得见公司的网页（主页、标志、网页链接等），并以页面为中心的内容由外部旅行代理商提供和接入。

进一步的竞争者来自经销商，他们联起手来创建一种多供应商的门户网站（见到的有欧洲的 Opodo，美国的 Obitz 和亚洲的 Zuji），允许顾客跨越多个供应商同时搜索。阿拉姆达尼（Alamdari，2002）指出许多航空公司都有这样的动机，他认为航空公司的优势是：一方面受惠于全球销售网络的低价格，另一方面获得在线销售，而不是通过旅行代理商（从而避免了必须支付的佣金）。在线旅行代理商在许多市场中成长显著，如北美和西欧国家，在那里对互联网的通达性和熟悉度相对较好，确保了广泛而大量的顾客熟悉并信任这种技术的使用。然而人们也看得出来（Westbrooke，2000；TTI，1999），这项技术对于简单线路（返回同一目的地）的顾客来说是发展得很好，但当行程较复杂的时候（如环球飞行、多中心或量身定做度假），预订还是直接找旅行代理商，他们能考虑一系列的特别票价，并负责保证顾客得到最适合需求的产品 。

很有趣的是，曼德尔鲍姆（Mandelbaum，2002）评论，尽管十年前就有可怕的预言说互联网将导致传统的旅行代理商让位，但事实却表明对旅行代理商的需求仍在继续。因此他认为，一个好的旅行代理商可以为顾客提供如下利益：

■ 他们现在集中力量为顾客的利益而工作，保证使旅游计划符合客人的要求。当发生问题和困难的时候，旅行代理商可帮助找到解决办法。

■ 他们可以迅速找到较低的价格，常常注意到最新的交易价格和促销赠送，这比网络搜索要快得多。

■ 旅行代理商的知识和经验，通常能保证所推荐旅游产品有良好的记录。

事实表明，顾客对旅行代理商投以很大的信任，杜马泽尔和汉弗莱斯（Dumazel，Humphreys，1999）报道说，只有 32% 的顾客在得到旅行代理商建议之后还去别处购买旅游产品，这可以说明旅行代理商有巨大能量指导顾客前往还是离开具体的旅游目的地。

案例 20.4　在线预订商务旅游

预订商务旅游哪种方法更好？是通过全球范围网上冲浪还是拜访旅行代理商？通过很多旅行者在网上找到好价格的情况看，事实强有力地证明了旅行代理商是便宜得多的选择。

卡伦·贝利丝（Karen Bellis）作为一个热衷于自助预订的狂热者，是贝壳生活线（Shell Live Wire）的项目经理，这个国际项目是壳牌（Shell）石油公司所创建的，主要用来帮助年轻人创业。她时常查看本组织的旅行代理商报给她的价格，发现很多情况下网上的价格更便宜。在最近一次取道文莱、吉隆坡并从伦敦到香港的行程中，贝利丝女士说，它比贝利丝预订的旅游票价便宜 4 000 英镑。

然而，BP 公司驻伊利诺伊的旅行部经理约翰·格迈里（John Guarneri），并没有被说服使用这种方法。BP 公司和壳牌公司都聘用同一家旅行代理商查尔森·瓦格利（Charlson Wagonlit），他相信通过旅行代理商来预订更有道理。"我们看了研究报告，发现雇员要花 3% ~6% 的时间在网络系统寻找便宜的价格，而且其所花费的总时间根本不值得这样做"，他说，"如果花五个小时来找一个更便宜的价格，不是他们所拿工资该干的活"。

格迈里先生对打折的网页提出质疑："很多网页上的价目单很糟糕，在旅客想要点击使用的时候，有的目录不能用，有的网页则连接困难"；他说："我们协商好的团购价格，却可以为旅游者提供很好的价格和灵活性。"

格迈里先生也不愿意员工不通过公司认可的旅行代理商，而自己进行旅游预订，尤其在恐怖分子袭击美国之后，旅行业务部经理通常很难追踪和帮助散客旅行者。

贝利丝女士说，只有在时间方便的情况下，她才在网上预订航班。她也不会用超过五分钟的时间去网上寻找比旅行代理商更便宜的价格，对有可能出现困难的旅游她同样会找旅行代理商。这个月贝利丝女士去了巴基斯坦旅游，可以确保通过贝壳生活线的官方渠道，就能很容易地找到她旅游的踪影。

尽管贝利丝女士深信网上预订是成功的，但大量详细的调查表明通过旅行代理商预订是更便宜的选择。位于波兰和俄勒冈州的一家称为图帕兹国际（Topaz International）的航班价格审核公司，把旅行代理商的报价和网上预订所提供的相同航班的价格相比（网上零售商有 Expedia，Travelocity 和 Orbitz.），发现旅行代理商所提供的报价在 93% 的情况下都比网上预订便宜，价格平均便宜 170 美元（或 116 英镑）。"网上预订也会有很好的价格，但晚上 8 点的航班，中途总要停好几站"，图帕兹国际的总裁瓦莱里亚·埃斯特普（Valerie Estep）说道，"总的来说，通过旅行代理商预订的价格更好些。"

案例 20.4 续

旅行代理商通过巨大的全球分销系统（GDSs）来处理大部分正式航班的预订业务，他们获得的价格是市场价和特别协商价的结合；而私人获得的价格是通过旅行代理商或集团客户，或是两者一起协商的价格，通常可以在航空公司的 GDS 系统中查询。

大公司考虑是否在线预订酒店的时候，也会和预订机票一样涉及到相关利润点和协商价的问题。达米安·海因兹（Damian Hinds）是六洲电子商务公司的老板，他说："一年总会有那么几个晚上，你可以按促销价拿到更便宜的房价，但是团购价将赢得一年中的其他 350 天"。最后时刻网站的首席执行官布伦特·霍伯曼（Brent Hoberman）则不同意这种说法，尽管他承认通过最后时刻网站来预订的团购游客大部分属于更小的公司，但他说：" 团购的折扣期一般是全年的 30%，而我们通常提供到 60% ~70%"。

资料来源：Amon Cohen，2002a，金融时报，2002 年 5 月 28 日

问题讨论

6. 商务旅游者和休闲旅游者之间的预订行为有显著区别吗？分析这些区别，看旅行代理商应该怎样做，才能占有每个市场的更大份额？

顾客关怀

旅行代理商所要掌握的技能各有不同，可以肯定，广泛的产品知识（包括寻找在全球范围内提供产品服务的信息知识）是至关重要的。旅行代理商还必须处理好各种经营责任，但是这种技能也是会不断提高的。旅行代理商（许多国家在法律上要求）要提供相关信息，如签证、护照的要求，健康和旅游安全的建议，以及预订的项目和条件等。旅行代理商还要能安抚受挫和有怒气的游客，如有的游客的旅游行程在出发前有可能被接待地改变（最常见的是把航班时间改了）；有的游客要投诉在旅游行程中遇到的问题和不愉快的事情。在这样的情况下，旅行代理商要有一定的技巧去抚慰游客，同时也要维护游客的合法权益，并为游客向接待地讨个说法。

对于许多大众旅游的代理商来说，旅游中都有很标准的程序，以确保所有员工都能为顾客始终提供高质量的关怀，它覆盖了以下几个方面：

- 当顾客走进旅行代理商的店铺时，即使所有人员都很忙，也要热情地接待，这样才能使顾客充满信心，觉得旅行代理商能及时处理他们的需求；
- 确保所有员工无论在什么时候都要笑脸相迎，愉快地接待

顾客；

■ 确保电话的迅速应答，当员工无法立即处理顾客的要求时，要尽快打电话回答顾客；

■ 确保顾客在离开旅行代理商之前，能够得到旅游咨询员的名字，以便他们希望进一步询问或预订旅游，使他们感觉到联系很方便。

■员工培训

对于许多大众旅游代理商来说，对大部分单独的销售代表的培训都是在旅游销售中进行的。在销售代表接受了几个星期的授课培训之后，他们就会被分配到旅行代理商，在那里的经理和人员都会帮助他们完成寻找信息和预订的整个环节。在这个培训过程中，可能会用到让学员熟悉旅行代理商手册的方法。销售代表都要阅读它，之后要完成一些相关提问和测试，以确保他们已经完全了解和掌握。在有的情况下，短期课程也会被提供，如更新技术的知识，照顾游客的知识和销售的技巧，旅行代理商的员工需要参加这样的课程，以保证旅行的所有员工对销售过程和系统都有全面的了解。

在现在的英国，学徒期间是允许学徒在零售环节进行职业训练的，通过完成一套完整的旅游销售来培养他们的知识和技能。托马斯·库克（Thomas Cook）的学徒在进入公司就职之前，通常要进行为期一周的对产品知识和销售技能的培训，然后他们就被分配到零售销售环节中，那里会有一个老员工来领导他，还会有一个旅游培训公司的代表来帮助他（这个公司专门为现代旅游业的学徒提供 NVQ 认证）。

■员工激励

激励是一件因人而异的事情，因此通常不可能用同一种技巧去激励两个人。然而，在旅行代理商内部有一种最常见的促进销售的手段，那就是销售代表可以获得自己的佣金，也就是在其销售的利润中，他可以获得一定比例的提成。

但金钱并不是唯一的激励手段，除此之外，我们还可以为员工提供旅游的机会。如果员工达到了预订销售目标，或在某个特殊产品上获得了最高的销售额，那就意味着他有机会赢得一次度假的机会，可以去公司提供的某个地方旅游。

■旅游考察的运用

许多旅行代理商都会提供员工一些机会，以很低的价格或免费来体验他们自己的旅游产品。旅游经营商或旅行代理商的总裁，经常会提供员工旅游考察［在旅游业中称为“考察（Fams）”或“旅游考察（Fam Trips）”］来作为培养员工技能和知识的一部分。通过亲自调查旅游地和体验旅游产品的各个环节，使销售代表就能更好地对顾客进行销售，实际上销售代表不仅对产品加深了理解（正如旅行代理商经理所预计的那样），而且对公司的观念也进一步加深了。因此，这种方式可以激励员工更好地销售公司的特定产品，击败竞争对手而获得竞争的优势。在有些情况下，旅游考察是对员工的一种奖励，如在公司某特定产品的销售业绩增长情况下，会对某些员工或部门提供旅游考察的机会，其意味着旅行代理商经理在销售额中拿出一笔费用来为他们提供旅游。例如，《旅游周报》（2003）报道，当销售代表签字同意接受旅行代理商的培训手册时，他们就能赢得一次“舵手和王者（Cox and King）”的旅游考察。对于旅行代理商来说，这就保证销售代表能增强对公司产品的意识。然而，只有很少一部分销售代表能从中获益，因为旅游代理商总是希望以很小的成本（与舵手和王者相比），使销售代表能够更广泛地接触公司的产品。

很显然，这种方法对于旅行代理商及其负责人来说都是大有裨益的。旅行代理商可使用旅游考察来：

- 鼓励员工做出更大的销售业绩（对于旅行代理商就会有更大的收益）；
- 作为一种激励手段来鼓励员工勤奋工作；
- 作为以低成本来培养和提升员工技能的一种有效方法。

对于大多数大众旅游代理商来说，旅游考察都是由区域经理严格管理。他要确保进行旅游考察的所有员工都能在技能上得到提高，并且所有员工都有获得合适的旅游考察的平等机会，而在他们离开去度假的时候，公司的业务仍然要维持正常。

案例20.5　旅游考察的滥用

现在，对旅游考察的关注越来越多了。有的情况下，旅行代理商给员工提供旅游考察并不是用来增长他们的知识，而仅仅是一次免费旅游而已，而且员工也认为这是理所应当的。然而，酒店或者旅行代理商之所以为员工提供这种打折或免费的旅游，目的是为了使员工能够把产品更好地销售给顾客。但是，经常发生这样的情况，员工对产品已经很了解，就不想再做更多的努力去提升了（尤其是在分支公司中），或是没有把自己的考察经历积极地传递给顾客。

为了让旅游代理商的员工能挑选到自己渴望去的地方，旅游业的媒体，例如美国的《旅游代理商》月刊和《西部旅游时代》，每周都要公布提供旅游考察的详细报道。在大多数情况下，员工的伴侣和朋友也允许一同前往，随行者也可以得到相应的折扣。这样，销售代表就会把旅游考察看做是一次有折扣的度假旅游，而不是一次对产品知识的个人提升了。

问题讨论

7. 旅游考察的提供者，真的希望员工以打折或免费方式按照自己的喜好来选择考察地点吗？如果旅游考察运行得不很好，或者旅行代理商不能满足员工的需求想去的地方的话，会有什么后果？

8. 为销售代表提供打折或免费的旅行，对于特定公司的长远销售目标来说益处更多吗？

9. 旅行代理商应怎样降低旅游考察沦为免费旅游的风险？

■神秘顾客和服务评估的应用

在很多服务行业中，神秘顾客普遍用来监测公司员工对顾客服务的质量。威尔逊（Wilson，1998）解释说，神秘顾客是一种亲自参与观察的形式，使用研究者来扮演顾客或让潜在顾客来监督旅游服务过程和各环节的质量。神秘顾客可能会做一些询问或购物，然后他们会对员工的回应做出评价，并以公司的程序来评估他们。最后，神秘顾客的报告将递交给管理层，使他们了解旅行代理商的服务质量是否得到了维持。大多数情况下，大众旅游的旅行代理商所使用的神秘顾客都是直接受雇于公司，或是通过聘请专业机构来担任。研究表明（Wilson，1998），使用神秘顾客能够：

■ 诊断出一个组织销售过程中的薄弱环节；

■ 鼓励和激励员工的服务质量（通过鉴定、培训和奖励等一系列评估链）；

■ 跟公司的竞争对手做比较，进行服务质量的标准分析。

有趣的是，一些竞争者和其他组织为了评估员工的表现，也常常使用神秘顾客的形式。在英国的商贸杂志中，《旅游周报》和《旅游贸易公报》（TTG）通过定期的神秘顾客调查来评估员工的表现。《旅游贸易公报》对以下项目进行打分：

■ 旅行代理商员工的外表；
■ 员工的销售技术和人格魅力；
■ 是否检查员工销售的有效性；
■ 员工对产品和旅游目的地的知识；
■ 是否为产品提供了有竞争力的价格，有没有特殊服务；
■ 是否对所提供的产品进行详细解释；
■ 额外服务情况（如租车或货币兑换）；
■ 产品的提供是否满足神秘顾客的需求。

神秘顾客的调查结果会在所选调查的每个部门公布，并且会有一些小建议来帮助提高销售技术。TTG 定期检验大众旅游的销售代表和独立的旅行代理商，并把其平均分数进行对照。很多销售代表都努力为顾客提供优质服务，以便取得有竞争力的优势，但由于其价格差异不大，因此独立销售代表也可以取得相类似的分数。

表 20.5 旅游贸易公报：神秘顾客的评分

被调查的代理商	平均分
鲁恩·波利（Lunn Poly，隶属于突伊公司）	57%
托马斯·库克（Thomas Cook）	56%
首选（First Choice）	52%
所有独立旅行代理商	51%
各地旅行（Going Places，隶属于我的旅行）	41%

资料来源：《旅游贸易公报》2003 年 11 月 ~2004 年 4 月

案例 20.6　神秘购物

1999 年，托马斯·库克决定检查公司的员工，聘请了一个公司专门对旅行代理商柜台员工进行监测。这个公司派了神秘顾客进入繁华街区旅行代理商中测试员工的行为。据报道，他们使用了摄像机这样的高科技设备，是藏在衣服中。托马斯·库克的培训部认为，这类活动的目的不是为了获取有关具体个人行为和技术的信息，而是让管理层有机会了解员工的活动，从而讨论和探索出改进顾客关怀的路子。然而员工们不太接受这种做法，他们认为托马斯·库克公司这种做法，是不信任员工有能力妥善地和顾客打交道。每个店一年被检查四次，托马斯·库克评估这么多员工的活动，真是一项重大的任务。

托马斯·库克继续进行着神秘顾客的实践。2004 年，他们选用该技术来检测所属的零售旅行代理商（而不是呼叫中心），以确保公司为每个店铺定下的服务标准得到坚持，并使员工的服务也能坚持公司期望的标准。这个活动同样使用了另一个公司的外部资源，该公司评估了零售店的关键标准，如宣传册的摆放方式，是否使用销售簿来充分识别顾客的要求和需求，以及如何回答客人的询问等。

托马斯·库克并不是唯一对一线员工这样进行研究的公司，鲁恩·波利公司和首选公司的旅行代理商也受到神秘顾客的测试，反馈直接送到店铺经理那里。目前，使用神秘顾客审查员工的行为和表现已成为常识，它已经延伸到通过电话交谈，来检测经理人员是否确保服务程序和标准得到保持。

资料来源：《旅游周报》，1999 年 7 月 12 日

问题讨论

10. 基于上述的互动来判断员工的服务技能是否公平？托马斯·库克对神秘顾客的使用是否有限制？通过一次访问我们能对一个店里的员工了解多少？你是否认为这种方法有助于开发员工的技术和积极性？

变化的竞争环境

进入 21 世纪，旅行代理商的经营环境发生了巨大变化。2001 年，全球性事件及其对旅游业造成的后果，意味着所有旅行代理商之间，旅行分销链上的不同元素之间对顾客的竞争提高了水平。为了回头客生意，需要获得顾客并维持住他们，使旅游服务质量变得前所未有地重要。

■应对顾客需求的变化

有很多的报告指出，互联网旅游预订将导致旅行代理商的消亡，然而这样阴沉的景象并没有变成现实。美国旅行代理商协会的执行总监威廉姆·马洛尼（William Maloney）认为，许多旅游者仍然偏爱个人服务，以及随着旅行代理商预订（而非在线预订）而得到一份心灵平静（Newman，2004）。顾客也有了显著的变化，他们经常联系旅行代理商，以了解更多所寻找的产品信息，向他们开放的可选择范围。也有这样的情况，顾客感到太多信息导致的超负荷，结果来请旅行代理商充当不偏不倚的第三方，帮助筛选所有的资料（Gilden，2004）。对于这样的顾客，旅行代理商担任的角色稍有不同，他需要快速地评估客户的需求，然后提供有效率的预订服务，即筛选顾客心中的自信。

顾客变得对旅游产品更有知识了，也更熟悉互联网这种能够提供简便、舒适预订方法的技术（鼓励更多旅游者独立地为自己做安排）。与此同时，其他媒体，如CD宣传册（由旅游经营商制作，能容纳十多本不同的宣传册，价格远比纸质的册子低），以及为顾客提供更多机会接触产品信息而制作的旅游目的地录像。于是，旅行代理商提供重大利益给顾客（鼓励他们使用旅行代理商而不是直接预订）就变得更为重要了，结果是旅行代理商的经营方式也发生了显著变化。许多旅行代理商开门营业到很晚时间，还设有预订通道（让顾客根据自己的方便，预约时间与旅游咨询员见面），重新设计铺面以迎合顾客期望也在进行之中，让咨询员从围着办公桌转变为坐在顾客旁边，好使顾客容易看到显示旅游项目的电脑屏幕。

很有意思的是人们注意到，英国旅行代理商的主要位置，尤其是较大的旅游代理商，已经从繁华街区搬到城外的大型超市里，这可能与英国十年来越来越多的大型零售公园建设有密切联系。也许在其他国家，旅行代理商选择这样的位置已司空见惯，这些地方大型购物中心很普遍，在那里旅行代理商能为大量顾客服务，顾客也觉得这些地方容易前往，可以把车停在附近，既能参加休闲活动又能购买度假产品。

过去，为了得到最划算的价格而等到最后一分钟的文化现象确实存在过，因为顾客过去所处的不利地位，主要在于他们对度假产品的要求必须有伸缩性。然而，近年来人们的行为模式有了变化，那是受到大旅行代理商工作方法的推动，旅行代理商对提早预订提供大折扣，对儿童座位免费和交纳低额订金等。

■应对商业环境的改变

有关旅行代理商的另一个最值得注意的变化，也许就是销售机票佣金的锐减。自1995年以来，主要航空公司，从美国开始（美洲航空、大陆航空、三角洲航空、西北航空、世界交通航空、联合航空和美国航空），联合起来给佣金戴了一顶“帽子”，即提供“大批量的低价”机票，从而减少航空公司佣金的支出，而高价机票的佣金同样受此“帽子”的约束，以限制航空公司的成本增加。1999年，美国的多数航空公司把支付佣金的百分比从8%降到5%，欧洲的航空公司紧紧跟随，佣金降到4%。2002年，斯堪的纳维亚航空公司宣布将废弃支付佣金给瑞典、挪威和丹麦的旅行代理商（虽然当时并不包括其他国家的旅行代理商）（Bray，2002），芬兰航空则宣布将于2003年9月把佣金降为0（芬航集团，2003）。仍然继续坚持佣金方法的，主要是一些小型航空公司和大型客机，英国航空公司现在按每个机位支付固定佣金。而不再是机票价的百分比（尽管商务舱比经济舱佣金高一些）。这种情况导致旅行代理商收入的急剧减少，结果许多旅行代理商为寻求增加收入的途径，把业务集中在佣金水平高的领域（如住宿和租车），以及向顾客收取一定的服务费。根据利弗里（Levere，2000）估计，在美国至少1/3的旅行代理商收取服务费，而贝蒂（Beatie，2004）评论，新西兰几乎所有的旅行社都收取服务费（但有趣的是，澳大利亚的大多数休闲旅游公司都不收服务费）。

值得一提的是在亚洲，各航空公司对于降低佣金没有强烈的表现。在旅行代理商占主导地位的区域，估计80%的机票是通过旅行代理商售出（Alamdari，2002），而且在互联网进入率低的地方（除少数像日本、中国香港、新加坡这样的地方外），航空公司一般保持着给旅行代理商7%~9%的佣金，结果旅行代理商作为旅行分销渠道仍有很高的重要性。然而，根据旅游市场占有率预测（一项基于亚洲旅游业的研究报告），2004年亚太地区的在线旅游市场价值将为125亿美元，而预测2006年将达到160亿美元（AFX新闻，2004）。随着顾客们转向区域性网络资源联系的低价航空公司，使市场的增长将更多地受制于众多地方的可获得性情况。

进一步看，过去全球分销系统的业主支付奖金给旅行代理商，鼓励他们使用某些系统进行预订。然而全球分销系统的业主认为这笔费用相当于他们10%的收入，结果很可能这项支付给旅行代理商的费用会降低（Coben，2002b）。旅行代理商还承受着住宿销售的压力。过去酒店对旅行代理商提供优惠价，而这一块收入，也逐渐被各网站最后一分钟降价住宿的“倾销”挖掘干净。哈顿（Hatton，2004：104）陈述了一个案例，“欧洲一个酒店通过一个 dot. com 网站，价格比行业价要低 100 欧元”。这不仅意味着旅行代理商可能失去这一块生意，它还能在使用旅行代理商的客户中产生反感，因为这些客户感到旅行社并没有为他们拿到最划算的价格。

案例 20.7　竞争环境

越来越多的航空公司在降低或取消旅行代理商的佣金，同时旅行代理商从全球计算机预订系统得到的奖金也受到威胁。除了来自互联网的竞争，还要加上一个新的趋势，即顾客直接向旅游经营商预订，对于其收入主要依赖包价度假的旅行代理商来说，变化迟早是要发生的。

旅行零售商正在被迫改变以往供应商代理人的角色，而逐渐成为顾客的代理人。有一些旅行代理商，尤其是为集体客户安排旅游的，已经及时作了调整，向客户收取员工旅游模式分析之类的服务费。因此，向顾客收取预订费，无论商务旅游还是休闲旅游，这是变化的必然一步。

汉莎航空（Lufthansa）宣布，对德国旅行代理商的佣金将于 2004 年 9 月停止，公司已经降低了一些国家旅行代理商的佣金。在德国，航空公司将营销网络价格，国内和短程票降低了 30 欧元，国际和远程航班降低了 45 欧元，这代表直接向航空公司办理预订降低的费用。

旅行代理商在压力之下将被迫保持客户的忠诚度，保证让他们拿到最好的协议价和景点票价。德国商务旅游管理协会的发言人格尔德·里克（Gerd Rieke）说，“一些小型的独立旅行代理商的日子将更难过，我一点都不感到奇怪，当大的销售链增长以后，许多小型旅行代理商将被拉入特许经营组织的庇护之下”。

首先，航空公司用直接从本公司网站获得的便宜价格，把顾客从旅行代理商手中吸引过来。现在有些旅行代理商已经与全球分销系统经营商（GDS）达成协议，旅行代理商可以按较低价格通过他们的 GDS 屏幕预订，但要负少量的费用，如英国航空已与萨布里（Sabre）和伽利略（Galileo）做成了这样的交易。

但是，关于旅行代理商的消息并非全然不好，英国旅行代理商协会的 CEO 伊恩·雷诺兹（Ian Reynolds）提醒，那些真诚地把价值增加到旅游计划中，所提供的服务让顾客觉得物有所值的旅行代理商，仍然有着非常好的机会。

资料来源：Roger Bray，旅行社受到航空公司挤压，金融时报，2004 年 1 月 21 日

问题讨论

11. 成功的旅行代理商，如何才能找回航空公司降低佣金造成的收入损失？

持股者地位及其对旅行代理商业务的影响

旅行代理商的行动和行为，在许多持股者对其业务施加的公共压力中得到锻炼。这些群体在企业为了顾客、行业和环境的利益，以公平恰当的方式进行经营的过程中，享有既得的利益。

对于许多旅行代理商来说，持股者包括他们的行业协会。行会努力让会员妥善行事，最终保证企业在法律要求范围内经营。行会能保证顾客信任旅行代理商并对其有信心，从而提高旅行代理商的竞争优势，这一点看来很重要。持股人可以包括旅游目的地管理组织。很明显，许多旅游目的地的促销者现在直接与旅行代理商一起促销他们的旅游目的地，为旅行代理商的员工提供旅游考察和社会活动，培训旅行代理商关于旅游目的地和旅游产品的知识（景点、文化、设施等）。

也许主要的持股人是顾客自己，因此旅行代理商现在是否必须采纳一些经营业务，以满足大众旅游不断变化的需求呢？

■顾客及其期望

多年来，顾客的期望改变也很大。一般说来，顾客已经到过更大范围的地方旅游，对于自己独立安排旅游更有自信。而直接预订旅游产品，了解更多旅游目的地信息和可供选择产品的信息也比以前容易了，这样就导致现在顾客要求旅行代理商提供的价值高于顾客自己可获得的价值。于是，对于使用旅行代理商的顾客来说，他们需要一种感觉，即旅行代理商要么能够更便宜，提供更有效的旅游服务，能够提供更多关于产品的知识（超过从主流媒体容易获得的知识），要么能获得顾客不能直接购买到的产品。常常有人认为，只有老一辈才依赖旅行代理商，因为他们不习惯使用更新了的技术获取信息，然而海德（Hyde，2003）反驳这种说法，认为我们在提高培训水平和旅行代理商的知识上还有很多事情可做，旅行代理商优秀与否全看他们所提供的建议。

■旅行代理商、旅游经营商和经销商的连接

虽然目前全世界有许多旅行代理商是独立的，在包括欧洲在内的一些国家，旅行代理商常常通过产权与旅游经营商，甚至经销商合作。这种分销链上不同层次的联合经营，既能够带来利益，也会产生一些问题。

旅行代理商和旅游经营商业务的合并

许多大众旅游经营商的业务，确实属于更大的旅行组织的一部分，一体化

（业务流程上的多个不同元素联合起来）能够带来更广泛的经济利益：

- 以其把佣金付给外面的旅行代理商，不如留在组织内部；
- 可能形成经营某方面的规模经济（如大批量采购）；
- 交叉销售产品（如通过公司拥有的航空公司把客人带到预订的住宿地）可以增加销售量。

合并可以体现为水平方式和垂直方式。水平合并，是指分销链上相同的多家公司联合（如两家旅行代理商联合），垂直合并，是分销链上居前和居后的公司之间的产权一体化。

旅行代理商的合并实践

作为大众旅游企业一部分的旅行代理商，他们在经营中也有一些合并。欧洲旅行代理商和旅游经营商协会（ECTAA，2002）陈述了他们的担心：随着日益增长的垂直合并趋势和高速的技术发展导致直接销售的更大机会，迅速变化的商业环境意味着旅行代理商的作用正在变得模糊，因为旅游经营商和经销商们越来越少依赖旅行代理商来销售他们的产品（还因为付给旅行代理商的销售佣金降低了），因此成功的旅行代理商现在需要寻找多种途径来保证赚取收入。对于隶属于垂直联合集团的大众旅行代理商，有些保护来自销售母公司照顾的产品，但有些压力也施加到他们头上，即销售母公司产品优先于其他供应商的产品（称为指导性销售或交叉销售）。

案例 20.8　水平联合与垂直联合：TUI 的世界

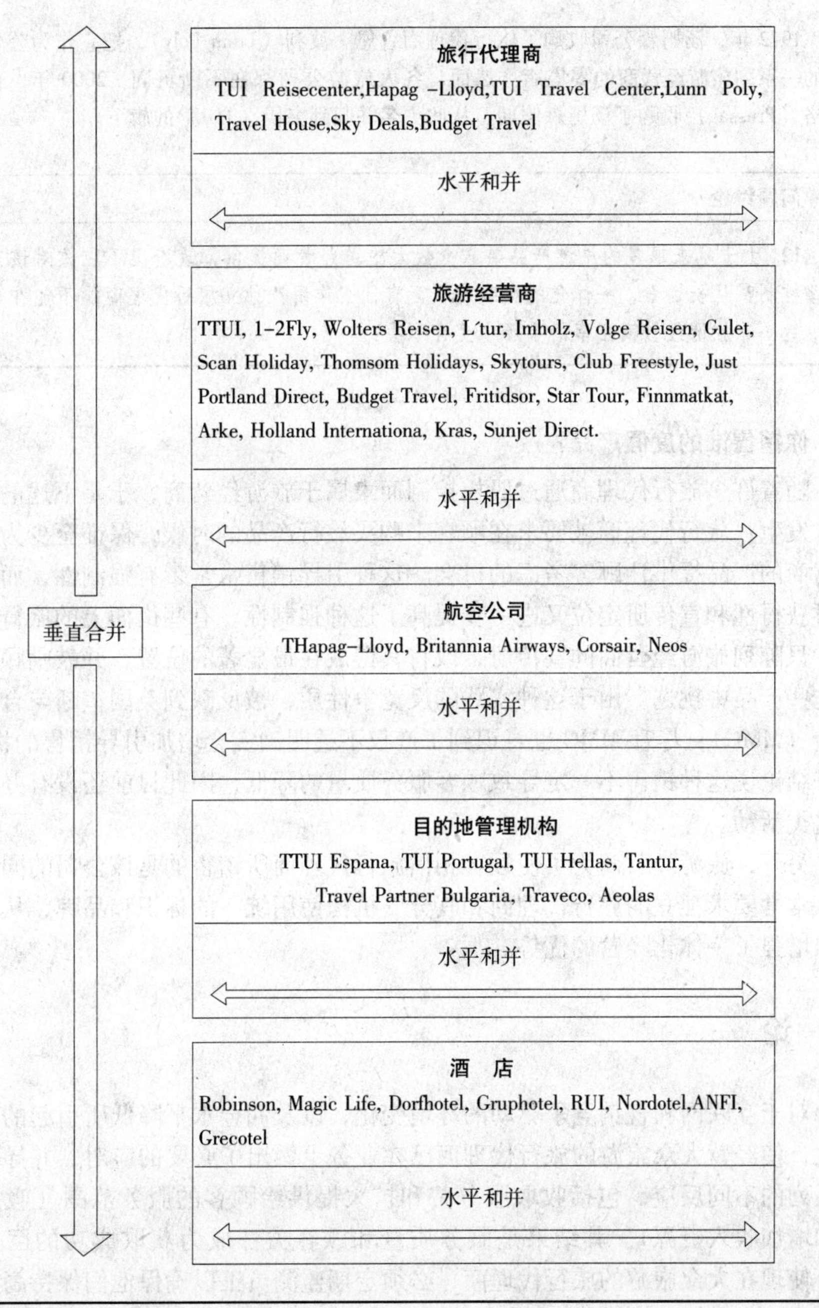

案例 20.8　续

1972 年，汤姆森公司收购了旅行代理商鲁恩·波利（Lunn Poly），把它作为公司发展的一系列旅游经营商的零售店。然而，各大旅游公司都在不断巩固，2000 年，普鲁萨格（Prussag）收购了汤姆森假期，从此更名并归到突伊（TUI）的旗下。

问题讨论

12. 由于越来越多的旅游产品要靠少数大旅游经营商提供，政府应不应该对该产业有些控制？从长远看，一体化的实践对顾客有什么作用？独立旅行代理商能不能在这个由少数全球旅游经营商主宰的市场中生存下去？

你销售谁的度假产品？

随着许多旅行代理商通过股权控制而隶属于旅游经营商，于是下述的情况经常发生：旅行代理商被要求在顾客来购买旅行产品的时候，保证至少为旅游经营商的产品提供让顾客考虑的机会。这种引导销售常常带有强制性，而产品的可获得性和宣传册定位又进一步提高了这种强制性。有些街面上的旅行代理商，只陈列旅游经营商的宣传册，或将其摆放在最显著的位置，并鼓励顾客只从这些产品中挑选。由于这种实践的反竞争性质，被反映到英国垄断与合并基金会（MMC），尽管 MMC 也意识到了产权不透明确实会增加引导销售的机会，但有结论说这种销售不一定导致顾客服务质量的降低，因此目前还没有办法控制这类活动。

另外，旅游经营商为了使顾客相信旅行代理商所销售的是该公司的同一产品，常常要求独立的旅行代理商和其分支机构使用统一的标识和品牌，从而进一步增强了一体化经营的优势。

结　论

对于互联网和直销竞争驱动的环境变化，以及佣金水平降低所引起的收入变化，使经营大众旅游的旅行代理商已在业务上做出了必要的应对，并导致了一系列的不同反应，包括收取服务费和扩大提供给顾客的服务范围（吸引选择和增加收入资源）。其结果是服务质量和顾客关怀成为获取成功的巨大因素，使现在大众旅游的旅行代理商，必须定期监测员工以确保他们保持高质量的服务。

阅读指导

戴维森和科普（Davidson, R., Cope, B., 2003）的《旅游经营》第2章，哈洛普伦蒂斯-霍尔出版社；佩奇、布伦特、巴斯比和康奈尔（Page, S., Brunt, P., Busby, G. and Connell, J., 2001）的《旅游业：现代合并》第6章，伦敦汤姆森出版社；瑞安（Ryan, C., 2002）的《旅游者体验（第2版）》第4章，伦敦康蒂卢姆出版社；尤伊勒（Youele, R., 1998）的《旅游业导论》第2章，第4章，哈洛朗门出版社。

网站推荐

美国旅行社社会（ASTA）：www. astanet. com
英国旅行社协会：www. abta. com
加拿大旅行社协会：www. acta. ca
南非旅行社协会：www. asata. co. za/
澳大利亚旅行社联合会：www. afta. com. au/
欧洲旅行社和旅行代理商协会：www. ectaa. org
欧洲商务旅行社行会：www. gebta. org
新西兰旅行社协会：www. taanz. org. nz/
旅行社协会联合会：www. uftaa. org/

关键词

分销链；旅游考察；神秘顾客；在线旅行代理商；旅行代理商。

参考文献

AFX News（2004）Asia Pacific e-commerce seen doubling to $16 billion by 2006, Agence France-Presse, 21 April 2004.

Alamdari, E（2002）Regional development in airlines and travel agents relationship, *Journal of Air Transport Management*, Vol. 8, 339-348, Elsevier, UK.

Beattie, D.（2004）Aussies technology use lags, *National Business Review*, New Zealand, 30 April 2004.

Bray, R. (2002) SAS to cut fares and commissions, *Financial Times*, London, 18 June 2002.

Bray, R. (2004) Agents suffer a squeeze from airlines, *Financial Times*, London, 21 January 2004.

Buhalis, D. and Licata, M. C. (2002) The future of eTourism intermediaries, *Tourism Management*, UK, Volume 23, Issue 3, 207-220, June 2002.

Chen, J. S. and Gursoy, D. (2000) Cross cultural comparison of the information sources used by first-time and repeat travellers and its marketing implications, *Hospitality Management*, Vol. 19, 191-203.

Cohen, A. (2002a) Inside track: Toeing the line versus do-it-yourself, *Financial Times*, London, 28 May 2002.

Cohen, A. (2002b) BA's dogflight with the middlemen, FT. com, London, 2 July 2002.

Commission of the European Communities (1999) Merger Procedure Article decision, Case N. IV/M. 1502. Office for Official Publications of the European Communities, Luxembourg.

Crocker, M. (2001) Consumer Travel Survey, *Travel Weekly*, USA, 24 September 2001.

Davidson, R. and Cope, B. (2003) *Business Travel.* Prentice Hall, Harlow.

Dumazel, R. and Humphreys, I. (1999) Travel agent monitoring and management, *Journal of Air Transport Management*, Vol. 5, 63-72.

ECTAA (2002) How does the European Union Impact the travel agents and tour operators, and how should it not, referring to the concrete subject of VAT, European Tourism Forum, Group of National Travel Agents and Tour Operators Associations with the EU, Bruxelles.

Finnairgroup (2003) Finnair to stop paying sales commissions to travel agencies, www. finnairgroup. com/investor, 28 February 2003.

Gilbert, D. (1999) European tourism product purchase, methods and system, *The Service Industry Journal*, 10 (4), 665-679.

Gilden, J. (2004) As the traveler's world changes; the agent's role does too, *Los Angeles Times*, Los Angeles, 7 March 2004.

Hatton, M. (2004) Redefining the relationships-The future of travel agencies and the global agency contract in a changing distribution system, *Journal of Vacation Marketing*, Vol. 10 (2), 101-108.

Holloway, J. C. (1994) *The business of tourism.* Pitman, London.

Hyde, J. (2003) If only they had an atlas, *The Observer*, London, 28 September 2003.

Levere, J. (2000) Changing Roles, *Airline Business*, USA, 48-76, October 2000.

Mandelbaum, R. (2004) Travel Agents-it still spays to hire one, even in the internet age, *Money*, Vol. 33, Issue 4, 68, April . 2004.

Mintel (2002) *Travel Agents-UK*, June. Mintel, UK.

Mintel (2003) Online Intermediaries-revolutionizing travel distribution, *Travel and Tourism Analyst*, February 2003.

MMC (1998) *Foreign Package Holidays*, HMSO, London, in S. Hudson, T. Snaith, G. A. Miller, and P. Hudson, (2001) Distribution Channels in the Travel Industry: Using mystery shoppers to understand the influence of Travel agency recommendations, *Journal of Travel Research*, Vol. 40, 148-154.

Murphy, J. and Tan, I. (2003) Journey to nowhere? Email customer service by travel agents in Singapore, *Tourism Management*, 24, 543-550.

Newman, R. (2004) New Jersey travel agency continues to thrive despite online competition, *Tribune Business News*, USA, 22 February 2004.

Pooh, A. (1993) *Tourism, technology and competitive strategies.* Wallingford, CAB International.

Shelley, T. (2004) Thomas Cook rules out disposals, *Financial Times*, London, 10 March 2004.

Strauss, J. and Hill, D. J. (2001) Consumer complaints by emails: an exploratory investigation of corporate responses and customer reactions, *Journal of Interactive Marketing*, 15 (1), 63-73.

Travel Weekly (2003) Sign up for fam trip, *Travel Weekly*, *Issue* 1698, Reed Publications, UK, 15 December 2003.

TTI (1999) The travel trade: Travel agents in Canada, *Travel and Tourism Intelligence*, No. 1, 71-86.

TTI (2001) Travel Distribution: The future of travel agents, *Travel and Tourism Intelligence*, No. 3, 57-80.

Vasudavan, T. and Standing, C. (1999) The impact of the internet on the role of travel consultants, *Participation and empowerment: an international journal*, MCB University Press, Vol. 7, No. 8, 213-226.

Westbrooke, J. (2000) Let the web do the walkin *Financial Times*, London, 13 May 2000.

Wilson, A. (1998) The role of mystery shopping in the measurement of service performance, *Managim Service Quality*, MCB University Press, Vol. 8, No. 6, 414- 420.

Yee, A. (2004a) Travelocity makes German acquisition, *Financial Times*, London, 2 April 2004.

Yee, A. (2004b) Expedia extends European reach, *Financial Times*, London, 30 March 2004.

第 21 章　旅游交通业管理

乔治·古多尔（George Goodall，考文垂商学院）

学习目的

学完本章后，读者应该能够：

- 理解陆路、航空和水路交通系统和对其综合管理的方法；
- 理解如何控制定期航班与包机航班的运营；
- 解释交通技术的发展背景；
- 理解欧洲交通运营的欧盟交通体系；
- 定义政策创新的必要性和范围；
- 明确交通基础设施的重要组成要素。

本章概述

本章的主题是政府、旅游者和交通运营之间的关系问题，并将公路、铁路、空运和海运交通问题置于国际法律背景、欧盟法律背景以及英国法律背景下展开讨论。使用这一法律背景的目的，是为了说明保护商务和休闲旅游者的利益，对交通供应商和运营商的管理控制应该由谁来干预、如何干预以及干预的理由。交通被认为是旅游业的关键因素，因为如果没有交通的话，特别是国际旅游就不可能存在。需要指出的是，如果一个旅游者要抵达一个旅游目的地，通常需要使用一种以上的交通方式，而这些不同交通方式之间的连接，要么是由旅游者自己完成，要么可能是由中间商来完成，或者是由那些寻求提供综合服务的交通供应商来完成。

导 言

交通是支撑人类活动的关键要素之一。在历史上人们曾经是徒步前往一个旅游目的地，或者使用动物将商品运往市场。从技术层面来讲，交通的出现使人们能够进行长距离的旅行（如往返于住地与工作地之间），而商品就可以从制造地运往全球任何的销售地。与不使用机械化交通方式相比，引入机械化交通方式的结果，是人们以及商品在旅途上所花费的时间缩短了。除了成本与方便的因素以外，对于商务和休闲旅游者而言，速度是一个重要的决定因素，正如表 21.1 所示，统计数据表明了游客数量的显著增加。为满足这一快速增长的旅游者需求，给交通系统带来了相当大的压力。

表 21.1 欧洲国家所接待的游客数量（百万）

国家	1997	2001	%变化
希腊	10.1	14.0	38.6
塞浦路斯	2.1	2.7	28.6
西班牙	39.6	50.1	26.5
葡萄牙	10.2	12.2	19.6
爱尔兰	5.6	6.5	16.1
德国	14.0	16.0	14.3
法国	66.6	75.2	12.9
意大利	34.7	39.1	12.7
马耳他	1.1	1.2	9.1
英国	25.5	22.8	-10.6

资料来源：世界旅游组织（2003）

交通的供给涉及到数量众多的不同机构，这些机构要么单独运作，要么进行合作。在此指出三种主要机构：

■ 政府：在国际、国家和地方的层面上，政府对不同类型交通方式的运营制定政策和规则。人们结成政府，将他们的经验附加在其所制定的政策上，从而使政策的使用者和非使用者都同样受到政策的影响。

■ 基础设施供应商：他们是政府政策的实施者，并受公共部门或者私人部门的控制。在很多情况下，基础设施要么是通过使用事先确定的技术，要么是根据政府所制定的政策和规则来进行建设。具体的基础设施工程的运行方式，主要取决于该工程的管理方式。

■ 交通供应商：他们通过使用基础设施，为进行商务和休闲活动的旅客提供运输服务。这些供应商使用机械工具从事运输工作，而对机械设备的制造和使用都要接受政府政策和规则的控制。

需要指出的是上述三种机构的运作都离不开人的参与，同时还需要注意的是人们不时地在这些组织机构之间相互流动，特别是商务和休闲旅游者更是如此。各个国家对以上三种机构的划分标准不尽相同，这在很大程度上是由于各个国家的政治制度不同而造成的。

英国的交通管理

我们认为，交通管理效率和效果的起点是政府所制定的政策，既可从政治的角度，也可从技术的角度来制定交通政策。如果选取了政治的角度，那么个人和集团还可对政府进行游说。在很多情况下，由于政府都是犹豫不决的，就有可能寻求独立的咨询意见，当然有时候政府只是通过这些咨询意见来证实自己的观点。以英国为例，如果发生这样的情况，他们就会成立一个调查委员会来进行调查（Rhodes，1975）。

制定新政策的决定，以及对那些有可能影响全国现行政策的修订决定，通常都是由中央政府来决策。但是这些决策如果不能获得国会的批准，也就不可能实施。通常，国会以国会法案的方式来批准中央政府的政策意见，国会法案允许中央政府以政府条例法规的方式进行授权立法，但要求该立法活动应得到国会的批准，而国会的所有法案和政府条例法规，都将适用于公民个人和公司组织。中央政府可向法人团体以及公民个人提出建议，通常这都是一些技术性的建议，一旦产生法律分歧，即使这些建议具有关联性也将得不到国会的批准。

在英国，政府的一个特色就是创设“独立的”、由政府资助的机构，即“行政机构”，来监控政策的实施情况。交通就是这些机构进行监控的一个主要领域，以下两例可说明这一情况。

■ 1930年的道路交通法案，创设了交通部长一职，其职责是控制公路汽车运输的供给和安全。随着时间的流逝，其职责有所变化，但交通部长这一职位一直存在。

■ 1962年的交通法案，创设了英国水务管理局，其职责是对运河进行管理。直至现在该局依然存在，并且是英国唯一一个国家级的交通管理单位。

自从20世纪80年代以来，根据政治决策，交通供给的费用逐渐从公共部门转向私人部门。尽管公共部门依然对某些基础设施（如公路）的建设提供资金，但是工程的建设工作由私人部门承担。公路建设的资金主要来自于综合税，即使那些并不使用公路的用户，仍然需要承担一部分建设费用和维持费用。

一旦基础设施的建设工作完成以后，旅游者就极有可能需要依赖私人部门来为其提供车辆。车辆既可由公司亦可由个人提供，不论车辆是由谁来提供，其都必须经过制造阶段。车辆的制造必须达到国会批准的标准，如运输旅游者的客车必须安装速度自动记录器，以用来监控司机的驾驶时间；必须达到政府条例法规所规定的噪音排放标准等（Lowe，2004）。

对交通管理的效果和效率提供支撑力量的，主要是私人部门和公共部门的合力，它们共同维护着公民个人利益的最大化。无论旅行的目的是商务活动还是休闲活动，以基础设施和车辆的方式所提供的交通设施均可被同时使用。车辆的提供者经常会根据“服务档次”收取不同的费用，铁路是一种被长期使用的交通方式，但同样的旅程也会收取不同的费用。

一般来说，交通政策的制定并非专属于单个国家，很多机构都可以制定交通条例，这些条例被单个国家在他们的国内立法中所采纳。联合国通过其国际民用航空组织（ICAO）就制定了飞行器噪音标准，是一个航空器要首先获得所颁发的适航性执照，这些标准最终被英国所采纳。很多国家都采纳了国际民用航空组织的规定，所以乘坐飞机旅行的人都知道，任何一架飞机不管由谁来经营都是安全的。在欧洲，欧盟也制定了一系列可适用于交通的政策，例子之一就是飞机上的机组人员必须接受培训的规定，这一规定已经被其成员国作为是否具备适航性的条件而被批准执行。需要指出的是当一个新的国家加入欧盟时，现行的条例规定同样适用于这个新入盟的国家，并要求该国的国会进行相应的立法工作（C. C. C，1969）。

本节对英国交通管理问题的论述，表明了不论是商务旅行还是休闲旅行都要受到很多的监管。虽然在历史上这些监管的目的是出于对安全的考虑，但是越来越多的证据表明，噪音与空气污染等环境问题已经被纳入制定政策的视野。之所以引入环境问题是为了可持续发展，对很多交通供应商而言，可持续发展的概念正在成为他们吸引消费者的营销活动的重要组成部分。

本章的其他部分将详细论述政策、基础设施和供应商是如何参与旅游管理的，所举事例取材于英国、欧洲以及更大的范围。根据对交通信息进行的分类，四种主要的机械交通方式是公路、铁路、航空和海运。

公路交通管理

早在 20 世纪后半期，公路的供给是建立在数学模型和由计算机生成的预测基础上。美国在 20 世纪 40 年代首先开始使用这种供给模式，并且形成了“先预测后供给”这一概念：先对如未来 30 年的交通增长情况进行预测，然后为其预留公路建设所需的空间。然而美国式的模型忽略了多种类型的移动方式（特别是人行道和自行车道），也没有考虑到诸如噪音和空气污染等环境问题（Banister，2002：134）。正如表 21.2 所示，这一漏洞也反映在欧洲国家的公路建设中，并且一直延续到 20 世纪 90 年代。由于东、西德的统一以及绿党在政治上的日益崛起，这给德国带来了一些独特的问题，其后果是大量的公路建设计划被迫放弃，改成对现有公路进行升级改造，以及围绕城镇来建设分支道路（Banister，2002：169 ~75）。由于人们逐渐对修建公路所带来的社会和环境问题表现出越来越多的担忧，英国也逐渐采用了这种方法（DETR，1998）。

表 21.2　欧洲国家的公路供给情况（kms）

国家	1990	2000
德国	10 809	11 712
意大利	6 193	9 766
法国	6 824	9 766
西班牙	4 693	9 049
英国	3 181	3 546
荷兰	2 092	2 289
比利时	1 666	1 702
奥地利	1 470	1 633
瑞典	939	1 506
葡萄牙	316	1 482
丹麦	601	922
希腊	190	707
芬兰	225	549
卢森堡	78	115
爱尔兰	26	103

资料来源：欧洲统计年鉴（2002，2003）

欧盟于20世纪90年代制定了统一的交通政策，该政策的主题是通过穿越欧洲的公路网把周边地区联结起来。这项工作涉及在英国改善公路网的连接，以便使来自爱尔兰前往欧洲内陆地区的车辆能够获得更好的进入通道。非常清楚的是从2000年以来，欧洲交通政策的中心已经转向可持续发展的概念，英国的交通政策也发生了变化，反映出对公共交通越来越重视（DETR，1998），在荷兰（Banister，2002：185～9）和法国（Banister，2002：176～84）也发生了类似的变化。在英国有一点依然是很清楚，那就是由中央政府指定公路供给的规模和地点，而新的建设工程由私人部门来承担，6号收费公路就是如此（DETR，1998：100）。

无论旅游者进行的是商务旅行还是休闲旅行，只要在公路上旅行，就需要使用公交车、长途客车、小汽车以及出租车等。英国在1950～1985年期间，中央政府和地方政府拥有很多汽车车辆，虽然私人部门的汽车拥有量在此期间也一直在增长。1985交通法案导致国有汽车公司的解体和被出售，公共车集团公司（Stagecoach）就是通过公司并购获得快速增长的私人汽车公司之一，到2002年时该公司已经占有16%的旅客市场份额，案例21.1谈的就是公共车集团公司的情况。自1985年以来产权结构虽然发生了变化，但交通部一直承担着对汽车运营的监管工作。监管的内容包括车辆运营商是否获得执照，颁发驾驶执照以及是否达到安全标准等（White，2002：11～12；Hibbs，2003：106～10）。然而在爱尔兰，汽车服务的供给依然主要由一家名为卡拉斯·埃姆帕尔·爱丽安娜（Coras Iompair Eireann，CIE）的国有公司提供，但是通过服务业特许经营权转让的方式，私人部门的重要性也在不断地提高（White，2002：5）。在英国，车辆本身还需要接受额外的监督，这些监督措施通过政府条例的方式实施，按照欧盟协议的要求，目前政府条例正在修订之中。其中的一个变化，是现在允许从事长途运输的客车车身可长达15米（White，2002：41），洛伊（Lowe，2004）对这些监督措施在其书中做了全面论述。

案例21.1　公共车集团上市公司（1996～2003）

位于苏格兰珀斯（Perth）的公共车集团公司（Stagecoach），是一家向全球提供公共交通服务的公司。自1980年以来，该公司从英国中央政府众多政策的重大变化中获益颇多。本案例所论及的时间段反映了融资机会出现时，一个上市运输公司是如何调整其核心运输业务的。

案例21.1 续

在1996年时，该公司的核心业务是在英国从事汽车营运。在20世纪80年代和90年代初期，该公司接管了一些原先由中央政府和地方政府所拥有的公司，同期该公司还在香港、肯尼亚、马拉维和新西兰经营着汽车营运业务，并于1997年在瑞典、葡萄牙和澳大利亚购买了汽车营运经营权。在之后的几年里，又在香港和美国购买了汽车营运经营权。在20世纪90年代后期，它又出售了其在瑞典、葡萄牙、马拉维、肯尼亚和澳大利亚等国的汽车营运经营权，此后该公司决定将它的汽车营运业务集中于英国、新西兰和美国。该公司的报告称其汽车营运业务的一个特色，就是投资于购买新车辆，多数车辆都是以分期付款购买协定的方式获得。

根据1993铁路法案，中央政府决定将英国的铁路私有化，于是公共车集团公司决定在1992年小范围进军铁路运输市场。1995年，该公司获得了伦敦至英格兰西南部的铁路旅客运输服务的特许权，取名为西南火车运输公司（South West Trains），并租赁了机车车辆。1996年，它购买了机车车辆公司波特布鲁克（Portebrook），在2012前它可通过波特布鲁克公司进行机车车辆租赁业务而获得收入，于是该公司就扩大了在铁路业务上的投资。通过波特布鲁克公司，公共车集团公司就可从其他火车运输公司处获得机车车辆租赁的订单，包括国家运通上市公司（National Express），一个从汽车营运业务进军铁路客运服务的公司，也要向它租赁机车车辆。当它取得艾斯兰线（Island Line，在维特岛）的特许经营权后，它又一次拓展了其铁路业务，通过持有处女地（Virgin）铁路集团公司的49%的股权，并在谢菲尔德从事轻轨营运。目前，该公司仍然延续着在对一个公司短期拥有之后就出售的经营模式。由于波特布鲁克公司于2000年被出售给埃比依（Abbey）国家银行，于是，该公司在2002年就看到有必要“通过将铁路和轨道运输业务置于同一个单一的管理体制下，从而对它的铁路业务进行垂直整合，这种管理体制一箭双雕，同时满足了旅客和股东的利益”。

在此期间公共车集团公司进行了多元化运作，将公司业务分解为航空业务、海运业务和公路基础设施供给业务。在1998年购进格拉斯哥机场（Glasgow Prestwick），但又于2001年将其出售。在海运业务方面，它于1998年购买了新西兰的弗乐斯公司（Fullers Ferries），现在这个公司被用来在新西兰经营它的一部分汽车服务业务。在公路基础设施供给方面，它通过设在香港的公司投资于中国的收费公路建设，这项投资业务将一直延续到2003年。

为了适应其在业务方面所做的这些调整，从1996年起公共车集团公司调整了它的管理体制。在该年度它拥有很多的子公司，这些子公司由一名公司的董事和一名来自当地的常务董事主持工作。公司业务的变化，使它将设立于英国的按地区进行管理的汽车服务业务，合并成单一的英国业务部。在1996～2002年期间，它先设立然后又摒弃了波特布鲁克机场管理部。在2003年时，该公司除了财务部外还有5个管理部门，它们是：英国汽车服务业务部、美国长途客车服务业务部、海外汽车服务业务部、铁路业务部和投资业务部。

案例 21.1　续

目前，公共车集团公司的董事会发生了重大变化。在 1996 年时，该公司董事会含董事长由 5 名执行董事和 3 名非执行董事组成；而到 2003 年时，董事会由董事长、3 名执行董事和 6 名非执行董事组成。

尽管公共车集团公司的发展得益于英国国家政策的变化，尤其是得益于英国对汽车和铁路业务的私有化，但是该公司在 2003 年的一份年度报告中声称，它的业务之所以有如此的业绩，主要是缘于“运营商、政府、地方当局和消费者为改善公共交通系统而进行的通力合作”。从起初只经营汽车服务业务，到后来成为一个综合的交通运营商，公共车集团公司在 1996 ~ 2003 年期间发生了重大的变化，它的业务涵盖汽车服务、铁路和海运等旅客运输服务。它依然秉承它的战略，那就是成为“一流的国际交通供应商”。

资料来源：Stagecoach 集团公司的年度报告、说明和作者的研究

问题讨论

1. 公共车集团公司采用在一个较短的时期内并购和出售交通企业，这在多大程度上符合对交通业务模式的整合？

客车有很多种使用方式，有些机场用客车将旅客从飞机运往航站楼，欧洲的很多旅游目的地国家使用客车将休闲旅游者从机场运往度假酒店，这些酒店均提供包价度假服务。虽然里格假日公司（Leger Holidays），提供从英国前往许多欧洲大陆旅游目的地的客车旅游服务（Leger Holidays，2003），但是使用客车进行度假旅游的市场仍然非常有限。

商务旅游者以及越来越多的休闲旅游者，至少在他们的部分旅程中使用汽车租赁服务和出租车服务。这些车辆，都是按照英国政府所规定的规格，以及越来越多的欧盟条例进行设计。考虑到车辆由诸如福特公司等众多的跨国公司来提供，尽管车辆的名称不同，但其型号日渐趋同。一般情况下，汽车租赁服务都是由国际公司经营，有些国家则通过特许经营权的方式进行运作。

有证据表明，大多数旅游者至少在他们的部分旅程中将继续使用公路交通。作为中央政府政策的组成部分，公路要按照中央政府的标准进行设计，并在其指定的地方修建。在公路上运营的车辆由私人部门提供，但是其设计由国家政府支配。在车辆设计的某些方面，按照法律的规定需要做出重大的改变，比如噪音问题、污染问题以及车辆的安全性能等。

商务旅行者在其部分旅程中，极有可能使用小汽车和出租车，尤其是在旅

游目的地。休闲旅游者对公路交通的选择取决于其度假的类型，如果度假行程中包含航班服务，在旅游目的地的客车服务通常就构成了他们最重要的旅行方式之一；但是，如果旅行中含有海上交通的话，在其旅行中极有可能使用私家汽车。还有一点是可以肯定的，那就是在国外旅行的游客，将要使用多种不同形式的交通服务，其中至少有一部分旅程将依靠公路交通服务。

铁路交通管理

公路交通向旅行者提供门到门的交通服务，而通过铁路交通进行旅行时情况就与此不同，进行长途旅行或者旅行者的主干旅程部分需要使用铁路交通服务，然后通过使用其他的交通方式将整个旅程连接起来。国与国之间的铁路交通服务是不同的，这在很大程度上是由于历史和中央政府的政策两方面的原因造成的，下文将对此做出说明。

在英国，铁路交通服务起初是由经国会批准的私有企业提供的。这些私有企业在 1948 年时被收归国有（根据 1947 交通法案），由一个名为英国交通委员会的国家机构进行运营（Bonavia，1987）。这种经营模式与很多其他欧洲国家的情况类似，它们都是由统一的机构（如法国的 SNCF 和爱尔兰的 CIE）来拥有和运营轨道交通和铁路运输工具。而如今在英国，铁路系统已不再属于国有，也不由国家来运营，从 1994 年起所有的铁路资产都已被出售（Banister，2002：84 ~7）。格罗弗斯（Grouvish，2002）对 1974 年至 1997 年间，英国铁路的变化情况做了全面论述。之所以对铁路系统进行私有化和私有化管理，其部分原因是根据欧洲共同体的规定（91/440/EEC），这是一个关于在共同体内进行铁路开发的规定（Grouvish，2002：517）。该规定设立了三级业务，即轨道和信号系统、车辆供给和服务运营，全部都由私营公司经营。其中旅客服务业务涉及到公司的合同（特许经营权）期限问题（Grouvish，2002：517），特许经营权的重新续签工作从 2003 年开始。如果对那些获得铁路旅客运输服务特许经营权的企业进行考查的话，你就会发现它们大多都是从事汽车和客车运输服务的企业（参见案例 21.1）。

欧盟规定，为了克服国内融资的困难，允许中央政府支付旅客运输服务业务和货物网络连接方面的费用（CEC，1969），英国通过 1974 铁路法案采纳了这一规定。对于客运服务而言，“公共服务债券”基金是最为重要的，并且被执行至今。尽管能够获得资金的资助，正如表 21.3 所示，欧洲的铁路里程仍然呈下降趋势，只有部分国家的铁路网络有所增加。

现在以独立于“重轨”系统的方式，进行铁路开发正呈不断上升的趋势，自20世纪80年代以来，在欧洲的城市地区引进了轻轨系统，奥斯陆、斯德哥尔摩、汉诺威和马赛都是如此，它们复制了在伦敦、巴黎和柏林久已使用的城市交通系统。还有些铁路开发，是将机场和城市中心地区连接起来，包括伦敦、阿姆斯特丹、泰恩河上的纽卡斯尔和曼彻斯特等。新增的高速轨道给法国带来了TGV（巴黎至里昂高速火车）交通系统，以及连接法国与英国的英伦海峡隧道系统（Channel Tunnel），还有一些更新的“重轨铁路”计划属于跨欧洲铁路网络系统的组成部分。

在很大程度上由于来自私家车的竞争，自1950年以来使用铁路旅行的乘客数量严重下滑。在20世纪90年代，英国的铁路旅客数量一直占全部旅行者的6%左右（DETR，1998），而在法国由于巴黎至里昂高速火车的开通，乘坐火车旅行的旅客数量有显著增加，其中商务旅客需要从机场进行换乘服务（Holliday et al.，1991：131，162）。乘坐火车进行休闲旅行，一般仅限于一日游和交际出访。在欧洲，提供铁路度假服务的公司数量有限，里格假日公司（Leger Holidays，2003）的特色，是通过TGV提供“护航式的”铁路度假服务，但从英国到巴黎的路程需要客车和海上运输服务的连接。在很大程度上，由于航空运输的竞争，再加上机场的汽车租赁服务的竞争，英国的汽车—火车联运以及卧铺运输服务已经被取消了。无论是商务旅行还是休闲旅游，大多数旅游者的行程都是从城市地区开始或者结束，这些地方都有发达的综合交通系统，如果还没有的话，那也是正在建设之中。

表21.3 欧洲国家的铁路供给（kms）

国家	1990	1999	%变化
卢森堡	271	274	1.1
荷兰	2 780	2 808	1.0
奥地利	5 624	5 643	0.3
英国	16 924	16 948	0.1
意大利	16 086	16 108	0.1
瑞典	10 801	10 799	0.0
比利时	3 479	3 472	-0.2
芬兰	5 867	5 836	-0.5

表 21.3 续

国家	1990	1999	%变化
丹麦	2 344	2 324	-0.9
爱尔兰	1 944	1 919	-1.3
西班牙	12 560	12 319	-1.9
希腊	2 484	2 299	-7.4
法国	34 260	31 589	-7.8
德国	40 981	37 536	-8.4
葡萄牙	3 126	2 813	-10.0
合计	**159 531**	**152 687**	**-4.3**

资料来源：欧洲统计年鉴（2002）

商务旅行者使用铁路交通进行城际和城内旅行，但城际旅行的时间限定在 4 小时以内。乘坐火车的决定，通常取决于其他交通方式之间是否存在着机会。对于休闲旅游者而言，时间和费用并不是主要问题，在淡季尤其如此。很明显包价度假产品中，很少有使用铁路交通方式进行长途旅行的。

航空交通管理

乘坐飞机进行长距离旅行的乘客数量一直呈增长趋势。航空交通的供给由机场和航空公司两部分组成，机场和航空公司以及其所有权都受中央政府政策的管理。下文讨论这两个部分。

在英国，机场的供给受到一系列中央政府政策的调控，其中最新的政策是于 2003 年制定的（DfT，2003）。2003 年政策的要旨，是先预测到 2030 年时的乘客数量，据此决定所需的跑道容量以及工程建设的地点，这就是在公路供给章节中已提及的，用于公路规划的“先预测后供给”模型。中央政府将机场供给的问题交给业主去解决，它们通常是地方政府或私有企业，或者两者兼而有之（Graham，2003：28 ~ 31）。

自 1980 年以来，私有企业参与机场供给和经营的水平有显著的提高。股票上市的机场公司往往都是国际公司，并且参与银行业务，如爱尔兰的 Aer Rianta 公司对杜塞尔多夫、汉堡以及伯明翰机场部分持股。还有一种情况是，中央政府将它所拥有的股权削减到50%以下，维也纳政府就是如此（Graham，2003：13~17）。案例21.2考查了自1996年以来，英国伯明翰机场的所有权和管理权的变化情况。

案例21.2　伯明翰机场（1996~2003）

伯明翰机场是英国最大的机场之一。在1986年以前，它一直是由不同的地方政府部门来经营，这些不同的地方政府部门对机场的经营活动受到一系列法律的监督，这些法律有1972地方政府法案、1985地方政府法案和1986机场法案。每一次颁布新的法律都会带来机场所有权和管理权的变动。

从1986年起，7家地方政府拥有伯明翰机场的所有权。为了方便管理，这些地方政府机构成立了伯明翰国际机场公共有限公司。为了简化所有权之间的关系，它们将一份租赁期限长达999年的土地和建筑物租约，签发给了其中的一家地方政府机构，即索利哈尔（Solihull）自治市政务委员会（Solihull Metropolitan Borough Council），该委员会又向伯明翰国际机场公共有限公司转签了一份租赁期限为150年的租约。伯明翰国际机场公共有限公司，于1995年公布了到2005年期间的机场发展总体规划，规划内容涉及航站楼功能的增强和主跑道的扩建。

1986机场法案的内容之一，就是授权英国政府允许拥有机场产权的地方当局将其产权的一部分出售给私人投资者，其目的是为了引进私人资本和管理参与机场的开发工作。私人部门于1997年3月开始参与伯明翰机场的建设工作，从而给伯明翰国际机场公共有限公司带来了重大变化，这些变化是：

●成立了一个新公司，即伯明翰机场控股有限公司，它是机场的租赁人和经营者。7家地方政府机构拥有公司的49%股权，Aer Rianta International/NatWest Ventures（Nominees）有限责任公司和其他公司共持股48%，剩余部分由一家雇员信托机构（Employee Trust）所拥有。

●伯明翰机场控股有限公司于1997年收购了Euro-hub（伯明翰）有限责任公司，这家公司在伯明翰机场修建了第二座航站楼，该楼主要由英国航空公司使用。

●伯明翰机场控股有限公司于1997年并购了伯明翰国际机场有限公司（即原来的公共有限公司）。

●伯明翰机场控股有限公司继承了150年的租约，租赁费为每年200 000英镑，并向7家地方政府机构以及私人投资者分红。

在1996~2003年期间，机场的旅客吞吐量逐年增加，从表21.4中可以看出这种变化。

案例 21.2　续

表 21.4　伯明翰机场（1996～2003）的旅客交通

业务	1995～1996	%	2002～2003	%
旅客数量（定期航班）	3 226 087	59	5 239 621	63
旅客数量（包机）	2 229 009	41	3 028 302	37
合计	5 455 096	100	8 267 923	100
空运调动（ATM）	79 960		115 748	
旅客/空运调动	65		71	

注：空运调动包括旅客运输和货物运输航班。

资料来源：伯明翰机场控股有限公司年报和说明。

主要的变化是与包机业务相比，乘坐定期航班的旅客数量一直在增长。表 21.4 表明在每个空运调整中，旅客数量都有小幅上涨，这就印证了这样的事实，即机场还没有满负荷运行，但更为重要的是机场的主跑道还不能被满载的大型客机使用。到 2004 年 1 月时，机场公司仍未开始对 1995 年总体规划中拟定的跑道扩建工程着手施工。

伯明翰机场控股有限公司对改善抵达机场的通达能力进行了投资，新建了连接周边公路网的道路、改善了终端的设施以及增加了停车场等。其他的增建项目有航空/铁路换乘中转设施，它将机场与伯明翰国际火车站以及汽车站连接起来，以及机场与国家展览中心的连接工程。公司宣称其开发的换乘系统“与政府所致力于的交通一体化战略完全吻合”。

机场营运的收入来自于对机场场地的借用和使用，场地使用者按照航空业务的性质支付费用，航站楼的使用者按照所租用的面积支付费用。2002～2003 年度的统计数据显示，在 2001 年至 2002 年度期间，航空业务的收入增长了 1.9%，而同期的其他收入增长了 7%。收入总计超过 10 亿英镑，其中 64% 来自于航空业务，36% 来自于其他商业收入。伯明翰机场还承揽了“不提供非必要服务”的廉价航空公司的业务。里昂航空公司用这种营运模式经营都柏林航线的定期航班已经有十多年了。杰西欧洲航空公司（Jersey European）是机场的一个老客户，它起初的品牌为英国欧洲航空（British European Airways），而现在的品牌为飞行中（Flybe），也是一家廉价航空公司。2003 年在伯明翰设立的我的旅行（MyTravelLite）公司是廉价航空公司的新来者，它是包价度假公司我的旅行（MyTravel）集团公共有限责任公司的子公司。

截至 2003 年，承担伯明翰机场管理工作的公司发生了一系列的变化。伯明翰机场控股有限公司新设了五个子公司：

●伯明翰国际机场有限责任公司，负责机场航空站的运营与管理；

案例 21.2 续

- ●Eruo-hub（伯明翰）有限责任公司，负责航站楼的运营；
- ●First Castle 开发有限责任公司，它是资产管理公司；
- ●伯明翰机场开发有限责任公司，负责机场场地的开发工作；
- ●伯明翰机场（财务）公共有限责任公司，负责融资工作。

伯明翰机场控股有限公司的董事会规模庞大、构成方式奇特，在 2003 年时有 23 名董事，其中 10 名由 7 家地方政府机构任命，10 名由私人投资者任命，一名董事长（他们全都是非执行董事），以及两名执行董事。来自于私人投资方的非执行董事代表着 Aer Rianta 国际公司和 Macquarie 机场（英国）第二有限责任公司，后者是通过收购原先的 NatWest Ventures 的股权而成为股东的。没有来自雇员方的董事。

在 2003 年度政府发表了题为“空运业的未来”的白皮书，强化了中央政府制定政策的重要性。在白皮书中提议在伯明翰机场修建第二个平行跑道，这项工作由伯明翰机场控股有限公司实施。在一个相当长的时期内没有人知道这第二条跑道的命运，它能够承担可持续发展的使命还是只能够带来经济收入。但是如果它能够在 2030 年以前建设竣工的话，它将有助于伯明翰机场成为“欧洲最好的区域性机场”。

资料来源：伯明翰机场控股有限公司的年报、说明以及作者自己的研究

问题讨论

2. 伯明翰机场如何应对廉价航空公司的增长问题？如果做出调整的话，对现有的定期航班和包机业务运营商会带来何种影响？

国际政策对航空系统有着重要影响。1944 年的芝加哥协定为民用航空业务设立了很多在国际上被广泛认可的技术标准，这些技术标准被国际民用航空组织（ICAO，该组织于 1947 年加入联合国）所采纳。国际民用航空组织，在包括飞机发动机噪音问题等广泛的领域内不断出台新的技术标准。就欧洲而言，欧盟已经制定了一系列的政策措施。目前一个正在制定中的政策是空中交通管制，即于 2003 年开始制定的“一个欧洲天空”的规定（Cruickshank et al.，2004）。通过地面管理规定（CEC，1996）引入地面业务的竞争机制，欧盟的成员国从此无权决定，由哪个航空公司以及由哪个机场从事成员国之间的空运业务。

在 20 世纪 90 年代，欧洲的很多国家都取消了国家对机场的直接管理，于是机场方面就可以自行开发业务组合、休闲运输和相关的企业，如表 21.1 所示，使游客数量增长显著。为了满足休闲旅游者的需求，在 20 世纪 90 年代所

发生的主要变化，是出现了廉价的定期航班和包机航空公司。另外中央政府通过城乡规划立法，也可对机场的地面开发工作进行监管。其中的监管机制之一就是欧盟的规定，即所有开发项目都要进行配套的环境影响评估，且评估结果必须符合可持续发展的要求。

在20世纪50年代以来，飞机本身发生了重大变化，这些变化包括使用喷气式发动机作为动力系统的大型飞机的开发，而在制造方面发生的变化是可以大批量地生产飞机。国际行动，特别是国际民用航空组织的行动，所产生的效果是开发出了更加“环境友好型的”飞机，现已引进了符合国际民用航空组织在“第4章”中所列标准的动力推进系统（DfT，2003：33）。这些变化所产生的效果是，降低了飞机发动机的噪音，同时还降低了飞机的造价。尽管有以上的变化，但不变的仍然是航空公司有权决定飞机起飞和降落的时间，夜间航班尤其如此。很多机场制定的飞机离港政策，更钟情于商务游客而不是休闲旅游者。参加包价度假活动的休闲旅游者，发现他们的出发时间一般情况下都不会是航班离港的早高峰或晚高峰时段。

随着世界各地普遍放松立法管制，于是就出现了以下三种主要的航班：

- 定期航班。该航班主要用来运输商务旅行者。这种航班飞行的机场有限，所选择的机场终端设施良好，具有适合国际航班和洲际航班起降的长跑道，如伦敦希思罗机场、巴黎查尔斯戴高乐机场、阿姆斯特丹机场、马德里机场和法兰克福机场等，都主要用来飞行定期航班。如果存在洲际目的地的话，定期航班也会飞往一些小型机场，如2004年夏季，就有定期洲际航班从伯明翰机场飞往迪拜、伊斯兰堡、纽约和塔什干等地。
- 定期“不提供非必要服务”的廉价航班。这种航班的发展速度很快，一些国际定期航班承运商都开发了“廉价”航班业务。这种航班业务快速增长的原因很多，其中最主要的原因是管制的放松和因特网的发展。在因特网上，消费者不通过旅行社和不需要拿到机票票据就可以预订座位。在欧洲短途航班停靠的机场，可以不同于定期航班所使用的机场，费用低廉是它们成功的关键，而这与使用小型机场有关。在英国这个市场由两大运营商主宰：里昂航空（Ryanair，一家爱尔兰的公司）从伦敦Stansted机场开展业务；而捷运（easyJet）公司的主要基地虽然在伦敦的卢顿（Luton），但营运于其他的机场，包括柏林机场。这种对市场的主宰还不限于此，其中还包括原来由定期航班所提供的类似业务。很明显的是，这些廉价航空公司所使用的飞机与定期航班的飞机完全相同，同时它们正在投资制造新的换代型飞机。在德国，柏林航空公司开发了类似于里昂航空和捷运公司的低成本业务，但其业务集中于地中海周边的旅游目的地，主要吸引商务旅行者。它在西班牙马略卡帕尔马开发了第二个经营基地。

■ 包机航班。主要聚焦于购买了包价度假产品的旅客，当然在最近几年里运营商也开始提供只购买机票的选择。这种航班有可能由旅游企业所拥有：Britannia 航空公司（即将更名为 Thomson 航空公司），就是一家由名为突伊（TUI AG）的旅游企业所拥有，这是一个德国籍的跨国旅游公司。由于它们的业务是为休闲旅游者提供服务，所以它们的业务性质是季节性的。大多数欧洲的包机公司不提供洲际航班服务，但是如果包机是去加勒比地区度假，包机公司就会将乘客安排在同一架飞机上执行任务。它们使用现代化的、类似于飞行定期航班任务的飞机。

有证据表明，解除管制既有好处也有坏处（Williams，2002）。对于消费者而言，引入竞争机制带来了低廉的费用；而对于航空公司而言，很显然它们大多数都难以经营，要么被收购，要么倒闭。

上文对三种类型航班的讨论都提到了飞机，所有的飞机都应该达到适航性，必须使用经过培训的合格的机组人员。每一个国家都有它们自己的飞机登记制度。在英国这项工作由民用航空管理局负责，这是一个执行中央政府政策的机构（类似于交通管理局机动车辆管理处的职责）。民用航空管理局还承担其他的职责，特别是通过“航空旅行企业执照签发制度”，来对包价度假产品进行监管，并就航空管理事项向中央政府提供咨询意见。

空运交通部门保持持续增长，据预测，在英国乘客人数将从 2000 年的 1.8 亿人次增长到2030 年的 5.0 亿人次（DfT，2003：149～54）。这些预测数据并不意味着飞机的数量也将会随之翻番，因为做预测时并不会考虑到飞机的运载能力，这是航空公司和飞机制造商要考虑的问题。例如，空中客车公司正在开发一种能够运载 500 名乘客的新型飞机（A380）。英国对需求市场预测数据的另一个特点，是规避了乘客将会使用三种航班中的那一类航班服务。

本文对空运业务的讨论表明，在机场供给和航空公司营运方面已经发生，且将会继续发生重大变化。给航空公司的营运带来变化的因素，主要来自于飞机制造技术的变化，特别是飞机强大的动力系统可缩短旅行时间。与公路交通、铁路交通和水上交通等其他交通方式相比，商务旅行者从飞机所提供的高速度中受益颇多。根据传闻，乘坐“不提供非必要服务的”廉价定期航班的商务旅行者的数量在不断增长，特别是当他们的全部旅行时间较短时（比如一天或者两天）更是如此。在英国，近几年来乘坐飞机的休闲游客的数量比较平稳（Department for Transport，2003：152）。这在多大程度上是由于市场的饱和，还是由于监管造成的还不十分清楚，但有一点是很清楚的，那就是英国主要的包价度假公司都逐渐进入了廉价定期航班服务市场，它们通过自己的航空公司来控制价格。在 2004 年时，突伊（TUI AG）公司通过自己的航空公司，引入了从考文垂飞往欧洲目的地的廉价定期航班服务，并更名为汤姆逊飞行之旅（Thomsonfly）。

水上交通管理

由于航空业的增长，自 1950 年以来旅客对轮船的使用发生了急剧的变化。再也没有往返于欧洲与北美之间，欧洲与澳洲之间的定期轮船服务了。然而在欧洲，轮船依然是一种重要的运输方式，特别是在进行旅客与物资混合运输时更是如此。

海运政策的主要问题就是对安全的关注。近几年来，联合国国际海事组织通过一系列的国际协议强化了安全问题（Pallis，2002：13 ~ 14），对海难事件就不可避免地要求更改设计。例如，1994 年在波罗的海"Estonia"号的沉没事故，导致了 800 多人丧生（Tesch，1999：27），这次事故导致后来设计出带有水密型舱门的滚装船，并且通过国际协议要求经营者使用这种新型船舶。

自 1974 年以来，欧盟就一直致力于制定统一的海事政策。其中的一项动议，是设立欧洲的海运登记制度，但此项动议在 20 世纪 90 年代中期又被放弃了（Pallis，2002：75）。近来的欧盟政策全部都聚焦于安全问题，其中包括船只安检制度，轮船上全体工作人员的培训制度和预防环境污染的措施等（Pallis，2002：139 ~ 40），这些政策都由成员国政府来实施。

英国于 2000 年对其海运政策进行了审查（DETR，2000），鼓励船舶的所有人在英国进行船舶注册登记。这项措施的实施是成功的，儿其是在同期还使用了一系列财政优惠措施来保证政策的实施。为了实施这些新政策，成立了海事局和海岸警卫队，以改善轮船的安全运营，以及最大限度降低海事污染。另外，这项政策还要求轮船上要具备一些必要的甲板设施，以便满足货运增长的需求和确保旅客安全。对港口的管理也订有类似的政策，并正在波罗的海周边码头（Tesch，1999）和东地中海的港口实施（Yercan，1999a：117）。

欧洲的海运业务主要集中在"近海"航线上，这些航线有英国至爱尔兰、法国、比利时和荷兰的航线（Heijveld and Gray，1999）；在波罗的海有德国至瑞典的航线；在希腊有往返于各个岛屿的航线。船舶主要由私人公司提供；

P&O 集团公司于 2002 年花费 3 亿英镑改装了两艘滚装船，用于多佛与加来之间的运营（Mintel，2003）。一家名为 Brittany Ferries 的法国公司，在过去的 5 年里也在更新船舶方面进行了投资。统计数据表明，欧盟国家的船舶吨位已有显著提高，在 2003 年时吨位数最大的国家是希腊、马耳他和塞浦路斯（每个国家的吨位数超过 3 500 万吨）；而英国船队的总吨位数超过 1 500 万吨（DfT，2003，表 7. 3），这些吨位绝大多数都是用于货运。

中央政府的政策文件，还对港口供给情况做了审查。就英国而言，这些设施由港口所有人来提供，或者由拥有港口的轮船公司来供给。港口的开发需要经过规划审批，英国政府在 2004 年就没有通过南安普顿的货运码头开发，否决的理由主要是出于对环境的担忧。旅客港口应与货运港口分别设立，这项措施促使英国在普利茅斯和普茨茅斯，法国在卡昂（Caen），希腊在科浮岛（Corfu）兴建港口。尽管在投资上有如上的努力，但在英国乘坐轮船的旅客人数，仍然从 1994 年的 3 700 万人次下降到了 2002 年的 2 900 万人次（DfT，2003）。之所以呈下降趋势，其主要原因是来自于航空和海底隧道运输业的竞争。

国际海运业保持增长的部门是休闲游轮市场，这个市场由来自北美的公司所主宰，它们是卡尔尼沃公司（Carnival）和加勒比皇家公司（Royal Caribbean）。2002 年，约 500 000 名来自英国的旅客参加了游轮度假（DfT，2003：表 3. 1）。就包价度假业务而言，航空旅游（Airtours）公司和汤姆逊（Thomson）公司于 20 世纪 90 年代率先打入了游轮度假市场。这些包价旅游产品是进行“飞机/游轮”度假活动，通常是去地中海的度假活动。航空旅游公司（即现在的我的旅行公司）于 2004 年初退出这个市场。新的游轮也逐渐被投入运营，卡尔尼沃公司的子公司 Cunard 公司，于 2004 年初交割了玛丽皇后（Queen Mary）2 号游轮，据预测她的大多数航程都从美国港口出发。

就旅行而言，很明显大多数旅客使用轮船的目的是度假休闲，而前往度假目的地的旅行还是要靠公路交通，近海横渡时尤其如此。尽管游轮市场日趋萎缩，而安全方面的要求却逐渐增多，但可以肯定的是，为了满足休闲旅游，轮船公司已做好了购买新船只的准备工作。

讨论：商务旅游与休闲旅游

本文在讨论上述四种交通方式的使用者时，将他们称之为商务旅游者和休闲旅游者。现在我们通过以下两个问题来对其展开讨论：什么是商务旅行？什么是休闲旅游？现有的出版物对这两种类型的旅游所下的定义并不十分明确。

为了便于讨论，我们使用以下定义：

■ 商务旅游中，包括一段与工作有关的旅程，进行该旅程的费用由雇主支付。商务旅游包括出席各种会议、参加展览和交易会等，所有这些活动都是个人的薪酬工作内容。

■ 在休闲旅游中，包括一段为了个人享乐和休闲目的的旅程，旅行费用由旅行者个人支付，休闲旅游包括度假和拜访亲朋好友等。

这两个定义不涉及个人离家之后的逗留地，以及旅游活动所花费的时间等较为宽泛的内容。而两个定义都提到了旅游的目的和由谁来支付旅行费用。

自1950年以来，参加旅游活动的人数显著增加，世界旅游组织（2003）对游客人数和来源有详细的统计资料。表21.1表明在1997～2001年期间，除了英国以外，来访欧洲国家的游客人数都在增长。世界旅游组织的统计数据并未说明国内旅行的规模，包括探亲访友和旅行目的：商务旅行和休闲旅游。不管其实际数量是多少，很明显都需要为其提供交通设施，不论以基础设施的方式还是以车辆的方式，随之而来的问题是由谁来提供这些要素。

很显然，多年以来在交通规划方面，都是通过使用美国公路供给模型技术作为提供所有基础设施的基础，这就是后来对“先预测后供给”方法的采纳，并且在英国的航空运输业中依然被沿用。这种方法所忽略的就是不使用非机械方式的旅行，特别是步行。这种方法更大的一个问题，是在旅游目的地的旅游与土地使用相关联，但却不能反映出旅游的目的来。于是，有很多研究指出“上班的路程”生产出的旅行者的数量最大，但是用旅游术语来讲，这些活动既不是商务旅游亦不是休闲旅游。

政府中政策的制定者，已经意识到商务旅游与休闲旅游的重要性，但是现在的统计数据又总是使用代用词汇和代用术语。航空业表现得最为明显，它们的统计数据只表明，旅客是通过定期航班进行旅行（可推定为商务旅游者）还是乘坐包机旅行（于是可推定为休闲旅游者）。考虑到廉价航空公司的发展，在统计数据上“全面服务”与“不提供非必要服务”的定期航班之间的界限就不存在了（参见案例21.2）。

铁路运输的情况也大同小异，它们以价格和服务作为区分商务旅游和休闲旅游的机制。这种推测在多数情况下是正确的，特别是在周末的时候，大量“头等舱”闲置就说明了这一点，但是只要在标准价上多加一小点钱，休闲旅游者也可买到头等舱的票。

统计数据表明，在制定有关由政府提供基础设施供给（不论是国内层面供给还是国际层面的供给）方面的政策时，就旅游目的而言它们都是中立的，而旅游设施（即车辆）的供给者可调整其使用费用。还有其他一些因素影响人们对交通方式的选择，它们包括旅游时间的长短，以及各种不同的交通设施之间相互配合的程度等。越来越多的证据表明，不同交通方式之间的配合程度对投资政策的选择非常重要（DETR，1998；案例 21.2）。进行整体开发的模式，在包价度假产品中的整合程度远远高于商务旅行，特别是到国外旅行时尤其如此。

现有的且在将来还会不断增加的一些重要的国际政策，都采纳了交通业可持续发展的原则。值得注意的是，使用内燃机的交通模式原则上受到法律的限制。在欧洲，是通过环境保护条例来实现这一目标，涉及到的事项有噪音污染和大气污染等。车辆的制造商已经能够开发出使用不同燃料的发动机，并且要让其使用者看到这些新型发动机能够给他们带来经济上的利益。这些开发工作中包括去除汽油中的铅添加剂，不管用于何种交通模式，其车辆的设计都要引进这种新型技术。这种技术变化的后果还不甚十分明确，因为车辆的供应商要做出自己的选择，这又涉及到开发成本和车辆的预期寿命，以及产品使用者的反应。因为车辆要满足商务旅行和休闲旅游两方面的使用，但为这两种独立的市场分别设计车辆是不现实的，这在航空业中更加明显，航空公司不管旅行类型，只能使用同样的飞机进行经营。显然，可持续发展的原则在制定交通政策方面会越来越重要，其后果是在提供基础设施和车辆的供给时，再也不能只考虑成本这一狭隘的因素。

结　论

上文对商务旅行和休闲旅游的回顾，表明已经发生了很多重大变化，且在未来数年里这种变化还将继续发生。其中五种重大变化应引起注意：

1. 基于安全考虑的国际协议的重要性会不断增强。

2. 政府方面的动议，是寻求对不同交通模式的整合方法，以便能够提供一个“整体的行程（total journey）”。

3. 交通供应商的措施，是通过与其原来核心业务完全不同的各种交通方式提供服务。

4. 在有关基础设施供给和车辆设计的技术变化方面，可持续发展的原则会越来越重要。

5. 不论是商务旅行还是休闲旅游，进行长距离旅行会越来越重要。

人们都清楚地看到旅行中存在着很多不确定因素，有两个因素值得注意。第一个因素是碳氢化合物，尤其是作为第一选择的汽油中的碳氢化合物问题。

石油的储藏量是不明确的，但是对可再生资源进行利用的技术进步，在很大程度上可改变所有的旅行方式，尤其是国际旅行方式。第二个因素是电子通讯技术的发展，尤其是可在商务中应用的通讯技术。音频、视频通讯卫星的使用，将使商务旅行大幅下降，从而在很大程度上对在该市场领域中经营的供应商产生影响，因为无需旅行就可参加会议。

可以做出的建议是，在未来十年中，这两种不确定因素都不会对商务旅行和休闲旅游产生实质性影响。但是如果对这些变化视而不见的话，就极有可能导致有关未来二十年或者三十年的基础设施供给政策，是基于正确的信息还是带有误导性的信息来制定。可以肯定的是“先预测后供给”的模型技术是靠不住的。

问题探究

3. 通过事例来分析伦敦中心区和柏林中心区的交通模式选择，主要考虑时间和成本问题。

4. 未来三十年的技术变化，在多大程度上对休闲旅行和商务旅游需求市场产生影响?

5. 通过“执行部门”来实施政府的政策有什么优缺点?

6. 讨论可持续发展观对未来十年的商务旅行和休闲旅游交通供给有什么意义。

阅读指导

要深入理解交通管理和规划问题的渠道很多。怀特（Whitc，2002）从土地的角度研究了这一问题，希布斯（Hibbs，2003）的著作也考查了经济理论与交通政策之间的关系，这两本书的视角都取自英国。巴尼斯特（Banister，2003）提供了进行交通规划的背景环境，并讨论了可持续发展观可能产生的影响。格雷厄姆（Graham，2003）和威廉姆斯（Williams，2002）二人的著作，研究了欧洲的航空旅行业。帕里斯（Pallis，2002）考查了海运交通政策的制定问题。但是，没有一本书是专门研究商务旅行和休闲旅游对交通模式的选择问题。

从诸如明特尔（Mintel）和基诺特（Key Note）等公司处，可获得一系列专业性的有关商务活动和休闲活动的分析性信息。现实材料可从旅游交通企业的年报及其相关说明中获得，如P&O集团公共有限责任公司、突伊公司（TUI AG）和卡尔尼沃公司（Carnival）等，此类报告大多数都可从互联网上获得。

交通在很大程度上依赖于国内政策和国际政策。联合国的相关机构、欧盟和英国政府的出版物可提供政策制定方面的信息，且大多都可通过互联网获得。格莱斯特等（Glaister et al.，1998）对1997年以前，英国的交通政策制定情况做了述评。

从《旅游研究月刊》（Journal of Travel Research）和《运输经济与政策月刊》（Journal of Transport Economics and Policy）这两本期刊上，也可找到有关商务旅行和休闲旅游，以及有关经济和政策问题等方面的论文。

文献书目中也包含了相关的综合性参考资料。

要详细了解Stagecoach公司早期的发展情况，可参阅沃尔马（Wolmar，1999）的著作。

网站推荐

伯明翰国际机场网：www. bhx. co. uk/，是有关机场问题的不具典型性的综合型网站。

欧洲统计数据网：www. europa. eu. int/comm/eurostat/，是欧盟在线统计数据库。

约翰·毕奇旅游和交通信息门户网站：www. stile. coventry. ac. uk/cbs/staff/beech/tourism/index. htm. 要了解不同的交通方式可参阅其嵌入式网页。

公共车集团公司网：www. stagecoachplc. com/. 通过该网站可直接连接到其子公司的网页。

英国交通部网：www. dft. gov. uk/. 是一个很好的了解有关英国的数据和政策的渠道。

世界旅游组织网：www. world-tourism. org

关键词

包机；商务旅行者；休闲旅游者；不提供非必要服务的廉价航班。

参考文献

Banister, D. , (2002) *Transport Policy*, 2nd edn. Spon Press, London.

Bonavia, M. R. (1987) *The Nationalization of British Transport: the early history of the British Transport Commission*, 1949-1953. Macmillan, Basingstoke.

Commission of the European Communities (1969) *Public Service Obligation in Transport.* Directive 1191/69/EEC. CEC, Brussels.

Commission of the European Communities (1992) *The Future Development of the Common Transport Policy.* COM (92) 494. CEC, Brussels.

Commission of the European Communities (1996) *Access to the ground handling market at Community Airports.* Directive 96/97/EEC. CEC, Brussels.

Commission of the European Communities (1999) *Air Transport and the Environment: Towards meeting the challenge of sustainable development.* COM (99) 640 final. CEC, Brussels.

Cruickshank, A. , Flanagan, P. and Marchant, J. (2004) *Airport Statistics* 2002/2003. Centre for the study of Regulated Industries, School of Management, University of Bath. University of Bath, Bath.

Department of the Environment, Transport and the Regions (1998) *A New Deal for Transport: Better for Everyone.* White Paper, Cm 3950. TSO, London.

Department of the Environment, Transport and the Regions (2000) *Modern Ports: A U. K. Policy.* DETR, London.

Department for Transport (2003) *The Future of Air Transport.* White Paper, Cm 6046. TSO, London.

Department for Transport (Annual) *Transport Statistics.* TSO, London.

Eurostat Yearbook (Annual) Office for Official Publications of the European Communities, Luxembourg.

Glaister, S. , Burnham, J. , Stevenns, H. and Travers, T. (1998) *Transport Policy in Britain.* Macmillan, Basingstoke.

Graham, A. (2003) *Managing Airports.* 2nd edn. Butterworth Heinemann, Oxford.

Grouvish, T. (2002) *British Rail*, 1974-1997: *from integraton to privatisaton.* OUP, Oxford.

Heijveld, H. and Gray, R. (1999) The United Kingdom passenger car ferry industry, in F. Yercan, (1999b) (ed.) *op. cit.*

Hibbs, J. (2003) *Transport Economics and Policy*. Kogan Page, London.

Holliday, I., Marcou, G. and Vickerman, R. (1991) *The Channel Tunnel*. Belhaven Press, London.

Leger Holidays (2003) *European Summer Holidays. May* 2003-*June* 2004. Leger Holidays, Rotherham.

Lowe, D. (2004) *The Transport Managers and Operators Handbook*, 2004, 34th edn. Kogan Page, London.

Mintel (2003) Crossing the Channel. *Leisure Intelligence*, September 2003. Mintel International Group Ltd, London.

Pallis, A. A. (2002) *The Common EU Maritime Transport Policy*. Ashgate, Aldershot.

Rhodes, G. (1975) *Committees of Inquiry*. George Allen & Unwin, London.

Tesch, G. (1999) Ferry Transport in the Baltic Sea, in F. Yercan, (1999b) (ed.), *op. cit.*

White, P. (2002) *Public Transport: its planning, management and operation*, 4th edn. Spon Press, London.

Williams, G. (2002) *Airline Competition: Deregulation's Mixed Legacy*. Ashgate, Aldershot.

Wolmar, C. (1999) *Stagecoach*. Orion Business Books, London.

World Tourism Organization (2003) *Yearbook of Statistics* (1997-2001). WTO, Madrid.

Yercan, F. (1999a) Analysis of recent developments in the passenger ferry services in the Eastern Mediterranean, in F. Yercan, (1999b) (ed.), *op. cit.*

Yercan, F. (ed.) (1999b) *Ferry Services in Europe*. Plymouth Studies in Contemporary Shipping. Ashgate, Aldershot.

第 22 章　发展中国家的大众旅游发展

马塞拉·戴伊（Marcella Daye，考文垂商学院）

学习目的

学完本章后，读者应该能够：

- 了解“发展中国家”的概念，包括以非经济指标所做的界定；
- 解释在发展中国家，政治、经济环境对于旅游经营者的重要性；
- 了解旅游业给发展中国家带来的经济、社会文化和环境影响；
- 解释国外开发者在本地旅游发展中的作用；
- 探究发展中国家发展大众旅游的意义。

本章概述

本章论述了旅游业作为一种发展途径，对于发展中国家的重要意义。发展中国家为追求旅游业发展的最大效益，通常使用现代化、全球化的发展战略。本章还阐述了旅游业给发展中国家的旅游目的地，以及当地居民所带来的经济、政治、环境、社会文化等方面的消极影响。发展中国家的政府部门可以通过制定法律法规，编制旅游规划等政策和管理手段，尽可能地减少旅游业发展的消极影响，提高旅游效益，实现旅游业的可持续发展。本章在讨论大众旅游的可持续发展时，重点论述了发展全包式酒店的优劣势。最后本章指出，尽管发展旅游不能消除大众旅游的消极影响，但在大多数发展中国家，大众旅游仍然是旅游业发展的必然选择。

发展中国家的旅游业绩效

过去十年是旅游业快速发展的十年，发展中国家从国际旅游的快速增长中受益很大。根据世界旅游组织统计，1990～2000 年，发展中国家的旅游收入增长率远远高于发达国家，从平均水平来看，发展中国家接待国际游客的人均旅游收入增长率为65%，而经济合作与发展组织（OECD）国家为18%，欧洲国家只有7.8%（WTO，2002）。与此同时，发展中国家接待国际游客量的增长率明显提高，从1973年的20.8%提高到2000年的42%，增长率翻了一倍。

旅游业给发展中国家带来的经济利益，使许多发展中国家把旅游业作为促进本国经济发展的有效途径。值得一提的是，从统计资料中可以看出，发展中国家的旅游增长率指标要明显高于发达国家，其他产业都没有如此显著。表22.1表明，1990~2000年，发展中国家的游客接待量增长迅速。按照美国的分类，虽然不发达国家（LDCs）在游客接待量上增长很少，1990年到2000年接待人数仅增加218.5万人，但在这一时期，增长率却高达74.8%，明显高于经济合作与发展组织（OECD）国家的39.3%及欧洲国家的38.4%。从表22.2还可以看出，发展中国家的旅游净收入也明显高于发达国家。

表22.1 接待国际游客量（千人）

国家或团体	1990	2000	增加	增长率（%）
经合组织国家	338 300	471 164	132 964	39.3
欧洲国家	204 961	283 604	78 643	38.4
其他国家	3 465	6 652	3 187	92.0
发展中国家	150 563	292 660	142 097	94.4
不发达国家（LDCs）	2 921	5 106	2 185	74.8
其他发展中国家	13 755	25 562	11 807	85.5

资料来源：WTO（2002）旅游与扶贫

表22.2 国家或团体的旅游业净收入（百万美元）

国家或团体	1990	2000	增加	增长率（%）
经合组织国家	201 082	330 464	129 382	64.3
欧洲国家	119 998	179 041	59 043	49.2
其他国家	1 366	2 388	1 022	74.8
发展中国家	59 645	138 937	79 292	132.9
不发达国家（LDCs）	1 021	2 594	1 573	154.1
其他发展中国家	11 045	17 041	5 996	54.3

资料来源：WTO（2002）旅游与扶贫

尽管发展中国家的旅游发展非常迅速，但是国际旅游业仍主要集中在发达国家的旅游目的地。如表22.2所示，发展中国家与发达国家在游客接待量及旅游收入方面的差距还很大。虽然发展中国家的旅游收入增长率很高，也取得了巨大效益，提高了在国际市场上的竞争力，但发展中国家的旅游业收入总量还是比发达国家要少得多。

因此，发展中国家只占了全球国际旅游收入的一小部分（Brohman，1996：52）。莫弗斯和芒特（Mowforth，Munt，1998：15）指出，世界旅游业发展具有不平等和不均衡的特征，第一世界国家接待和输出大量游客，占有国际旅游收入的绝大部分。发展中国家之间旅游业发展很不均衡，在非洲，旅游业主要集中在埃及、摩洛哥和突尼斯三个国家，1991年三个国家的游客接待量占非洲接待总量的52.6%；在东南亚，马来西亚、新加坡和泰国的游客接待量占东南亚游客接待总量的79.8%。

发展中国家旅游收入快速增长的优势，并不能弥补其旅游发展所面临的挑战。虽然许多发展中国家拥有美景、阳光、沙滩、大海等丰富的自然旅游资源和独特的文化遗产资源，但是他们往往没有必备的基础设施，如机场，道路等，也没有能够为大众旅游提供满意服务的人力资源。因此，尽管发展中国家旅游目的地的海外游客接待量增长很快，但发展中国家依赖海外投资、海外专家来促进旅游业发展的事实仍然存在。

更为重要的是，旅游业的快速发展，并不意味着发展中国家全部人口的经济收入及福利等全面增长。伯恩斯（Burns，2004：24～31）认为，虽然旅游业发展能够提高游客接待量，促进旅游基础设施建设，但它不能在当地贫穷的居民中实现利益的平均分配。他还认为，在评价旅游业发展对当地的贡献时，有必要研究是谁受益的问题；在评价旅游业发展对于“可持续人类发展”的贡献时，应该考虑旅游业发展对目的地全体居民福利的提高程度（Burns，2004：40）。

里德（Reid，2003：4）认为，旅游发展具有旅游收入不均衡和经济增长不稳定的特征，尤其是在发展中国家。虽然当地居民经常是旅游服务的先锋，但他们从旅游业中的受益往往是最小的。在许多不发达国家（LDCs），社区居民往往不能参与到旅游规划及决策的过程中，他们仅仅被本地开发者看做是可以雇佣的资源而已。

■发展中国家的概念

发展的传统衡量指标，主要关注经济因素，如人均收入和国民生产总值（Lea，1988：4）。通常而言，没有被世界银行归为“经济上高收入”的国家就是发展中国家，也被称为“第三世界国家”。目前，在区分发达国家和发展中国家时，“第三世界国家”的术语已经不常用了（Harrison，1992：1）。

发展中国家可进一步划分为不发达国家（LDCs）和新兴工业化国家（NICs）。2003年，有49个国家被划为不发达国家，其中34个在非洲，9个在亚洲，5个在太平洋地区，1个在加勒比海地区（WTO，2003：6）。新兴工业化国家主要集中在东亚地区，如新加坡，泰国（Brohman，1996：50）。世界银行按照人均收入分类，一些东欧国家也被列入发展中国家的范围，但通常来看他们不属于“第三世界国家”（Harrison，1992：1）。

除了国民生产总值较低以外，发展中国家的经济弱点还有，多数人口健康状况差，水资源及卫生设施缺乏，教育机会不足，饥饿和营养失调，技术技能较低，政治不稳定，外债负担重等（WTO，2003：5）。发展中国家的其他特点还包括较低的生活期望，较高的母婴死亡率，较差的公共设施（如公路、电力、通信等），较多地雇佣童工等。根据WTO（2003）统计，全球60%以上的贫困人口生活在以下五个国家：印度、中国、尼日利亚、埃塞俄比亚和孟加拉国。

沙普利（Sharpley，2002：27～31）指出了发展中国家的其他非经济特征，如在经济上依赖农业，主要出口农产品，工业产品有限等。他认为，发展中国家的社会—政治结构不利于发展中国家迎接各种挑战，国家经济和社会利益分配严重不均的局面非常明显，多数利益都掌握在发展中国家的少数权威人士手中，这也是发展中国家的另一个典型特征。

联合国开发计划署（UNDP）认为，衡量人们生活水平和生活质量提高的标准是收入水平的增长，而发展不仅仅是收入水平的增长，还应该是人们选择面的拓宽及总体社会财富的增长（WTO，2003：5）。联合国开发计划署（UNDP）在人类发展索引（HDI）中指出，发展的衡量指标除了人均国民生产总值外，还有诸多社会因素，如生活期望，教育目的，实际收入等（WTO，2003：7）。基于以上指标，人类发展索引（HDI）将国家分为高人类发展国家（HHD）、中人类发展国家（MHD）、低人类发展国家（LHD）。1993年，游客接待量迅速增长的不发达国家（LDCs），同时又属于中人类发展国家的有柬埔寨、不丹、秘鲁、佛得角地区；同属于不发达国家和低人类发展国家和地区，有乍得湖周边国家、赞比亚和马达加斯加地区（WTO，2002：8）。

旅游业与经济发展

旅游收入是发展中国家经济收入的一个重要来源，发展旅游业通常被看做是消除贫穷，改善经济依赖的重要手段。当然，发展中国家为提高经济实力还可以采取其他发展途径。下面要论述的现代化、经济依赖和全球化理论，为发展中国家的发展展示了不同的前景和范例，也是发展中国家成功地发展旅游业的有效渠道。

■现代化和经济依赖理论

旅游业是一个投资回报快、外汇收入稳定的产业，发展中国家面临着提高居民收入和福利的挑战，因此发展旅游业的积极性较高。旅游业被世界银行和国际货币基金（IMF）等国际组织看做是许多处于国际贸易外围或边缘的国家，实现与构成全球经济核心的发达资本主义经济连接的一大机遇（Scheyvens，2002）。

现代化理论认为，发展中国家与发达国家的经济联系越密切，经济增长及发展的前景就越好。现代化理论家，如19世纪50年代和60年代的罗斯托（W. W. Rostow）等认为，发展中国家发展的途径就是要实现现代化，摆脱以农业为基础的经济，像西方国家一样依靠资金、技术、专家等促进发展（Clancy，1998：2；Scheyvens，2002：24）。现代化理论还主张，发展中国家的经济在本质上有缺陷，先天不足，因此必须被现代化，必须通过经济结构的重新调整来实现经济的增长和发展，从而具备发达国家的经济特征。

现代化理论所强调的发展是收入的产生及增长，基本的前提条件就是经济增长带来的收益最终要返回给当地居民。但利阿（Lea，1998）却认为，在发展中国家，与海外投资者具有共同利益、与海外旅行商进行贸易合作的业内人士是旅游收入的主要受益者，而当地的小企业通常不能介入旅游行业并受益，主要因为它们不能为国际大众旅游市场提供足够的，符合标准的产品或服务。

现代化理论的批评家认为，发展旅游业不能促进发展中国家全体人民生活水平的提高，尤其是不能改善贫困人口的生活质量。相反，他们认为，在发展中国家发展大众旅游，会因为国际航线的设置，国际旅游批发商、国际连锁酒店等跨国公司的进入，从而加重发展中国家对发达国家的经济依赖性。布里顿（Britton，1982）等政治经济学家普遍认为，旅游业使许多发展中国家的经济与西方发达国家的经济联系在一起，发展中国家的资源开发，往往会盲从于海外投资者的利益和海外游客的需要。

发展中国家在国际市场上的竞争能力有限，经济独立的前景渺茫，只能长期依赖西方发达国家的资金来维持本国旅游业的发展。布洛曼（Brohman，1996）指出，“第三世界国家”旅游业发展的外来控制会产生许多负面影响，如居民对当地资源开发失去控制，导致资源财富的贬值等。而且，当地居民还必须遵从外来开发管理者的严密决策，在经济上造成旅游收入的持续漏损，许多经济收益又返回到客源地。

经济依赖理论作为对现代化理论基础的挑战，主要是基于发展中国家经济而言，它们需要现代化和进行经济结构的调整，而经济依赖理论对此提出了不同观点。经济依赖理论认为，资本主义经济通过经济渗透，过剩资本转移，垄断全球贸易等方式，使第三世界国家长期处于不发达状态（Khan，1997）。因此，经济依赖理论学家一般不支持发展中国家把大众旅游作为发展的优先选择，主要因为大众旅游需要大量的海外投资，具有高度的收益返回及经济漏损，当地居民参与旅游开发及决策的机会受限，过度依赖外部市场等特征。以上这些特点被发展理论学家看做是“非殖民”经济扩张的一种迹象，同时形成了发达国家与发展中国家之间不平等的新的发展模式（Britton，1980；引自Brohman，1996）。

布洛曼引用的库克岛（Cook）和泰国的两个案例表明，与大的国际企业相比，当地小型企业能够产生更多收益，创造更多就业机会，并为目的地经济创造更多税收。这也意味着，能够为当地社区保留大部分收益的旅游业发展，才是发展中国家的优先选择。有人主张，能够提高当地居民参与性，有利于提高社区自力更生能力，实现社区发展目标的旅游发展形势，可能比大众旅游更能使旅游业的效益达到最优化（Reid，2003）。然而，全球国际旅游市场的实际是，旅游需求仍然集中在大众旅游产品和线路上。因此，经济依赖理论为发展中国家倡导的旅游发展形势，是不能适应大众旅游市场需要的（Khan，1997）。

■全球化在旅游发展中的作用

不论是发达国家还是发展中国家，随着空间距离的缩短，交通、通信障碍的减少，世界被看做是一个地球村的概念越来越被人们接受（Scheyvens，2002）。瓦哈比和库柏（Wahab，Cooper，2004：319）认为，全球化可以被界定为在各类组织和国家之间“无边界”的现象。但是，全球化还超越了地理空间缩短，空间障碍排除的概念，它同时意味着多种文化和生活方式的同化。全球化的评论家强调，“麦克唐纳主义”和“可口可乐主义”对保护全球文化资源是一大威胁（Sharpley 和 Telfer，2002）。他们还指出，越来越多的偏远地区和国家开始使用互联网，结成联盟，有时还会给国家的政治主权带来挑战。

虽然全球化并不是发展中国家必须遵从的模式，但是在新的世界秩序的趋势下，发展中国家为了能够幸存和掌握自己的命运，被迫对全球化带来的外来压力做出回应。瓦哈比和库柏（Wahab，Cooper，2004：332）指出，旅游业具有国际经营的特征，又能随着自身发展变化而做出回应，因此多被看做是处于全球化的前沿。如全球航空联盟，计算机预定系统，全球分销系统等，使旅游业扩展到被全球经济排除在外的国家。随着全球化的进程，国家立法会有所变化，国际贸易、海外投资、劳动力自由流动的壁垒也会逐步消除，旅游业当然会从中受益（Madeley，1999）。对发展中国家来讲，全球化带来的是机遇与挑战并存，二者皆不容忽视。全球化带来的机遇有，为当地人口的技术培训、能力提高及新基础设施建设提供更多资金。发展中国家需要发展国际品牌、建立国际联盟、开展国际合作，来减少对国内市场的依赖，因此航空、酒店、旅行社等跨国旅游企业实施的有竞争力的、走向国际化的策略，就是与发展中国家合作（Wahab 和 cooper，2004）。

毫无疑问，伴随着跨国公司的商业运作，发展中国家在投资，就业，知识技能提高，本地经济的工业化进程等方面都会有所收益。另一方面，跨国公司最终是为主要资本持有者服务，其发展也会给发展中国家带来负面影响，如本地就业机会的丧失，对当地小企业的生存能力造成威胁等。梅德利（Madeley，1999）指出，跨国旅游企业主要是航空、酒店、餐饮连锁、旅行社集团，大多数跨国公司的总部都设在发达国家。梅德利所做的一项国际旅游研究指出，13个跨国公司支配着全球旅游业，其中美国6个，法国4个，澳大利亚、英国、加拿大各1个。

虽然《服务贸易总协定（GATS）》所做的贸易规定朝着自由化方向发展，但国际贸易秩序还是有利于跨国公司全球发展的，发展中国家在促进国际贸易秩序方面所起到的作用是微乎其微的（Madeley，1999）。这种贸易秩序使跨国公司入侵发展中国家变得合法化，而本地企业虽然具有竞争优势，但不能受到立法保护，只能应对跨国公司带来的激烈竞争。长期以来，海外竞争者使发展中国家的本地企业变得非常弱小，由此给发展中国家带来的是，不断上升的不平等状况，以及越来越不利的生存机会，这实在令人担忧。

跨国公司在承诺为目的地国家带来利益的同时，会从自身利益出发，用其强势地位影响发展中国家政府制定的政策，而这些政策对发展中国家未必有利。如沙耶文斯（Scheyvens，2002）举例说，1999年10月，冈比亚政府认识到发展全包式酒店对目的地经济和文化产生不利影响，出台了一项限制此类酒店发展的政策，于是旅行社不再组团到冈比亚旅游，而是组织游客到其竞争者对手的目的地旅游。一年后，冈比亚政府决定采取完全相反的政策，通过为旅游开发者提供税收优惠等，鼓励全包式酒店在冈比亚发展。

与此相似，马菲特（Marfurt，1997：175）在报告中指出，当突尼斯拒绝一家德国旅游企业享有更高的边际利润率时，该公司做出了减少突尼斯1/5旅游配额的决定。这也说明，依靠旅游业创汇的发展中国家在制定政策时，跨国公司对其有重要影响。当然，冈比亚的案例不能代表所有发展中国家，对于不完全依靠旅游业创汇的发展中国家，旅游业只是促进发展的一种途径，政府会制定国家发展的综合计划，因此政府就有可能与跨国公司的强大权威相抗衡。梅德利（Madeley，1999：8）争论说，发展中国家的政府在与跨国公司协调，为本地旅游企业争取更多优势方面起着重要作用。例如，政府可以出台政策，规定国际酒店必须使用当地供应品（如一定比例的食品，酒店需要的其他服务等）。

从本质上看，跨国公司不愿意实施旅游发展项目，尤其是当项目风险较高且不能保证收回投资的早期回报时。在此类案例中，一国政府为了稳住客源，维持旅游业发展，不得不带头投资，然后与跨国公司合作。因此，一国政府更有可能控制旅游业发展的速度和规模。例如，克兰西（Clancy，1998）的报告指出，墨西哥政府为促进本国旅游业发展，着手实施一项有计划的战略，这对平衡发达国家与本国企业之间的关系将持续产生作用。据克兰西（Clancy，1998：10）所述，墨西哥政府通过国家旅游者组织FONTUR，带头“制订规划，建设基础设施，为私人投资者提供基金，收回旅游企业的所有权”。尽管政府在新的旅游开发区，如坎昆（Cancun）、伊斯塔帕（Ixtapa）、洛斯卡布斯（Los Cabos）、洛雷图（Loreto）及瓦图尔科（Huatulco）等地进行了大规模的投资开发，但国际和海外私人投资者对这些地区缺乏投资兴趣，国际连锁机构也不愿意在这些地区建造酒店，在他们眼中，这些地区“一无所有”。

墨西哥政府为促进本国旅游发展，建立和经营自己的酒店；同时为鼓励酒店建设，政府还为开发者提供优先贷款和贴息贷款。虽然当时的国家政策在总体上是限制海外所有权企业的发展，但政府仍然允许海外企业进入，并与墨西哥私人企业联合，以分担投资风险。墨西哥战略的成功之处在于，政府鼓励私人投资者带头进行旅游开发，从而使墨西哥国家酒店集团成为目前墨西哥最大，最有实力的酒店连锁机构。与跨国公司合作，在共享跨国公司“酒店名称，信誉，销售渠道”的同时，墨西哥投资者还能与海外投资者一起，控制本地的酒店市场（Clancy，1998）。

在实施旅游发展战略时，墨西哥政府能够控制海外企业对本地旅游业发展的影响程度，有效利用跨国公司的优势和资源并从中获利。墨西哥的案例支持了瓦哈比和库柏（Wahab，Cooper，2004：332）关于“旅游应该包含全球化，要想成功只能承受局部威胁”的观点。瓦哈比和库柏还指出，旅游业的全球化使人们不再关注发达国家与发展中国家的分割，而是更多地关注将特殊利益群体与旅游目的地联系在一起的国际联盟，从全球化进程中获利的企业比只从事本地业务的企业更具有竞争优势。克兰西（Clancy，1998：16）指出，从某种意义上说，墨西哥酒店业案例中，跨国公司和大的墨西哥投资商在旅游发展中获得了大部分收益。

全球化的趋势持续向前发展，发展中国家还不明确如何借助全球化的力量使广大人民受益。而且，为了提高人民生活水平和生活福利，发展中国家不得不遵循全球化的趋势，发展国际大众旅游，从而被迫卷入全球化的旋涡中。诸如《服务贸易总协定（GATS)》等国际贸易协定的实施，在某种意义上限制了政府对本地企业的保护程度。例如，《服务贸易总协定（GATS)》规定，政府为当地酒店提供的所有优惠、激励和让步条件，跨国公司也同样享受（Madeley，1999）。对于试图利用跨国公司的资源和优势，促进本地企业发展的国家政府而言，诸如此类的规定使他们面临着真正的挑战。

案例 22.1　旅游业自由化：当地旅行社必须去适应

泰国旅行社协会（TTAA）警告说，在未来两年以后，随着旅游业的自由化发展，泰国将面临激烈的海外竞争。加入世界贸易组织后，海外旅行社将进入泰国市场，它们提供的是配套服务，还拥有高投资预算、技术和商业网络体系。

泰国旅行社协会会长麻鲁斯·派帕珊纳伦斯（Manus Pipathananunth）说，海外旅行社的优势是“懂得如何管理”，而本国优势是“了解游客需求”，如果能够把海外管理的优势和游客需要及游客行为结合起来，我们就能够幸存。目前泰国拥有 3 000 家入境、出境及国内旅行社，如果我们不能适应旅游业的自由化发展，国内旅行社将被逐步淘汰。

值得注意的是海外旅行社在泰国的投资，如它们的注册资金高达 1 500 万泰铢（约 27.5 万美元），而泰国旅行社注册资金只有 200 万泰铢（约 5 万美元），而海外旅行社的网络系统覆盖全球。

麻鲁斯说，未来的两年中，由于低投资和无贸易障碍，海外旅行社进入泰国旅游市场非常容易，泰国旅行社将面临激烈的海外竞争和削价竞争，价格战还会减少旅游业的收益。

资料来源：new frontiers，vol. 10，No. 1，Jan-Feb 2004 available at www. twnside. org. sg/tour. htm

案例 22.1 续

问题讨论

1. 伴随着即将发生的旅游业自由化，泰国旅行社将面临怎样的挑战？
2. 为了应对挑战，文中建议泰国旅行社应采取的措施有哪些？
3. 你是否认为，泰国政府应在帮助本国旅行社应对全球化带来的挑战方面发挥一定的作用？

发展中国家大众旅游的效应

旅游业发展客观上会对旅游目的地产生相应的效应（Khan，1997），这种效应对旅游目的地的经济、政治和社会文化既有积极作用，也会带来消极影响（Ahcher 和 Cooper，1994）。对发展中国家而言，旅游业发展带来的消极影响更为突出，因为发展中国家不仅资源短缺，而且缺乏控制旅游业消极影响的专业队伍，通过地方旅游规划来提高效益、减少成本支出的能力也有限。尤其是在如何有效管理国际大众旅游，减少旅游业的消极影响，实现旅游业可持续发展的问题上，一直存在着相当大的争议。争论的焦点在于，大众旅游在旅游活动中一直处于支配地位，因此旅游发展应更多地关注如何对大众旅游的消极影响实施有效管理，而不是试图发展其他旅游形式，因为其他的旅游形式对发展中国家也未必是可行的。

■经济效应

世界旅游组织（WTO）和世界旅游理事会（WTTC）认为，旅游业发展给发展中国家和发达国家都会带来积极的效应。鉴于发展旅游业可以赚取外汇收入，促进产业收支平衡的事实，旅游业给发展中国家带来积极的经济效应的论点看来是正确的。例如，世界旅游组织指出，除了三个主要的石油输出国以外，旅游业几乎是 49 个不发达国家（LDCs）赚取外汇的主要渠道（WTO，2003）。因此旅游业是发展中国家以相对较低的成本投入，以赚取外汇来支付进口、偿还繁重的外债，支持对实现经济发展而必需的技术和技能的投资。

世界旅游组织（WTO，2003）的统计表明，旅游业是许多发展中国家平衡外汇支出的无形出口产业。世界旅游组织（WTO，2002）还指出，旅游业占了经济合作与发展组织（OECD）国家和欧洲国家服务贸易的 28%，而发展中国家的旅游业占了服务贸易的 43%，不发达国家（LDCs）的旅游业占服务贸易的比例高达 70%。发展旅游业是发展中国家增加外汇收入的重要手段，这也说明了旅游业积极的经济效应。但是，发展中国家和不发达国家（LDCs）高度依赖旅游业，仅依靠一种产业作为创汇渠道而缺乏多样性创汇产业的状况，也同时暴露出发展中国家经济结构的弱点。

发展中国家在面对外汇收入渠道很少这一现实，对旅游业产生的消极影响自然变得可以接受了。世界旅游组织（WTO，2002）认为，旅游业对发展中国家减少贫困起着重要作用，被看做是促进经济发展的主要途径。根据世界旅游组织的分析，旅游业对发展中国家的积极经济效应主要有：

■ 增强消费者与旅游目的地的联系，为销售更多的商品和服务创造机会，如小公司、小作坊向消费者出售手工艺品和纪念品；

■ 代替传统的出口商品打开国际出口市场；

■ 为贫穷、偏远地区的文化遗产、野生生物资源创造产生旅游收入的机会；

■ 为妇女创造就业机会，从而促进男女平等。

发展中国家经常因为就业难的问题感到苦恼，宾馆酒店能够为大量没有专业技能的劳动力创造就业机会，为没有正式培训机会的劳动力提供技能培训，因此发展中国家通常支持大型酒店的发展。世界旅游组织（WTO，2002）指出，旅游业是劳动密集型产业，其劳动密集程度低于农业，高于制造业。与其他产业相比，旅游业更容易获得海外投资，开拓海外市场，出口收入周转也较快，因此发展旅游业给发展中国家带来的益处最多。基于以上优势，发展中国家通常把旅游业当做是首选产业及国家发展战略中的主要经济增长点。但是，作为国家的战略发展途径，为了优化旅游产业的经济效益，政府还必须通过制定法律法规，提供税收优惠，运用综合发展规划等手段，最大限度地提高旅游业的经济效益。

案例 22.2 列举了巴巴多斯岛政府为了培育当地旅游产业，制定了一系列政策措施，通过实施税收优惠和财政鼓励策略来支持酒店业的发展。政策规定，海外投资者投资旅游业，政府会对投资者做出财政让步，这必然会鼓励海外投资的进入；政策还鼓励各种规模的酒店发展，从只有 75 间客房的小宾馆到拥有 250 间客房的高级酒店；为促进文化、遗产资源的保护，政府为相关旅游景点的改造和维护提供贷款。同时，出台的财政政策中也有鼓励餐饮、旅游景区点发展的，这表明政府制定的政策是促进旅游业全面发展的经济计划。

案例 22.2　巴巴多斯岛为支持旅游业发展制定的财政措施

巴巴多斯岛政府为促进新兴旅游产品开发，提升酒店业的质量和规模，制定了一系列财政措施，发起了旅游业可持续发展运动。下面列举了几项措施：

1. 建立基金，为不足 75 间客房宾馆的提升和改造提供贷款利率的优惠。
2. 为提升和改造住宿设施，金额在 750 万美元以上的贷款可以减免利息。
3. 为新建房间数不少于 250 间并拥有会议设施的酒店，金额在 3 000 万美元以上的贷款减免利息。
4. 在非海滨区域建设新的住宿设施，金额在 2 000 万美元以上的贷款可以减免利息。
5. 为整合小酒店，金额在 1 500 万美元以上的贷款可以减免利息。
6. 为保护自然、历史、文化遗产，维护和改善相关设施，金额在 300 万美元以上的贷款可以减免利息。
7. 符合巴巴多斯岛旅游局制定的特殊标准的餐馆，准许免税。
8. 对于负债酒店用于市场促销的费用，可以申请 150% 的任何基金贷款。
9. 对于负债酒店和餐馆用于员工培训的费用，可以申请 150% 的任何基金贷款。
10. 对于分时度假酒店的建设材料，可以为其提供一次性的免税。

资料来源：Poon（2004）Successful Tourism Destinations-Lessons from the Leaders

问题讨论

4. 政府制定政策的主要目的是什么？
5. 不发达国家（LDCs）应如何借鉴此类鼓励政策？

在“旅游和扶贫”的研究报告中，世界旅游组织（WTO，2002）指出，发展中国家政府可以制定策略，通过延长游客逗留天数、提高游客人均日消费，吸引高消费市场群体等，提高旅游收入，减少贫困。世界旅游组织进一步指出，发展中国家还可以通过开发辅助产品，拓展旅游活动覆盖区域，克服旅游的季节性，鼓励中小型企业发展等方式，从旅游业发展中获取最大收益，更好地把旅游业作为促进国家经济发展的途径。

作为一项经济产业，旅游业为国家创收。但在经济学领域，对于国家经济来说，旅游业的机会成本就是国家为追求旅游业发展削弱了其他产业的发展，而其他产业同样可以为国家创收。有建议说，发展中国家对发展旅游业的最佳选择，必须建立在旅游业不仅促进国家经济发展，而且对短缺资源的使用不会导致大量现实社会成本产生的基础之上（Archer 和 Cooper，1994）。

旅游业发展在国家外汇收支平衡中起着积极作用，外币的直接流入使国家经济产生的更大收益，就是旅游业对国家经济的第二个积极影响。旅游收入的再分配，产生了新的经济循环，加速了商业运转，实现了旅游业的乘数效应（Archer和Cooper，1994）。与发展中国家相比，发达国家经济的多样性使其能更好地利用旅游收入，旅游业发展的乘数效应也就更加明显。

相对而言，发展中国家拥有的、与旅游业相关的生产型企业较少，更容易造成高额旅游收入漏损。漏损，是指旅游目的地为进口商品和劳务等造成旅游收入的流失。旅游收入漏损的原因包括支付国外雇员工资，进口酒店食品，向海外客源地支付度假旅游费用等。利阿（Lea，1998）指出，酒店业与当地企业之间的联系，取决于酒店所需供应品的种类，以及当地企业能够满足酒店需要的程度。他还指出，随着酒店数量的增加，当地企业通常不能满足酒店的需要，导致“越来越多地依赖进口食品”。我们也可以总结为，国家各经济部门之间的联系越密切，“漏损”就越小。世界旅游组织（WTO，2002）认为，虽然“旅游收入存在漏损，但漏损的程度并不比其他出口行业大”。

■政治效应

根据里克特（Richter，1992：37）分析，与发达国家相比，发展中国家由于不稳定的政治环境，通常不能更好地保护旅游业。这不仅是因为缺乏资源，而且是因为许多新兴国家卷入了不利于旅游业发展的政治动乱的旋涡。有关政治冲突和国内动乱的新闻报道，往往成为许多国际媒体关注的焦点，许多发展中国家除了被国际媒体作为反面报道的案例外，在国际媒体上几乎很少见到。世界任何国家发生政治剧变事件都会给旅游业带来消极影响，但由于发展中国家缺乏处理复杂公共关系的能力，缺乏市场拓展活动及相应的恢复策略，因此旅游业更容易遭受打击。

里克特（Richter，1992）指出，天安门广场事件后，来中国旅游的游客迅速减少；在牙买加，虽然加勒比海岛与城市中心相距甚远，但自从传出城市中心局面动荡的消息后，前往加勒比海旅游的游客量也有所下降；2001年美国“9·11”恐怖事件后，赴美国旅游的游客急剧减少，尤其是纽约。同样，因为美国是加勒比海地区的主要旅游客源地，2001~2002年，“9·11”事件使加勒比海地区的入境游客量下降13%，过夜游客量下降4.1%（Momsen，2004；引自加勒比海旅游组织，2002）。直到2003年，“9·11”事件发生两年后，其对加勒比海地区旅游业造成的影响才得以恢复。按照贝尔曼（Beirman，2003）所述，基于对国内旅游市场的信心，美国旅游业对“9·11”事件所做的回应，是实施了一项全面的市场恢复策略，一年后成功地实现了旅游市场的恢复。但是，加勒比海地区国家没有强大的国内旅游市场作为支撑，更容易受到主要海外客源地政治危机的影响。

案例22.3说明，相邻地区之间的政治紧张也会阻碍旅游业的发展。

案例22.3 金边骚乱严重伤害了旅游业发展

旅游业是柬埔寨的支柱产业。2002年，柬埔寨接待海外游客80万人。在1月份亚洲旅游论坛期间，柬埔寨政府推出了“2003访问柬埔寨”活动，预计2003年接待海外游客可达100万人。但在1月29日，亚洲旅游论坛（ATF）在金边市结束后两天，发生了泰国大使馆着火及反对泰国总理的狂暴行为，即“金边骚乱”。骚乱严重阻碍了“2003访问柬埔寨”活动的开展，伤害了柬埔寨国家经济及旅游业的发展。

“金边骚乱”对2001年柬埔寨和泰国联合提出的“两个王国，一个旅游目的地”活动也产生了不良影响，由于“金边骚乱”，柬埔寨旅游局与泰国国家旅游局终止了所有官方事务，结束了所有促销及教育培训等双边活动。

受骚乱影响，柬埔寨出入境航班被延误，许多旅游团队取消行程，边境检查站关闭而导致边境旅游停止。

资料来源：new frontiers，vol. 9，No. 1，Jan-Feb 2003 available at www. twnside. org. sg/tour. htm

如案例22.3所述，相邻国家之间的敌对状态也会给国内及国际旅游都带来伤害。虽然旅游业被称作是和平的使者，能够把不同文化和宗教信仰的人群联系到一起，但是如果希望旅游业能够超越政治冲突纯属理想主义（Archer和Cooper，1994）。旅游业能够使不同文化背景、来自不同国家的人群加强交流，从而产生亲和力，但旅游业不可能解决对抗群体之间的长期对抗状态。因此，政治稳定是旅游业健康发展的必备条件。对于大多数发展中国家而言，虽然面对社会动荡及民间骚乱的局面，但还是努力追求旅游业发展。

发展中国家的旅游业受国家政体的影响，如民主政治、共产主义政权、独裁专政、君主政治统治、军事政体等，因此不同的政治体系对国际大众旅游发展产生不同的影响，尤其是当统治政权与西方国家之间政治紧张的时候。缅甸有这样一个案例，1996年反对派为了回应对前民主党领导人的攻击，发动了联合抵制缅甸旅游的运动。反对派煽动海外航空企业及旅游公司缩减经营，以削弱军事政府的收入基础（news frontiers，5月~7月，2003）。从这方面看，旅游业成为反对派政治煽动的焦点，同时被反对派用作实现政治目的的斗争手段。

西方国家的旅游警告，明显地暴露出发展中国家在国际竞争中的政治弱点。西方国家发布的旅游警告多是反对游客前往某地旅游，提醒游客要注意旅游目的地国家的危机、恐怖分子袭击、自然灾害等。据贝尔曼（Beirman，2003：04）分析，虽然西方国家没有明确约束游客到发展中国家旅游，但他们发布的旅游警告对游客出游率有消极影响，也会影响到旅行商对旅游目的地的市场促销、市场开拓，以及旅游目的地的游客接待量。发展中国家的旅游行政管理部门，所面临的一个重大挑战就是要应对旅游警告带来的不良影响，通常采取的方法是持续投入资金，在公共关系及媒体上加强正面报道，以减少旅游警告对公众的影响。尽管肯尼亚官方领导声称，美国发布的长期反对游客前往肯尼亚旅游的警告，已对其旅游业造成了破坏性的影响，但美国也是最近才解除了此旅游警告。西方国家发布的旅游警告影响了国内公众的旅游热情，由此造成发展中国家游客量急剧下降，旅游市场价格低迷等问题。因为在旅游警告方面，发展中国家与西方发达国家协调的力度较弱，因此发展中国家旅游业就更容易受到旅游警告的打击。但旅游需求的趋势表明，西方游客更能接受高风险的旅游，危机过后旅游价格大幅度下滑，使许多消费者对此做出积极回应（Beirman，2003）。这看起来支持了世界旅游组织的观点，世界旅游组织认为，旅游业是有反弹力的，在经受冲突和政治巨变后，由于旅游消费需求总体上看非常强烈，因此旅游业自身是可以逐步恢复的。

■环境效应

旅游业的环境和社会效应评估，既是旅游规划的重要依据，也是尽量减少旅游业消极影响的手段（Archer 和 Cooper，1994）。为了最大限度地促进区域经济发展，大众旅游尤其要注意控制发展的规模和速度，否则就不可避免地导致环境退化，游客与目的地居民间关系紧张等问题。游客与目的地居民之间关系紧张，还会使游客的旅游体验质量下降，甚至影响旅游业的可持续发展。因此，发展中国家的旅游开发，需要规划专家从旅游发展初期就重视环境容量，评估旅游目的地的“最大游客承载力”（Sharpley 和 Telfer，2002）。依赖旅游业的发展中国家所面临的一大挑战，是他们对旅游业的消极影响没有引起足够重视，不去关注为旅游业发展所付出的代价。但是，旅游业的消极影响一旦产生，要想弥补这些影响就需要付出更大的代价，这是旅游目的地所无法忽视的。通常，发展中国家不愿意对旅游发展的空间范围及环境标准做出严格规定，因为开发商也不愿意到此类规定非常严格的国家进行开发和投资（Weaver，2001b）。

根据布罗曼（Brohman，1996）所述，大众旅游发展带来的问题有“空间极化、环境退化、文化丧失，以及本地居民对社会失去控制”。发展中国家的旅游活动多集中在“环境优美的区域”，如海岸，生物多样性丰富的广泛区域等。旅游目的地的吸引力多来自于脆弱的环境及生态系统，与促进环境保护的生态旅游等选择式旅游相比，大众旅游对环境的关心不够，这也是人们对大众旅游发展提出质疑的主要原因。韦弗（Weaver，2001b）认为，旅游业的大规模发展，会导致珊瑚礁和红树林的减少，水质量的下降，优质农田的占用；海滨地区酒店建设异常迅速，酒店排放的污水，产生的垃圾没有得到及时净化和处理，有关部门也没有对此制定严格规定并强制酒店执行，所有这一切都会造成消极的环境影响。然而也有观点说，旅游业对环境的消极影响，是可以通过合理的旅游规划及旅游管理得到有效控制或降到最小。

韦弗（Weaver，2001a：111）主张，大众旅游发展的最好实践，就是让大量游客集中在小尺度空间旅游，这样有利于对旅游景区进行有效保护，还能减少游客利用的空间。他指出，每年访问南非克鲁格（Kruger）国家公园的70万游客仅在其4%的区域内活动。

基于旅游收入会间接地用于对环境脆弱区域的保护，大众旅游对环境也会产生积极效应。例如，肯尼亚野生动物园的旅游收入就用于生物资源保护（Archer和Cooper，1994：75）。韦弗（Weaver，2001a：111）还指出，当大众旅游者参与生态旅游活动时，会产生生态旅游收入，从而增加用于保护脆弱生态系统和遗产资源的资金来源。

■社会文化效应

大量西方游客进入发展中国家，通常会引起发展中国家的社会传统、价值观、语言和家庭结构的变化（Hashimoto，2002）。当然，旅游并不是引起发展中国家文化变革的唯一因素，但游客与旅游目的地居民接触所产生的直接影响，会促使当地居民模仿游客的行为、生活方式和语言，这被称作“示范效应”。在游客与旅游目的地居民的接触中，旅游目的地居民会主动学习西方的生活方式，其积极方面并不能弥补由此带来的当地传统和文化的丧失。大众旅游给发展中国家旅游目的地带来的消极社会文化影响，代表着旅游业发展对当地社会文化产生消极影响的普通模式，旅游目的地为了满足游客观看传统文艺表演，购买传统艺术品和手工艺品的需要，变相开发旅游产品，造成当地传统文化的破坏（Hashimoto，2002）。

在发展中国家，旅游业对社会文化的另一个显著影响，就是导致犯罪和卖淫现象的增多，尤其是在游客常去的区域，色情旅游还会加剧性疾病传播、吸毒等社会问题，旅游目的地国家要花大力气对此进行管理。哈希姆图（Hashimoto，2004：224）指出，色情旅游是发展中国家获取外汇的重要资源，如在菲律宾，色情旅游赚取的外汇在全国排第三位。旅游收入在当地社区的分配方式，也是影响居民对旅游业发展态度和反应的一个主要因素。如果旅游目的地有大量无业游民，游客会因此而遭受不正当的纠缠和折磨。在牙买加，游客度假旅游体验不满意的主要原因，就是受当地居民的纠缠（Daye，1997）。虽然旅游业开发成功，但如果当地居民不能从旅游业发展中获利或提高生活水平，他们就会远离旅游业的发展；如果改善的旅游基础设施和城市环境，仅仅是在旅游区而没有扩展到当地居民的社区，那么居民疏远的态度就会加剧（Daye，1997）。因此，对于发展中国家的政府来讲，有必要回顾其旅游业的发展战略，判断是否因为旅游收入的不平等分配，引发了社区居民对旅游发展的消极态度（Daye，1997）。布罗曼（Brohman，1996）和里德（Reid，2003）认为，在旅游规划中让社区居民更多地参与，能够弥补诸如居民疏远旅游发展，大众旅游收入分配不均等消极社会影响。图22.1是牙买加报纸上的一则漫画，说明了游客与当地社区之间的关系非常紧张。漫画中，警察反对社区居民对游客热情打招呼的做法，就表明了警察对游客的敌对情绪。游客与旅游目的地居民相遇时陷入了进退两难的局面，表明社会行为规范非常混乱，暗示旅游目的地具有保护游客的责任。漫画的讽刺性还在于，警察在执行旅游管理公务时，使当地居民受到伤害。

图22.1 《牙买加观察》上的一则漫画

资料来源：The Jamaica Oberver，8 August 1996

当一个牙买加小伙子在岛上的主要旅游区遇到一对游客夫妇时，他真诚地向他们挥手，并得到了游客的热情回应。然而，巡逻的警察误解了他们的问候，对小伙子进行了严惩，小伙子争论说他没有注意到警察关于不准搭理游客，也就是要折磨游客的警告。案例中，游客与当地居民之间产生的尴尬局面，说明了社会行为规范的混乱，以及旅游目的地具有保护游客免受不公平待遇的责任。警察对小伙子所做的一切，使游客夫妇感到非常震惊和慌乱。

■可持续发展的大众旅游

大众旅游的特点，通常是大规模的旅游设施建设，土地包围式开发，在旅游发展中当地居民缺乏参与性等，这些特征常常与旅游的消极影响联系在一起(Brohman，1996)。尤其是提供“全包式”服务的酒店，酒店对度假游客提供食品、饮料、机场接送、设施设备和行李服务等，连给小费都是统一的价格，此类酒店被指控存在高度的旅游漏损，引起当地社区边缘化和社区居民的疏远态度（Duval，2004)。但普恩（Poon，2004）争论说，在牙买加，全包式服务帮助游客摆脱了犯罪及岛上、街上居民的纠缠。按照普恩所说，全包式酒店占了牙买加所有酒店数量的四分之一，且每年的住房率明显高于传统酒店。从图22.2可以看出，上面的曲线代表的是全包式酒店，正如普恩所说，全包式酒店比传统酒店更有利润可图。相对而言，全包式酒店（尤其是在加勒比海地区）的成功，表明全包式酒店是加勒比海地区酒店发展的主导形式（Issa and Jayawardena，2003)

图22.2　牙买加酒店每月客房入住率，2002：全包式酒店与非全包式酒店的比较

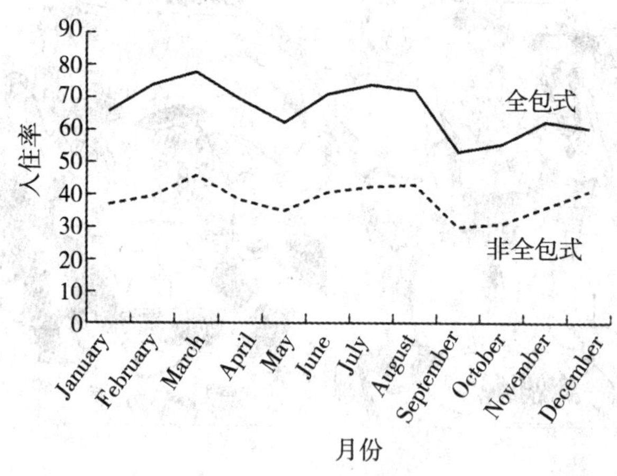

资料来源：Jamaica Tourist Board，Annual Travel Statistics 2002. 引自 Poon（2004）

尽管全包式酒店在牙买加等地发展很成功，但由于他们规模大，通常被看做是“不可持续的”。韦弗却认为，大众旅游也可以是可持续旅游，他还进一步指出，许多大型度假酒店是发展可持续旅游项目的最佳地点，因为业务规模大和高收入的特征，能够使他们“合理利用和分配资源，尤其是为了环境和社会的目的”。韦弗（Weaver，2001a）还指出，由当地社区管理和经营的小型旅游项目，也有发展不好的，不可持续发展的案例，案例22.4中就是其中之一。其原因是小型旅游项目给当地社区带来的效益分配不均，或者不能给游客带来满意的体验。

案例22.4　“住家旅游”引起社区分割的原因是文化冲突

1月份，泰国生态旅游经营者莱斯特（REST，负责任的生态社会旅行），荣获了由国际保护组织的美国基地保护集团（US－based conservation group）和国家地理旅行杂志所颁发的2002世界遗产奖，是奖给普吉岛上玛斯里姆（Muslim）社区的“住家”旅游项目。

但是，由官方旅游组织、私人旅行商和非官方组织（NGO）力推的“住家”旅游项目，同样会引起社区分割。斯里沙·弗里霍塔玛（Srisak Vllibhotama）争论说，陌生人跟主人同住一个屋檐下的“住家旅游”模式，与当地文化相背离，容易在居民中引起矛盾和冲突，从而削弱社区的凝聚力。冲突产生的根源是住家项目盈利的分配不均。

部分社区居民不能从“住家”项目上获利时，盈利就不可能产生良性循环，他说，泰国国家旅游局在推广此类项目时根本没有考虑过潜在影响。“村子里应建设属于社区的客房，由当地居民轮流提供服务，而不是让客人住到家里去”。

为了从游客身上赚到钱，村民被迫表演神圣的宗教仪式，甚至是一天表演几次。泰国居民努力地去迎合游客需要，而游客特别是来自城市的游客，总是不能满足。为了赶走游客，愤怒的萨姆特宋克纳姆（Samut Songkhram）村民砍倒了一棵菩提树，那里是萤火虫栖息的地方，也是游客常去的景点。

资料来源：new frontiers，vol. 9，No. 1，Jan-Feb 2003 available at www. twnside. org. sg/tour. htm

必须指出的是，小尺度旅游发展并不是旅游开发成功的衡量标准。加特纳（Gartner，2001）指出，加纳的大部分酒店都是本地所有，但由于发展水平较低，因而对国家经济的贡献也很小。加特纳还指出，缺乏国际连锁品牌的酒店，是限制加纳吸引国际游客和海外投资的主要原因，也是限制当地旅游业持续健康发展的重要因素。这也说明，对某些旅游目的地而言，发展选择式旅游并不是最好的选择。韦弗（Weaver，2001a，2001b）指出，诸如生态旅游等选择式旅游形式很可能会快速发展成为大众旅游。选择式旅游演化为大众旅游，往往会使脆弱的生态系统受到毁灭性的破坏，期望通过有效的污染管理系统，或通过针对游客大量涌入做出的调整，来避免生态破坏是很困难的。

沙普利（Sharpley，2002）争论说，尽管大众旅游的快速发展会带来许多环境和社会文化问题，但在促进经济社会发展方面，发展中国家找不到更好的发展途径。他引用了多米尼亚共和国的案例，全包式旅游项目的发展加强了旅游业与农业、制造业的联系，成为国家外汇收入的主要来源。惠勒（Wheeller，1997）认为，大众旅游发展的多种形式能够维持旅游经济的持续增长，而对需要大量旅游投资的发展中国家来说，选择式旅游未必是最好的选择。

从本质上看，一个国家选择发展大众旅游还是发展选择式旅游，或是两者兼有，取决于目的地国家的独特特征，如旅游资源、竞争优势、旅游业在国家发展中的地位等。也有的发展中国家不愿意发展大众旅游，而是通过发展选择式旅游取得了成功。如哥斯达黎加已经被看做是世界级的生态旅游目的地（Poon，2004）。普恩指出，毛里求斯推出的“选择性旅游项目，追求旅游质量而不是游客数量”政策，使其成功地推出了高水准的旅游产品。但是，我们必须强调的是，选择式旅游并不是发展中国家消除大众旅游影响的万能药。正如韦弗开始所阐述的，如果发展中国家把旅游业看成是为当地居民创收和促进经济发展的动力，通过旅游规划和有效的旅游管理，实现大众旅游的可持续发展还是有可能的。尽管人们倾向于追求独立的、多样化的旅游体验，大规模的包价大众旅游仍然在世界旅游需求市场上占主导地位（Mowforth 和 Munt，1998）。正如沙普利（Sharpley，2002：334）所述，大众旅游是许多发展中国家旅游业成功发展的必然选择，也是它们促进经济社会发展的最佳途径。

结　论

对于不同的发展中国家而言，旅游业发展水平、规模和类型是否适当，取决于国家的发展需要和发展目标，不能统一而论。旅游业发展的最佳形式，由旅游目的地的特殊背景所决定。旅游业通过供给或输出而与其他经济产业相联系，联系的紧密程度也决定了社区通过旅游业发展的受益程度。因为发展中国家面对贫穷的现状，具有促进经济发展和社会稳定的需要，因此许多发展中国家把旅游业当做是促进经济社会发展的主要动力。而旅游业发展成功与否，不能只看游客接待量和旅游收入，还要看旅游业发展对减少贫困，加强当地社区建设所作的贡献，以及旅游收入的合理分配对提高当地居民生活水平和福利所起的作用。

问题探究

6. 就发展中国家的旅游业发展途径问题，本文中给出了主要的发展范例，请辩证地评价其优势和劣势。

7. 为什么在应对旅游业消极影响方面，发展中国家比发达国家面临更多的挑战?

8. 大众旅游是发展中国家旅游业发展的最佳选择，请对此观点展开讨论。

阅读指导

达里斯和赫迪（Dahles，Herdi，1997）的《旅游业、小企业和可持续发展：来自发展中国家的案例》，Department of Leisure Studies. Tilburg University - Atlas European Association for Tourism and Leisure Education，Tilbury.

哈里森（Harrison，D.，1992）的《旅游业与不发达国家》，Belhaven Press，London.

沙普利和特尔弗（Sharpley，R. and Telfer，D. J.，2002）的《旅游业与发展：概念和问题》，Channel View Publications，Clevedon.

网站推荐

Indigenous Tourism and Sustainable Development-The Case of Rio Blanco，Ecuador：www. eduweb. com/schaller/Section3RB′sproject. html .

New frontiers：www. twnside. org. sg/tour. htm .

ProPoor Tourism：www. propoortourism. org. uk/Lesson_sharing. html .

Third World Network：www. twnside. org. sg/ .

World Social Forum：www. wsf-tourism，org/home. asp .

World Tourism Organization′s Tourism and Poverty Alleviation-Recommendations for Action：

www. world-tourism. org/liberalization/poverty_alleviation. htm .

关键词

全包式酒店；选择式旅游；经济依赖理论；全球化理论；旅游效应；大众旅游；现代化理论。

参考文献

Archer, B. and Cooper, C. (1994) The positive and negative impacts of tourism, in W. F. Theobald, (ed.) *Global Tourism*, 63- 81. Butterworth Heinemann, Oxford.

Beirman, David (2003) *Restoring Tourism Destinations in Crisis: A Strategic Management Approach.* Allan & Unwin, Australia.

Britton, S. (1982) The political economy of tourism in the Third World. *Annals of Tourism Research*, 9 (3), 331-358.

Brohman, J. (1996) New Directions in Tourism for Third World Development. *Annals of Tourism Research*, 23 (1), 48-70.

Burns, P. M. (2004) Tourism Planning: A Third World? *Annals of Tourism Research*, 31 (1), 24- 43.

Clancy, M. J. (1998) Tourism and Development: Evidence from Mexico. *Annals of Tourism Research*, 26 (1), 1-20.

Daye, M. (1997) Messages to Hosts: an evaluation of the effectiveness of tourism awareness programmes in promoting positive host attitudes towards tourism in Jamaica. University of Surrey. Unpublished MSc thesis.

Duval, D. T. (2004) *Tourism in the Caribbean: Trends, Development, Prospects.* Routledge, London and New York.

Gartner, W. c. (2001) Issues of sustainable development in a developing context, in S. Wahab and C. Cooper (eds) *Tourism in the Age of Globalisation*, 306-318. Routledge, London.

Harrison, D. (1992) *Tourism and the Less Developed Countries.* Belhaven Press, London.

Hashimoto, A. (2002) Tourism and Sociocultural Development Issues, in R. Sharpley and D. J. Telfer (eds) *Tourism and Development: Concepts and Issues*, 202-230. Channel View Publications, Clevedon.

Issa, J. J. and Jayawardena, C. (2003) The 'all – inclusive' concept in the Caribbean, *International Journal of Contempoary Hospitality Management*, 15 (3), 167 – 171.

Khan, M. (1997) Tourism development and dependency theory: mass tourism vs. ecotourism. *Annals of Tourism Research*, 24 (4), 988-991.

Lea, J. (1988) *Tourism and Development in the Third* World. Routledge, London and New York.

Madeley, J. (1999) *Foreign Exploists: Transnationals and Tourism.* CIR Reports & Breefings – Catholic. Institute for International Relations, London.

Marfurt, E. (1997) Tourism and the Third World: Dream or Nightmare? in L. France (ed.) *The Eartbscan Reader in Sustainable Tourism*, 172 – 175. Earthscan Publications Limited, UK.

Momsen, J. H. (2004) Post-colonial markets, in D. T. Duval (ed.) *Tourism in the Caribbean: Trends, Development, Prospects*, 273-286. Routledge, London and New York.

Mowforth, M. and Munt, I. (1998) *Tourism and Sustainability: Development and New Tourism in the Third World.* Routledge, London.

New frontiers, 'Burma Tourism Boycott to Escalate Following Crackdown'. *Third World Network* (online) Vol. 9. No. 3, May-June 2003. Available from www. twnside. org. sg/tour. htm (accessed 12 February 2004).

Poon, A (2004) *Successful Tourism Destinations-Lessons from the Leaders.* Tourism Intelligence International, Bielefeld.

Reid, D. G. (2003) *Tourism, Globalization and Development.* Pluto Press, London.

Richter, L. (1992) Political instability and tourism in the Third World, in D. Harrison (ed.) *Tourism and the Less Development Countries*, 35- 46. John Wiley & Sons, Great Britain.

Scheyvens, R. (2002) *Tourism for Development: empowering communities.* Pearson Education Limited, Harlow.

Sharpley, R. (2002) Sustainability: a Barrier to Tourism Development, in R. Sharpley and D. J. Telfer (eds) *Tourism and Development: Concepts and Issues*, 319-337. Channel View Publications, Clevedon.

Sharpley, R. and Telfer, D. J. (2002) *Tourism and Development: Concepts and Issues.* Channel View Publications, Clevedon.

Telfer, D. J. (2002) The Evolution of Tourism and Development Theory, in R. Sharpley and D. J. Telfer (eds) *Tourism and Development: Concepts and Issues*, 35-78. Channel View Publications, Clevedon.

Wahab, S. and Cooper, C. (2004) *Tourism in the Age of Globalisation.* Routledge, London.

Weaver, D. B. (2001a) Ecotourism as Mass Tourism: Contradiction or Really? *Cornell Hotel and Restaurant and Adiministration Quarterly*, 1 (April), 104-112.

Weaver, D. B. (2001b) Mass Tourism and Alternative Tourism in the Caribbean, in D. Harrison (ed.) *Tourism and the Less Developed World: Isues and Case Studies*, 161-174. CABI Publishing, New York.

Wheeller, B. (1997) Tourism's Troubled Times: Responsible Tourism is not the answer, in L. France (ed.) *The Earthscan Reader in Sustainable Tourism*, 61-67. Earthscan Publication Ltd, London.

World Tourism Organization (2002) *Tourism and Poverty Alleviation.* World Tourism Organization, Madrid.

World Tourism Organization (2003) *Tourism and Poverty Alleviation-Recommendations for Action.* World Tourism Organization, Madrid.

第 23 章　遗产与文化旅游管理

乔治·古多尔（George Goodall，考文垂商学院）
约翰·毕奇（John Beech，考文垂商学院）

学习目的

学完本章后，读者应该能够：

■ 明确遗产和文化旅游的内容；

■ 评估对遗产地的有效展示、解说及运营；

■ 阐述有关空间竞争、保护、开发的优先权冲突所引发的管理问题，以及如何处理这些问题；

■ 阐述自愿部门的角色和相关志愿者的管理；

■ 概述日益增加的“遗产”范围，了解民间、工业和现代遗产景观的出现。

本章概述

本章重点关注遗产与文化，其作为旅游业中一个部门的重要性逐步增加，特别是在现代发展压力不断加大的情况下。与旅游活动相关的遗产和文化活动，包括参观历史建筑与旧址、博物馆与艺术走廊、观赏人工制品、观看艺术表演、探索自然历史景观及参观其他文化产品等，对这些参观活动都必须进行相应的管理。

就本质而言，遗产和文化是属于世界的，从而为在国际和欧洲范围内管理这些遗产的协定形成提供了逻辑起点。很显然，这些协定取决于国家的管理，并且还可能会将英国的运营体系纳入考虑。另外，还必须为参观遗产与文化景观的人们提供解说服务，特别是为那些非专业人士。

过去 50 多年的发展已经表明，可以将遗产与文化分割开，这引起了人们对新技术所扮演角色的关注，并出现了“受伤的遗产”观点。显而易见的是，需要为游客在一个特别位置提供住宿或活动是可以实现的，但需要适当的资金，要么通过税收，要么通过捐赠。

为了能使旅游者从游览中收获更多，对遗产的管理就是非常重要的。管理的范围将在资源、财务、员工及游客等内容中进行讨论，而发展政策、目标、实施以及监控的意义，将会在综合管理的内容中进行探讨。

本章讨论了旅游业的遗产和文化部门所面临的困境，并指出遗产和文化一旦失去，将不可能由其他资源来代替。

导　言

遗产与文化，作为旅游的一部分已经有很长时间了。从历史记载中可以清楚地看到，欧洲社会的富裕阶层是为了娱乐和文化而进行旅行的，这种旅行包括中世纪的朝圣。在 17 世纪和 18 世纪的大旅行（Grand Tour）时期，当观赏艺术长廊、博物馆、艺术及音乐欣赏变得重要起来的时候，这种旅行发展到了顶峰（Urry，2002：4）。大众旅游，包括海滨度假，是 19 世纪后期才发展起来的，并一直持续到今天。这种类型的旅游并不依赖观赏遗产或文化景观，而更多的是依靠阳光和海滩等自然环境。

要讨论遗产和文化在旅游中所扮演的角色，了解相关定义是很重要的。遗产，可以定义为一代人从先辈那里继承下来的东西；文化，可以定义为一群人在一个特定时期所拥有的共有行为准则、价值观、习俗以及艺术成就。这两个定义指出，遗产与文化的组合，导致了对相关人类活动的思考，包括人造环境和自然环境，它们是与人们做出影响环境的活动，同时又被人类活动产生的后果所影响的方式联系在一起的。普伦蒂斯（Prentice，1993）、理查德（Richards，1994）和休斯（Hughes，1996）将这些定义扩展为包括参观故址、观看艺术表演以及参观其他文化资源的活动。

其他学科也对遗产和文化产生了影响，包括考古学、人类学和历史学。考古学致力于揭示已经消失了很多年的过去的人类活动，而表明这些人类活动的证据已经埋藏了几千年，这些证据包括人类遗体和人工制品，通过对这些证据的分析可以帮助人们了解人类文明是如何产生的。文明取决于人类，但人类已经进化很长时间了，为了追溯人类发展的轨迹，人类学的研究是很重要的，因为它有助于说明人类在肉体和感觉方面已发生了怎样的变化。人类是从猿猴进化来的吗？历史在很大程度上取决于流传下来的书面文字和口头语言，在很多方面，历史将口头语言转变为书面文字，使遗产和文化成为他们自己的一个研究领域。

个人收集人工制品已有很多个世纪了，其形成了欧洲大旅行时期的主要旅行目的。为了将他们的收藏品都能聚在一起，那些人决定把自己的收藏品留给公共主体或允许一个公共主体购买他们的收藏品。1753 年，英国国会批准将公共彩票的收入用于购买汉斯・斯隆（Hans Sloane）先生的收藏品和哈勒伊安（Harleian）的手稿，并为了安置这些收藏品而建造了大英博物馆（British Museum）。其他的发展则较为本土化，如 1903 年在美国的达拉斯建造了一个公共艺术博物馆（苏格兰博物馆委员会，1986）。这两个例子，说明了如何以大众支出的方式来保存遗产和文化。大学保存印刷品已有很多年历史了，如从 9 世纪就已存在的《凯尔斯书》（The Book of Kells），自 17 世纪中期就已经由都柏林的特尼里蒂学院（Trinity College Dubin）收藏了（Meehan，1994）。

在 20 世纪，遗产和文化的发展，经历了从博物馆收藏转变为在原地利用资源的过程。致力于保护人工和自然环境的最佳面貌，以使他们可以为后代所用的相关立法，都有助于遗产和文化的发展。实践表明了三个关键问题：管理、资金、解说，必须为旅游者考虑，使得他们了解遗产和文化的意义。本章将对这些问题进行深入探讨。

国际因素

自愿组织促进了国际上对遗产重视的发展。1931 年的《雅典古迹修复宪章》（the Athens Charter for the Restoration of Historic Monuments）是重视遗产的典型代表，随后在 1965 年成立了国际遗址遗迹委员会（ICOMOS）的国际组织。类似的发展，还发生在 1948 年形成的世界自然保护联盟（IUCN），1990 年后它简称为世界保护联盟（IUCN）。世界遗产委员会（UNESCO）在保护遗产、文化和自然地方面的角色，始于 1972 年的《保护世界文化与自然遗产公约》（Convention Concerning the Protection of the World Cultural and Natural Heritage），并导致了对世界遗产地认定的产生，其认定程序见图 23.1。截至 2004 年 6 月，根据 1972 年的公约，全世界已经有 754 个文化和自然遗产地受到保护。正如案例 23.1 所指出的，保护并不意味着世界遗产地不存在有问题。

图 23.1　世界自然与文化遗产地的认定程序

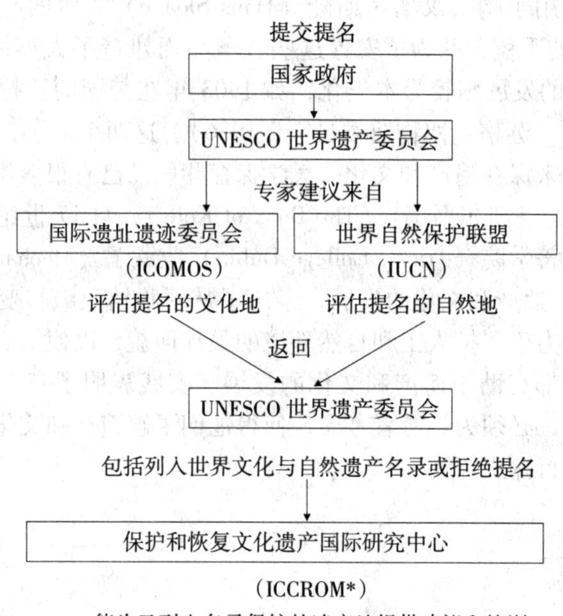

* 由于名字太长，1959 年在罗马成立的保护和恢复文化遗产国际研究中心（International Centre for the Study of the Preservation and Restoration of Cultural Property），由于也被称作“国际保护中心”（the International Centre for Conservation）或“罗马中心”（the Rome Centre），因此 1978 年以后出现了缩写“ICCROM”。

问题讨论

1. 当决定将一个地点列入世界自然与文化遗产名录时，世界遗产委员会如何评估其文化的重要性？

案例 23.1 秘鲁的马丘比丘

秘鲁的马丘比丘（Machu Picchu）被认为是国际上最知名的遗产地。1983 年，它被列入世界遗产，至今已有二十多年了。它位于一个主山脊的末端，曾经是印加帝国最大的城市之一。随着印加帝国的崩溃，安第斯人开始从生活的山顶向下迁移至深处的河谷。这次的人口大迁移造成了一个后果，马丘比丘的准确地址从人们集体的记忆中消失了，直到 1911 年它才由美国探险家海勒姆（Hiram）“再次发现”。从那时起，曾经爬满古城的植物都全部清除了。今天，可以将城市的壮观尽收眼底：壮丽复杂的城墙、台地和坡道，这些是用大石块砌成的，其连接的紧密程度，即使在今天这个科技高度发达的时代也难以想象。

马丘比丘所在地，因其不便的交通设施而经常出现在有关历史遗产地的案例中。由于没有很好地借用今天的交通设施，只有少数能吃苦的人们，才能从库斯科（Cusco）的印加古道（Inca Trail）长途步行进入（至少五天的路程），而大多数游客则从库斯科搭乘早班火车沿河谷前行，然后换乘大巴经一连串的盘山小路向上爬行近 1 000 英尺到达目的地，这些盘山小路是为排出山谷的污水而修筑的。目的地只有一个小旅馆而且经常全部订满，所以那些不愿出高价或者没能在那个小旅馆住下的人们，不得不乘下午五点的最后一班大巴去赶乘最后一班返回库斯科的火车，只有少数幸运的人们才能留在世界上最壮丽的地方欣赏日落和日出。

1996 年晚些时候，公布了从临近河谷车站的阿瓜丝卡连特斯（ Aguas Calientes）到主要景点修建一条缆车，旨在改善可进入性的计划。由于马丘比丘是以令人难以置信的美景，以及它宁静、安详、圣洁的感知氛围而著称的圣地，它的视觉冲击力是巨大的，因此出现了太多全球抗议运动，使秘鲁政府于 2001 年宣布这项计划无限期搁置，同时，它还宣布将发展一项旨在协调和监管景点的所有相关组织的管理计划。

问题讨论

2. 如果该缆车项目继续下去，你认为它会对参观马丘比丘产生什么影响？
3. 当提出在一个重要遗址引入根本性变化的时候，你认为能应付所有利益相关者担心问题的可行方式是什么，举例说明？

资料来源：各种资料，包括个人经历

许多其他的保护行动由联合国（United Nations）发起，包括 1992 年的环境与发展会议（里约热内卢地球峰会）和 2002 年世界可持续发展峰会（约翰内斯堡峰会），这些都加速了环境与可持续发展的进程。联合国的行为对旅游业产生了重要影响，尤其是影响到了欧洲世界遗产地的短期度假游发展，如维也纳、布拉格、罗马和佛罗伦萨等。

欧洲因素

欧洲在战后（指第二次世界大战，译者注），为了“实现在它的成员国间形成统一保护和实现他们共有财产的理想和原则，并促进他们经济社会的进步”（Council of Europe，2001：7），于 1949 年在欧洲成立了欧洲委员会（Council of Europe）。欧洲委员会是个政府组织，它已发展了一系列与文化遗产相关的公约，包括：

- 欧洲文化公约，1954（巴黎公约）；
- 欧洲考古遗产保护公约，1969（伦敦公约）；
- 欧洲文化财产侵犯公约，1985（德尔斐公约）；
- 欧洲建筑遗产保护公约，1985（格拉纳达公约）；
- 欧洲考古遗产保护公约（修订版），1992（马耳他公约）；
- 欧洲景观公约，2000（佛罗伦萨公约）。

只有各个国家接受之后，这些公约才具有合法的约束力。欧洲委员会已经成立了一个文化遗产委员会（Cultural Heritage Committee），通过文化与文化遗产理事会来监控伦敦公约、格拉纳达公约、马耳他公约的执行。皮卡德（Pickard，2001b：1～11）探讨了欧洲委员会在建筑与考古遗产方面，以及与 ICOMOS 的工作联系中所起的作用，同时指出有些国家对这些公约还有所保留。很显然，在成员国内部需要一系列合法的政策框架体系，关于这点，麦克洛伊、柯万（MacRory，Kirwan，2001）和达姆比斯（Dambis，2001b）都有清楚的论述。这些合法的政策框架促进了一系列的管理实践，特别是在那些备受关注的历史中心城镇。尼格赛（Negussie，2001）研究了都柏林的案例，而达姆比斯（Dambis，2001a）研究了历史中心里加的案例。在都柏林和里加，文化和遗产对发展旅游业是十分重要的，特别是对当地经济发展，因为海外游客带入的金钱消费促进了当地经济的发展。埃鲁尔（Ellul，2000）谈到，1992 年的里约热内卢峰会，除了对城市的影响之外，还影响并促进了 21 个欧洲国家可持续旅游政策的发展，很显然，一个关键的政策组成，就是发展包含管理方案在内的旅游管理计划。

在欧洲，另一个行动者是欧盟。从 1957 年它成立以来，除了其投资活动在旅游业创造就业的情况外，欧盟在遗产和文化事务方面并没有起重要作用。欧盟的措施是环境行动计划的一部分，该计划始于 20 世纪 70 年代，现在已经进行到第六个计划了。自然和生物多样性一直是该计划的一个主题，其包含了成立关于野生鸟类保护（79/409/EEC），自然栖息地和野生动植物保护（92/43/EEC）的指导委员会。在管理形式方面，欧盟指导委员会为特别保护区的创建提供准备，这些特别保护区构成了自然2000网络体系（the Natura 2000 Network）的一部分。

欧盟还是资助文化的来源，通过欧盟的结构性基金，欧洲区域发展基金（ERDF）、欧洲社会基金（ESF）、欧洲农业指导与保证基金（EAGCF）及渔业指导的财政手段（FIFG）和各种计划（如 Kaleidscope，Ariane 和 Raphael）来对文化进行资助。这种对“文化的资助不仅仅是维持或者增强一个特殊身份的手段，而且它还可以促进经济活动的发展并创造新的工作机会”（EC，1998）。虽然，发展文化旅游的财政贡献并不高，但仍然存在一些旨在促进苏格兰、瑞典、西班牙和葡萄牙的文化旅游发展的建议。

很显然，在欧洲范围内，除了财政方面，在遗产和文化旅游上扮演主要角色的不是欧盟，而是欧洲委员会。

问题讨论

4. 讨论由欧洲委员会和欧盟在遗产和文化方面的功能重叠所产生的问题。

国内因素

对国际因素和欧洲因素的回顾表明，要使旅游业中的遗产和文化旅游成功地发展，在一个国家内就必须有法律、财政及政策的支持。这一部分将通过考察英格兰和威尔士的遗产和文化旅游来做出说明。

■政策

与遗产和文化相关的政策发展可以分为四个主要的部分：古遗迹、列入名录的建筑、保护区和人工制品。正如将要提到的，早期关注的是建筑环境，而对乡村环境的研究是最近才有的现象。

古遗迹

19世纪，保护古建筑物的政策发展起来。如约翰·拉斯金和威廉姆·莫里斯（John Ruskin，William Morris）等作者指出，放弃古老的建筑物是不可取的，而保留它们则是十分重要的。于是，一个志愿组织，保护古建筑协会（the Society for the Protection of Ancient Building）成立了，并在1877年发表了它的宣言，其中列出了一系列保护原则。他们的活动促进了 1882 年古迹保护法（Ancient Monuments Protect Act）的出台，以及一份指定古迹的清单，包括巨石阵（Stonehenge）的产生。1882 年，许多其他的国会法案加强了公众对指定古迹的控制权，在 1979 年相关法律出台时这种情况发展到了顶峰，古迹和考古学不可避免的联系在了一起（Act of Parliament，1979）。

应由政府部长做出的关于哪个古迹应列入保护的决定，现在依靠合适的专业人士来评估，然后由他们推荐应该成为特别保护主题的特殊遗迹、建筑以及区域（Mynors，1999：4）。随着这些主体的产生，如英国历史建筑与遗迹委员会（英国遗产）、历史苏格兰、威尔士古迹委员会（Cadw①）和北爱尔兰环境与遗产服务机构等，使这种方法逐渐定形了。案例 23.2 回顾了从 1999 年以来威尔士遗产和文化的发展方式。

案例 23.2　威尔士的遗产和文化

威尔士古迹委员会（Cadw），从 1984 年起为威尔士办公室（英国政府的一部分）提供建议。其管理控制权在 1999 年转交给了威尔士国民议会。Cadw 在关于威尔士的建筑遗迹保护、解说以及促销方面提供建议。在威尔士古老的历史遗迹方面，它与皇家委员会一起工作，他们的主要职责是记录威尔士的遗产。

2003 年 3 月，威尔士国民议会的环境部长宣布将对威尔士历史环境进行调查。然而，在调查过程中，出于对 Cadw 和调查本身负责，将其管理移交给了负责文化、威尔士语言与运动的部长，于是作为这些变化中的一部分，一个文化论坛“Cymru'n Creu”形成了。在 2004 年 1 月，发表的调查结果表明这个论坛已导致了 Cadw 管理的一个细微变化，虽然它也引导“Cymru'n Creu”的子群体，考虑历史环境策略和优先权问题。长期发展所产生的“威尔士历史环境记录的战略框架”，将皇家委员会的工作与文化论坛更紧密地连接起来。

然而，同样重要的是，部长表示威尔士历史环境的保护需要地方政府、自愿部门以及资助组织（包括遗产彩票基金）的共同参与，显然文化论坛被认为是连接威尔士建筑环境与语言文化的机制。

资料来源：各类报告

列入名录的建筑

英国对曾居住过的建筑的保护，起源于城市和乡村计划立法的引入，在

① “Cadw”是一个威尔士的词语，意思为“保持”，它的读音为 *KA－doo*。

20 世纪这种保护得到进一步发展。自 1932 年起，在没有得到当地权力机构同意的情况下，保护特殊结构或历史意义的建筑被改变或拆毁是可能的（Act of Parliament，1932）。这些建筑名录产生于 1947 年（Act of Parliament，1947），这是在合适且有资格的人士建议基础上，由政府的部长提出。

目前，列入名录的建筑共分为三类：

第一类：具有特定意义的建筑，如白金汉宫。

第二类：具有特殊意义且特别重要的建筑，如伯明翰博物馆与艺术长廊。

第三类：具有特殊意义的建筑，如耸立在伦敦的地平线英国电信塔（BT tower）。

通过 1990 年的立法（Act of Parliament，1990），由当地权力机构行使对改造和拆毁的控制。在所有的过程中，当地权力机构和政府部长会得到来自英国遗产（在英格兰）组织或 Cadw（在威尔士）组织的建议。

问题讨论

---

5. 英国利用国家政策区分古老遗迹和名录中的建筑，用什么方式可以简化这个政策系统？

保护区

在英格兰和威尔士，指定古迹和古建筑的重要性最近不断被强化，从而促进了 1967 年“保护区”概念的引入，并将“保护区”定义为：“具有特殊建筑或历史意义，期望对其特征或外表进行保护或改善的区域”（Act of Parliament，1990）。通常由当地权力机构指定保护区，它不受任何来自中央政府或国民议会的控制。有意思的是，这些区域往往包括长满植物的区域或公共用地，这些对保护区的外观来说都是同等重要的。尽管很多保护区确实都包括列入名录的建筑或遗迹，但在保护区中包含列入名录的建筑或古迹是不合法的要求，因此指定保护区的影响是形成了“和谐社团”（见案例 23.3）。

案例 23.3　乡村遗产：汉普顿-阿登

为了保持乡村特点及其环境，英格兰和威尔士的许多乡村都拥有和谐社团。米德兰西部的汉普顿-阿登（Hampton-in-Arden）就是这样的一个乡村。当地居民在 1968 年成立了一个和谐社团，与此同时该村庄被指定为保护区。在这个过程中，汉普顿-阿登的历史起了重要的作用，根据《末日审判书》中提到，该村一直为英格兰国王所拥有。关于这个村子 20 世纪以前的历史已经报道过并出版了，但并没有记录 20 世纪的历史变化。和谐社团决定收集和记录村庄自 1900 年以来的历史，并把他们的发现陈列在创建于 1992 年的汉普顿遗产中心（Hampton Heritage Center）。这个社区已经出版了一系列的出版物，包括乡村徒步手册、一本纪念千禧年的书（Bryant et al，2000），以及一些说明汉普顿—阿登发展的图纸。和谐社区的成员没有一个是专业的遗产管理人士，但他们却创造了所有这些。开展所有这些活动的资金，主要来源于每个会员每年 2 英镑的会费。

资料来源：作者

人工制品

我们不能低估可移动财产对于理解遗产和文化的重要性。在整个世界，富人有能力拥有他们的肖像画，或者收集大量的雕像和手稿，这些都是很普通的现象。然而，在 19 世纪，许多人工制品的所有者决定应让他们的收藏品为公众利益所用，从而导致了博物馆、艺术长廊和图书馆的兴建，其中一些由国家所有，另一些由地方机构、大学和慈善机构所有。例如，伦敦的霍尼曼博物馆是在一位杰出的茶叶贸易家霍尼曼（F. J. Horniman）的收藏品基础上发展起来的，1901 年，霍尼曼把他的收藏品、博物馆及其所在的土地赠送给了伦敦人民。如此慷慨的礼物，有时也会给接受者在这些捐赠品的安置和展示方面带来巨大的困难。例如，1944 年威廉姆（William）先生和布瑞尔（Burrell）女士赠送了 9 000 多件艺术品给格拉斯哥市，但是直到 1983 年，这些艺术品才能在一个特别设计的建筑里对公众展出。

在过去的 50 多年里，许多博物馆和艺术长廊都发现，要照管好 2 亿件人工制品和标本是很困难的（Carter et al.，1992：2）。2000 年至 2001 年，占满英国 2 000 多个博物馆和艺术长廊的这些艺术品，共吸收了 5 亿英镑的资金（Re：source，2001：30）。许多人工制品保存在乡村别墅里，他们的所有者制作了手册，典型的例子便是英国信托基金会指南（National Trust Guide）关于斯塔福德郡的舒巴勒（Shugborough）城堡的介绍（Robinson，1989）。

英国国家彩票中心最近给予了博物馆和艺术长廊一些支持，这种支持类似于 1753 年用于建造大英博物馆的资助。

毫无疑问，遗产和文化是旅游业的组成部分。因此，不应低估法律规则的重要性，尽管法律规则必须依靠财政支持，才能使遗产和文化得以发现、收藏和保护。同等重要的是，应该有好的专家来支持国家的合法活动，虽然出现了大量有关遗产和文化图像的收藏品，但这些收藏品需要以一种能理解它们的意思和有意义的方式，将其呈现给游客。

解　说

当游客参观一个有遗产或文化吸引物的地方时，他们都会问许多问题，而不管答案是口头形式、书面形式，还是视觉形式，都应该给游客提供该景点或活动的解说。许多早期关于遗产和文化景点的解说，主要源于美国国家公园的做法。于是，弗里曼·蒂尔登（Freeman Tilden，1967：8）将解说定义为：

> 一个教育活动，这个活动旨在通过利用原物、通过亲身经历及说明性的媒体来揭示它的意义和关系，而不是简单地传达事实信息。

接着，蒂尔登概述了六个“解说原则”，也可以将这些原则总结为关于解说的四个重要信息，具体是：

- 引起游客的回应；
- 与游客的个性或经验相关；
- 解决人类知识的所有方面；
- 给孩子的解说与成人一样。

其他人将蒂尔登的工作进一步展开。刘易斯（Lewis，1995：26）从游客视角详细阐述了解说的含义。古迪（Goodey，1994）研究了解说的计划，并提出了具体的建议；罗思（Roth，1998：136）用大量的具体建议或“小贴士”，进一步发展了对孩子的解说，包括通过演示、令人惊讶的信息和趣闻轶事来使展示与孩子们产生共鸣。

解说的根本问题，是需要开发一个基于逻辑过程的“解说计划”，宾克斯等人（Binks et al.，1988：6）提出了构成该计划基础的四个关键要素：

- 解说什么，应考虑到人工成本和地点约束；
- 媒体选择，包括传单，解说牌；
- 游客设施，如停车场、卫生间、遮蔽物；
- 管理，处理员工、财务及晋升问题。

他们还指出，员工培训、媒体更新和晋升等，都应作为管理角色的一部分包括在内。霍尔和麦克阿瑟（Hall，McArthur，1998：176）提出，不论是以口头或非口头形式解说，管理都起着决定解说类型的作用。考虑到用讲解员的成本，许多组织都退而求其次，选择非口头形式进行解说，如使用标志和标签等。但是，不论这种做法是否能够提供有质量的解说，是否能使顾客满意，这些方式都存在着一定的问题，并且肯定不符合蒂尔登对解说的定义。

问题讨论

6. 讨论在 21 世纪，与蒂尔登的解说原则相关的问题。

必须承认，没有适用于所有情形的单一的解说模式，因此现在应研究解说的基础，它与遗产和文化景观的类型和介入的组织有关，特别是英国信托基金会（National Trust）等。

遗产与文化景观

从 19 世纪“古迹”景观方式到 21 世纪“人造”景观方式，遗产和文化景观的性质已发生了重大的变化。对于遗产和文化而言，这种景观方式的改变是否是最好的方式，还需要在旅游业的发展背景下来考虑。

在英国，提供遗产和文化景观的最大组织之一是英国信托基金会，已受它保护的景观包括历史重要的建筑、古遗迹及海岸线。最近，随着它的多样化发展，使它获取了重要的工业景观和具有社会意义的景观，如麦卡尼（McCartney）家族的利物浦之家，在那里披头士们写了许多他们早期的歌曲。

目前，英国信托基金会为取得工业景观，又收购了位于萨福克郡的奥福得岬（Orford Ness）前原子武器制造地，位于柴郡斯托尔的库里班克纺织厂（Quarry Bank Mill）也被列入了其收藏之内。什罗普郡的铁桥峡谷（Ironbridge Gorge）是主要工业景观的典型代表，它包含了许多工业流程，如陶瓷和瓦片的制造（Blockley，1999：141 ~56）。

毫无疑问，建筑形式的遗产已在过去一百年里发生了改变，就现在将什么作为旅游景观而言，由于文化常常来自特别建筑物的内容，因此文化也同样地改变了，所以有人提议可以将遗产和文化景观分为三大类：民间遗产景观、工业遗产景观和现代遗产景观。

■民间遗产景观

对很多世纪前设计的建筑物进行保护和修复，构成了最初的遗产景观类型。这些适于居住的建筑物基本都是住宅，在今天看来，它们往往是那个时代的著名设计师所设计的，于是就牵扯到列入名录的建筑物标准，其中包括了建筑物和历史意义的重要因素。许多古老的建筑物已随着时间的推移而进行了改造，并将其置于风景优美的花园之中（Robinson，1989）。很多建筑物的风格与古希腊和古罗马人的设计接近，英国信托基金会的许多财产与人工制品都显示了这些特征的组合。然而，并非所有的建筑物都有如此大的规模，许多建筑物的规模通常是很小的，它们代表了过去的生活方式，特别是在乡村地区。用当地可以找到的材料建成的那些建筑物，比许多“大房子”更具民间特色，但没能够吸引更多的游客。

■工业遗产景观

工业遗产景观主要由三大因素组成：用于制造产品的建筑、工厂里机器使用的动力资源、运输原材料和成品的方式。

由水能供给动力的纺织厂，是早期工业遗产景观的典型代表。早期的例子是在德比郡克伦福特（Cromford）的阿克莱特纺织厂（Arkwright Mill），一个慈善机构正在将它恢复。在德文特河谷（Derwent Valley）的这个集团建筑群，于 2001 年列入了世界遗产地名录。英国信托基金会已经收购了库里班克纺织厂（Quarry Bank Mill），并生产纺织品出售给游客，同时用煤燃烧来加热水，利用产生的水蒸气来带动引擎替代传统的水动力驱动，这在库里班克纺织厂中都可以看到。

但奇怪的是，英国最近才大规模转向保护和保存工业遗产。直到 20 世纪 90 年代，英国的遗产保护部门才确立了研究和调查计划，以制定完善的工业遗产保护地的选择标准，布洛克里（Blockley，1999：141 ~ 56）讨论了保护铁桥峡谷并将其变成旅游景观的种种困难。

保护交通遗产始于 20 世纪 50 年代，原因是由于大规模地削减铁路。塞汶河谷铁路（Severn Valley Railway）紧邻铁桥峡谷，这条特别的铁路线于 1963 年封闭，1970 年一些狂热者重开了其中的第一段线路。尽管重开铁路线的压力来自于那些狂热者，但重开线路的成功意味着塞汶河谷铁路已经成为一个主要的旅游景观，其大部分的游客就是那些狂热者。

■现代遗产景观

前面提到在战后，许多建筑物和地点都得到了开发和重新开发。蒂尔登（Tilden）观察到解说的重要因素就是给游客提供一种感情经历，尤泽尔（Uzzell，1989：33～47）讨论了遗产和战争的解说，而且创造出“热点解说（hot interpretation）”一词，现在这个词已演化为“受伤的遗产（heritage that horts）”（Uzzell，Ballantyne，1998：152～71）。我们也认识到，以新的证据为观点而重写历史，也可能会使一个坏蛋变成了英雄，显然随着时间的推移，“受伤的遗产”可能变成重要的旅游景观。案例23.4考察了格恩西（Guerney）的军事防御工事，其曾经是作为战争的重要工具，而今天其已成为重要的旅游景观。

案例23.4　格恩西防御工事

作为防御欧洲大陆入侵的格恩西（Guernsey）拥有漫长的历史，这个岛上有在1789年到1815年间建设的，主要用来防御拿破仑率领的法军入侵的防御工事设施，这些设施在维多利亚时代得到了拓展，并且较大的那些设施一直使用到1940年。1940年7月德军入侵后，德国人最初使用了拿破仑的防御系统，但是又增加了安放武器的地点和军队的遮蔽物，因为德军把占领格恩西列为入侵英国计划的一个部分。

在格恩西，形成了希特勒防御线的一个重要部分：亚特兰大城墙，它像一艘停泊的战舰一样铸成了坚不可摧的堡垒，并由德军提供了主要力量开始建造了建筑物。托德组织（the Organisation Todt）从事了部分建筑工作，1943年秋天整个建筑工程基本完成。直到1945年5月9日德国投降前，格恩西从未被英国收回过，同时德国还在其保留了一定的驻军。

1945年到1946年间，大部分的防御工事和硬件设施都留在了原地，但是已不再投入使用。然而，德国的防御工事中含有大量的金属物品，因此在1948年英国政府实施“海岸线清洁活动”，通过填埋浅设防工事并美化其环境时，意外地在防御工事中找到了有用的金属物品。

现在，格恩西政府的态度发生了转变，出台了恢复和解说岛上许多防御工事的政策，对实物的恢复和解说都收录进了格恩西的当代档案中。尤其重要的是自1973年以来，海峡群岛占领协会的志愿者对格恩西进行了研究，这些研究结果表明，军事防御工事已经成为格恩西的一个重要旅游景观。

资料来源：Authors 和 Gavey2001

1996年，特恩布尼吉和阿什沃斯（Tunbridge，Ashworth）注意到了一个应该研究关注，但以前却忽略了的遗产领域，他们将其称为“不和谐遗产”。他们承认，既然“遗产”是构建在“历史”的现代解说基础上，那么“遗产”就必定是不和谐的，因为与源于它的实际解说可能是冲突的，从而导致解说中一系列不可避免的问题：

- 解说的是谁的遗产？
- 由谁来解说？
- 为了什么目的而解说？
- 为此剥夺了谁的继承权？（Tunbridge，Ashworth，1996）

作为一种旅游资源，对“不和谐遗产”的兴趣，引起了所谓的“黑色旅游”（Foley，Lennon，1997）或者“死亡旅游”（Dann 和 Seaton，2001）。现在，大规模的旅游参观地，包括如集中营（Beech，2000），它的不和谐特征是十分明显的；而对游客来说，奴隶制遗产展示（Beech，2001）的不和谐特性较不明显，许多人都不能辨认出所展示的是什么，或者游客并不希望认出展示的是什么。在这些情形下，一个有帮助的概念是“竞争空间”，即各种利益相关者对于保护谁的遗产，由于特定地点的历史不同，人们可能寻求不同的且可能不兼容的解说，并往往持有各自不同的固执的观点。这可以在监狱，如弗里曼特尔监狱、澳大利亚西部监狱、罗宾岛监狱、南非监狱，发现关于“竞争空间”的有趣例子，因为这些地方的游客，包括了以前的被监禁者、看守者和那些出于好奇的游客。

现代遗产，还包括近期由于各种原因而修建的建筑物，在英国这是由于认识到了建筑的重要性。这样的例子是最近在考文垂和利物浦修建的大教堂，其正是在宗教环境下吸引了大量游客。20 世纪的一个重大发展是，开放了各种解说与战争有关的科技发展博物馆（常常以古老建筑为基础），如布列奇里公园（Bletchley Park），在二战期间的英格玛（Enigma）密码就是在那里被破译，而现在的国家密码中心（National Code Centre）也坐落于此。因此，技术以一种奇怪的方式发展，通常它的发展与“受伤的遗产”是不相关的，除非解说能够为游客说明它们之间的联系。

对文化的思考引发了各种大量的问题，包括对文化范围的思考。我们认为文化是与人及其所作所为有关的，而不是与他们居住的建筑或结构有关的，欧洲委员会（1998：6）提出了以下问题：

> 难道围绕一个主题或一种表达方式（电视、音乐、电影院等）而发展起来的欧洲文化网络，不是那些超越语言和行政障碍的伟大运动的现代继承者吗？

继续观察：

> ……欧洲大陆也是一个容忍多种当地文化的拼凑物。许多地区仍然保存着丰富的地方话，这主要表现在口头文化上；许多村落继续保留着原始的节日传统，以此来传达大多数人的创造力和活力。

为了培育文化，欧洲委员会（1998）以财政形式支持了许多这类活动，包括：

> ■ 凯尔特（Celtic）电影节，旨在保护西班牙、法国、英格兰和英国的凯尔特语言和文化；
>
> ■ 在意大利的科森扎（Cosenza）、卡拉布里亚（Calabria）的“多元文化之家”，旨在熔合多种文化、语言和宗教信仰。
>
> ■“成为艺术家的第一阶梯”，有助于年轻的艺术家实现他们的想法，并将这些想法转化为文化作品，从而使他们在专业艺术领域获得一个立足点。

然而，这一系列的活动似乎并没有认识到现代欧洲移民的重要性。在英国，人们意识到了来自于印第安次大陆移民的重要性，特别是在博物馆和艺术长廊。同时，还意识到了博物馆的教育作用（Hooper - Greenhill，1997）。

很显然，遗产和文化景观形成了旅游业的重要因素。然而，到一个特殊的遗产和文化旅游地的游客只会做短暂停留，通常作为包价游中一个可选择的一日游。在对博物馆和艺术长廊的游客的研究中（Re：source，2001：78～81），这种一日游的模式是很明显的，因为这些游客大多数是居住在离游览地非常近的地方。游客在遗产和文化景点花的时间是长或短，这将取决于许多相互联系的因素，包括游客对那个特殊地点或活动的兴趣，以及用景点可提供的东西来吸引关注的营销计划的成功。有些方面的因素可能是一个景点可以控制的，而这些就是在下面的管理内容中将会考虑的问题。

遗产与文化的管理

遗产和文化的管理包括很多关键的因素，如资源本身、进入资源的游客通道、资源管理组织的声誉等。必须认识到的是，在一个不断变化的环境中管理遗产和文化，那是对一个特殊景点负有责任的各个主体都无法控制的情况。霍尔和麦克阿瑟（Hall，McArthur，1998：8～11）表示，管理环境的改变要求调整管理的发展，因此他们建议应该“整合”管理，并且纳入“质量”这个概念，另外还应该在战略方面具有预测未来发展的能力。

对遗产和文化管理值得关注的四个方面：资源本身、财务、游客和员工。然而，这些关注必须转换成一种可行的方式，即管理计划。这个计划应该基于帕特里克·格迪斯（Patrick Geddes）的关于调查、分析和计划的“传统计划模型”。这个计划必须包括三个组成要素：

- 政策的发展；
- 目标和目的的制定；
- 实施的行动。

这些都与时间相关，并且应该包括监控和评估的要求，这样才能不断地进行检查。

科森斯（Cossons，1994）提供了一个基本的格式，称作“团体计划”。他建议准备工作必须基于对组织“文化”的确定，并以组织目的的形式表现出来，这可以通过“任务表述”来获得，从而制定出处理“计划区域”问题的一系列对象和优先项，包括市场营销和游客服务。支持该“计划区域”的是“财务计划”，因为这一过程中最根本的是必须回顾过去的业绩。这个模型暗含着质量的重要性，霍尔和麦克阿瑟（Hall，McArthur，1998）认为质量是成功的管理计划的基础。

然而，组织的管理还必须考虑更多的因素，通常要求对国际和国内的趋势进行评估。这些趋势应包括影响遗产或文化组织的法律、制度和财政框架。在英国，泰勒（Taylor，1994）提供了一个对乡村考察的背景，而在讨论博物馆的时候，哈顿（Hatton，1994）则指出变化带来了计划结果的不确定性。将这些考察汇集起来时，他们所得到的信息将影响到怎样对一个特殊设施进行管理。博契威（Botchway et al.，2002：155 ~ 74）也认识到，任何管理模式都必须能够针对无序的经营环境作出反应，包括旅游业中的管理模式。

英国信托基金会接受了组织需要有效率的管理结构的观点，例如，通过对其管理的检查，而在 2003 年采用了新的管理结构，明确采用了适合该机构的报告渠道和建议渠道方式，并运用这些合法建议促进了英国信托基金会的变化。

显然，任何遗产和文化组织都需要通过引进“管理计划”，或使用科森斯的“团体计划”来进行管理。这个计划应包括政策、目标、对象和方法的陈述，还应该反映员工（包括付薪员工和志愿者）、游客和财务上的需求。任何管理计划，都取决于制定它的人力资源、管理方法和对计划的监控和反馈，如在国际遗址遗迹委员会文件（ICOMOS，2002）中，就可以找到关于遗产和文化景观管理建议的例子。广义地讲，游览一个地点所得到的满意度，与员工和游客间的相互作用是有联系的，对遗产和文化景观的这方面内容将在下面考虑。

问题讨论

7. 评价一个“游客管理计划”的关键因素。

员工与培训

遗产和文化地，都会要求员工加强对景点内活动的管理，特别是在游客即将到来的时候。员工可能是全职的、兼职的或是志愿者，也可能三者都有。正常情况下，全职员工和兼职员工都是有薪酬的，并且他们会在科森斯（Cossons，1994）提出的“计划区域”内工作，这类员工可能都具有演示与景点特色相关的多种和特殊节目的技能。例如，在国家公园、历史建筑或艺术长廊，员工可能必须具有不同的保护技能，而通过提前培训的专业人员在任何景点都是必需的。但是，有一些员工可能不必要求具有这些技能，这些员工包括会计、市场营销人员和经理。由于某些重要的外部事件的变化，如法律的改变，可能意味着全职员工或兼职员工还需要接受其他技能培训，如急救等。

对员工进行培训或再培训的需要将会被一直关注，这需要在管理计划中体现出来。培训可能在“机构内部”进行，也可能是“从外面引进”的。但不管采取哪种模式，都需要慎重考虑，因为它可能会成为风险评估战略的一部分，这个战略会对向游客开放的景点造成严重后果，因为景点的所有者和经营者都必须履行照顾员工和游客的责任。培训要求的影响，可能是将培训规定为员工保险要求的一部分，例如，会有一些如何将资金或可动资产失窃降为最低的培训，尤其是当可移动资产包括昂贵的或不可放回原处的人工制品时候。

对许多遗产和文化地来说，在某些活动中使用志愿者是常有的事，然而志愿者也需要接受与有酬员工相同标准的培训。志愿者也可能会为组织带来一些技术，其中一些技术可以用在管理设施中。例如，英国信托基金会在很大程度上依赖来自其成员组织的志愿者，并为其有酬员工的现场活动提供帮助。

不管在一个遗产或文化地的员工是全职、兼职还是志愿者，显然都不得不将他们的技能和培训看做长期性的投资，格里芬（Griffin）阐述了英国遗产如何找出员工培训的要素，米勒（Millar，1991，1994：270～9）则指出，使用志愿者可能成为遗产和文化产业中有效管理的未来趋势。案例 23.3 说明了在收集、保护和展示遗产和文化方面，志愿者及其组织所扮演的重要角色，而案例 23.5 则提供了在遗产旅游部门中，拥有少数员工的小企业管理的典型案例。

问题讨论

8. 对在景点管理中扮演重要角色的志愿者来说，存在哪些限制？

案例 23.5　哈普斯堡遗产

哈普斯堡（Habsburg）帝国早在 1918 年就灭亡了。从那个时候开始，它的西半部被维也纳统治，而它的东半部则被布达佩斯统治，从而构成了双重君主政体，并包括了欧洲中东部分的大部分地区。它的后继国家包括今天的奥地利、波黑、克罗地亚、捷克斯洛伐克共和国、匈牙利、斯洛伐克和斯洛文尼亚、意大利的一部分、波兰、罗马尼亚和乌克兰，这些来自现代国家的人们，并没有看到源自 1918 年他们所占领的遗产价值，如我们很难想象一个来自特里雅斯特（Trieste）的意大利人会跳出来指出：这在 1282 年～1918 年间是奥地利的一个城市。只有奥地利人从它与哈普斯堡过去的直接和持续的联系中看到了价值，因此毫不奇怪地成立了一个称为“哈普斯堡遗产”的，就像旅游经营商和旅行社一样的公司。

1989 年，罗伯特·埃弗里（Robert Avery）就曾做过这样的事。在这之前的 18 年中，他为英奥社团（Anglo-Austrian Society）和英奥音乐社团（Anglo－Austrian Music Society）工作，这是两家以伦敦为基地的慈善团体，每个慈善团体都致力于促进奥地利和英国之间的文化联系。他们的成员包括喜欢奥地利文化的英国人，以及那些试图确认与其家乡之间具有文化联系并移居英国的奥地利人。因此他在这两个慈善组织中的工作，都是负责安排个人和团体从英国到奥地利去参观。在那些年里，他在两个国家的旅游贸易中建立了广泛的联系网络。

自从建立了自己的公司后，罗伯特使它很快地发展壮大。在某些方面，他的顾客群中保留着本质上相同的细分市场，即为了音乐和戏剧而去奥地利游览的英国居民。他的目的地范围也迅速扩大，包括奥地利（今天定义的）的一些目的地，如维也纳和萨尔茨堡（Salzburg）；还有以前的哈普斯堡文化中心，如布拉格和布达佩斯；他也带旅游团去其他的一些地方，如德国的德累斯顿（Dresden）和魏玛（Weimar），但从来不在哈普斯堡帝国游览，而是去大量共有的文化遗产地。罗伯特通过亲自带每个团来增加旅游的价值，特别是参加节庆活动，他会和参与者进行一些非正式的谈话。现在的旅行是从曼彻斯特和伦敦出发，由于他几乎一直陪同客户游览，因此“哈普斯堡遗产”始终是一个小企业，罗伯特的妻子简（Jane）充当着临时秘书的角色，并在他们伦敦的小办公室里负责经营“埃弗里帝国（the Avery Empire）”。

“哈普斯堡遗产”对任务的陈述是：“旨在通过一个精心挑选的行程，去参观特定地区的城市和乡村，以及参与小型音乐节，从而将中欧文化传播给英国大众。”

资料来源：私人联系和公司网站，www. habsburg. co. u

案例 23.5 续

问题讨论

9. 如果"哈普斯堡遗产"扩大规模并雇佣其他员工，它能保持对客户的服务质量吗?

10. 对于罗伯特·埃弗里的公司来说，"哈普斯堡遗产"在历史上是一个准确的名字吗? 它对公司有影响吗?

11. 采用什么方式可以将"哈普斯堡"发展成一个品牌?

资　助

无论什么组织，很明显的关键因素是如何获得资助，并运用于向游客展示的遗产和文化中。这一部分将会探讨这个问题。

在英国也像大多数国家一样，有各种各样的资助机构在运行，其资助性质取决于所涉及的遗产或文化被感知到的重要性。广泛地讲，有四种可用的资助来源：中央政府、当地政府、慈善机构和其他来源。

■中央政府

这种资助类型是为重点地区考虑的，也可直接对一个组织（如大英博物馆），或间接地通过第二个来源（如把支持大学的博物馆作为教育补助金的一部分）进行资助，来自欧盟的资金就包括在这个标题下，如所提供的欧洲地区发展基金。

■当地政府

这种资助类型将会涉及到来自于中央政府的资金的使用，或者是来自管辖范围内对居民的税收。这些资助用于博物馆或者艺术长廊，国立公园也是以这种方式来筹集资金的。

■慈善机构

这种资金来自历史上个人提供的投资，以欢迎信托基金会（Welcome Trust）和古尔奔凯安基金会（Gulbenkian Foundation）为例，它们都是支持遗产和文化活动的。

■其他来源

许多个人把金钱以遗产形式留给遗产和文化组织。例如，英国信托基金会就获益于这些个人捐赠，类似的还有英国的商业贸易公司也向慈善机构捐款，而这些慈善机构可能就包括遗产和文化组织。

近年来，英国的国家彩票中心（The National Lottery）通过遗产彩票基金，已经对这些资助来源进行了补充。自从1995年开始，“遗产”的概念已经拓宽了，它包括口述历史和以语言为基础的传统，还有一小部分补助金用于秘方的收集。然而，对于一些规模较小的组织来说，遗产彩票基金所做的一个关键决定就是降低1:1配额资助的要求，当补助金在5万英镑到100万英镑之间时，配额比例是10%；当超过100万英镑时，配额比例变为25%。

从1990年起，获得多渠道资助的必要性是十分明显的。巨石阵（Stonehenge），是英国遗产保护名单上的一个古迹，它获得了遗产彩票基金的2 300万英镑，用以改善这个地方的游客设施条件。伯明翰市议会收到了1 350万英镑去整修伯明翰市政厅。遗产彩票基金通过补助金和公众认捐的形式获得了很多财产，为了维护这些资产，所有的主要资助项目都有一个不断的需要，这些可能会通过收取入场费来获得部分资金。

显然，对遗产和文化的资助取决于复杂的方案，而对从事没有任何财政贡献和花费时间的工作，志愿者扮演了重要的角色。最近，成立了一个支持遗产和文化的组织：遗产链接（Heritage Link），它旨在协调志愿部门间的活动，以及提高志愿部门在游说中央政府部门中的有效性。

近年来，英国许多与遗产和文化有关的问题都得益于电视媒体的曝光，第4频道编制了一个叫“时间团队”（Time Team）的电视系列片，它关注考古学，并且揭示了许多重要的发现，而这些重大发现促进了旅游者的增加。BBC推出了名为“复原”（Restoration）的系列节目，它主要围绕将现在维护较差的建筑物，恢复到它最初状态的过程制作成案例节目。这两个电视系列节目都显示出，如果我们想要维护和保存遗产和文化，将会需要大量的资金投入。在恢复资源（Re：source，2001：10）的报道中，可以了解这种称为“严重的资源赤字”的情况。

讨　论

遗产和文化吸引了众多旅游者，由于缺少可比较的数字，我们无法得知吸引了多少游客（Allin，2000）。然而欧盟正试图解决这个问题，休伊森

（Hewison，2003）指出收集的定量数据，如关于游客数，并不能提供任何有关的有用信息，这个问题归因于对遗产和文化的不同定义。在英国，人们认为这个问题的难度会增强，因为中央权利分化使英国现在产生了四套统计数据（英格兰、苏格兰、威尔士、北爱尔兰）。

如果关于有多少游客参观遗产和文化地的统计基础是不确定的话，那么一个同等重要的原因可能就是合法的定义太多了。世界遗产地（the World Heritage Site）的命名过程，是基于由志愿者专家提供的人造和自然环境的评估报告，如果有任何加强了这个命名的文化联系，都可以认为是偶然的情况。同样的问题出现在欧洲，欧洲委员会在 1985 年的格拉纳达公约（为建筑）和 1992 年的马耳他公约（为考古，由同样的主题取代 1969 年公约）中发展了遗产的定义。皮卡德（Pickard，2001b：5）明确地指出个别国家的实际情况不断在变化，这在很大程度上归因于不同的法律体系，这些法律体系的不同使在欧洲实施大范围的保护公约变得很困难。是否由于遗产和文化的定义和法律的不同，而使保护建筑和人工制品变得更加困难，这不应该作为主要关注的问题，因为重要的是大多数国家在对遗产和文化资产提供保护方面都有相应的法律机制，特别有意义的是应重视各个城市利用法律，促进政府产生保护遗产和文化的行为能力。

在过去的一个世纪中，对遗产和文化所提供的法律保护一直是以管理结构和个别专家的联合为基础的。在大多数欧洲国家，政府的管理结构为认识什么是重要的提供了基础，这种情况的典型代表是英国管理体系，其明确了保护计划中的古迹和名录中的建筑物。最近的发展中看到了一些组织的成长，它们通过集中专家意见来执行许多政府方面的政策，这些组织通常是与政府制定政策分开的，正如案例 23.2 所示。将政策制定与政策执行分开的决定（包括对资产提供资金的工作），的确导致了长期的决策过程，这种情况可以在两种方式中看到。第一种方式，就是有必要与个别所有者协商能够使游客进入保护地的细节工作；第二种方式，就是通过城市和国家对于必需的计划工作确定合格的程序。决策过程这两个因素的结合导致了工作的延误，并且可能会需要许多不同的解释。这种复杂的决策过程对遗产和文化是否有益，这是个值得怀疑的问题，特别是当活动取决于吸引旅游者时，因为旅游者可能不愿意参观那种没有很好维护的地方。然而，缓慢的决策过程，也能够阻止那些可能改变遗产和文化的最初目的和意义，并且是不适当的活动的执行。

保护文化和遗产的基础，要求接受一种保护哲学，重要的是要认识到保护哲学不可能是一成不变的。19 世纪，当威廉姆·莫里斯（William Morris）为无人居住的古老遗址发展了一种保护哲学时，对新的发展就要毁灭“古老”

的这种想法的接受削弱了这种哲学，结果记录文化和遗产或许是确保为后代保留某些信息的唯一方法。现在这种方式回避了这样一个问题：应该由谁来决定保留什么，毁灭什么。在英国，这种决策是在非学者（议员和部长）听取了相关专家建议后作出的，而伴随着这种运作体制，所有者可能会对不清楚的“公益性”的兴趣降低到最低点。相反的，由于感知到更大的提供新鲜事物的需求，因而可能就忽略了为“公益性”而保护遗产和文化的利益，这可以从巨石阵的例子中看到这种进退两难的状况。在那里，解决交通问题，就可能导致对遗址自身周围环境的不可修复的破坏（有关抗议活动的细节，见 www. savestonehenge. org. uk/homepage. html）

围绕着旅游者的可进入性而产生的很多冲突，都可以通过制定管理计划来解决，在很多情况下是根据管理计划的目的来提出具体的范围。早期的英国法律（Act of Parliament，1882），包括了一项为了国家利益而对古老遗址进行维护和管理的法案。为了管理英国信托基金会及其所拥有的财产，也存在类似的法案（Act of Parliament，1971）。这两个例子都包含了政策因素，显然管理计划包含了许多国际因素和存在于游客的社会需求模式中的变化因素。

大多数管理计划都必须是针对特定地点的，它们将反映出特定地方需要提供什么产品、社会现实中的变化和旅游者的需求。正是旅游产生了对管理计划的需求，希望通过管理计划来确保产品质量（Hall 和 McArthur，1998：9～12），这种广泛的关注使相关部门提出了定制的解决方案，包括对旅游者容量的评估。英国信托基金会（Act of Parliament，1907）负责对其景点收取入场费，并且对游客大量增长的地点引入了定时准入系统，如位于卡特温的温斯顿·丘吉尔（Winston Churchill）之家，就运行了这个系统。个别管理计划需要按照科森斯（Cossons，1994：12～20）概述的那些相似的结构形式来编制，但要认识到旅游者确实对他们参观的事物造成了破坏，因此所有的管理计划都应当寻求保证为旅游者提供的是有质量的产品的方式（Hall 和 McArthur，1998：9～12）。这些计划应全面整体地反映更广泛关注的兴趣领域，这些关注和兴趣将会对一个特殊地区产生影响。

对于遗产和文化地来说，破坏一直是个持续的问题，无论这是否归因于故意行为或者自然原因。修复这些资源花费巨大，尤其是如果修复的目的是要重现那些已失去的东西的话。在英国一个重要的争论就是，是否在所有的景点对旅游者收取入场费。近些年，随着游客人数的大量增加，某些国家投资的景点已经停止了对游客收取入场费（Martin，2003）。然而，包括英国信托基金会的资产在内的很多景点都不是由政府投资的，但它们却吸引了越来越多的旅游者。因此，不仅维护需要资金，而且员工和景点的营销都需要资金，如游客信息中心就展示了大量用来吸引旅游者的市场营销文献。然而，获得这些物质赞助还是可能的，景点的管理机构可以寻找赞助商并劝说他对景点提供支持。关注游客数量可能是很重要的，特别是在收取入场费的景点，但是过于乐观地估计游客数量和收入，往往使许多“新”的景区经营都失败了。

问题讨论

12. 讨论一个要求旅游者付费进入遗产和文化地的例子。

不管旅游者是参观遗产景观还是文化景观，他们很可能对所要参观的景点都不大了解。正因为如此，解说就成了遗产和文化旅游中的重要因素，因为无论是出于何种原因进行旅游，都会需要一些形式的解说。解说的三种主要形式可能是分开的：被动的、主动的、交互的，后两种形式依靠人在景点的出现。一些“较好的”景点意识到要获得“有质量的”参观体验，就要求它们的解说应遵循 Tilden 的“解说原则”，并使游客从中受益。很多景点都认识到旅游者花费昂贵，并且这些景点已转向使用现代技术，这也带来了问题，特别是如果技术出现了问题怎么办？因为“设备故障”而导致很多重要的游览活动无法进行，许多游客会被传达这样的反面信息：高科技无法保证高质量的游览。当然，允许游客动手操作，是有益于鼓励个人亲自解说的。

显然，在过去的 50 年中，遗产和文化旅游发展迅猛，并且游客数量还在上升。不过休伊森（Hewison，1987）指出，遗产旅游只是表现出了对过去的着迷，而并不是面对未来，它正在替代生产物质产品的“实体”产业。这个例子说明，当一个不能获得经济利益的工业单元作为一个“活博物馆”而重新开放时，它的命运就与许多博物馆的开发联系到了一起。正如休伊森的一些有价值的观点，即遗产和文化旅游的发展依靠来自工业领域管理实践的发展；他们也依赖于教育，这种教育是需要终身学习的，并允许游客利用不工作的时间去使用现存条件来提高他们的知识。

问题讨论

13. 如果国家不给遗产和文化拨款，那情况又会怎样呢？

结　论

我们将遗产和文化旅游视为旅游业中的一部分，这个行业也与其他行业一样需要通过管理，使游客能鉴赏一个国家特别的景点或人工制品，这些都可以从更广的范围来寻求对人类的理解。从某种意义上来说，是大自然把人毁灭的，因为人们摒弃古老的东西而喜欢新事物。遗产和文化旅游依赖于对古老事物的保护，以使得后代能够理解过去是如何影响现在的。保护古老事物和鼓励旅游者的结果，都是基于这个部门的许多管理原则而取得的。在管理实践中，既要承认旅游者的重要性，也要重视那些不是旅游者的人们。

其中一个主要的争论问题就是，旅游者是否应该付费去游览遗产和文化景点。这将取决于很多方面的因素，其中包括了景点所有权、可利用的财政支持和解说的重要性。全面的管理计划，可能有助于为旅游者创造高质量的旅游经历。很显然，遗产和文化旅游扮演了教育角色，主动解说为观看活动提供了补充，成为游览活动的一部分内容，于是遗产和文化的游客数量增加，会进一步对这种旅游因素的规模产生巨大的影响。

问题探究

14. 你认为什么因素会对游客的旅游质量有所贡献？

阅读指导

遗产和文化是文学的延伸部分，它涉及到考古学、建筑学、人类学和历史学，特别是霍尔和麦克阿瑟（Hall，McArthur，1998）探讨了它的管理方面的理论。阿什沃斯和霍华德（Ashworth，Howard，1999）分析了欧洲的情况，而皮卡德（Pickard，2001a，2001b）则分析了管理和法律问题。尽管有些过时，但哈里森（Harrison，1994）对关于遗产管理范围的案例进行了有价值的研究。

没有理由忽略蒂尔登（Tilden，1967）的研究，同样也不能忽视尤泽尔（Uzzell，1989）的会议文件。最近，在博物馆方面的许多研究工作中（Hooper-Greenhill，1997）出现了很多支持蒂尔登的解说原则的材料，而鲁尼阿尔（Runyard，1994）研究了在博物馆营销背景中的游客吸引物。

有许多刊物都在研究能运用于遗产和文化领域的管理和市场营销理论。具体的国际展望可以从《国际遗产研究杂志》（International Journal of Heritage Studies）、《遗产旅游杂志》（the Journal of Heritage Tourism）和《旅游研究纪事》（Annals of Tourism Research）中找到。《文化趋势》（Cultural Trends）提供了一些从英国的视角，对一系列广泛的主题进行讨论的文章。

关于这一主题的书目清单中，不能没有休伊森（Hewison，1987）关于遗产业的争论内容，虽然现在这些争论已过时了，但它确实讨论了一系列与遗产和文化相关的问题。

网站推荐

联合国教科文组织　世界遗产：whc. unesco. org/ .

纪念建筑和遗址国际理事会：www. icomos. org/ICOMOS_Main_Page. html .

自然和自然资源国际联盟：www. iucn. org/ .

国际文化遗产保护与储备研究中心：www. iccrom. org/ .

欧洲遗产理事会网站：www. coe. int/T/E/Cultural_Co-operation/Heritage/ .

欧洲会议理事会网站：www. conventions. coe. int/ .

英国遗产：www. english-heritage. org. uk/default. asp .

Cadw：www. cadw. wales. gov. uk/ .

苏格兰历史：www. historic-scotland. gov. uk/ .

北爱尔兰环境和遗产服务：www. ehsni. gov. uk/ .

Duchas（Republic of Ireland）：www. heritagedata. ie/en/index. html .

约翰·毕奇的旅行旅游信息门户：www. stile. coventry. ac. uk/cbs/staff/beech/tourism/index. htm（click on Heritage）.

BBC 遗产储备：www. bbc. co. uk/history/programmes/restoration/ .

时间团队 4 频道：www. channel4. com/history/timeteam/ .

文化时尚：www. tandf. co. uk/journals/titles/09548963. asp .

遗产研究国际期刊：www. tandf. co. uk/journals/titles/13527258. asp .

遗产旅游期刊：www. irs. aber. ac. uk/bgg/jht. htm .

Buchenwald 纪念基金：www. buchenwald. de/index_en. html .

Fremantle 监狱：www. fremantleprison. com. au/ .

罗本岛：www. robben-island. org. za/ .

关键词

人工制品；文化；认定；遗产；历史；解说。

参考文献

Act of Parliament (1882) Ancient Monuments Protection Act. London.

Act of Parliament (1907) National Trust Act. London.

Act of Parliament (1932) Town and Country Planning Act. London.

Act of Parliament (1947) Town and Country Planning Act. London.

Act of Parliament (1971) National Trust Act. London.

Act of Parliament (1979) Ancient Monuments and Archaeological Areas Act. London.

Act of Parliament (1990) Planning (Listed Building and Conservation Areas) Act. London.

Allin, P. (2000) The Development of Comparable European Cultural Statistics, *Cultural Trends*, 37, 65 – 67. Policy Studies Institute, London.

Ashworth, G. and Howard, P. (1999) *European Heritage Planning and Management. Intellect*, Exeter.

Beech, J. (2000) The enigma of holocaust sites as tourist attractions – the case of Buchenwald, *Managing Leisure*, vol. 5, no. 1, 29 – 41.

Beech, J. G. (2001) The Marketing of Slavery Heritage in the United Kingdom, *International Journal of Hospitality and Tourism Administration*, vol. 2, no. 3/4, 85-106.

Binks, G., Dyke, J. and Dagnall, P. (1988) *Visitors Welcome: a manual on the presentation and interpretation of archaeological excavations*. HMSO, London.

Blockley, M. (1999) Preservation, Restoration and Presentation of the Industrial Heritage: A Case Study of the Ironbridge Gorge, in G. Chitty and D. Baker (eds), 141-156, *op. cit*.

Botchway, Q., Goodall, G. R. Noon, D. M. and Lemon, M. (2002) Emergence based Local Economic Development Model: a way forward in responding to turbulent operating conditions, *Entrepreneurship & Regional Development*, 14, 155- 174.

Bryant, M., Parker, R. and Smith, H. (eds) (2000) *Hampton-in-Arden at the Millennium.* Brewin Books, Studley.

Carter, S., Hurst, B., Kerr, R. H., Taylor, E. and Winsor, P. (1999) Museum Focus, *Facts and Figures on Museums in the UK*, Issue 2. Museums and Galleries Commission, London.

Chitty, G. and Baker, D. (eds) (1999) *Managing Historic Sites and Buildings: Reconciling presentation and preservation.* Routledge, London.

Cossons, N. (1994) Designing and implementing corporate plans, in R. Harrison (ed.), 12-20, *op. cit.*

Council of Europe (2001) The Council of Europe and cultural heritage 1954 – 2000. Council of Europe Publishing, Strasbourg.

Dambis, J. (2001a) The Historic Center of Riga, Latvia, in R. Pickard (2001a) (ed.), 187-201, *op. cit.*

Dambis, J. (2001b) Latvia, in R. Pickard (2001b) (ed.), 207-226, *op. cit.*

Dann, G. M. S. and Seaton, A. V. (eds) (2001) *Slavery, Contested Heritage and Tbanatourism.* Haworth Hospitality Press, Binghamton NY.

Ellul, A. (2000) *Tourism and the Environment in European Countries. Nature and Environment Report* 116. Council of Europe Publishing, Strasbourg.

European Commission (1998) *Investing in Culture: an asset for all regions.* Office of the Official Publications of the European Communities, Luxembourg.

Foley, M. and Lennon, J. J. (1997) Dark Tourism-an ethical dilemma, in M. Foley, J. J. Lennon and G. Maxwell (eds) *Hospitality, Tourism and Leisure Management*, 153-164. Cassell, London.

Gavey, E. (2001) *A Guide to German Fortifications on Guernsey.* Guernsey Armouries, Castel, Guernsey.

Goodey, B. (1994) Interoretative Planning, in R. Harrison (ed.), 302-315, *op. cit.*

Griffin, J. (1994) Case Study 21. 1: Changing a culture: the English Heritage custodian training programme, in R. Harrison (ed.), 256-257, *op. cit.*

Hall, C. M. and McArthur, S. (1998) *Integrated Heritage Management: Principles and Practice.* TSO, London.

Harrison, R. (ed.) (1994) *Manual of Heritage Management.* Butterworth-Heinemann, Oxford.

Hatton, A. (1994) The legislation and institutional context: museums, in R. Harrison (ed.), 157-170, *op. cit.*

Hewison, R. (1987) *The Heritage Industry: Britain in a Climate of Decline.* Methuen, London.

Hewison, R. (2003) Looking in the Wrong Place, *Cultural Trends*, 47, 85-89. Policy Studies Institute, London.

Hooper-Greenhill, E. (ed.) (1997) *Cultural diversity-developing museum audiences in Britain.* Leicester University Press, Leicester.

Hughes, H. L. (1996) Redefining Cultural Tourism, *Annals of Tourism Research*, 23, 707-709.

ICOMOS (2002) *Tourism at World Heritage Cultural Sites: The Sites Manager's Handbook.* World Tourism Organization, Madrid.

Lewis, W. J. (1995) *Interpreting for Park Visitors*, 8th printing. Eastern Acorn Press, Philadelphia.

MacRory, R. and Kirwan, S. (2001) Ireland, in R. Pickard (2001a) (ed.), 158-183, *op. cit.*

Martin, A. (2003) The Impact of Free Entry to Museums, *Cultural Trends*, 47, 1-12. Policy Studies Institute, London.

Meehan, B. (1994) *The Book of Kells.* Thames and Hudson, London.

Millar, S. (1991) *Volunteers in Museums and Heritage Organisations: Policy Planning and Management.* HMSO, London.

Millar, S. (1994) Managing Volunteers: a partnership approach, in R. Harrison (ed.), 270-279, *op. cit.*

Mynors, C. (1999) *Listed Buildings, Conservation Areas and Monuments*, 3rd edn. Sweet & Maxwell, London.

Negussie, E. (2001) Dublin, Ireland, in R. Pickard (2001b) (ed.), 133-161, *op. cit.*

Pickard, R. (ed.) (2001a) *Management of Historic Centres.* Spon Press, London.

Pickard, R. (ed.) (2001b) *Policy and Law in Heritage Conservation.* Spon Press, London.

Poria, Y., Butler, R. and Airey, D. (2003) The Core of Heritage Tourism, *Annals of Tourism Research*, 30 (1), 238-254.

Prentice, R. (ed.) (1993) *Tourism and Heritage Attractions.* Routledge, London.

Re: source (2001) *Renaissance in the Regions: a new vision for England's museums.* Re: source (The Council for Museums, Archives and Libraries), London.

Richards, G. (1994) Developments in European Cultural Tourism, in A. Seaton *et al.* (eds), 366-376, *op. cit.*

Robinson, J. M. (1989) *Sbugborough.* National Trust, London.

Roth, S. F. (1998) *Past into Present: effective techniques for First Person Historical Interpretation.* University of North Carolina Press, Chapel Hill.

Runyard, S. (1994) *The Museum Marketing Handbook.* HMSO, London.

Scottish Museums Council (1986) *The American Museums Experience: in search of excellence.* HMSO, Edinburgh.

Seaton, A. Jenkins, C. Wood, R. Picke, P., Bennett, M., Maclellan, L. and Smith, R. (eds) (1994) *Tourism: The State of the Art.* Wiley, Chichester.

Taylor, G. (1994) The legislation and institutional context: the countryside, in R. Harrson (ed.), 127-147, *op. cit.*

Tilden, F. (1967) *Interpreting our Heritage*, Revised edn. University of North Carolina Press, Chapel Hill.

Tunbridge, J. E. and Ashworth, G. J. (1996) *Dissonant Heritage-The Management of the Past as a Resource in Conflict.* Wiley, Chichester.

Urry, J. (2002) *The Tourist Gaze*, 2nd edn. Sage, London.

Uzzell, D. (1998) Planning for interpretive experiences, in D. Uzzell and R. Ballantyne (eds), 232-252, *op. cit.*

Uzzell, D. L. (ed.) (1989) *Heritage Interpretation*, two volumes. Belhaven, London.

Uzzell, D. and Ballantyne, R. (eds) (1998) *Contemporary Issues in Heritage and Environmental Interpretation.* TSO, London.

第 24 章　结束语：旅游业的未来

约翰·毕奇（John Beech，考文垂商学院）
西蒙·查德威克（Simon Chadwich，伦敦大学伯克贝克学院）

学习目的

学完本章后，读者应该能够：

- 认识旅游业发展所面临的问题和挑战；
- 理解旅游业预测的本质和技术；
- 明确旅游管理人员未来将面临的新趋势；
- 思考旅游管理人员应对新趋势的各种措施；
- 掌握管理实践与学术研究发展中面临的机遇。

本章概述

在本章中，作者总结了旅游业未来发展中将面临的问题。第一个问题是关于数据的收集，这些数据将有利于对旅游发展的预测，同时预测技术也是值得探讨的问题。第二个问题回顾了对旅游业未来发展趋势的几种观点，同时提出了有关未来旅游者的模型。最后一个问题，讨论了对旅游业未来发展的战略制定技巧。

导　言

所有的预测技术都是建立在基本原则之上的，那就是用过去和现在的数据推测未来将要发生的事情。在旅游业中，这就意味着要收集通常所说的“旅游者人数”的数据，并根据这些数据来进行预测，而这些数据的准确性将影响到预测的结果。

假设有一个四周都有围墙的小型旅游景区，所有的进出通道都设有大门和门票销售窗口，那么可以确定地认为，通过销售门票所获得的数据是能够准确反映其接待游客的数量。但是，门票的销售量并不是总能准确地反映游客的接待量，例如，到一个以淘汰的蒸汽机车为主要景观的旅游景区，其观光游览的游客数量就要大于买票乘坐蒸汽机车的游客数量，因为有些游客仅只是到这个车站走走，逛逛博物馆或购物品商店，并不想选择乘坐火车的体验。

问题讨论

1. 在一个你熟悉的小型旅游景区内，你能够采用哪些技术手段，以保证你每天都能够获得有关接待游客总人数的准确数据？你将在多大程度上依靠你的员工来保证这些数据的准确性？

但是，如果像加那利群岛的坦纳利佛（Tenerife）这样的旅游目的地，我们想要对其未来游客人数的发展趋势进行预测，那将会出现什么样的结果呢？在这里，我们假定所有游客都只能通过两种方式之一到达这里：要么乘坐飞机到达该岛上的两个机场之一，要么乘游船从该岛唯一的港口进入。由于这是一个小型旅游景区，游客人数相对来说比较容易收集。但是，我们是否就能够推定这些数据完全准确地反映了到坦纳利佛旅游的游客真实情况？一个字，不！这些数据只是准确地反映了进入和离开这个岛的人数，但如果我们认为这些人全都是游客的话，我们可能就大错特错了，因为这些人中还包括了那些不断往返于岛内外的当地居民。

让我们再来看另一个类似的旅游目的地例子，即关于西班牙库斯托纳法岛的洛里德尔玛（Lloret del Mar）旅游景区。这个地方的地理情况更为复杂，因为游客进出这个景区的地点和方式很难清楚地界定，游客出入不像前面所提到景区那样仅仅依赖于两个机场和一个港口，他们可以从不同的机场乘飞机而来，也可以乘坐火车、长途汽车或自己驾车而来，因此，就不可能通过监测他们的进出情况，而不同程度地准确测定游客的数量。这个时候，我们可以尝试另一种方法，即监测他们在饭店中的过夜天数，但这种方法也不能保证我们得到完全准确的数据。即使法律要求所有在饭店过夜的游客都必须登记，也不能保证饭店员工的登记程序是完全有效的（作者曾经走访过70多个国家，在与员工的交谈中发现，即使在同一个城市甚至是同一家饭店中，员工的服从性强弱往往因承担不同职责的个人而有差异，同时也与他们所承受的压力大小有关）。通过这种方式确实可以收集到一些数据，但我们仍然会发现许多问题，这些数据通常是通过整理后，表述为每天或每周的过夜游客人数，而这种表述方式则不可能说明到底一个人停留了多长时间，如一个人待了七天可能会被记录为一个晚上住了七个人。

如果我们想要收集的游客人数，不仅仅是洛里德尔玛景区而是整个库斯托纳法岛的话，相似的问题同样存在，只是范围扩大了而已。最后，得益于欧盟所制订的旨在“开放国界”的申根协议，你可以在卢森堡国家的高速公路上畅通无阻，也可以在乡间小路上自由穿行，想想你将如何测度到该国旅游的游客人数（申根是卢森堡的一个小镇，而申根协议签订于 1985 年，签订这一协议的国家如表 24.1 所示）。

表 24.1　参与申根协议的国家名单

奥地利	比利时	丹　麦	芬　兰
法　国	德　国	希　腊	冰　岛*
意大利	卢森堡	荷　兰	挪　威*
葡萄牙	西班牙	瑞　典	

*表示非欧盟国家

资料来源：欧洲签证（EuroVisa），2002

从卢森堡的地图上可以看出，它与法国、比利时和德国接壤，并且建立了贯通国内外的公路网和铁路网，同时它也有国际航空港。因此，要想准确测定跨境进入卢森堡的游客数量，几乎是完全不可能的。

总之，要想从每一个层面都准确测量游客的数量是很困难的，这在很大程度上依赖于旅游区的整体环境。对于一个可以控制入口的小型旅游区来说，上述的测量方法是可行的，也是具有实用性的，但对于大多数的旅游目的地而言就不是一种有效的方法了，那么我们将选择何种有效的方法进行测量呢？

旅游卫星账户

特别需要指出的是，当我们从管理角度出发来考察旅游业的话，旅游的经济效应通常就显得特别有用（参见第 15 章），当然同时也充满了潜在的困难。回想一下你最近一次的度假旅行，你能准确记录下你所有的花费吗？更进一步说，观测者能记录下你的所有花费吗？

当然，要想在各方面都准确测量出旅游经济效应，是具有挑战性的活动。

早在20世纪90年代初期，两个国际性组织，世界旅游组织（WTO）和经济合作与发展组织（OECD）就已经开始着手这方面的研究了。近年来，世界旅游理事会（WTTC）也和全球观察公司（Global Insight）一样，在继续开展着这方面的研究。

旅游卫星账户，旨在全面评估旅游业对于一个国家或地区在经济方面的贡献率。它包括两个方面的内容，其中相对重要的一个方面的内容，是通过提取一个国家或地区国民经济账户中的相关数据而来的。为了补充这些数据的不足，需要对特定区域内的游客直接花费状况进行调查，最后在大多数情况下，还需要引入了乘数效应（参见第15章）进行分析。

由于这套卫星账户系统是建立在现有数据基础之上的，因此当一个国家层面的现有数据较为全面时，旅游卫星账户通常会运行得比较良好，如果仅仅只有关于游客人数的数据时，情况就会有所不同。但是，旅游卫星账户也存在一个不足，那就是它无法准确评估第二方面的内容：旅游者的直接花费，因为以往的调查都只涉及旅游者的总消费额，如餐饮则用“旅游者花费比重”来反映。

接下来的问题是，在建立旅游卫星账户时，要对旅游者花费所产生的影响分析到何种程度，这方面很难进行定义，显然需要对旅游者直接消费的测量方法进行界定。

全球观察公司（Global Insight，2005）认为，旅游卫星账户与很多传统的统计方法相比，更能为人们提供关于旅游业发展的全面、准确的信息和观点，它的独特优势在于对以下这些关键问题给予了合理的回答：

■ 从当地旅游经济中漏损的程度；
■ 能够将旅游业的投入与所得到的税收收入进行比较；
■ 旅游业投资总额的合适程度及其他；
■ 旅游业相较于其他行业的增长率；
■ 旅游业对于农业等其他行业的影响。

作为旅游卫星账户的主要倡导者，世界旅游组织（WTO，2004）指出，从旅游卫星账户中可以获取以下方面的信息：

■ 旅游业对于国家经济的贡献率，以及其在国民经济中的地位，还可以同其他国家进行比较；
■ 从旅游业中获益的行业及获益的程度，特别是那些以前与旅游业没有关联的行业；
■ 旅游活动的开展所获得的税收收入；
■ 与旅游者需求相关的数据，以及通过国内供给获得满足的程度；

■ 促进有关工作知识的增长。

案例 24.1　英国为旅游卫星账户所做的准备

1998 年，英国文化部、媒体部和体育部在其所作的一项可行性研究中，对建立旅游卫星账户的现实可行性进行了调查研究。这项研究指出，下面的调查报告已经获得了相关数据的支撑：

- 英国旅游业调查报告，由英国的四个为旅游者服务的部门联合完成；
- 国际游客调查报告，由国民统计局提供；
- 英国一日游调查报告，由部分政府部门、代理商及民间中介组织负责实施；
- 非政府组织机构所提供的一系列调查报告。

有一个现实的问题，就是在各种调查之间存在着不一致的地方，并且有一些方面的信息仍然是空白的。这些不一致包括：旅游者的花费项目该细分到何种程度，以及在处理北爱尔兰问题上的分歧；而空白则包括：旅游者在耐用品方面的花费，在某些特定住宿方式方面的花费，以及在基础设施方面的公共支出等。政府认为花费合理的成本可以解决不一致的问题，但是要填补这些数据上的空白可能需要花费更多的额外开支。

现有旅游供给方面的数据并不令人满意，目前还没有建立相应的旅游设施设备的数据库系统。在北爱尔兰，住宿登记仅仅是一种强制性的活动。英国旅游局（BTA）在对到旅游目的地访问的有关统计数据中，并没有区分外来旅游者和本地居民，这个问题将会随着进一步的调查，并在两类人群中形成二者在总人数中的比例之后而得到有效的解决。对旅游者提供娱乐方面的信息显得非常薄弱，在旅游基础设施方面的数据也很粗略，特别是那些由私营部门提供的数据，并没有在外来旅游者和本地居民之间进行有效地区分。

现有的国民经济统计账户中，主要关注于以下三个方面的内容：

- 产出：产品和服务的供给；
- 收入：资本性和经常性投入的报酬；
- 支出：对产品和服务的需求或使用。

接下来的一个重要问题，就在于这些指标怎样与旅游者的经济活动相统一。定义旅游产业的关键在于下面的问题："旅游产出与社会总产出的联系是什么?"答案是"关联性很小"，因为旅游业是一种需求驱动而非供给驱动的产业，它不像农业、林业、渔业、采石业、制造业、建筑业、物流业、零售业等行业，这些行业的产出是物质或服务的产品，而旅游活动的产出是多种服务的集合，其中任何一种服务都无法满足一次旅游活动的需要（英国文化部、媒体部和体育部，1998：23）。

要解决这个问题就要建立一套旅游经济账户（TEAs），然后从旅游经济账户中分离出旅游卫星账户（TSAs）。后者与前者在很多方面有所不同，特别是在国内企业向最终消费者提供产品和服务的增加值的计算上，以及运用旅游方面的特定比例来区分旅游者花费和本地居民花费方面的差异较大。

这份报告列出了其中可能的选择模式，详见表 24.2 所示。

表 24.2　进行 TDA 选择的成本列表

对各种选择的描述	各种选择的持续时间	咨询成本（千英镑）
1　什么都不做		
仅使用现有的数据		
2　只使用 TEAs	短期	15~25
3　TEAs 和 TSAs 配合，外加其他部门的相关数据	短期	65~75
4　TEAs 以及部分 TSAs 的内容	中期	20~30
促使各种数据的发展		
5　对各部门供求数据的进一步分解	中期	可选择的
6　更多的调查工作以使其更加完善完全的 TSAs	中期	可选择的
7 TEAs 和 TSAs，使用选择 5 和选择 6 的产出数据	长期	60~70

注：咨询成本是分阶段记录的，但最后需要进行加总。

资料来源：英国文化部、媒体部和体育部，1998：44

资料来源：摘自英国文化部、媒体部和体育部，1998

问题讨论

2. 在决定选择哪一种方案时需要考虑什么问题？

到目前为止，本章在讨论问题时所采用的基本原则，是通过分析过去和现在的数据来预测未来。这种方法的局限性在于没有重视到两个可能对旅游业发展产生重要影响的因素：

- 外部突发性事件所导致的剧烈影响，如世界贸易中心的毁灭（“9·11 事件”，2001 年 9 月 11 日）、巴厘岛爆炸事件（2002 年 10 月 12 日）和印度洋海啸（2004 年 11 月 26 日）。
- 不断变化的品味和时尚因素所引致的不确定性，这种不确定性会进一步影响我们对未来的预测。

在下面的部分将对未来的发展趋势进行各种展望和预测，这些预测是建立在经验性、专业性知识和定量经济分析基础之上的。

旅游业：未来的展望

■世界旅游组织的《2020 年旅游业展望》

世界旅游组织（WTO）对 21 世纪旅游业发展做出了最为全面的展望，出版于 1997 年，并于 1998 年再版的《2020 年旅游业展望：概论》一书，是世界旅游组织的主要出版刊物，该书共分为六个区域性部分：非洲、美洲、东亚和太平洋、欧洲、中东和南亚（出版于 2001 年 6 月，共有 452 页），此外还包括一本名为《全球预测和市场细分概述》的小册子（共 139 页，出版于 2001 年 10 月）。

《2020 年旅游业展望》这一研究项目开始于 20 世纪 90 年代初期，当时主要有三个目的：

■ 预测全球和区域范围内旅游供求发展的主要趋势；

■ 预测这种趋势对各种旅游贸易部门所产生的影响；

■ 识别制定政策与相关战略措施的真正内涵（世界旅游组织，1998）。

2020 年旅游业展望的主要观点详见表 24.3 所示。

表 24.3　世界旅游组织在《2020 年旅游业展望》中的主要观点

- 全球国际旅游者人数将会达到 16 亿人次
- 这些国际旅游者的花费将达到 2 万亿美元
- 中国将成为世界第一旅游目的地国，而俄罗斯将成为世界 10 大旅游目的国之一；泰国、新加坡和南非的旅游业将会获得快速增长
- 中国将成为世界主要的旅游客源国，其出境游客人次数将仅次于德国、日本和美国
- 尽管经历了市场份额的下降，欧洲仍将维持其全球第一旅游目的地的地位；东亚和太平洋地区将取代美国成为最受欢迎的全球第二大旅游接待区
- 欧洲仍然将是全球最大的旅游客源地

表 24.3　续

- 地中海沿岸在全球的旅游市场份额将从 1995 年的 30% 下降到 2020 年的 21%；而印度洋区域内各国的市场份额将相应的从 6.9% 上升到 11.2%；湄公河流域国家（如柬埔寨、老挝等）的市场份额也将由 5.1% 上升到 11.4%
- 未来将会获得显著增长的细分市场是生态旅游、文化旅游、主题旅游、海上巡游以及探险旅游
- 大概四分之一的国际旅游者将会选择长线旅游

《2020 年旅游业展望》的重要意义，主要来源于它的方法论和充分的前期准备，但必须承认的是它仍是对 25 年之后事情的预测，而正如前面曾经提过的，这种预测总是具有高风险的；同时还要承认的是，它所关注的只是国际旅游而非国内旅游。

世界旅游组织所作的展望，将过去和现在的情况较好地反映到了将来，这是一个很有可能会发生的预测。世界旅游理事会（WTTC）提供了一份与此不同的展望报告，它的展望报告称为《新旅游业发展蓝图》，这是一个战略而非简单的预测，它是一个世界旅游理事会（WTTC）预计可能出现的景况，也是他们努力促使其发生而并非对将要发生景况的预测。

■世界旅游理事会

我们在第 9 章中，已经从战略的角度对《新旅游业发展蓝图》进行了讨论。本章的重点在于这种战略制定的基础以及它所蕴涵的深层次含义，这些展望可以从以下三个方面进行简单的概述：

> 作为一种相伴而生、共同发展的事物，旅行与旅游活动在满足经济发展需要、促进地方和区域性政府机构发展，以及当地社区及其企业繁荣等方面发挥着共同的作用。这需要建立在以下三个方面的基础之上：
>
> 1. 政府认可旅游业的支柱产业地位；
> 2. 旅游业协调好经济增长与人口、文化及环境发展的关系；
> 3. 旅游业对长期增长与繁荣的分享。
>
> （世界旅行和旅游理事会，2003：3）

政府认可旅游业的支柱产业地位

这一观点的核心思想，在于要在旅游企业、政府和当地居民等主要的利益

相关者之间建立一种合作伙伴关系，这种关系至少应当建立在非正式的层面。当然，目前没有考虑旅游者和环境组织等其他的利益主体。虽然已经做了选择，世界旅游理事会仍然“呼吁所有（作者强调）的利益相关者响应《蓝图》所发出的号召，采取积极的行动来建设新的旅游业，让更多地方的人们能够享受到这种新的旅游所带来的好处。”（WTTC，2003：2）这第一个观点，着重强调了政府的期望，因此这一观点意味着诸如世界旅游理事会这样的非政府组织，对政府部门的游说活动就应当是必需的事情了。

旅游业协调好经济增长与人口、文化及环境发展的关系

这个观点更具有启迪意义，它预示着一种希望，那就是旅游业在衡量旅游效应时，不能仅从单一的经济角度着眼，特别是它表明了旅游业需要考虑更多的关于社会、文化以及环境方面的影响。

协调和平衡的发展观念是非常重要的，它意味着在潜在的经济方面的积极效应（参见第 15 章）中，隐含着潜在的社会文化（参见第 16 章）和环境方面（参见第 17 章）的消极影响。利润最大化不应当成为私人部门的唯一动机，这样才能够产生一种责任感，于是又回到下面一个主题。

旅游业对长期发展与繁荣的分享

这也是一个相当具有启迪意义的思路。“繁荣”一词仅仅承认了旅游企业追求利润的重要性，而“长期增长”一词则还包含有企业采用合理的经营模式问题。在 20 世纪的后 50 年间，西方的企业在制订战略发展计划时往往倾向于短期利益，而日本的企业则要考虑得更为长远一些。

“分享”一词的使用则强化了在不同利益者之间进行协调的观念。

■绿色环球 21

绿色环球 21 制订了一个基础性的标准体系，它能够促进那些注重信誉的旅游企业获得持续性的发展。作为一个动态系统，它从开始制定就是与 1992 年召开的里约热内卢高峰论坛（参见第 23 章）上所提出的关于可持续发展原则的《21 世纪议程》相一致的。这个基础性的标准体系，既能够辅助旅游企业制定发展战略，也能够对他们获取成功的程度进行衡量。绿色环球 21 主要涉及的领域详见表 24.4 所示。

表 24.4　绿色环球 21 的主要涉及领域

主要涉及领域	计量指标	计量目标
温室气体的排放	温室气体的减少量	排放量的减少
能源的使用效率、保护和管理	能量的消耗量	总能量消耗的最小化
清洁淡水资源的管理	饮用水的消耗量	饮用水消耗量的最小化
生态系统的维持与管理	资源保护	减少自然资源的消耗
社会和文化问题的管理	生物多样化的保持	保护自然栖息地和生物多样性
土地使用计划与管理	社会责任	发展和保持对当地社区积极的、生产性的和可持续性的贡献
空气质量维持	空气质量	通过减少能源消耗中所排放的气体量来提高空气质量
噪声控制	噪声损害	最大限度减少来自飞行器的噪声干扰
对水资源浪费的管理	对降水的管理	科学的降水疏浚工程
浪费的最小化、循环与再利用	清洁的化学物质的使用固体废弃物的产生	减少化学物质的排放减少固体废弃物的产生

资料来源：节选自 www. greenglobe21. com/Benchmarking_Whatls. aspx

许多旅行和旅游部门参与了计量指标的制定，详见表 24.5 所示。表中所列的部门既有像“饭店集团”和“旅行商”在内的全球性组织，同时也包括诸如“农家乐”和“空中缆车”之类的小企业。

表 24.5　绿色环球 21 中参与标准制定的部门

饭店住宿业	娱乐活动组织者	管理办公室	空中缆车生产企业
航空公司	机　场	旅游吸引物	社　区
会议中心	游　船	生态旅游	展览馆
农家乐	高尔夫运动中心	码　头	铁　路
餐　馆	旅游胜地	旅游公司（批发商）	旅游代理商
拖车、度假和大篷车公园	交通工具	出租车	葡萄园
游客中心	葡萄酒酿造厂		

资料来源：绿色环球 21，2004

有必要强调一下标准制定过程中的一些特征：

■ 强调减少环境的影响。从某种程度上说，这有利于鼓励私人部门树立对旅游业环境影响的强烈意识，显然私人旅游企业不应当仅关注于自身的经济收益。但是令人遗憾的是，使旅游对社会文化的负面影响最小化并没有得到同等重视。

■ 世界旅游理事会所积极倡导的最现实的例子，主要来自于中小型的企业。这是一个正确的思考方向，但是它也建议那些大型的企业组织，特别是全球性跨国企业的行为，切不可凌驾于这些基本的标准之上。

■ 虽然许多计量指标在表述中希望获得绝对意义上的减少，但是有些只需要获得相对意义上的减少，特别是相对比重的改善即可，典型的例子就是温室气体排放量的相对减少。要考察喷气式飞机引擎对环境所造成破坏的范围，可以在 www. futureforests. com/ calculators/ flightcalculatorshop. asp 上使用“未来森林”的气体排放计算器进行计算，这个网站同样提供了大量二氧化碳气体排放的资料。但是，一些航空公司（如荷兰 LKM 航空公司和斯堪的纳维亚 SAS 航空公司）已经在一定程度上意识到了这个问题的严重性，因此他们在网络上提供了他们自己的气体排放量计算器。

到目前为止，我们已经从国际性政府组织，即世界旅游组织（WTO），以及国际性的旅游企业组织，即世界旅游理事会（WTTC）的角度，对旅游业的未来进行了展望。现在，我们介绍两位重量级的学者，克里斯·库珀（Chris Cooper）和迈克尔·霍尔（C. Michael Hall）对未来所做的展望。

■库珀的观点

克里斯·库珀在《旅游业：原则与实践》一书中，通过区分那些不可控的（Cooper，2005a）和可控的（Cooper，2005b）趋势和问题，向我们描绘了一幅关于未来旅游业的二元情景。作者在文章中想要通过“管理能力”来平衡“控制”，但是当深入探究这两类因素之后，作者认为这是不现实的。表24.6列出了他对此所作的比较。

表 24.6 库珀对未来发展趋势与问题的研究

不可控的趋势和问题	可控的趋势和问题
人口统计和社会发展的趋势	新型旅游者
政治驱动力：关贸总协定（GATS）；	有效市场细分的需求
贸易壁垒；全球化；政治区域的重新划分	更好地规划和管理旅游目的地的需求
安全与危险	旅游业在社会文化和环境方面的持续发展
气候变化	建立可持续发展指南和实施合作的组织
旅游的人力资源（教育和培训）	旅游产品新的和不断变化的形式

资料来源：Cooper（2005a 和 2005b）

那些他认为可控的趋势和问题，实质上就是我们期望能够加以管理的。无论是像旅游批发商和航空公司这样的大型跨国企业，还是像遗产目的地这样的小型旅游企业，经理们所作的决定几乎涉及微观层面的所有方面，为的就是想要控制这些趋势的发展。在表24.6的左栏中列出的库珀认为不可控的趋势和问题，就是那些单个经理的决定相对无法产生影响的方面。

从右栏中选一个例子，一个经理会对一种新的旅游产品的发展产生直接的影响，但是他几乎不可能对人口统计或社会的变化（这是左栏中的一个例子）产生任何的影响。例如，单个经理无法控制气候的变化，但是并不能推导出单个经理无法控制的因素，就是那些他或她没有对此做出管理决策和回应的因素，即使是那些不可控的因素，我们仍然通过管理技术对他们做出回应。

因此，如果我们在自身能够控制的基础上，接受这两栏中所列出的各种因素的区别，那么我们是否从管理的角度真正弄清了他们之间的区别？

当我们认识到只是各种管理方式的性质，以及所产生影响的范围有所不同，而不是我们是否采取了管理措施的时候，就可以从管理的角度搞清这两栏因素之间的区别了。对于那些我们可控的问题和趋势，我们要提前做好微观上的决策，这样结果就会很快在旅游企业内部显现。对于那些我们不可控的问题和趋势，我们的管理活动就要做出更快的反应，而对于自身的旅游组织来说，虽然结果的确定性仍然不大，但从总体上来说，我们所有应对措施的集合将对这些问题和趋势产生影响。

库珀详细分析了每一种趋势和问题，目前的关键因素在于"挑战"的观念，旅游企业经理在未来将生活得并不容易，这与"变化"的观念，即我们的商业环境将发生变化，而且并不一定以我们可以预见到的方式变化，因此我们需要用新的战术或新的战略来应对（参见第9章）。许多问题和趋势中都存在的一些共同的因素，主要有：

■ 可持续性；
■ 新型旅游者；
■ 准确进行市场细分的必要性。

■霍尔的观点

迈克尔·霍尔（C. Michael Hall）在他的著作《旅游业：对"移动现象"的社会反思》（2004）一书中，对旅游业的未来进行了深入的思考。他不是从单一管理的角度，而是从多学科的角度来进行研究的。他的目标是将旅游研究纳入社会科学的研究领域，因此他的研究视角包括了社会学、环境科学、人文地理学、政治学以及管理学等学科。霍尔（2004：353）提出的主要观点包括：

■ 旅游业拥有巨大的潜在经济收益；

■ 旅游企业管理者需要明确社会和环境影响的范围，协调其中各不同利益冲突者的利益；

■ 政治不稳定和安全问题将被列入议事日程，健康问题（生态安全）及气候变化也将一同被加以考虑；

■［特别地，对于旅游管理专业的学生来说——作者注］重要的是认识到旅游业研究的范畴不仅仅是应用性的商业规则。

霍尔（2004：290）认为，特别是与旅游管理专业的学生相关联的是，虽然对于可持续性的关注比以往任何时候都更多，但是旅游业的增长仍然会受到环境因素的制约。

旅游者：未来的展望

■普恩的观点

在《2020年的旅游业展望》中指出，科学技术将在未来旅游业发展中扮演极为重要的作用。奥利安纳·普恩（Auliana Poon）在1993年的时候就提出了类似的观点，他的著作《旅游业、科技与竞争战略》在当时非常流行。他在该书中指出：

- 旅游业将会发生重大的变化，在一定程度上可以认为是变革；
- 第二次世界大战之后，伴随着社会、经济、政治和科学技术领域的重大变化，大众旅游迅速兴起；
- 仍然存在着限制大众旅游持续发展的因素，主要是环境方面的因素，也有社会文化方面的因素；
- 从产业外部而言，旅游业面临着对经济增长和遍及全球的新旅游形式的双重限制；从产业内部而言，主要的推动力在于新消费者群和新科技的出现。

这些新消费者群或称为“新型旅游者”，与大众旅游时期的传统旅游者有很大的不同，表24.7显示了他们的主要特征。

表24.7 普恩的新型旅游者

传统旅游者	新型旅游者
寻求阳光	体验不同的事物
跟随大众	想要自己控制
今天在这里，明天又离开	欣赏、享受，但是不破坏
仅仅是想表示曾经到过	主要是为了获取快乐
拥有	经历

表 24.7 续

传统旅游者	新型旅游者
优越感	理解
喜欢风景名胜区	喜欢运动
做好充足的准备	充满挑战性
在饭店的餐厅就餐	尝试在外面享受当地的饮食
同民族的	多民族混合的

资料来源于：Poon，1993：10

■毕奇和查德威克的观点

普恩为我们建立了一个有关“新型旅游者”的正式模型，向我们展示了一个逐渐被突显出来的略带乐观精神的旅游者的形象，但我们（Beech and Chadwick）认为现实状况是：21 世纪的旅游者将是“独立人（MAVERICS）”①，是一种“好”与“坏”的混合体，他们渴望做“他们自己的事情”：

■ 多次度假：一年之内度过好几次假期。

■ 独立的：整理他/她自己的背包，分开预订机票、住宿以及租车等。

■ 多样化：从众多选择性旅游产品中体验他们自己的度假经历。在不同的假期中，旅游者会合理地安排自己的角色，在夏天扮演日光浴旅游者，周末休息去探询文化奥秘，冬天成为滑雪运动爱好者，全年都可以去开展探亲访友活动。

■ 精力充沛：积极参与各种活动并融入进去；不仅仅体现在体育旅游或是探险旅游中，更是在文化旅游甚至是日光浴旅游中，寻求更多的活动开展和相互交往。

■ 不甘于平静：经常渴望经历新的事物，想去旅行而不是待在一个固定的地方，想在一个假期内将多种角色融合和搭配起来，如在一次包价旅游中，部分是日光浴旅游者，部分是生态旅游者。

■ 责任心不强：容易受诱惑，对“客人”的角色不敏感，认识

① 译者注：MAVERICS，是一种拒绝合作而喜欢独立做事的人，因此译为“独立人”。

不到喷气式飞机之类的事物所带来的环境影响。

■ 有所限制：这些限制因素是已经认识到的，同时也是可能直接存在的。例如，英国人在塞内加尔没有法定假日，而法国人可以。英国人只能在肯尼亚和南非等非洲国家中的旅游目的地，开展多样化的度假活动，而无法开始他们的尼日利亚和喀麦隆之旅。

■ 市场细分：从旅游产品生产者的角度上说，当旅游者消费旅游产品的时候更容易进行记录。但是，富有个性的人喜欢多样化的生活且不甘于平静的，因此即使面对一个特定假期中的众多细分市场，旅游目的地景区仍需要明确他的细分市场到底在哪里，如果没有完成这项工作，他们就无法满足旅游者的需求，他们自身的旅游业就无法实现经济上的持续增长。

但是，这些富有个性的人是完全独立的人吗？不，他们一般并不想打破原有体系或是在原有的传统之外独立进行。但是，“独立人”这一个词的使用，确实强调了这些旅游者的个性以及在旅游者人群中的同质性，即“同一性”程度的缺乏。

新兴主题和趋势的战略含义

■选择性旅游

普恩的“新型旅游者”及比奇和查德威克的“独立人”，所寻求都是多样化，而为这些寻求多样化的旅游者提供使他们满意的众多旅游产品，最佳的途径就是开展选择性旅游。诺韦里（Novelli，2005）考察了选择性旅游的发展和各种类型，表24.8列出了他对此的一些总结。

表24.8 利基旅游

特殊兴趣的旅游	基于传统和文化的旅游	活动型旅游	未来的选择性旅游
黑夜旅游	文化遗产旅游	探险旅游	道德旅游
烹调旅游	研究型旅游	小型游船巡游	太空旅游
寻根问祖旅游	外围区域旅游	体育旅游	虚拟旅游

表 24.8　续

特殊兴趣的旅游	基于传统和文化的旅游	活动型旅游	未来的选择性旅游
地理旅游	部落旅游	自助旅游	
摄影旅游		野生动物旅游	
驾车旅游			
青年旅游			

注：选择性旅游市场，已在其他章节做过详细的讨论，特别是第 14 章的体育旅游、第 23 章的遗产与文化旅游管理。

资料来源：Novelli，2005

从管理的角度上看，选择性旅游的增长有着许多具体的含义：

■ SMEs 数量的增长（参见第 8 章）；

■ 志愿者对选择性旅游产品信任度的增加（参见第 14 章）；

■ 需要更多的专业化旅游批发商（参见第 19 章）；

■ 在大众旅游之外对乡村旅游产品的需求增长（参见第 22 章）；

■ 要对管理选择性旅游企业的商业环境给予更多的重视（参见第 9 章）。

案例 24.2 向我们展示的是，选择性旅游的发展潜力是如何被发掘出来的。

案例 24.2　太空旅游

早在 1967 年，希尔顿饭店就慎重考虑过在太空中发展饭店的问题。到了 20 世纪 80 年代，市场研究人员已开始把他们的关注点转移到衡量太空旅游市场的发展潜力上来。美国在 1997 年所作的一项调查表明，大约一半的被调查者对太空行走感兴趣，而且愿意支付平均 10 800 美元的费用来完成这样一次旅行。2003 年所作的一项类似调查也表明，前面所提到的两项指标均获得了显著的增长（Wainwright，2005）。

当然，这就意味着到达这一遥远梦想国度的可能性，而这种可能性有多大呢？

● 2001 年 4 月，美国一位名为丹尼斯 · 蒂托（Dennis Tito）的百万富翁在支付一定费用之后，搭乘俄罗斯载人飞船在 Soyuz 国际空间站进行了一次太空旅行（南非的百万富翁于 2002 年再次访问了该空间站）。

案例 24.2 续

● 2002 年 2 月，美国航空管理局 NASA 公布了接受太空旅游者的标准。

● 2004 年 10 月，私人建造的太空船一号飞到离地面 70 英里的高度，并获得了安萨利 X 奖，该奖项设立的目的在于推动私人部门太空旅行的发展。

目前已经有专业旅游批发商开始经营太空旅游，太空冒险（Space Adventures）公司是第一家开展此项业务的公司。另一家重要公司也第一次进入太空旅游市场，2004 年 11 月，处女地集团（Virgin Group）建立了处女地银河俱乐部来开展太空旅游，从太空船一号开始，他们进行了多次太空发射。理查德·布兰森（Richard Branson）先生宣称，到 2005 年 1 月中旬为止，愿意支付 10 万英镑飞行费用的潜在顾客人数已经达到 13 500人。他预测，这些飞行计划将在三年内完成。

资料来源：多家网站，包括 www. spacefuture. com；www. xprize. org；www. virgingalactic. com

案例 24.3 表明了一种新的需求，是如何被转化为一个独特的选择性旅游市场的。

案例 24.3 中国的铁路度假旅行

正如在第 23 章所提到的，遗留下来的火车机车资源在 20 世纪中后期的英国得到了发展。它最先是由蒸汽机车爱好者组织的志愿者们发起的，而他们的客户是其他的火车爱好者。由于受火车机车历史文化精神的影响，他们成为了一种旅游景观，吸引了众多的人们前来旅游，特别是那些与孩子一同前往的家庭。

旅游者的组成经过多次变化之后，形成了一批忠诚的蒸汽机车迷。对于他们来说，蒸汽机车已经变得商业化了，就像许多足球球迷所认为的那样，“最美丽的运动”已经落入了“大产业”之手了（Beech，2004）。封存与保护已导致了一种虚假现象的出现，曾经梦想的、被遗弃了的车道如今已经变成了开展托马斯（一种使用坦克引擎的火车和商业中心）的流行场所，这与表面上被保护起来的蒸汽机车场景是相去甚远。

这些忠实的蒸汽机车迷，希望看到的是可以使用的蒸汽火车而不是将其封存起来。这种期望引导着他们来到了东欧和土耳其，而一些自身就是蒸汽机车爱好者的专业旅游批发商已经开始着手开发旅游产品，这可以使英国的选择性旅游者，能够看到并真切体验到那些真实的东西。东欧的解体甚至使得这些蒸汽机车被遗弃，那些忠实的蒸汽机车迷只能到更远的地方去看了，那就是中国。他们在中国开展独自旅行时碰到的语言方面的障碍，也许比在诸如波兰、捷克共和国之类的国家所碰到的要大得多，但这能够给更多具有开拓创新精神的旅游批发商提供难得的发展机遇。

案例 24.3　续

铁路旅游公司就是这样的一个组织，它组织过到厄立特里亚（Eritrea）、沙特阿拉伯（Saudi Arabia）、秘鲁（Peru）、纳米比亚（Namilia）以及中国的旅游团队。它的中国之旅，除了囊括众多与其他旅游行程类似的景点，如长城、紫禁城和长江三峡之外，还包括那些不为主流旅游者所青睐的景点，包括泰丰（Teifa）铁路之旅，集通（Jitong）铁路之旅，整个行程都是在世界上现存的最后一列正规的以蒸汽为动力带动的高速列车上完成的，以及参观大班（Daban）火车站。

资料来源：多家网站，包括 www. railwaytouring. co. uk

■可持续性和负责任的旅游

前面提到的关于未来发展趋势的多种观点中，有两个共同的主题，那就是可持续性地（主要由生产者来承担责任）和负责任地（可能需要由旅游者来承担更多责任）发展旅游业的要求。

这两个主题是具有高度相关性的。一个明显的争论是：从长期来看，旅游业生产不具有可持续性的产品是没有意义的；但是，对短期利润的追逐又会驱使他们那样去做。当然，在 20 世纪中后期旅游业发展有很多这样的例子，也出现了许多新兴旅游产品：

- 他们要么是由于导致环境破坏而引起发展的不可持续性（如在特定区域内的看鲸活动和探访珊瑚礁的活动）；
- 要么是可持续性的，但要付出长期和不可挽回变化所带来的成本，如地中海日光浴旅游目的地，由于大众旅游的发展而使当地居民的生活方式发生了根本性变化。

大多数的旅游企业都会争辩，要获得市场竞争的成功，他们只有实行顾客导向，即他们的使命就在于满足顾客的需求。尽管顾客所需要的旅游产品，是会对社会文化和生态环境产生影响的，但这种产品仍然会被生产出来。因此，这种倾向的明显的危害，就在于它打破了可持续性旅游的良性循环（如图 24.1 所示）。

图 24.1　可持续性旅游的良性循环图

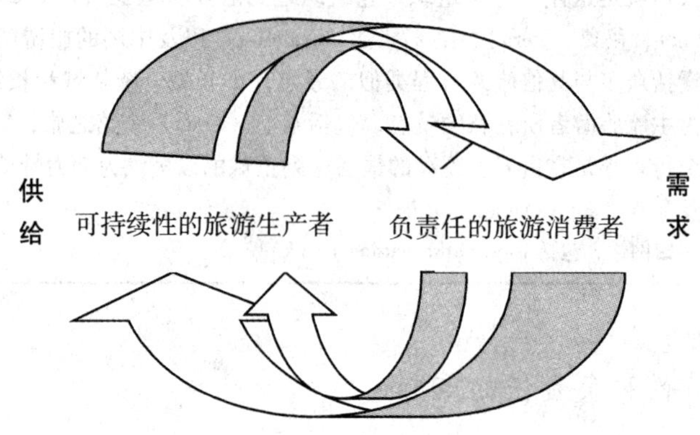

要获得旅游发展的良性循环，必须重视两个环节：可持续性的旅游生产和负责任的旅游消费。如果旅游从业人员认为，他们唯一的责任是满足顾客的需求，以及满足那些在旅游消费中不负责任的顾客需求的话，旅游业的可持续发展是难以实现的。

因此，与前面可持续性旅游的良性循环相对应的，是另一种令人担忧的选择，即不持续性旅游的恶性循环（如图 24.2 所示）。

图 24.2　不持续性旅游的恶性循环图

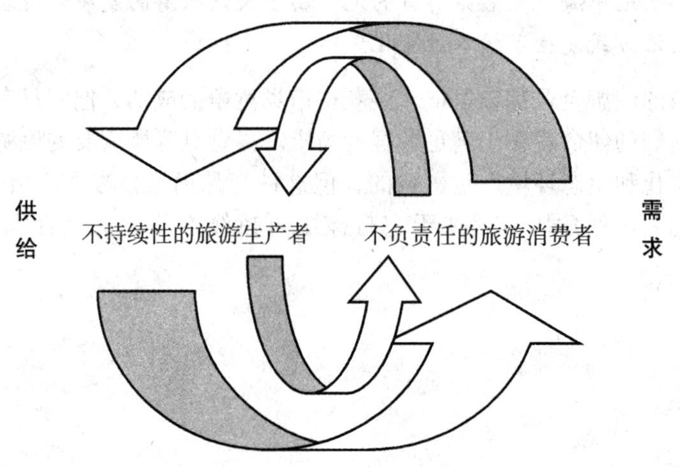

要打破这种不可持续性旅游的恶性循环，就需要改变两个主要因素：对不持续性的旅游产品生产者和不负责任的旅游消费者中的任何一个因素，或两者同时进行改变。

这一信息所包含的二元性问题是很明显的：

■ 生产者需要设计可持续性的产品；

■ 旅游者需要拥有负责任地消费旅游产品的良好品质。

案例 24.4 向我们展示的是，关于设计可持续性的旅游产品，而又不仅是吸引负责任的旅游者的典型例子。

案例 24.4　坦桑尼亚的负责任的体育旅游

负责任旅游公司（responsibletravel. com）创建于 2001 年，公司的使命在于帮助旅游者找寻所谓“真实和可靠”的假期。该公司是这样来描述负责任旅游的：

对于大众旅游来说，负责任的旅游是一种新的旅游方式。负责任的旅游注重尊重当地居民和生态环境，并使其能够获益，然而它还有更深层的含义。如果你的旅游是为了放松、实现自我价值、探索与发现、野外探险以及学习，而不是简单的列出一般的“地点和事物”的时候，那么你所开展的就是负责任的旅游。负责任的旅游将通过融入当地社区，而使你近距离地接触当地的文化和生态环境。而你这样做的结果是：你可以确信以一种公平方式来获得更友善的接待！负责任的旅游者青睐于更小的团体，也更愿意接近当地的居民（或者是其他旅游者成员），而不喜欢和上千人的大型旅游团一起出游。他们不喜欢与不认识的人一起出游，他们明白：小团队的旅游可以使他们能够更深入地了解当地的居民和文化。

负责任的旅游者，通常希望能从旅游活动之外得到更多的收获，同时也希望能给他们所到达的地区和居民做点什么，他们需要的是更深刻和更真实的旅游体验。负责任的旅游者特别注重真实性，他们完整地了解和体验当地的习俗、文化和礼仪，而不屑于那些专门为旅游而创作的，或被旅游企业所包装的，并失去了它本来意义和功能的事物。例如，在一个仅有希腊人，而没有惬意的餐饮服务的旅游度假地，是不可能有愉悦的“希腊之夜”的！

同时，负责任的旅游者也认识到，某些文化方面的体验活动是具有私密性的，游客冒昧的到来会被认为是对被访者的侵犯，他们相信：只有怀有尊重的旅游方式，才能同时获得对方的尊重。因此，负责任的旅游能帮助人们重新认识如何体验自然，了解当地居民与生态环境的相互关系，并从旅游业中获得的收益为环境保护提供强有力的支持。

负责任的旅游者注重多样性，人文的多样性、文化的多样性和环境的多样性。他们相信通过这些体验活动，这些多样性会像个体一样不断发展，而他们的旅游活动同样能够为全球多样性保护做出积极的贡献。

案例 24.4 续

总之，负责任的旅游者希望能够消除散漫来体验他们的世界。经验丰富的负责任旅游者知道从事这些正确的事情会有多难，尽管这些认识是微不足道的，但却是他们从不断的失败和错误中逐渐总结出来的。无论他们是单独旅游，或是有负责任的向导指引，这些负责任的旅游者正在创造和体验着另一种不同的生活。

足球旅游是非洲众多与众不同的活动之一，就像在案例 24.3 中所讨论过的中国的蒸汽机车旅游一样。度假活动通常蕴涵有传统性的因素，在本案例中，一个度假期包括了访问游乐园，海滩度假，以桑给巴尔（Zanzibar）宗教为主要内容的文化旅游，同时还包括一次特殊的参与式体育旅游，因此旅游者需要在坦桑尼亚首都，达累斯萨拉姆（Dar-es-Salaam）西南 500 公里之外一个叫做鲁皮诺（Lupiro）的小村庄待上九天。在那里，游客与当地居民之间将进行两场足球比赛，同时将对游客进行相应的培训，以使他们能够适应当地炎热的天气。在旅游行程的后期，还会安排与桑给巴尔区（Zanzibar）的政府职员进行一场比赛。

组织者指出，作为唯一真正全球性的体育运动，足球拥有强大的力量能够改变人们的生活和社区面貌，也能够跨越文化的障碍。最近，毕奇、里格比、塔尔博特和塞恩迪（Beech，Rigby，Talbot and Thandi，2005）在一篇文章中，讨论了关于印度与巴基斯坦之间开展的一场国际棒球比赛，并提到了体育运动在促进合作方面所发挥的强大作用，他们的结论是：体育运动完全拥有这样的影响，但是需要双方都有沟通协调的愿望，或者如鲁皮诺的例子中所表明的，要有跨文化接触与交流的愿望。鲁皮诺的旅游市场开发充分证明，在旅游者一方确实存在进行跨文化接触与交流的愿望，但是在当地居民一方是否也仍然存在这种愿望，则需要根据外来游客的访问情况而定。

资料来源：www. responsibletravel. com/Trip/Trip300053. htm

问题讨论

3. 旅游产品怎样获得可持续发展？什么因素会限制它的发展？

结　论

旅游业面对一个快速增长的时期，但也是在一个商业环境不确定的运营时期，因此未来的旅游管理人员将会面临一系列的挑战，包括：

- 对旅游目的地选择的变化；
- 旅游度假形式的急剧变化；
- 散客旅游者在不同时期会选择不同的旅游方式，也很容易地在不同的细分市场间转换。

因此，为应对来自可持续旅游与负责任旅游的双重挑战，旅游组织不能够逃避满足旅游需求急剧变化的责任，包括生产旅游产品的商业企业在内，都必须留心诸如《旅游关注》杂志上的观点，承担起教育和引导消费者的义务。

当旅游管理人员不可避免地追求组织经济利益最大化的同时，他们也不应忽略对于接待地国家和居民的经济影响，同时为了实现旅游的可持续发展，以及伴随着长期的利润增长，他们必须认识到以下这些需求的存在：

■ 最大限度地降低旅游在社会文化方面，对东道主社区造成的负面影响；

■ 最大限度地降低旅游在环境方面的负面影响。

为达到这些目的，旅游管理人员需要获取更多的知识和技巧，而不仅仅是一般管理理论的应用。

阅读指导

在本文所提到的所有著作中，特别推荐以下几本：

■ 世界旅游组织的《2020年旅游业展望》；

■ 奥利安纳·普恩（Auliana Poon）的《旅游业、技术与竞争战略》；

■ 马尼纳·诺韦里（Marina Novelli）的《选择性旅游》。

要了解更多的可持续旅游的情况，请参考约翰·毕奇（John Beech）的《可持续旅游的管理》。要了解更多负责任的旅游情况，请参考《旅游关注》杂志上的文章“聚焦旅游”。

要获取更大范围内的旅游统计数据，请参考约翰·伦农（J. John Lennon）的《旅游统计：国际视角与现实问题》。

要更多的理解旅游业，并比一般刊物更广泛的了解旅游管理知识，请参考迈克尔·霍尔（C. Michael Hall）的《旅游业：对运动科学的社会反思》。

网站推荐

绿色环球21：www. greenglobe21. com/

旅游关注：www. tourismconcern. org. uk/

世界旅游组织的旅游卫星账户：'www. world-tourism. org/frameset/frame_statistics. html.

世界旅游理事会的旅游业发展蓝图：www. wttc. org/blueprint. htm.

约翰·毕奇的旅行与旅游业信息通道：www. stile. coventry. ac. uk/cbs/staff/beech/tourism/index. htm.

要保持与旅游产业的同步发展，请参考旅游业管理博客网站：businessoftourismmanagement. blogspot. com/

关键词

独立人；选择性旅游；负责任的旅游；可持续的旅游；旅游卫星账户。

参考文献

Beech, J. （2004）Introduction – the Commercialisation of Sport, in J. Beech, and S. Chadwich, （eds）*The Business of Sport Management*. Pearson Education, Harlow.

Beech, J. （2006）*Sustainable Tourism Management*. Pearson Education, Harlow.

Beech, J. , Rigby, A. , Talbot, I. and Thandi, S. （2005）Sport Tourism as a means of Reconciliation：The case of India-Pakistan Cricket, *Tourism Recreation Research*, vol. 30, no. 1

Cooper, C. （2005a）The Future of Tourism：Trends and issues beyond our control, in C. Cooper, *et al.* , （eds）*Tourism：Principles and Practice*. Pearson Education, Harlow.

Cooper, C. （2005b）The Future of Tourism：Trends and issues within our control, in C. Cooper, *et al.* （eds）*Tourism：Principles and Practice*. Pearson Education, Harlow.

Department for Culture, Media and Sport（1998）*Feasibility Study：Compiling a Tourism Satellite Account for the UK*. DFCMS, Available at http：//www. culture. gov. uk/NR/rdonlyres/ezdakgzimu5n2pgbvrdhpldrlqewwwjujnlitbiio6s5rzwrxivoahhaht7y6wnpwcbql3bppb7tvdopdtple5ehkyd/toursat. pdf（accessed 20 December 2004）.

Euro Visa（2002）*What are the Schengen countries?* http：//www. eurovisa. info/SchengenCountries. htm（accessed 5 January 2005）.

Global Insight (2005) *Tourism satellite account*, http://www.globalinsight.com/Highlight/HighlightDetail1232.htm (accessed 14 January 2005).

Green Globe 21 (2004) *Green Globe* 21 *Essentials*. Green Globe 21, Canberra.

Hall, C. M. (2004) *Tourism: Rethinking the Social Science of Mobility*. Pearson Education, Harlow.

Lennon, J. J. (2001) (ed) *Tourism Statistics: International Perspectives and Current Issues*. Continuum, London.

Novelli, M. (2005) (ed) *Niche Tourism: Contemporary issues, trends and cases*. Elsevier Butterworth-Heinemann, Oxford.

Poon, A. (1993) *Tourism, Technology and Competitive Strategies*. CABI, Wallingford.

Wainwright, P. (2005) Space Future, Space Future consulting Group, available: http://www.spacefuture.com/home.shtml (accessed 11 January 2005).

World Tourism Organization (1998) *Tourism* 2020 *Vision: Executive Summary* (revised edn). World Tourism Organization, Madrid.

World Tourism Organization (2004) *General Guidelines for National Tourism Administrations Relative to the Development of the Tourism Satellite Account*. WTO. Available at http://www.worldtourism.org/statistics/tsa_project/TSA_guidelines_for_NTAs_V1.pdf (accessed 10 January 2005).

World Travel and Tourism Council (2003) *Blueprint for New tourism*. WTTC, London.

综合案例精选

这些案例最早发表于《金融时报》，这是一个国际推崇的当代商务评论资料源，它为学生做进一步的课外调查，为教师做学术研讨会的报告，都提供了进入广泛专题的途径。因此精选这些案例，是为了提供一系列现实的例子，使之：

■ 为本书各章节所介绍的理论模式和框架，提供更多的背景资料；

■ 为教师参加学术研讨会，提供更多有用的资料；

■ 为学生提供更多的机会，以解答主要章节中提出的问题；

■ 促进学生更多地开展与这些案例相关的研究。

在后面案例索引中，列出了每个案例的内容、标题、页码、与本书各章节的关系，并用一个对应模型来说明这些案例与 24 章中所讨论问题的关系，以帮助教师容易确认哪个案例应用于哪一章，并可使用这些增加的案例进行各种问题的讨论。当然，教师可以通过推荐网站的链接，找到更多的案例。

为了帮助学生及时了解当前旅游业的问题，可以使用属于 The BOTM 旅游新闻服务网站上的博客内容：www. businessoftourismmanagement. blogspot. com，该网站上的博客内容会定期进行更新。

综合案例索引

序号	案例标题	相关章节	地点（组织）	页码
A	伊朗人痛失外国游客商机	6，13，16，22	伊朗	634
B	德国 TUI 集团进入平稳发展期	2，7，9，19，24	德国 TUI 旅行商	635
C	高山王国冲破对抗的封锁	3，6	尼泊尔	637
D	为好业绩而提升设施建设	10，14，15，16，17	希腊雅典/奥运会	639
E	禁烟令使经济受益 23 亿英镑	3，5	英国，英格兰	640
F	达尔马提亚追求大量入境旅游	6，15	克罗地亚，达尔马提亚	641
G	列支敦士登花钱买新形象	6	列支敦士登	643
H	优先保护未受破坏的海岸	3，17，21	黑山	645
I	离开哈瓦那的主题公园	1，8，9，16，22，23，24	哈瓦那，古巴	647
J	失去参与权的中间人	12，20	英格兰	649
K	成功之路的领跑者	4，6，9，11	城市旅游公司	652
L	展望精神家园的兴起	4，15，16	玛主格耶镇	654
M	旅游地形象渐显单薄	1，3，9，15，16，24	西班牙阳光海岸	656
N	尚未结束的包价度假	1，11，18，19，21，24	——	659

综合案例对应模型

	A 伊朗	B TUI	C 尼泊尔	D 奥运会	E 英格兰禁烟令	F 达尔马提亚	G 列支敦士登	H 黑山	I 哈瓦那	J 非参与性中间人	K 城市旅游公司	L 玛主格耶镇	M 阳光海岸	N 包价度假
1 历史介绍									*				*	*
2 产业结构		*												
3 国家的地位			*		*			*					*	
4 组织行为											*	*		
5 人力资源管理					*									
6 市场营销	*		*			*	*				*			
7 旅游财务管理		*												
8 小型非盈利组织									*					
9 经营环境与战略		*							*		*		*	
10 质量与产出管理				*										
11 信息技术											*			*
12 旅游与法律										*				
13 旅游景区点	*													
14 体育旅游				*										
15 经济效应				*		*						*	*	
16 社会文化效应	*			*					*			*	*	
17 环境效应				*				*						

		A 伊朗	B TUI	C 尼泊尔	D 奥运会	E 英格兰禁烟令	F 达尔马提亚	G 列支敦士登	H 黑山	I 哈瓦那	J 非参与性中间人	K 城市旅游公司	L 玛主格耶镇	M 阳光海岸	N 包价度假
18	旅游住宿业														*
19	旅游经营商		*												*
20	旅行代理商										*				
21	旅游交通								*						*
22	发展中国家的旅游	*								*					
23	文化和遗产旅游									*					
24	旅游业未来发展		*							*				*	*

案例 A　伊朗人痛失外国游客商机

除了阿拉伯的朝圣者外，现在几乎没有游客到伊朗的伊斯法罕古都

位于伊斯法罕古都的 Naghsh-e Jahan 广场，建成于 17 世纪，是世界上宏伟华丽的建筑之一。其中的喷泉和花园吸引着很多游客的到来，广场上的伊玛清真寺和罗德菲拉清真寺，蓝色瓷砖构造精湛令人难忘，是伊斯兰教建筑中卓越的代表作。

伊朗的名胜风光遍及全国，从德黑兰以南 350 公里的伊斯法罕，到有 4 000 年历史的波斯波利斯遗迹（古波斯帝国都城之一）；从 1 500 公里海岸线的海湾到北部高达 5 000米的山峰，然而游人数量却很少。

政府公布的数据显示，2003 年前来旅游和从事其他事务的游人总数是 100 万人次，消费达 9 亿美元（折合 7.4 亿欧元，5 亿英镑）。但是，私人经营者认为一年来访的游客不超过 30 万。

这些游客中越来越多的是阿拉伯人，他们代替了原来的欧洲游客，后者因为畏惧近年来的暴力活动而不敢前来。

只要从 Naghsh-e Jahan 广场走五分钟就可以到达一家中档酒店萨达弗（Sadaf）酒店，里面住满了巴林人。

"越来越多的阿拉伯人来到这里，因为自'9·11'以后，他们感到欧洲人怀疑所有阿拉伯人，到欧洲旅游不受欢迎"，总经理莫兹·纳得尼（Mortez Naderi）说："我们酒店里 95% 的客人都是阿拉伯人。"

在夏天，有钱的沙特人和科威特人并没有为了海洋，炫目耀眼的商店、赌场、舞女而蜂拥到黎巴嫩，来到伊朗的大部分阿拉伯游客都是虔诚的什叶派穆斯林，信仰和大部分伊朗人一样。

伊朗人对越来越多的阿拉伯游客也夹杂着不同的感情，尽管他们乐意跟阿拉伯人做生意，但是两个民族间一直存在紧张关系。

"我们有很多文化差异"，一位酒店老板说。

在公元 632 年先知穆罕默德去世后，伊朗人战胜了阿拉伯人并信仰伊斯兰教，为了保持自我的文化、语言，伊朗人进行了长期而成功的斗争，伊朗的一些伟大诗人曾取笑阿拉伯人的沙漠生活方式。

今天，很多伊朗人渴望欧洲、美洲、亚洲游客的到来，可惜近年来游客因为中东地区的危险局势而驻足不前，一度深受欧洲游客青睐的伊斯法罕德的高档酒店阿巴斯（Abbasi），如今仍然有不少空房无人问津。

"虽然大部分国家已从'9·11'事件后的经济低迷状态恢复过来，但是我们很不幸，以前是阿富汗战争，现在是伊拉克战争"，总部设在德黑兰的帕斯吉（Pasrged）旅行社经理伊布拉赫姆·帕尔法拉（Ebrahim Pourfaraj）说道，"人民仍然分不清伊朗和伊拉克"。

案例 A 续

私有经营者和政府官员都认为，伊朗的形象是威慑型的，“反对我们的宣传很有力”，国家旅游组织的副主席阿里·哈西米（Ali Hashemi）说。

但是政府已认识到旅游业的潜力，并采取了改善目前状况的计划。“我们需要更好的设施，像酒店、交通运输，以及采用更高效的手续发放签证，”哈西米先生说，“我们已经废除了向外国人收取进入娱乐场所高额费用的做法”。

伊朗落后的金融设施是现实的问题，由于限制使用信用卡，ATM 机没有开通对外账户，使游客不能进行现金流转。原来让游客在抵达机场后，可以获得临时借记卡的方案也成效有限，因为零售商和酒店无法受理这些借记卡。

对于地毯销售商来说损失更大，尽管与 1979 年革命以前游览丝绸之路的背包客相比，今天来伊朗的欧洲游客年龄较大，也较有钱。

有些游客是不会被伊朗的禁酒令吓倒的，也不会因为当地要求女性遮盖头发和身体的规定而驻足不前。

资料来源：Gareth Smyth，《金融时报》，2004 年 9 月 11 日

问题讨论

1. 伊朗有哪些资源可以开发成为重要的旅游产品？
2. 西方游客在游玩伊朗时遇到什么困难？（回答必须有事实根据，而不是重复老套的观点）。
3. 如果伊朗要促进旅游业发展，应该采取什么样的市场策略？
4. 西方游客可能会对社会文化构成威胁，伊朗该如何处理可能产生的问题？

案例 B 德国 TUI 集团进入平稳发展期

旅游集团经历多事之夏，迎来风暴之后的平静

经过几个月的努力工作，欧洲最大的旅游销售集团 TUI（国际旅游联盟）的总裁迈克尔·弗伦泽尔（Michael Frenzel），也许可以获得人们的谅解，因为他使公司安全度过了困难时期。继本周 TUI 放弃发行霍伯罗特集装箱船运公司的部分股份之后，这位曾供职于西德意志银行的高级职员，清除了笼罩着该旅游集团的又一不确定因素。

不仅如此，TUI 上市股票虽然受到今年早些时候对冲基金短期买卖的严重打击，但在进行公司接管谈判后出现了股票价格回弹，上周仍然位居德国主要股票的达克斯（Dax）指数而没有被除名。

弗伦泽尔先生巩固了 TUI 的股价，在第二季度提交公布了更好的业绩结果，还为周围虎视眈眈的竞争对手提供了投机买卖的机会，这当中他都起了重要作用。

案例 B 续

虽然公司幸免于被达克斯指数除名，避免了一场对手几欲成功的投标，但它还是面临着其他不稳定的因素。

首先是公司股东结构出现潜在的变化。

西德意志银行拥有该集团 31% 的股份，但已经表明它准备卖掉其手中股份。几个月前该银行就已经发出了这个通告，由于当时 TUI 股票以低于账面价值进行交易，于是就停止了出售。

这家德国银行同样关心 TUI 在达克斯指数上的未来表现，以及它解决了原计划发行霍伯罗特集装箱运输公司股份的事情。虽然银行非常清楚这两件事，但分析家认为要卖掉股票也许没那么容易。

六月 TUI 股票是 16.5 欧元，这正是西德意志银行每股的买入价。但是从那以后股价下跌，昨晚停盘时为 14.86 欧元。“很难说将来的持股人会是谁”，德国银行的业余分析师西蒙·尚普兰（Simon Champion）说，“我们认为不会有重要的交易买家。任何买家购得的是一家经营旅游与集装箱船运的公司股票，比起购买单一经营的公司股票来，这没有多少吸引力。”

TUI 原来一直计划发行 30% 到 49% 的霍伯罗特集装箱船运公司股份，据分析家估计价值 25 亿欧元（30 亿美元）左右，可能成为今年德国第二大规模公开发行的股票。不过在上个月，TUI 说它不需要为达到财政目标而发行霍伯罗特集装箱船运公司股票，因为它没有任何压力。

然而弗伦泽尔先生也要面对其他问题，包括昨天英国 TUI 公司的负责人克里斯·莫特什德（Chris Mottershed）的辞职，该公司经营着汤姆逊（Thomson）和鲁恩·波利（Lunn Poly）这样的品牌。分析家说，莫特什德先生在七星期公休假回来之后出人意料地辞职，对该旅游公司造成了不良影响。

包假旅游经营者还有其他问题要处理。

第一，像其他旅游公司一样，其核心业务是提供包含一切服务的包价旅游，可是来自网络旅游经营者，如最后时刻（Lastminute.com）和电子预订者（Ebookers）的激烈竞争，以及游客渴望更独立和冒险的出游而改变的预订习惯，使 TUI 公司深受打击。汉堡社会经济地位研究所的分析家克劳斯·林德（Klaus Linde）说：“TUI 也希望和其他人一样，而不是通过创新产品来占领先机。”

第二，虽然 TUI 有自己的打折航班，霍伯罗特快线，但是分析家说集团没有及时了解到廉价航空的惊人增长，如爱尔兰的里昂航空（Ryanair）和英国的捷运航空（Easyjet）。

第三，TUI 改善了业绩表现，预测今年有近两倍的经营收益，描绘出一幅美好前景，但是当人们把这一年和近代旅游业表现最差的年景相比时，这幅美景就变得暗淡无光。

伊拉克战争，对恐怖主义的担忧，亚洲非典型性肺炎的爆发，这些都使 2003 年全球旅游骤减。

案例 B 续

问题在于该旅游集团怎样另辟蹊径。

有的分析家认为，TUI 的交易模式是中档价格的包价旅游，它可以走高端市场，或者提供特殊领域的特色旅游，如英国对手“首选”推出的服务，以此避免网络竞争者构成的威胁。

可是，由于豪华酒店的高额成本，加之该领域极其容易受到影响，如人们惧怕恐怖主义的心理，公司的策略也是风险重重的。

不论弗伦泽尔先生怎么决定，他都无法长久地享受季夏之后的成功。

资料来源：Sarah Althaus，Matthew Garrahan，《金融时报》，2004 年 9 月 8 日

问题讨论

1. 运用 PESTEL（环境分析法）方法对 TUI 进行分析，画出 SWOT 矩阵（S = 强势，W = 弱势，O = 机遇，T = 威胁）。

2. 利用 TUI 网上的财务账，评定该公司的财政状况。网址：www. tui. com/en/ir/reports/gb_2003/financial_statements_of_the_tui_group/profit_and_loss_statement/index. html

案例 C 高山王国冲破对抗的封锁

尼泊尔持续八年的内战，使旅游业遭受了严重打击，但乐观者相信用政治途径是可能解决的

受到君主政权、政治党派和反政府武装力量三方对立斗争的困扰，尼泊尔喜马拉雅王国呈现出明显的动荡。

本周当地政府宣称，去年尼泊尔的经济增长 3.6%，外国入境游客到去年 7 月份增加了三分之一。尼泊尔首都加德满都的生活处于正常状态。

但是这种表面的正常是具有欺骗性的。在反政府武装力量封锁下，进出加德满都的旅游瘫痪了一个星期，直到星期二封锁解除后才继续进行交易。因此，人权组织和普通的尼泊尔人都抱怨处境变得越来越艰难。

这次封锁是以武装暴力来完成的，也是占据边远乡村的反政府武装力量第一次包围首都。同时这次封锁也是八年来内战力量的最近一次考验，在内战中据称已经有 10 000 人丧生。这次封锁导致为全国大约 125 万人口提供生计的旅游业付出了巨大代价，据尼泊尔旅行经营商协会主席巴桑踏·纳吉·米什纳（Basanta Raj Mishra）估算，大约有 500 万美元（相当于 410 万欧元，280 万英镑）的预订已经被取消。

反政府武装力量警告，除非政府释放被关押的反叛者，并对左翼激进分子所宣称的负责行为进行调查，否则他们将在一个月内再次进行封锁。这个主张是他们要求废除君主制度，并成立一种新的立宪共和制的一部分。

案例 C　续

尼泊尔特尼胡旺大学（Tribhuwan）政治科学系教授，克尼斯纳・克哈诺（Krishna khanal）说："宪法和议会制度是解决政治危机的合理途径，但是我们国家的政治并不合理，所以很难预测下一步会发生什么。"

尼泊尔已经有超过两年的时间没有进行民主选举了，君主立宪国王吉阿南德纳（Gyanendra）已控制了多个支持王宫的部门，并在今年 6 月任命富有经验的政治领导者，谢尔・贝哈杜尔・德巴（Sher Behadur Deuba）出任国家总理。

德巴政府已经许诺和平，但是这并不能动摇四党联盟在如何解决反政府武装力量问题上达成的一致，同时主要反对党，尼泊尔国会党昨天还在加德满都街头抗议国王专制统治的加剧。

国会领导人吉里加・纳萨德・科伊纳拉（Girija Prasad Koirala）指责国王利用反政府武装力量政变的借口，以损失政治民主来增加他自己的政治力量。

印度，美国和英国等资助国家和政府，敦促尼泊尔的政治党派组成统一战线，以解决动乱的状态，但是被科伊纳拉所在的党派拒绝。

这样的党派分歧在尼泊尔并不新鲜，政治分析家指出党派间的争议使大众更加明确意识到，国家长达 14 年来建立现代君主立宪制的尝试已经失败了。

这种尝试使尼泊尔传统的君主权威变得更为复杂。在尼泊尔许多地方，把国王被当做是印度教菲斯拏（Vishnu）神的化身，以维护社会的秩序。因此，皇室在调解的作用上是可能的，军方主要指挥官指出国王有能力使动乱者停火。

虽然很不幸，但军方相信他们已经对反政府武装力量进行了追缴。军方指出封锁的失败，证明了反政府武装力量已丧失了人民的支持。军方发言人，布尼加迪尔的将军纳詹德纳・踏帕（ Rajendra Thapa ）说："只有军方力量可以使他们投降，别无他路。"

然而乐观主义者认为，用政治途径来解决问题仍然存在可能性。虽然观察家担心在任何对话和谈判前，所有各个方面均没有妥协的意愿，但国王、政府和反政府武装力量都表示希望重新开始和平谈判。

本周政府宣告成立高级和平委员会，由总理主持工作，成为促进和平谈判的新因素。政府发言人穆哈默德・莫欣（Mohammad Moshin）说，这个委员会将在近期组建一个秘书处，这代表了政府争取和平主动权的开始。

但是，反政府武装力量已经向联合国提出了调解的要求，尼泊尔在联合国任秘书长助理的库尔・坎德纳・贾尤塔（Kul Chandra Gautam）说，近期将向加德满都提供国际援助。

不过政府方面在邻国印度的支持下，已经拒绝了联合国的援助，意图是避免外部力量插手对内部分裂斗争的干预。

资料来源：Binod Bhattaral，Ray Marcelo，《金融时报》，2004 年 8 月 28 日

问题讨论

1. 尼泊尔政府如何才能发展旅游业？
2. 尼泊尔应该如何促销其旅游目的地的形象？

案例 D　为好业绩而提升设施建设

对于希腊这样一个只有 1 100 万人口的国家而言，要举行夏季奥运会是很困难的。

但是，蒙羞于失去了与亚特兰大争办 1996 年百年现代奥运会的机会，使希腊强烈地希望克服无能的名誉，并证明自己是一个欧洲现代国家。

今年 3 月组阁的中央政府，把 2004 年成功举办奥运会视为优先而至关重要的工作。

上个月亲自视察了奥运准备工作的国家总理科斯塔·卡纳曼里（Costas Karamanlis），代表他领导的新民主党在国会上说："虽然我们的阻碍很多，但我们已为举办伟大的奥运会做好了准备。"

总体计划费用达到了 46 亿美元，其中赛会预算至少 15 亿美元，相当于希腊国民生产总值的 1.5%。据监管奥运工程的文化部门介绍，最终的经费可能还会更高，这些经费绝大多数将来自公共经费。

据公共事务部门官员说，奥运会比赛场地的建设可能会超支 50%，道路和交通建设已经被缩减，但仍有可能超过预算 35%。

雅典人没有打算立刻从举办奥运会中获得利益，因此比赛门票价格要比悉尼奥运会低，然而为了减少旅游者数量，相应提高了酒店价格。

旅游代理商乔治·安东诺拉斯（George Antanonooulos）说："美国人担心的是安全，欧洲人关心的却是昂贵的价格。"根据独立旅馆业主和旅游经营商协会（SETE）分析，尽管举办奥运会，但今年的游客数量将会下降 8%。

作为"9·11"事件后首个举办奥运会的城市，雅典的安全预算翻了一倍，为 15 亿美元，超过悉尼奥运会相关花费的 4 倍以上。雅典将和 7 国联盟共同采取安全措施，美国、以色列和英国都可能介入其中。

奥运会期间，将有超过 7 万名的警察、海岸护卫队、急救工作者和士兵在雅典周围值勤待命。为了缓解交通压力，便于奥运会运动员、官员和贵宾们的出行活动，雅典城对当地居民实行了严格的交通管制。

但是大众的心情普遍比较轻松，这很大程度上，要归功于希腊国家足球队上个月出人意料地获得了 2004 年欧洲锦标赛的冠军。

上个月公布的民意调查显示，虽然只有 30% 的雅典人购买了比赛项目的门票，但是 60% 的雅典人表示愿意为了奥运而留在雅典。

1997 年，曾为奥运发起准备工作的前任经济部长雅利斯·帕蓬多尼奥（Yannis Papantoniou）说道："我们居住在一个全新的城市，奥运会是完成很多基础建设的催化剂，否则他们有可能仍处于研究阶段。"

新的交通体系将缓解交通拥挤并减少大气污染，这个体系包括了一条通往郊区的铁路、一条电车轨道、地铁的延伸以及道路的升级，城市纪念碑周围的步行街更方便路人的通行。

由西班牙建筑师，圣地亚哥·卡拉塔瓦（Santiago Calatrava）主持设计了体育主场馆和公共区域。卡拉塔瓦曾为 1992 年的奥运会重新设计了巴塞罗纳的码头，使巴塞罗纳成为新的旅游景点。

案例D 续

此外，商业服务也被进一步提升。公共通讯运营商奥特公司（OTE）为迎接奥运会已经投资了3亿美元，铺设了长达1 200公里的光缆，提高了移动通讯的网络质量并提供了高速网络通道。

相比之下，其他一些好处不太明显，如医院增加了新的设备，建筑安全已提到劳动部的议程上，公共健康标准也已经和欧盟管理规定相接轨。

雅典和阿提卡周边的旅馆管理者，已投入了5亿美元用于更新设备设施。安东诺拉斯说："这是首都在30年以来，第一次提供如此一流完备的住宿条件，从高档酒店到小旅馆，满足各类人士的需要，这将对今后3年的旅游业发生重要的影响。"

整个构架的到位将使雅典长时间受益于奥运会，从而变为一个基于文化和旅游的高质量服务的提供者。

资料来源：Kerin Hope，《金融时报》，2004年8月26日

问题讨论

1. 随着质量保证方面的提升，还将发生哪些问题：（a）运动会之前的设备和基础设施开发？（b）节庆活动和奥林匹克运动会的比赛中？
2. 2004年奥运会将对雅典产生什么长远影响？

案例E 禁烟令使经济受益23亿英镑

利亚姆·唐纳森（Liam Donaldson）爵士是首席医学官员，昨天他宣称在公共场所禁烟，能使经济每年受益23亿到27亿英镑，同时他重申了政府实施这项禁令的压力。

他说，最重要的是在酒吧、餐馆和咖啡厅禁烟，而且不会减少休闲业、饮食业和住宿业的利益。

自从他出任健康经济和运行研究部工作以来，他在最近的年度报告中，用标题和图表来阐述工作案例，然而真正的研究，即经济模式的设想并没有公开发表。

利亚姆爵士说，他希望全面的研究可以发表出来。他提出的图表表明：通过在公共场所禁止吸烟，随着生产力的增长，减少旷工、消防和医疗成本，可以抵消财政部11亿英镑的损失。

然而，纽约市、加利福尼亚和迈阿密的禁烟表明，在吸烟自由法案通过后，尽管住宿业可收税产品的销售量增长了，但没有对旅游业带来任何效应。

"关于利益下降的情况并没出现"，他说，"反对在公共场所和工作地点吸烟的争论是有深厚基础的"。因此，利亚姆爵士要求通过立法给禁烟以优先权，他承认在这件事上与健康部秘书约翰·里德（John Reid）存在着分歧。他说："我确实不赞成他在吸烟立法方面拖泥带水的态度。"

案例E 续

可是里德先生已告诉过他："他的思想是开放的，他的确想看到更多的吸烟自由的公共场所和工作地点，他关注的是我们怎样实现它。"他说，虽然禁烟令可以减小吸烟的流行，避免年青人染上吸烟的习惯和挽救他们的生命。但唯一剩下的事在于，吸烟者是否有权保护自己吸烟的权利，因为人口中有2/3的人有权利，"在不危害他人健康的环境里放松自己"，"同时，对于国家经济和住宿业都能获得繁荣"。

他认为是到了该采取行动的时候了，他说国家健康服务中心的工作目标，应该是到该年底要实现完全的吸烟自由。目前只有10%的医院实现了该目标，而最先制定该目标是在1992年，他说，唯一的例外是精神病人长期居住的住所。

他还警告："所有大学的临床研究都受到了威胁"，因为年轻医生觉得把医学研究和服务需求结合起来变得越来越难。

尽管医学院正在快速的扩张，讲师的数目却减少了。在2000年到2003年期间，临床大学教师的数目下降了14%，他说解决这个问题已到了紧迫的地步了。

资料来源：Nicholas Timmins，《金融时报》，2004年7月29日

问题讨论

1. 在餐馆和酒店实行禁烟令对旅游业意味着什么？

2. 从人力资源管理的角度看，既要让客人有可能吸烟，同时又要保护旅游企业职工，实行妥协政策有多大可能性？

案例F 达尔马提亚追求大量入境旅游

近两年该行业增长率已达10%

只要枪战停止，发展只是时间问题。克罗地亚有着极为漂亮的海岸，沿亚得里亚海延伸数百公里都保护完好，有着充足的阳光、众多的历史遗迹和低廉的物价，它正等着欧洲旅游者会再次发现它是一个安全的旅游日的地。

尽管南斯拉夫的分裂状况已经结束于10年前的战争，但克罗地亚的旅游业似乎才刚刚缓过气来。最近两年的增长已接近10%。现在希普（Hip）的导游书籍，都把克罗地亚海岸线最南端的塔尔马提亚介绍为欧洲最优美的夏季旅游目的地。

全国最大旅游经营商，大众旅游者公司的玛嘉·韦伯（Maja Weber）说："我们意识到克罗地亚现在很红火。"她还说截至今年旅游收入已提高了30%，下一个10年旅游业的核心业务可望达到年增长百分之10%～20%。

案例F　续

尽管克罗地亚最大的传统外国游客市场，德国和奥地利的客源增长锐减，但兴旺的景象还是到来了。填补了这一萧条的是英国、法国和美国的游客，他们一般住得更久、花钱更多。为了帮助旅游业的发展，克罗地亚旅游局在全欧洲进行了一轮高度成功的宣传活动，给克罗地亚贴上的标签是："曾经属于地中海。"

观光和慢节奏的度假目的地形象证明，对从拥挤和过度开发的西班牙、意大利海滨转来的旅游者具有更强的吸引力。不幸的事，宣传口号或许刚好准确的描绘了，旅游者在克罗地亚会发现过时的设施和服务水平。

旅游经营商和政府官员们都同意，克罗地亚需要更多中等价格，高级质量的酒店客房。他们说，日益激烈的竞争可能使价格不断下降，而要求服务质量不断提高。目前除了公寓和宅院外，一半的住宿设施为私人所有，露营地占另外的30%。

无论如何，救星将要来到。海洋、旅游、交通发展部主管旅游的国务秘书泽登科·米西克（Zdenko Micik）说，到2007年国家将增建100 000间三星级以上酒店客房。

他还说，今年上半年超过2.5亿的欧元已投入到修复战争中毁坏的，而目前闲置的40 000间酒店房，到明年年底所有这些都将恢复经营。另外，国家正准备对酒店私有化进行最后的推动，到明年国有150家酒店中的30家公司将被出售。

大批的绿地工程也将得到批准，尤其是四星级五星级度假胜地。但是米西克先生强调，海岸线不会被过度开发，的确，政府近来已在拆除海岸上非法建盖的住宅和其他建筑。

如果管理得好，旅游业有潜力在未来许多年继续成为克罗地亚的增长点，它现在已占出口收入的40%。"旅游业给我们带来了惊喜"，扎戈尼经济学院的泽捷库·洛弗里尼瑟维克（Zeljko Lovrinicevic）说："旅游业增长可以保持在GDP增长的两倍，而且上不封顶。"

不过，这个产业对能源价格、恐怖主义引起的恐慌和旅游者的喜好无常极其敏感，而针对克罗地亚的古老海岸，另一种威胁正隐隐出现在地平线上。

俄罗斯最近已在集中支持并施加压力，要把它的德鲁日纳输油管线与克罗地亚的亚得里亚油管连起来，目前这个输油管线主要用于输送经过亚得里亚海的进口石油。按计划，亚得里亚油管的流量将变为每年1 500万吨，多数石油来自俄罗斯，并将从亚得里亚海出口到世界市场。

旅游专业人士已在为两个潜在的噩梦方案担忧。面对可能激增的往来于亚得里亚海的游船，许多人担心石油泄漏、倾倒压舱水等危险。

虽然政府正以极大兴趣考虑输油管的建议方案，但米西克先生直率地说："我很担忧，如果我们的未来搞得像黑海那样，我们的旅游业将没有未来，而我们从旅游业赚到的钱可以比从输油管道得到的更多。"

资料来源：Christopher Condon，《金融时报》，2004年7月13日

案例 F 续

问题讨论

1. 克罗地亚旅游业能持续多久？

2. 克罗地亚采纳什么营销战略，来恢复衰竭的德国和奥地利市场？

3. 调查克罗地亚旅游业在整个经济中的作用，和克罗地亚在向后共产主义经济转变中所面临的特殊问题。

案例 G 列支敦士登花钱买新形象

由于人们对被挤在瑞士和奥地利之间的小国列支敦士登，既有误解又有诽谤，因此现在列支敦士登正试图向全世界展示它的新面孔。

企业会花成百万的资金来更新他们的形象和产品，政府也应会定期用一些投入数据来刺激社会改进，但效果都没有列支敦士登显著，它已经被列入沃尔弗·奥林斯（Wolff Olins）的服范围（一个国际品牌顾问公司）。这个公司的发展势头良好，它曾被雇佣来对纽约市的新形象做出咨询，其客户还包括来自雅典2004年的奥林匹克委员会。

列支敦士登政府发言人，同时也是形象打造计划的力量推动人，格林德·曼克里斯（Gerlinde Manz-Christ）说："我们感觉需要解释一些事情，而这种方法看起来是前进的正确的方法。"多年以来，列支敦士登看起来都是满足于罕为人知，这个公国被一个家族统治了几个世纪，现在富裕起来了，已经发展成为小有名气的金融中心了。

由于不严格的公司法规，最少的税收和不健全的银行保密系统，使列支敦士登成了信箱公司，不透明基金和不值得信任的代名词，这就为洗黑钱的人创造了一个天堂，而最近的宪法危机更加剧了这样的状况。在2001年新政府大选之后有了一些变化，立法通过了制裁白领犯罪，同时金融服务仍然保持着货币微调器的关键作用，大臣们认为这样能吸引更多的产业和旅游业在本国的发展。曼克里斯夫人说："受欢迎的形象还是赶不上列支敦士登的今天。"

然而，一个国家怎么来改变它的形象呢？仅通过几年而不是几十年的努力，外界对这个国家的理解真的能成功地得到改变吗？

"我们收到很多建议，但我们并不想仅仅是改进一下公共关系。我们想要一些可持续发展的方法。我们需要找到另外方法。"曼克里斯夫人说。三年前，她曾在祖国奥地利的外交部效劳过，如今她是作为列支敦士登的一名外交官接受挑战。

第一步是在2002年的3月份，建立了列支敦士登的形象基金会，人员都从政府、州派出机构和主要贸易协会中选拔，由奥特马·哈斯勒（Otmar Hasler）首相直接领导。

当所有成员对行动计划达成一致时，首先要有统一的实施步骤。基金会同时从两个方向进行计划的实施：评估国内和国外对列支敦士登做出的评价，然后查明其薄弱环节；同时确定要向外界公布的信息。到2003年5月，这些工作已完全就绪。

案例G 续

有的改进是很明显的。在公国的网址上，以前都是一些枯燥的行政数据的集合，现在重新公布了具有吸引力的资源信息，不论是从金融还是到旅游，从文化还是到历史，都能更好地展示列支敦士登各个方面的情况。公共关系也得到进一步的加强，不像以前只会等待着民众打电话来说："我们想见一下意见咨询的领导或记者"，曼克里斯夫人说。

传统外交也起到一定作用。以前这个小国的外交仅限于伯尔尼和维也纳，现在扩大到了8个，包括有国际行政中心的布鲁塞尔、柏林、纽约和华盛顿。

但是，最大胆的是认识到了这样的小国要提高它的知名度，只靠传统公共关系和公共外交的改进是不够的，"我们认识到我们需要开始树立形象计划"，曼克里斯夫人说。

去年11月份，这个形象基金会组织了一次大赛，目的是挑选一个顾问机构，能够以图形形式作为宣传"品牌"来积极推销列支敦士登的形象，在竞争中，沃尔弗·奥林斯被选中。"列支敦士登要像一个国际公司那样，人们能以某个图形的形式想起它。我们想要用一种图形来代表我们的国家，人们一看到它，就会想到：那就是列支敦士登"，曼克里斯夫人说。

"我们似乎已经做了一些跟哥本哈根相似的事情，如把马尔默（Malmo）、隆德（Lund）、厄勒海峡（Oresund）大桥的入口处连接起来，这样就连接了丹麦和瑞典"，沃尔弗·奥林斯公司的一个叫亨宁·纳比（Henning Rabe）的顾问说，"但是，这是我第一次为城堡中的世袭统治者说好话"。

不只是因为经验有限，沃尔弗·奥林斯还涉及到最近一个德国的"声誉管理"事务，使它对这项任务已不存在幻想。"它向我们展示了，要标榜一个国家的形象是多么的艰难，有那么多的不同意见和参与者"，纳比先生说。

"真正的挑战就是，你要考虑到所有参与者的意见"，曼克里斯夫人承认道，"其他国家试图进行声誉管理失败了，是因为他们国内不能够达成统一的意见"。

列支敦士登的优点就在于它很小，并且在专制之下。"这个国家已经准备好了，因此可以放开胸怀去接受一切"，纳比先生说，"基金会已经把一切都准备好了，并且他们愿意接受建议。在这样的情况下，就算是保守的客户也会被说服来采取大胆的行动"。

沃尔弗·奥林斯公司和基金会一起工作了6个月，它把基金会的核心思想转换成了不同的图像和长期的标识。上个月这些标志就公之于众了，每个标志都试图描绘出这个基金会的一个主题。共有五个主题：金融、产业、对话、自然和家园。这几个图形共同组成了统一的主旨，被称为"民主的皇冠"。

这顶皇冠从现在开始，将成为本国的特征，并以醒目的紫红色为背景，出现在基金会的传单上和私营企业的小册子上。之所以选择紫红色，是因为它的独特性，也是因为它是红色和蓝色的混合体，这也是列支敦士登皇室建筑的颜色。这个公国的全名或是缩写LI，将放在这顶皇冠之下的空白处。字母本身由很多白色的小点组成，小点又诠释出这个基金会的五个主题。

案例 G 续

纳比先生希望这个标识能及时出现在产品中，以更好地反映出列支敦士登的现状。他说："我们从来没有期望于广告推销，但像列支敦士登这样的小国，他们必须要走出去并且推销他们自己。列支敦士登并不是一个人们自动就会想要去的国家，所以广告推销可以助一臂之力。"

纳比先生对接下来可能出现的结果也不是太明确，但他赞赏地提到，瑞士也是一个小国，虽然比列支敦士登大很多，但它却迅速地建立了公认的形象，这都是因为它有特色的国旗，并且从包括袖珍的小折刀到袖珍书籍的一切东西都重新包装和制造。

"目的就是要让这个标识不仅仅是在纸张上出现"，纳比先生说道，还要让它出现在咖啡杯上、餐具上，也要让它出现在市面的所有商品上，如时尚配饰上，"我们已经在寻找对这种制造业感兴趣的合作公司了"。

尽管其效果将是缓慢的，"它需要时间"，曼克里斯夫人说，"可能要花五年多的时间，也可能要花一代人的时间"。

资料来源：Haig Simonian，《金融时报》，2004 年 8 月 26 日

问题讨论

从以下角度评价文中选择的五个主题：

- 其他可能被选择的主题；
- 对不同市场游客的潜在吸引力。

案例 H 优先保护未受破坏的海岸

在黑山（Montenegro）海岸度假胜地，多数酒店的后面都有一英里高的山峦从海面拔地而起，这种罕见的美景是全国最南端 13 公里长的宽阔白色沙滩。在这里，今后 20 年内将有计划建起全国最多的新酒店和度假建筑。

今天，乌尔西基（Ulcinj）这个历史古城里到处是来自莫斯科、波斯尼亚和附近阿尔巴尼亚的旅游者，小城的沙滩上挤满了互相泼水的孩子。

但是城南面的那条又长又宽，并延伸到阿尔巴尼亚的沙滩还是一块处女地，只有为数不多的椰顶凉棚和奇形怪状卖饮料的小木屋，隐藏在沙滩与茂密的沼泽之间，这里的沼泽地是靠远处山里流过来的水滋养着。

一马平川的乌尔西基是黑山的一处罕见美景，从通向首府波多里卡（Podgorica）弯弯曲曲的公路穿越山岭走到峰顶，第一眼见到的大海非常典型。

公路修在山脊上，右边是带城墙的古城布德瓦（Budva），可看得见城内的红瓦屋顶，棕榈树和远方低处大片的快艇基地；左边有斯菲蒂 · 斯蒂芬（Sveti Stefan）的海岛酒店，由一条窄窄的地峡与大陆连接，深蓝色的大海延伸到地平线。

案例 H　续

黑山海岸保持得如此完好，一部分原因是山的屏障，另一部分原因是其处于前南斯拉夫边远地区的位置，还有一部分原因是 10 年战争中，与相邻的南斯拉夫共和国成员国之间相互敌视造成的与世隔绝。其结果是，至少目前是这样，海岸上的许多地方引起了 1970 年代前往意大利疗养地度假的老游客的注意。

20 年旅游发展规划的目标之一，是防止黑山精美的海岸线，重蹈西班牙、土耳其和其他大众旅游地区过度开发的老路。这个规划是在德国和美国顾问帮助下制定出来，上月得到黑山国会的批准，只有一票反对。

危险的存在是显而易见，由于国内腰缠万贯的商人和当地人都把钱投向房地产，使国内的其他投资机会受到限制，过去 12 个月中，沿海岸的小城镇和村庄里新建的酒店、咖啡厅和海边住宅如雨后春笋。

政府估计，在 7、8 月的旅游旺季，有 20 万个床位可供旅游者用，但其中只有 3 200 个达到西方的质量标准。

假设游客的大多数是来自邻近国家，如塞尔维亚、阿尔巴尼亚、科索沃、波斯尼亚的低收入游客，或者来自捷克、斯洛伐克、乌克兰、俄国的老顾客，这还不算太大的困难。

但是规划的基本意图，是要把黑山建设得更能吸引高端市场的客户。一方面，为传统的阳光—大海度假建造更多现代酒店；另一方面，鼓励投入保护生态和享受美感的设施，服务于冬季滑雪和 4 个国家公园内的远足和划船。在这些公园中，杜尔米特公园内的冰川、高山湖泊和森林是最为壮观的。

其他吸引物包括塔纳河与其他陡峭河谷的激浪漂流，以及斯库德湖（Shkoder）的泛舟和垂钓。库特湾（Kotor）和蒂瓦特（Tivat）的挪威弗角德型入海口也已成熟，可以开发帆船学校、帆船运动和风力冲浪。

为了防止在历史地区，主要是古威尼斯人建的海岸小城里过分建设，发展规划号召集中力量在将要建成的新酒店附近，组织沙滩型阳光海岸假期。这些酒店将建在漫长的乌尔西基海滨后面。乌尔西基距离港口城市巴尔（Bar）大约 20 公里，这个城市的铁路连着贝尔格莱德，还有渡轮直达意大利的安可纳（Ancona）和巴里（Bari）。

亚得里亚海的这一边，除了主要有岩石嶙峋的海岸线和安全的海滨沙滩这些吸引物外，乌尔西基也有快捷交通连接斯库德湖，那是欧洲污染最少的最大淡水湖之一，盛产鲤鱼和别的湖泊鱼类。这个湖的海拔仅高于海平面 6 米，但却被壮丽的高山所包围，从波加纳河（Bojana）乘船上行也可以到达，这条河在乌尔西基海滨尽头入海。

对一个考虑周全并认真执行的规划，其重要性对于黑山来说怎么评估都不会过分。精力充沛的年轻旅游部长普里德拉·纳内吉克（Predrag Nenezic）说："我计划一步步地走，但希望在五六年内被承认是优质旅游目的地，目标是 2015 年实现 5 亿欧元收入，2020 年增至 11 亿欧元。"

案例H 续

这个数据是根据中央银行的估计数得出的，基数是以2001年游客数为52.5万人时的收入是1亿欧元，数据较之上一年提升很明显，但与南斯拉夫危机爆发前一年（1989年）110万的游客到达数相比却很差。今年的兆头很好，有望接待65万游客，其中22%来自欧洲、日本和美国。

这位部长主要关注的问题之一，是要保证必要的基础设施开发，包括从附近山里流出的淡水部分，污染废水的收集处理，固体垃圾处理设备的建设，以不干扰生态平衡，对道路连接也进行了认真规划。

与旅游相关的大型建筑项目，包括一条年底竣工的穿过群山连接波多尼卡和巴尔的新公路隧道，和一座跨越库特湾海口的公路桥。公路桥项目还停留在项目阶段，遭到许多人争议，这些人害怕环境的宁静受到破坏，认为扩建现有渡口运送卡车和轿车还便宜一些。

对于公路隧道争论较少。这条隧道可以使车辆不用45分钟就从首府到海滨，还有助于保证游客服务设施全年得到使用。随着不断增加的包机和正式航班带来的游客，可以便捷地往返于波多尼卡机场和海滨之间的同时，地方业务将不分季节地得到增长。海滨的蒂瓦特机场也在扩建中，本季度就可望接待2 500架包机。

资料来源：Anthonry Robinson，《金融时报》，2004年7月11日

问题讨论

1. 你认为多大程度上黑山政府能够把旅游业建得适合西方市场?
2. 在不破坏宁静（这是当前旅游地吸引力的主要因素）的条件下，旅游业将如何发展?
3. 通过进一步的调查，对发展交通基础设施支持旅游增长的需求进行评估。

案例I 离开哈瓦那的主题公园

透过照相机的镜头向哈瓦那望去，阿立尔（Ariel）越发生气了。这是一个炎热而又潮湿的下午，当那乏味的官方导游机械地指点着古巴首都的教堂、城堡、要塞和博物馆时，他让我们这一小群听众感到昏昏欲睡，阿立尔坚持认为导游把这个城市的建筑遗产情况都讲解错了。

后来，当我们在东方咖啡厅喝了香甜的浓咖啡和矿泉水苏醒过来之后，阿立尔，一个50多岁的单身汉，对百得加大厦（革命前位于卡尔蒙萨拉特的朗姆酒公司总部）里那些多姿多彩的陶器制品和几何图案装饰品大加赞美，然而他说导游忘记了介绍许多美妙的艺术装饰，而这种风格就像古巴其他地方的一样，看起来出现得比较晚，也比其他任何地方的形式显得更加中性。

案例Ⅰ　续

阿立尔问我道：美国阿弗尼达·伽利略（Avenida Galiano）的公寓区怎么样？在卡勒·奥雷里（Calle O'Reilly）上的艺术装饰品如何？

我们是几天前才认识的，阿立尔看起来是一个好人，愿意带我逛逛这个城市。他在大学做文学讲师，他对这个城市的建筑瑰宝以及重修这些建筑的宏伟计划有一种狂热，再说他有大量的时间。

阿立尔说，过去几年里，他像其他古巴人一样无法在哈瓦那找到工作，而现在他积极乐观，在一种萌芽状态的非正式经济制度下求生。他在人烟较少的西郊，为外国人的租房打扫卫生，每周两次，可赚12美金。

他住在城东居住区一座小小的高层公寓里，他的这些收入已够生存，且比他的邻居们多很多，专业人士一个月甚至只能赚650比索（约折合26美元），但他仍感生活十分艰难。阿立尔经常坐一种叫"骆驼"的交通工具去上班，他跟大约300个与他一样痛苦的乘客们挤在里面，这是一种巨大的衔接式卡车，被压力重重的古巴政府改装成了公共汽车。

当我前去拜访他时，他那狭小的公寓正被街对面的古巴嬉皮士音乐震得晃荡。阿立尔向我展示了他的装饰艺术小摆件和小雕像，过去的老家具，以及从其祖母传下来的英国、德国的珍贵瓷器。

书籍、国际旅游，甚至哈瓦那老城的酒吧和餐馆，如波德古伊塔的麦迪奥餐厅和"小佛罗里达"餐厅，对于古巴人来说都是遥不可及的。即使支付得起，阿立尔也愿意花更多时间待在哈瓦那老城，在那家因海明威（Ernest Hemingway）而闻名的"两个世界"酒店，或者去塞维利亚酒店，在那里阿尔·卡朋（Al Capone）曾于20世纪20年代租下一整层楼，与意大利歌剧演员恩里科·卡鲁索（Enrique Caruso）居住。

为了限制卖淫活动，法律规定古巴人不能在酒店过夜。

多数贫穷的古巴人仍居住在哈瓦那老城的经济房里，他们被认为是这个城市发展的受益者。但是我们去参观时，却发现那些安置区就像是为来自意大利、法国、加拿大和其他国家的游客所保存的一片隔离地带，或者说是一个主题公园。

在圣佛朗西斯科教堂附近，我打了一个电话，这时阿立尔独自走开去参观一个奇怪的小花园，这是为纪念戴安娜王妃而建的。但是他很快就被一个保安拦住了，我终于能够理解那么多古巴人默默地、绝望地抱怨与"游客隔离"的原因了。

我们向东穿过几个街区来到了商业中心，在阿立尔的记忆中，他在孩童时代去过那里，但是现在这一切都已基本改变，因为每年都有80万左右游客蜂拥而至，曾经属于哈瓦那中产阶级活力中心的加里安诺大道，现在仍然没有多大改进。

艾尔·昂坎托百货公司在1961年被中央情报局的破坏分子纵火焚烧后，其对面的广场至今仍然荒芜。

案例I　续

正是这些精品店，使阿立尔回忆起他的祖母购买大量瓷器和细布的情景。法图西阿商店曾经出售珠宝、银器、手表和艺术品，但是现在它只是一具空壳，它正立面的蓝黄色瓷砖已经斑驳。

与之相反，在那些昔日的高档百货商店里，店员们阴沉着脸，沮丧地销售着用比索就可以买到的小小的纸包装清洁剂、罐头糖果和廉价玩具等。商店原来的一个展示柜里，陈列着三件理发师用的塑料围布，半打孩子们的彩色书本和一条蓝色的金属跳绳，另外一个展示柜上方有一块牌子，原来字体的痕迹可以辨认出是“蛋糕和饼干”，里面装着12包精心摆放的意大利细面条。

在比扎尔·英格乐斯商店，廉价的二手衣服挂在一束束塑料花旁边。在出口处，一个箱子里装着绿色袋子、黑色纽扣、一条黑色金属线和一摞已被遗忘很久的贺卡，上面印着庆祝1979年革命胜利20周年的字样，每个只售20分。

隔壁原来的卡莎·卡英塔纳奢侈品店，现在成为一家灰扑扑的相机修理店。橱窗里有一张放大了的照片，上面是一男一女身着古巴传统服饰拍于哈瓦那老城。照片已褪色许多，发黄的背景显示着年代的久远。几台老式相机默默地支撑着展台，但也满是灰尘。

资料来源：Richard Lapper，《金融时报》，2003年8月16日

问题讨论

1. 可以采取哪些策略来避免“游客隔离”？
2. 概述哈瓦那的小型非盈利旅游机构的发展机遇。
3. 哈瓦那在卡斯特罗之前的时代，是如何振兴其旅游产品的？哈瓦那应如何设计其崭新的旅游产品？

案例J　失去参与权的中间人

当白天变得越来越短，风刮得越来越猛的时候，为明年夏天做广告的宣传册也开始登场。绝大多数宣传册都印刷精美，无一不是用点缀着太阳图案的半木浆纸，印制成带花边的华丽书籍，这些都是由英国乡间别墅公司旗下的产业所提供的。

我在英国乡间别墅公司所属的七个别墅居住过，对这家公司有着极高的评价。那些别墅并不便宜，但是公司保证了一定水准的舒适性。除了其内部装饰中对植物的疯狂追捧外，英国乡间别墅公司从未让我失望过。

公司并不是这些别墅的业主，它们属于一些私人所有，这些人通过乡间别墅公司把别墅推销出去，而公司则负责预订以及收款工作，那些私人业主支付度假者费用的25%左右给公司。

案例J 续

为了逃避这些费用，一些别墅所有者联合起来印刷他们自己的宣传册，鼓励客人直接跟他们预订，而不是通过中间人。

当我浏览由普莱米尔别墅群印刷的这些宣传册时，我饶有兴趣地注意到自己以前通过英国乡间别墅公司预订过的三个别墅，现在已被普莱米尔收归旗下了。第四个多家别墅联合体为了保险起见，一部分通过英国乡间别墅公司，而另一部分则通过普莱米尔进行推销。

我愿意冒险一试独立推销的别墅吗？如果业主在电话聊天中说服我，他的别墅干净整洁而又运营良好，那我是愿意的。一些独立运作的别墅价格，要比英国乡间别墅公司提供的低，而其他的则不然。但是英国乡间别墅公司提供的是物超所值的服务，他们会考察别墅的居住状况，而这正是我没时间做的事情。

我没有为这项服务直接付款，而那些别墅业主却要支付。我询问过英国乡间别墅公司的市场营销总监尼克·鲁吉（Nick Rudge），他所在公司是否向别墅业主收取高额佣金以作回报。他的回答是："绝对没有。"我无法不相信他，就如我所说过的，他的公司从未让我失望过。

世界最大的保险经纪公司，马尔斯（Marsh）的客户们却不会有这么美好的想法。纽约州最高检察官伊里奥特·斯匹泽（Eliot Spitzet），针对马尔斯公司提起的指控中，阐明了中间人、供应商和消费者之间关系中断时将要发生的事情（如果能够求证，斯匹泽的指控还会展示美国的企业，从恩隆、世界网、马莎的教训中学到了多少：一点都没有。）

马尔斯公司两头得钱：（购买保险的）公司，为其支付去哪里购买保险的咨询费；而保险公司为其支付介绍生意的"成功佣金"。马尔斯告诉那些购买保险的公司，他是他们的而不是保险公司的支持者。

在斯匹泽看来，这纯属无稽之谈，他的指控辩解道：马尔斯公司不仅没有为其客户赢得最好的价格，还在保险公司之间制造了虚假的价格竞争。

在斯匹泽的指控中，最坏的实例莫过于南卡罗莱纳州格林威尔区的学校购买保险一案了。当地雇用了一名项目经理运作8亿美元，用于区内学校的开销和革新。这个项目经理要马尔斯公司为其提供购买保险的咨询，报酬为150万美元。

马尔斯公司为了让竞标看起来比实际情况更加激烈，它努力说服一家保险公司参加投标，其价格会较有竞争性，而又没有行业领先者的那么低。斯匹泽的指控辩解说，当这家保险公司拒绝这样做之后，马尔斯公司却代表它提交了一份伪造的投标书。

如果被证实，那么所谓的惯例将很可耻。然而，一个中间人无论何时从供应商那里获取报酬，都存在着不能满足终端用户最大利益的可能性，即使在没有任何欺骗痕迹的情况下，这也是事实。

案例J 续

以2003年12月，欧洲法院指控英国航空公司的初审判决为例。欧盟委员会于1999年就英国航空公司与旅行社运作不正当竞争方案，判处英国航空公司680万英镑（约合870万美元）的罚款。在此案例中，英国航空公司增付佣金给大量销售其机票的旅行代理商。维珍大西洋航空公司成功辩述了英航这一举措，将促使旅行代理商把客户都引向英国航空公司（英航已在1999年调整了安排，并准备上诉以反对法院的裁决）。

这些案例是否意味着我们应该避开中间人呢？我们当然应该实事求是地来看看我们是否需要他们。个体游客应该将钱交给旅行代理商，因为他们可以提供比任何网络或者航空公司直接出售更为便宜的机票。

利用旅行代理商的另外一个也是唯一的原因就是：他们了解国内外旅游目的地和酒店，并能提供比你在网页上找到的信息更好的建议。

而对于保险代理人，很难看出为什么个人或者公司要利用他们。我们很容易就能从自己的电脑屏幕上比较出价格来。大型企业在购买保险方面经验丰富，可以通过内部专家意见更为恰当地取消有些投资。这与外部采办的趋势背道而驰，但是斯匹泽的指控也说明了，仍然存在着一些非核心事务需要你自己去做。

有的保险购买方，如南卡罗莱纳州的教育机构，如果觉得需要一个人来引导他们解决难题，就应该支付费用，并弄清楚这个代理人并没有从另一方得到好处。最好避开不能做出这样保证的代理人。

最后，就像我和我的别墅一样，如果你确实要依赖其他人的意见，那么只有当他们值得你信赖的时候才行。马尔斯公司丧失了信用，要重新恢复这种信用，得付出比总公司高级主管杰弗里·格林伯格（Jeffrey Greenberg）的辞职损失多得多的代价。

资料来源：Michael Skapinker，《金融时代》，2004年10月27日

问题讨论

1. 包价度假旅游是如何增加你被卷入诉讼风险的？

2. 调查由于英国航空公司提起上诉，反对欧洲法院初审判决而发生的事件（利用网页如：www. travelmole. com 和 www. travelweekly. co. uk），以及英国航空公司与旅行代理商之间的斗争。

案例 K　成功之路的领跑者

很少有首席执行官会喜欢失败，但对于城市旅游公司（Travelocity）的负责人迈克尔·佩鲁索（Michell Peluso）来说，失败则是获得成功的因素之一。

佩鲁索女士于去年成为全美第二大在线旅游公司的负责人，她认为创新需要冒险，而冒险有时是会导致失败的。但是下一步却是成功的关键所在，那就是她所描述的“学习失败并拥抱失败”。

坐在位于纽约的城市旅游公司办公室的桌子后面，佩鲁索女士说道：“如果一个想法失败了，就会招来许多指指点点，也会有很多损失。但是，如果你想解决创新的问题，就必须打破这个循环。”

许多首席执行官都不愿意谈论失败，但是佩鲁索女士，这位曾就读于牛津大学的32岁的年轻首席执行官，却准备克服这个问题。她说：“作为一个领导，我乐于直面那些不是最好的策略。”

毋庸置疑，佩鲁索女士找到了更容易开始谈论失败的话题，因为城市旅游公司最近正在享受生意上的一些最新成就。

在过去的一个季度里，它在两年的亏损后开始盈利，并在与其对手的较量中提升竞争力。伊克斯帕迪亚（Expedia）在扩大了其具有优势的包价度假游和商业酒店业务后，城市旅游公司第一名的位置便被取而代之了；奥比兹（Orbitz）是世界第三大在线旅游公司，于去年12月上市。

根据投资银行CIBC世界市场的数据，由新业务拉动的收入、大胆的成本控制和市场份额占领所组成的现有联合体，意味着公司有望在今年将营业利润调整为1 000万到1 500万美元，与之相对比的是2003年公司2 800万美元的亏损。上个月，当城市旅游公司支付3 280万美元，购得城市旅游公司的欧洲合资公司（除了德国的经营者外，已归慕尼黑的一家目录零售商奥图集团所有）余下的50%股份时，进一步推进了公司不断改善的前景。

佩鲁索女士在分析其失败于对手的原因时，试图抓住的是一个独立的理由。两年前，当她开始经营城市旅游公司的商业酒店企业时，她反对跟着伊克斯帕迪亚亦步亦趋，即使公司可以享受酒店客房20%到30%的利润。她说：“很明显，我们落后了，但是市场占有率第二的情况也给了我们机会说：‘什么在起作用？你们可以提高什么？’”

例如，在跟几百位酒店经营者谈话后，她发现他们对在线旅行代理商手工发送客人订房单的传真到酒店的做法感到非常失望，他们认为这种做法效率很低，并意味着有时会弄丢一些预订单。佩鲁索女士决定投资技术和培训，允许与酒店预订系统直接连通。新技术意味着酒店可以立即获取付款，而不是像老系统那样通常要等到60天后。

花费时间和金钱投资到她所谓的“无缝连接”上是有风险的，而在投资者那里也出现了一些令人措手不及的问题。佩鲁索女士说：“他们想要尽快见到成效。”

他们问道：“我们能确定这是正确的途径吗？”尤其是因为有一个（对手的）模式正在运作。

案例 K　续

然而佩鲁索女士仍坚持这个策略，她说："商业模式比底线更为重要，它们必须服务于供应商和消费者。"

两年过去了，她的策略看起来正在获取回报。上个月，洲际酒店集团 IHG（旗下品牌包括假日酒店）因城市旅游公司的"亲酒店经营者"政策，而保证其成为正式的第三方分销商。就在同一天，IHG 宣布它将中断与 InterActive 有限公司下属的 Expedia 和 Hotel. com 的合作。但是，一些分析家认为伊克斯帕迪亚尽管受到 IHG 的打击，但它的位置也不会有任何危险。根据旅游调查公司 PhoCusWright 的数据显示，截至 2003 年年底，伊克斯帕迪亚公司的市场占有率为 39%，城市旅游公司为 20%，奥比兹公司为 18%。

但是，佩鲁索女士满怀希望。无论如何，她诠释了城市旅游公司的"亲供应商"商业模式，是符合公司做事特立独行和高瞻远瞩原则的。

在忙忙碌碌的网络世界里，这不是一项轻松活儿。但是这是她对新思想的欲望，并且这也促使她很快升到了公司的最高位置上。五年前，她帮助创办了 59 网站（site59），是包价度假行业的最后一个旅游网站，同时也是这个领域的先锋。城市旅游公司正在千方百计地扩充其包价度假业务，于 2002 年以 4 300 万美元的价格收购了 59 网站。

相对于领导 59 网站来说，领导城市旅游公司这样一个拥有 2500 名员工，在全美有 10 多个办公处的公司不是一件容易事，因为 59 网站只在纽约办公室有 80 个员工。但是，佩鲁索女士仍然尽力在给城市旅游公司营造一种亲近感。

平时，她与员工一起享用非正式的午餐，同时鼓励他们反馈信息和积极讨论；她给员工发送日常邮件；她为那些在任何层次上由于出色和创新工作而被同事推荐的员工颁发每周奖金。在改变过时等级制度的一次投标中，她甚至为员工们烘烤果仁巧克力小蛋糕。

佩鲁索女士说，她的这种管理方式是学自她的父亲，一个在纽约创立了环境工程公司的企业家。这家公司拥有几百名员工，但是她说："他知道他们每个人的名字，并且强调要认识他们。"

然而她事业上最大的良师益友是桑迪·慕丝（Sandy Moose），她是波士顿咨询集团的第一位女性顾问。佩鲁索女士在宾夕法尼亚大学沃顿学院完成学业后，在这家咨询集团工作了三年。

佩鲁索在认识到顾问的价值后，现在正指导着城市旅游公司 25 个"与众不同的"员工。"你必须花费时间让他们对自己的工作充满激情"，她说道。

她补充道："作为一个领导，要给需要你的不同的人做心理工作，你的方式必须有所改进。"

案例 K　续

佩鲁索女士多样化的教育经历形成了她特殊的领导方式，她在牛津大学学习了哲学、科学和经济学，在那里她完成了硕士学位；而后，她在比尔·克林顿（Bill Clinton）任总统期间，曾经作为白宫学者，为劳工部长亚历克西斯·赫尔曼（Alexis Herman）工作。

这段政治经历有利于学习可能性的艺术，“在政府里，知道正确答案并不能解决所有问题，你必须得理解如何使用影响力”，她说道。

这也有利于发展狭小的电子商务领域之外的利益。作为一位首席执行官，有一点很不寻常的是，她尽量每周都阅读一到两本小说、非小说或者诗集。她笑着说：“我总是在入睡前阅读，否则我会夜不成寐地想着伊克斯帕迪亚公司的事。”

资料来源：Amy Lee，《金融时报》，2004 年 9 月 1 日

问题讨论

1. 利用网络资源并根据文章所述，调查城市旅游公司以及其对手是如何经营的？
2. 讨论领导方式是如何影响经营发展的。
3. 城市旅游公司应如何宣传其服务，并以此来吸引顾客呢？

案例 L　展望精神家园的兴起

波斯尼亚-黑塞哥维纳以拥有众多令人羡慕的旅游胜地而自豪：从首都萨拉热窝城外的奥林匹克山到它本身这样的现代大都市，以及那些备受珍视的美景，如莫斯塔尔的古奥特曼大桥，现在已得到完全修复。纵观全国的有形珍宝，却是那些内在的、无形的美景吸引了大多数的游客。

玛主格耶镇高耸于黑塞哥维纳群山之中，镇名的字面意思是“群山之间”，它并不像我们所能发现的任何一个游客憩息地。

遗憾的是它也不是旅游者发现的。在这个以冲突而闻名的地区里，玛主格耶镇现在已成为几百万获取精神平静的游客的避难所，许多天主教徒觉得这里是越来越重要的圣地。

这个镇的特殊重要性，其实也是其全部产业，完全依赖于六个教徒的证明，他们宣称是在 1981 年夏天亲眼见到了圣母马利亚的神灵，根据他们的叙述，她自称是和平女王，并且他们六人都宣布她还继续秘密出现在他们面前。

然而，他们的这些证词并未得到教堂的祝福。早些时候，莫斯塔尔附近的一个主教谴责过神灵之说。从未有人推翻过他的判断，梵蒂冈对此事也闭口不谈，而是倾向于不将玛主格耶镇命名为正式朝圣地。

案例 L　续

罗马教皇约翰·保罗二世最近访问波斯尼亚-黑塞哥维纳时，对这个小镇也敬而远之。但是官方的怀疑并不能对信仰产生任何震慑。上个月，一位退休了的加拿大主教，向1 000多名聚集到玛主格耶教区教堂的北美教徒问道："难道你们没感觉到在这里，神比在其他地方更接近我们吗?"

无法查看关于此文的表格内容，并对此产生的不便提前道歉。成千上万的牧师现在每年都来参观，以共同主持盛大的弥撒，嘴上说着类似的箴言，他们的教徒也随同前往。无论对目击者的证词有什么怀疑，这个小镇所获得的商业成功是不容置疑的。迄今为止，它是这个国家最好的名胜，超过了萨拉热窝和莫斯塔尔。

自1981年以来，大约有2 000万游客涌入玛主格耶镇，20年来这里已从一个贫穷的农村变成了繁荣的城镇。波斯尼亚旅游部门的官员没有计算过确切数字，但是就教区登记数量来说，也显示了这种热情正在不断地加强。去年，有100多万人在玛主格耶镇领受了圣餐。

大多数人是在参观完克罗地亚的杜勃罗文克后，乘坐客车穿越边境来到这里的，他们在教区教堂周围密布的几十家新酒店中入住。

当地一家与爱尔兰乔·威尔斯旅游（Joe Walsh Tours）合资的旅行代理商，玛主格耶JWT公司的总经理，马里奥·瓦斯尔（Mario Vasilj）说："玛主格耶现象在欧洲20年的特别关注下，新市场获得了稳步发展。从2004年开始，北美游客开始大量进入。"

这对于梵蒂冈来说也许是件令人头痛的事，但对于波斯尼亚的旅游业来说却是一个大好消息。尽管波斯尼亚-黑塞哥维纳有大量的旅游资源，但大力宣扬这是个适合"探险度假"的，并具有异国情调的地方，仍然没有取得显著成效。

洛德·阿斯杜旺（Lord Ashdown）坚持应该优先发展旅游业，自战争爆发以来，每年的过夜游客从未超过100万人，并且其增长速度也渐趋缓慢。去年，过夜游客量增长不到0.2%，仅90.2万人。

行业专家认为应该谴责战争。在前南斯拉夫时期，这个国家曾是欧洲滑雪度假及巴士观光旅游的胜地，但自1945年欧洲最血腥的战争爆发以来，这个国家作为其集聚地已变得声名狼藉。在当地教会领袖保证朝圣者的参观是和平的情况下，这些朝圣者也许才是唯一没有被危险分子言过其实的话语所吓倒的游客。

位于波斯尼亚-黑塞哥维纳首都萨拉热窝的旅游联盟协会会长，瑟舒丁·蒂泽库（Semsudin Dzeko）说："我们真正需要做的是改变这个国家的形象。在人们的意识里，对波斯尼亚仍旧是过时的和绝对化的印象。"他认为，旅游业适当的回升比急剧上升更有可能。在克罗地亚沿海邻近达尔马提亚的区域内，波斯尼亚都决不会被认为是一个能够吸引大量游客的地方。

从经营的角度说，这也正是玛主格耶所获得的，但没有更多的了。一般游客停留1~2个晚上，接着便返回到杜勃罗文克，只有那些把玛主格耶镇简称为"玛主"的虔诚狂热游客，才会停留更长时间以做祷告静修。

案例L 续

他们几乎不消费，大多数旅游团队都是通过国外旅行代理商预订的。当地酒店和餐厅的利润相当低，价格也很便宜。玛主格耶沿街摆开的小摊贩确实活跃了市场，但是绝大多数商品却是进口的：来自意大利的圣母马利亚瓷像，中国制造的塑料天使。

他们中只有几家是自产自销的：一家进口意大利珠子串的玫瑰念珠，一家印制明信片，而另外一家则雕刻玛利亚塑像。

处处都显示这是一个可以快速发迹的地方，引得那些半心半意的朝圣者开始产生怀疑了。但在小镇上，对于那些光着脚专心祈祷，并攀登着陡峭的、铺满石头的、走向神灵山的朝圣者们，看起来一点都未在意。

资料来源：Enic Jansson，《金融时报》，2004 年 11 月 23 日

问题讨论

1. 如何减少玛主格耶的（观光）利润流失?
2. 辨别文化冲突抑制旅游发展的情形。
3. 可以采取什么措施，以降低游客对玛主格耶所产生的社会文化冲击风险?

案例M 旅游地形象渐显单薄

（西班牙）阳光海岸变得相对昂贵了。

根据官方统计：西班牙在那些渴望阳光的北欧人眼中，是欧洲最便宜和令人愉快的度假胜地，而现在这一形象却正开始变得越来越不尽如人意了。也许那里仍然令人愉悦：只马德里一个地方，就有比斯堪的纳维亚国家更多的酒吧和餐厅。

然而，八年的声望，地产投资的繁荣，以及欧元的引进，使得西班牙地中海阳光海岸一带，相对于有些新兴的海滩度假目的地，如土耳其、克罗地亚和北非等更加昂贵。虽然西班牙在去年共接待游客 5 250 万人次，达到最高纪录，通过网络预订和廉价航空公司前来度假的人数也得到增长，但随着人们休闲习惯的改变，也意味着游客在这个国度所花费的时间正在减少。

这个行业的收入在今年上半年只增长了 0.4%，占国民生产总值（GDP）的 12%，就业总值的 11%，远低于通货膨胀率。去年与前年同期相比，其增长率为 3.7%，远远低于 1995 ~ 2002 年期间每年 9% 的收入平均增长率。最近的统计数据指出，每年进入西班牙的游客数量正趋于减少，这也促使国家工业、贸易和旅游部国务秘书佩德罗·迈希亚（Pedro Mejia）在上月敲响了警钟。他说："阳光和沙滩酒店的经营者需要改变他们的产品以期更加吸引人。"随着服务和硬件的改善，对有些客源市场，如英国和德国的研究是必需的。

案例 M　续

在上世纪 90 年代末，由于大多数都是私人经营者，政府的警钟也只是被看做单纯的官方决策认识而已。举个例子，NH 酒店公司在 1999 年时，是闻名于世的西班牙连锁酒店，而现在只是在拉美和中欧享有名气，在这些地方，酒店在不到四年的时间里，投资了约 10 亿欧元建立起自己的特许经销权。如今，酒店大部分收入都来自西班牙以外的地区，现在它正面向东欧寻求进一步的发展。

NH 酒店的策划总监伊格纳希奥・阿南古尼恩（Ignacio Aranguren）说道："考虑到西班牙市场在上世纪 90 年代所发生的一切，以及现在正在规划的，我们注意到在那些主要城市里的供需不对等，接着就在那时，我们开始实施了国际扩张。"

大多数集团的竞争者遭遇相同。阳光地中海假日饭店集团、巴斯鲁放大集团、瑞优酒店集团都向国外市场大力扩张，结果是有好有坏。巴塞罗那伊萨德商学院旅游研究所所长，约瑟普・弗朗西斯科・瓦尔斯（Josep Francesc Valls）说："如果你看见大型酒店在最近几年里的全球化，那么你就可以注意到他们很清楚自己的目标在哪里"，他接着说："另一方面，房地产开发商仍认为地中海沿岸的居民住宅和酒店开发可以获得最好的回报。"

根据西班牙银行的数据，去年外国人在西班牙购买了将近 10 万套度假屋，花费创历史新高，达到 72 亿欧元。

对西班牙沿海二手房及退休人士房屋的需求仍然在增长，但是这种增长已经开始出现放缓的迹象了。今年的新盘预计是 58.5 万套，比去年同期下降了 15%，因此有些房地产开发商已开始追随大公司到国外去开发了。他们面对国内日益减少的利润，以及不断缩小的海滨地区，穿越边境线进入葡萄牙。

莱苏・英莫比拉里亚（Necso Inmobiliaria）公司的专长是沿海度假村开发，最近花费了 1 400 万欧元购买了葡萄牙毗邻阿尔伯菲纳的阿尔嘎弗（Algarve）的旅游综合开发区，该项目包括 58 套度假公寓，1 个高尔夫球场，2 家五星级酒店，2 家酒店公寓，1 个会议中心和 1 家门诊部，以及绵亘 7 公里的沙滩。

另外一家房地产开发商普纳萨（Prasa）公司，今年宣布它以 3.6 亿欧元的价格，收购了葡萄牙开发商鲁苏图尔・英莫比拉里亚（Lusotur Inmobiliaria）公司。瓦尔斯先生说，开发商们将来也必须遵守兰萨罗特岛（Lanzarote）地区，以及地方政府制定的更为强硬的环境保护法规，在那里自 2000 年开始实行了旅游相关建设项目暂停 10 年的政策。

最近完成的一项研究表明，兰萨罗特岛的经济稳定，只有通过不断翻新及改善现存旅游基础设施，保护并促进岛屿独特的生态系统，以及恢复传统工业如农业和渔业来保证。

甚至在地中海沿岸，有些公司也开始择木而栖了。西班牙一家名为索纳斯（Soros）集团在进行房地产投资的地中海集团，花费了近 7 亿欧元正在开发 7 个度假村，包括近 6 000 套住宅单元，1 700 旅游单元，5 家酒店以及 5 个高尔夫球场。

案例 M　续

根据其市场营销总监菲朗·布兰奇（Ferran Blanch）所说，沿岸还有对更加“人性化”管理的社区的潜在需求。他说：“我们的业务是建立在区分当地需要，并完善现存旅游及居住发展的基础之上的。”

同时西班牙城市，也正在适应世界不断增长的文化旅游及特种旅游的爱好。古格赫姆（Guggenheim）博物馆的建设，以及接踵而来的廉价航班，把毕尔巴鄂（Bilbao）从一个脏乱的工业城市转变成了国内外游客眼中的文化旅游胜地。

由于 1992 年奥运会前的复苏，巴塞罗那现在已是世界最值得参观的城市之一了。巴塞罗那融合了博物馆、有趣的建筑、生动的街景，以及充满时髦感的沙滩度假村，这也成为西班牙其他沿海城市的典范，这些城市希望自己不仅只是一个俗气的沙滩度假村的机场而已。巴伦西亚（Valencia）就是一个例子，为了主办 2007 年美洲杯大奖赛，也为了迎接即将到来的如潮水般的观众、记者和参赛者们，这个地中海港口正花费数十亿美元对城市建筑物进行翻新改造。

马德里答应将开通高速列车，届时从首都抵达巴伦西亚只需要一个多小时，并且还将投入约 20 亿美元用于改善港口设施和城市基础设施建设。开发商们已在聚集前景可观的地产财源了，企业家们也忙着改造或开张新的餐厅、酒吧和商店。

纳蒂库的里尔俱乐部（Real Club）也进行了大量投资，马德里也不甘落后，它把自己定位为另外一项全球盛事的比赛地：2012 年奥运会。即使绝大部分西班牙人热衷于两项赛事将要带给这个国家的乐趣和威望，但实用主义者也不乏其人。

阿南古尼恩说道：“当像我们国家举办的这样一次性赛事结束后，带给我们的结果是喜忧参半。所需的酒店床位数往往被夸大了：在两周、一个月或者 3 个月的成功过后，企业将因危机而紧张。马德里是否将主办 2012 年奥运会的事实是不会改变我们的营业标准的。”

资料来源：Mark Mulligan，《金融时报》，2004 年 10 月 26 日

问题讨论

1. 用旅游演化理论如何解释发生在上半个世纪的变化？

2. 赞成或反对下列两种策略：用相同的产品恢复相同的市场；开发新的旅游产品。你认为哪个是将来更好的选择？

3. 西班牙已经非常依赖旅游业了吗？旅游业发展是如何把其他经济领域的发展联系在一起的？

4. 调查“阳光海岸”的居民在过去五十年里的生活方式变革。

案例 N　尚未结束的包价度假

摩洛哥发生了致人死亡的袭击，一架从肯尼亚刚起飞的英国飞机由于害怕被击落又重新着陆，伊拉克战争，非典……游客们因此选择待在家里。

旅游业在此之前也经历过困难，特别是在最近一次海湾战争期间，但却从未有过现在这样的处境。尽管这些困难终将过去，但戈德曼·萨奇斯（Goldman Sachs）断言：旅游业将永远恢复不到以往我们所知的水平。

按照投资银行的说法，特别是欧洲大型包价旅游经营商的时代已经过去，这些人创造了新的旅游业纪录，通过互联网预订下了数百万北欧人的阳光假日游又被取消。

在以往，包价旅游经营商利用他们的购买力，按照最低廉的价格来订房间、订机票、租车等。然后他们把这些项目打成包，并以一个远低于游客自己能够弄到的价格买给他们。现在，按照戈德曼·萨奇斯的话来说，游客自己也能够拿到更好的价格。位于伦敦总部的休闲分析师调查了包价旅游经营商的行程单，然后尝试着自己预订相似的行程，这一切主要通过互联网来完成。

在 70% 的情况下，他们能够整合到更便宜的价格，比包价旅游经营商平均低 26%。对于传统线路，他们认为：下降到了极限。

如果情况属实，将是互联网历史上的一个重大事件。在上世纪 90 年代的互联网全盛时期，互联网公司宣称网络可以改变一切，可以导致“非居间化”，这个恐怖的词语意味着消费者可以跳过诸如预订商、银行或超市之类的中间商，他们可以通过互联网直接去找他们想要的东西，而新的网上直销公司则将从中获益。

过去的情况却并非如此，除了亚马逊公司，多数取得成功的公司在网上都建立了机构，如乐购（Tesco）以及那些大银行，像许多其他公司也和互联网关联，“非居间化”看起来是被夸大了。

最终这一情况出现，将会造成旅游组团公司的重大损失吗？从表面判断，这个想法没有意义。包价旅游经营商也并非有巨额的利润，他们迫使酒店经营者降价，但商业上自然的残酷竞争又迫使他们把更多的优惠转递给顾客。戈德曼·萨奇斯评估了在包价度假游的巨大市场中，未考虑利息及税收之前的利润，仅为百分之三多一点。

包价旅游经营商并不是像在支付“偷走了的价格”。单独的游客如何能够获得假日游 26% 更低的折扣？旅店经营者为何要在整个季节，给单独的顾客比包价旅游经营商更低的价格？

有两个解释：一个是短期的，另一个是长期的。短期的意思是指在淡季，空房和空座都比较多，在普通的时期，酒店经营者和航空公司可以进行调整，将任何客房或者航班的价格提到可能的最高价，而包价旅游经营商此时还没有突然涨价，尤其在高峰时期。但这并不是通常状况，与其让他们的设施空置，这些面对游客的供应商更愿意以较低的价格来销售这些空余，互联网在这里就发挥作用了。不仅可以为单独的游客提供价格比较，也可以让酒店经营者了解，将价格降到多低程度能够吸引多少顾客。

案例N　续

长期的趋势对包价旅游经营商有损，这只是互联网的部分作用。由里昂航空（Ryanair）和捷运（EasyJet）公司引导的欧洲廉价航空公司的增长，使包价旅游经营商处于艰难的竞争之中。过去两家公司并不依赖于网络。里昂航空通过旅行代理商销售机票，而捷运公司有自己的电话中心。

但两家航空公司现在积极的采用互联网，为顾客也是为他们自己调低了价格。而且，订了捷运公司机票的旅客，还可以预订一个临近的酒店，由酒店方负责接机。类似于包价旅游经营商，这些公司大量购入酒店住宿。而游客则享受他们更低价格的优惠，同时又可以自己制订假日行程。

对于旅游者来说，航空公司提供的低价优惠存在潜在风险：通过这种途径购得的假日旅游没有任何保障，而通过包价旅游经营商操作的则由法律进行了规定。按照保护游客的合同，向包价旅游经营商支付了增加的费用，就使得度假旅游更加昂贵。

包价旅游经营商能采取哪些措施呢？他们能够提供可靠性。假期很宝贵而且时间短暂，大多数人都会用自己的可支配收入来支付，以获得这一段时期的可靠性。然而即使是被评为获奖的包价旅游经营商，也不会告诉游客高压电线铁塔会影响到海景，或者是忘记告诉游客距别墅200米外的地方有高速公路通过。在人们通过网上购买的同时，品牌问题比以往更加多，然而几乎没有假日游公司认识到这一点。

高级专业的旅游公司能够提供一些不同的东西：如新的旅游目的地或者新的活动，但对市场上的大多数经营商来说，未来是严酷的。当游客再次回来的时候，他们要做得更好，但他们不可能赢回所有失去的生意。当情况变得更糟糕的时候，过多的房间和航班将向市场采取低价倾销，而互联网的透明度，又将迫使这些公司用前所未有的低价销售。欧洲的旅游经营商，从来没有像现在这样面临巨大的投资前景，同时又身处困境。

资料来源：Michael Skapinker，《金融时报》，2003年5月21日

问题讨论

1. 在此论点讨论的包价旅游经营商的情况有多严重？

2. 如果他们接受确实要发生的变化的建议，他们该如何重新定位他们的业务，并安排他们的行程订单？

3. 对包价旅游经营商来说，信息科技的进步为他们带来了什么好机遇？

4. 廉价航空公司是否会持续为人口稀少的目的地飞行？或者他们总是关注大众旅游目的地吗？

5. 对酒店经营者来说，包价旅游经营商的衰落意味着什么？

主要术语释义

ABTA　英国旅行代理商协会

代表英国大型旅游经营商和旅行代理商（据 2000 年统计有 670 个会员）的利益，协会有一系列的计划方案，保证与订购了该协会成员服务的顾客，在相关旅游经营商和旅行代理商出现问题的时候同样能够顺利旅行。

Accommodation capacity 住宿容量 住宿承载力

衡量一个特定地方的接待容量。可以用多种方法来进行测量，如接待机构的数量；单个接待机构中主要部分的数量（如房间数量，商家地位）；入住接待力（如床位）。

Accounting period　财政期间

制订财务状况报告的时间，通常是一年。

AITO　独立旅游经营商协会

由英国大约 160 个小型的独立旅游经营商所组成，在功能上和英国旅行代理商协会相似。

All-inclusive hotels　全包价酒店

提供所有餐饮、活动和休闲旅游设施的场所。所有这些酒店的旅游花费有一个预先制定的价格。加勒比海的旅游目的地，以高收益的知名全包价酒店而闻名，这些酒店把无限制的酒精饮料，正餐间的小吃，以及汽车运动全部包含在一个价格之中。

All-inclusive　全包价

包价度假的一种形式。在离开出发地以前，就支付在旅游目的地能享受到的大多数服务费用（如餐饮、游览、娱乐和服务等费用）。

Allocentric　探奇旅游者

喜欢冒险、户外活动的少数旅游者，在旅游活动中，自信、独立且不需要太多旅游设施，喜欢和当地进行深度交流。

Alternative tourism　可选择性旅游

从本质上来说，这种旅游活动或其发展被视为非传统旅游。通常认为它是与大众旅游相反的，是小规模旅游发展的代表。可选择性旅游在旅游发展中，被认为是一种进步模式，是一种理想的模式，其改变了传统旅游模式中的弊端。

Artifact　人造景观　人文景观

是物质文化构成的一个物体或景观。

ATOL　航空旅行组织者执照

英国国家航空管理局对所有旅游经营商，希望订购包价航空座位或行程服务的许可证，必须支付相应的质量保证金，用于在旅游经营中出现问题的时候，支付退款和遣返旅游者的费用。

Average room rate achieved　平均住房率

在一定时间内，一个酒店入住房间的平均比例。

Balance of payment　收入平衡

一个国家和世界其他地区经济交易的记录。

Benchmarking　水准测评

用一流公司的业绩来衡量本公司，以此分析一流公司是如何取得良好业绩的，并根据这些数据来制定本公司的目标、战略和执行方案。

Benchmarks　水准基点

比较和参考的基点，可能包括衡量标准、关键成功因素、指标和比率。

Bureaucracy　官僚机构

一种具有程序化、标准化、经营层次化和沟通书面化特点的组织。

Business travel　商务旅游

出于商务的原因到一个目的地的旅游，旅游中所产生的费用全部由这次商务活动的主办方负担。

Capacity management　容量管理

一种寻求确保组织管理达到最合理水平的过程，同时要保证客户的满意程度。

Capital expenditure　资本开支

固定资产的开支，如电脑设备、车辆和经营场所的花费。值得一提的是，这些资产的购置是为了长期使用，而不是以再次出售为目的。

Carrying-capacity analysis　承载力分析

最初应用于生态学中的专业术语，指一个特定栖息地可容纳特定动物物种的最大数量。从旅游业而言，是指一个旅游目的地可以接纳游客的最大容量。

Case　案例

一个案例就是被送上法庭的一场纠纷。案例是由法庭决议所产生的一种法律惯例，或一种法律规范，它为以后类似案件的判决提供判例或确立一种权威。

Chain of distribution　分销链

以包价度假为例，产品从生产者分销到消费者的一种方式，这种方式通常经过了批发商和零售商（即旅游经营商和旅行代理商）。

Chaos theory　无序理论

组织或经营是复杂的、动态的、非线性的、合作创造性的和远离平衡系统的，这些表现特征不能概括过去、现在和将来的事件和行为。在一种无序状态下，组织行为体现在不可预测性（混乱的）和可模仿性两种方式并存之上。

Charter　包租

一种合法契约，存在于以特定目的租用交通系统的所有者和组织之间。旅游者通常会采用中介机构来安排自己的交通工具，这通常是通过包机来实现。

Class action　阶层行动

由许多相同情形的人一起提起的诉讼，如参加包价旅游的参与者，宁愿采取集体行动而不是采取个体行为，共同起诉旅行代理商。

Code of conduct　行为规则

旅游相关人员包括旅游者，被建议应该遵守的行为规范。

Collaboration　协作

为追求共同目标而一起工作的过程。

Competitive strategies　竞争战略

为提高组织的战略竞争优势和竞争实力所制定的攻防策略。

Computer reservation system (CRS)　电脑预订系统

用于机场、酒店和其他设施，进行详细目录管理的电脑预订系统。中间机构可以运用电脑预订系统直接通过终端通道查询、预订和打印票据。

Conservation　保护

作为一种广义的含义，是指为保护自然世界免受来自旅游的有害因素，如资源污染和过度开发的影响而采取的行动。

Contract　合同

由双方或者多方达成的一种法律上的协议。

Control　监控

监督和控制，在必要时调整组织及其成员的行为。

Cost-benefit analysis　成本收益分析

对公共成本、私有成本和项目利润的全面分析。

Cost-plus pricing　附加成本定价

一种定价方式，是将利润部分加进成本之中所制定的价格，是一种内部定向的定价方式。

Critical incident point（CIP） 争端临界点

当顾客已和服务组织接触（或者他认为他已经）时，所发生的任何事件。

Cultural 文化的

参见 culture。

Culture 文化

一系列共享的准则和价值观念，这些准则和价值观念使共享它们的人产生了同一性的意思，通常用于国家或民族的层次上。

Customer 顾客 消费者

获得一种产品的组织或个人。

Decision-making unit（DMU） 决策单位

一种购买决策的组合投入。

Delegation 委派

为了特定职能、任务或决策，而向其他部门或个人分配的权力。

Dependency theory 依赖理论

该理论指出，发展中国家由于经济和政治结构被西方国家所控制，因此处于一种从属和欠发达的状态。依赖理论的专家争论，多国、多民族及双边和多国援助的机构，如世界银行和国际货币组织倾向于扩大穷国和富国的差距，使依赖关系长期存在。

Designation 指定

一种在建筑物上的法律地位的行为，需要特定法规的保护。

Discrimination 歧视

对某些人出于某些原因的不公正对待，这些行为在法律中是不合理的，如英国的性别歧视和种族歧视。

Disintermediation 无中间环节，直接销售

消费者越过分销链中的中间机构或者中介机构，直接向供应方购买产品的过程。在旅游业中，直销的例子包括航空公司通过互联网向公众直接售票，从而在购票过程中切断了旅行代理商这个中间环节。

Distribution 分销

使客户接触产品的过程。旅游产品分销，更强调客户预订和购买产品的方式。

Diversification 多样化

为了达到业务增长的目的，开发新产品进入新市场的过程。

Due diligence 正当努力

合法的努力。

e-commerce　电子商务

运用互联网等电子手段进行促销，销售和分销服务和产品。

Economic growth　经济增长

实际人均产量的增长。

e-mediaries　电子中介

是基于互联网的电子预订系统，是把商业和传统旅游代理商相结合的系统。产品和服务通常是来源于一系列产品供应商，这些供应商允许客户在一个网站上订购各类旅游产品和旅行服务，从而产生了竞争者之间的价格对比。

Employee relations　雇员关系

一种广泛的信息交流关系，使雇员参与决策管理，对抗抵制决议、贸易联盟和进行集体谈判。

Environmental auditing　环境审计

通过对旅游组织的审查，评估它的活动对环境产生的效应。

Environmental management system　环境管理系统

旅游组织为了缓和消极的环境影响而建立的体系。

Environmental scanning　环境审查

收集信息并对组织机构的影响因素进行分析，确认潜在的危机，并以此制定未来战略的过程。

Evolutionary theories　演进理论

旅游业演进理论，见旅游目的地的演进，是随着旅游者、时尚和时间的改变而改变或发展。

Exclusion clause　除外条款

合同中的一个术语，当违约发生时，试图解除或限制一方的责任。这些条款通常以专业术语拟订，体现了在合同中主导方的状况，如旅游经营商。

Externalities　额外开支

产生于商品生产和服务的成本和利润，不在市场价格中体现。

Familiarisation trips（fam trips）　旅游考察

旅游经营商为了体验和了解旅游目的地，专门到旅游目的地进行的旅行活动。这些旅行活动，通常是由旅游经营商和旅游目的地管理者共同组织，目的是为了提高对当地的了解程度。当旅游代理商参加这类旅游考察的时候，他们对旅游目的地会有更多的了解，将可能增加到旅游目的地的旅游销售。

Force majeure　不可抗力责任

由于不可预测或者无法控制的情况或一系列的事件，而为合同违约开脱的责任。

Global distribution system（GDS）　全球分销系统

连接旅行代理商和旅游供给商的预订系统。

Globalisation　全球化

通常，可以定义为跨国家、地理和文化边界的组织机构或人类的网络连接。这样的网络使世界缩小，使地方差异和国家边界划入了整个世界范畴中。在旅游业领域，全球化被认为是通讯、经济、交通方面的革命，这些因素又是影响发展中国家旅游业增长性质和步伐的主要因素。

Group norms　集体规范

由于一个团体的相互作用而产生的非正式行为标准。

Heritage　遗产

今天的人们对过去事件的看法。

History　历史

在过去发生的一系列事件。

Human resources management（HRM）　人力资源管理

为达到竞争优势目的，而对人力资源进行的战略性管理。

Impacts　效应　影响

效应可能是积极的也可能是消极的，是与旅游业相关的活动所导致的结果。旅游者至少在三个方面对旅游目的地产生效应：经济、社会文化和环境。旅游者可能产生的态度和行为变化，同样会对旅游业产生影响。

Industry structure　产业结构

在一个特定的产业部门中，对个体部分、组织结构和活动的功能、形式和内在关系的解释。

Info-mediaries　信息中介

提供网络或电子指导作为信息来源的组织，和其他出售旅游或旅行的组织机构一起通过网络分享资源。信息可以是一个组织或者一个公司自己的，也可以是一个组织或公司的部分客户服务的。

Information system　信息系统

采用现代信息技术，获得、传输、储存、检索、编辑或者显示信息的系统。

Infrastructure　基础设施

支持经济发展的所必需的基础性建设。

Inseparability　不可分性

服务消费和生产不可分割，任何生产中的失误都有可能被客户看出来。

Institutions 机构 机制

是指人们在政治或社会生活中，所建立的法律、习惯、用法、行为或其他因素的总称，是为了满足组织团体需要或公民基本需要而调整形成的原则或惯例。

Intangibility 无形性

无形的特征，商品是有形的，但服务是无形的。

Integration 一体化

一系列不同层次的分销机构的结合（通过所有权的改变，如合并、收购和接管），从而变为一个更大更强的组织机构。一体化可以是垂直的（供应商和分销商的合并），也可以是水平的（同一个阶层的组织结合）。

Intermegiary 中间商

分销链中的一个组织，其功能是简化产品从生产商到客户的供应过程，如在旅游业中的旅行代理商和旅游信息中心。

Interpretation 翻译 解说

为刺激和便于游客对某地认知的一种教育过程。

Invisible trade 无形贸易

主要指服务业贸易。

Labour market 劳动力市场

一群雇员的集中地，雇主可以从中挑选人员来填补岗位空缺。

Leadership 领导工作

为实现组织的目标，对集体成员行为的影响和指导过程。

Leisure travel 休闲旅游

以休闲为目的的旅游，与工作无关。

Liabilities 责任 义务

未来付钱或提供服务的一种责任，可以简单的描述为“我们所欠的东西”。

Lifecycle 生命周期

旅游目的地演化的特殊模式。

Limit of acceptable change 接受变化的限度

监控旅游活动随时间变化对环境影响的指示器。

Litigation 诉讼

法庭解决问题之前的法律行为。

Luxury sports tourism 豪华体育旅游

配有高品质设施、奢华住宿条件和服务的，主动或被动的运动旅游。

Marginal or contribution pricing　边际或效益定价

一种成本加成的定价方式，关注可变的或最低的成本，从而制定有可能实现的最低销售价格。

Market-orientated pricing 以市场为基础的定价

一种定价方式，在定价的时候，以竞争对手的价格为参照。

Market segmentation　市场细分

一种划分市场的途径，包括对不同需求客户群体的认证或对市场活动的反响，市场细分的过程同样考虑到了细分的目标。

Mass tourism　大众旅游

通常指普遍的、传统的、大规模的旅游。曾经泛指 20 世纪 60 年代至 70 年代，先期到达欧洲南部、加勒比海地区和北美的休闲旅游活动形式。

Mature market　成熟市场

对于消费者来说，有可能得到大量产品和服务替代品的市场，体现了接近消费者需要的决策。

MAVERICS　未来旅游者特征

即多次度假、独立自主、离奇多彩、活力充沛、马不停蹄、不讲责任、自我强迫、零敲碎打。

Mediation　调解

试图通过中立的第三方来解决争端的方式。

Merit good　好上加好

公共利益和私人利益并重。

Midcentric　中间型　中庸

大多数旅游者属于这一类，表现出自我中心和非自我中心性格的结合，他们希望通过和当地居民接触来缓解压力。

Mode of travel　旅行模式

从出发地到达目的地的交通方式，可以包括步行、骑车和机动车方式等。

Modernisation theory　现代化理论

诸如美国和西欧从传统国家进步到现代化国家的经济社会发展过程。1992 年，哈里森提出，现代化是发展中国家效仿西方发展模式进行西方化改造的过程。

Motivation　激励

驱使个体达到特定目标的内部和外部因素和影响。

Mystery shoppers　神秘购物者

研究者为了调查公司，而假扮成客户（潜在的客户）来使用他们的服务。

National income　国民收入

一年中对经济总体水平的衡量。

Negligence　过失　玩忽职守

被法律认定没有按照规定合理执行工作的行为。

Net worth/Total net assets　净值/ 净资产总值

所有经营资产和债务的净价值，体现了投资到经营中的资金数目。通过减去目前或长期固定资产，或流动资产的债务价值而进行的估算。

Niche tourism　特种旅游

旅游业中的有些小型部门，为吸引相对清晰的旅游市场而开发的旅游产品类型。

No-frills　基本包价产品

基于旅游经营商服务和费用最少化的低成本包价游产品，以低价格让利给客户。

Non-profit　非赢利组织

非赢利组织，是指以非经济的组织目标为动力，而不是追求利润或股权回报的组织。

Occupancy rate　入住率

衡量在一段时间内（如一天、一星期、一月或一年），某个住宿接待单位的使用能力。

Online agency　在线旅行代理商

通过万维网向潜在客户提供信息的旅行代理商，客户也可以在不和销售人员说话的情况下，通过网上预订旅游产品和相关产品。

Operations management　经营管理

正在运行的决策活动、督查和经营体系，从而实现组织为客户提供服务和产品的目的。

Opodo　预订网站

有多家航空公司联网的，顾客可按具体旅程对比时间和价格的网站。

Organization　组织　机构

为到达一个目的而进行的仔细安排。

Other recruitment difficulties　其他招募员工困难

即使有丰富经验的个人也会出现的困难，包括缺乏培训和实践机会、企业形象差、低工资、工作环境差等。

Owners' equity　业主收益平衡

结合原始资本投入和任何保留性收益，而体现经营中的业主总体收益水平。

Package holiday　包价度假

同样被认为是包价旅游。根据1992年欧盟包价旅游管理规则中的第2章第1节，提供包价度假的销售价格和服务时间，超过24小时或者要安排过夜住宿时，至少要结合以下部分进行预先安排：（1）交通；（2）住宿；（3）其他不属于交通和住宿的旅游服务。

Perishability　不可储存性　易损性　时效性

是不可储存的重要性质，如在旅游中，某个酒店特定夜晚的房间或某个航班的特定座位，是不能储存到以后再销售，所以他们是不可储存的。

Personal disposable income　个人可支配收入

个人在支付了个人所得税、国家保险和养老金之后，所剩下的可以支配用于购买产品和服务的收入。

Personnel　人事

有关对人们工作实践的管理和监督。

PEATEL analysis　环境分析

主要分析经营活动和管理行为中的政治、经济、社会文化、技术、环境和法律的因素。

Physical evidence　有形展示

服务中具有物质形态的展示内容，包括任何可以看到、摸到、闻到和听到的事物。

Politics　政治

有很多种定义方式。根据赫伍德（Herwood，1997年：410）的定义："政治是人们制定、保持和修订所居住地管理规则的活动"。根据戴维斯（Davis，1988：61）的定义："政治是上层建筑、过程和机构得出一个决定或者结果的过程，是一种无止境的活动，政治管理和所有的决定也只是临时的"。因此，政治意味着没有任何的决定和行动是终结的，一个国家的政府或机构所有决定和行为对大众开放，接受争论和辩论，最终又随之改变。

Pollution　污染

由于旅游生产活动对环境产生的有害影响，具体类型可分为：空气污染，噪音污染，水污染和视觉污染。

Porter's forces　波特力量分析

一种建议的分析模式，其指出公司的潜在利润受到五种竞争力量的干扰影响：市场中的相关利益者、替换者的威胁、购买者的实力、供应商的实力、少数新进入市场者的威胁。

Positioning　定位

在市场竞争中，确保客户对一个产品或者服务产生期望认识的过程。

Price elasticity of demand　需求价格弹性

当价格发生变化时，预测销售变化的测量方法。在弹性市场中，价格下降将导致销售增加；当需求弹性不大时，需求不会随价格改变而变化。

Principal　经销商

一个专门术语，包括住宿供应商、交通服务商、地勤服务商及其他向旅游者提供服务的供应商，但不包括主要功能是包价和分销产品的供应商。

Process　过程

一系列相互联系和相互影响的活动，其将投入要素转化成产品。

Process control　过程控制

过程控制，对一个工具系统用途的辨认，明确其在操作中表现和产品质量上的重大变化，并且分析原因，以做出更正并核实结果。

Process design　过程设计

具体指定需要的所有实践、流程表、合理化和错误预防的考虑。

Process improvement　过程完善

为了提高未来的业绩，而对一个过程、成果和发展方式进行积极和持续性的任务管理。

Process management　过程管理

计划并管理在操作过程中，为取得更好业绩所必须进行的活动，包括确认提高质量、使用特性和客户最终满意度的机会。其他涉及到了主要经营过程的设计、控制和改进。

Product　产品

过程（如生产）的结果，既可以是一种服务，也是一个产品。

Profit　利润

收入超过花费的部分。如果在一定的时期内花费超过了收入的话，一个组织就将会产生亏损。

Psychocentric　舒服至上

少数旅游者选择出行就像在家一样舒适，这就需要更合适的旅游设施。

Public policy　公共政策

任何政府选择做或不做的决定，该定义涉及到了政府执行或不执行，决定和不决定的问题，暗喻了做出选择的深思熟虑。

Quality　质量

指某种产品的内在特性能够满足消费者的要求（ISO2000）。

Regulation　调控

通过正规程序进行的控制。

Relationship marketing　关系营销

旨在增强与相关利益者（如供应商、媒体、中间商、公共组织和顾客）的关系，是一种经营中常用的概念。

Requirement　要求条件

通常指按照规定暗含或必须具备的条件。

Resposible tourism　负责任旅游

一种由游客自主选择的旅游，游客的选择反映了负责的态度，从而能够减少由度假造成的社会文化和环境的影响范围。

Retained profit　剩余利润

在每个会计年度期末，收入减去所有扣除费用和拨款之后剩下的利润。

Revenue expenditure　收入成本

在创收过程中所产生的资源消耗成本，通常视为费用。

Revenue management　收入管理

优化收入的管理办法，以生产力管理和时间管理为基础（生产管理），对在不同市场区域或者通过不同集资渠道取得的收入进行管理。

Sales　销售额

从一般经营活动中得到的收入，但不一定是现金收入。

Seasonality　季节性

由于一年四季变化，使旅游供给和需求发生改变的现象。

Service encounter　服务机遇

顾客与供应商进行交流和合作的过程。

Services marketing mix　服务营销组合

通常产品营销的四个领域是产品、价格、渠道和促销，服务营销组合就是在这个基础上加入了人员、有形展示和过程。

Servicescape　服务范围

提供服务的场所。

Skill gaps　技术差距

雇主认为现有职工不具备完成工作项目的技能，或者认为已经接受了具体岗位培训的新员工仍然缺乏必需的技能。

Skills shortages　技术匮乏

因为低失业率，或者难以在当地劳动力市场中找到足够熟练的人员，还可能因为技术合适的人才不够，造成市场中缺少技术熟练的人员。

Small business　小型公司

指雇员少，利润和收入微薄的公司。通常是业主自己管理，没有专门的经理人。有人把不足10名员工的公司定义为微型公司，员工人数在10~49名之间的公司归类为小型公司。

Social　社会交往

指人类社会和人与人之间的交往活动。

Sport event tourism　体育赛事旅游

旨在参加或观看体育赛事的旅行。

Sports participation tourism　参与性运动旅游

以参加体育活动为主要目的的旅游活动。

Sports tourism　运动旅游

一种社会、文化和经济现象，它产生于活动、人和场地之间的独特互动形式。

Sports training tourism　运动训练旅游

以运动指导或训练为主要目的的旅游。

Sport - tourism link　运动与旅游联合

不同于一般的体育旅游，而是将体育运动和旅游业两者结合起来，并使双方受益的一切领域（如联合进行设施开发、市场营销和信息运作）。

Stakeholder　股东　利益相关者

与某个组织的活动有利益关系的个人、团体或组织。

'The state'　　"国家机关"

"指优先选择某种国家政策，并能够影响该政策的官员或者与公民社会有关且相对稳定的政治机构"（Nordilinger，1981，in Hall and Jenkins，1995），其包括选举的政府机构、利益或监督机构、法律机构、官僚机构、规章、制度、法律、指令和政策等。

Statue　法规

由国会指定的法律，如英国的《1995年残疾人歧视法案》。法规由很多部分或条款组成。

Statutory instrument　制定法文件

英国的大部分授权立法，都采取了《1946年制定法文件》规定的形式。

Strategic information system　战略信息系统

该系统用于保障战略管理决策的进行和实施。

Strategy pyramid　战略金字塔

对不同等级的战略概念化和实施过程的形象表达，最具概括性的设想处于顶端，而实际实施活动处于底部。

Suppliers 供应商

向认识的顾客或消费者提供货物或服务的个人、公司或其他组织。

Sustainable tourism 可持续旅游

旅游在经济，社会文化和环境方面的可持续性。有了可持续性旅游，社会文化和环境受到的影响就不会持久，也不会不可逆转。

SWOT 斯沃特分析

把内部和外部环境综合考察，以确认企业内部的优势和劣势，以及外部的机遇与危机。

Tort 民事侵权行为

一种民事过失。

Tour operator 旅游经营商

从事对各种旅游要素的（批量）采购及随后的捆绑组合，以形成包价旅游（见前），通过旅行代理商或直接面对顾客销售的个人或组织进行销售。

Tourism flow 旅游流

游客从特定的居住地向旅游目的地的较大流动。

Tourism income multiplier（TIM） 旅游收入乘数

旅游消费的变化对一个地区收入所产生的扩大效果。

Tourism satellite account 旅游卫星账户

在全国或地区范围内，体现旅游业对经济产生的总体而直接影响的账户系统。

Tourism system 旅游体系

确认旅游业是由许多组成部分构成的框架结构，通常包括旅游者、客源地、途经地区、旅游目的地和旅游产业。

Tourism with sports content 含体育内容的旅游

旅游产品中包含运动内容，但它不是该旅游的主要目的。

Tourism attractions 旅游景区点

在营业时间内，常规性地对参观者开放的游览目的地。参观者包括本地居民、一日游游客，或是商务和休闲游客。正式的定义中还包括商店、体育场、剧院和电影院，因为这些地方能满足更广泛的需求，尽管在实践中游客可能会考虑其他内容作为旅游景点。

TOWS matrix 综合分析模型

运用SWOT分析法来研究优势与机会的配合，利用机会来减少劣势，利用优势克服威胁，减少劣势避免威胁。

Travel agent 旅行代理商

旅行和相关产品的零售商。这里指的是被雇佣来销售旅行产品的销售人员，该术语经常被用来指销售旅行产品的企业。

Variability 可变性

由于旅游体验的生产和消费是不可分的，也因为区分环境和人群会影响每一次体验，所以那些体验往往会不同，对于旅游管理人员来说，做到标准的一致性是个挑战。

Virtual organization 虚拟组织

主要的工作程序，由合作伙伴或由外部提供的组织。

Working capital 工作资本

日常运作所需的资产和债务，如现金或银行透支款、股票和贸易债权、称为净流通资产/债务。

Yield management 产出管理

目标在于通过对物质的预见性分配，增加净产量，使收益最大化的技术；也是按最优价格预先决定市场份额的能力。

Zoning 地区划分

在尝试减少对环境的影响中，按对旅游压力的承受强度来划分不同的生态系统区域。

参考文献

Davis，G.，Wanna，J.，Warhurst，J. and Weller，P.（1988）*Public Policy in Australia*. Allen and Unwin，North Sydney.

Donaghy，K.，McMahon-Beattie，U. and McDowell，D.（1997）Yield Management Practices，in I. Yeoman，and A. Inglold，（eds）*Yield Management：Strategies for Seruice Industries*. Cassell，London.

Dye，T.（1992）*Understanding Public Policy*，7th edn. Prentice Hall，Englewood Cliffs，NJ.

Evans，J. R. and Lindsay，W. M（1999）REFERENCE DETAILS WANTED [Chapter 10 but 2002 in text] Hall，C. M. and Jenkins，J. M.（1995）*Tourism and Public Policy*. Routledge，London.

Harrison，D.（1992）*Tourism and the Less Developed Countries*. Belhaven Press，London.

Heywood，A.（1997）*Politics*. Palgrave，New York. ISO（2000）*Quality Management systems-Fundamentals and Vocabulary*. ISO，Geneva.

James, P. (1996) *Total Quality Management: An Introductory Text.* Prentice Hall, Hemel Hempstead.

Leiper, N. (1990) Tourist attraction systems, *Annals of Tourism Research*, 17, 367 -384.

Nordlinger, E. (1981) *On the Autonomy of the Democratic State.* Harvard University Press, Cambridge, MA.

Pryor, L. S. (1998) Benchmarking: a self-improvement strategy, *Journal of Business Strategy*, Nov/Dec, 28 -32.

Rao, A., Carr, L. P., Dambolena, I., Kopp, R. J., Martin, J., Rafii, F. and Schlesinger, P. F. (1996) *Toatl Quality Management: A Cross Functional Perspective.* John Wiley & Sons, New York.

Scrutton, R. (1982) *A Dictionary of Political Thought.* Pan Books, London.

Sharpley, J. (2002) Tour operations, in R. Sharpley, (ed.) *The Tourism Business: an introduction.* Business Education Publishers, Sunderland.

Wright, J. N. (1999) *The Management of Service Operations.* Continuum, London.

译后记

由约翰·毕奇和西蒙·查德威克等编著的《旅游业管理实务》，是一部有关旅游业管理的最新力作。该书的作者大多是英国著名大学商学院的旅游学家，不仅具有多年在商学院执教旅游管理的丰富经验，而且具有大量旅游业界的实践经验，因此本书许多章节紧扣现代旅游业发展的实际，从多种视角深入探讨了现代旅游业发展中面临的重点问题，提出了许多独到的见解和对策措施，具有强烈的针对性和现实性，对快速发展中的中国旅游业具有重要的参考价值。

虽然本书是众多旅游学家从不同角度写作的，但在约翰和西蒙两位作者的精心编撰下，使本书既有理论框架上的逻辑连贯性，又突出了旅游业管理的基础理论和重点内容，具有明显的科学性、指导性和实用性特点。尤其是本书精心选择了大量的实践案例，并针对案例和各章内容进行丰富的问题讨论，能加深读者对所学内容的理解和掌握，而丰富的图、表和案例也减少了理论学习的枯燥，平添了广泛的知识和众多的乐趣，相信读者阅读之后会有同感。

云南大学教授、旅游管理博士生导师罗明义博士，负责了本书部分章节翻译及全书的审校工作。由于本书内容涉及面广，有关的人名、地名、企业名称较多，因此在审校过程中，参考《英语姓名译名手册》（商务印书馆 1989 年版）、《外国地名译名手册》（商务印书馆 1985 年版）和有关外国旅游企业的相关资料，仔细对译稿中的人名、地名、企业名称进行了订正。参与本书翻译的人员基本上是旅游管理方面的专家、学者和博士、硕士研究生，因此在尽量保证译稿的“信、达、雅”基础上，也努力保证了译稿的专业学术水平。具体的翻译分工如下：

罗明义：负责总目录、目录提要、目录、图示目录、表格目录、案例研究目录和第 1 章的翻译，并负责全书的审校、修改和最后定稿；

赖宇红：负责作者简介、前言、致谢、术语缩写、有用网站和第 19 章、第 20 章的翻译，并对部分章节进行了初校；

方利敏：负责第 3 章的翻译，并对部分章节进行了初校；

王　静：负责第 2 章、第 7 章、第 10 章、第 14 章、第 23 章的翻译；

董建新：负责第 4 章、第 11 章、第 12 章、第 21 章的翻译；

杨　萍：负责第 9 章、第 13 章、第 15 章的翻译；

蒋素梅：负责第 5 章、第 18 章的翻译；

刘丽娜：负责第 8 章、第 22 章的翻译；

王　颖：负责第 16 章、第 17 章的翻译；

罗　辉：负责第 24 章的翻译；

起永疆、牟　雪：负责第 6 章的翻译；

李　鹏、张顺元、郑　敏：负责综合案例精选的翻译；

赖宇红、周　蕾、李　娜：负责主要术语释义的翻译。

最后，要感谢云南大学出版社的熊晓霞编辑，是她的信任和鼓励使所有人员负责地完成了本书的译稿，也是她完全承担了与国外出版社洽谈、订约的全部工作，从而保证了本译著的如期出版。

罗明义

2007 年 4 月于云南大学

图书在版编目（CIP）数据

旅游业管理实务/（英）毕奇（Beech，J.），（英）查德威克（Chadwick，S.）编著；罗明义等译．—昆明：云南大学出版社，2007

（新视野旅游译丛）

书名原文：The Business of Tourism Management

ISBN 978－7－81112－403－3

Ⅰ．旅…　Ⅱ．①毕…②查…③罗…　Ⅲ．旅游业—经济管理　Ⅳ．F590.6

中国版本图书馆 CIP 数据核字（2007）第 129189 号

旅游业管理实务

罗明义　赖宇红　方利敏　等译

责任编辑　熊晓霞　史明舒

封面设计　刘　雨

出版发行　云南大学出版社

印　　装　昆明市五华区教育委员会印刷厂

开　　本　787mm×1092mm　1/16

印　　张　45

字　　数　878 千

版　　次　2007 年 8 月第 1 版

印　　次　2007 年 8 月第 1 次印刷

书　　号　ISBN 978－7－81112－403－3

定　　价　86.00 元

云南大学出版社地址：云南大学英华园内

电话：0871－5033244　5031071　邮编：650091

网址：http：//www.ynup.com　　E-mail：market@ynup.com